折射集
prisma

照亮存在之遮蔽

Toby Miller

A Companion to Cultural Studies

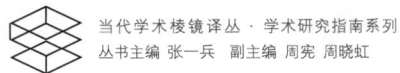

当代学术棱镜译丛·学术研究指南系列
丛书主编 张一兵 副主编 周宪 周晓虹

文化研究指南

［美］ 托比·米勒 编著

王晓路 潘纯琳 史冬冬 张新军 余泽梅 向琳 译

南京大学出版社

《当代学术棱镜译丛》总序

自晚清曾文正创制造局,开译介西学著作风气以来,西学翻译蔚为大观。百多年前,梁启超奋力呼吁:"国家欲自强,以多译西书为本;学子欲自立,以多读西书为功。"时至今日,此种激进吁求已不再迫切,但他所言西学著述"今之所译,直九牛之一毛耳",却仍是事实。世纪之交,面对现代化的宏业,有选择地译介国外学术著作,更是学界和出版界不可推诿的任务。基于这一认识,我们隆重推出《当代学术棱镜译丛》,在林林总总的国外学术书中遴选有价值篇什翻译出版。

王国维直言:"中西二学,盛则俱盛,衰则俱衰,风气既开,互相推助。"所言极是!今日之中国已迥异于一个世纪以前,文化间交往日趋频繁,"风气既开"无须赘言,中外学术"互相推助"更是不争的事实。当今世界,知识更新愈加迅猛,文化交往愈加深广。全球化和本土化两极互动,构成了这个时代的文化动脉。一方面,经济的全球化加速了文化上的交往互动;另一方面,文化的民族自觉日益高涨。于是,学术的本土化迫在眉睫。虽说"学问之事,本无中西"(王国维语),但"我们"与"他者"的身份及其知识政治却不容回避。但学术的本土化绝非闭关自守,不但知己,亦要知彼。这套丛书的立意正在这里。

"棱镜"本是物理学上的术语,意指复合光透过"棱镜"便分解成光谱。丛书所以取名《当代学术棱镜译丛》,意在透过所选篇什,折射出国外知识界的历史面貌和当代进展,并反映出选编者的理解和匠心,进而实现"他山之石,可以攻玉"的目标。

本丛书所选书目大抵有两个中心:其一,选目集中在国外学术界新近的发展,尽力揭橥域外学术 20 世纪 90 年代以来的最新趋向和热点问题;其二,不忘拾遗补阙,将一些重要的尚未译成中文的国外学术著述囊括其内。

众人拾柴火焰高。译介学术是一项崇高而又艰苦的事业,我们真诚地希望更多有识之士参与这项事业,使之为中国的现代化和学术本土化做出贡献。

丛书编委会
2000 年秋于南京大学

目　录

i / 翻译说明
iii / 译者简介
v / 撰稿人简介

1 / 第1章　导论：何谓文化研究　　　　　　　　　　　托比·米勒

19 / **第一部分：学科（Disciplines）**

21 / 第2章　跨学科性　　　　　　　　　马克·吉布森，亚历克·麦克霍尔
32 / 第3章　存在法律的文化研究吗？　　　　　　　　罗丝玛丽·库姆
54 / 第4章　社会学研究中文化的复兴　　　　　　　　　兰迪·马丁
66 / 第5章　社会学、文化研究及学科边界　　　　　　弗兰克·韦伯斯特
83 / 第6章　关于文化研究和科技研究之间沟通的笔记　玛丽安娜·德莱里特
95 / 第7章　文化研究里的政治经济学　　　　　　　理查德·马克斯韦尔
112 / 第8章　文化研究与哲学：一种介入　　　　　　道格拉斯·凯尔纳
124 / 第9章　"X"未曾有所标示：考古学与文化研究　　西尔克·摩根罗特
137 / 第10章　不平衡的相关性：文化研究与人类学　　乔治·E.马库斯
151 / 第11章　媒介研究和文化研究：共生趋向　　　　约翰·恩古耶·厄尼

173 / **第二部分：地域（Places）**

175 / 第12章　文化研究传统比较：拉丁美洲和美国　　　乔治·尤迪斯
187 / 第13章　文化研究能"讲"西班牙语吗？　　　　　豪尔赫·马里斯卡尔
199 / 第14章　大洋洲　　　　　　　　　　　　　　　　格雷姆·特纳
209 / 第15章　周边视角：香港的华语文化研究　　　　　　马杰伟
221 / 第16章　消解中心：英国文化研究及其传统　　　　本·卡林顿
240 / 第17章　欧洲文化研究　　　　　　　　　　　　　保罗·摩尔

253 / **第三部分：议题（Issues）**

255 / 第18章　让我们严肃一点：青年文化授课笔记　　贾斯廷·刘易斯

267 / 第19章	文化研究之回顾与展望	保罗·史密斯
275 / 第20章	亲密接触：运动、科学和政治文化	C. L. 科尔
289 / 第21章	知识分子、文化、政策：实践与批判	托尼·贝内特
303 / 第22章	倾听国家：哥伦比亚的文化、权力和文化政策	安娜·玛丽亚·奥乔亚·戈捷
316 / 第23章	博物馆的华章：一次艺术馆谈话	安德烈亚·弗雷泽
333 / 第24章	女性主义不体面的垮台及"第一位黑人总统"	梅利莎·迪姆
353 / 第25章	说唱乐与风水：关于臀部政治、文化研究以及蒂姆巴兰之音	贾森·金
374 / 第26章	时尚	萨拉·贝里
389 / 第27章	文化研究与种族	罗伯特·斯塔姆
406 / 第28章	全球化与文化	托比·米勒，杰弗里·劳伦斯
424 / 第29章	"板球运动，要有情节"：民族主义、板球和散居身份	苏文德里尼·卡纳加沙拜·佩雷拉

339/ 第四部分：材料(Sources)

441 / 第30章　文化研究参考文献　　　　　　　　　　　　　　　　　托比·米勒

469 / 索引

翻译说明

本指南分为四个部分：学科、地域、议题和文献，除了最后部分按大致类别列出该领域最重要的文献外，前三个部分由相关论文组成，既独立成篇，又构成同一论域。因此这三个部分中的每一章实际由单篇论文构成，译文亦保持原文的分章安排。

本指南的每一位作者均为该领域的著名学者，具有权威性，其引用材料亦有较高的资料价值，因此译文中对原文所引用和附加的所有参考文献和推荐阅读文献一律保持原文形式，不再翻译为中文，以避免回译。更重要的是，便于读者直接查阅原文材料。

本指南中译本对所有注释采用了依据原文注释方式处理。如文中插注，即保留其原文形式，以便对照文后的注释、引用文献和参考文献核对文献出处。而对所有解释性或说明性的注释，则译为中文，便于读者了解。文中个别特别需要说明或解释的地方则以当页脚注的方式插入了中文译注，以有别于原文的文后注释。凡未注明是译注的地方，均为原文注释。

由于本指南涉及全球各文化区域大量的作者、学者、论著和论文，以及数量众多的文化产品、刊物、影视作品和音乐作品等，鉴于目前国内学界对其中相当多的专有名词还没有统一的译名，因此中译本对于每篇论文首次出现的人名、论著名、机构、作品名以及重要的术语等，均用括号形式附加了原文，便于读者理解和核对。中译页码边侧的数字为原文页码范围，便于读者对照。

译者王晓路、潘纯琳、史冬冬、张新军、余泽梅、向琳姓名附各自所译篇名的正文后面。全书由王晓路统稿，各篇相关术语大致统一，但个别情况由于上下文不同，术语指涉对象亦有所差异，因此在处理上未强行一致。

翻译之甘苦，不必赘言。该指南由于涉及面广，语种、论著、人物观点等也较繁杂，因而我们的理解与表达之误在所难免，敬请读者批评指正。

感谢南京大学周宪教授、南京大学出版社编辑董颖女士及沈清清女士。感谢他们的专业精神与敏锐的学术眼光。

王晓路

2006 年 12 月

译者简介

王晓路：

文学博士、四川大学文学与新闻学院、外国语学院教授，博士生导师；享受国务院政府特殊津贴；兼任教育部国别研究培育基地四川大学美国研究中心学术委员会主席。2007年起兼任美国亚利桑那州立大学客座教授；2010年起兼任国务院侨办文化司特聘讲座教授。担任国际比较文学学会结构委员会(the Structures Committee, ICLA)委员，国际期刊 CLCWEB (A&HCI 检索)编委、英文刊物 Comparative Literature: East & West (Routledge)执行主编、中国人民大学《复印报刊资料·文化研究》编委。兼任北京外国语大学"王佐良外国文学高等研究院"客座研究员、广东外语外贸大学外国文化研究中心客座研究员。先后获加拿大政府学术关系部基金任不列颠哥伦比亚大学、麦吉尔大学、多伦多大学高访学者；美国国家人文学术基金任芝加哥大学高访教授；美国亚联董基金任杜克大学高访学者；欧盟伊拉斯谟研究基金任比利时根特大学高访学者以及香港中文大学、城市大学访问教授。研究领域主要为文学理论、文化批评和国际汉学。出版论著有《西方马克思主义文化批评研究》、《思想的对话：文学与文化之间》等多部，并在国际及国内学术刊物上发表中英文论文多篇。

潘纯琳：

文学博士，现任四川省社会科学院《社会科学研究》杂志社编审。曾赴复旦大学任访问学者；主持并完成四川省教育厅项目1项、四川省哲学社会科学规划项目1项，教育部人文社会科学青年基金项目1项；参与国家社会科学基金项目2项（重大招标项目1项，一般项目1项）及其他各类科研项目多项。主要从事欧美文学研究，代表性论著有《V. S. 奈保尔的空间书写研究》、《英美童话重写与童话批评(1970—2010)》；《从工业革命到儿童文学革命：现当代英国童话小说研究》（合著）；译著《布满贫民窟的星球》（2009年出版，2016年再版）；翻译论文9篇；并在《中外文化与文论》、Comparative Literature: East & West 等学术刊物上发表了论文10余篇。

史冬冬：

文学博士，现任厦门大学新闻传播学院副教授，曾获国家留学基金委等项目赴美国美利坚大学传播学院、香港城市大学媒体与传播学系、台湾铭传大学传播学院任访问学者。主要从事传媒与文化研究、跨文化传播研究、国际汉学研究等，已发表专著《他山之石——论宇文所安中国古代文学与文论研究》《个人形象识别教程》（合著），并在《国际新闻界》《社会科学研究》等学术刊物上发表了相关论文数篇。

张新军：

  文学博士，湖北医药学院教授、教学名师。主持并完成教育部人文社科项目、湖北省教育厅项目、湖北省普通高校教学研究省级项目。主要从事西方文论与英美文学研究、医学人文研究、数字文艺研究。出版专著有《可能世界叙事学》《数字时代的叙事学：玛丽-劳尔·瑞安叙事理论研究》，译著《故事的变身》等。获第一届湖北省高等学校人文社会科学优秀成果奖著作类三等奖（2014年），并发表相关论文多篇。

余泽梅：

  文学博士，现任重庆大学外国语学院英语系副教授，曾获国家留学基金委项目赴美国明尼苏达大学美国研究系访学。主要从事文化研究与翻译研究，已发表相关论文20余篇，参编、副主编专著3部，亦对人文社科学术类翻译有兴趣，已出版翻译论述60万字。

向琳：

  文学博士，现任四川师范大学外国语学院副教授，曾获国家留学基金委资助赴美国北卡罗莱纳大学访学。主要从事美国文化与思想史研究，已出版专著《最后的波西米亚：劳伦斯·费林格蒂与旧金山公共空间》，并在《四川大学学报》等学术刊物上发表了论文数篇。

撰稿人简介
（按撰稿人姓名字母顺序排列）

托尼·贝内特（Tony Bennett）：开放大学（Open University）社会学教授，兼任该校帕维斯社会文化研究中心（Pavis Centre for Social and Cultural Research）主任。近期成果有：《博物馆的诞生》（*The Birth of the Museum*,1995），《文化：改革者的科学》（*Culture: A Reformer's Science*,1998），以及合著《品位之缘由：澳大利亚日常生活文化》（*Accounting for Tastes: Australian Everyday Cultures*,1999）。

萨拉·贝里（Sarah Berry）：为《荧屏风格：三十年代好莱坞中的时尚与女性特质》（*Screen Style: Fashion and Femininity in 1930s Hollywood*）的作者，文章包括交互性媒介、时尚以及电影领域。现为信息处理师和交互性媒介策划师。

本·卡林顿（Ben Carrington）：现在英国布莱顿大学（University of Brighton），教授社会学和文化研究。

C.L. 科尔（C. L. Cole）：美国伊利诺斯大学厄巴纳—香槟分校（University of Illinois at Urbana-Champaign）运动学、社会学、妇女研究副教授。她的教学和研究涉及性别、公民身份以及二战后美国变性身体生产。近期进行两项新的项目：以旧金山为中心个案的新都市健康文化研究；以男性同性恋为个案的变性和突变倾向身体研究。

罗丝玛丽·库姆（Rosemary Coombe）：约克大学（York University）加拿大法学、传播学和文化研究中心（the Canada Research Chair in Law, Communication, and Cultural Studies）主任。为《知识产权的文化生活：作者、挪用和法律》（*The Cultural Life of Intellectual Properties: Authorship, Appropriation and the Law*,1998）一书的作者。现着力于本土知识、人权、全球化知识产权法律的政治问题的研究。

梅利莎·迪姆（Melissa Deem）：衣阿华大学（University of Iowa）妇女研究和修辞学助理教授。其研究成果在《公共文化》（*Public Culture*）和《大众传播批评研究》（*Critical Studies in Mass Communication*）等刊物上发表。她目前所进行的专著勾勒了美国当代女性主义政治话语，并追溯到被认为是女权主义第二次浪潮的1968年的诸种异常的女性主义修辞实践，分析其当代相关性。

玛丽安娜·德莱里特（Marianne de Laet）：科技人类学家，其学术背景是科学知识社会学。她的研究关注技术转让、挪用与知识产权问题，尤其是在发展中国家及科学工程大项目中的相关问题。现为加利福尼亚理工学院（California Institute of Technology）人文科学高级研究员和讲师。

约翰·恩古耶·厄尼（John Nguyet Erni）：新罕布什尔大学（University of New Hampshire）传播系副教授，教授媒介和文化研究。论著有《变化莫测的边界：技术医学与"医治"艾滋病的文化政治》（*Unstable Frontiers: Technomedicine and the Cultural Politics of "Curing" AIDS*, 1994）以及即将出版的《一个东南亚城市的流行病图景：HIVI艾滋病，经验世界，后殖民解读》（*Epidemic Imaginary in a Southeast Asian City: HIV/AIDS, Empirical Worlds, Postcolonial Readings*），主编《文化研究》（*Cultural Studies*）专号《成为（后殖民）香港》（Becoming [Postcolonial] Hong Kong）。他还在一些学术期刊上发表文章，如《文化研究》（*Cultural Studies*），《大众传播批评研究》（*Critical Studies in Mass Communication*），《身份：文化与权力的全球研究》（*Identities: Global Studies in Cultural and Power*），《科学文化》（*Science as Culture*），《性》（*Sexualities*），《实践》（*Praxis*）以及《香港文化研究通讯》（*Hong Kong Cultural Studies Bulletin*）。其研究重点是文化交往、媒介、生物医学健康、都市、社会性别、性别政治以及亚洲现代性。2000至2001年为香港城市大学访问副教授。

安德烈亚·弗雷泽（Andrea Fraser）：纽约艺术家，其工作与学院派批评联系紧密。1984年起，她在美国、欧洲和拉丁美洲以博物馆和基金会的方式举办了演出，进行录制、安装以及出版工作。现正在进行自己的论文集事宜。

安娜·玛丽亚·奥乔亚·戈捷（Ana María Ochoa Gautier）：现为墨西哥库埃纳瓦卡莫雷洛斯大学（Universidad Aotónoma del Estado de Morelos in Cuernavaca）人类学系教授。时至2000年，她一直在哥伦比亚波哥大哥伦比亚人类学研究所（Instituto Colombiano de Antropologia in Bogotá）任研究员。其研究领域主要为拉丁美洲的文化政策和音乐产业。

马克·吉布森（Mark Gibson）：现于西澳大利亚默多克大学（Murdoch University）教授文化研究。其成果多有关后冷战时期大众文化中的政治构成主题，当前所进行的项目为文化研究中的权力概念史。

道格拉斯·凯尔纳（Douglas Kellner）：现任加州大学洛杉矶分校（UCLA）教育哲学乔治·克内勒讲座教授。其有关社会理论、政治、历史以及文化的著书甚多，包括《政治摄像机：当代好莱坞电影中的政治与意识形态》（*Camera Politica, The Politics and Ideology of*

Contemporary Hollywood Film)(与迈克尔·瑞安合著),《批判理论、马克思主义与现代性》(Critical Theory, Marxism, and Modernity),《让·波德里亚:从马克思主义到后现代主义及其后》(Jean Baudrillard: From Marxism to Postmodernism and Beyond),《后现代理论:批判性质疑》(Postmodern Theory: Critical Interrogations)(与史蒂文·贝斯特合著),《电视与民主的危机》(Television and the Crisis of Democracy),《波斯湾电视战》(The Persian Gulf TV War),《媒介文化与后现代转向》(Media Culture, and the Postmodern Turn)(与史蒂文·贝斯特合著)等。

贾森·金(Jason King):表演家、剧作者、歌词作者、音乐人以及声乐改编者。现为纽约大学(New York University)表演研究在读博士候选人,业余时间兼任亚太美国研究(Asian/Pacific American Studies Program)、蒂施戏剧及加勒廷个性化研究学院(Tisch Drama and the Gallatin School of Individualized Study)助理教师。近期的研究成果发表在《卡拉鲁》(Callaloo)、《柔光诱惑》(The Velvet Light Trap)、《妇女与表演:女性主义理论杂志》(Women and Performance: A Journal of Feminist Theory)等刊物上。创作作品有《家父的故事》(The Story of My Father, Crossroads Theater Company),通俗灵歌儿童音乐剧《跃向未来!》(Jump Up to the Future!),即将出版有关爵士乐传奇人物阿比·林肯(Abbey Lincoln)的滑稽剧。

杰弗里·劳伦斯(Geoffrey Lawrence):澳大利亚中央昆士兰大学(Central Queensland University)社会学奠基教授(Foundation Professor)。他长期从事体育批评分析,与人合编有《权力游戏:澳大利亚体育社会学文选》(Power Play: Essays in the Sociology of Australian Sport, 1986),《体育与休闲:澳大利亚通俗文化趋势》(Sport and Leisure: Trends in Australian Popular Culture, 1990)以及《旅游,休闲与体育:批评视野》(Tourism, Leisure, Sport: Critical Perspectives, 1998)。

贾斯廷·刘易斯(Justin Lewis):出版了好几部有关传媒和文化的论著。其主要的学术兴趣为媒介影响、文化政策以及当代社会中媒介的意识形态作用。近期的论著《建构舆论:精英从事自己所喜的方式以及人们似乎赞同的原因》(Contructing Public Opinion: How Elites Do What they Like and Why We Seem to Go Along With It)即是对媒介与舆论的分析。

马杰伟(Eric K. W. Ma):香港中文大学(the Chinese University of Hong Kong)新闻与传播学院副教授。论著有《香港文化、政治与电视》(Culture, Politics and Television in Hong Kong, 1999)。

乔治·E. 马库斯(George E. Marcus):赖斯大学(Rice University)人类学系教授、系主任。1986年与詹姆斯·克利福德合编《书写文化》(Writing Culture),与迈克尔·菲希尔合著《作为文化批评的人类学》(*Anthropology as Cultural Critique*)。在同一时期，他创办了《文化人类学》(*Cultural Anthropology*)期刊。近期他开创并主编了系列编年文献，重点是通过与各类社会行动参与者的对话传播世纪末的状况。这一以《近期版》出版的系列，即将以《最终版——聚焦2000年》(*The Final Edition—Zeroing in on the Year 2000*)完成。最近的论著有《民族志学的坚守》(*Ethnography Through Thick and Thin*, 1998)，他在此书中论证了人类学核心的研究实践所应有的变化。

豪尔赫·马里斯卡尔(Jorge Mariscal)：加州大学圣迭戈分校(University of California, San Diego)奇卡诺和西班牙文学副教授。主编《阿热特南与越南：奇卡诺男女的战争体验》(*Aztlán and Viet Nam: Chicano and Chicana Experiences of the War*, 1999)。目前正在编撰有关奇卡诺运动的论文集。他曾服务于圣迭戈墨西哥裔文化中心委员会(Board of directors of the Centro Cultural de la Raza)并且是反军国主义自愿者组织YANO工程的积极分子。

兰迪·马丁(Randy Martin)：纽约大学(New York University)艺术与公共政策教授，蒂施艺术学院(Tisch School of the Arts)跨学科学位点教学副院长。之前为普拉特学院(Pratt Institute)社会科学系主任，他在那里创办了文化研究本科教育。其《论读者的马克思：社会主义与左派的重新连接》(*On Your Marx: Relinking Socialism and the Left*)即将由明尼苏达大学出版社出版。

理查德·马克斯韦尔(Richard Maxwell)：纽约城市大学(City University of New York)昆斯学院(Queens College)传媒研究副教授。论著有《民主的景象：西班牙语电视、民族主义与政治转型》(*The Spectacle of Democracy: Spanish Television, Nationalism, and Political Transition*, 1995)，主编文集《文化成品：文化的政治经济》(*Cultural Works: The Political Economy of Culture*)即将出版。其有关全球化市场的论文发表在《媒介、文化与社会》(*Media, Culture and Society*)，《文化研究》(*Cultural Studies*)，《国际传播杂志》(*The Journal of International Communication*)，《社会文本》(*Social Text*)等期刊上。近期的论文集有《当代西班牙文化研究》(*Contemporary Spanish Cultural Studies*, 2000)和《消费受众：媒介研究的生产与接受》(*Consuming Audiences: Production and Reception in Media Research*, 2000)。

亚历克·麦克霍尔(Alec McHoul)：西澳大利亚默多克大学(Murdoch University)传播研究教授。当前正在与马克·拉帕勒合编文集《体制背景中的谈话分析模式》(*How to Analyse Talk in Institutional Settings*)，正在进行的专著是分析文化研究中的表征问题概念。

托比·米勒(Toby Miller)：纽约大学(New York University)文化研究和文化政策教授。现为《电视与新媒体》(*Television & New Media*, 1999年起)编辑，《社会文本》(*Social Text*, 1997年起)合作编辑。专著有《健全的自我：公民身份、文化与后现代主体》(*The Well-

Tempered Self: Citizenship, Culture, and the Postmodern Subject, 1993),《当代澳大利亚电视》(*Contemporary Australian Television*, 1994, 与斯图亚特·坎宁安合作),《复仇者》(*The Avengers*, 1997),《技术真理：文化公民与流行媒介》(*Technologies of Truth: Cultural Citizenship and the Popular Media*, 1998),《流行文化与日常生活》(*Popular Culture and Everyday Life*, 1998, 与亚历克·麦克霍尔合作),《体育崇拜》(*SportCult*, 1999, 与兰迪·马丁合编),《电影理论指南》(*A Companion to Film Theory*, 1999, 与罗伯特·斯塔姆合编),《电影与理论选集》(*Film and Theory: An Anthology*, 2000, 与罗伯特·斯塔姆合编),《全球化与体育：世界赛事》(*Globalization and Sport: Playing the World*, 即出, 与若弗·劳伦斯, 吉姆·麦凯, 戴维·罗弗合编),《体育性别》(*Sport Sex*, 即出),《文化政策批评导论》(*Critical Cultural Policy: An Introduction*, 即出, 与贾斯廷·刘易斯合编)。

保罗·摩尔(Paul Moore)：科尔雷恩阿尔斯特大学(University of Ulster, Coleraine)文化与传媒讲师。其博士论文有关北爱尔兰摩托帮的人种志研究,他与这一群体已经共同驾车两年多。他极为关注生产性作品,尤其是音响领域,并为北爱尔兰英国广播公司(BBC)常年提供文化节目。

西尔克·莫根罗特(Silke Morgenroth)：在德国波鸿和汉堡学习过考古学、史学和文学。专著有《分析与阐释》(*Analysen und Interpretation: Hausreste im archäologischen Befund*, 1998)。她长期从事新闻工作,1999年起主要进行小说写作。

苏文德里尼·卡纳加沙拜·佩雷拉(Suvendrini Kanagasabai Perera)：在斯里兰卡大学(University of Sri Lanka)完成学士学位,获纽约哥伦比亚大学(Columbia University)博士学位。现在澳大利亚墨尔本拉特罗布大学(La Trobe University)英文学院任教。她的论文发表在《文化研究》(*Cultural Studies*),《文化交往研究杂志》(*The Journal of Intercultural Studies*),《社会身份》(*Social Identities*),《话语》(*Discourse*),《后殖民研究杂志》(*Journal of Postcolonial Studies*),《种族与阶级》(*Race & Class*)等期刊上。专著有《帝国所及》(*Reaches of Empire*), 编辑有《亚太铭刻：同一性/族性/民族性》(*Asian and Pacific Inscription: Identities/Ethnicities/Nationalities*)。目前的研究兴趣为多种族社会中的历史对等现象。

保罗·史密斯(Paul Smith)：苏塞克斯大学(University of Sussex)传媒和文化研究教授。近期主编有《克林特·伊斯特伍德, 男孩们》(*Clint Eastwood, Boys*),以及论著《千年梦想》(*Millennial Dreams*)。当前正在进行一项文化研究宣言以及新媒体的政治经济论著。

罗伯特·斯塔姆(Robert Stam)：在纽约大学(NYU)电影研究系教授电影。其有关电影和文化的论著甚多,近期成果有《电影理论导论》(*Film Theory: An Introduction*),《转义的多元文化主义》(*Tropical Multiculturalim*),《不计后果的欧洲中心主义》(*Unthinking*

Eurocentrism,与埃拉·肖哈特合作),以及《破坏性愉悦》(*Subversive Pleasures*)。他曾获得富布来特、古根海姆以及洛克菲勒奖项。

格雷姆·特纳(Graeme Turner):澳大利亚布里斯班昆士兰大学(University of Queensland)文化研究教授、批评与文化研究中心(Centre for Critical and Cultural Studies)主任。其有关文化研究的论述颇多,其中包括《英国文化研究导论》(*British Cultural Studies: An Introduction*,1990 and 1996)。其最近的论著为《名望游戏:澳大利亚的名人生产》(*Fame Games: The Production of Celebrity in Australia*,2000,与弗朗西斯·布纳,P. 戴维·马歇尔合作)。

弗兰克·韦伯斯特(Frank Webster):英国伯明翰大学(University of Birmingham)社会学教授,文化研究与社会学系主任。其论著有《信息社会理论》(*Theories of the Information Society*,1995),《技术文化时代》(*Times of the Technoculture*,1999,与凯文·罗宾斯合作),《信息技术:勒德分析》(*Information Technology: A Luddite Analysis*,1986,与凯文·罗宾斯合作),以及《信息时代的文化与政治:一种新的政治?》(*Culture and Politics in the Information Age: A New Politics?* 2001)。

乔治·尤迪斯(George Yúdice):纽约大学(New York University)美国研究、西班牙和葡萄牙语教授,文化政策研究私有化文化项目(the Privatization of Culture Project for Research on Cultural Policy)主任。论著有《文森特·维多夫罗诗学语言研究》(*Vicente Huidobro y la motivación del languaje poetico*,1977),《文化与价值:拉丁美洲文学文化论集》(*Culture and Value: Essays on Latin American Literature and Culture*,即出),《权宜之文化》(*The Expediency of Culture*,即出),《文化政策》(*Cultural Policy*,即出,与托比·米勒合作)。与让·佛朗哥,胡安·弗洛雷斯合编《边缘:当代拉丁美洲文化危机》(*On Edge: The Crisis of Contempoarary Latin American Culture*,1992),合作编辑了明尼苏达大学出版社系列丛书"美洲文化研究"(Cultural Studies of the Americas)。

(王晓路 译)

第1章
导论:何谓文化研究

托比·米勒(Toby Miller)

  文化研究是极有吸引力的。[1]文化研究与分散在人文科学中的诸种理论倾向共生:马克思主义、女性主义、酷儿(同性恋)理论以及后殖民理论等。在人文科学中,"文化"已经成为一种"总体—转义"(master-trope),它以社会理论融合并混合了通俗文化的文本分析,关注权力的边缘,而非对业已建立的力量和权威进行再生产(Czaplicka et al. 1995:3)。文化研究关注亚文化、流行媒介、音乐、时尚和体育,以此取代了对经典艺术作品、政府领导、定量社会数据的关注。文化研究以观察"普通"和"边缘"的社会群体采纳并改变文化的方式,将人们视为新的社会价值和文化语言的潜在生产者,而不是简单地将其视为消费者。

  这就对学术领域构成了广泛的挑战。而对于通俗文化的考察也在大学之外的世界掀起了波澜,因为人文科学一直回避了对于娱乐批判的历史性任务,而且新的商业趋势也成了文化研究自身的一部分。

  文化研究是一种跨越学科界限的研究趋势,而不是一门学科本身。在实践者同时期所表达的希望中,下列观点也是显而易见的:拒绝界定,坚持差异,维持传统的系别资格(以及致力于理性和研究的技艺和博学能力)。文化研究的持续性源自一些共同的关注点和方法:这一关注点是文化的再生产是如何通过主体与其自身机构间对抗的结构性决定因素产生的;而其方法则是历史唯物论(historical materialism)(Morrow 1995:3,6)。文化研究由于主体性和权力而赋予生命力——人类主体是如何形成的,他们又是如何体验文化和社会空间的。文化研究从经济学、政治学、媒介和传播研究、社会学、文学、教育学、法学、科技研究、人类学以及史学中获得自身的研究程序和分析样式,尤为关注社会性别、种族、日常生活中的性别问题,在某种信奉社会进步变化的征兆下将文本和社会理论合二为一。

  通俗文化实践的政治意义或许在亚文化中得到了最好的例证。亚文化意味着文化之下的、同时与其背道而驰的、从中派生而来的某种空间,它赋予官方的、支配性的、商业的、生活的官僚性组织形式以生命——从一种作为支配性工具的文化迁移至作为能动性工具的文化。这一迁移旨在发现,社会弱势群体是如何使用文化以争取到有利于自身的地位的。它通过对20世纪60年代和20世纪70年代有关奴隶、民众、海盗、盗贼以及工人阶级实施的历史与当代研究,强调了一种与权势持续的不顺从。例如,英国对男阿飞(Teddy Boys)、摩登派成员

(Mods)、摩托党(bikers)、光头仔(skinheads)、朋克族(punks)、中小学生、少女、拉斯特法里派成员(Rastas)的研究,接受了逃学者、辍学者以及杂志读者,即那些背离学校成规的人,以及进入亚文化的方式转而工作的人,将其视为具有魔力的历史作用使然。这样一种研究考察了其结构性基础乃至他们共同的风格,调查他们是如何利用自己的饰物和用品(bricolage)颠覆了那种成就式的、物质享乐主义的、由教育所企及的价值观以及中产阶级的外观。其可行的假定为:从属群体采纳并改用了支配性文化的符号和对象,将其重新组构起来,加工成新的意义。消费就位于这种亚文化的中心;而其悖论则在于,它也同时颠倒了作为消费者成员的身份。他们成了新时尚的生产者,以此在自己的身体上铭刻了疏离、差异以及无权力的印记。英国经济的衰退以及70年代的状况,在朋克族采用垃圾废品作为装饰中得到了例示:购物袋衬里(bag-liners)、厕所用具以及破衣烂衫等。然而,在资本主义将挪用者加以挪用之时,商品化时尚和传统则开始取而代之。甚至,媒体当时都宣称,朋克族是民间魔鬼,处于种种伦理惊恐之中,时装和音乐产业界也派出打探之人,寻查市场的新动向(Leong 1992)。

意识到作为抵抗对象的商品,其挪用本身随即被商品化,这种双向考察使得通过批判政治经济学的社会经济分析成了经由文化研究所开展的表征分析的一个很好的同盟。然而这两个方面均维系了一种倾向,即它们之间是相互排斥的:一种方法与经济结构有关,另一种则与意义结构有关。但这并不构成一个问题。从历史上看,最佳的批判政治经济学及最佳的文化研究的运作,均是通过在文化持续性中所有的连接点上相互重叠的权力和主体性进行的。格拉姆·默多克(Grahm Murdok)对此有很好的论述:

> 批判政治经济学(critical political economy)在解释何人对谁言说以及在公共文化主要的空间中这些象征性冲突所采取的形式方面,是最有力的。而文化研究对于话语和意象是如何组织为体系并迁移其意义模式,以及这些意义在日常生活的延续和变化中是如何得到再生产、调解和抗争的这一点上,则拥有极好的解说价值。(1995:94)

而理想的方式是,将这两种方法结合起来或许可以在一种原则性的接近文化民主的符号之下,弥合事实与阐释之间、社会科学与人文科学之间的分割。对于这一目标,劳伦斯·格罗斯伯格(Lawrence Grossberg)呼吁文化研究提供一种将抽象和基础性分析结合起来的强有力的方式,将"理论政治化并将政治理论化"。这就需要关注组织性结构的矛盾,这种结构与日常生活和文本性合为一体并与政治经济盘根错节,与此同时拒绝任何反对研究生产与消费的观点,或未能对诸如阶级、种族、民族和性别相重叠的核心问题进行主观性阐释(1997:4—5,9—10)。

本书是以此目标进行的设计。为了具体说明本书所涉及的内容,本导论考察了文化研究的发展线索、当前的展现以及思考,简言之即它是什么,又不是什么,即何谓文化研究。

奠基者及其他发端

理查德·马克斯韦尔(Richard Maxwell)提供了一种颇有用途的全球性文化研究图表(图

表1）。上面列举了四位英国文化研究奠基者，四位都是战后英国知识分子：理查德·霍加特（Richard Hoggart）、E. P. 汤普森（E. P. Thompson）、斯图尔特·霍尔（Stuart Hall）以及雷蒙·威廉斯（Raymond Williams）。这几位都是成人教育者和大学左派教授，他们希望将"文化和工人阶级的感情"加以突出（Maxwell 2000：282），以此在体验和社会结构的层面上理解阶级和民族的交汇点。

霍加特是一位左派的利维斯追随者，他以文学研究为方法，同时认真地对待工人阶级的流行嗜好，以支持提升工人阶级的社会地位。其经典性著作《文化的用途》（*The Uses of Literacy*）是50年代出版的，之后，他成为各种评论团体的著名成员，进入公共文化领域，在企鹅书局出版《查特莱夫人的情人》的审判中为辩方证人，一举成为明星式人物。60年代中期在伯明翰大学创办当代文化研究中心（CCCS）。霍加特继而为联合国教科文组织的高级文化官员，后成为传记作者。[2]汤普森的关键性贡献来自他有关英国工人阶级历史的论著（1968），该书强调以"低层"（below）的视角观察过去，而非以"高高在上"（on-high）的观点，这避开了有利于普通人的生活记录的理论。对理论的拒绝与结构主义马克思主义形成了强烈对比（Thompson 1978），而后者是以路易斯·阿尔都塞（Louis Althusser）为标识进入70年代的英国文化研究的（1977）。汤普森也是英国核裁运动组织（Britain's Campaign for Nuclear Disarmament）60年代高峰期以及80年代复苏期的积极分子。霍尔开始是作为一名左派利维斯主义者并在当代文化研究中心作为霍加特的副手工作了好些年，实际上他从1968年起管理该中心达十余年，其间汲取了葛兰西学术方式用以考察国家陈规及惯常式的反抗，因而使这十余年成为该中心通力协作的经典时期。霍尔在开放大学继续他的事业，但转而对福柯主义（Foucauldianism）和后殖民进行研究，致力于将文化研究与社会学和媒介研究相结合，合编了一系列理论阐释的论著，形成了一种全面的关键性影响力，霍尔探求到了一种分析符号、表征和意识形态的方式。[3]而威廉斯在很大程度上则凭借了自己在威尔士成长的经历来理解文化变迁和权力变化的意义。他通过数量可观的、引人注目的论及文学史、文学理论、媒介和传播、文化以及社会的论著，对发展中的文化研究提供了最大量的理论论述。这一工程在批判政治经济学和文化研究之间提供了某种混合的模式，笔者因而在此对其关注点和方法论略加讨论。

威廉斯对那种理想式的文化概念持批判态度，这些概念认定，文化是由普遍性价值所衡量而不断走向完美的东西，这些价值是人类条件的基础，似乎是永恒的，而不是基于特殊的可能性条件。他也质疑文献式的文化概念，这种概念记录艺术作品以维护具体的洞察力，并通过批评使其凸现。威廉斯认为，人们应当关注某一时段中某一群体的生活方式和价值观，注意这些群体是如何被再现的，注意这种再现方式的得失（1975：57）。

威廉斯的方法论——文化唯物论，得益于卡尔·马克思的洞察力，即人们生产了其自身存在的条件，但往往没有意识到或没有获得能动力。是社会实践，而非本质、天才或个性，形成了生活方式并时时改变它。这一洞察使人们脱离了以往任何一种历史的以及当代的文化观，这种文化观往往以高高在上的方式赋予艺术的文明、统治者的经历或宗教影响以特权（Williams 1977：19）。人们转而应当以解读文化产品并考虑其创造和流通境况的方式研究文化。威廉斯将艺术与社会分别称为"工程"（project）和"形构"（formation），两者相互交织，两个术语中均没有一致的概念或时序上的偏重。文化的关系，其曲折和转型、时常在激烈和不稳定的方式中的变化，是社会物质生活中的一部分。例如，语言既不超前于社会世界也不追随其后，而是其中的一部分。这就意味着，思想著作是从主要的经济生产模式中获得的，而不是从个人、地点和权力自身的微观经济中得来的(1989:151—2,164—6)。并不是某一有机群体生产了某种艺术制品文化，或某种艺术制品文化反映了某一有机群体，而是二者均拥有其自身内在的政治，并且与更为广泛的经济相联系。

文化唯物论(cultural materialism)以社会历史的变迁言说物质文化(建筑、电影、轿车、时装、雕塑等等)，并对此加以解释：这种由普通人所生产的文化是如何被重新包装后又转而出售给普通人的。威廉斯将文化分为支配性文化和相对的残留(residual)文化以及新兴形式(emergent form)，依据安东尼奥·葛兰西(Antonio Gramsci)的霸权模式(1971)，即一种对于社会秩序而言的某种可靠的赞同过程，它使得支配性文化以规范自然的方式出现，与未消失的残留文化并存，这些残留文化包含着原有的意义和实践形式，虽然这种文化已不再处于支配性地位，但依然有影响，而作为霸权一部分的新兴文化实践要么由新兴的阶级所宣传，要么被支配性阶级合并，在威廉斯所称为的"情感结构"(structure of feeling)术语中也表达了这种操控，即一个时代的无形之物解释或形成了生活品质。在官方文化与实践意识之间，这种迹象就常常包含了某种争夺，或至少是不协调之处。简言之，威廉斯的文化观坚持一种群体生活的重要性、每一种文化形构的冲突、文化的社会本质以及社会的文化本质。

当然，在当代文化研究中除了上述四位之外，还有许多其他学者提供的资源。曼泰·戴尔瓦拉(Manthia Diawara)提供了一种英美多元文化的发展线索，这样尽管突出了霍尔后期的论著，但是却使得这一标准趋于复杂化，成为一种相当温和的叙述。达瓦拉将伯明翰当代文化研究中心(CCCS)与伦敦的黑人文化工人、有色人种中的黑人以及美国大学女性主义研究领域联系起来。这一轨迹包含了一种关键性的转型观。文化研究最初的推动力源自一种愿望，即根据阶级统治和反抗，寻求一种推进激进政治的历史使然力的角度来理解英国文化。然而这一使然作用却陷入疑惑之中，争论是以批判性别歧视(sexism)和白人民族主义的方式就男性特质(masculinity)、英国/英语特性(Britishness/Englishness)而展开的(Diawara 1994:262—3;同时参见 Women's Studies Group 1978)。依照马克斯韦尔的图表，其他的半自主力量也对文化研究的形成起到了作用。拉丁美洲的影响，包括其社会主义，这种社会主义显示在新拉丁美洲电影(New Latin American Cinema)中，表现为20世纪60年代和20世纪70年代对被压迫者的教育；米凯莱(Michèle)和阿曼德·马特拉(Armand Mattelart)用马克思主义媒介理论分析萨尔瓦多·阿连德(Salvador Allende)的智利(1986,1992)[4]、哥伦比亚赫苏斯·马丁-巴韦罗(Jesús Matin-Barbero)的霸权研究(1993)、墨西哥社会学家内斯托尔·加西亚·坎克里尼(Néstor García Canclini)对社会和文化理论的综合之中。(Maxwell 2000:286—7)在非洲，卡米瑞苏中心(Kamiriithu Centre)的恩古杰·瓦·蒂奥诺(Ngugi wa Thiong'o)和恩古杰·瓦·米瑞(Ngugi wa Mirii)等人将文化批评与生产联系起来。(Wright 1996:355—6, 361)在南亚，从事属下研究(subaltern studies)的知识分子诸如拉纳吉特·古哈(Ranajit Guha, 1982年起)与帕塔莎·查特吉(Partha Chatterjee 1993)的论著对于后殖民和历史研究是至关重要的。

图表1　全球文化研究[5]

英国 20 世纪 50 年代和 20 世纪 60 年代
英国文化研究的促进者
爱德华·汤普森(Edward Thompson 1924—1992)
雷蒙·威廉斯(Raymond Williams 1921—1988)
理查德·霍加特(Richard Hoggart 1919—)
伯明翰当代文化研究中心(CCCS, 1964)

英国 20 世纪 60 年代和 20 世纪 70 年代
斯图尔特·霍尔（Stuart Hall 1932—)
当代文化研究中心(CCCS)
阿尔都塞所激发的结构主义
意识形态与传媒接合(Articulation)
葛兰西对霸权的论述

英国 20 世纪 80 年代
批判种族/性属研究(Critical race/ gender studies)
受众的人种志研究(Ethnographic study of audiences)

法国与意大利 20 世纪 50 年代和 20 世纪 60 年代
罗兰·巴特(Roland Barthes 1915—1980)
翁贝尔托·埃科(Umberto Eco 1932—)
路易·阿尔都塞(Louis Althusser 1918—1990)

20 世纪 70 年代和 20 世纪 80 年代
米歇尔·福柯(Michel Foucault 1926—1984)

美国 20 世纪 70 年代和 20 世纪 80 年代
帕迪·惠恩奈尔(Paddy Whannel, 70 年代)
劳伦斯·格罗斯伯格(Lawrence Grossberg)
约翰·费斯克(John Fiske, 80 年代)
　　多义性(Polysemy)
　　互文性(Intertextuality)
　　文本愉悦(Textual pleasure)
　　反抗(Resistance)
福柯所激发的下列论述
　　　　话语(Discourse)
　　　　微观政治学(Micro politics)

非洲 20 世纪 50 年代和 20 世纪 60 年代
阿尔及利亚的弗朗斯·法侬(Frantz Fanon 1925—1961)
几内亚的阿米尔卡·卡夫拉尔(Amilcar Cabral 1924—1973)
作为文化行为的民族解放(National liberation as an act of culture)

拉丁美洲 20 世纪 60 年代和 20 世纪 70 年代
跨区域社会主义（Transregional socialism）
新拉丁美洲电影（60 年代）（New Latin American Cinema）
智利社会主义（1970—1973）

非洲 20 世纪 70 年代和 20 世纪 90 年代
恩古杰·瓦·蒂奥诺（Ngugi wa Thiong'o）
肯尼亚的恩古杰·瓦·米瑞（Ngugi wa Mirii）
南非文化与传媒研究中心（Centre for Cultural and Media Studies）

拉丁美洲 20 世纪 80 年代和 20 世纪 90 年代
赫苏斯·马丁-巴韦罗（Jesús Matin-Barbero）
社会文化方式适应（Enculturation）
调停（Mediation）
混合（Mestizaje）
内斯托尔·加西亚·坎克里尼（Nèstor García Canclini）
杂交共生性（Hybridity）

20 世纪 90 年代英语世界的文化研究
女性主义作家、种族批判分析、人种志田野考察、酷儿理论在文化研究中取得进展。
文化研究在英国、美国、加拿大、南非、澳大利亚的大学、研究机构、学术市场中成为显学，要求学习通俗文化的学生数量日益增多。
文化研究在 80 年代和 90 年代新保守主义政治背景中与市场标准更为协调。
文化政策研究（Cultural Policy Studies）出现。
文化研究正经历分裂并对其自身的历史进行非政治化。

什么是文化研究（什么不是文化研究）

上述这些不同的遗产对于今天的文化研究意味着什么呢？约翰·弗劳（John Frow）、米甘·莫里斯（Meaghan Morris）对照了霸权经纪人（hegemonic powerbrokers）和文化研究的观点，前者将文化视为获取经济效率的途径，而后者则质疑权力和主体性，而不是利用这些东西从普通民众那里榨取剩余价值或将其教育得十分顺从。弗劳和莫里斯均希望，诸如民族、社区或社会这些词汇在脱离了民族同一性的本质主义定义并朝向对个人和社会群体的多元解释时，要对这些词汇每一次进入话语所产生的拒斥、同化和创造加以审查（1993b：viii-ix，xv）。莫里斯（1992）将文化研究的关注点解释为"种族、族裔、性别、性属、阶级、代际以及民族差异［大致以此秩序］，因为这些东西是生产出来的并在历史中处于争辩之中"，与此同时展开"一种对文化普遍性的批判"。

同时，由于源自社会科学的范畴方式在此作为了考察的系统，于是其作为抹除差异的系统地位就成了问题，结果是产生了一种生产性的知性复调，引发了矛盾和杂音。倘若我们将这一点与弗劳和莫里斯（1993b）的跨学科系列观点联系起来，那么我们就可以将某种所需求的文化研究具体化，成为与经济学、政治学、文本分析、社会性别理论、人种志、史学、后殖民研究、物质对象、政策的混合物,以某种揭示和改造那些控制传播和文化方式的人的愿望使其充满活力,并以一种对自身存在的理由和做法始终保持敏感性的做法,使其持续下去。这可以和格罗斯伯格(1993)的文化研究版图联系起来,沿着文化方法和社会理论两个轴心展开,其展开的系统是比较五种方法(文学人文主义、辩证社会学、文化主义、结构主义交接点以及后现代主义交接点),以八种理论方式(认识论、决定论、使然力、社会形构、文化形构、权力、斗争特性、现代场域)论述,以生产出历史化的文化分析。

那么,什么不是文化研究呢?显然,试图列出哪些是文化研究,哪些又不是的做法是令人担忧的,这样尤其会卷入一种绝对的二元性之中(文化研究往往否定二元对立,因为二元对立未能确认在认定的二元结构中逻各斯中心的相互依存方式,例如,白人性的自我意识有赖于黑人性)。然而,二元结构犹如包括和排斥的形式一样,对于思考和修补而言并不是坏事。因而,笔者在此列出哪些为文化研究,哪些为非文化研究(列表1)。

列表1　文化研究

文化研究	非文化研究
人种志学	体质人类学
传媒的文本分析	文学形式主义与经典形成
社会理论	追溯与时间序列分析
科技研究	数学、地质学、化学
政治经济学	新古典主义经济学
批判地理学	规划研究
精神分析	理性选择理论与认知心理学
后现代艺术	艺术史
批判建筑学	工程及预算
环境保护主义	工业发展
女性主义	人类生物学
酷儿性	变异性
全球化	民族主义
后殖民主义	世界文学
欧洲大陆哲学、结构主义与后结构主义	分析哲学
流行音乐	音乐学
社会符号学	形式主义语言学
时尚	技术设计
文化与社会史	政治史
批判大众健康	医学培训
批判法学研究与批判种族理论	法律培训与法律形式主义
亚文化研究	利益集团研究

该表左边各项显示了一种对涵盖社会变迁的知识的赞同。它再现了一种意愿,即将大学教授的职业与种种社会运动联系起来,以此作为权力、权限及责任的首要位置。而右边各项则显示了一种对带有社会再生产的知识的赞同。它亦再现了一种意愿,即将大学职业与大学和专业联系起来,以此作为权力、权限及责任的首要位置。一边是有关社会秩序的转型,而另一

边则是有关其复制。

我们可以在大量的期刊出版物中看到这种分类的力量,这些出版物赞同文化研究对于大量学科所形成的近期及深远的影响。[6]期刊提供了某种考察文化研究及其他领域之间的差异的场地,因此笔者在此重复这一二元性(binarism)。在学术潮流刊物和专业期刊之间的学术出版中存在着一种大致的分野,二者均在特定的领域中寻求对领导权的建立。它们互相以一种二元对立的方式运作,尽管在某些个案中并没有重叠的论题和作者。列表2为这一对立的图解。[7]

列表2 文化期刊

潮流期刊	专业期刊
坦承政治方案,在时空中范围内寻求介入方式	坦承真理方案,寻求对普遍知识的追求
机构内稿件评审员依照政治和内聚力理由支持或反对作者的稿件	客观稿件评审员依据对学科正误性对稿件进行纯客观性评审
公开征稿,主题性专号,对当代社会问题做出反应	对专业团体有限开放,较长时间的评审和修改
寻求某种跨学科位置的领导权自选编辑部成员	在学科内寻求对加入者和成就的领导权由学术团体遴选编辑
易导致无效率、突发的能量和新意,但最终会意识到刊物这一"瞬间"已终止	易导致效率高、"规范科学",注定会有人跟进其发起的学科
《社会文本》(Social Text)	《美国现代语言学协会会刊》(PMLA)
《公共文化》(Public Culture)	《美国社会学评论》(American Sociological Review)
《社会主义评论》(Socialist Review)	
《暗箱》(camera obscura)	
《激进史评论》(Radical History Review)	《电影期刊》(Cinema Journal)
《历史工作室期刊》(History Workshop Journal)	《传播杂志》(Journal of Communication)
	《美国史评论》(American Historical Review)
	《当代人类学》(Current Anthropology)

如上所示,在这一系统中,右边各刊是匿名评审的。纯客观的评审(不论是作者或是评审者的匿名方式)出现在社会科学中,以弥补方法论上的虚假,或犹如出纳对有效审计负责一样,这或许是领导者所希望的。这一体系逐渐扩展到大学之外,尽管有一些科学依然实行单向的编审制(非匿名作者式评审)。大多数评审刊物在财政和学术上均得到专业团体的支持。《美国现代语言学协会会刊》就只发表现代语言学协会缴费会员的文章,所有文章也须经资深会员审读。除非你是该会会员,否则你的论文根本不会被评审。这种结果会使我们许多人很矛盾。例如,《自然》(Nature)一刊的编辑曾对这一事实发出过叹息,评审制或许阻止了发表那封宣告脱氧核糖核酸分子结构中的双螺旋的稿件,双螺旋是1953年在该刊刊登的,而对匿名评审的研究则表明,它使人们谨慎,并再生产了某种精英学者和学科的"隐性团体"(invisible college)(Clemens et al. 1996;Madox 1989;Willis and McNamee 1990)。这个团体正如所要求的那样,拥有非常政治化的意愿:美国医学协会杂志的编辑被解雇,因为该刊在弹劾克林顿争议期间竟然发表了一篇文章,表明"大量的中西部大学"(人们在阅读调查研究时读过多少次这样的表述?)中60%的本科生在1991年都认为,如果只是口交不是性交,就并没有"性交过"。

但也有一些刊物跨越了这一类分方式。五年来,《连续性:媒介与文化研究》(Continuum:A Journal of Media and Cultural Studies)就从一个由西澳大利亚几个大学教师获得稿件、编辑、格式处理的刊物变为拥有一名资深编辑、一名主编、一名摄影编辑、两名评审编辑、四名通讯编辑、七名编辑部成员、五十九名编委部顾问和一名英国出版商的刊物,而上述人员中只有两名是原来的技术人员。所以这一方案并不是一种全面的类分方式。《文化研究》(*Cultural Studies*)的编辑事实上"欢迎"对文化研究进行学术定型。他们将这一出版的增长视为"文化研究自身活力的征兆以及作为一个领域,其身份构成的信号",然而该刊依然征求"知识构成性"稿件,这些知识在"历史上和区域上均是不可预料的",而不是那种顺从某一学科的知识。(Grossberg and Pollock 1998:1)而对于《国际文化研究杂志》(*International Journal of Cultural Studies*)而言,它在创刊号中就承诺确定知识的地方化,成为"后学科"(post-disciplinary),将"学术研究本身"视为探索的对象,并参与到"'文化研究'现在成为一种管理和市场能力"的事实之中(Hartley 1998:5—7)。

这一系统的左边的强人也在书籍出版中显示出了力量。20世纪90年代可以看到大量的文化研究选集的出现,诸如由萨拉·富兰克林等人(Sarah Franklin et al. 1991)、特里·洛弗尔(Terry Lovell 1995)、莫拉格·希阿奇(Morag Shiach 1999)等人所编辑的各种女性主义读本,综合性国际文化研究概览(1993—),英国黑人文化研究专栏(Baker, Jr. et al. 1996),以及来自澳大利亚、德国、法国、西班牙、意大利、亚洲、俄国、加拿大—澳大利亚以及美国的那些实实在在的并有关未来的混合民族记忆。[8]《文化研究》庞大的文集(Grossberg et al.)出现在1992年,类似的文集也出现在女同性恋/男同性恋/酷儿理论、法学、多元文化/后殖民研究、区域、体育、政治、变异研究(alterity studies)等领域中,与此同时,在生物医学圈内也有人呼吁采纳某种文化研究的方式,而且在诸如艾滋病等领域已经取得了令人瞩目的贡献。[9]人们召开了好几个"十字路口的文化研究"研讨会,檀香山在1993年召集了一次重要的活动,用了一个街区来供奉文化研究的刊物,这些刊物来自新西兰/毛利新西兰(Aotearoa),澳大利亚、印度、菲律宾和美国。一些主要的学术团体开始从文化研究趋势中转型,其中突出的有国际传播学会(International Communication Association)、国际大众传播研究学会(International Association for Mass Communication Research)、全国传播学会(National Communication Association)。最后,还涌现了大量的网站(Berry and Miller 2000)。

文化研究并没能避开学界和政治监察人的眼光,这一出版系统的右边一栏与政治右翼颇有相似之处。文化研究关注身份,它与所认定的、具有提升作用的经典美学论著的抗争,因而导致了它受到非议,被认为已经从优雅的鉴赏中堕落了。肯尼斯·米诺格(Kenneth Minogue)在《泰晤士报文学副刊》中就针对这一"西方世界政治—知性的废品垃圾场"发表了论辩文章(1994:27),同时,《党派评论》(*Partisan Review*)和《新标准》(*New Criterion*)的新保守主义读者们也对此危险性有所警觉(Wolfe 1996;Kimball 1996)。香港的最后一位总督彭定康(Chris Patten)为英国国会保守党议员,他将文化研究称为"意志薄弱者的迪士尼"(转引自 Morley 1998:478)。西蒙·霍加特(Simon Hoggart)为理查德之子,著名的新闻专家,也是一个毫不留情的反对者。在2000年2月,他在英国电视上对当地大学大加谴责,认为它们实际上应当与哈佛大学、麻省理工学院看齐的时候,却为这种毫无意义的东西荒废时间。然而哈佛法学院召开了好几次文化研究的研讨会,麻省理工学院也正大力推进这些领域,显然,文化研究以各种方式击中了一些既往的神圣目标。而对一些右翼自由主义论者而言,他们对文化研究持欢迎态度是不足为奇的。《理性》(Reason)杂志的编辑弗吉尼亚·波斯特尔(Virginia Postrel)在1999年为《华尔街日报》(Wall Street Journal)撰写了一篇不加掩饰的文章,她将文化研究描述为"对传统左翼商业观形成了深深的威胁",因为,积极的消费观对于右翼人士所钟爱的至高无上的消费者十分相近,"文化研究的专家们正在背叛左翼的事业,对共同敌人提供了帮助,甚至训练忙于市场销售研究的研究生"。

在美国,一些遭遇系的关闭、合并或转到其他门类的社会政策研究中的社会学学者们,在面临文化研究时,或埋首于方法论的痛苦之中,或声称这一势力范围和术语本是属于他们自己。而当你采用埃米尔·涂尔干(Émile Durkheim)和哈罗德·加芬克尔(Harold Garfinkel)的观点来反驳塔尔科特·帕森斯(Talcott Parsons)时,你又会得到什么呢?那就是"一项文化研究的新提案"(Alexander and Smith 1993)。这一立场宣称某种修正性功能主义已经取代了马克思主义,这种功能主义采用阐释性的文化人类学和"主观感知"将意义与社会结构联系起来。象征和理想,而非权力关系,才是恰当的重点。要理解这一点,剑桥大学出版社的"文化社会研究"系列丛书就坦承是一项涂尔干式的计划。它重复了"编辑按语"(Salzman 1975),该按语认为,二十五年前创办的《前景:美国文化研究年度杂志》(Prospects: An Annual Journal of American Cultural Studies)旨在"阐明美国特性的实质",它还声称,文化研究不过是一种象征性的交互主义(interactionism)(Becker and McCall 1990)。因此,传统的批评家要么惊恐地举起双手,要么寻求将这一突然崛起的混合物作为标准的科学加以合并。

而对于左边一栏的项目而言,文化研究对身份的关注点也招致了谴责,人们认为它从优雅的"真正的"政治中堕落了(这使人想起唐·德里罗[Don DeLillo]的后现代小说《白噪音》[White Noise]中的那个人物,他抱怨自己的大学说,"这地方的正教授除了读谷类早餐盒上的说明外,啥也不读")。《纽约客》杂志的亚当·高普尼克(Adam Gopnik)对美国的激进分子进行谴责,认为这些人过于抽取概念,对"意识产生现实"的臆断也进行非难,要是这样,那么"美国左派的能量就在文化研究之中,而不在卫生保健事业之中"(1994:96)。然而,消费过程应当包括愉悦、抵抗以及平庸和支配的问题,而有关卫生保健的争论部分地是通过大众在进行。无论如何,文化研究与"真正的"政治之间的所谓距离是虚假的,例如,美国的文化研究位于服饰工业血汗工厂激进主义的最前线,位于当代劳工教育条件的文献证据之中(Ross 1997; Nelson 1997; Martin 1998)。谢天谢地,这还不是一个"易碎"的领域。

然而办刊甚久的文化研究杂志《社会文本》(Social Text)(1979—)在1996至1997年间却深陷有关社会构成主义和科学真理所有权的公开争论之中,当时有一位物理学研究者在该刊上发表了一篇文章,表明了他所不相信的事物,然而他紧接着却又在一家平民主义的学术刊物上宣布了与之相反的论点,声称他有意而为的欺骗是一个信号,表明了该领域作为一个激进的政治场域,其思维是凌乱不堪的,同时也是虚弱的。这就引来了大批媒体的关注。鉴于这一行为的欺骗性,人们不难理解为什么美国政府要设立一个专门机构,以审查获得联邦研究基金的人可能的科技诈骗。然而还是值得问一个问题:这些评论有什么变化呢?

文化研究似乎占据了20世纪60年代英国社会学的空间——由于其激进的反精英批判,

对霸权力量造成了某种刺激，这就引起了传统学科和媒介行家们的敌意，他们认为，提升大众（或至少其中的一部分）的品位是人文学科神圣的职责，其方式是灌输一系列从日常生活中仔细剥离的那些神圣知识。德里罗对教授们阅读谷类早餐说明的妙语既感到好笑同时也不失尖锐。当然，从对高雅文化的追求迁移到将学术资本投入到平凡事物中，从包豪斯建筑学派迁移到布里略包装盒，确实是不同寻常的。彭定康有关"意志薄弱者的迪士尼"的妙语也是既好笑同时也是不失尖锐的。但是在上述情况中，均存在着语言背后的东西。理解标识图像的意义和美国食品的具体的历史是极为重要的，与此同时，承认普通民众的愉悦，而不是对某种选举的准天赋神权式的观点赋予特权，那么"意志薄弱"对于文化精英而言，或许就不那么具有威胁了。

结　　论

　　本指南旨在表明文化研究所存在的位置及其作用，反映其兴趣和方法极富意义的多样性。我们涉及诸种学科、地域、议题和资源，与文化研究后学科工程（postdisciplinary project）保持一致，这样做亦是为了使其去地方化（deprovincialization）（本书的撰稿人来自不同的五大洲）。第一部分是学科，审视文化研究与一系列知识交叉的方式。毕竟，文化研究总是要找到"一个家园……在具体的学科内安身，正如它对学科化的知性工作的合法性形成挑战一样"（Grossberg 1997：5）。马克·吉布森（Mark Gibson）和亚历克·麦克霍尔（Alec McHoul）考察了自霍加特时代至今跨学科性所构成的要素。罗丝玛丽·库姆（Rosemary Coombe）对是否有法学文化研究进行了追问。兰迪·马丁（Randy Martin）对美国社会理论遭遇文化研究的术语进行了陈述。弗兰克·韦伯斯特（Frank Webster）也同样对英国社会理论类似的问题进行了论述。玛丽安娜·德莱里特（Marianne de Laet）涉及了文化研究与科学的炙热的关系。理查德·马克斯韦尔（Richard Maxwell）正视了政治经济学与文化研究之间的对话问题，论证了二者之间深刻的联系。道格拉斯·凯尔纳（Douglas Kellner）亦将法兰克福学派的批评理论与文化研究的关系进行了类似的梳理。西尔克·莫根罗特（Silke Morgenroth）考察了考古学，而乔治·E. 马库斯（George E. Marcus）审视了人类学，这两个拥有相当明晰的文化研究经验的孪生学科，前者依然保持着距离，作者论证了其何以至此，而后者则看到自己的领域和方法如何受到了批评并且是"借鉴而来的"。这一部分以约翰·恩古耶·厄尼（John Nguyet Erni）对文化研究的总结结束，认为其最有意义的家园乃是媒介和传播研究。

　　第二部分是地域。此部分将文化研究的影响力置于跨民族和民族的层次之上，就其多样性的速度和深度，以及它所声称的成为一项解放性、包容性的工程而言，是一个必要的变迁。乔治·尤迪斯（George Yúdice）对比了美国和拉丁美洲的经验，而豪尔赫·马里斯卡尔（Jorge Mariscal）集中讨论了美国文化研究对西班牙特性和多样性的态度。格雷姆·特纳（Graeme Turner）讨论了新西兰/毛利新西兰和澳大利亚文化研究遭遇所涉及的问题。马杰伟（Eric K. W. Ma）对香港近年来所经历的地理政治和学科变化何以展示了文化研究的来临进行了说明。本·卡林顿（Ben Carrington）对英国本土的神话做出了自己的阐释，保罗·摩尔（Paul

Moore)对欧洲文化研究进行了探讨。

第三部分是议题。这一部分以特殊的话题和抗争形式论及文化研究的实践。贾斯廷·刘易斯(Justin Lewis)从教育观论述文化研究对青年文化的探讨。保罗·史密斯(Paul Smith)呼吁对马克思主义采纳新的运用方式。C. L. 科尔(C. L. Cole)将体育与科学及政治文化联系起来。托尼·贝内特(Tony Bennett)将文化政策作为政治干涉的实用性领域加以了突出,而安娜·玛丽亚·奥乔亚·戈捷(Ana María Ochoa Gautier)将这一点置于哥伦比亚的语境中予以问题化处理,安德烈亚·弗雷泽(Andrea Fraser)则通过一个演出涉及类似的问题。梅利莎·迪姆(Melissa Deem)采纳文化研究方法论述当前美国流行文化中的女性主义状况,将1999年弹劾危机作为一个个案研究。贾森·金(Jason King)通过舞蹈音乐审视身体问题。时尚则是萨拉·贝里(Sarah Berry)的论文的背景。罗伯特·斯塔姆(Robert Stam)探寻了文化研究与种族之间的至关重要的联系。杰弗里·劳伦斯(Geoffrey Lawrence)和我本人分析了全球化问题。这一部分因苏文德尼·卡纳加沙拜·佩雷拉(Suvendrini Kanagasabai Perera)的论述散居身份而归于圆满。第四部分是文献资源,以参考文献结尾,这对这样一个如此分散的知性领域至关重要。

任何一种旨在详尽勾勒文化研究的承诺都是不全面的,而且具有潜在的争议性,因为这一领域就其定义和权力而言,是任何人皆可进入的,而且该领域坦承是政治性的。就让它这样吧。要问我自己的观点吗?那就是不论好坏,我都坚持认为,文化研究应当将社会运动和可提起诉讼的政策视为天然磁石和测向仪加以关注。认识到这一点,我们必须将注意力转到自治和外在支配之间的公共话语之上,并在商品符号和社会阶层符号(state sign)穿越时空时追踪其进程——即霍尔重点讨论的表征、认同、生产、消费和规约实践的"文化巡回"(circuit of culture)(1997:1)。这就意味着复苏福柯式的挑战,即现代人既要对付国家政府管理,又要应付社会管理。于是我们对文化的体制性控制以及日常生活潜在的民主就有一些可以言说的内容,指出前者消除的东西以及后者潜在的东西。正如贾斯廷·刘易斯所指出的,关注对大多数人所实施的政治权力并不需要以特殊性和边缘性为代价;相反,应当将其视为使边缘群体拥有权力的前提(1999:199—200)。马克斯韦尔就这两者间的表述进行了强调:

> 人们的工作是创造文化。不仅仅是作家、技术人员、艺术家、木工以及所有那些从事电影、书籍这一类工作的人;文化也由那些不是直接从事文化产业的劳动者所创造的。想一想你自己平时对某部电影情节、你的文法或室友的玩笑进行的评判和解释。想一想那些人,他们修建了你所经过的桥梁,你所走过的道路,交通工具以及人类之间的关系……以及在这些建筑和设备中你所经历的爱情,短暂的遭遇……以及所有的艰辛、罢工、团结、死亡、劳资谈判、债务和满足。(2000:281)

我在1973年第一次读到伯明翰当代文化研究中心的《文化研究文集4》(*Working Papers in Cultural Studies 4*),对当年的兴奋感依然记忆犹新。在一个用现成物品摆成的体贴入微的小天使旁边,是一些与美元和英镑标识放在一起的罗盘针,几个打印机的编码,页下中间靠左边有两行大写的文字:

文学—社会

　　摩托车赛

对我来说,这些合在一起的话题是极其自然的(就像报纸上刊登的一样)。当然,这不是"正规的"学术。依照人们的生活和由传播而来的现实而言,要使这些东西有条理完全是合情合理的,而依照学术工作的区分以及歧视的等级制而言,这些东西就完全是荒谬可笑的。好啊!

(王晓路　译)

注释:

[1]　感谢玛丽·莱杰(Marie Leger)的评论。

[2]　《国际文化研究杂志》(*International Journal of Cultural Studies*)创刊号刊载了霍加特的访谈录及其论著(Gibson and Hartley 1998)。

[3]　以 *Stuart Hall*: Critical Dialogues in Cultural Studies (Chen and Morley 1996) 为题的纪念文集中收集了他的一些论著、相关评论,并列出了十分有用的参考书目。

[4]　萨尔瓦多·阿连德(1908—1973),智利第一位马克思主义总统。——译注。

[5]　原文文字性图表主要为历时性,但其中有一部分为共时性交叉,在具体处理时比较麻烦,故主要依据其国别和区域历时性列表方式译出。共时性发展可参考原文第 4 页。——译注。

[6]　在期刊阵地,出现了一批专号: *Cultural Studies in Mass Communication* ("Cultural Studies," 1989), *Critical Studies* ("Cultural Studies: Crossing Boundaries," 1991), the *Journal of Communication* ("The Future of the Field—Between Fragmentation and Cohesion," 1993), the *Canadian Review of Comparative Literature/ Revue Canadienne de Littérature Comparée* ("Cultural Studies / Les études culturelles," 1995), *The University of Toronto Quarterly* ("Cultural Studies in Canada," 1995 and "Cultural Studies: Disciplinarity and Divergence," 1996), *Calallo* ("Rethinking Black (Cultural) Studies," 1996), the *Southeast Asian Journal of Social Science* ("Cultural Studies in the Asia Pacific," 1994), *boundary 2* ("Asia/Pacific," 1994), *Politics & Culture* ("Cultural Studies and Cultural Politics," 1994), and *South Atlantic Quarterly* ("Ireland and Irish Cultural Studies," 1996), The *Quarterly Journal of Speech* 提出,"作为元话语的新马克思主义"在评价新贵的影响力时是否"与修辞情感格格不入",*Victorian Studies* 不合时宜地举办了对 80 和 90 年代论著的研讨会(Rosteck 1995: 397; "Review," 1993), *Cultural Studies* 在美国重新开办,其在澳大利亚创办史被很快勾销。The *Review of Education* 重新设计为 *Review of Education/Pedagogy/Cultural Studies* (Shanno and Giroux 1994), *African Literatures and Cultures* 改版为 *Journal of African Cultural Studies*。其他重要的相关刊物还有: *French Cultural Studies*, *Social Semiotics*, *Social Identities*, *UTS Review*, *Strategies: Journal of Theory*, *Culture & Politics*, *Pretexts: Literary and Cultural Studies*, *Travezia: The Journal of Latin American Cultural Studies*,时至 21 世纪出现的一些新近刊物有: *International Journal of Cultural Studies*, the *European Journal of Cultural Studies*, the *Journal of Spanish Cultural Studies*, *Inter-Asia Cultural Studies*, *Nepantla: Views from South*,以及 *Feminist Media Studies*。

[7]　原文两个列表在同一页(参见原文第 8 页),但考虑到文字的理解和行文的逻辑,特依据作者的论述将

两个表分开。——译注。

[8] Frow and Morris 1993a; Turner 1993; Jordan and Morgan-Tamosunas 2000, Forbes and Kelly 1996; Le Hir and Strand 2000; Graham and Labanyi 1996; Forgaces and Lumley 1996; Chen 1998; Kelly and Shepherd 1998; Blundell et al. 1993; Harley and Peason 2000.

[9] Abelove et al. 1993; Leonard 1993; Redhead 1995; Baker and Boyd 1997; Martin and Miller 1999; Good 1995; Treichler 1999; Dean 2000.

参考文献：

"Asia/Pacific as Space of Cultural Production."(1994). *boundary* 2 21, no. 1.

"Cultural Studies." (1998). *Cultural Studies in Mass Communication* 6, no. 4.

"Cultural Studies in the Asia Pacific."(1994). *Southeast Asian Journal of Social Science* 22.

"Cultural Studies Crossing Boundaries." (1991) *Critical Studies* 3, no. 1.

"Cultural Studies/Cultural Politics: Articulating the Global and the Local." (1994). *Politics & Culture* 6.

"Cultural Studies/ Les études culturelles." (1995). *Canadian Review of Comparative Literature/ Revue Canadienne de Littérature Comparée* 22, no. 1.

"The Future of the Field—Between Fragmentation and Cohesion."(1993). *Journal of Communication* 43, no. 3.

"Rethinking Black (Cultural) Studies." (1996). *Callaloo* 19, no. 1.

"Review Forum on Cultural Studies." (1993). *Victorian Studies* 36, no. 4: 455—72.

Workplace. (1999). 2. no. 2. ⟨http: // www. louisville. edu / journal / workplace / issue4 / contents 22. html⟩.

Abelove, Henry, Michèle Aina Barale, and David M. Halperin, eds. (1993). *The Lesian and Gay Studies Reader*. New York: Routledge.

Alexander, Jeffrey C. and Philip Smith. (1993). "The Discourse of American Civil Society: A New Proposal for Cultural Studies." *Theory and Society* 22, no. 2: 151—207.

Althusser, Louis. (1977). *Lenin and Philosophy and Other Essays*. trans. Ben Brewster. London: New Left Books.

Baker, Aaron and Todd Boyd, eds. (1997). *Out of Bounds: Sports, Media, and the Politics of Identity*. Bloomington: Indiana University Press.

Baker, Houston A. Jr., Manthia Diawara, and Ruth H. Lindeborg, eds. (1996). *Black British Cultural Studies: A Reader*. Chicago: University of Chicago Press.

Becker, Howard S. and Michael M. McCall, eds. (1990). *Symbolic Interaction and Cultural Studies*. Chicago: University of Chicago Press.

Berry, Sarah and Toby Miller. (2000). *Blackwell Cultural Source Center*. ⟨http: // www. blackwellpublishers. co. uk/cultural/⟩.

Blundell, Valda, John Shepherd, and Ian Taylor, eds. (1993). *Relocating Cultural Studies: Developments in Theory and Research*. London: Routledge.

Brantlinger, Patrick. (1990). *Crusoe's Footsteps: Cultural Studies in Britain and America*. New York:

Routledge.

Chaney, David. (1994). *The Cultural Turn: Scene Setting Essays on Contemporary Cultural Theory*. London: Routledge.

Chatterjee, Partha. (1993). *The Nation and its Fragments: Colonial and Postcolonial Histories*. Princeton: Princeton University Press.

Chen, Kuan-Hsing, ed. (1998). *Trajectories: Inter-Asia Cultural Studies*. London: Routledge.

Chen, Kuan-Hsing and David Morley, eds. (1996). *Stuart Hall: Critical Dialogues in Cultural Studies*. London: Routledge.

Clemens, Elisabeth S., Walter W. Powell, Kris Mcllwaine, and Dina Okamoto. (1996). "Careers in Print: Books, Journals, and Scholarly Reputations." *American Journal of Sociology* 101: 433—94.

Czaplicka, John, Andreas Huyseen, and Anson Rabinach. (1995). "Introduction: Cultural History and Cultural Studies: Reflections on a Symposium." *New German Critique*. 22, no. 2: 3—17.

Dean, J., ed. (2000). *Cultural Studies and Political Theory*. Ithaca: Cornell University Press.

Diawara, Manthia. (1994). "Black Studies, Cultural Studies, Performative Acts." In *Race, Identity and Representation in Education*, eds. Cameron McCarthy and Warren Crichlow. New York: Routledge, 262—7.

Dirks, Nicholas, B., Geoff Eley, and Sherry B. Ortner, eds. (1994). *Culture/Power/History: A Reader in Contemporary Social Theory*. Princeton: Princeton University Press.

During, Simon, ed. (1993). *The Cultural Studies Reader*. London: Routledge.

Forbes, Jill and Michael Kelly, eds. (1996). *French Cultural Studies: An Introduction*. Oxford: Oxford University Press.

Forgacs, David and Robert Lumley, eds. (1996). *Italian Cultural Studies: An Introduction*. Oxford: Oxford University Press.

Franklin, Sarah, Celia Lury, and Jackie Stacey, eds. (1991). *Off-Centre: Feminism and Cultural Studies*. London: Routledge.

Frow, John and Meaghan Morris, eds. (1993a). *Australian Cultural Studies: A Reader*. Sydney: Allan and Unwin.

Frow, John and Meaghan Morris, eds. (1993b). "Introduction." *Australian Cultural Studies: A Reader*. eds. John Frow and Meaghan Morris. Sydney: Allan and Unwin, vii-xxxii.

Garcia, Canclini, Néstor. (1990). *Culturas Híbridas: Estrategias para Enrar y Salír de la Modernidad*. Mexico, DF: Editorial Grijalbo.

Gibson, Mark and John Hartley. (1998). "Forty Years of Cultural Studies: An Interview with Richard Hoggart, October 1997." *International Journal of Cultural Studies* 1, no. 1:11—23.

Good, Mary-Jo Delvecchio. (1995). "Cultural Studies of Biomedicine: An Agenda for Research." *Social Science and Medicine* 41, no. 461—73.

Gopnik, Adam. (1994). "Read All About It." *New Yorker* 70: 84—102.

Graham, Helen and Jo Labanyi, eds. (1996). *Spanish Cultural Studies: An Introduction: The Struggle for Modernity*. Oxford: Oxford University Press.

Gramsci, Antonio. (1971). *Selections from the Prison Notebooks*, trans. Quentin Hoare and Geoffrey

Nowell-Smith. New York: International Publishers.

Gray, Ann and Jim McGuigan, eds. (1993). *Studying Culture: An Introductory Reader*. London: Edward Arnold.

Grossberg, Lawrence. (1993). "The Formation of Cultural Studies: An American in Birmingham." In *Relocating Cultural Studies: Developments in Theory and Research*. eds. Valda Blundell, John Shepherd, and Ian Taylor, eds. London: Routledge, 21—66.

Grossberg, Lawrence. (1997). *Bringing it all Back Home: Essays in Cultural Studies*. Durham: Duke University Press.

Grossberg, Lawrence and Della Pollock. (1998). "Editorial Statement." *Cultural Studies* 12, no. 3:2.

Grossberg, Lawrence, Cary Nelson and Paula Treichler, eds. (1992). *Cultural Studies*. New York: Routledge.

Guba, Ranajit, ed. (1982—). *Subaltern Studies*. Delhi: Oxford University Press.

Hall, Stuart. (1997). "Introduction". In *Representation: Cultural Representations and Signifying Practices*, ed. Start Hall. London: Sage, 1997, 1—11.

Harris, David. (1992). *From Class Struggle to the Politics of Pleasure: The Effects of Gramscianism on Cultural Studies*. London: Routedge.

Hartley, John. (1998). "Editorial (with Goanna)." *International Journal of Cultural Studies*. 1, no. 1: 5—10.

Hartley, John and Roberta Pearson, eds. (2000). *American Cultural Studies: A Reader*. Oxford: Oxford University Press.

Hoggart, Richard. (1957). *The Uses of Literacy: Aspects of Working-Class Life with Special Reference to Publications and Entertainments*. Harmondsworth: Penguin.

Inglis, Fred. (1993). *Cultural Studies*. Oxford: Blackwell.

Jenks, Chris, ed. (1993). *Cultural Reproduction*. London: Routledge.

Jordan, B. and R. Morgan-Tamosunas, eds. (2000). *Contemporary Spanish Cultural Studies*. London: Arnold.

Kelly, C. and D. Shepherd, eds. (1998). *Russian Cultural Studies: An Introduction*. Oxford: Oxford University Press.

Kimball, Roger. (1996). "'Diversity,' 'Cultural Studies' & Other Mistakes." *New Criterion* 14, no. 9: 4—9.

Le Hir, Marie-Pierre and Dana Strand, eds. (2000). *French Cultural Studies: Criticism at the Crossroads*. Albany: State University of New York Press.

Leonard, Jerry D., ed. (1995). *Legal Studies as Cultural Studies: A Reader in (Post)Modern Critical Theory*. Albany: State University of New York Press.

Leong, Laurence Wei-Teng. (1992). "Cultural Resistance: The Cultural Terrorism of British Male Working-Class Youth." *Current Perspectives in Social Theory* 12: 29—58.

Lewis, Justin. (1999). "The Opinion Poll as Cultural Form." *International Journal of Cultural Studies* 2, no. 2: 199—221.

Lovell, Terry, ed. (1995). *Feminist Cultural Studies Volumes I and II*. Aldershot: Elgar.

Maddox, John. (1989). "Where Next with Peer-Review?" *Nature* 339: 11.

Martin, Randy, ed. (1998). *Chalk Lines: The Politics of Work in the Managed University*. Durham: Duke University Press.

Martin, Randy and Toby Miller, eds. (1999). *SportCult*. Minneapolis: University of Minnesota Press.

Martin-Barbero, Jésus. (1993). *Communication, Culture, and Hegemony: From the Media to Mediations*. London: Sage.

Mattelart, Armand and Michèle Mattelart. (1992). *Rethinking Media Theory: Signposts and New Directions*. trans. James A. Cohen and Martina Urquidi. Minneapolis: University of Minnesota Press.

Mattelart, Michèle. (1986). *Women, Media and Crisis: Femininity and Disorder*. London: Comedia.

Maxwell, Richard. (2000). "Cultural Studies." In *Understanding Contemporary Society: Theories of the Present*, eds. Gary Browning, Abigail Halci, and Frank Webster. London: Sage, 281—95.

McGuigan, Jim. (1992). *Cultural Popularism*. New York: Routledge.

Minogue, Kenneth. (1994). "Philosophy." *Times Literary Supplement* Nov. 25: 27—8.

Morley, David. (1998). "So-Called Cultural Studies: Dead Ends and Reinvented Wheels." *Cultural Studies* 12, no. 4: 476—97.

Morris, Meaghan. (1992). *Ecstasy and Economics: American Essays for John Forbes*. Sydney: E. M. Press.

Morrow, Raymond A. (1995). "The Challenge of Cultural Studies." *Canadian Review of Comparative Literature/ Revue Canadienne de Littérature Comparée* 22, no. 1: 1—20.

Murdock, Graham. (1995). "Across the Great Divide: Cultural Analysis and the Condition of Democracy." *Critical Studies in Mass Communication* 12, no. 1: 89—95.

Nelson, Cary, ed. (1997). *Will Teach for Food: Academic Labor in Crisis*. Minneapolis: University of Minnesota Press.

Postrel, Virginia. (1999). "The Pleasure of Persuasion." *Wall Street Journal* 2 Aug.

Punter, David, ed. (1986). *Introduction to Contemporary Cultural Studies*. London: Longman.

Redhead, Steve. (1995). *Unpopular Cultures: The Birth of Law and Popular Culture*. Manchester: Manchester University Press.

Rose, Andrew, ed. (1997). *No Sweat: Fashion, Free Trade, and the Rights of Garment Workers*. New York: Verso.

Rosteck, Thomas. (1995). "Cultural Studies and Rhetorical Studies." *Quarterly Journal of Speech* 81, no. 3: 386—403.

Salzman, Jack. (1975). "Editor's Notes." *Prospects: An Annual Journal of American Cultural Studies* 1: iii.

Shannon, Patrick and Henry A. Giroux. (1994). "Editor's Comments." *Review of Education/ Pedagogy/ Cultural Studies* 16, no. 1: v.

Shiach, Morag, ed. (1999). *Feminism & Cultural Studies*. Oxford: Oxford University Press.

Storey, John. (1993). *An Introductory Guide to Cultural Theory and Popular Culture*. Athens: University of Georgia Press.

Thompson, E. P. (1968). *The Making of the English Working Class*. Harmondsworth: Penguin.

Thompson, E. P. (1978). *The Poverty of Theory*. London: Merlin.

Treichler, Paula. (1999). *How to Have Theory in an Epidemic: Cultural Chronicles of AIDS*. Durham: Duke University Press.

Tudor, Andrew. (1999). *Decoding Culture: Theory and Method in Cultural Studies*. London: Sage.

Turner, Graeme. (1990). *British Cultural Studies: An Introduction*. Boston: Unwin Hyman.

Turner, Graeme, ed. (1993). *Nation, Culture, Text: Australian Cultural and Media Studies*. London: Routledge.

Williams, Patrick and Laura Chrisman, eds. (1993). *Colonial Discourse / Post-Colonial Theory*. New York: Columbia University Press.

Williams, Raymond. (1975). *The Long Revolution*. Harmondworth: Pelican.

Williams, Raymond. (1977). *Marxism and Literature*. Oxford: Oxford University Press.

Williams, Raymond. (1989). *The Politics of Modernism: Against the New Conformists*, ed. Tony Pinkney. London: Verso.

Willis, Cecil L. and Stephen J. McNamee. (1990). "Social Networks of Science and Patterns of Publication in Leading Sociology Journals." *Knowledge: Creation, Diffusion, Utilization* 11: 363—81.

Wolfe, Alan. (1996). " The Culture of Cultural Studies." *Partisan Review* 53, no. 3: 485—92.

Women's Studies Group of the Centre for Contemporary Cultural Studies. (1978). *Women Take Issue: Aspects of Women's Subordination*. London: Hutchinson.

Wright, Handel Kashope. (1996). "Take Birmingham to the Curb, Here Comes African Cultural Studies: An Exercise in Revisionist Historiography." *University of Toronto Quarterly* 65, no. 2: 355—65.

第一部分

学　科(Disciplines)

第 2 章
跨学科性

马克·吉布森(Mark Gibson)

亚历克·麦克霍尔(Alec McHoul)

霍加特根本性的分道扬镳

1957 年 2 月,理查德·霍加特(Richard Hoggart)发表了后来被称为"文化研究"的革命性的论著《文化的用途：与报刊娱乐相关的工人阶级生活侧影》(*The Uses of Literacy: Aspects of Working-class Life, with Special Reference to Publications and Entertainment*),有谁能够想到这部论著对大学英文系带来的巨大冲击力呢？甚至人们对目录稍加审视,就可以看出一种根本性的分野已经从英语文学批评例行的对象、业已建构的经典以及那些重要的"严肃"作家的作品中分道扬镳了。那些著名作家的"生活与作品"(这一方法由于过于社会政治化,过于忽略美学意义,而在 50 年代就受到了质疑),被代之以对工人阶级、家庭、家园、父母、社区的兴趣——因为所有这些都触到了劳动阶层和普通男女的具体的日常生活。宏大的文学史被渺小的日常生活史的具体性所取代。人们反复提及流行艺术,而不是严肃"文学"(*Peg's Paper* and "Club-Singing")。"艺术"一词的形容词部分本身也发生了变化,从"严肃"、"高雅"、"精致"迁移到"通俗"、"商业"和"大众"。或许更有意义的是,"艺术"一词在该书的最后部分被"文化"一词有效地取代。因而,文学研究随着该书的章节被转为了其他的研究,尽管这种其他的研究并不那么具有社会学和政治研究的意味。霍加特毫不妥协的普通散文体,他对其所表达之物的个人情感,他的公开认同,使得这本书即便以其"最为温和"的形式,特别是依据 50 年代的标准,也多少带有某种社会科学的意味。

然而并非如此。这是某种新的、完全不同的东西,它为一种特有的跨学科混合领域提供了洞察力,而文化研究正是成了这种混合物,倘若我们愿意对其进行一番回顾,并且对文化研究足以拥有自身的历史这一点并不回避的话。当然,这一观点在当前已不那么时髦,尽管事实上,文化研究也同样坚持将许多其他的学科加以历史化,以动摇其权威性。我们进行这一回顾时,就会发现一系列独特的条件,这些条件使某种霍加特式的观点成为可能,并且使他以尚不成熟的跨学科方式研究文化和流行文化成为可能。

时至20世纪50年代末,战后的英国大学刚开始以新的方式开拓生源,根据学生的才气和能力以及阶层、收入和家族广收学生。但这丝毫不似20世纪60年代晚期和20世纪70年代早期战后高峰期的规模,其间在全国各地出现了一批新的大学,包括在那些学术上一潭死水的地方,如兰开斯特和布赖顿。这二次高峰期,正如后来众所周知的那样,成了文化研究形成的青春期、高速发展期、流行期以及繁荣期的关键性推动力。这一时期也标志着文化研究成了与传统的人文社会科学相异的革命性课程;实质上,它是反学科的——至少当时如此。然而霍加特自己更早的十年间,对于文化研究的形成和作为一种跨学科的独特性而言,是其早年发展以及最初构成平台的关键性时期。犹如许多后来的写作模式一样,霍加特也以半自传的形式对文化研究兴起的条件进行了叙述。其著名的"学术青年"部分就是以一种非常明确的方式讲述了这一经历。

在某种意义上,倘若我们相信霍加特所言,当他告知我们英国的大学或许要首次遭遇一类新的学生,那么,文化研究就不得不产生。但是我们需要在此忆及的是,直至大约霍加特本人的大学生活时代,大多数学者和大学教师们在社会地位上却是低于他们的学生的。那么,谁是新来的"学术青年"呢?霍加特有一段特别的描述,其来源近乎完美,因为我们在此所读到的是霍加特自己所概括的经历:

> (他)不是一个"创造性的天才"。他相当聪明,其智力在班上脱颖而出,然而却不足以在智力上和情感上战胜所有的难题。他甚至不能获得"哲学的慰藉",至少在确定自己的境遇时,在某种程度上是这样的。他发现即便他达到了某种文化程度,也很难将其实现,不像那些并没有花极大的工夫去获得的人那么容易,不像那些对剥削"脑力"漫长过程(如他自己)并不知晓的人那么容易。(Hoggart 1957:248)

这个学术青年既不是"创造性的少数"(英国大学教师们以及传统的学生们),也不是"平庸的多数"(他所学习的班级以及他不得不加以认同),按照托比·米勒(Toby Miller)所谓的自我非完整性(1993)的说法,这个青年陷入了一种悖论。这个自我是不完整的,因为它否定"聪明"和"脑力",所有的训练和社会选择均暗示了这一点。而与此同时,令人惊异的是,在一种学术环境中,这些"脑力"却不能参与到自己的"文化"(或"文化特性")之中,尽管对于以自己的智力知晓自己所为这一点,他们拥有悠久而持续的上流阶层和贵族史。这个学术青年——我们在这里或许可以将这个人物作为新近出现的文化研究本身——既难以存在、却又必须存在于一种学术环境之中:竭力获取它难以简单获取的某种尊重,某种学科性地位。

在这样一种悖论或内在矛盾中,该青年或文化研究仅有的理性选择就是要找到一些方式,是文化而非大学本身可以以这些方式成为至少受到一半尊重的领域。对于霍加特这就犹如一场攻坚战。于是,文化研究并非是为了存在才成为跨学科的;跨学科性并不是它有意的分野,并不是其课程激进性自告奋勇的旗帜,至少现在不是。相反,跨学科性是产生于结构性的体制需要。其本身基础的混合成分,文学研究、社会学、自传,代表了一种形成该学科早期形式的三角型重点。然而,这三种中的任何一类都不会被这个学术青年所采用,作为"他的"学科。文学研究(不论是其美学或历史模式)均是重新回到"老的"学术人口学的深层且持久的文化当中。

社会学是对专业技术或"脑力"的确认,将其用作经验性研究,但不附加任何艺术意义,不论是流行的或其他什么艺术。自传表明了一种经历(即我们现在称之为"身份政治"的东西),它可以依据记忆和轶事轻松自由地撰写,脱离逻辑性进展,因而也脱离界定学术青年努力的那种"脑力"。但与此同时就人文科学而言,这些是他仅有的装备。他必须做的是将这一切合成某种新的东西,某种实际上可以"对其本身加以言说"的东西,最终或许可以将跨学科像荣誉勋章一样戴上,就好像这是有目的地从其致力于进行激进的体制改革中创造的一样。

这就是霍加特,他在1957年已经位于学术成功的顶端,但依然处于过程之中,他必须作为一名非常不同的大学生为这一成功而努力奋斗。我们现在转到约十年后的雷蒙·威廉斯(Raymond Williams),转到他作为一名成熟的大学教师的写作,他所描写的另一种最初的文化研究的"客户":成人教育。

威廉斯与成人教育

对早期英国文化研究新学科的认可开创了一种可能性,即可以据此发展出一门新型的教育,相对于霍加特的方式,对跨学科性的确信正是在这一点上开始更为明确地得到了系统的表述。在雷蒙·威廉斯的记述中,最具有挑战性的语境是大学之外的教育——又是一位在20世纪60年代晚期和20世纪70年代早期对三角系统扩展的先驱——学生在这种教育方式中只是由于对展现给他们的材料拥有一点兴趣或获得解释能力而得以维系:

> 最终,这些人以一种实用的立场说:"好吧,如果你告诉我那个问题超乎你的学科之外,那么,就给我带一个人来,他的学科可以包含这个问题,否则,就别提那个学科,你自己来回答这个问题。"这一特别复杂且往往是令人困惑的、汇集为文化研究的东西,正是从这种完全难以对付且凌乱不堪的状况中产生的。(Williams 1989:157)

这一出现在文化研究早期且刚刚起步的跨学科工程,与其说是由某种特别的问题或题材所界定,还不如说是由一种对学术专门化领域的理解、超越知识界和实用性兴趣的经常性对话所界定的。对于威廉斯而言,它是这样一项工程:

> 我们在一种知性工作中尽其所能,并以这种相当开放的方式进行这项工作来面对群体,对于他们而言,这不是一种生活方式,更不可能是一种工作,然而对于他们而言,却是一种他们自身知性兴趣的事情,是他们自己对自身的压力的理解、对来自各个方面最个人化以及最广泛的政治压力的理解。(Williams 1989:162)

在这种语境下,跨学科性的动力再一次是对不完整性的认可,然而这一次,这种转移确实重要,这种不完整性从教师的角度可以感受出来,在划分为学科课程方面体现出来。正规的学术知识只有在遭遇其范围之外的兴趣、生活方式以及伦理实践中才会被迫意识到,其地位只是部分的、不确定的,而且(确实)与校园外的世界保持着距离,那是一个非常不同而人们又意欲知晓的世界,一种"情感结构"(structures of feeling)非常不同的组合。

对威廉斯而言,人文科学所意识到的这种未完成性的初始跨学科性与特定的语言观密切相关,在其论著《关键词》(Keywords)的序言中,他将这一点清晰地勾勒为"历史语义学"。这对于建构在专门化的学科词汇之上的权威有意表明了强烈的反对意见。而在一些确定的领域,参照辞书定义或"正确的含义"或许可以解决某些争论,因为对于许多讨论文化与社会的中心术语来说,这样一种程序是不可能的。在这一领域,含义较之学科的观念更为复杂,而定义则可以允许威廉斯在此称其为"关系",其理由是含义可能随实际生活的状况而改变:

> 有必要强调的是,含义最大的问题往往存在于日常生活的关系中,而且在特定的社会秩序以及社会和历史变迁的过程中,含义和关系通常是多样和多变的。
> (Williams 1976:22)

在这种观照之下,"令人熟悉的、近乎固化的政治性凝视"就不存在什么正当的理由,这种凝视也往往遭遇"不正确"的用法。但这并不是说,专门化的语言是没有价值的,"但在任何主要的语言中,尤其处在一个变动时期,过度的自信及追求明确的意义,假如没有面对所牵涉的问题,就可能会使其成为转瞬即逝的东西"(Williams 1976:16)。由此,威廉斯的立场并不是反学科的(不论文化研究在后来的时期将自己视为何物),而是坚持强调知识学科形式的限制和不完整性,坚持其历史性的构成。

这种自成人教育发展而来的知识伦理学也反映在威廉斯最为持久并被广泛引用的一个概念中,即前面提到的"情感结构"。这一概念的独创性在于它简化了既往人们熟知的二分法,因为二分法是以"结构"与正规的体制、学科以及话语相联系,并以"情感"(有时与"使然作用"等同)与体制、学科和话语之外的生活领域相联系。"情感结构"并不是在学科意义上得到充分表述的形式,但更像是正在形成中的初级学科。威廉斯在《漫长的革命》(The Long Revolution)中通过化学反应迅速溶解的隐喻方式对此加以了解释(Williams 1965:63;同时参见 Pickering 1997:23-53)。在历史的变革中,某些结构性进程变得乏力,或不再受关注,而另一些则假定了所建构的体制的可信度。任何时期得到认可的学科及其政治和社会体制,都显然是位于体制之内的。而对于威廉斯而言,某些历史成就归因于这些体制,这并不是问题,但文化研究工程旨在培养出对情感结构的敏感力,虽然这种结构还没有找到(或许永远不会找到)一种迅猛的发展形式。其中的关键处并不是一种抽象的、批判性的进步教育理论,或是一种原则性的反对意见,而是一种更为具体的、直接的关注,即关注学科知识不可避免地加以排除的东西,以及,在实际的社会和文化"关系"之中,它又是如何成为不完整的。对于威廉斯而言,所排除的东西和霍加特一样,主要是基于阶层(或许还有基于区域的)体验的现实性。然而我们将看到,某种类似的(尽管无法证实)东西也同样可以运用到现在所称的"多样性"之上。

阿帕杜莱:今日的多样性与学科性

在日益临近当代——时至 1996 年——该学科正迁移到其他大陆之时,这样一篇论文的发现是极有意义的,即在其本身的历史政治背景下,它至少回应了面临差异的那种不完整性的论题,而这个论题则可以在霍加特和威廉斯(二者或稍许有些差异)基础性的论著找到。这篇论文即是阿尔琼·阿帕杜莱(Arjun Appadurai)所做的美国大学文化研究状况的报告。阿帕杜莱写出如下意见时,对两人确实是心存谢意的:

> 一般而言,英文系已经成为文化研究发展和繁荣之地。在回顾文化研究在英国的兴起以及理查德·霍加特和雷蒙·威廉斯的论著时(两人均为文学学生),就可以理解到这一点。同时毫无疑问的是,正是在这种英语的空间之内,马修·阿诺德(Mattew Arnold)(作为文明进程)的文化观就可能会遭遇到通俗文化的报复,因为通俗文化已成为适合文学研究的科目。(1996:28)

尽管阿诺德的"文明进程"是霍加特的学术青年以"脑力"必须加以克服的障碍,但是这一新的先锋(阿帕杜莱所展现的先锋颇受争议)却看到,"文明"是多样性及学科性新的混合体中不可或缺的部分,这种混合体正如所展现的那样,也是另一形式的不完整性。显然,阶级差异观不再是单一的驱动力。在总体结构中,其位置已被多样性所取代。例如,阿帕杜莱在众多的二元对立中,就将多样性做出了区分,即作为偶数效果——"有色人种学生、少数族裔背景的教职工,以及某种近似的国际环境"所呈现出的多样性,以及作为对大众文化中的真正变化的多样性——的这两个多样性之间的区分(1996:25)。同样,一方面(从数量上看),有来自传统学术惯例之外的"客户"或人数,而另一方面又有体制性文化,它面临某种需要达到与体制性文化重建关系的难题。人的数量已经达到,但重建关系却还没有完成;于是一种新的(不是并行不悖的)差异性的不完整性就出现了:

> 尽管美国大学已经设法将多种差异转变为较好的原则并将其纳入了例行的公务(工作广告、招聘教员和学生以及学习课程)之中,但是它还没有创造出一种惯例,使多样性能够处于这一体制本身的核心地位。(1996:26)

这不禁使人联想到霍加特和威廉斯:大学对不同的社会和文化阶层大规模开放(在他们那个时期招收聪明的工人阶级的子弟和成人学生;而在阿帕杜莱时期则招收更为广泛的非传统意义上的学生),但是不太清楚的是,将这些学生招收进来之后怎么做,同时也不清楚如何为他们的"需要着想",不清楚是否应当改变自身或是改变这些学生的传统"文化性"。倘若我们在此拥有威廉斯所说的"整体的反叛、凌乱的状况"(Williams 1989:157)的另一个有所改变的版本,那么,其"解决"就会再一次成为某种类似"格外复杂且往往是糟糕的集合体"的堆积物而已。然而人口统计数与体制化文化之间的差异在这种新的情况下,似乎使得新成员与学位课程均呈现不完整的状况。而这种不完整性再一次与学科的问题发生了关联。

于是,阿帕杜莱看到了霍加特和威廉斯由于历史原因未能强调的那些东西。他们显然以自己不同的方式看到了英文系及其文化的学科限制。但是这个更新的"少数派成员"却能以结合学科性两个更为细致意义层面的方式对其加以补充。或许在福柯之后,阿帕杜莱是对学科性两个"主要的意义层面"做出区分的人:"(A)关爱、培育、习惯;(B)领域、方法、题材"(1996:30)。阿帕杜莱于是转向了最初的、更具传统意义层面的学科性,将其作为来自多样性背景新的群体可以获取的场地。依据阿帕杜莱的观点，他更赞同(对本科生的)文科学院，而非(研究生的)研究型学院。他对前者加以展望，认为可以培养出世界性自我(自称为某种"乌托邦")，而后者则只会导致某种可信赖的知识，更为有限的、专业型的自我(以霍加特的思路来说，这或许只是"脑力"的)。

于是，阿帕杜莱对这一新的不完整性有了新的解决方案：坚持将少数群体作为文科教育的重要部分。这一观点(理想)包括了"区域研究"以及任何作为"'次等群体'、'少数群体'以及'次要文学'"。(1996:34)所以其"建设性"的结论是：

> 世界其他地区的文化研究(区域研究)的批评复苏，至少存在着一种方式，使学科恢复其至高无上的人文—世界性标准，而不是由研究所驱动的学科标准。(1996:35)

或许，其悖论则是，鉴于我们考察的是早期的文化研究状况——也许并不是这样，正如我们所看到的那样，威廉斯和霍加特两人并没有完全否定"人文世界性学科标准"，[1]那么，"区域"与"少数"研究合并所出现的回返实际上是坚持了某种更为古老和更为传统的自我培育的方式：

> 文科的学科理想旨在学生中培养出某种具备世界眼光的自由性。而强调研究实践规范的学科观念与审视世界、生产既新又有效的知识方式与专业相关，与这种注重伦理的自由性自我观念却几乎毫无关联。(1996:32)

这里的"自由性自我"与威廉斯所描述的并非截然不同，他当时就写道，"对于他们而言，这(知性生活)不是一种生活方式，更不可能是一种工作，然而对于他们而言，却是一种他们自身知性兴趣的事情，是他们自己对自身的压力的理解、对来自各个方面最个人化以及最广泛的政治压力的理解"(Williams 1989:162)。此处某种身份政治和生活压力，即与一系列传统意义上的学术无关的生活压力，再一次与人文科学的课程相遭遇，而这种课程"旨在学生中培养出某种具备世界眼光的自由性自我"。最后这一点差不多可以说是出自阿多诺的手笔，他当时就将"文化"界定为"不偏不倚、积极地运用阅读、反省和观察，努力地了解可能了解的最佳事物"(1889:137)。

显然，在文化研究形成影响的时期(霍加特与威廉斯时期)与其他区域的近期发展期之间，存在着某种对应关系，但是我们依然想了解，对于诸如霍加特这样的学术青年而言，阿帕杜莱的"少数"是否可以成为某种替代式范式呢？传统意义上的大学及其"他者"性大学之间全然不同的关系模式中，这样一种"少数"范式或许会发生实际的作用。而对于霍加特来说，这是一个转化(translation)的问题以及转化伦理问题，即在充斥着"吃蜗牛的法国人"(1957:183)的大学里的"异国"世界与来自利兹的男生——学习如何采用按照"文明"的术语进行交流的男生之间所存在的伦理转化问题。对于阿帕杜莱这些新的"先锋"派而言，这是一个政治再现的问题：学院里的多数被迫给少数让路(开始是在数量上，尔后是在文化上)，而让步的方式则是将学院想象为普遍性的乌托邦式的论坛。

然而不论在哪种情况下，而且对于所有这些重要的差异来说，我们均可以注意到，对于(跨)学科性的必然立场，再一次在不同情况中有性质上的差异，这些立场并不是一种意愿性或激进的课程选择，而是针对这种必要的不完整性的一种必不可少的结构性反应以及解决方式，而任何一种自我在经历严酷的体制转型时,这种不完整性就肯定会出现;且不论这种自我是何种类型,不论是霍加特所言,"他相当聪明,智力在班上脱颖而出,然而却不足以在智力上和情感上战胜所有的难题",抑或阿多诺或阿帕杜莱的那种"某种具备世界眼光的自由性自我",均是如此。

贝内特:不完整性的终结?

在文化研究中有关(跨)学科性变化的观念中,与阿帕杜莱相反的例证是托尼·贝内特(Tony Bennett)最近对此问题所提出的一系列干涉性意见(1993,1998a,1998b)。其差异之处需要在某些基本相似的背景中才能衬托出来。贝内特和阿帕杜莱一样,他把大学中这种新的"多样性"视为需要重新思考的问题,需要用源自霍加特和威廉斯早期论著中的那些不同的措辞加以思考(1998b:37)。他也同阿帕杜莱一样,在"自我培育"和发展更为抽象的理论与方法论之间,对于人文学术的各类原理进行分辨。然而,阿帕杜莱推崇的是第一类,而贝内特却偏向第二类。这样,他就使文化研究具有了清晰的学科性地位而完全接受,这或许是迄今最为突出的一个个案。贝内特拒绝接受某种在他看来是对"专业能力"浪漫式的反对,而倡导该领域"需要提出明确的知识体系和方法论步骤,这些体系和步骤可以明确地转化为具体的技能和训练,而在实用性生活的范围中这些将被证明是实用的"(1998b:52)。

于是,贝内特的目标只是阿帕杜莱"学科"术语双重意义中的一半。他否定了福柯(1970)对这种双重性所称之为"超验"的一面:作为"关爱、培育、习惯"的学科——但他对福柯称之为"经验"(或许专业的)一面持肯定的态度:以阿帕杜莱的界定来说,即作为"领域、方法、题材"的学科。我们或许要问的问题是,这种回归到作为经验—专业性、单一—关注的学科是否可以"解决"结构性(以及我们将看到,也同样是伦理性)不完整性的难题,我们发现,在霍加特、威廉斯和阿帕杜莱的论著中,这一难题是以不同的、各具特征的形式出现的——我们还将在下面的结论中继续讨论这一点。然而,在此之前,我们还得对贝内特干涉性意见的背景加以了解。

贝内特有关学科性的观点来自更为普遍的评论,这些评论将文化研究理解为在根本上是植根于"边缘性"或"抵抗性"的东西(有关这一点,参见 Bennett 1992,1998b)。对他而言,这种理解不仅在历史上是不准确的,同时对于该领域诸种可能性的任何现实性的评价来说也是一种障碍。至少从英国的情况来看,文化研究并非是在业已建构的体制外发展起来的,也不是在与之对抗中发展起来的,而是在政府设定的教育空间中——中等学校体制、大学的校外部以及后来大学本部——中发展起来的。贝内特凭借对政体的福柯式的思考,尤其是间接地通过伊恩·亨特(Ian Hunter)的著作(1988,1992,1994),得出结论,"文化研究实施的条件就在政府和社会规则的领域之中,而文化研究通常将自己设定为是与此相对抗的"(Bennett 1998b:46)。

贝内特将这一观点带入到学科性的问题之中,他感觉到,在文化研究中持续存在着某种存心不愿将其本身的特征描述为一门学科的现象。他指出,倘若人们今天对这一现象进行考察,那么该领域已经拥有了一门学科所应有的体制化的标志。这在澳大利亚、美国、英国以及亚太及南非一些区域中的大学课程中已经得到认可,其地位也日益显著。该领域有相当一批国际性刊物,以及专业学会、学术讨论会和研究中心:"就其本质和国际化程度而言,文化研究与人文学科中众多的其他领域并无二致"(Bennett 1998a:532)。因而贝内特认为,对于思想体系来说,"在所存在的学科性知识序列中,为其本身创立足够的空间"(1998b:41)作为开创领域的方式,是相当正常的。然而,声称拥有某种持久的特质,某种"外在于"或"超越"学科的氛围,就不能仅仅是一种推脱:"一种出现的思想体系是如何利用并结合了现存学科中的专业和方法,并将其融合到新的组合中,这需要准确的界定,而不能不明不白地推脱下去。"(1998b:41)

对于贝内特来说,抵抗学科规范化的代价是双重的。首先,以马克斯·韦伯(Max Weber)的观点看,它意味着知识权力会采纳传统的或前理性(prerational)形式:"文化研究由于缺乏一套清晰的方法论规则以及理论原则,已经使其特别倾向于基于知识分子个人素质的权威组织形式。"(Bennett 1998a:533)贝内特对个人化的权威形式是反感的,他与阿帕杜莱模糊的学科观点,即那种"培育自由的、世界性的自我"的观点有着严重分歧,他甚至可能将其视为反学科的。但是他与源自霍加特和威廉斯早期论著中的跨学科观点也有分歧。这一点可以从对不完整性的重复再现的主题新的解释中看得十分清楚。以亨特的观点,对于贝内特而言,理解这一主题的相关背景并不是文化研究的结构性状况(即我们迄今看待不完整性的方式),而是一种浪漫美学形式,一种有关自我的全面发展,这种自我可以平衡作为公民的外在功能职责以及其内在的伦理职责。内在于这一不完整性观念之中的是一种"认识论的整体规范",而这种规范建立在与学科分类偏向性影响相反的东西之上,"不完整性……的不断展示,是整体性得以推进的方式"(1998b:59;参见 Miller 1993)。

拒绝一种学科身份的第二种代价是将文化研究置于一种双重盲目之中。任何达到这样一种身份的举动都似乎是一种失败,它背叛了体制同化的过程并导致丧失批评潜力的后果。正如贝内特所指出的,它将该领域逐步置于某种难以成功的位置上。倘若不将其专业技巧、原理和方法论加以具体化和强化,那么,它也将会失败。其选择就成为"进行体制化尔后消亡,不进行体制化尔后也消亡"(1998a:534)。

然而贝内特的立场是复杂的,因为他认识到了文化研究打破业已建构的学科界限的种种方式。这在某种程度上是因为文化研究关注点的本质:采纳一种有关文化的广泛定义、对文化形式的语境化、处理权力和主体性的广泛主题,而所有这些都与建立人文和社会科学学科之间的联系有关。但是也存在着体制化要素:它从一种昂贵的人文科学"文献式研究"模式训练中迁移到一种基于集体的、群体的解码文化文献的进程之中,这种迁移部分是对学生人数增加的反应(1998b:46)。贝内特将这些观察与自己对"学科"文化研究的期望加以对比,他认为,这一领域可以视为一种"人文学科内的跨学科交流中心",或者用更具悖论的说法,是一种"跨学科学科"(1998a:535)。但是,对于所有这一切而言,学科是首位的,也是最重要的。

结语:作为结构和伦理的不完整性

贝内特对(跨)学科论争的介入或许有助于我们对此稍加思考,我们将这一结构性的不完整性置于从霍加特至今的发展之中,这在事实上是否与某种伦理不完整性无关呢?亨特(1993)(他的所有论述,正如我们所看到的那样,显然对贝内特产生了影响)对这一主题进行了论证,他将这一主题与以浪漫主义形式并作为浪漫主义形式的文化研究的历史(或许更重要的)及其历史背景联系起来。对于亨特来说,这一浪漫主义工程涉及后康德式自我的发展,这种自我会理想化地在其经验性(实践的、外在伦理)以及超验性(抽象的、自我伦理)能力之间达到某种平衡,产生"一种有教养的、在一定程度上是情感,在一定程度上又是具有伦理知性的人"(Kant 1978:185)。事实上,这一自我就是"人",一种"经验—超越的双重性(doublet)",这是福柯在其《事物的秩序》(The Order of Things)(1970:303—43)的结尾部分所宣称的人们在现代性中的状况。这种状况,尤其在康德主义之后,成了一种一直存在着的不平衡的双重性,一直寻求着某种不可能的双重稳定。于是,不完整性就一直存在着。尽管亨特对这种"人"的使用是复杂的,而且细节也繁复且难以在此重述,但是我们依然可以草拟一个图表,使用"经验"和"超验"来代替众多(特别是浪漫主义)双重性的名称,以亨特式的观念来展示各种各样的结构性不完整性是如何与这种伦理形式产生关联的(见图表3)。

这种不完整性的结构必然性促使了一种跨学科的平行必然性(正如本章所讨论的),它导致了某种特别的经过训练的主体,即亨特所称的"批判的知识分子"(1993),而贝内特—亨特式观点令人感兴趣的是,这种结构必然性又是如何在不完整性的伦理领域中得以显现的呢?同样必要的是,倘若贝内特—亨特模式是某种激进的介入,是对这种伦理二元中的一方实际上予以删除(相当于与一个多世纪以前,尼采对著名的柏拉图二元对立中超验一方予以删除的类似的方式进行),那么,在结构上,它就必然会回到某种学科性之中。

现存的问题——对于我们而言是另一篇文章;对于文化研究而言,则是某种紧迫的问题——在于,这种回到学科性,回到这种专业—经验 政体的排他性领域,是否足以看到文化研究可以远离其被指称的共谋,即与后康德式对自我的"浪漫主义"培育以及必要的结构性和伦理不完整性的共谋?二元中的一半较之全部是否是一种根本性的解决方式呢?二元中的一半是否可能呢?

图表3 文化研究:经验—超验双重性

	经验性	超验性
霍加特(学术青年)	"脑力"	"习性"
威廉斯(情感结构)[2]	"结构"	"情感"
	"体制"	"机构"
阿帕杜莱(学科)	"领域,方法"	"关爱、培育、习惯"
	"题材"	
	贝内特	"专业能力"

而我们可以论辩的是,文化研究在历史意义和经验层面上通过一系列我们可以认为是"创始性"的变化和变更——尤其是涉及那些在20世纪后半期进驻人文学术领域中新的、截然不

同的人群时——在结构上由多种因素所决定,它日益成为跨学科性的领域。[3] 如果情况是这样,那么文化研究就不仅可以用来解释既往的、作为浪漫主义美学主题的各种变异,而且还可以被浪漫主义话语以实际体制化的实践所开拓或替代。然而,这种双重的可能性是一种历史的事实,并可以用文献引证,然而就其本身而论,却完全不是(如贝内特和亨特可能想到的那样)文化研究必然的或固有的部分。首先,如果现代性的"人"确实具有经验—超验的双重性,那么,就总会(至少在现代性之后)急切地考虑保持这种双重性任何一方的纯粹性和独特性。(我们应当注意,任何这样的尝试,甚至以历史持续性和碎片的名义,都总会使自身整体性形式遭受风险。)其二,在所有的历史和学科设想中,其中包括文化研究史,事物肯定是暂存的,而且始终存在着变数。

(王晓路 译)

注释:

[1] 正如安德鲁·米尔纳(Andrew Milner)提醒我们的那样,霍加特将文化研究本身视为根本性的跨学科方式,然而他却认为,该领域应当以"某种文化研究之外的创始性学科……某种学术及知性训练,某种严格的"或许以"社会科学、史学、心理学、人类学以及文学研究"的方式进行训练(Hoggart 1995:173;Milner 1999:273)的方式从本科生中招收学生,成为研究生的研究领域,这与阿帕杜莱完全相反。

[2] 注意"体制"和"机构"并不是威廉斯本人的术语,而是我们自己的解释。同时,我们也在上面指出,威廉斯并没有连接"结构"和"情感",以此作为一种对抗关系。

[3] 该论点是对瑞丁斯《大学的堕落》(*The University in Ruins*)(1996)的确认。瑞丁斯的论点,以卡勒颇有用途的总结来说,就是"近期对大学支配性观念的改变使得文化研究成了可能"(1999:343)。

参考文献:

Appadurai, A. (1996). Diversity and Disciplinarity as Cultural Artifacts. In C. Nelson and D. P. Gaonkar, eds., *Disciplinarity and Dissent in Cultural Studies*. New York: Routledge.

Arnold, M. (1889). *Culture and Anarchy: An Essay in Political and Social Criticism* (popular edn.). London: Smith, Elder & Co. (Originally published 1869.)

Bennett, T. (1992). Putting Policy into Cultural Studies. In L. Grossberg, C. Nelson, and P. Treichler, eds., Cultural Studies. New York and London: Routledge.

Bennett, T. (1993). Being "in the True" of Cultural Studies. *Southern Review*. 26, 2: 217—38.

Bennett, T. (1998a). Cultural Studies: A Reluctant Discipline. *Cultural Studies*. 12, 4: 528—45.

Bennett, T. (1998b). *Culture: A Reformer's Science*. Sydney: Allen & Unwin.

Culler, J. (1999). What is Cultural Studies? In M. Bal, ed., *The Practice of Cultural Analysis: Exposing Interdisciplinary Interpretation*. Stanford: Stanford University Press.

Foucault, M. (1970). *The Order of Things: An Archaeology of the Human Sciences*. London: Tavistock. (Original work, *Les Mots et les choses*, published 1966.)

Hoggart, R (1957). *The Uses of Literacy: Aspects of Working-class Life, with Special Reference to Publications and Entertainments*. London: Chatto & Windus.

Hoggart, R. (1995). *The Ways We Live Now*. London: Chatto & Windus.

Hunter, I. (1988). *Culture and Government: The Emergence of Literary Education*. London: Macmillan.

Hunter, I. (1992). Aesthetics and Cultural Studies. In L. Grossberg, C. Nelson, and P. Treichler, eds., *Cultural Studies*. New York and London: Routledge.

Hunter, I. (1993). Setting Limits to Culture. In G. Turner, ed., *Nation, Culture, Text: Australian Cultural Studies*. London: Routledge.

Hunter, I. (1994). *Rethinking the School: Subjectivity, Bureaucracy and Criticism*. Sydney: Allen & Unwin.

Kant, I. (1978). *Anthropology from a Pragmatic Point of View*. trans. V. L. Dowdell, rev. and ed. by H. H. Rudnick. Carbondale: Southern Illinois University Press (Original work, *Anthropologie in pragmatischer Hinsicht*, published 1798.)

Miller, T. (1993). *The Well-tempered Self: Citizenship, Culture and the Postmodern Subject*. Baltimore: Johns Hopkins University Press.

Milner, A. (1999). Can Cultural Studies be Disciplined? Or Should it be Punished? *Continuum: Journal of Media and Cultural Studies*. 13, 2: 271—81.

Pickering, M. (1997). *History, Experience and Cultural Studies*. London: Macmillan.

Readings, W. (1996). *The University in Ruins*. Cambridge: Mass: Harvard University Press.

Williams, R. (1965). *The Long Revolution*. Harmondsworth: Penguin.

Williams, R. (1976). *Keywords: A Vocabulary of Culture and Society*. London: Fontana.

Williams, R. (1989). The Future of Cultural Studies. In R. Williams, *The Politics of Modernism*. London and New York: Verso.

第3章
存在法律的文化研究吗？

罗丝玛丽·库姆（Rosemary Coombe）

为了探讨是否存在法律的文化研究这个问题，我将考察近来从文化视角对法律所做的学术研究，聚焦它所关注的最新主题：身份、叙事、正义。我的评述是代表性的而非综合性的，并归结出一个论断和一项议题。论断很简单：虽然文化的法律研究汗牛充栋，但却没有一目了然的有关法律的文化研究。虽然法律文本、法庭论辩、法律程序被当作文化形式进行分析，但尚未涌现举足轻重的能够展现方法论的执着、理论上的前提、政治上的信念等文化研究跨学科领域特点的研究工作。我所提出的议题更为复杂，现在还多少有点不可思议。我以为，只有当学人停止将法律物化而开始将法律当作文化来分析的时候，法律的文化研究才可能作为一个独特的学术研究领域浮出水面。

界定法律文化研究绝非易事。过去二十年里，越来越多的法律研究借用人文科学的方法，且相当拘谨地集中于法律的文本性。在此期间，来自法律和社会"姐妹"领域的研究也淡化了行为主义，采取了更富解释性的方法来探讨法律的社会生活，结果是，对法律效果的理解少了工具性而多了构成性：法律效果被理解为向意义提供合法性、塑造身份、界定我们借以在世界中理解自身的各种视角。最终，法律文化人类学恢复元气，继续在各种民族志学的研究中探索并发挥这些命题（Darian-Smith 1999；Maurer 1997；Riles 1999）。这三个流派——法律人文学、解释性社会法律研究、法律人类学——构成了文化法律研究的主体。犹如20世纪80年代和20世纪90年代的其他学术领域一样，这一领域持社会建构主义的理论构架，即法律不再被简单地看作应用于业已存在的社会世界，而是积极地创造我们所体验的社会世界。

因而，法律文化研究是一项跨学科的事业，关乎社会学家、人类学家、文学家和法学家。其特点与传统法学研究迥然有别。正如保罗·卡恩（Paul Kahn）在《法律文化研究》（*The Cultural Study of Law*）(1999)中所言，传统法律研究之所以一直是个理论化异常欠缺的学科，是因为其学生大多从未逾越法律实践。法学评论普遍束缚于经验主义的法律改革方案，法律学者从事法律研究，怀抱作为法律共和国公民而寻求改良的执着信念（Kahn 1999：7）。由于这种知识工作中理论和实践在概念上无法区分，也就无法将法律学者与其研究对象区分开来，甚至那些借鉴其他学科的法律学者也如此这般，以期使法律判决理性化，更好地分析社会政策问题，并揭示特别的意识形态立场，从而达到法律思想的透彻性与完整性。许多批评家认为,法学研究的贫困乃是由于禁锢于针对法律改革的几乎专门的倡议以及学术应该面向司法启迪的主流认识(Schlag 1996)。

文化法律研究有别于传统法学研究就在于摆脱了传统法律学者进行批判研究的动机束缚:法律推理的可臻完美性。此外,法律文化研究看待法律场所的方式也不同于体制本身的自我理解和自我描述。譬如,在《法律的故事》(Law's Stories)这部具有代表性的文集里,编者保罗·格维尔茨(Paul Gewirtz)讲道:"法律书籍通常视之为一束规则和社会义务。本书却非如此。它并不把法律看作规则和政策,而是看作故事、解说、表演、语言交流——看作叙事和修辞。"(1996:2)法律表征的诸问题——如法律推理采用的形象、惯例、叙事——盘踞着法律文化研究者的脑海。一些最早的建构主义研究聚焦于法律作为创造世界的独特形式的运作方式。文化人类学家克利福德·格尔茨(Clifford Geertz)(1983)曾向我们表明,法律从未仅仅是发现事实而是积极地创造事实,虽然表面上它将普遍与中立的规则应用于这些事实。批判法学研究早就论证道,法律建构法律事实的方式导致了对此类而非彼类伤害的法律认知(Kelman 1981)。例如,金·莱恩·舍普尔(Kim Lane Scheppele)从如下方面探讨过强奸案的法律处理,即男女双方对事件的相互矛盾的理解、事实是否相关的认定方式,以及裁定默许所涉及的上诉层意见如何经常通过事件的叙述方式而获致对"真相"的理解的程序(1992)。通过分析,舍普尔成功地证明,不仅在法律原则方面,而正是在对事实的建构与解读方面,法律是有偏颇的。同样,加里·佩勒(Gary Peller)(1985)认为强奸案中是否存在默许取决于时间参照的延伸或缩短,或者对周围情形所感知的关联性。所有这些都敏锐地解读了法律是如何通过建构法律相关事实的选择性表征来运作的。对考虑身体(Hyde 1997)——这一点将在后文中讨论——和性(Colker 1996)的法律表征的法庭意见做纯粹的文本解读,亦可获致类似的洞察。

如上所述的研究可以描述为法律建构主义分析。他们将法律视为具有文化的形式与后果,因此都算是法律的文化研究。然而,他们都未能提出任何证据来表明法律文化研究是一个独特的法律研究领域。

身　份

要充分把握法律建构主义的真知灼见,就需思考它何以与这一特别领域更传统的方法形成鲜明的反差。女权主义对性别不平等和性属不公正的关注,提供了一个恰当的例证和历史先例,促进了对法律构成社会身份的认识。多年来,女权主义法律研究曾经持一种现代工具主义法律观,认为法律是一套规则,可通过改革进行转换,更好地服务全体妇女的利益。法律被看作由国家提供的不偏不倚的工具,进行中立的调停和仲裁。按自由女权主义(liberal feminism)的观点,国家和法律都可以通过女权主义改革得到逐渐修正,从而促进妇女平等,灌输一种性属中立观,将公共领域向妇女开放。另一方面,对激进女权主义(radical feminism)而言,法律充当父权社会维持男性支配地位的工具,通过施加虚假的二元对立(dichotomy),如公共/私人,维持着妇女从属地位的隐匿性。多数激进女权主义者认为,法律改革努力是误入歧途的工程,极有可能被招安,除非妇女通过唤起意识而开始认识到这些二元对立的人工性,并采取分离主义策略直接掌控性别特征及其再生产。虽然激进女权主义者认识到了重要一点,即法律结构既非公平的又非客观的,而是包含着根本上是男性中心主义(androcentric)的偏见,许多女权主义者还是感到垂头丧气,因为激进和自由女权主义方法所固有的理论和实践障碍,缺乏政治上可行的战略:

> 可以辨别出两个问题,均来自自由和激进女权主义工具主义式的、二元对立式的分析焦点。首先,像法律和国家之类的抽象概念被物化了。就是说,"事物"被物质化并转换成决定性的和控制性的"行为人"(actor);例如,法律摇身一变成了(被动)妇女的解放者或压迫者。其二,自由和激进女权主义打有本质主义的烙印,或者说,赋予法律、国家、性别/性属等概念以先天的意义,结果这些概念被统一起来并导致二元对立化(如男性对女性)。例如,倘若我们将女性和男性视为同质的群体,那么性属内的差异和性属间的共性就被抹杀了。为努力避免物化和本质主义,女权主义已展现了多样化的理论方法,分析焦点集体从作为工具的法律转向作为性属实践的法律。
> (Chunn & Lacombe 2000:6—7)

法律作为性属实践的研究方法,其灵感来自"法律的社会建构主义观念,法律乃霸权话语,可通过调动女权主义反话语进行解构和重塑"(Chunn & Lacombe 2000:2)。在这种认识上,马克思主义和福柯主义方法可谓影响深远。马克思主义法律史不仅表明,历史上法律如何创造并维持社会中的权力差别,而且还提供意识形态对策与机会同时来挑战这些不平等的结构。社会主义女权主义者逐渐认识到,法律在维持女性从属地位方面的影响更加错综复杂,而且随着时间转移:有时法律通过立法与列为非法起着明显的作用,而在另外一些历史时期,法律在维持男性优势地位并使之合法化的作用在意识形态上更隐蔽。卡罗尔·斯马特(Carole Smart)的著作(1989,1992,1995),详细区分了作为判决和立法的法律与作为实践的法律。她的著作阐述了法律形式上的获益何以实际上陷妇女于不利,致使妇女的阶级地位未被充分考虑。在社会领域,法律并不均衡适用,且法律的"不均衡发展"源自法律对妇女的形式上平等适用,而妇女的社会地位却各不相同。然而,斯马特所谓的"法律中的妇女(women-in-law)",或"法律话语创设的性属主体位置"(1992:34)已招致当代女权主义者的批评,被认为由过于单向的过程所建构,过分地铁板一块,这一过程源自对法律作为场所和实践的狭隘表述。

对身份的法律建构的认识在当今女权主义学术中得到了充分的发挥。今天的女权主义法律文化研究摒弃了主体作为自主的、意向性的、自由运作的原动力的自由式理解,采用了社会建构主义洞见,即主体由法律结构塑造、法律结构约束原动力,即使那一动因反过来转换这些结构(Coombe 1989)。如上所述,作为结构的法律最好以福柯的方式理解为一种话语(由相互连接的知识学科组成的强制性网络,受一个特别的理性概念所制约),以及话语借以显现的一套体制和体制实践。因此,法律不再被设想为国家独有的一种权力,而是参与创造散播的、遍布的权力形式,这些权力形式约束和激活社会生活中的原动力。对社会关系的这种看法明显影响了以福柯与布尔迪厄作为理论试金石的后结构女权主义。朱迪思·巴特勒(Judith

Butler)(1990)的后结构反本质主义在这方面影响尤甚。她的著作逆转了性属乃自然性别差异的社会阐释的传统观念,相反,声称有性征的身体是法律和医学强加性属的人工制品。同样,丘恩和拉孔布(Chunn & Lacombe)写道,"认识法律在性属生产中的作用在当今益发重要,因为法律无所不在,已经渗透了我们生活的每个角落"(Chunn & Lacombe 2000:17)。

许多后结构主义及反本质主义的理论前提都与美国日益增长的基于身份的法律研究(Aoki 1996;Chang 1999;Delgado 1995a;LatCrit 1997)有关,他们共享如下认识:

> 法律充当主要社会力量之一,直接和间接地建构个体和集体的身份。法律体系界定并通常限制种族、肤色、族群性(ethnicity)、民族起源等范畴的意义,法律体系的这种作用形成、顺应、毁损少数人种和少数族裔的身份。这个过程一直是批判种族理论、亚裔美国法学理论乃至近来拉丁批评理论(LatCrit)的中心主题。法律体系在界定性属化身份中的作用一直是激进法律女权主义的中心主题,而法律体系在界定性别身份中的作用则是酷儿法律理论(queer legal theory)的中心主题。(Montoya 1998:37;citations omitted)

玛格丽特·蒙托亚(Margaret Montoya)进一步说明:"法院通常决定将若干特征确认为有效或无效,这些特征与个体和集体身份相关,但与个体看待并界定自身的方式不相容。法律体系霸权式地将多数主义(majoritarian)身份作为规范进行强化,挫败了奇卡诺人(Chicanos)以及其他局外人的摆脱离经叛道、异常或他者印象的企图。"(1998:140)然而,局外人通过采取他性符号表达自身——作为他们差异意识的肯定性标记——而主动将自己"种族化"的企图,通常是由法院和立法机构规约,他们维护雇员和其他人的权利,禁止某种风格的衣装、言语、发型(Montoya 1998:141—2)。

法律范畴在确定多重形式的社会从属关系方面能力有限,这是基于身份的研究的早期洞见之一,滋养了关于交集性(intersectionality)研究文献的繁荣。交集性概念的形成是由于认识到,人很少只占据一个身份法律范畴,法律不能把人之境遇的复杂性看作结果(Crenshaw 1989,1991)。例如,有色残疾妇女由于其种族而以不同的方式经历性属压迫,由于其性属和残疾而以不同的方式经历种族歧视。许多有色妇女抱怨说,白人女权主义者仍然不能认识到,妇女生活的这些方面并非是相互排斥的,而是充当交集的且通常是无形的支配矩阵(Agnew 1996)。最近,民族的、文化的、历史的语境被添加到那些因素之上,共同创造主体的位置。奈特娜·卡普尔(Ratna Kapur)(1999)提倡使用混杂性(hybridity)概念来理解后殖民身份,把印度文化战争解读为一种手段,以反抗对文化群体、价值观、传统等方面纯粹性的渴望。在追求本真文化身份中所展现的对实在的本质主义的渴望,不可避免地变成反动的、排外的,而且还产生了某种形式的观念暴力,可能实现为反族群他者、性别他者、种族他者的物质暴力。交集性与混杂性已经成为各种政治的基础——策略性的交集性——这些政治"企图用基于本质的差异分析来取代基于政治文化语境的研究,从而创造了在女权主义者"与其他潜在政治联合体之间加深理解并结成政治联盟的可能性(Belleau 2000:22)。

虽然基于身份的学术研究大多自称要理解身份的含混性,但是含混性通常仅仅只是主张而不是被描述和探讨。此外,许多文献在赋予主体以身份时,向其投射了一种占有欲强的个人主义。人们总是已经"具有"和拥有他们身份的意识和所有权,即使这些身份是建构的或交集性的。所谓的社会建构主义立场通常缴械而与人文主义同流合污,人文主义坚持"生活经验"的中心性与无可指摘性以及挖掘本真或"隐蔽自我"的个体能力(Montoya 1998:139)。这里所假定的经验透明性恰恰掩饰了建构主义的宗旨,如认识到对意识和文化经验形式的无休止的社会塑造,而经验的文化形式则是权力多重领域塑造的知识分支。

实际上,基于身份的学术研究可能过分重视法律作为话语形式,而未能适当注意主体赖以建构和自我管理赖以灌输的治理术(governmentality)的物质与体制性技巧。采用福柯治理术理论框架的文化研究将法律看作"法律复合体"(legal complex),与其他领域(如经济、福利、教育)及其逻辑(如健康、长寿、死亡)、场所(如家庭、学校、商务)以及治理模式形成交集:

> 福柯指出,这种法律复合体的运作日益渗透了各种形式的非法律的知识和专门技能。其规章、实践、审议及执法技巧也日益要求来自医学、心理学、精神病学、犯罪学实证知识诉求的补充,因此法律复合体在其运作中招募了各式"心智小法官"。而且,法律复合体自身也已融合了物质的、规范化的、学科的以及生物政治的目标,这些目标与个体和集体行为的重塑有关,相对于特别而实在地构想所追求目的而言。这就是说,法律复合体业已治理化了。(Rose & Valverde 1998:542—3)

例如,作为方法论,治理术追问,无家可归和卖淫何以成为政府注意与行动的焦点,以及法律机构、官员、合理性在此过程中起怎样的作用。换言之,一个问题如何成为立法的对象,以及谁是界定该问题的权威?肖恩·沃森(Sean Watson)(1999)用治理术这个透镜来理解警官特有的情感氛围,其特点是围绕"界于混乱与秩序之间一条细蓝线"(p.234)的妄想症。如文化氛围不能对付含混、复杂或差异,但坚定维持权威、控制、正确性、稳定、安全、支配和男子气,其体制后果与社会后果就会原形毕露,体现在针对特定社会群体,如黑人青年和男女同性恋的歧视性观念和实践方面,以及对白领罪犯的关注和惩罚的相对缺失方面(Watson 1999:236)。

确实,这种"新刑罚学"被看作社会法律文化研究的精髓区域:

> 新刑罚学方案旨在识别那些给他人带来危害的人,并通过排斥(远离特定场所如酒吧、足球场、购物中心或居民区,或通过长期禁闭而远离整个社会)、通过监视(闭路电视、电子标志追踪)或通过化学疗法或联合技术(对精神病人强制用药)而使这些人变得没有危害。
>
> 随着目标的改变,新刑罚学采用的技术有对人口特点和犯罪率的统计精算,以及对犯罪地点的电脑测绘。统计学家和地理学家取代社会学家成为新的犯罪学家,而心理学家从事对罪犯人口的因子分析而不是对个体的分析与治疗。(Hudson 1998:556)

治理术具有殖民起源和含义。邓肯·艾维孙(Duncan Ivison)(1998)讨论了国家的意义及其"生物化的国家种族主义",其作用是识别、压制或抹掉权力殖民政权中的从族群上、生理上或心理上被构想的"堕落者"或"变态者"(p.564)。国民、权利、自由的概念形成了殖民者的自我形象,他们承载着这些新兴的逻辑。鉴于原居民和殖民管理历史之间的持续关系,这是法律研究的一个领域,其中治理术框架尤其方兴未艾。

正如治理术文献所表明,对根植于把法律理解为话语的身份的思考,通常忽略了体制矩阵、权力技术、历史上塑造主体的物质约束的重要性。在基于身份的学术研究里,"法律体系"似乎单指上诉法院及其报道的审判理由。这毫不令人惊奇,考虑到这些学者所处位置的综合效应——在法律学院——以及学科知识——主要由对权威法律文本的阐释所构成。然而,在人类学和社会法学中,更有可能对法律建构社会身份做经验式的探索,并在局部法律争端的起始地方进行。例如,1994年《法律与社会评论》(*Law and Society Review*)"社会法律研究中的群体与身份"专题刊有三篇论文,讨论美国土著人争取塑造和影响那些用于界定他们的身份法律范畴。在研讨会上,温迪·艾斯佩兰(Wendy Espeland)、卡罗尔·格德堡-安布罗斯(Carole Goldberg-Ambrose)、苏珊·史泰格尔·古丁(Susan Staiger Gooding)均认识到,"法律调和的范畴有潜力来标记差异、塑造意识并影响遭遇这些范畴的人们的行动,这个潜力是关键的权力形式"(Espeland 1994:1176)。这些以民族志学为依托的研究让我们更清楚地认识了,一个民族的文化自我理解在遭遇具有西方法律体系特征的定义结构时所历经的过程。

与日俱增的法律与社会研究已阐明,法律本身在塑造意识方面起着重要作用。这些研究都不约而同地致力于审视人们日常社会经验中的法律结构和关系——通常称为"常识"。大卫·恩格尔(David Engel,1998)概括出研究法律意识的两种流传甚广而又相互重叠的方法:

> 在这个连续统一体的一端,权力与抵制模式认为法律至关重要是因为它有能力组织诸多范畴、结构、意义和实践,弱势人群必须谈判,才能试图收回自己那部分社会空间。在连续统一体的另一端,意义群体模式认为法律至关重要是因为它在社会集团斗争中处于象征中心地位,各个集团力争对群体、社会秩序与归属、适当行为乃至法律本身进行权威界定。(p. 138)

法律意识的最重要的也可能是理论化最为欠缺的侧面,就是结构与使然作用(agency)间的联系。文化与意识,彼得·菲茨帕特里克(Peter Fitzpatrick 1998)写道,连接结构与能动性,但社会建构主义和基于身份的研究极少将下面的基本主张问题化,即:法律,作为社会建构,渗透了且不可脱离于日常生活与认知,但却受到人类能动性调和,人的能动性可以避免、抵抗、援用或重构这一结构(pp. 188,198)。于是,我们需要一种对法律意识的对话性与动态性的理解,以探讨普通公民如何变成知情的与有效的能动者来挑战并转换结构支配的特定形式的各个侧面(Fitspatrick 1998:191—4)。

考虑到过去十年里基于身份的研究的增殖,预料其终结还为时尚早。嬗变更有可能,鉴于从事基于身份的研究工作的学者表达了明确的欲望,要将身份构成研究与更大的问题和更广的语境领域联系起来,它们将昭示权力与知识的历史具体形式。例如,罗伯特·张(Robert Chang)(1999)将"亚裔美国人"与美国民族想象的种族化与性别化叙事和本土主义历史联系起来思考,倡导远离身份的政治而走向政治的身份,以共同的政治承诺为基础,"采用激进与多元民主的目标作为组织原则"(p. 8)。同样,一群学者呼吁"后身份研究",试图"表达一套策略,来承认我们那同步而矛盾的欲望,即想要确认并超越我们身份的欲望"(Danielson & Engle 1995:xv)。虽然有超越身份的欲望,但是鲜有人能苟同肯尼思·卡斯特(Kenneth Karst)的断言(1995),即所谓种族和性别取向的身份是神话,由此识别的社会群体也不过是隐喻,应该被摧毁。也不会有多少人赞同沃尔特·本·迈克尔斯(Walter Benn Michaels)(1997),他认为一切文化身份本质上都是种族化的,因而必须被拆卸。更为典型的是多萝茜·罗伯特(Dorothy Robert)(1999)的立场,即身份是一种活动而非本质、历史或财产,身份充当政治认同行为,在争取社会变革的正在进行中的运动中向批判开放。

把法律理解为"一个霸权过程、机器,或实践、话语、专家、体制的总和,积极地促成社会秩序的合法化"(Chunn & Lacombe 2000:10),对思考身份可能更有价值。法律舞台和法律话语乃建构霸权的重要场所,因为它们为权威意义的建立与合法化提供了空间和资源(Coombe 1989,1991)。相反,法律将是反霸权政治斗争的关键,如拉丁批评之类的运动开始提供弗朗西斯科·瓦尔德斯(Francisco Valdes)(2000)所谓的"后从属"图景,它"走出批判、走出拆包和解构……[并且]……必然表述关于重构的社会关系和法律领域的真实图景……作为法学方法的后从属图景要求对'我们'为之奋斗的后从属社会的类型进行艰苦思索和真诚讨论"(p.839;另见 Harris 1999)。笔者曾另文论述,法律不仅提供霸权表述的生成条件和禁止边界(Coombe 1998b,2000a),而且还构成表述社会的文化政治的手段与媒介。法律提供构成社会显著区分的表意形式,裁决其意义、塑造这些意义赖以竞争与瓦解的实践。法律鼓励并塑造,但从不决定一些活动,这些活动使公共话语所产生的意义合法化,或抵制、潜在地重构与转换这些意义(Coombe 1998b:35—7)。根据这一立场,对承认、吸纳、合法、认同的长远而异质的政治追求中,身份不过是短暂的且不稳定的休眠点而已。

叙　　事

自 20 世纪 80 年代以来,社会法律学者已经将注意力逐步转向法律程序中的语言权力研究。我无法论及法律语言研究的所有方法与视角,而只想指出一些特定的主题,相信多数从事文化研究工作的人可能会感兴趣。对许多学者来说,法律的霸权力量在其话语形式,其中叙事是最强势的力量之一。

保罗·格维尔茨(Paul Gewirtz)宣称,法律像一个舞台吸引着学者和公众,一个上演着生动人类故事的地方——这些故事以独特的方式与风险被人们讲述和倾听(1996)。社会法律学者逐渐认识到法律、文学、戏剧之间的类比,他们日益求助于叙事理论以期理解法律的修辞与认识论力量。格维尔茨指出,法律宣称自身理性形式的优越性日渐祛魅,激发了叙事转向,他把这与更广泛的对客观性(和其他元叙事)的信仰丧失以及对社会建构主义的推崇联系起来。

玛莎·米诺(Martha Minow)将汉娜·阿伦特(Hannah Arendt)对叙事的方法论的承诺置于更常规的社会科学阐述形式之上,以支撑叙事学者的主张,他们研究的叙事是法律所提供和封闭的(Minow 1996)。尽管阿伦特感到社会科学对描写人类行为是必要的,她还是认为叙事对捕捉人类行为通常不可避免的意义而言是必要的。在极权主义的后果之下，在阿伦特看来，讲述故事对政治理论而言才是恰当的交流模式，而不是常规法律研究力图复制的社会科学的理性话语：

> 讲故事能够瓦解社会科学在服务理性管理中所创造的幻觉，即，世界乃一管理顺畅的家庭。讲故事要求讲述者和倾听者来直面凌乱而错综的现实——以一种促进交流的方式、通过思索做什么进而思索如何联系过去和未来的方式进行。而不是持只有专家才能在政治世界中理解和行动的观点，讲故事的政治理论家以一种忠实于公民共同行动能力的方式来思考政治。（Minow 1996：33）

沿着阿伦特的思路，米诺认为叙事具有特别的道德共鸣，联系过去与现在、作者与读者，由此具有先天的能力来彰显特定事件或现象中相竞的多元视角。她指出，故事并不表述原则、不提供连贯性、不指导未来行动、不提供评估或判断的坚实依据，亦不取代法律原则、经济分析、法学或社会学解释。相反，迎接叙事性的复兴，是对其他法律探讨形式的合理瓦解和对话式挑战（Minow 1996：36）。

> 将法律作为叙事和修辞来审视可能有许多不同的意味：审视故事和法律论辩及理论之间的关系；分析法官、律师以及当事人建构、塑造并使用故事的不同方式；评估特定故事何以在审判中值得怀疑；或者分析司法意见的修辞，仅列举一些特例……这意味着与规则相比更看重事实、形式和内容并重、使用的语言和表达的意思并重……指令如何做出，不仅仅是法官做了什么指令，而是指令是如何建构和表述的……把法律看作揭示文化的人工制品而非塑造文化的政策。由于其焦点是地位等同于规则的故事，它唤起关于特定人类生活的意识亦即法律的主体和客体，即使那种特定性从属于法律规则的概括性冲动。（Gewirtz 1996：3）

审判被视作特别重要的舞台，多个演员（律师、证人、法官）搜集并交流故事；它也是个论坛，特定种类的故事是禁止进入的——比如，招供和某些受害人影响陈述。学者们相信，"将审判程序作为叙事斗争来透视，可以使司空见惯的审判现象耳目一新"（Gewirtz 1996：7）。审判具有多重听众，如陪审团、法官、同行律师、潜在的当事人、媒体、公众，同时听众自身又影响到叙事的呈现方式，认识到这一点为我们理解法律程序增添了新的解释之维。然而，我以为，更富阐释性的及历史语境化的研究，才可以探索法庭叙事如何折射广泛的社会叙事、与之交叉并与之竞争（Coombe 1991；Ferguson 1996；Weisber 1996），要充分理解叙事在法律程序中的作用，必须关注前审判程序的整个范围。提出诉讼的争议毕竟为数不多，而提出诉讼的案件，进入审判的又为数不多；然而，自始至终，在每个步骤，法律叙事既被塑造也塑造意识和行为。

然而，在许多关于法律叙事的论著里，研究对象似乎成了自身的主体或权力的代理，权力显得异常神秘。玛丽安·康斯特布尔（Marianne Constable）（1998）引证道格拉斯·梅纳德（Douglas Maynard）对辩诉交易的研究，其中叙事形式"塑造并限定了何种真相可以讲述的范围"（1990：89）。按他的观点，案件的特点，或它引发的法律的细微之处，并非与辩诉交易程序毫不相干，而是"借助叙事与叙事结构经谈论才存在"，叙事与叙事结构"明显影响谈判过程"

(1990：92)。果然,梅纳德甚至提示说,"叙事及其成分可能是'做'身份的手法,通过它,话语中的主角才得以被了解"(1990：87)。同样,在贝内特和费尔德曼(Bennett and Feldman)论述法庭中关于实在的表征的著作里,人们与法律有不同的关系,他们就法律案件诸问题进行有意义交流的能力与下面的事实有关,"故事生产对行为及其周围环境的清晰界定"(1981：10)。这是因为陪审团将证据转换成故事,故事创造社会行动的语境和判断的框架(Bennett & Feldman 1981：3,7)。其他决定主义色彩不那么明显的研究表明,"陪审员参加审判,脑海里带有一套定型故事,他们试图将审判证据嵌套进某一个定型故事中。于是,律师更轻松地说服陪审团相信他们那边的故事,只要他们能够塑造故事使之符合某种有利的定型故事"(Gewirtz 1996：7)。约瑟夫·桑德尔斯(Joseph Sander)(1993)对制药产品可靠性审判的研究倾向于支持这一点;他发现,尽管案件的法律实质与良好的科学证据表明药品并非伤害的原因,但是原告的律师依然呈现了关于企业渎职的故事。陪审团似乎对概率统计学证据感到不满并置之不理,因为不能提供叙事封闭的适意感(Munger 1998：48)。像多数人一样,他们"不擅统计学或概率思维;他们更青睐文学、目的论、宗教、叙事思维"(Dershowitz 1996：104)。

果不其然,艾伦·德肖维茨(Alan Dershowitz)认为,这种定型故事影响力巨大而又富有欺骗性。毕竟,日常生活极少具有戏剧叙事经典那样的结构,而是充满了毫不相干的行动、巧合和随机事件:"在契诃夫的戏剧中,胸痛随后是心脏病发作,咳嗽随后是肺结核,人生保险单随后是谋杀,电话铃响随后是戏剧性的消息。而在现实生活中,胸痛大多是消化不良,咳嗽大多是感冒,保险单随后是多年的保费赔偿,电话则是来自销售服务。"(Dershowitz 1996：100—1)那么,陪审团带着契诃夫戏剧所塑造的预期参加审判,照此来说,裁决程序的查找真相的功能便陷入了危险之中:"一位良好的辩护律师——至少他带着一个具有动机和机会的当事人——就不会提供一个竞争性的叙事,而是反驳叙事形式,说服陪审团相信该叙事纯属幻觉、漏洞百出,相信罪行乃随机的、令人费解的,或许从审美的观点看是令人扫兴的。"(Dershowitz 1996：101)

然而,对法律程序中叙事的研究,大部分都聚焦于法律判决,它越来越多地被当作文学文本来解读。不可能对聚焦于美国宪法及其解释的所有法律与文献研究进行述评,不过,彼得·布鲁克斯(Peter Brooks)提醒我们说,这些案例为修辞分析提供明显的机会。

> 手头案件的故事必须和先例与规则的故事交织,追溯到宪法的起源,这样所希求的结果才会显得顺理成章。设若叙事可以说是以结尾开始——因为我们知道结尾将到来,而开始和中间将以回顾的方式呈现意义自圆其说,似乎受制于因果律——那么宪法裁决则宣称以始初开始,开始于宪法自身所规定的第一批原理。宪法裁决在某种程度上总是一个关于起源的故事,追溯到我们的奠基文本和神话……正如萨特对叙事的描述,故事实际上颠倒进行:其明显的时间排列,从头至尾,可能掩盖其构成,从尾至头。(Brooks 1996：21)

然而,正如罗伯特·韦斯伯格(Robert Weisberg)断言,可能会有某些"'叙事确认'的伦理与政治后果未被考察而十分危险"(Weisberg 1996：3)。法律在服务民族文化身份的权威版本时,采用了叙事的审美策略,并且到信奉伦理和政治价值观的地步。他效法黑格尔,将叙述欲望描述为表征权威的欲望,将历史描述为"国家在公共现在与过去之间业已建立的联系,宪法国家使这个过去成为可能"。国家需要叙事为的是表征其群体特定的政治;"一个民族通过叙事进入政治合理性——凭的是文本策略以及'隐喻置换'"(Weisberg 1996:78)。民族的社会权威是法律的基础,但法律的设计不断地被要求表征民族及其权威。法律学术中的叙事研究,按照威士伯的观点,应该留意这种不稳定的关系。韦斯伯格指出,当一个群体自身经受审判并诗意地重构自己时,历史文化叙事的更深层次的潜文本在重要审判中再次上演。

大量的研究注意到叙事在塑造权力的法律形式中的影响,此外,叙事在法律教授的自我意识的研究中也有复兴,他们认同少数族群体,寻求矫正法律结构所施加给这些群体的种种不公。这项工作采用故事或者为讲故事辩护,对那些处于法律政权对立面的人们而言,以及对一般局外团体而言,讲故事具有独特的力量:"讲述故事(而非仅仅论辩),据说,具有独特的力量来挑战并扰乱现状,因为故事异常生动地表征受害过程中的特定声音、视角和经验,传统上法律研究对此熟视无睹,塑造法律规则时也是置之不理。"(Gewirtz 1996:5;Dalton 1996)这种"局外人研究"包括批判种族理论(Delgado 1989,1990,1995a,1995b;Johnson 1991;Matsuda et al. 1993;Williams 1991)、亚裔美国人思维(Aoki 1996;Chang 1999)、拉丁研究(Montoya 1998),以及男女同性恋研究的新近变体(Fajer 1992;Valdes 1995),它们均凭借个人履历、寓言、编年史、梦境、诗歌和小说来帮助揭示和逐渐削弱法律的支配性结构。

这些学者认为,对身份形成而言,以及对抵制与挑战传统形式的法律知识的活动而言,叙事处于核心地位。德怀特·康克尔古德(Dwight Conquergood)的叙事观是贯穿此类研究的叙事概念的恰当描写:

> 叙事是一种认知方式、对意义的追寻,给予经验、过程、行动和冒险以特权。与其说知识存储在故事讲述中,不如说,根据目前的情况和斗争、通过过去事件的想象性召唤与解释性回放,知识被上演、重构、验证、调用。叙事认知是积极的与偶发的,而非抽象的与惰性的,唤起经验并将经验重塑成持续行动的路标与支撑。(Montoya 1998:130;citing Conquergood 1993)

例如,玛格丽特·蒙托亚提出,由叙事来"调停"法律的建构主义后果,并为少数族被迫占据的法律范畴提供表达性对位。她汲取彼得·迈克拉伦(Peter McLaren)的批判教学法,认为"边界身份"是通过叙事所促进的热情联系而从对他人的移情中创造出来的。然而,要创造这样的身份,有必要在"我们自己的故事与他人的故事之间"结成批判性联系(Montoya 1998:134)。这种关联,遗憾的是,仍然在文献中十分稀少。也不清楚,何种"调停"以何种方式能够达成。我们被告知,"叙事,而且尤其自传故事,可以是抵制行为和转换行为"(Montoya 1998:142)。但这将在何时产生?怎样产生?

通过向体制性权力讲述个人真相,这些"局外人学者"试图加强他们与所认同群体之间的联系,公开肯定他者化的身份,并且为法律认同和范畴化的历史提供文化具体性与经验维度。例如,蒙托亚把涉及美国拉丁人(Latinas/os)的历史重要案件置入叙事形式,将之与更加个人化的叙事并置,以显现个体与集体经验之间的关系;这样做的时候,她声称,用于剥夺美国拉丁人权力的(法律)话语之效果多少得到了缓解。蒙托亚本人不能肯定,在何种程度上这些叙事是"颠覆性的",并采用了帕特丽夏·艾维克和苏珊·西尔比(Patricia Ewick and Susan Silbey)(1995)对霸权叙事与反霸权叙事的区分。霸权故事描绘对特定人们和事件的理解,但却抹杀特定经验构成与社会经验构成之间的联系,而反霸权叙事则是从社会边缘性的立场进行叙述的,反思霸权叙事如何被建构为持续的关注,如何在"显示个人生活的集体构成"的情形下被讲述(Ewick & Silbey 1995:220—1)。看起来,好的故事讲述人,不过是好的社会学家。

正如格维尔茨指出,这项研究仍有许多问题尚未处理(1996:6)。故事什么时候操纵听众什么时候又排斥听众?"局外人故事"的什么属性能对听众有影响而在传统论辩中听众却不为所动?与传统法律推理相比,法律故事讲述活动往往赋予叙事更真实、具体、代表性的品质。但是,布鲁克斯(Brooks)坚持认为,"故事讲述乃一道德变色龙,能够促进更坏以及更好的事业,完全和法律诡辩一样。丝毫不能提出优越的伦理主张"(Brooks 1996:16)。张(Chang)(1999)似乎也意见相合。他肯定批判研究中对叙事的使用,并不是因为他相信存在着一种属于有色人种的、独一无二的、毋庸置疑的本真声音,而是因为叙事自觉地将社会视角问题引入学术领域,传统上其意义一直被学术所否定。他并不认为,仅仅因为挑战法律客观性的现行规划、揭示其偏见并提供手段进行重构使其更具包容性,个人叙事就可以被确认有效(Chang 1999:69)。相反,他持更激进的后结构主义方法,摒弃"立场认识论",而青睐反基础主义,即容许只从特定社会语境内部来做价值判断,且认识到,并不存在合法化的外在或充分包容性的社会标准。叙事的主要目的是说服,而且,由于它是社会压迫与从属的存在、本质、范围及各种形式,局外人研究力图廓清并矫正,就这个受局限但仍极为重要的目的而言,叙事是不得不接受的(Chang 1999:75)。

一群初出茅庐的学者将叙事分析用作反思性别化、种族化、性属化主体的工具。他们工作的别具匠心就在于重视肉身性(corporeality)。譬如,艾伦·海德和彼得·布鲁克斯(Alan Hyde & Peter Brooks)均注意到作为叙事载体的身体:"私人身体乃一种叙事总体或主体所做的所有道德选择,主体拥有身体,身体即是叙事的个人主角:犯下的罪行、吞食的毒品。这种身体是叙事文本,法律作为读者与之相关联。"(Hyde 1997:152—3)海德追问,法律话语如何将身体建构为法律相关证据的持有者,并考察这种证据在法律上被提取、呈现和分析的程序。他注意到,这种对身体的公共使用,在法理上与任何特定人的身体隐私权衡,并最终限制特定人的身体隐私(Hyde 1997:158—61)。像体腔探察、性侵犯者的医学诊断、药品使用的医学检验等侵入性程序,是被公众接受的躯体暴力形式。然而,对更"私人化"身体的认可就会带来更多正义,这种说法也是不可能的,因为那不过是要宽恕通常被公众忽略的各种"家庭"暴力。

法律倾向于将身体实践似是而非地划分为公共的或私人的,并依此为据进行判断,海德拒绝这种做法,而是通过突出这些范畴在实际社会生活中的不稳定性与不连贯性,试图将身体的社会建构"去自然化"。比如,他将对裸体的法律处理,尤其女性暴露和脱衣舞夜总会以及报纸性感女郎的相对可接受性,与对公共场合哺乳、女性袒胸日光浴或男性身体部位的梅普尔索普式(Mapplethorpe)画像等的矛盾态度或拒绝相对照(Hyde 1997:131—50)。在女权主义学术里,弗朗西丝·奥尔森(Frances Olsen)指出,不仅传统上的司法主体是男性,而且那个普遍的"毋庸置疑的身体"也一直是男性的(Olsen 1996:211—12)。肉身性联想到阴柔之类,通常用来表示不可控制、破裂、非理性以及自大。社会恐惧位于女性身体且受女性身体表征(Bumiller 1998:151),女性身体滋生并发的、受到压抑的、对此概念化的对立面的欲望,同时又滋生替人受过的做法与强烈的厌恶。

冯·奇亚和伊丽莎白·格罗斯(Pheng Cheah and Elizabeth Grosz)(1996)竟然提出,"将身体,而非意识、意图或内在性置于法律焦点的中心……可能有助于说明也许甚至转换现存的社会不公,这些不公使法律抽象系统参与并再生产这些不公"(p. 25)。把强奸广泛视为战争罪或反人类罪就是一个例子,对肉身叙事化铸造伦理和民族身份的理解,已经在国际法律秩序及其对待妇女上面产生了重大转变。这些理论与实践课题对身体的关注,业已创造了实现更大正义的机遇,渐进但充满希望,不可小视。

正　义

我们所考察的法律的文化研究,大都断然假设语言在建立法律权力中的力量,以及特定语言形式在挑战那一权力的力量。正如玛丽安·康斯特布尔指出,在这些研究工作里,语言被果断地设想为社会的,而社会的,似乎又是无所不包的(Constable 1998)。在这些文本里,没有什么能存在于社会世界之外或超越社会表征,因此,社会世界可以充分地表征自己。一种社会在场的形而上学充斥着这些研究工作。结果,他们无法恰当地探讨正义现象;不过,可能是不公正意识激发了这些研究工作。康斯特布尔认为,缺失就是不公正,缺失一直就在沉默中——故事与声音的缺场、与过去清晰联系的缺场、传统不能表征关于自身的知识——于是,法律在说话,对面的他者却缄默无语。声音的缺场意味着权力的缺场与正义的缺场;拥有声音被设想为充分授权并实现正义(Constable 1998:30)。她指出,对正义问题的疏忽,正是因为如此之多的研究工作所预设的法律的实证性(无论它是被曲解为法律系统还是法律话语)。她提议,对正义的思考不是强调法律的完全在场,而是迫使我们表述法律的历史不确定性——"任何实际的实证主义法律系统之形成的无限延宕"(Constable 1998:25)。

将声音等同于权力和正义,正如康斯特布尔指出,肯定了法律实证主义、自由主义以及一门实证主义社会科学的特别格局,这门社会科学将法律社会学化,不加质疑地接受自由主义对主体的建构,这些主体为使政府合法化而被迫说话。言说的主体,她提醒道,是一种自由强加,而自由理论必须不断地把言语投射到沉默上面,以便在沉默中发现同意或抵制的信息。康斯特布尔援引后结构主义法律理论家如德鲁西拉·康奈尔(Drucilla Cornell)(1992)和彼得·菲茨帕特里克(Peter Fitzpatrick)(1992)的研究,敦促学者关注"言语的局限,以及自由主义、实证法律、社会法律研究文本变得沉默的地方。在这些地方,可以遭遇到自由主义、法律实证主义、社会法律研究的局限:他们所不曾谈起的正义"(Constable 1998:32)。把法律唯一把握为强力的社会话语,就不能理解它的局限或遭遇它的他者。

现在有大量的学术文献施展解构的方法与技巧。虽然大多从事纯粹哲学和学说分析，但有些研究当真推崇"解构就是正义"（Derrida 1992：15）的主张，因为它探讨法律理性的局限性及其构成性缺场。解构乃一手段，使遁迹于法律话语及其生产的主流叙事中的他者显露出来。比如，香农·贝尔和约瑟夫·库蒂尔（Shannon Bell & Joseph Couture）讨论了1993年笼罩加拿大某城市的关于儿童色情的道德恐慌，并展示法庭——连同精神病学/心理学/社会服务职业、警察以及媒体——如何"在公正的霸权叙事里将年轻男妓性属化为受害者，而将他们的同性恋男性客户性属化为虐待者……其前提是对同性恋的憎恶、对老年人的歧视、对娼妓的憎恶"（Bell & Couture 2000：40）。这种叙事忽略了对少年妓女的生理虐待的高发率，否定了少年男妓所表达的主动欲望与默许，并正好排除了恋俊男癖（hebephilia）（喜爱已过青春期的年轻男子）的可能性。通过使用证词、受害者影响陈述以及媒体采访，贝尔和库蒂尔恢复了对涉案男孩与年轻男人所提供的交往的表征。通过揭示那些错综复杂的关系，其中权力、欲望、需求和快感的相互作用超过了法律的绝对命令，他们的研究同时也恢复了证据，表明警察施用压力以迫使那些男孩用法律上可识别的罪责和伤害形式来描绘他们的活动，这些形式强化了异性恋的规范性。

如果法律程序与判决造成典型的社会压抑形式，那么，据罗伯特·弗格森（Robert Ferguson）（1996）讲，这些压抑从未死去，而是回来萦绊法律意识。如果弗洛伊德将法律规则等同于文明发展，文明等同于创造一个压抑力场，那么，法律规则的实行，毫不意外地，看见了被压抑的内容以怪异的形式回归（Ferguson 1996：89）。遗憾的是，弗格森对其底层命题语焉不详，即法律可通过使用心理动力（psychological dynamic）而得到理解，我们未得到任何依据来理解法律如何在心理上进行构造。然而，除了对结构性健忘症进行分析外，对由体制创造的被遮蔽地方进行人类学解释也被提出，作为替代方法，它强调要探明"不可能的思想"以及"体制凝聚的原理，这些原理使得一些被压抑的思想避免湮灭"（Ferguson 1996：89）。在对1800名奴隶起义后的简短审判的出色解读中，弗格森做出了有效论辩，因为公共记忆的程序在法庭上演绎，审判容许并招致被压抑的回归：

> 被法律错误拒绝的故事将在法律界（the republic of laws）作为文化叙事而回归，而且经常是，作为更新的法律事件。法律不能逾越其未竟之业。这个钟摆往回晃动是因为文化已对社会正义做了意识形态的承诺，因为对正义的期待使得不公正赫然耸现。（Ferguson 1996：97）

把法律思考为记忆的场所乃近来法律文化研究的一个重要主题。像弗格森的研究工作一样，许多这类研究汲取精神分析理论来聚焦审判，视之为纪念与回忆的场所，其中过去的审判被调用，民族历史文化戏剧中关键的被隐藏或被压抑的因素回归到当代意识（Sarat & Kearns 1999）。例如，里瓦·西格尔（Reva Siegel）将种族和性别歧视的陈述做比较，表明前者不可避免地与奴隶制度与种族隔离相联系，如何一直在回忆关于民族缺陷的戏剧，而后者却非如此（Siegel 1999）。

肖莎娜·费尔曼（Shoshana Felman）探索了法律的局限以及被压抑的回归，要求法律文化

研究尊重"法律与更大的文化或集体创伤现象之间绝对基本的关系":

> 法律对此现象仍然在专业意义上视而不见,但却与之具有至关重要而又不可分割的联系。我认为,正是由于法律的盲点才使得司法案件自身成为法律创伤,因而注定要通过创伤性法律重复而重复自身……法律记忆,实际上,并不仅仅由"法律链条"和判例的有意识的重复所构成,而是由被遗忘的文化伤害链条以及强制性的或无意识的法律重复所构成,重复的是创伤性、损伤性的法律案件。我的分析将表明,在历史舞台上,历史上无意识的法律重复怎样在不经意间演绎出法律的政治无意识(过去法律案件的无意识)。因此,这些创伤性重复,在法律历史中,乃弗洛伊德"被压抑的回归"观念的例证;在创伤性法律案件回归的幽灵中,从被遗忘的法律过去、强制性地与历史性地回归的,乃是司法体制中被压抑的内容。(Felman 1999:30)

她认为辛普森(O. J. Simpson)审判案(虽然她似乎将自己的分析局限于媒体报道以及他们对审判的解释)再次上演了种族间暴力与性属化暴力的民族创伤。诸如此类的案件,她指出,不经意间触发了重复运动或者法律回忆的动力(也就是,辛普森案重演了罗德尼·金[Rodney King]审判案,而罗德尼·金案自身又让人想起德雷德·斯科特[Dred Scott]案)。在这种重复中,审判试图解决创伤,可是,通过这些重复,创伤重复自身,重新打开无意识的法律记忆,正如弗格森所云,无意识的法律记忆注定要重新浮现。照她的解读,辛普森审判案围绕着某个不能被看见也确实没有被看见的东西——婚姻与家庭暴力之间无形的联系(Felman 1999:58)。(黑人)陪审员不能看见受害者被打伤的脸,她的瘀伤或丈夫的殴打,就像罗德尼·金案中(白人)陪审员无法看见殴打或警察虐待。无法看见权力滥用,她坚持认为,"是作为创伤铭刻于文化之中的"(Felman 1999:63)。费尔曼以为,创伤可以是集体的也可以是个人的,受创伤的群体,包括被压迫团体,在过了最初损伤行为的震惊之后依然反复感受苦痛,这些重复是矛盾的,既是伤害的再次上演,又是心理生存的形式。创伤恰恰是无法看见的——即使在法律富有穿透性的凝视之中。然而,创伤由法律构成:

> 虽然在现代思想中具有典型性,但创伤理论尚未渗透法学研究。既然每一宗刑事犯罪(及其法律补救)的后果确实是一个创伤(死亡、财产损失、失去自由、恐惧、震惊、生理与情感损害),我提出这样的主张,创伤——个体的以及社会的——乃法律的基本底层现实。(Felman 1999:35)

从法律文化研究的视角看,这种贯穿精神分析的研究工作前景广阔,因为它提供了分析手段以走出法律实证性,提供了途径来探索法律含混性与缺场、盲点及塑造法律权力与知识领域的特有的缺障。然而,仍然有大量的问题令人困惑。如此之多的研究工作都围绕着美国种族关系,结果人们不得不怀疑,它可否能更广泛地应用。而且,在这些学术研究中,"法律"似乎具有单一的物化的品质,这些研究倾向于狭隘地聚焦或是宪法案件或是公众高度注意的刑事审判。在此语境下提及民族文化无意识可能不无道理,但这种方法在其他学说领域或其他法律论坛究竟有多大用处?当此类案件作为表征法律基本底层现实而提出时,是否质疑它们的表征性是完全不合法的?难道体制这个想法,不是和具有单一、基本、底层现实的法律一样复杂,不是一种结构主义主张,与后结构主义理论及解构主义方法的信条格格不入?在得出这个论断时又考虑了哪些别的案件?既然案件被认为拥有无意识,那么对它们的解读工作无疑就要求两倍的努力,但肯定需要承担这项任务,如果想要就法律做出归纳。是否对"法律"做归纳应该以单个案件为基础,即使这些案件被显示是具有表征性的,是个更大的也许更有意义的问题。

对亚利桑那州监狱锁链囚徒的使用问题的更细微更彻底的研究中,琼·达杨(Joan Dayan)(1999)提醒"我们说法律的纪念场所不仅仅是文本性的,而是可能牵涉某种法律权力的物质化。在锁链囚徒中发现的、编码于法律权力物质化的记忆,是奴隶制度的记忆"(p.19)。她将当代锁链囚徒的景象,与监狱隔离房间、监禁状况、处决相联系,再生产了一种奇特的镜像性,其中特别的(黑人、男性)身体在司法上的不存在,标志着也附着于一个具有超可见性的历史政权,尽管如此,由于盲目遵从判例,法律对此视而不见,而这些判例剥夺了犯人的所有公民地位。通过历史调研、文本分析、民族志学询查,达杨的工作指向法律视野中的构成性缺场,在她探索当代犯人改造惯例的物质现实,以及州官员因剥夺犯人了解与法律象征权力的关系的权利而采用各种诡计为自己辩护的时候。该研究特别受人欢迎,因为它资料翔实、分析方法多样,以及在法律研究中提供了一个难得的文化物质主义的例子。它指出了法律文化研究的方向,关注意义和物质性,因为它们是在多重社会场所中被生产出来的。

结 论

文化研究的跨学科领域别具一格而弥足珍贵,因为它具有潜力对日常生活中权力与意义关系的局部复杂性进行缜密的思考。如果法律文化研究对待法律也像文化研究领域业已学会的那样对待文化,那么法律的批判文化研究就可能成为一个意义重大的、充满活力的、激动人心的知识探索领域(Coombe 1998b and 1998c;Coombe & Cohen 1999)。文化研究并不采用形式主义方法将文化人工制品当作离散的作品或自足的文本来研究,而是将自己的关注锁定于文本性的社会权力。然而,在许多——如果不是大部分的——法律文化研究里,法律是作为一批离散的作品(上诉案件)或单一的文本(通常是审判)来进行研究的,对它们做简单的内在解读以理解其文化效果。有太多的实例,极少或者根本没有触及文本的生产、消费、接受或流通的具体历史。此外,也不能让人认识合法性形式的社会权力抑或领悟它们在生活形式中的意义,这些生活形式存在于法律审判或案件报道之外的任何地方。法律文化研究应当更关注成为铭刻为法律的社会领域及法律文本性的社会生活。然而,随着基于身份的研究以及关于法律意识的研究的出现,这项工作开始着手进行了。一些研究文本使我们更深地认识到,法律若干主流表征形式如何被处于从属地位的人所经历。然而,文化研究要求采取多重及多变的视角,贯穿文化形式在世界中社会存在的多样语境:

> 对文本的哪种解读将成为人们日常生活里的显著意义,我们知之甚少,相比之下,文本如何仅从其生产条件进行解读,我们所知丝毫不多。以其形式品质细察文

本，并不能告诉我们任何关于其生产消费、其权威基础，或其与具体定位的主体经验中的文化整体意义间可能的相互作用等方面的情况。这些"话语与意义的水库反过来又是新的文化生产的原材料。他们实际上处于具体文化的生产状况中"。如果我们认为法律处于生产日常生活的文化状况的中心，那么我们将认识到我们需要增大文本分析的解释力，采取追踪行为人网络的社会学方法以及追求正义的政治经济学思考。(Coombe 1998b：47；citing Johnson)

文化研究已经向我们表明，人文科学中的享有特权的经典——文学——并不是一种清晰可辨的、被隔离的、被拔高的离散性话语，而是与各种话语具有共通的特性与联系，诸如旅游写作、医学文本、电台脱口秀以及大众传媒，而许多从文化角度研究法律的人则含糊地提及"法律话语"，它有助于避免逾越案件、法规、法律学说的 Lexus 数据库。当这些旅行和"越轨"的学术行为的确出现的时候（像文学与电影的比较解读），他们常常掠过理论表面，提供离散文本的简短的也许是愉悦的启蒙，但也常常对文本比较或其社会后果的基本原理不做解释。

文化研究的出发点是，文化为各种矛盾所质疑、打破、毁坏，因此它是社会斗争的场所。尤其女权主义、男女同性恋研究（Bower 1994），在探索法律术语和范畴如何包含缝隙与断层方面，已取得重大进展，这些缝隙与断层成了政治动员（political mobilization）的场所。在太多的法律文化研究中，矛盾仿佛是法律话语的纯粹内在的、可解决的特性。在许多这类研究中，不可能探索意义的法律结构生产与维持的政治学，因为从没有识别从事生产的能动者。我同意奥斯汀·萨拉特（Austin Sarat）的见解，即使在试图从文化角度对待法律的学术研究里，"法律在行为、法律在统治。没有人民、没有行为人、没有能动者"（2000：139）。法律常常作为铁板一块、尚未分化、意思单一的权力而出现，类似某种总体化的解围之神（deux ex machina）。法律多元主义几乎未被承认，也很少考虑在具体法律体制内与局部法律结构内行动的那些行为人的社会境遇与动机。而且，文化研究表达文化意义与社会物质不平等之间的关系，但法律文化研究却大多避免任何对法律意义的物质方面进行调查。我曾另行撰文呼吁：

> 在对法律进行文化理解的转向中，我们决不要忽视悬而未决的政治赌注、表意的物质领域，或使某人的意义具有意义所带来的分布性影响。法律在体制本身内的作用必须探讨——不仅仅是作为高高在上的制订规章的政权，或受理争议的一套体制，而是作为意义实践、话语资源、合法化修辞的纽带——权力的局部具体的社会关系的构成性特征。(Coombe 1998b：45)

从视法律为充分表征并塑造对法律体系而言完全透明的社会世界，到承认法律中被压抑的、沉默的、误认的内容的意义，这一学术转移乃是姗姗来迟而备受欢迎的变化。尽管如此，对法律文化研究而言，这一运动的含义不只是民族压抑或法律案件无意识的假定，而是更具体地指明社会边缘性的空间。我们以为，法律最大的文化影响会在其最不明显的地方被感到，法律并不仅仅是在它最权威的空间里被遭遇时才起作用，而且当它有意识及无意识地被理解时也同样起作用。法律阴影下创造的道德经济学、所做出的以及所实施的法律行动威胁、人们对法律的日常恐惧与焦虑，均是法律正在起文化作用的地方（Coombe & Herman 2000b）。法律塑造社会身份及政治形式,即使在它不能识别身份的时候(Bower 1994),而且,正如我在别处已经说明的那样,基于非身份的非认同政治在法律上业已酿成(Coombe 1998b)。法律的缺场可能在别的地方是在场,但是,这些踪迹不会向那些墨守成规的人显现,他们从文化角度研究法律但却不曾超越法律文本和媒体对法律诉讼的报道。

虽然我们可以觉察到大量的引人入胜的法律研究,它们采取文化视角并将法律作为文化现象来考虑,但是仍然没有实质性的研究工作可看作以法律为探讨主题领域的文化研究。除非学者们留意法律文本性的社会生活,并探讨法律在创建文化政治领域过程中的多重性与多义性,否则法律文化研究可能仍然是形式主义突出的、无关政治的人文学科分支。

(张新军 译)

推荐阅读文献(另附参考文献)

Alfieri, A. (1991). Speaking Out of Turn: The Story of Josephine V. *Georgetown Journal of Legal Ethics* 4: 619—53.

——. (1991). Reconstructing Poverty Law Practice: Learning Lessons of Client Narrative. *Yale Law Journal* 100: 2107—48.

Binder, G. and Weisberg, R. (2000). *Literary Criticism of Law*. Princeton: Princeton University Press.

Gilkerson, C. (1992). Poverty Law Narrative: The Critical Practice and Theory of Receiving and Translating Client Stories. *Hastings Law Review* 43: 861—945.

Guttierrez-Jones, C. (1995). *Rethinking the Borderlands between Chicano Culture and Legal Discourse*. Berkeley: University of California Press.

Haney López, I. (1996). *White by Law: The Legal Constructions of Race*. New York: New York University Press.

Hunt, A. (1993). *Explorations in Law and Society: Towards a Constitutive Theory of Law*. New York: Routledge.

Kelman, M. (1987). *A Guide to Critical Legal Studies*. Cambridge, Mass.: Harvard University Press.

Minda, G. (1999). *Boycott in America: How Imagination and Ideology Shape the Legal Mind*. Carbondale: Southern Illinois University Press.

Sousa Santos, B. de. (1995). *Toward a New Common Sense: Law, Science, and Politics in the Paradigmatic Transition*. New York: Routledge.

Wildman, S. M., et al. (1996). *Privilege Revealed: How Law, Language, and the American Mind-set Uphold the Status Quo*. New York: New York University Press.

参考文献:

Agnew, V. (1996). *Resisting Discrimination: Women from Asia, Africa, and the Caribbean and the Women's Movement in Canada*. Toronto: University of Toronto Press.

Aoki, K. (1996). Foreign-ness and Asian-American Identities: Yellowface, World War II Propaganda and Bifurcated Racial Stereotypes. *Asian Pacific American Law Journal* 4: 1—60.

Bell, S. and Couture, J. (2000). Justice and Law: Passion, Power, Prejudice, and So-called Pedophilia. In Chunn, D. and Lacombe, D. (eds.), *Law as Gendering Practice*. Don Mills, Canada: Oxford University Press.

Belleau, M. C. (2000). Intersectionalité: Feminisms in a Divided World (Quebec-Canada). In Chunn, D. and Lacombe, D. (eds.), *Law as Gendering Practice*. Don Mills, Canada: Oxford University Press.

Benn Michaels, W. (1997). The No-drop rule. *Critical Inquiry* 20: 758—69.

Bennet, W. L. and Feldman, M. (1981). *Reconstructing Reality in the Courtroom*. New Brunswick, HJ: Rutgers University Press.

Bower, L. (1994). Queer Acts and the Politics of "Direct Address": Rethinking Law, Culture, and Community. *Law and Society Review* 28: 1009—33.

Brooks, P. (1996). The Law as Narrative and Rhetoric. In Brooks, P. and Gewirtz, P. (eds), *Law's Stories: Narrative and Rhetoric in Law*. New Haven: Yale University Press.

Bumiller, K. (1998). Body Images: How does the Body Matter in the Legal Imagination? In Garth, B. and Sarat, A. (eds), *How Does Law Matter?* Chicago: Northwestern University Press.

Butler, J. (1990). *Gender Trouble: Feminism and the Subversion of Identity*. New York and London: Routledge.

Chang, R. (1999). *Disoriented: Asian Americans, Law, and the Nation State*. New York: New York University Press.

Cheah, P. and Grosz, E. (1996). The Body of Law: Notes Toward a Theory of Corporeal Justice. In Cheah, P. et al. (eds.), *Thinking through the Body of the Law*. New York: New York University Press.

Chunn, D. and Lacombe, D. (2000). Introduction. In Chunn, D. and Lacombe, D. (eds.), *Law as Gendering Practice*. Don Mills, Canada: Oxford University Press.

Colker, R. (1996). *Hybrid: Bisexuals, Multiracials and Other Misfits under American Law*. New York: New York University Press.

Constable, M. (1998). Reflections on Law as a Profession of Words. In Garth, B. and Sarat, A. (eds.), *Justice and Power in Sociolegal Studies*. Chicago: Northwestern Univeisty Press.

Coombe, R. (1989). Room for Maneuver: Toward a Theory of Practice in Critical Legal Studies. *Law and Social Inquiry* 14: 69—121.

——. (1991). Contesting the Self: Negotiating Subjectivities in Nineteenth-century Ontario Defamation Trials. *Studies in Law, Politics, and Society* 11: 3—40.

——. (1998a). *The Cultural Life of Intellectual Properties: Authorship, Appropriation and the Law*. Durham: Duke University Press.

——. (1998b). Contingent Articulations: A Critical Cultural Studies of Law. In Sarat, A. and Kearns, T. (eds), *Law in the Domains of Culture*. Ann Arbor: University of Michigan Press.

——. (1998c). Critical Cultural Legal Studies. *Yale Journal of Law and Humanities* 10: 463—86.

—— with Cohen, J. (1999). The Law and Late Modern Culture: Reflections on *Between Facts and Norms* from the Perspective of a Critical Cultural Legal Studies. *Denver University Law Review* 76: 1029—55.

——. (2000a). *Between Law and Culture*. Minneapolis: University of Minnesota Press.

—— and Herman, A. (2000b). Transforming Trademarks: From Mass to Popular Culture on the World Wide Web. *DePaul Law Review* 49, forthcoming.

Cornell, D. (1992). *The Philosophy of the Limit*. New York: Routledge.

Crenshaw, K. (1989). Demarginalizing the Intersection of Race and Sex: A Black Feminist Critique of Antidiscrimination Doctrine, Feminist Theory, and Antiracist Politics. *University of Chicago Legal Forum*: 139—67.

——. (1991). Mapping the Margins: Intersectionality, Identity Politics, and Violence against Women of Color. *Stanford Law Review* 43: 1241—99.

Dalton, H. (1996). Storytelling on its Own Terms. In Brooks, P. and Gewirtz, P. (eds.), *Law's Stories: Narrative and Rhetoric in Law*. New Haven: Yale University Press.

Danielson, D. and Engle, K. (1995). Introduction. In Danielson and Engle (eds.), *After Identity: A Reader in Law and Culture*. New York: Routledge.

Darian-Smith, E. (1999). *Bridging Divides: The Channel Tunnel and English Legal Identity in the New Europe*. Berkeley: University of California Press.

Dayan, J. (1999). Held in the Body of the State: Prisons and the Law. In Sarat, A. and Kearns, T. (eds.), *History, Memory, and the Law*. Ann Arbor: University of Michigan Press.

de Certeau, M. (1984). *The Practice of Everyday Life*, trans. Steven F. Rendall. Berkeley: University of California Press.

Delgado, R. (1989). Storytelling for Oppositionists and Others: A Plea for Narrative. *Michigan Law Review* 87: 2411—41.

——. (1990). When a Story is Just a Story: Does Voice Really Matter? *Virginia Law Review* 76: 95—111.

——. (ed.) (1995a). *Critical Race Theory: The Cutting Edge*. Philadelphia: Temple University Press.

——. (1995b). Rodrigo's Final Chronicle: Cultural Power, the Law Reviews, and the Attack on Narrative Jurisprudence. *Southern California Law Review* 68: 545—75.

Derrida, J. (1992). Force of Law. In Cornell, D. et al. (eds.), *Deconstruction and the Possibility of Justice*. New York: Routledge.

Dershowitz, A. (1996). Life is Not a Dramatic Narrative. In Brooks, P. and Gewirtz, P. (eds.), *Law's Stories: Narrative and Rhetoric in Law*. New Haven: Yale University Press.

Diprose, R. (1996). The Gift, Sexed Body Property and the Law. In Cheah, P. et al. (eds.), *Thinking through the Body of the Law*. New York: New York University Press.

Engel, D. (1998). How Does Law Matter in the Construction of Legal Consciousness? In Garth, B. and Sarat, A. (eds.), *How Does Law Matter?* Chicago: Northwestern University Press.

Espeland, W. (1994). Legally Mediated Identity: The National Environmental Policy Act and the Bureaucratic Construction of Interests. *Law and Society Review* 28: 1149—79.

Ewick, P. and Silbey, S. (1992). Conformity, Contestation, and Resistance: An Account of Legal Consciousness. *New England Law Review* 26: 731—49.

——. (1995). Subversive Stories and Hegemonic Tales: Toward a Sociology of Narrative. *Law and Society Review* 29: 197—226.

Fajer, M. A. (1992). Can Two Real Men Eat Quiche Together? Storytelling, Genderrole Stereotypes, and

Legal Protection for Lesbians and Gay Men. *University of Miami Law Review* 46: 511—651.

Felman, S. (1999). Forms of Judicial Blindness: Traumatic Narratives and Legal Repetitions. In Sarat, A. and Kearns, T. (eds.), *History, Memory, and the Law*. Ann Arbor: University of Michigan Press.

Ferguson, R. A. (1996). Untold Stories in the Law. In Brooks, P. and Gewirtz, P. (eds.), *Law's Stories: Narrative and Rhetoric in Law*. New Haven: Yale University Press.

Fitzpatrick, P. (1992). *The Mythology of Modern Law*. London and New York: Routledge.

——. (1998). Missing Possibility: Socialization, Culture, and Consciousness. In Sarat, A. et al. (eds.), *Crossing Boundaries: Traditions and Transformations in Law and Society Research*. Chicago: Northwestern University Press.

Geertz, C. (1983). *Local Knowledge: Further Essays in Interpretive Anthropology*. New York: Basic Books.

Gewirtz, P. (1996). Narrative and Rhetoric in the Law. In Brooks, P. and Gewirtz, P. (eds.), *Law's Stories: Narrative and Rhetoric in Law*. New Haven: Yale University Press.

Goldberg-Ambrose, C. (1994). Of Native Americans and Tribal Members: The Impact of Law on Indian Group Life. *Law and Society Review* 28: 1123—48.

Gooding, S. S. (1994). Place, Race, and Names: Layered Identities in *United States v. Oregon, Confederated Tribes of the Colville Reservation, Plaintiff-Intervenor*. *Law and Society Review* 28: 1181—229.

Harris, A. (1999). Building Theory, Building Community. *Social & Legal Studies* 8, no. 3: 313—25.

Hudson, B. (1998). Punishment and Governance. *Social & Legal Studies* 7, no. 4: 553—9.

Hyde, A. (1997). *Bodies of Law*. Princeton: Princeton University Press.

Ivison, D. (1998). The Technical and the Political: Discourses of Race, Reasons of State. *Social & Legal Studies* 7, no. 4: 561—6.

Johnson, A. M. (1991). The New Voice of Color. *Yale Law Journal* 100: 2007—64.

Johnson, R. (1987). What is Cultural Studies Anyway? *Social Text* 16: 38—80.

Kahn, P. (1999). *The Cultural Study of Law: Reconstituting Legal Scholarship*. Chicago: University of Chicago Press.

Kapur, R. (1999). "A Love Song to Our Mongrel Selves": Hybridity, Sexuality and the Law. *Social & Legal Studies* 8, no. 3: 353—68.

Karst, K. (1995). Myths of Identity: Individual and Group Portraits of Race and Sexual Orientation. *UCLA Law Review* 43: 263—370.

Kelman, M. (1981). Interpretive Construction in the Substantive Criminal Law. *Stanford Law Review* 33: 591—673.

LatCrit Symposium. (1997). Under Construction: LatCrit Consciousness, Community and Theory. *California Law Review*, 85.

Matsuda, M. J. et. al. (eds.) (1993). *Words that Wound: Critical Race Theory, Assaultive Speech and the First Amendment*. Boulder: Westview.

Maurer, B. (1997). *Recharting the Caribbean: Land, Law, and Citizenship in the British Virgin Islands*. Ann Arbor: University of Michigan Press.

Merry, S. E. (1990). *Getting Justice and Getting Even: Legal Consciousness among Working-class Americans*. Chicago: University of Chicago Press.

Minow, M. (1996). Stories in Law. In Brooks, P. and Gewirtz, P. (eds.), *Law's Stories: Narrative and Rhetoric in Law*. New Haven: Yale University Press.

Montoya, M. (1998). Border/ed Identities: Narrative and the Social Construction of Legal and Personal Identities. In Sarat, A. et al. (eds.), *Crossing Boundaries: Traditions and Transformations in Law and Society Research*. Chicago: Northwestern University Press.

Munger, F. (1998). Mapping Law and Society. In Sarat, A. et al. (eds.), *Crossing Boundaries: Traditions and Transformations in Law and Society Research*. Chicago: Northwestern University Press.

Olsen, F. (1996). Do (Only) Women Have Bodies? In Cheah, P. et al. (eds.), *Thinking through the Body of the Law*. New York: New York University Press.

Peller, G. (1985). The Metaphysics of American Law. *California Law Review* 73: 1151—290.

Riles, A. (1999). Wigmore's Treasure Box: Comparative Law in the Era of Information. *Harvard International Law Journal* 40: 221—83.

Roberts, D. (1999). Why Culture Matters to Law. In Sarat, A. and Kearns, T. (eds.), *Cultural Pluralism, Identity Politics, and the Law*. Ann Arbor: University of Michigan Press.

Rose, N. and Valverde, M. (1998). Governed by Law? *Social & Legal Studies* 7, no. 4: 541—51.

Sanders, J. (1993). From Science to Evidence: The Testimony on Causation in the Bendicton Cases. *Stanford Law Review* 46: 1—86.

Sarat, A. (1990). "... The Law is All Over": Power, Resistance, and the Legal Consciousness of the Welfare Poor. *Yale Journal of Law and the Humanities* 2: 343—79.

——. (2000). Redirecting Legal Scholarship in Law Schools. *Yale Journal of Law and the Humanities* 12: 129—50.

Sarat, A. and Kearns, T. (1999). Writing History and Registering Memory in Legal Decisions and Legal Practice: An Introduction. In Sarat, A. and Kearns, T. (eds.), *History, Memory, and the Law*. Ann Arbor: University of Michigan Press.

Scheppele, K. L. (1992). Just the Facts Ma'am: Sexualized Violence, Evidentiary Habits, and the Revision of Truth. *New York Law School Law Review* 37: 123—72.

Schlag, P. (1996). *Laying Down the Law: Mysticism, Fetishism, and the American Legal Mind*. New York: New York University Press.

Siegel, R. B. (1999). Collective Memory and the Nineteenth Amendment: Reasoning about "the Woman Question" in the Discourse of Sex Discrimination. In Sarat, A. and Kearns, T. (eds.), *History, Memory, and the Law*. Ann Arbor: University of Michigan Press.

Smart, C. (1989). *Feminism and the Power of Law*. London: Routledge.

——. (1992). The Woman of Legal Discourse. *Social & Legal Studies* 1: 29—44.

——. (1995). *Law, Crime, and Sexuality: Essays in Feminism*. New York: Routledge.

Valdes, F. (1995). Queers, Sissies, Dykes and Tomboys: Deconstructing the Conflation of "Sex,"

"Gender" and "Sexual Orientation" in Euro-American Law and Society. *California Law Review* 83: 3—377.

——. (2000). Outsider Scholars, Legal Theory and Outcrit Perspectivity: Postsubordination Vision as Jurisprudential Method. *DePaul Law Review* 49: 831—45.

Watson, S. (1999). Policing the Affective Society: Governmentality in the Theory of Social Control. *Social & Legal Studies* 8, no. 2: 227—51.

Weisberg, R. (1996). Proclaiming Trials as Narratives: Premises and Pretenses. In Brooks, P. and Gewirtz, P. (eds.), *Law's Stories: Narrative and Rhetoric in Law*. New Haven: Yale University Press.

Williams, P. (1991). *The Alchemy of Race and Rights*. Cambridge, Mass.: Harvard University Press.

第4章
社会学研究中文化的复兴

兰迪·马丁(Randy Martin)

有许多方式来思考文化研究与社会学之间的联系。体制格局地图会展现一个相互依存的密集网络,在甲地有独立组建的系部,在乙地则有学分或课程向现有资源广泛撒网(Berry & Miller 1999)。跨学科制图法的这种做法也会显示大量的区域变异(Forbes & Kelly 1996;Forgacs & Lumley 1996;Kelly & Shepherd 1998;Graham & Labanyi 1996;Turner 1992)。社会学家可以"做"文化研究,就像来自这个新领域的名流能让社会学系蓬荜增辉一样(Aronowitz 1993;Clough 1992;Gray 1997;Morley & Chen 1996;Bennett 1998)。资金的争夺不时产生紧张关系,但平素间政治契合又使得合作成为主导风气(Grossberg 1997;Striphas 1998)。

要建立亲缘关系,这样一幅地图未必能告诉我们多少关于这两个术语所要指涉的知识领域的情况(Gaokankar & Nelson 1996;Long 1997)。很难分门别类地说,哪种研究方法属于哪个学科领域(McGuigan 1997)。民族志学?历史比较?内容分析?民族方法学?调查研究?且住!更令人不快的是宣称一个研究对象是文化,另一个是社会——如果原因正是二者都把这两个术语的关系当作自己事业的根基。不过,恰恰是通过想象这一关系的方式,文化研究在社会学中的影响可以得到最富有成效的扩展与细绎。

因此,在以下行文里,重点将是文化研究对社会学的理论干预,它使得社会学的诸多核心问题焕发新的生机。这样处理文化研究并非要评述它名下的所有研究工作,而是聚焦于一些概念创新,当一系列批评努力汇集在一起,对文化的意义进行根本的反思的时候,这些概念创新可资利用。值得一提的是,19世纪社会学就是融合其他学科领域而产生的(Brown 1993)。时至今日,它依然要凭借从外部注入批评性反思才能达到复兴。从最广阔的视野设想,文化研究就是一条管道,跨学科的能量通过这条管道才得以流动。既然学科乃学院之组织性流通,那么争夺知识与体制财产的阋墙谇帚就须认真参与。但是,为避免演变成为关于前进旗帜的狭隘口角,就需要把关乎我们利益的概念性的利害关系掌控在手中。这里我要叙述的是,文化一社会问题如何在社会学里得到理解、这一问题如何被文化研究所转变以及这一新的姿态为我们前进的方向提供了怎样的前景。

文化的生机

如果考虑到社会学这所大厦的所有入口与出口,就很难说所有的居民都心有灵犀,即使他们遵从同样的住宿规章或纪律。文化研究这所小宅亦是如此。想象社会学可能是什么样子,那是另一码事——因为,生活究竟是什么样子,任何居民都可能给个说法。社会学教科书通常都提供一个线形叙事,是一幅三联折画:卡尔·马克思、埃米尔·涂尔干、马克斯·韦伯;还有一部学派三部曲:冲突、互动主义、功能主义。两个三位一体并不真正对应。更重要的是,起源不受约束,而边缘仍然比中心更为广阔。

活跃在20世纪20年代和20世纪30年代的社会学家赋予文化各式屈折变化。罗伯特·帕克与欧内斯特·伯吉斯(Robert Park and Ernest Burgess)(1921:52)指出,文化进程塑造了从先辈那里所继承下来的各种形式与模式。查尔斯·霍顿·库利(Charles Horton Cooley)(1933)将文化视为联想的累计结果。对威廉·格雷厄姆·萨姆纳(William Graham Sumner)(1927)而言,文化是对环境的适应,对弗罗瑞安·日南尼奇(Florian Znaniecki)(1952)而言,社会学本身就是一门文化科学。但,与这种科学转折同时发生的是艾尔弗雷德·舒茨(Alfred Schutz)(1932:214)所谓的解释事业,赋予"自发活动"以特权,这种视角与乔治·赫伯特·米德(George Herbert Mead)所强调的"新生自我的社会创造性"(1934:214)不谋而合。虽然这些显赫人士为美国早期社会学展现了系列透视,他们的著作却鲜被重温。

马克斯·韦伯的遗产更能说明早期的丝线是如何重新编织的。韦伯的至上关怀是将社会行为置于理性的基础之上。由于人们做事的时候要相互考虑,他们的行为既具意义又有取向。社会学就是致力于"解释性理解社会行为"(Weber 1978:4)的科学。但是,行为又分为人们为处理自己事务而习得的手段(工具理性)和这些方法所服务的目的(实质理性,或俗称价值观)。这样看来,社会乃一历史规划,依托某种共同的价值取向。这些共享的价值观就是典型地被称作文化的东西。因为行为能将社会发展引向各个方向,且韦伯也详细描绘了各种类型,所以就由文化来起代偿性作用,为人们能够以种种方式做出行动而提供目的。帕森斯(Parsons)注意到这种文化观念,即把文化看作一种将人们维系在一起的、基本上是惰性的导向。帕森斯把文化描述为"传播的"、"习得的"以及"共享的"(Parsons 1951:15)。社会是一个"系统",具有"动力",但其常态是静止的,活动因需要得到解释而与文化相对立。

在这些论述里,社会学被分割为静态与动态。这种分裂衍生出大批的二元对立(dichotomy),常用来从概念上组织学科领域——结构与过程、宏观与微观、规范与偏离。司空见惯的是,像涂尔干之类的人物(在他的情况,是通过他的团结的概念)被解读为主要关注秩序问题而非变化(Giddens 1972:41)。变化是静止或共时瞬间蒸发在抽象的时间媒介中的流逝效应。时间接续由社会学法则所预设且毋须解释。因为变化是远离现时的一种特性而非现时的内在状况,所以社会学是一门预测科学,必须以对可能事物的固定预期为标准来度量蒸发的事物。假设解释是预言性的,那么,当推定的系统变化未能发生时,马克思之类的原创性理论家就可能被视为牵强附会而遭摒弃。

社会学家所到达的文化理性化不可轻易摒绝。普通百姓的例行事务得到了合理的说明，而此前大众的行为被看作本质上是非理性的（Le Bon 1895；Ortega y Gassett 1932）。但是，社会世俗性规范化的代价是牺牲了日常生活中极富创造力与生成力的侧面，这些侧面使日常生活充满情趣。在此，文化研究有话要说。

至60年代中期，文化研究方才起步，社会学内部也开始修正——而且就肇始于帕森斯自己的弟子（Becker & McCall 1990）。艾尔文·戈夫曼（Erving Goffman）（1959；1963）借用人类活动的编剧模型来探讨如何通过避免规范化判断（耻辱）而获得身份。哈罗德·加芬克尔（Harold Garfinkel）（1967）在其民族方法学中探讨了会话交流中隐含的交际策略，以研究人们如何在日常情景中假充才学。潜伏的文化规范变成了策略性的，而团结原来不过是自我与他者的主动共谋。哈维·萨克斯（Harvey Sacks）（1995）、约翰·奥尼尔（John O'Neill）（1972）、艾伦·布卢姆（Alan Blum）与彼得·麦克休（Peter McHugh）（1984）颠覆了后来被称为大众（the popular）的复杂的社会性——充盈普通活动的根本创造性。但对系统理论模型而言，这些次第登场的社会学被贬至它们意欲扰乱的句法结构的微观位置。迈克尔·布朗（Michael Brown）指出，无涉彰显瞬间自我表现价值观的连续判断，是所有资本主义社会关系的一个特征，因而是与马克思的批判相一致的（Marx 1967；Brown 1986）。与马克思主义的这种批评契合（在那些标新立异的社会学家身上已现端倪，如 C. Wright Mills [1959]，Alvin Gouldner [1970]，Daniel Bell [1976]），恰恰衔接了文化研究与社会学。

20世纪的马克思主义热衷于文化与意识问题。作为最初的西方世界的标记，休闲、私人生活、社会再生产在市场关系中被捕捉以进一步扩大商品的统治。这把劳动力的内在生活送进了资本的贼窝。与此同时，劳动人民的合作与创造传统对商品交换所制造的生活进行了不同的编织，此乃研究通俗文化之基础。受德国法西斯主义激发，法兰克福学派理论家西奥多·阿多诺以及马克斯·霍克海姆（1944）看到韦伯所谓的工具理性正遮蔽批判能力，而批判能力使人们明白资本主义如何危害了他们最基本的人类利益。赫伯特·马尔库塞（1963）的压抑性去升华（desublimation）概念表明，对快感的有限追求中，能量导向远离政治活动。哈贝马斯（1989）注意到，倡导团体价值观的领地正沦丧为受技术驱动的专门化的个人利益普遍化的殖民地。对所有这些理论家而言，尽管文化商品化充当社会控制的原则舞台，批判意识还是为社会转型保留了希望。对他们著作的狂热以广泛接受哈贝马斯的公共领域（the public sphere）概念（显见于报纸与咖啡馆的自我表征的社会实践，以区别于国家、市场、家庭生活）为高潮，它被看作当前社会学思想中的一个重要概念。尤其是自身作为一支变革性的社会力量，公共领域成为批判性参与对理性交往进行干预的口令，其支配规则旨在促进不同视角的交流。

同期涌现的马克思主义影响下的思潮，也支持文化概念从同一的惰性维护转向差异的生成动因。对葛兰西（1971）的接受成为探索后来所谓反霸权或抵制性实践的关键。葛兰西的看法是，大众对资本主义规则的默许意味着设计各种模式来参与主流生活方式，这一见解同样激发起对文化可能如何拒绝那个主导逻辑的兴趣。要做到这些，工人阶级文化必须在骨子里是抵制性的或差异性的，就像保罗·威利斯（Paul Willis）（1981）在对英国工人阶级儿童课堂里的不端举止进行的民族志学研究所展示的那样。亚文化作为创造性拒绝领域被提出，而且可以用来从青年、种族、性别等方面描述体现文化差异的风格创新（Hall et al. 1990；Williams 1977；Hebdige 1979）。支配与反对之间的关系被当作剧烈角逐的关系，因而可能产生政治学。这里，有三个概念尤为重要。阿尔都塞（1971）的质询（interpellation）概念，即人们如何通过国家对他们的要求（成为良民、工人、家长等）获得对自己的承认从而屈从权威，拓展了国家的影响范围，使其超越了传统的体制性场所。福柯（1979）关于惩戒（discipline）的双重含义，塑造身体以适应某种可接受的实践并生成以社会易辨的方式行动的能力，使得压抑与抵制被理解为同一过程的两个特征。巴赫金（1981）的杂语（heteroglossia）和复调（polyphony），认为不同声音的难以驾驭且无法抑制的扩散乃是大众之生命源泉。每一种分析思路都表明，自我并没有单一的内核，而是主体争辩的整个领地。社会学的角色范畴只好向更错综复杂的认同问题让步（Castells 1998）。特定自我的界定再也无法从他们在社会结构中的位置或场所读取。身份是各种力量的效果而且已然处于流动之中。文化斗争不再像在旧式语言偏离中那样被视作规范化失败的人工制品，而是被视作转换过程的结果，转换过程与其说是需要改善的缺点，不如说是本质上富有生产性的人类活动的全新表达。文化生产成为社会学里备受宠爱的术语，意在合并人们是什么与人们做什么（Peterson 1976；Barrett 1979；Blau 1989；Bourdieu 1993）。象征与物质之间的这种区分，曾经被看作离散性的活动、部分或领域，只能被理解为对社会实践的概念性澄清，而社会实践既是自反性的又是生成性的，既构造自身又建造世界。

要说所有这些思想翻新都属于文化研究肯定是不准确的。落实于符号学的语言学转向预示着将社会当作结构与实践来对待（语言和言语），既不在说话人头脑之外，又不在之内，只是通过能够引入新意义与新价值的言语群体而存在（Saussure 1966；Voloshinov 1973）。这些进展，统称结构主义，预示着一个关于意义的普遍科学，能够认识到创新的共享复杂性及能力，这可在跨越文化差异的人类活动中得到证实，而那些差异是以民族志学和等级制度的方式界定的。要实现文化价值的扩张，不得不注意到语言、表征、结构的局限，于是，被称作后结构主义的思潮归纳了审美实践的强度，以期触及文化成就中崇高的、代表性的、无法言说的侧面（Dosse 1997）。文化研究将这些知识能量导入一个与研究对象融为一体的社会研究计划（Grossberg 1997；Johnson 1986/7）。社会学家迫不及待地将这些思潮的每个作者的研究工作纳入社会理论的万神殿。但是，在满怀热情地把福柯或阿尔都塞的洞见进行操作化的时候，却失掉了给予这些作者细微差别与影响的语境（Wright 1979）。就文化研究不能固定于某一特定的系谱学来说，它预示着对社会学的习惯施加更实用的与戏剧性的影响。因而它可被看作须排除在外的东西，或对社会学现存研究工作而言显得多余，而不是充当重申对提出社会／文化问题的承诺之工具。这要求解读与处理资源的方式不同于数据收集协议（protocol）的典型做法。机会呈现了，以双重基调反思表征：作为由样本与所调查人口之间的关系而提出的、部分如何代表整体的转喻问题，以及类同问题，在给定对象或著作中寻找世界时所提出。巴特（1979）所提出的文本概念是尤其有用的工具，用来把握单个案例与称为语境的众多连接之间的相互交织的关系。这些关系铭刻或书写通过自我批评的阅读实践所获得的、可被称为文本的田野之上（Derrida 1998）。文本化意味着被细节所扰乱，而不是简单地安置细节以肯定或否定假设。文化研究的确提供了向现存方法论的转向,而不是建立新的范式方法来篡夺统治社会学的研究手段的多元性。在这更受限定的困境里,表征的局限意味着认识论问题不可能通过方法论授权而得以解决。

内部的扩散

将社会学视为没有摩擦的表面,各种概念都在上面均匀滑动,此乃错误看法。感受影响的质地差别很大,对文化转向的欣然接受也集中于几个区域。社会学一直在任何场所与实践中都接纳了文化因素。有经济文化、政治文化、家庭文化,不胜枚举——很容易让人想到,反正已经在那了,不会有什么抵制。然而,产生分歧的不是文化的在场,而是文化的概念,而且,对生成性、创造性活动的兴趣有选择地安栖在各种现有视角心力交瘁的地方。随着文化获得特权作为记录社会变革的手段,文化是什么以及如何产生的问题也就变得更宽泛了。在传统学科里,什么可以充当研究对象也得到戏剧性的放大。这种氛围下社会学和人文科学一道兴盛,探讨文化的方法顺势变换也不无道理。正当社会学所报晓的现代化图景初现曙光的时候,社会的功能受到了质疑,这只能给社会理论的惯常理解带来震荡。这些挑战不能简单地归咎于对专家团体学会掌握的逻辑矛盾的常规认识。相反,公众动员有一种方式隐含对社会运作的实际批判,社会学家必须处理。社会运动如何体现批判值得反省。文化研究极其有效的这三个领域明显相互纠缠。为看清这种影响的后果,我想对文化社会学与理论之间的联系条分缕析,所谓文化社会学,我指的是源自媒体、艺术与大众、社会运动的整个领域,尤其是必须把握新生形式的那些研究。

有理由期望,艺术研究与这里所描述的内在生成性转向有着最为亲密的关系。不过,这项工作的要旨是表明,艺术也是一种理性行为,由确定的职业结构(Becker 1984)和体制规模(Wolff 1981;Zolberg 1990)所组织。审美与社会形式之间的亲密关系不再简单的是一批评概念,而现在本身是一物质力量,但却一直未被关注。早期工作所缺失的是这样的洞察力,即对设计的注意可以拓展关于研究设计的讨论,通过提供一种语言来分析知识的表达形式与其现在不可分割的内容之间的联系。例如,阿塔利(Attali)(1985)说社会改编曲采取音乐中听得见的形式才能在更常规的变化节拍中看出来,那么,审美所呈现的特别的方法论与认识论意义,超越了艺术为自身所要求的任何转换能力。

通过文化来思考社会的想法突出表现在媒介研究的发展中。技术决定论认为,媒介增大了信息的获取,不涉功利,因而标志着社会的自由与开放;而与之相反,开创性的媒介研究把兴趣定位在所有权上(Schiller 1973),媒体通过所有权集中体现了企业的支配地位(Parenti 1986)。对社会学中事实-价值区分而言,这些研究更激进的含义有待进一步的发挥(Inglis 1990)。如果认真对待媒介化(mediation)概念,那么貌似离散的信息传递就可以被看作显露了生产与流通的整合,容许对经济关系的反思(Baudrillard 1981)。受众须是主动构成的观念则反而促成了被动的消费领域。对大众的研究将这种主动的力量推得更远,不仅要求世俗事务中采用的人工制品要通过更广阔的评价标准来欣赏（Frow 1995），而且作为历史创造者的人民的影响从来就不能简约为成就的标准尺度，进步就是典型地通过成就被描绘的（Brown 1986/7）。大众开始体现理性行为的价值给予模式，无法简约为交换的逐利支配原则。快感可以成为一个政治范畴，表达这种反逻辑（Jameson 1988）。两项最新发展是表现这些转移的症候，值得注意。一是美国社会学学会创立了一个新的特别兴趣小组，"消费者、商品和消费"，以及新的《消费文化学刊》（Journal of Consumer Culture），由乔治·瑞策尔（George Ritzer）主编，他自己的工作（1993）有助于廓清这一领域的界限。该组织认可消费是"为了使用而进行的生产"之看法，但并不想削弱财富与购买的意义（Butsch 2000），它们在受市场驱动的文化中处于支配地位。第二，该专业学会的评论期刊，《当代社会学》（Contemporary Sociology），将讨论以上话题的栏目更名为"文化生产"。作为该领域唯一真正非技术性的、一贯综合性的记录杂志，它的命名暗示着句法上的有趣变化。文化生产虽然被作为一项新专业被查封，但却是同化新转向的预兆。生产已经表明了比建构（construction）更为积极地参与制造的东西、被当作固定的或给定的东西，典型地与本质或性质形成对照（Fuss 1989；Taussig 1993）。在生产与建构区分的中心还存在另外一个区分——创造自己世界的同时创造自身的感性的（sensuous）人类活动（马克思的劳动概念），与思想建构（construct），即偶发性代码或意义，回避它如何产生的这个问题。社会建构通过片刻自然化为惰性真理来运作，而生产，若恰当地分析，乃一力图实现令人不安地汇集在一起的各种力量之能力的过程。建构把我们带回代码、规范和法律的方向，文化生产的概念却踏出了一条逃离之路。

文化生产的事例表明，曾经熟悉的术语负载了新的意义，貌似学科亚专业的东西原来涉及了整个学科。对文化本身的研究品头论足，也同样适用于社会学理论。因为理论是用来反思形势总体特征的手段。它被看作社会学内部的又一个知识领域而不是所有研究途径的根基（Calhoun 1998），这已经道出了社会学的核心问题，文化研究可以视为对这一问题的矫正。若不能体味这一顿悟，即通过处理貌似特殊性的东西人们可以别样地把握整体，那么，应用于社会学的各种批评思潮就仿佛放弃了认识所有社会的鸿志。实际上，来自具体特殊性的见解，可以使得未经检讨的预设重新得到使用。这种去中心的做法揭示出，关于那个迄今仍固定的中心，哪些才是偶发性的东西。这就是把批评视角归咎于特定身份或群体利益被证明是无益之举的地方。当性属、性别、种族或殖民关系不再是将人们组织成群体的空白建构而是理解整个世界的透镜的时候，进行任何综合性分析的方法就不可能岿然不动。在此，夏娃·塞奇威克（Eve Sedgwick）（1990）关于酷儿理论（queer theory）的少数族与多数族使用的区分，是值得牢记在心的。通过处理似乎偏离正常实践的性别主体，经历性别的不同方式就可以走出密室得以见天日。被照亮为真理的东西倚赖被放置在黑暗中的东西，看不见的是蓓姬·费伦（Peggy Phelan）（1993）所谓未标记的事物。日渐明显的是，通常标志少数族的位置竟然包含着对文化表达与社会关系整个领域进行扩张的关键。照此而论，公认的自然范畴如性别和种族被去自然化了，身份也多元化了，以便纳入一个关于人类事务的更富包容性的观点。此外，对各种可获得的社会关系所做的创造性与开拓性的研究工作得到了增强。

不妨说，传统上呈现为被非规范性表达排除的问题，往往是就偏见与歧视而言，其实可以被视为一个矛盾欲望的问题,即借用这些新近表述形式之创意或快感的欲望。譬如,种族主义和对同性恋的憎恶既是平等待遇的障碍,又是价值(肯定地或否定地)凝聚于某一范畴的方式,这个范畴正式界定为他者,但实际上由自我的可能样子所构成(Mercer 1994;Berlant 1998)。文化挪用是孪生憎恶,由于窃取觊觎之物,掩盖了它去了不该去的地方的行踪(Lott 1993;Ziff & Rao 1997)。不仅仅因为越轨中有快感,而且因为在这里社会上可表达的实践范围达到了最充分的程度与规模。这是文化表达获得社会动力平衡的地方。他者的理论化的声音指向社会剩余的生产,这是从阐述社会形式与关系的意义上讲,而这些形式与关系引申出曾称为复杂性的东西。因为这最后一词把简单或原始预设为它的变样(alter),所以受到人类学家的义正词严的批判(Lévi-Strauss 1966;Trouillot 1991)。社会不能简单地分化为,照帕森斯对这个词的理解,人们所做事情的进一步专业化与特殊化——一种为社会再生产而做的劳动分工。

后结构主义的各种介入对社会学施加了一种新的跨学科的影响,其中权力与支配的问题不仅仅是分配性排除,而是精心构建社会的不同方式,当生产社会生活(不仅仅是产品)的资料被看作历史资源时。社会学一直具有潜力将社会既作为主体又作为客体、既自我形成又自我设定来对待。但是,一些根本概念,如结构与过程、宏观与微观,往往会拆散事实上不可分解的统一体。文化研究所整理的理论资源使这些术语复杂化了,本期望它们能衍生出社会立场与行为以提供对表征及其局限的认识,但它们却将之固化起来。要表达对正常情况下被排除内容的包容,就必须将规则理性化或进行扩充以适用迄今一直是越轨的行为。但新近包容的东西的累进力量未被简单地同化、吸收及中性化。属下(subalterns),如斯皮瓦克(Guyatri Spivak)(1988)所云,并不突然言说就仿佛他们卸掉了他性的负担而成为正常的自我。很少社会创造性可以得到实现,如果这样一种可预测的通向规范化的道路实际出现的话。限制标志着持续但偶发的影响,旨在通过控制来进一步密封扩展力,因其后果无法简单地命名。文化开始体现活力,它是社会成就的持续特征,然而社会成就却是不可完成的。

就像马克思、韦伯、涂尔干的影响那样,当社会学的主人公积极切入并加盟他们所想象的社会规划的时候,社会理论获得最大的进步。马克思曾帮助组建并批评性地指引过一批工人组织和党派。涂尔干曾积极投身法国社会学家的专业政治。韦伯曾起草他感觉能使社会达到最佳理性化的法规。因此,这里所讨论的理论创新,在把行动主义的情感带入理论化本身的过程时,同样也体现了经典人物的行动主义历程就绝非偶然了。领悟这些联系要求通过文化研究的透镜来看待公众动员(popular mobilization)及其更新的领悟。这引导我们进入对社会运动的讨论。

虽然社会变化一直是社会学的中心问题,但它是如何产生的仍旧让人困惑。百年社会学业已建立了关于非正式活动和世俗活动的理性观点,但是,受市场驱动的自我利益的最优化产生了个人主义的概念,使得集体行动成了有待解释的例外状况(Olson 1965)。从事改变社会环境的普通人是一种按政府或商业行政人员模式塑造的决策者。从集体的观点看,社会运动遵循韦伯式的手段与目的的分裂,它是所有理性行为的特征。诸如信息或金钱之类的资源被汇集或动员起来以达到清晰表述的目标。

不可否认资源动员这一处理方法的成就。随着社会运动的目标作为社会利益经立法确立或探讨处理,看起来尚未成熟的和生命短暂的东西可能具有持久的体制性后果。而且,民主的含义被扩大了,强调参与自身即是价值,而不只是选举或政策的结果。权力是汇集的公众批评的效果,而不仅仅是按需分配的国家津贴。但是,除充当社会类型的指针外,尚不清楚人们为何加入运动组织,假如用于其他事务的时间损失掉了,并且收获都要被支付而不论特定个体是否参与。更仔细考察,这原是一个需要修订的假设,即自我与社会利益必然相互抵牾。参与与其说是满足某一利益,不如说是生成一种已然是社会性的自我意识。当社会运动被当作文化制作的团体来对待时,参与可以是好玩和愉快的,既给予身份又生产空间。放松了对政治概念的狭隘把握,那么承认与资源便不再由国家所垄断。这并不意味着国家凋零了,而是家庭生活的调整成了对曾经不属于政治的东西政治化的反应,亦即身份、消费、发展问题,被认为是纯粹私人的。通过日常事情的政治化,通过将运动文化延伸至正式目标实现的度量之外,通过坚持主张动员是生活的正常状况,文化研究旨在使稀缺与例外的东西变得丰富充盈。这是该领域的并发症,会带来自身的混乱。

如果政治变得无处不在,运动也变得丰沛起来,那么如何评价或评估它们的趋势以便维持对介入和倡导的承诺?对右翼社会运动及其被新自由政府的国治主义同化的研究表明,这些混乱并不仅仅是相对主义的问题。正如不再假定个人利益优先于行动主义,人民的集体意志不能仅从运动组织的在场中读取。随着越来越多的人类生活特征作为对理解历史的替代特征被调动起来,这种发展的事实会与对其趋势所做的评价形成冲突。社会方向的暗示只能在运动自身的文化动力上找到。要使这种情况发生,就得密切注意体现于特定实践中的相互冲突的原则。局部并非自治的而是全局力量的复杂效果,全局力量是按级差浓缩的或"按比例缩放的"(Smith 1992)。如何解读运动并不仅仅要求解释他们表征自身的方式。它意味着查看已然进行的变化如何被反思,以及如何由共同生活的创新方式所导向。运动的组织性需要之外的动员走向陌生者共享的演出,他们使言说社会成为可能。尽管社会运动通过其文化是可以认知的,但它使大家知晓什么可以成为社会(Touraine 1981)。

在规划和原则之间

随着文化研究经社会学过滤,文化与社会的内在的概念亲和关系得到了深化。在这里,对作为这一关系的成果的一些批评研究做了述评。这种合作的进行一直充满猜疑。尽管存在实质性的争议,如果我们没有一个位置来想象各种领域与概念之间相互含沙射影的冷嘲热讽,还是会情不自禁地对学科的仇外心理煽风点火。就此目的而言,仅仅描述是不能让人满意的。因一种政治学的缘故而为社会和文化的关系进行辩护是非常重要的。切入政治会有助于为概念利害关系与立场确定方位。由于社会具有系统的含义以及有界结构的静态,一些经历后结构主义的工作避免了有总体化意味的术语(Laclau & Mouffe 1985)。另一方面,文化转向被认为生成了对自己的迁就姑息,必须得到纠正,最常见的就是避免体制性分析,而体制性分析可以将国家和政治经济包括进来(Bonnell & Hunt 1999)。

虽然可以识别一系列的候选人来承担疏忽的罪过,但奇怪的是,最成功克服这些分裂的研究工作却没有被当成最有效地体现最近发展特征的参照标准。关键是文化研究和社会学因其给人的总体印象,差不多也因为各自对述说的经验归类而为人所了解。他们组织轨迹,由此想象未来的工作。我们想要把文化与社会的关系想象成怎样的——除了盘点需要避免的陷阱之外?如果社会依旧是要获得支点以作为定位概念,那么在批判分析中必须把它看作有待实现的规划、事业、可能的形象。社会要为那些创造社会价值的人来组织,把社会价值当作要培育的资源,提供方法来探讨如何配置我们之间的关系、如何推进我们关于社会形式的创造性,这些是社会本质的也是为它自身的方案,这样的社会提出自己的社会手段。

对这一规划而言,社会主义(无论已遭受怎样的打击)仍然是最合适的一个术语。为达到史无前例的财富积累,资本主义大规模地依赖合作,但却难以承受合作性相互依赖的种种条件。资本的统治可以做进一步延伸和阐述,但却很难将它假定为一个理想。相反,社会主义一直部分是一项规划,从这里出发要到达的某个地方,从现在迈向未来中要得到的某个东西,不同于只顾令人眩晕的积累而不反思被增强的东西的品质。如果社会主义的确是实质性理性,我们社会规划的目的(一种自我扩张的志向,而非终点),那么同样需要修正手段问题。韦伯发现,无穷无尽的技术控制让人丢掉幻想。潜移默化中,人们感到有必要精通某个东西,但最终它的确不那么好玩。

文化,这里所用的意义,不是休闲,不是工作之余的小憩,而是多多益善的"感性活动"。正是劳动的快乐使之成为挪用的目标。多多益善是个被称作进步的天使所玷污的观念(McClintock 1992)。但,这也是一种历史欲望,一旦引发便不会轻易满足。这样推算,文化与其说是整个的生活方式,不如说是对生活提出的要求,这条批评原则坚信,更多的东西可以从手边的东西生产出来。这种过量或社会剩余是参与的物质体现,它给予我们的远不只是名义上的民主。文化是有形的能力或能动性,来汇集已然涌动的人类能量。这种不停的运动要求我们反思它前进的方向,并对联想树丛的产出怀抱扩张的欲望。这种社会主义与民主的合并、社会规划与批评原则的合并,应该足以使社会学和文化研究在未来的一段时间相互赏识。社会的边界无法描述,其形状亦无法预言。它的诸多可能性是对我们目前批评步调所渴求的能力提出的一项要求。

(张新军 译)

参考文献:

Adorno, T. and Horkheimer, M. (1944). *The Dialectic of Enlightenment*. New York: Seabury, 1973.

Althusser, L. (1971). "Ideology and Ideological State Apparatuses." In L. Althusser, *Lenin and Philosophy*. New York: Monthly Review Press.

Aronowitz, S. (1993). *Roll Over Beethoven*. Middletown: Wesleyan University Press.

Attali, J. (1985). *Noise: The Political Economy of Music*. Minneapolis: University of Minnesota Press.

Bakhtin, M. (1981). *The Dialogic Imagination*. Austin: University of Texas Press.

Barrett, M. (1979). *Ideology and Cultural Production*. London: Croom Helm.

Barthes, R. (1979). "From Work to Text." In J. Harari (ed.), *Textual Strategies: Perspectives in Post-Structuralist Criticism*. Ithaca: Cornell University Press.

Baudrillard, J. (1981). *For a Critique of the Political Economy of the Sign*. St. Louis: Telos.

Becker, H. (1984). *Art Worlds*. Berkeley: University of California Press.

—— and McCall, M. (1990). *Symbolic Interaction and Cultural Studies*. Chicago: University of Chicago Press.

Bell, D. (1976). *The Cultural Contradictions of Capitalism*. New York: Basic Books, 1996.

Bennett, T. (1998). *Culture: A Reformer's Science*. Thousand Oaks, Calif. : Sage.

Berlant, L. (1998). *The Queen of America Goes to Washington City*. Durham: Duke University.

Berry, S. and Miller, T. (eds.) (1999). *Blackwell Cultural Studies Resources*: www.blackwellpublishers.co.uk/cultural/

Blau, J. (1989). *The Shape of Culture*. Cambridge: Cambridge University Press.

Blum, P. and McHugh, L. (1984). *Self-Reflection in the Arts and Sciences*. Atlantic Heights, NJ: Humanities Press.

Bonnell, V. and Hunt, L. (1999). *Beyond the Cultural Turn*. Berkeley: University of California Press.

Brown, M. E. (1986). *The Production of Society*. Totowa, NJ: Allen and Littlefield.

——. (1986/7). "History and History's Problem." *Social Text* 16: 136—61.

——. (1993). "The Future of Marxism and the Future of Theory." In C. Polychroniou (ed.), *Socialism, Crisis, Renewal*. New York: Praeger.

Bourdieu, P. (1993). *The Field of Cultural Production*. Cambridge: Polity Press.

Butsch, R. (2000). "Culture, Cultural Studies, and Consumption." *Consumers, Commodities and Consumption* 1, no. 2: 1—2.

Calhoun, C. (1998). Editor's Comments. *Sociological Theory* 16, no. 1: 1—3.

Castells, M. (1998). *End of Millennium*. Oxford: Blackwell.

Clough, P. (1992). *The End(s) of Ethnography*. Newbury Park, Calif. Sage.

Cooley, C. H. (1933). *Introductory Sociology*. New York: Charles Scribner's Sons.

Derrida, J. (1998). *The Politics of Friendship*. London: Verso.

Dosse, F. (1997). *History of Structuralism*, 2 vols. Minneapolis: University of Minnesota Press.

Forbes, J. and Kelly, M. (eds) (1996). *French Cultural Studies*. Oxford: Oxford University Press.

Forgacs, D. and Lumley, R. (eds) (1996). *Italian Cultural Studies*. Oxford: Oxford University Press.

Foucault, M. (1979). *Discipline and Punish*. New York: Vintage.

Frow, J. (1995). *Cultural Studies and Cultural Value*. Oxford: Oxford University Press.

Fuss, D. (1989). *Essentially Speaking: Feminism, Nature and Difference*. New York: Routledge.

Gaokankar, D. and Nelson, C. (eds.) (1996). *Disciplinarity and Dissent in Cultural Studies*. London: Routledge.

Garfinkel, H. (1967). *Studies in Ethnomethodology*. New York: Prentice-Hall.

Giddens, A. (ed.) (1972). *Emile Durkheim: Selected Writings*. Cambridge: Cambridge University Press.

Goffman, E. (1959). *Presentation of Self in Everyday Life*. New York: Doubleday.

——. (1963). *Stigma: Notes on Spoiled Identity*. New York: Simon & Schuster.

Gouldner, A. W. (1970). *The Coming Crisis of Western Sociology*. New York: Basic Books.

Graham, H. and Labanyi, J. (eds.) (1996). *Spanish Cultural Studies*. Oxford: Oxford University Press.

Gramsci, A. (1971). *Selections from the Prison Notebooks of Antonio Gramsci*. New York: International.

Gray, H. (1997). *Watching Race: Television and the Struggle for the Sign of Blackness*. Minneapolis: University of Minnesota Press.

Grossberg, L. (1997). *Bring It All Back Home: Essays on Cultural Studies*. Durham: Duke University Press.

Habermas, J. (1989). *Structural Transformation of the Public Sphere*. Cambridge Mass: MIT Press.

Hall, S. et al. (1990). *Resistance Through Rituals: Youth Subculture in Britain*. London: Routledge.

Hebdige, D. (1979). *Subculture: The Meaning of Style*. London: Methuen.

Inglis, F. (1990). *Media Theory*. Oxford: Blackwell.

Jameson, F. (1988). "Pleasure: A Political Issue." In F. Jameson, *The Ideologies of Theory*, vol. 2. Minneapolis: University of Minnesota Press.

Johnson, R. (1986/7). "What is Cultural Studies Anyway?" *Social Text* 16: 38—80.

Kelly, C. and Shepherd, D. (eds.) (1998). *Russian Cultural Studies: An Introduction*. Oxford: Oxford University Press.

Laclau, E. and Mouffe, C. (1985). *Hegemony and Socialist Strategy: Towards a Radical Democratic Politics*. London: New Left Books.

Le Bon, G. (1895). *The Crowd: A Study of the Popular Mind*. New York: Penguin, 1977.

Lévi-Strauss, C. (1966). *The Savage Mind*. Chicago: University of Chicago Press.

Long, E. (ed.) (1997). *From Sociology to Cultural Studies: New Perspectives*. Oxford: Blackwell.

Lott, E. (1993). *Love and Theft: Black Face Minstrelsy and the American Working Class*. New York: Oxford.

Marcuse, H. (1963). *One-Dimensional Man*. Boston: Beacon.

Marx, K. (1967). *Capital*, 3 vols. New York: International.

McClintock, A. (1992). "the Angel of Progress: Pitfalls of the Term 'Postcolonialsm.'" *Social Text* 31/2: 84—98.

McGuigan, J. (1997). *Cultural Methodologies*. London: Sage.

Mead, G. H. (1934). *Minds, Self and Society*. Chicago: University of Chicago Press.

Mercer, K. (1994). *Welcome to the Jungle: New Positions in Black Cultural Studies*. London: Routledge.

Mills, C. W. (1959). *The Sociological Imagination*. New York: Oxford University Press.

Morley, D. and Chen, K.-H. (eds.) (1996). *Stuart Hall: Critical Dialogues in Cultural Studies*. London: Routledge.

Olson, M. (1965). *The Logic of Collective Action*. Cambridge Mass: Harvard University Press.

O'Neill, J. (1972). *Sociology as a Skin Trade: Essays Towards a Reflexive Sociology*. New York: Harper & Row.

Ortega Y Gassert, J. (1932). *The Revolt of the Masses*. New York: Norton, 1957.

Parenti, M. (1986). *Inventing Reality: The Politics of News Media*. New York: St. Martin's Press.

Park, R. and Burgess, E. (1921). *Introduction to the Science of Society*. Chicago: University of Chicago Press.

Parsons, T. (1951). *The Social System*. Glencoe Ill. : The Free Press.

Peterson, R. A. (1976). *The Production of Culture*. Beverly Hills, Calif. : Sage.

Phelan, P. (1993). *Unmarked: The Politics of Performance*. London: Routledge.

Ritzer, G. (1993). *The McDonaldization of Society*. Newbury Park, Calif. : Pine Forge.

Sacks, H. (1995). *Lectures on Conversation*, 2 vols. Oxford: Blackwell.

Saussure, F. (1966). *Course in General Linguistics*. New York: McGraw-Hill.

Schiller, H. (1973). *The Mind Managers*. Boston: Beacon.

Schutz, A. (1932). *The Phenomenology of the Social World*. Evanston Ill. : Northwestern University Press, 1967.

Sedgwick, E. (1990). *Epistemology of the Closet*. Berkeley: University of California Press.

Smith, N. (1992). "Contours of a Spatialized Politics: Homeless Vehicles and the Production of Geographical Scale." *Social Text* 33: 54—81.

Spivak, G. C. (1988). "Can the Subaltern Speak?" In C. Nelson and L. Grossberg (eds.), *Marxism and the Interpretation of Culture*. Urbana: University of Illinois Press.

Striphas, T. (ed.) (1998). *Special Issue: The Institutionalization of Cultural Studies*. Cultural Studies 12, no. 4.

Sumner, W. G. and Keller, A. G. (1927). *The Science of Society*. New Haven: Yale University Press.

Taussig, M. (1993). *Mimesis and Alterity: A Particular History of the Senses*. New York: Routledge.

Touraine, A. (1981). *The Voice and the Eye: An Analysis of Social Movements*. Cambridge: Cambridge University Press.

Trouillot, M.-R. (1991). "Anthropology and the Savage Slot." In R. Fox (ed.), *Recapturing Anthropology: Working in the Present*. Santa Fe: School of American Research.

Turner, G. (1992). *British Cultural Studies*. London: Routledge.

Voloshinov, V. N. (1973). *Marxism and the Philosophy of Language*. New York: Seminar.

Weber, M. (1978). *Economy and Society*, vol. 1. Berkeley: University of California Press.

Williams, R. (1977). *Marxism and Literature*. Oxford: Oxford University Press.

Willis, P. (1981). *Learning to Labor*. New York: Columbia University Press.

Wolff, J. (1981). *The Social Production of Art*. New York: New York University Press.

Wright, E. O. (1979). *Class, Crisis and the State*. London: New Left Books.

Ziff, B. and Rao, P. (1997). *Borrowed Power: Essays on Cultural Appropriation*. New Brunswick NJ: Rutgers University Press.

Znaniecki, F. (1952). *Cultural Sciences*. Urbana: University of Illinois Press.

Zolberg, V. (1990). *Constructing a Sociology of the Arts*. Cambridge: Cambridge University Press.

第5章
社会学、文化研究及学科边界

弗兰克·韦伯斯特(Frank Webster)

导　　言

　　三十七年前,理查德·霍加特(Richard Hoggart)在伯明翰大学发表了就职演说。[1]他是以现代英国文学教授的身份做的演讲,也的确名副其实,因为在此十年之前他就已经出版了一部关于诗人W. H. 奥登的研究专著。[2]然而,即使在1963年向观众演讲之前,霍加特教授也明显与文学研究的正统模式格格不入。虽然刚四十出头,霍加特已凭奥登研究之外的学术成就而声名鹊起,这些建树标志着他逾越了文学批评的边界。在此仅列举三项:

　　1) 他在轰动一时的企鹅书店案中所起的突出作用。20世纪60年代晚期,根据新通过的《淫秽出版物法案》,企鹅书店因出版《查特莱夫人的情人》受到指控。在审判中,面对反复援引小说中直白描写性爱文字的充满敌意的盘诘,霍加特称D. H. 劳伦斯为"英国非国教的清教徒",其主旨完全"端庄得体",普遍认为他的辩护对企鹅书店被宣判无罪至关重要。[3]霍加特的真诚、高尚以及对控方从容据理的应答,使他成为被告方影响卓著的辩护人(有一场精彩的交锋,他将《失乐园》中的性表述与《查特莱夫人的情人》做了比较)。

　　2) 几乎同时,霍加特担任比尔金顿(Pilkington)委员会委员,这是个关于广播事项的皇家专门调查委员会,自20世纪50年代以来审查商业电视(ITV)和BBC的录音录影,他的任职对把新的第三频道分配给BBC至关重要。[4]在这个划时代报告的起草中(我以为该报告标志着公共服务广播的巅峰),普遍认为霍加特起了决定性的作用。[5]熟悉霍加特文风的人可以很容易地看出他报告终稿里匠心独运的章节布局,对广告的鲜明批判,对商业电视信条的抵制,即所谓电视应该"给予观众他们所需求的东西"。一则逸事也从另一方向说明了霍加特的贡献。比尔金顿报告完成后一两年,曾向委员会作证的T. S. 艾略特说,委员中他只能记起霍加特以及那个"玻璃制造商"。霍加特业已在文学领域之外崭露头角。

　　3) 最显赫的是,霍加特于1957年出版了倾注近十年心血的著作《识字的用途:与报刊娱乐特别相关的工人阶级生活侧影》(*The Use of Literacy*: *Aspects of Working-class Life with*

Special Reference to Publications and Entertainments）。该书现仍印行。它曾饱受争议,但却很难也委实不能归类于任何学科。霍加特本人回忆道:"在英语系内部,许多熟人都对此表现得相当平静,仿佛一只邋遢小猫从附近的简易住宅叼来了一件怪异的甚至难闻的物品。"[6] 社会学家意识到它涉足了他们的学术趣味,多少侵犯了他们的领地,还怀疑其自传色彩。

《识字的用途》分为两个部分。第一部分以充满个人感触的笔调审视了二战前利兹(Leeds)及其周边地区的工人阶级生活。第二部分抨击了各种新奇现象,如自动唱片点唱机、流行音乐、"淫秽下流"杂志、性与暴力小说,这些都涉嫌破坏工人阶级的生活方式。行文当中正统社会学几乎荡然无存,因为如此之多的叙述是通过霍加特个人的经历和记忆得以整理和重构,并通过一个鲜明的评判框架进行过滤——然而,题材本身,同整书一样,无疑是社会学的关怀。(顺带说一点,那种对 20 世纪 30 年代邯斯里[Hunslet]工人阶级生活家庭及女性方面的关怀,至少对当时的——若非今天的——社会学家而言是出乎意料的,不过鉴于霍加特早年丧失双亲,由祖母抚养成人,这倒也不足为奇。这一特点尤其明显,如果将《识字的用途》同早一年出现的一部社会学经典进行比较。《煤就是我们的生活:约克郡煤矿工人社群的分析》[Coal is Our Life: An Analysis of a Yorkshire Mining Community],更加具有男性倾向——矿坑、俱乐部、工会、家庭依次构成了研究内容。而且,请注意,该书取材于费瑟斯通[Featherstone]地区的生活,距霍加特的邯斯里还不到十英里。)

《识字的用途》明确无误地还是一部文学批评家的著作,只不过它的题材比小说更为广博,像工人阶级特征、大众传媒、消费主义、青年问题如此等等。我认为,如果无法在任何学科意义上为之定位,那么可以肯定,它超出了文学,突入了新的领域,而这些领域正对战后英国日常生活产生显著的影响。尽管有如此之特点,尽管明显要把握社会变迁(社会学的中心关注),但《识字的用途》不是社会学。算不上社会学至少是因为它缺乏理论,况且其方法也与社会学决不相称。(这里我想引用学术生涯早期 1975 年遇见的一位优异学生的话。弗兰克·麦肯纳[Frank McKenna],自 15 岁起在铁路上工作,40 岁中期上牛津罗斯金学院,刚从劳工运动成人教育中心离开不久。他后来依据在罗斯金所做的研究,写了一本奇异的书《铁路工人》。[7] 我与弗兰克谈起工人阶级生活,这个题材与我们如此亲密,我们交换了对该题材进行社会学研究的看法。霍加特的名字,连同他的《识字的用途》,进入了我们的谈话。弗兰克目光炯炯,倾身俯耳,他告诉我说,就霍加特而言,"你可以听见",你能够听见活生生的人们的声音,感觉到他们的存在,你能以一种社会学大多缺憾的方式到达那种境界。)

鉴于霍加特的这些侧面——坚决反对假道学的审查机制、鼓吹公共服务广播、分析战前战后工人阶级生活——毫不奇怪,他在伯明翰大学的就职演说里,对他作为教授想完成的东西"陈列货摊",这并非要在英国文学里面做直率的职业规划。理查德·霍加特提出的是组建当代文化研究中心(据内情,他实际上称之为"文学与当代文化研究"),他主张搭建这个平台,就是为了研究"通俗文化"如流行音乐、摄影、时装、广告、电视节目(对怀旧者,他的例子还包括《袖珍相机》[Candid Camera]、《Z 轿车》[Z Cars]、《这就是你的生活》[This is Your Life])。

然而,必须注意到,这项计划本来想要坚持明确的文学导向。当代文化研究中心势必走出文学,因为,按霍加特自己的话说,他是"为了拓宽大学里开设的英国文学的边界",[8] 而不是要抛弃这些边界。在这一方面,看到霍加特的就职演说出版在他的论文集《相互交谈》(Speaking to Each Other)第 2 卷是颇有趣味的,所用的小标题很说明问题:《关于文学》(About Literature)。[9]该中心被称作 CCCS,1964 年春开办,职工两名,理查德·霍加特和斯图尔特·霍尔。这是强力组合,后者本身也是英国文学研究生,来自牙买加,就读于牛津,本来开始了关于亨利·詹姆斯的博士课题,后因更偏爱编辑《新左派评论》而放弃。(即使在 20 世纪 70 年代将 CCCS 领向巅峰的霍尔身上,文学色彩也是非常浓郁的。2000 年 2 月 18 日第 4 电台《荒岛唱片》节目的听众定会知道,他去往荒岛时决定带的书就是亨利·詹姆斯的《贵妇画像》。)后来十年里,这个二人组合又加入了迈克尔·格林(Michael Green),直到今天还和我们在一起,他同样出身文学,曾负笈剑桥。

我想强调一下当代文化研究中心(CCCS)早期扩张文学批评领域的抱负。理查德·霍加特认为,在 CCCS 规划里文学构成了"最重要的"[10]因素,起码有两个原因。其一,正是在文学以及文学方法里人们发现了"对经验细节的全神贯注":在文学里,人们可以潜入表面现象之下,超越肤浅的东西,并深入生活的丰富的肌理就犹如切身体验。正如霍加特 1963 演讲中所说,"我们如何充分理解,更不用说表达,个人关系的复杂性,倘若没有文学来起文学的作用?我的意思并非我们都要去读最好的书;而是说,这些书已经被阅读,它们的见识……某种程度上已经进入了一般意识,这一事实为我们理解自己的经验做出了怎样的贡献?"[11]其二,文学批评方法里,在被称作文学感触里,可以为这些术语找到一席之地,如"意味深长"和"豁然开朗",当人们试图屈就当代文化表达的意义时。

许多人听到这些话不会感到多大的意外。批评家 F. R. 利维斯(和他妻子 Queenie[12]),一生显赫却饱受攻讦(死后多被遗忘,即使被想起,也作为幼稚、教条、专横而打发掉[13]),对此时的霍加特具有鲜明的影响。事实上,把霍加特(就像早期的雷蒙·威廉斯)看作"左翼利维斯分子"并不足为奇,这是要突出他们工作中对文本细读的关注、他们假设文学有其特殊途径来透视我们如何生活以及如何更好地理解生活、他们愿意评判所考察的事物,不是仓促草率地评判,而是视之为不容逃避的庄严的责任。

如果霍加特想将文学移入当代文化研究,并在这个过程中保留文学方法的重要方面,他会意识到这势必侵入社会学的领地。在就职演说里,他承认"社会学方法"对他的关怀具有意义,不过他感觉社会学这一学科价值有限。确切地说,霍加特认识到有必要研究受众、作者环境等,因而某些社会学的支持是必需的,但是,当他审视文化与文化社会学里可资利用的研究工作时,他得出结论说,社会学是简约性的且外在于文学,因而是一门沉闷的科学,对 CCCS 作用有限。

我回顾霍加特的这些关注与特点,是要为我自己的评述提供语境。在以下行文中,我想更多地反思霍加特——及其后继者——从文学到文化研究的转移,以及与社会学的关系。也许条理还欠分明,我要特别评论以下方面:

i) 社会与文化分析规划中的评价与判断问题。

ii) 英国社会学最近历史的若干方面。

iii) 文化研究的兴起与发展,尤其与社会学的关系。
iv) 学科的学术特性以及隐含的边界关闭(与开放)。

开场白:鉴别的必要

现在我想让自己的评述更具个人色彩。我们知道人文科学里作者的声音是伪装的。因此我将直接呈现自己的声音,不过我努力将这些思绪置于更广阔的语境之中。我的第一学位是社会学并随即攻读了社会史硕士学位,但在20世纪70年代中期攻读博士学位时转向文学社会学。我一直在想为何会做这种转向,不过在攻读博士学位期间想得更多,也更苦闷!一个原因无疑是,我接触社会学时已饱受文学的熏陶——我对过去和未来的社会关系的想象,深受小说浸润之影响。另一个原因,我猜想,是因为我是个利维斯分子,而且自学生时代就是,我的老师就是个充满激情但未曾公开的利维斯分子。最重要的是,那意味着我之所以为文学所吸引,是因为文学似乎向我谈论社会,我生活其中且渴望理解的社会,因为我为文本的细致分析所诱惑,还因为这种批评使我们感悟文化作品的社会环境。

1974年并不是一名社会学新手进入文学的良好时机,何况他具有利维斯分子的气质。至少有两条原因。其一是此时社会学强烈反对各种"经验主义"("实证主义"那时是个辱骂用语,长久以来便是如此)。在这种条件下,任何对文学的经验材料(如销售、成本、读者、文盲等等)的关注,都让文学社会学主流思维模式感觉索然寡趣。迄今,人们可能以为,文学批评家同样如此,既然他们对这些事情也是等闲视之。但是,必须把下列事实联系起来考虑,即社会学对沉闷的经验主义的反动伴随着理论至上的呼唤。据此,不仅是经验社会学家要被置之高阁;而且缺乏理论基础的文学批评家——特别是F. R. 利维斯及其追随者——也要被抛弃。利维斯,众所周知,不愿意也许是不能够进行理论化(我们曾怎样嘲笑他的振振有词的宣告"就是这样的,难道不是吗?"),随便就被看成落后于时代,不能向理论武装的我们提供什么。

回想起来,似乎当时一切都是理论,偏偏就不曾触及实在内容,无论是文学文本抑或读者偏好之类的世俗内容。我们耽于结识乔治·卢卡契(George Lukács)、皮埃尔·马歇雷(Pierre Macherey)、路易·阿尔都塞(Louis Althusser),他的"理论的实践"在文学社会学之内(乃至之外)极显魅力。那时,将一切都理论化,就是不切入作品本身(那太忸怩了,仿佛可以认真预设理论上的单纯)。我还要补充一点,这种"理论转向"的一个重要的始作俑者,佩里·安德森(Perry Anderson),《新左派评论》资深编辑,其本人对利维斯的评价就颇有见地。安德森在严词抨击英国知识文化缺乏理论的精细时,却宣称"利维斯作为批评家的个人成就是卓尔不群的,他的严谨与睿智建立了新的鉴别标准"。[14] 麻烦在于,我们大都陶醉于理论的优先化:我们未曾领会安德森的弦外之音,我们贸然理论化,并轻率地抛弃了利维斯及其同类。

在我看来,对社会学而言,那个时代特别贫瘠。我个人的情况是,1977年晚期完成了博士课题,但不是关于文学,而是关于理论。现在,我对理论的感触是,理论总是自鸣得意地"正确"与"优越",随时准备剔出那些思想家所隐含的或秘而不宣的理论,他们可能对约瑟夫·康拉德或查尔斯·狄更斯做了翔实的论述,由于未能理论化,他们就被嘲笑为"过分简单化"。

可以看到,理论的一个最常见的攻击目标就是"简约主义"(reductionism)。我们曾反复吟诵,把文本简约为特定社会经济关系乃荒唐之举。但具有反讽意味的是,既然一切都从理论中"读取",那么理论本身就是简约主义,有过之而无不及。糟糕透顶的理论主义就是:理论乃分析的至上境界,一切都唯理论马首是瞻。[15]

回想起来,我真希望我曾决意靠近利维斯(这当然并不等于认可利维斯式的项目——我没有恢复它的欲望)。有好几个原因,包括:

i) 对实体内容(文本和主题)的密切关注,这可以是对理论主义(详情见后)的强烈反对。

ii) 所有教育事业中——尤其是大学——对"我们是什么和可能成为什么"这个问题的优先考虑。这似乎是个简单问题,但对人文科学而言却是果敢而本质的任务,利维斯曾反复提出这个问题。[16]对此问题的追求是大学的首要任务,我以为,让这一问题在我们的头脑里占据显赫位置,对我们会有无法估量的帮助,尤其当我们陷入学科边界(详情见后)的困境时。

iii) 知识分子对所研究的东西承担不可避免的鉴别责任。

我想就后者多说几句,因为,在我看来,它是当今特别难以坚持的原则,当今时代,评价被视为偏见的表现而遭随意摒弃。首先,我要说,我穿越文学社会学和理论主义的心路历程,并不像前面评述的那么奇异。米歇尔·巴雷特(Michèle Barrett),我的系友,走过了同样的旅程,虽然我们均远离伯明翰大学,但在此仍清晰地感觉到许多类似的影响。米歇尔前往苏塞克斯攻读博士学位,她的选题是弗吉尼亚·伍尔夫。在她新近的重要著作《理论中的想象》(*Imagination in Theory*)(1998)[17]中,米歇尔——在20世纪90年代成为英国社会学学会主席,是为数不多的世界级的英国社会学家之一——[18]记录了她承担的关于这位20世纪最重要的英国作家兼批评家的学位论文中所遭遇的困难。经常令人不快的是,社会学无法切入艺术、美学及想象的素材(当然,与弗吉尼亚·伍尔夫关联的题材)。米歇尔说道,社会学还是得接受那些与评价纠缠不休的问题。在此期间,她发现文化研究——虽然她总体上庆贺它的兴起——同样不能处理价值与鉴别问题。我与米歇尔·巴雷特所见略同。对我来说,巴雷特教授最近卸任社会学系主任,在另一所大学加盟莉萨·贾尔丁(Lisa Jardine)的人文科学系,实属空穴来风,我揣测,是由于被社会学一直无法认真把握艺术与想象所激怒。

当然可以列举避免做判断的理由。在一些社会学圈子里,强调不做判断是因为这被认为符合科学态度所与生俱来的价值中立性。当然,这样做自有其道理,而且,这一点上马克斯·韦伯[19]的表达要远比我高明。[20]我不假思索地同意,超然是做社会学的必需,但我并不认为这就意味着社会学不应该问一些它考察内容的严肃问题,这些问题中就包含质量问题。还有,想具有包容性的令人钦佩的冲动,会鼓励我们避免去做判断。霍加特在别的地方曾就此提出过"缺乏才干的出租车司机"[21]的问题。他想要突出的是,虽然令人愉悦,起码对心地善良的人来说,当普通情况下被排除的人——如出租车司机——进入限定舞台——也许是文学或学术圈,他们作品的质量问题在那些圈子里不可能被忽视,因为屋里的乐趣已经开放。更一般意义上来讲,存在一种盛行的看法,即在后现代,判断乃气质问题、"各有所好"的问题。直接后果是根深蒂固的相对主义,在学术领域内外都有表现。

然而,我确实感到,无论出于任何原因,回避判断问题都是一种懦弱。我不想看到社会学或文化研究列队宣布关于他们研究内容的"唯一真正的方法",但我确实坚决主张我们努力去做关于优劣的思考缜密的论断(按照逻辑和证据)。我得说,这也似乎是批判工作的一个关键成分,它必须超越对特别方法或现象的追问,转向识别优势和弱项。在这方面,我乐于引用如下权威之言:

> 最后我们……回到以单件作品的批评判断为依据的性质界定。这种判断经常……当作"主观的"或"印象主义的"被摒弃;但模糊的意见肯定有别于深思熟虑的见解,这种见解基于细致分析,供辩论或讨论,受制于来自所探讨作品的"证据"。[22]

当今的普遍做法是,小心翼翼地避免在严肃与轻薄、高尚与卑微、不朽与短促、美与丑之间做出判断,事实上避免在介于两极之间的某个地方做必要的鉴别。我承认这是艰难任务,且当今更容易——也就更富有包容性——回避鉴别的责任。可是,我不认为这个问题就应该被避开,因为它是生活的目标,实际上是具有思维能力的人的职责。它也是任何大学的中心责任,只要大学还承担思考的义务,尤其是艰苦思考世界发生的事情。确实,它不应该是我们在自己家里私下里才做的事(不过,悲哀的是,经常就是如此),而应在公众面前通过鼓吹"萝卜白菜各有所爱"而轻松获得赞同。当评判做得不机敏时可能显得傲慢,但拒绝任何判断也是一种特别阴险的傲慢——这里我想起那些人明目张胆的傲慢,他们说"你的趣味是奥普拉·温弗瑞脱口秀(*Oprah Winfrey Show*)[23],我的趣味是新闻之夜(*Newsnight*);它们不同但平等"。[24]在这方面,我只能赞扬杰拉尔德·瑞特纳(Gerald Ratner)先生的坦率,他1991年向一次商务会议全盘招认,他的公司向人们贩卖"垃圾"而赢利,品位高不到哪儿去。我并不原谅瑞特纳先生的商业行为,但是,他的直率与巧智中有某些东西,必定会让今天很少言行一致的相对主义者们无比汗颜。

社会学近史

此刻我应更直接地转向我自己的学科领域——社会学,对它最近几十年的发展过程谈一些看法。在20世纪60年代晚期,英国社会学开始摆脱对美国学者的依赖——其表现形式为结构功能理论与定量方法论,经常是社会学的专业要求[25]——这种依附至少已有二十年。很明显,政治激进主义的肇端影响了这一发展,不过,还应该说,更富尝试性的冲突理论家已经提出理由借鉴欧洲的思想传统。[26]

这期间一个引人入胜的发展就是,英国社会学面对面出现了两个主流范式,即韦伯主义方法对马克思主义方法。当然,这两个思想学派中间出现过激烈的交锋,但我觉得,从更大的范围可以看出,英国社会学中有个普遍共识,即主题从根本上讲是阶级(紧接着是工作和生产)。这些关怀是组织该学科的关键,多数作者也回归到了这些关注上面。阶级分析在英国社会学中占支配地位,甚至说霸权地位,而且,尽管对其界定大相径庭(从职业等级、财产所有权地位,到劳动市场中的定位),但似乎都一致同意阶级分析乃社会学家的首要关怀。此时弗兰克·帕金(Frank Parkin)皮里阳秋的说法,"每一个新马克思主义者内部,似乎都有一个韦伯主义者挣扎着要逃离",[27]通常暗示着激烈辩论背后的共识。顺便说一句,值得一提的是,此刻的阶级分析不仅是异常男性化的(社会学家典型地认为阶级是男性所具有的也来自男性的特质),而且社会学家中存在广泛的"左派"[28]共识,即阶级不平等是一件坏事(正是 20 世纪 80 年代新右派使英国社会学家倍感惊诧,居然宣称阶级不平等确实存在但大体上也是合理的)。[29]

也许过于简化了,可以说 20 世纪 60 年代与 70 年代的大部分时间里,阶级乃社会学家在各种题材中所勾勒的主要关系,如教育水平、选举行为、休闲爱好、社会迁移机会。所提供的乃是关于英国的叙述,其中各种现象可以明显地从人的社会阶级"读取"(read off)。回想起来,几乎所有重大事情都要通过"中产阶级"和"工人阶级"(社会学家观测最多的正是后者)的巨大分野(拙劣的简化)来理解。工人阶级了无机遇,他们的婚姻关系、政治倾向乃至休闲习惯都表现了他们的阶级地位,甚至他们对食物和娱乐的趣味也简约至他们的阶级。

我们可以看到,随着长足的进展和概念上的批判,围绕阶级分析的这种共识在 20 世纪 70 年代晚期遭到了抨击。攻击贯穿了上一代学人,以 1989 年雷·帕尔(Ray Pahl)的戏剧性声明为高潮,"阶级作为一个概念不再能为社会学做任何有益的工作"。[30]让我来列举一些方面:

- 随着传统产业迅速衰落,职业结构的变化日益明显。这种发展没有什么"自然而然"可言,而且,必须记住的是,20 世纪 80 年代矿工的破坏,作为 20 世纪英国历史的重大事件,是他们受到撒切尔夫人和组织有效的国家权力的攻击的结果。[31]拉尔夫·米利班(Ralph Miliband)将此解释为"来自上面的阶级斗争",[32]而且,这也是有益的警示,尤其是当我们听见评论员们提到"进化"、"信息社会"和"知识经济"的时候。但是,男性手工工作的衰落和服务性职业的平行扩张,严重影响了对不平等的感受与体验,在其他方面影响尤甚。今天,百分之七十多的工作分布在服务产业,且分层体系的形态也显著改变(不过,与推测相反,在末端存在更大程度的不平等)。随着工作变得日益白领化与信息化,那么,温和地说,公认的阶级分析形式就难以为继了。至少"中产"与"工人"的阶级区分,一直就很粗略的区分,变得很成问题了。

- 与此紧密相关的是备受评说的劳动力女性化,它同女权主义思想的普及一道,向那些想要紧紧抓住阶级分析范畴的人提出了严峻的问题。

- 多数人生活水平持续上升的直接后果是形成了对消费的更多关注。自 1970 年开始,生活水平足足平均上升了约百分之百,环顾四周,其结果显而易见——大规模的汽车拥有、人们家庭里的娱乐设备、家庭摆设与设施、服装的款式与范围……这种消费的扩张合并起来对一度集中于生产和劳动(以及假设由此产生的阶级)的分析产生了制衡作用。

- 与此相关的是媒体的爆炸性增长,尤其是电视,当然也包括电子游戏、PC 机和电视文字广播。

- 这与象征领域的巨大扩张以及正在持续的"符号"输入具有不可分割的联系。电视昼夜播出,多个频道供选择,此外还有音乐、时装与款式、设计(从训练机到电水壶、从 T 恤衫到移动电话)、广告与销售的大量增加。
- 我们需要再添加上休闲的增长,尤其表现在休假以及相对舒适的旅行,这是生活水平提高与交通成本降低带来的状况,促使旅游业跃居为许多地区的主要就业行业[33]。这需要社会学家的注意,不过这种注意至少在极大程度上抗拒早期的阶级分析形式。
- 各种文化的增长与体验。称之为文化可能别扭而笨拙,例如,明显表现在斑驳陆离的青年文化,而且也表现在由移民、轻松旅行、全球化所带来的多元文化(multiculture)。这随处可见,无论是烹饪、超市、街道闲聊与款式,还是英国足球俱乐部的球队。
- 新社会运动以及所谓生活方式或身份政治(兽权、环境抗议、女权主义)的发展,它们与阶级关系之间的联系还不甚明了。

这些现象固然各不相同,但共同提升了文化的意义,这一点本身愈显意义非凡。于是众口铄金,否认文化能够由社会学的主概念——阶级——来解释。当然,阶级分析在社会学里也变得不能自持了,许多社会学家相信它不能充分展现这些新关系形式的复杂性。[34]应该说,纳菲尔德(Nuffield)学院的社会学家打了一场艰苦的殿后战斗以保留阶级分析,而且,他们的发现由严谨的概念思索与经验数据所支撑,仍然受人瞩目。[35]这些叙述坚持认为,过去二十年里相对的社会迁移机会很少有或根本没有任何增长。但他们能确认这一点仅仅因为,他们测量的并非当今不平等最鲜明的方面(亦即其总体形态的显著变化),而仅仅是人们从一个阶级范畴迁移到另一个的相对机会(亦即他们表明,人们的出身,相对而言,仍然对一生的机会起巨大作用)。简言之,纳菲尔德研究证明并强调,来自社会底层的孩子与上层相比仍然生活拮据,但是他们却对这一事实轻描淡写——不过没有否认——社会的总体形态已发生了根本改变。我不能苟同两个后现代社会学家的观点,说我们已目睹了"阶级的死亡"[36],但我似乎很难拒绝这样的看法,即我们需重估它在 20 世纪 70 年代早期所得到的优先化。阶级分析的确在解释重要问题上力不从心,如性别、身份、生活方式选择、种族和族群性乃至全面媒体化的世界里的日常关系处理。[37]

文化研究的兴起

社会学内部对阶级分析所表现的大量不满在文化研究的兴起中得到了共鸣。的确,虽然这一问题的起源复杂而广泛,文学社会学的老调重弹——即艺术简约成阶级关系的做法应该被拒斥——融合了作为文化研究重要部分的反简约主义主张。在这一点上,霍加特的遗产非常重要,但最大的光荣无疑属于斯图尔特·霍尔(Stuart Hall)以及 20 世纪 70 年代汇集于伯明翰的那批卓尔不群的研究生。

对此我不复赘述。只提及一点足矣,伯明翰学派对待文化严肃认真,也确实一马当先,独辟蹊径地开展对青年、种族、族性和社会性别的研究(除霍尔外,特别值得一提还有 Paul Willis, Angela McRobbie, Dick Hebdige, David Morley, Paul Gilroy, 还有其他非常出色的学人)。伯明翰也卓有成效地推进媒介分析。固然不是绝无仅有,如莱斯特和格拉斯哥的学者在这方面曾起着关键作用,但是很少有人否认,1978年问世的《危机控制》(*Policing the Crisis*)是一部力作。它汇集了政治、种族以及关于英国媒体运作的翔实报告。伯明翰同样坚持思想在政治中的重要意义,并由此衍生了对玛格丽特·撒切尔"专制平民主义"(authoritarian populism)影响巨大的研究工作,该研究拒绝从政治"读取"阶级,拒绝把政治简约成阶级。[38] 正如斯图尔特·霍尔坚持认为,[39] 意识形态必须被视为权力本身,公民社会里的思想斗争是政治变革的前奏。在此意识形态领域确实得到了非常认真的对待——在她 1979 大选胜利之前霍尔就已经设想到了撒切尔主义现象,谁又能不承认霍尔的先见之明呢?[40]

此时的伯明翰学派足以称道的远不止这些,当然也可以事后诸葛地看到他们进入了一些知识死巷。就个人而言,我不禁感到,与阿尔都塞主义的情缘便是这样的一个死胡同,无论它对伯明翰学者反思意识形态的自治领域显得多么的有用。[41] 然而,不容忽略的是"文化转向"的意义以及伯明翰学派在这一趋势中所起的中心作用。它激发了文化研究本身作为独立研究领域的兴起(这一学科尤其在美国是高歌猛进,那里它所应对的境遇虽然不同,但更顺适),而且对社会学也产生了深远的影响,通过学刊《理论、文化、社会》以及伯明翰成员,已经渗透进了社会学的主流。"文化转向"有助于填补英国社会学的一项空白。我想这已得到了社会学界的广泛认可。1979年斯图尔特·霍尔本人被委任社会学系主任,最近又被收录进一部关于"重点社会学家"的教科书,[42] 以及荣任英国社会学学会新一任会长,无不证明了这一点。

我本当回到"文化转向"对社会学的影响这一话题,但还想就文化研究近来的历史做进一步的评述。它是作为杂种学科发展起来的,正如我们业已看见的那样,大量地借用文学,但也乐于攫取和贡献任何东西,只要能帮它更好地理解正在发生的事物。用霍尔的话说,文化研究的力量就在于它是"跨学科研究的焦点"。[43] 对此可做许多辩白,甚至把文化研究看作自觉地反学科的,不懈地开拓固定学科领域的边疆,迈克尔·格林(Michael Green)所谓"绝对地'不纯'",[44] 都是颇有道理的。然而,成功的代价,尤其在美国,[45] 是文化研究的体制化及其——必然结果——学科边界的形成,这造成了附带风险。在此过程中,经典文本被确立(霍加特、威廉斯、霍尔等),核心概念和方法作为经典的一部分被传授。这样,文化研究隐含着危险,许多批评家已经在利用这些危险(不过,必须指出,伯明翰学者自己也似乎敏锐地意识到了这些危险[46])。包括:

- 反简约主义转变成对多样性(差异)不加批判地颂扬的危险,缺乏任何解放性与评价性的因素。这方面,尤其后现代方法统治的地方,对物质因素和结构性不平等的关注可能被忽视。
- 对人民创造性的热情关注,作为文化研究反简约主义精神的一部分,有低估行动者所受的各种制约的危险。
- 对能动性的强调常常使人联想到某些地方的"快感"咒语(mantra),这个术语很容易陷入对最为肤浅的文化产品不假思索、不加甄别的颂扬。[47]

- 由霍尔及其开放大学同事所提出的"文化线路"(cultural circuit)概念还有待充实。生产、表征、接受的划分已经进入了关于文化研究何以为继的叙述。我非常喜欢这一默契的观念,即如果想要把握世界,必须对所有这些因素做某种形式的整合——某种整体性的概念。可是,在文化研究里引人注目的是,生产领域似乎仍欠检讨,因更偏爱"文化线路"的其他两个因素而遭到放逐。[48]

- 理论的过剩有使20世纪70年代中期风行一时的理论主义死灰复燃的危险。文化研究已经体制化,也出现了理论的入侵,理论可能变得过剩且孤芳自赏。[49]我已说过,社会学本身一度患上这种暴食之疾,尤其是对认识论与理论正确性的过度关注,优先于对实质性问题的切入。这里想提一下那个政治经济学对阵热心听众的老笑话,争论不休而不知所终。这背后仍是那个陈词滥调,客观性对主观性,一直就被理论化,至死方休。我们真的需要超越这些陈腐的争论与二元主义,或许我们要像卡斯特尔(Castells)那样考虑一下"一次性理论"[50],如果它不再帮我们更好地揭示世界上正发生的事情,我们即可抛弃它,而且——在此我赞同安德鲁·图德(Andrew Tudor)[51]——我们不妨承认托尼·吉登斯(Tony Giddens)[52]十分出色地克服了二元主义,然后向前迈进。

社会学学科

我已对文化研究影响社会学的几个方面做了评述。我以为,对社会学而言,在遭遇文化研究时另外一个值得汲取的教训是,知识本身是不断调停的结果。我们所敬仰的权威、所探讨的问题,并非就不言而喻地*存在着*,而是在表达那些不断变换的轻重缓急与关怀。一方面,很容易承认:社会学鼻祖的"三驾马车"——马克思、韦伯、涂尔干——毕竟是相对而言新近的创造。马克思在20世纪60年代晚期之前不过是一个虚幻的存在,甚至涂尔干也仅仅在几年前才被认可。[53]关于经典的谈判延续至今——我的一个同事,大卫·帕克(David Parker),最近还尖锐地问道(在《社会学评论》学刊里):"为什么纠缠涂尔干?"[54]

换个说法就是,学术里的各门学科为我们提供分析的工具、思考的概念、定位的方向,虽然就这方面而言,学科是不可或缺的,但不能因此就视之为配菜拼盘。它们本身错综复杂而又不可避免地成为文化产品,照此看来,也没有任何存在权利的保障。[55]

在智性层面上,这一点倒不难承认,但在现实中,无论是资源分配还是学术身份的定位,学科都是举足轻重的因素(稍微想想英国政府"研究评估活动"的影响)。就此而论,考虑一下对社会学中"文化转向"以及对与此密切相关的文化研究的反应——我经常遭遇的情况。这种反应把对文化的兴趣,尤其在提到"后现代"这个词的时候,看作对社会学专业化(以及相关的尊望)的一种威胁,因为社会学这个学科应该只采用"可证实的猜想"与"可检验的命题",其中,一个关键的要求就是从事"社会算术"与处理对数线形分析的能力,它势必让社会学为那些可做经验检查的问题提供确定无疑的答案。[56]照此看来,齐格蒙特·鲍曼(Zygmunt Bauman)、布鲁诺·拉图尔(Bruno Latour)、乌尔里希·贝克(Ulrich Beck)、霍尔,甚至安东尼·吉登斯(依我之见,他是自赫伯特·斯宾塞以来英国最重要的社会学家)的研究工作,几乎都算不上是社会学(这些工作有主观臆断、无法验证甚至新闻报道式的嫌疑),而且文化研究本身更是偏离了更重要的专业化任务。

从这里可以看到为社会学学科建立根基的企图,这个学科已经对边界实施了强力管制。这种视野中,学科有一个坚强的核心——调侃一下,一撮古典思想家、理性选择理论、严明的技术训练尤其是定量分析。我几乎不用怀疑,在那些追求良好社会学训练的从业者中,这滋长了一种群体身份意识。我同样很少怀疑,这会强烈排斥那些胆敢侵扰社会学甚至要求这个名分的人。[57]实际上,坚强核心的提议是少数派立场,因为多数的社会学系更加务实,至少在本科课程体系里,助长一种"薄弱核心"——一些经典理论、一套方法和一些实在的分析。这也是来自最近出版的《社会学标准陈述》(Benchmark Statement for Sociology)所做的建议,颇受欢迎。[58]

尽管如此,想到文化研究,我还是想针对在社会学中树立边界的企图、针对那些想让我们认同学科边界并委任专业机构巡视边界的人,提出几条告诫之言。

首先,出于对其他大学同行的尊重,我要求社会学家们"高兴起来"。时有耳闻的排斥性语言——"他们甚至连'x'中的多变量分析都做不了","他们无法看出摆在他们面前的零假说"——是令人恼火的,也许有时故意为之。

第二,我想提请那些严守学科戒律的人注意,并非是一点小小的怪癖导致政府鼓励跨学科的研究。我完全能够理解,与我们同类人说话的那种舒适感,然而,事实是——回想一下,人文科学的首要目的,总的来说,是理解并解释世界上正在发生的事情——现实本来就是跨学科的。明白这一点并非某单个学科或学科特定版本的特权。如果要找一个这样的例子,我极力推荐曼纽尔·卡斯特尔(Manuel Castells)的《信息时代》(The Information Age)三部曲作为典范,它是彻头彻尾的跨学科著作,但却建树非凡。[59]

第三,社会学一直是有名的"模糊"[60]学科,局外人可轻松进入(尤其是历史学家,但还有其他许多人),而且,只要合适,这个学科也乐意吸纳局外人的贡献。不妨回顾一下,许多经典宗师拒绝社会学家的称号(尤其叫人想起马克思,但是,韦伯本人——无可争议的"大师"——接受的是法学教育,博士论文做的是中世纪商业组织的法律框架)。固然,会有人执意说,那是因为他们著述时学科尚未形成(勉强站得住脚的论调),但我的回答是,当代最活跃的一些社会学家就来自学科外部(比如,霍尔是文学出身,Martin Albrow 与 Ralph Mann——或是 Mann 转投——历史出身,Gary Runciman 与 Ralph Dahrendorf 来自古典学)。何况,对社会学一些最引人入胜的贡献就出自学科外部。例子不胜枚举,所以我只重点提及我最喜爱的著作——E. P. 汤普森的《英国工人阶级的形成》(Making of the English Working Class)(1963)在 20 世纪 60 年代和 70 年代社会学内部一系列问题的论争中起的关键作用,论题从阶级分析与概念化到变革的根源与特性;巴灵顿·摩尔(Barrington Moore)的《专政与民主的社会起源:现代社会形成时的地主和农民》(Social Origins of Dictatorship and Democracy: Lord and Peasant in the Making of the Modern World)(1966)对社会学家思考农民在把我们送入今天的世界中所起的作用是至关重要的。

第四,我要鼓励大家坚持一种重视开放性的社会学构想,要提到的是古尔本基安委员会(Gulbenkian Commission)的《关于社会科学结构调整的报告》(*Report on the Restructuring of the Social Sciences*)。委员会主席是伊曼纽尔·沃勒斯坦(Immanuel Wallerstein),[61] 其报告发表于 1996 年,题为《开放社会科学》(*Open the Social Sciences*),它既是对知识发展的分析,又是对社会科学新方向的倡导。简言之,它认为,直到 20 世纪 60 年代,有三个知识分支,一个是自然科学,另一个是人文科学,丢弃在这"两种文化"中间的是社会科学,不过还是倾向于仿效自然科学模型(因为这样能带来学科可靠性)。可是,后来的情况是,由于来自各个方面的发展,这些边界已经明显变得模糊不清了。一方面,在自然科学内部,一直存在对所谓牛顿假设的持续攻击,动力基本来自旧式科学理论在解决比以往更复杂与不稳定现象时困难重重。一个结果就是重视非线性、混沌理论以及复杂系统分析。与此相关的是,社会建构主义也不断地质疑自然科学,虽然他们本可以煽动"科学战争"的后冲力,我以为,他们成功地提出了关于自然科学实践的重大问题。[62] 另一方面,委员会指出,文化研究——尤其在美国——已经将人文科学拖入了社会科学,表现在比如推行那些一度遭排斥的课题,像性属、性别、族群性以及非欧洲中心的问题,更不用说(在所谓后现代主义的庞大计划中)几乎任何知识的问题化。在美国,作为响应,已经有了"文化战争",但是很少有人能否认,不可能从人文科学的社会科学化退回到从前的日子,那时"文学就是文学"。所有这些并不是说我们都将在泥泞的中间地带相会。绝非如此,但就沃勒斯坦而言,我要褒扬这种真正富有成效的知识生产,它突破了固定的疆界。如果需要例子,那我就举出爱德华·赛义德(Edward Said)令人叹为观止的《东方学:西方对东方的种种设想》(*Orientalism: Western Conceptions of the Orient*)(1978),这部著作不可能归类于任何既定学科,但对我们试图理解我们今天如何生活又不可或缺。我要特别推荐 Gulbenkian 的两条忠告——鼓励跨越传统学科边界的研究项目、为强制性跨系部联合任命职员而努力(在这方面值得注意的是刚才提到的卡斯特尔,他在伯克利长期担任社会学与规划学教授,其著作对 20 世纪晚期文明做了可能是最为出色的分析)。

因此,我显然偏向一种开放的社会学构想。本想就此多饶絮几句,但既然提到了沃勒斯坦,那就讲讲另一点,也更具规划性。古尔本基安报告特别强调,为理解今天的世界,一个连通性的世界、史无前例的迁移世界、一个多元文化主义和杂种性的世界,社会科学工作者必须具备更扎实的语言功底。可能会吓着某些人(吓着我了!),因为沃勒斯坦建议,[63] 语重心长地,我们的研究生应该力求精通五至六门当今世界的主要语言,如果他们准备理解这个世界的话(英语为母语的人真是福星高照,因为他们的语言就是世界的*通用语*)。

对此建议,我委实不知该做何评论,但它的确让人注意到,社会学在很大程度上——而且文化研究更是如此——在一些特定的地方地位显赫,像美国、英国、澳大利亚(也就是讲英语的及西方的出版中心)。对此有大量的讽刺,但观察到这点还不足够。我极力主张,我们要努力扩大文化研究和社会学的势力范围,要眼光独到并充满机敏,进入以前受排除的领地,通常要优先于美国。这不是件容易的事,因为我们的语言劣势,因为资源不太可能从诸如中国、印度、非洲之类的地方向我们流动。正因为这样,我们才尤其感到欣慰,因为伯明翰的文化研究与社会学系规模虽小,却也是人才济济——这些同事主研(也常常是来自)拉美、北非、印度、中国,这是一笔宝贵的资产。

我还要补充一点,英国的社会学与文化研究有必要更加深入欧洲大陆。在英国我们作为一个民族经受着诺曼·戴维斯(Norman Davies)所描述的与最毗近邻居的"半脱离"[64]状态。戴维斯在其欧洲史中把波兰置于中央,而且华沙、布拉格、基辅和巴黎、伦敦、罗马一样显赫。去年,我拜读了马克·马佐威尔(Mark Mazower)惊世骇俗的《黑暗的大陆:20 世纪的欧洲》(*Dark Continent: Europe's Twentieth Century*)。[65]我向大家推荐这本书,因为大家还错误地以为,这个舞台曾是"民主"和"文明"的摇篮,因而知识分子就可以将一个人们已经舒适"定居"的地区置之度外,而将自己的精力投入明显更"骚乱"的或甚至"激动人心"的区域。但是,这里——欧洲——是一个竞技场,20 世纪最庞大的冲突在这里展开,共产主义和法西斯主义曾相互对峙并发展到极致,意识形态分子相互倾轧,其血腥程度令人发指、空前绝后,种族灭绝也曾在这里构思并实施。即使今天,在这里、在欧洲仍是争执不休,或许尤其在中欧和东欧,迫切要求文化研究和社会学的关注——民族仇恨、法西斯主义死灰复燃、政治经济重构的动乱、文化差异、政治整合、身份的无常、信息环境的变换、强制和非强制的移民、"模糊的"民族国家性(nationhood)(采用 Judy Batt 的贴切的术语)等。

结　　论

在本文行将结束之际,请允许我重申我的信念,社会学应当顺应思想中的"文化转向",欢迎而不是抵制文化研究的兴起。我几乎不同情那些社会学家,他们感觉与文化研究擦肩而过,我更不能同情那些想把文化研究从学院排除的人。目前,社会科学总体上享受繁荣时期,尤其是社会学。当然,资源紧张,社会学家们应该记住 20 世纪 80 年代的冷战岁月,那时有当权人物的谩骂攻击(可否记得 Sir Keith Joseph 及其对社会科学研究委员会的憎恨、对开放大学"马克思主义偏见"的指责以及关于"肢解"社会学的狂热讲话?[66])。今天,社会学处于"第三条道路"论争的中心,而诸如"信息社会"、"精选家庭(families of choice)"、社会包容和排除、"全球化"、"身份"、"福利"以及"多元文化主义"之类的构想和问题,达官显贵们也愿附耳聆听,他们也承认社会研究的价值。伯明翰大学社会学系主任职位,20 世纪 80 年代一度失去,现已得到恢复!处于这么积极的位置,我要敦促社会学不能对文化研究置之不理。后者已经对社会学思维做出过太多的贡献,还可以给予更多,名副其实。

为此目的,社会学需要抵制学科封闭的诱惑以及随之而来的排斥行为。当然,做任何事情都要求确立疆界,但是要记住,这些疆界总是处于变化之中,我们需要尽可能保持疆界开放。开放性进入文化研究是一关键因素。我们需要坚持人文科学"实事求是"的首要关怀和集体努力。对此没有任何捷径可言。早在霍加特于 1963 年宣告当代文化研究中心成立之时,就已树立了打破学科边界的典范。霍尔及其同僚承袭了这个传统,期间开辟了一些领地和提出了一些社会学似乎无能为力的问题。不过伯明翰并非独自在迎接"文化转向"。从另外一个地方来的约翰·厄里(John Urry),1971 年起是兰开斯特的社会学家,长期主持英国仅有的两个顶尖级社会学系其中的一个。早在1981年尤里[67]就鼓吹社会学乃"寄生"学科,乐于接纳社会运动如女权主义和环境主义,同时也向来自其他学科的贡献开放。这是一种没有核心的社会学,如果说有核心的话,也至少是个变化多端的核心。但是,可以肯定,兰开斯特在向"文化转向"开放中是在为英国社会学引领道路。布丁好不好,尝了才知道。怀疑论者可能想要反思近年出自该系的一些工作——对诸多课题的开创性研究,如旅游、遗产行业、向湖畔地区(Lake District)之类的地域文化、符号与空间的经济学以及"组织无序的资本主义"的发展。[68]

文化研究同样可以向社会学学习,特别是学会抵制对大众文化(the popular)的不假思索的称颂,以及批判地对待有效性与证据可靠的问题。

最后,我希望,两个学科都能够回到对评价的关怀。不消说这是棘手的任务,在精英式的拒斥(elitist dismissal)和庸陋的平民主义(banal populism)之间走钢丝,保持对客观公正的承诺,这对学术工作至关重要,但同时要乐意批判并甄别所研究的对象。无论如何,我相信这是21世纪人文科学的本质要素。

(张新军 译)

注释:

[1] 感谢 Ann Gray, David Jary, Liz Chapman 评阅本章初稿,本章原系我担任伯明翰大学社会学教授时的就职演说。

[2] Richard Hoggart (1951), *Auden: An Introductory Essay*, London: Chatto and Windus.

[3] C. H. Rolph (1961), *The Trial of Lady Chatterley: Regina v. Penguin Books Limited*, Harmondsworth: Penguin, pp. 91—104.

[4] Postmaster-General (1962), *Report of the Committee on Broadcasting*, 1960, Cmnd 1753, London: HMSO [Pilkington Report].

[5] 参见如 Michael Tracey (1983), *A Variety of Lives: A Biography of Sir Hugh Greene*, London: Bodley Head, p. 189; Anthony Smith (ed.) (1974), *British Broadcasting*, Newton Abbot: David and Charles, p. 117.

[6] Richard Hoggart (1990), *A Sort of Clowning, Life and Times, 1940—1959*, London: Chatto and Windus, p. 147.

[7] Frank McKenna (1980), *The Railway Workers, 1840—1970*, London: Faber and Faber.

[8] Richard Hoggart (1992), *An Imagined Life, Life and Times 1959—1991*, London: Chatto and Windus, p. 93.

[9] Richard Hoggart (1970), *Speaking to Each Other, vol. 2, About Literature*, London: Chatto and Windus.

[10] Ibid., p. 155.

[11] Ibid., p. 249.

[12] 她的著作(1932) *Fiction and the Reading Public*, London: Chatto and Windus, 1965, 在许多方面堪称 CCCS 早期关注之先驱。

[13] David Hamilton Eddy (1992), "A Forgotten Embarrassment of Riches," *Times Higher Education Supplement*, April 24, p. 15.

[14] Perry Anderson (1992), "Components of the National Culture" [1968], in *English Questions*, London: Verso, p. 97.

[15] E. P. Thompson 的杰出论文(1978), *The Poverty of Theory*, London: Merlin, 摧毁了阿尔都塞的理论大厦, 读过该论文的人可能会欣赏到它所带来的解脱感。

[16] F. R. Leavis (1943), *English and the University*, London: Chatto and Windus, (1969), *English Literature in Our Time and the University*, London: Chatto and Windus.

[17] Michèle Barrett (1998), *Imagination in Theory*, Cambridge: Polity.

[18] 安东尼·吉登斯(1995)写道"英国社会学……能够提供一批具有世界声望的人, 如约翰·哥尔德索普(John Goldthorpe)、史蒂文·卢克斯(Steven Lukes)、斯图尔特·霍尔(Stuart Hall)、米歇尔·巴雷特(Michèle Barrett)、雷·帕尔(Ray Pahl)、珍妮特·沃尔夫(Janet Wolff)以及迈克尔·曼(Michael Mann)"; "In Defence of Sociology," *New Statesman and Society*, April 7, p. 19.

[19] Max Weber (1949)[1917], "The Meaning of 'Ethical Neutrality,' and 'Objectivity' in Social Science and Social Policy," in *The Methodology of the Social Sciences*, trans. and ed. E. A. Shils and H. A. Finch. New York: Free Press.

[20] 另见 Alvin Gouldner 的对照性论文 "Anti-Minotaur: The Myth of a Value-Free Sociology" 以及 "The Sociologist as Partisan: Sociology and the Welfare State," 见 A. W. Gouldner (1973), *For Sociology: Renewal and Critique in Sociology*, London: Allen Lane, pp. 3—68.

[21] Richard Hoggart (1980), "The Crisis of Relativism," *New University Quarterly* 35(1): 21—32.

[22] Stuart Hall and Paddy Whannel (1964), *The Popular Arts*, London: Hutchinson, pp. 35—6.

[23] 美国脱口秀"女王"Oprah Winfrey 作为美国家喻户晓的电视人物, 其主持的"The Oprah Winfrey Show"节目妇孺皆知, 更是摘取美国晚间、日间多项艾美大奖。《财富》杂志评其为"2004 年美国公司 50 位最有影响力女性"之一。——译注。

[24] Richard Hoggart (1995), *The Way We Live Now*, London: Chatto and Windus.

[25] 不过这有些过于简化。见 Jennifer Platt (1996), *History of Sociological Research Methods in America*, 1920—1960, Cambridge: Cambridge University Press.

[26] 例如, John Rex (1961), *Key Problems of Sociological Theory*, London: Routledge and Kegan Paul; Ralph Dahrendorf (1968), *Out of Utopia*, London: Routledge and Kegan Paul.

[27] Frank Parkin (1979), *Marxism and Class Theory: A Bourgeois Critique*, London: Tavistock, p. 25.

[28] 约翰·雷克斯(John Rex)注意到"在英国几乎完全缺乏……一个系统的保守社会学"(p. 1007), 这种状况一定促成了这种导向, 就像过去对马克斯·韦伯的阐释, 淡化其亲资本主义和保守的特点。John Rex (1983), "British Sociology 1960—80: An Essay," *Social Forces* 61: 999—1009.

[29] See David Marsland (1998), *Seeds of Bankruptcy: Sociological Bias against Business and Freedom*, London: Claridge Press; Peter Saunders (1990), *Social Class and Stratification*, London: Routledge; (1995), *Capitalism, A Social Audit*, Buckingham: Open University Press; Peter Berger (1987), *The Capitalist Revolution*, London: Gower.

[30] Ray Pahl (1989), "Is the Emperor Naked? Some Questions on the Adequacy of Sociological Theory in Urban and Regional Research," *International Journal of Urban and Regional Research* 13(4) Dec.：

709—20.

[31] See Seumas Milne (1994), *The Enemy Within: The Secret War Against the Miners*, London: Verso.

[32] Ralph Miliband (1980), "Class War Conservatism," *New Society* 19 June, pp. 278—80.

[33] See John Urry (1990), *The Tourist Gaze*, London: Sage.

[34] Cf. Harriet Bradley (1996), *Fractural Identities: Changing Patterns of Inequality*, Cambridge: Polity.

[35] Cf. Gordon Marshall (1997), *Repositioning Class: Social Inequality in Industrial Societies*, London: Sage.

[36] Jan Pakulski and Malcolm Waters (1996), *The Death of Class*, London: Sage.

[37] 不过请参阅 David B. Grunksky 与 Jesper B. Sorenson (1998)发人深省的文章,"Can Class Analysis be Salvaged?," *American Journal of Sociology* 103(5) March: 1187—234.

[38] 不过牛津的阶级分析者们采取他们一贯的严谨论述与经验证据相结合的方式,对这一主张做出了细致的回应。见 Anthony Heath, R. Jowell, and J. Curtice (1985), *How Britain Votes*, Oxford: Pergamon.

[39] Stuart Hall (1988), "The Toad in the Garden: Thatcherism among the Theorists," in C. Nelson and L. Grossberg (eds.), *Marxism and the Interpretation of Culture*, Basingstoke: Macmillan, pp. 35—73.

[40] Stuart Hall (1979), "The Great Moving Right Show," *Marxism Today*, Jan., pp. 14—20.

[41] Stuart Hall (1986), "Cultural Studies: Two Paradigms," in N. Garnham et al. (eds.), *Media, Culture and Society: A Critical Reader*, London: Sage, pp. 33—48. Cf. E. P. Thompson (1981), "The Politics of Theory," in Raphael Samuel (ed.), *People's History and Socialist Theory*, London: Routledge, pp. 396—408.

[42] Rob Stones (ed.), (1988), *Key Thinkers in Sociology*, London: Macmillan.

[43] Stuart Hall, "Race, Culture and Communication: Looking Backward and Forward at Cultural Studies," *Rethinking Marxism* 5(1): 11—18.

[44] Michael Green (1996), "The Centre for Contemporary Cultural Studies," in John Storey (ed.), *What is Cultural Studies?* London: Arnold, p. 53.

[45] Rich Maxwell (2000), "Cultural Studies," in Gary Browning, Abigail Halcli, and Frank Webster (eds.), *Understanding Contemporary Society: Theories of the Present*, London: Sage, pp. 281—95.

[46] See David Morley (1998), "So-called Cultural Studies: Dead Ends and Reinvented Wheels," *Cultural Studies* 12(4): 476—97.

[47] See Angela McRobbie (1991), "New Times in Cultural Studies," *New Formations* (13) Spring: 1—18.

[48] See Jim McGuigan (1992), *Cultural Populism*, London: Routledge.

[49] 特里·伊格尔顿曾如是说,斯图尔特·霍尔本人一向反对抽象的理论化,但又补充道,这很可笑,想想那些年间他与高深理论的情缘——阿尔都塞、葛兰西、解构。见 Terry Eagleton (1996), "The Hippest," *London Review of Books*, March 7, pp. 3—5.

[50] Manuel Castells (2000), "Materials for an Exploratory Theory of the Network Society," *British Journal of Sociology*, 51(1) Jan./March: 5—24.

[51] Andrew Tudor (1999), *Decoding Culture: Theory and Method in Cultural Studies*, London: Sage.

[52] Anthony Giddens (1984), *The Constitution of Society: Outline of the Theory of Structuration*, Cambridge: Polity.

[53] R. W. Connell (1997), "Why is Classical Theory Classical?," *American Journal of Sociology* 102 (6) May: 1511—57.

[54] David Parker (1997), "Why Bother with Durkheim? Teaching Sociology in the 1990s," *Sociological Review* 45(1) Feb.: 122—46.

[55] See Steven Seidman (1998), *Contested Knowledge: Social Theory in the Postmodern Era*, Oxford: Blackwell.

[56] 引文出自 ESRC 现任主席戈尔登·马歇尔(Gordon Marshall),以及 A. H. 哈尔西(Halsey),牛津/纳菲尔德社会学的元老。

[57] 琼·休伯(Joan Huber),在她发表于《美国社会学学刊》的百年纪念论文中表示,要从学科中驱逐"反理性主义者"(后现代主义者、建构主义者及其同类),他们威胁着社会学的学科中心。见 Joan Huber (1995), "Institutional Perspective on Sociology," *American Journal of Sociology* 101(1) July: 194—216.

[58] Quality Assessment Agency (2000), *Benchmark Statement for Sociology*, Bristol, HEFCE, Jan.

[59] Manuel Castells (1996—8), *The Information Age*, 3 vols., Oxford: Blackwell.

[60] T. Becher (1989), *Academic Tribes and Territories*, Buckingham: Open University Press.

[61] Gulbenkian Commission (1996), *Open the Social Sciences: Report on the Restructuring of the Social Science*, California: Stanford University Press.

[62] 对此论述卷帙浩繁。我尤垂青 Donald McKenzie (1990), *Inventing Accuracy: A Historical Sociology of Nuclear Missile Guidance*, Cambridge, Mass.: MIT Press; (1996), *Knowing Machines*, Cambridge, Mass.: MIT Press.

[63] Immanuel Wallerstein (2000), "From Sociology to Historical Science: Prospects and Obstacles," *British Journal of Sociology* 51(1) Jan.-March: 25—35.

[64] Norman Davies (1996), *Europe: A History*, London: Pimlico, p. 13.

[65] Mark Mazower (1998), *Dark Continent: Europe's Twentieth Century*, Harmondsworth: Penguin.

[66] Irving L. Horowitz (1993), *The Decomposition of Sociology*, New York: Oxford University Press.

[67] John Urry (1981), "Sociology as a Parasite: Some Virtues and Vices," in Philip Abrams et al. (eds.), *Practice and Progress*, London: Allen and Unwin. Reprinted in John Urry (1995), *Consuming Places*, London: Routledge, pp. 33—45.

[68] 可访问兰开斯特社会学系网站:http://www.comp.lancs.ac.uk/sociology/。另见 John Urry (1990), *The Tourist Gaze*, London: Sage; (2000), *Sociology beyond Societies: Mobilities for the 21st Century*, London: Routledge; Scott Lash and John Urry (1987), *The End of Organized Capitalism*, London: Sage; (1994), *Economies of Signs and Space*, London: Sage; Phil Macnaughten and John Urry (1998), *Contested Natures*, London: Sage.

第6章
关于文化研究和科技研究之间沟通的笔记

玛丽安娜·德莱里特(Marianne de Laet)

1. 表征:论普遍之物的本质

当有人跟我谈起一件普遍之物,我总要问其尺寸多大,是谁把它投射到怎样的屏幕之上。我也会问有多少人维护它以及要支付他们多少钱。我知道这样格调低俗,但是国王赤身裸体,而且看起来穿着衣服只是因为我们相信普遍之物。(Bruno Latour 1988:4.4.5.1)

普遍性与表征

我们往往相信普遍之物;我们相信科学事实与技术制品、测量与概述以及学术实践的普遍性。普遍之物装备了我们的文化空间。

在这一章,我将介绍科学技术研究(STS①)这一学术领域,它以把握那些产生并维系普遍之物的文化、物质和科学条件为己任。如果说科学事业的宗旨是*生产*普遍之物——它因成功生成为数众多的普遍之物而声名狼藉——那么,STS,作为从事科学与技术(社会)研究的领域,可以说是追踪特例究竟是*如何*在科技知识舞台上变成了普遍之物。换言之:STS——除其他方面外——对追踪表征策略备感兴趣,这些策略形成了从局部理论或设想走向普遍事实(人工制品)的轨迹。

这样表述 STS 是离经叛道的。顾名思义,STS 以科学与技术作为自己的研究对象。该领域的别称——科技的社会研究,道出它关注的是科技与社会文化的关系、科技作为社会(人类)成就的本质以及/或者科技事业的社会结构。在它存在的 30 年里,这一领域已经让"文化"成为一个中心的、虽然是问题重重的分析范畴。虽然公认对技术与科学程序与实践的任何理解

---

① 译者注:STS,国内也译作"科学元勘"。

都离不了文化(Pickering 1992),但是,如何对文化的作用进行概念化却尚未达成共识。科学世界是否构成单独的文化?是否应该主要关注科技如何塑造文化/或反之?是否只有一种特别的文化才发展并支撑科学模式?倘若科技原来是以文化为基础,那么这对科技孜孜以求的普遍之物意味着什么?

探求普遍之物就会进入 STS 领地。因在追踪普遍之物的起源、生成、创建的过程中,人们获得一个关于其构成的社会、文化、物质特例的观点。我以为对普遍之物的这种探求是 STS 的核心。这也是 STS 实践者与其研究对象之间的困难的来源:那些从事技术和科学实践的人。因为对普遍知识的追求,毕竟激发了科学追求,似乎与 STS 所提出的命题相抵牾,这个命题就是,普遍知识的创造依靠文化上的具体的——因而是*特别的*——惯例。虽然并非每个从事对科技进行社会或人文研究的人都认可对普遍之物的这种怀疑论(尤其是一些科学哲学家和科学历史学家不会赞同),我认为,大部分认同 STS 领域的人,都会在某种程度上对普遍之物如何产生这一问题表现共同的兴趣。

STS 和文化研究(以下简称 CS)的连接还不甚明了。不仅仅是对科学、技术、文化的关系有共同的兴趣;就像 STS 领域的工作者,文化研究学者的兴趣是普遍之物如何从特例中产生。而且,STS 所表现的对普遍之物、一般原则或概述的怀疑主义,在 CS 中甚更为显著,不过原因略有不同。因为,即使一般陈述意味着普遍性,也总是有偏颇的——CS 大抵如是宣称——而且总是出自一个特别的位置或视点。概括不仅是描述性行为,而且也是规范性行为:回顾时,人们是从自己的知识和体制联盟的视角进行回顾,因而肯定了那些联盟的趣味;或者从自己的地理、族群和/或政治位置来概括,因此从另一个意义上讲也是偏颇的(Haraway 1997)。

为审查普遍之物或概述就须调动表征策略,当考虑到科学知识与技术制品运作的多元文化空间时——STS 日益被要求考虑这个文化空间,对这些策略的怀疑就愈加迫切。在 CS 中,文化差异长期以来就是中心主题,而在 STS 中,文化与科学的关系是个悬而未决的问题,而且,文化以及科学文化的多样性也只是最近才开始被认真考虑。知识,尤其是科学知识和技术,尤其"高"技术,尽管渗透制造业并在异质区域里旅行、使用,仍然被视为处于、属于、承载一个同质的(但虚构的)文化——"西方的文化"。

概　述

虽然许多 STS 学者对科技所生成的普遍之物心存疑问,他们也同样怀疑自己所生产的知识。他们是训练有素的"自我反思的",清楚地意识到该领域自身所生产的知识可能问题重重,恰恰因为这些知识暗示着普遍适用性(Ashmore 1989)——于是要求谨慎。安妮玛丽·莫尔(Annemarie Mol),一位荷兰科学研究学者,这样说道:"我想避免这个念头,即我是——或位于——认知的中心,从这个位置可以*俯瞰*辽阔世界的其他地方。我并不认为*概述*是复杂世界中的恰当知识模式,或许在我看来,这个世界中关键的政治与知识挑战是发现容忍差异的各种方式。"(Mol 2000)

要求谨慎。由于莫尔是在向异质的听众谈论她在描绘知识的统一作用时所感到的不适,而且偏又是处于发展的语境,那么我又怎样对混杂如科学研究这样的领域做一番(同质的?)描绘？怀疑表征 STS 自身的可能方式也就水到渠成了。因为 STS 是一个多样的、复杂的、国际的领域，出自至少四个学科：繁多的案例研究、诸多的解释模型、严肃的智性辩论、几许重大争议。我无意对这个领域乃至它在文化研究环境与世界中的地位做总结性概述，这个世界充满各种知识、技术及其使用等方面的差异。不过，对一本《布莱克韦尔指南》（*Blackwell Companion*）而言，概述不失为一个适当的表征模式。这不是个令人爽快的责任，而是不得不表征的责任。怎么办呢？

本章框架

笔者的计划如下。以下行文并不围绕 STS 与 CS 之间的差异来组织，也不打算概括 STS 的*所有*内容。相反，我聚焦 CS 和 STS 对如下方面的共同趣味：文化工作、表征工作、从特例制作普遍之物的工作——以便彰显两个领域间的沟通、他们与科技自身舞台的交流以及相互取长补短的方式。我希望能恰如其分地做到这一点。我要讲述一则关于特例的小故事，一台印刷机附带着印刷实践与知识——这台机器被看作普遍的技术物品——旅行到了津巴布韦，结果表明根本不是那么具有普遍性，通过这个故事，我想说明如何去*做* STS 而不是总结或概括其组成部分。

在讲故事之前，请让我围绕普遍性、表征、文化问题来组织 STS 和 CS 之间的趋同与差异。我认为，这些主题对 STS、CS 及科技实践之间关系的整个内容提供洞见。

2. 科学技术研究与文化研究

普遍性、表征、文化，是我设计本章的中心论题。这样说似乎合理一些——与科学实践相反——CS 和 STS 不是关于普遍之物的生产，而是关于理解普遍之物如何出笼的。

STS

CS 追求的是对文化符号、制品、象征进行阐释，挖掘其深层的（但从文化上看是具体的或局部的）意义，并且，如安德鲁·罗斯（Andrew Ross）所云，努力"表明强大的科学语言如何在我们的社会里行使其日常的文化权威"（Ross 1996：10—11），与 CS 不同，STS 的一个主导母题就是，通过追问其*物质性*、其运作方式、其使用来解构普遍之物。普遍之物是如何产生的？它由什么组成？维持它的代价是什么？科学语言和技术制品在我们的社会里获得权威的机制是什么？这才是 STS 所提的问题——不仅是关于普遍之物，而且更具体的是关于通常认为普遍适用的科学事实与技术制品。

STS 领域兴起于 20 世纪 70 年代，缘起是迄今一直对科学和些许技术的本质颇感兴趣的三个单独学科：科学历史、科学哲学、科学社会学。引入对科技事业运作与实践的人类学研究，确保了该领域走向对科技实践与文化进行经验的、翔实的、基于案例的研究（Pickering 1992；Latour & Woolgar 1986；Knorr Cetina 1981；Traweek 1988）。

于是，采取的是社会研究法，隐含的是对文化的兴趣；认同 STS 领域的（许多）科学历史学家和（少许）科学哲学家挂牵的是"社会的"或"文化的"（无论这两个词的确切内容是什么）因素，这些因素有助于解释（就后者而言）或需要被考虑以理解（就前者而言）技术与科学的运作。无论如何，STS 并非是围绕文化而组织的同质的课题——它也并非充分同化了如科学史、科学哲学、科学社会学、科学人类学这些单独的学科。每个学科的踪迹依然自身兴旺，活跃其中的人并非都认同 STS 领域。

应用一点 STS 分析：对此有一种社会学的解释。学科身份问题仍然是学术市场中决定就业、出版、奖励的主要因素。也可以做历史的解释：这每一个学科都已经建立了一套典律（canon）、一组话题以及也许还算不上一种方法，但无论如何形成了对题材的总体进路。哲学的考虑：文化是个很难进行严密探讨的概念，因而在哲学家看来，既不能对科学开展文化探讨，又不可把文化视为科学发展中需认真考虑的因素。政治上讲，STS 业已认同——无论正当与否——一种主张，该主张不仅承认普遍之物是偏颇的，而且要求科学方法认真考虑这种偏颇。虽然科学人类学家和文化分析家通常赞同这一使科学民主化的计划，视之为从事科学研究工作的政治动机，但这并不适用于研究技术与科学这个总体领域的每一位工作者。历史学家、哲学家、社会学家是否加入 STS 渐渐取决于这种政治和文化取向的舒适度——对目前向文化研究靠拢的趋势存在某种担忧。社会与文化因素在何种程度上是科技发展的原因，以及 STS 的政治要旨，仍然是颇具争议的地方（Ross 1996）。

于是，STS 的特点在于其对象：技术与科学。超群拔类在于其方法：对科技实践、运作与物质性的经验探讨。同样在方法层面上，STS 各个部分具有民族志学的感受性，向人类学事业提出了新的挑战，如研究"自己的"文化人类学事业：STS 事业成了科技文化的一个要素（Ashmore 1989）。贯穿整个 STS 的某些统一性主题将在以下方面再度出现：科学表征的构造与物质性；创新与技术发展的能动性约束；科学事实与技术制品的（政治）使用与意识形态地位；重新考虑社会、物质、文化安排，它们为知识提供依据，赋予知识以能力，将知识体制化。

CS 与 STS

同时，由于达成这种共识，即当代（西方）社会为科学知识和技术发明（干预）所支配与塑造（Knorr Cetina 1999：5），科技作为 CS 里的研究对象也获得了合法性，或甚至迫切性。"技术科学"（technoscience）——这个术语标志着科学与技术的归并——与发达工业化生活的危险是密切交织的力量，这些力量把世纪之交的文化构筑成乌尔里奇·贝克（Ulrich Beck）所谓的"风险社会"（risk-society）（Beck 1992），这样界定不仅是由于存在着环境与技术科学的风险，而且是由于围绕其管理形成了各种体制，承认这一点赋予 CS 以政治目的。这种混合还可添加我们所谓的全球化问题及其应运而生的对吸收多样性的坚持，于是，科学、技术、文化的关系问题变得益发迫切——既是一个概念问题也是一个政治问题，构造了 CS 与 STS 之间的联系。

过去十年 STS 中发生的变化（清晰地表现在题材、理论资本）在某种程度上是对遭遇 CS 所做的反应。或者说，如若不是反应，那么起码这些变化与 CS 中的理论化形成巧合。两个领域的沟通由它们来回游弋的研究对象来起中介作用：CS 接纳了科学而 STS 接纳了文化，二者均对技术科学文化的蔓延问题产生了兴趣,这种蔓延日益走向全球但却不可救药地偏颇。还有政治上的契合:两个领域均吸纳并发扬了20世纪70年代的意识形态批判,技术科学的民主化呼唤至少是CS与STS的部分动机。

就方法论而言,两个领域都受到来自文化人类学的影响并为之改变,而且,CS在总体上、STS在部分上接受符号学(研究人类如何组织系统并表达意义的过程:Fabbri & Perron 1990: vii),视之为一种分别解读文本和物品的方式。就概念而言,两个领域的主导规则似乎都是通过询问构筑我们日常生活的形象和物品,让想当然的事物变得陌生化。与CS的沟通体现在STS中出现了生气勃勃且令人瞩目的"文化"流别。这一思潮以文化与科学的物质与概念联系为自己的中心主题。(列举数例:Alpers 1983;Biagoli 1993;Downey & Dumit 1996;Haraway 1989,1991,1997;Hartouni 1997;Helmreich 1998;Hess 1995;Knorr Cetina 1999;Lave 1988;Mol forthcoming;Traweek 1988.)

普遍性与表征。CS与STS均关心表征工作。只不过一个追问表征意味着什么,另一个追问表征要求怎样的资源、其效果如何。CS的旨趣主要是科技影响并塑造文化的方式、科技在当代文化中被表征的方式以及科技如何通过这些表征塑造文化想象,而STS则是对文化如何塑造技术和科学的问题兴趣盎然。于是,后者拆卸了普遍之物——继而是普遍性!——通过审视维持普遍之物所需要的物质性来进行。

当然,也铸就了两个领域间的差异。毕竟STS并非同质的。CS也不是。对文化、技术、科学纠缠关系的共同趣味使这两个领域在某些方面汇聚;许多从事科技研究的学者也是文化的观察者。当然,实际上对一个问题感兴趣的人经常发现自己也在处理另外一个问题,故而有那么一个区域,CS和STS在那里融合,两个问题都得到探讨——犹如一枚硬币的两面。然而,这里也预备了一份免责声明:汇聚并不意味着归并,尽管有共同的兴趣,但CS和STS仍旧是各自独立的领域,各有其不同的视角、不同的方法、不同的问题,是这些问题激发了各自的研究。

我的免责声明的要旨是,虽然文化已经成为STS中的一个重要的分析概念,虽然STS日渐(但不恰当地)认同对技术和科学的文化探讨,但是,对技术和科学的一般化的"文化"把握并不能代表STS的整个领域。我的论述唤起一个对科学和文化进行协同研究的方式;它并不"表征",或代表整个STS,但的确为STS与CS如何相得益彰提供了管窥。

3. 科学与文化:融合?

> 通过抵制科学与技术的分离,技术科学一词清楚地表明,范畴融合仍在进行之中。还有另一个范畴分离,尤其不适宜用来表征技术科学,即科学与政治、科学与社会,或曰科学与文化之间的分离。(Haraway 1997:62)

一言以蔽之,此即科学研究与文化研究的结合部:发现文化研究也涉足了自己的研究对象,科学研究被迫重新思考文化和技术科学相辅相成的方式。

恰当的说法是STS重新思考科学与文化的关系。因为自20世纪70年代晚期学科开创之日起，该领域就一直在苦苦思索科学、技术、文化之间的关系。从意在评估科学和社会（或文化）如何相互影响的批评运动中衍生出一个问题，即如何构筑那些关系——提出何种模型——这一问题引发了激烈的争论。可粗略地辨认出四种立场。

第一种立场是19世纪的传统，把科学视为艺术的等价物，并作为艺术的对应物构成高级文化。艺术和科学是西方文明的尖端成就，西方也借此超世绝伦——其他地区依然蒙陋未化。在这种观点中，科学和技术相互分离，一个被视为"高级"文化的一部分，另一个则是"低级"文化。在20世纪大部分时间里，关于科学和文化的这种立场一直受到（科学）社会学家和历史学家的批评与摒弃，而且STS领域的一些早期的工作也旗帜鲜明地反对这种观点的残余。于是，早期STS有如下论述，铭刻于这种观点的教养与蒙昧的巨大（等级）分野，与其说是关于物质在文化领域间处于什么位置的表述，不如说是关于文化、科学、知识如何被界定的人工制品。这种梳理事物的方式，本身是一种文化癖性：由于把科学设定为西欧独有的事业，因此，很难想象会把中国、巴比伦或丛林居民的成就算作所谓知识（Foucault 1970；Latour 1993）。

第二种立场认为，科学和技术完全按照自身的动力发展，无涉文化。在这一看法里，科学的发展通常是主焦点（就是说，比技术要优先考虑），而且科学发展多半被不假思索地理解为进步，不为文化或社会制约因素所阻挡。正是在早期的科学历史和科学哲学——20世纪70年代晚期科学研究批判的对象——可以发现这一立场。在这种方法中，边界是严格的，并受到艰苦的管制，不仅是作为一个事实问题（在这一立场的拥护者看来，科学和技术就是分离的，且严格区别于文化和社会），而且也作为一个知识政策问题：分离行为保证了分析的严谨。对探讨科学和技术的这种做法，可以加上反思性的注解，借自早期的STS批判：可能的确如此，正是当应用严格的分析性分离的方针于现实时，导致了现实中对严格分离的承认。

第三种立场把文化看作技术和科学发展的环境氛围；文化（或社会）提供语境与能动性制约，来塑造技术和科学可能呈现的形态（Staudenmaier 1985：1—2）。推而广之，该立场持建构主义的观点，认为科学技术完全由这种文化和社会制约因素所决定。目前的科学（和技术）史大都属于前一种类型，而科学社会学则通常采取第二种。直到STS作为跨学科而兴起，涵盖了来自科学历史、科学社会学、科学哲学以及稍晚一些的科学人类学（包括少许技术）的贡献，标志着向这种更语境化或建构主义的方法的转型。再度对技术与科学产生兴致，一个动机是，为前辈中的"进步"论调寻找替代；一个结果是，日渐认识到科学－技术－文化之间的关系本来就是相互的。反思性注脚：在这个参考框架中，文化被看作已知数；而通常，科学和技术则被看作其应变量。

第四种立场中，STS和CS汇聚在一起——既是对和（例如）文化研究交谈的反应，也是对源自STS内部发展的问题的把握。这里，虽然维持着相互的和内在的关系框架，文化、技术、科学均不被视为固定的、确定的、已知的实体，同样，也不被看作最终决定因素来解释任何一领域的发展（Latour 1987）。科学和技术被当作意外的效果，这些后果是由从事科学和技术的人与使其成为可能的（文化）体制共同带来的。同样，文化被看作作用于它上面的各种力量的意外效果——其中技术科学是（重要的）一种力量。不是坚持分离科学和技术领域，相反，许多以这种模式运作的人更青睐用"技术科学"一词来表明,科学研究已经对技术和科学相互交融的方式变得敏感化了。而且,不是假定技术科学与文化的关系按一固定模型起作用,以这种模式操作的人旨趣在于(1)整理那些可以及已经被用来理解这些关系的各种模型,(2)筹划它们连接在一起的各种方式。对技术科学和文化在这种可称为流动性的关注——用这样或那样的措辞,如模糊边界、反身性(reflexivity)、异质性、杂种性、内爆、技术与社会之物的同步生产——是STS内部或其周边最近研究工作的特色(Beck 1992;Latour 1996,1999;Haraway 1989,1991,1997;Bowker & Star 1999;De Laet & Mol 2000)。

在这后一种方法里,对什么构成(和分隔)文化与技术科学的判断进行悬置,是通过坚持考察它们赖以组成的物质而得以维持。各种实体,甚至像文化这样貌似抽象的实体,也是由物质材料维系成一体。它们的关系受到具体事物的中介——而不是通过如结构、体制或政策的抽象。这不是说结构、体制或政策就不存在;而是说它们只有通过廓清其构成物质才能得到理解。过去30年中STS里的研究——聚焦案例研究、实验室研究、科学实践的经验研究——已经使得各种关系的这种物质性——由描图纸、空间布局、实验室老鼠、实验测定、贫血的检验技术组成,仅举数例——显露无遗(Latour & Woolgar 1986;Callon 1998;Mol & Law 1994)。于是,物质性脱颖而出,成为当代STS中另一个关键特色。因而,在这第四种方法里,文化和技术科学协同运动和调控,它们同样需要被当作流动但有形的范畴被跟踪——亦即,被考察——这些范畴相互塑造。显然,我不愿以概述和普遍之物来表征STS,以及后文中采用讲述故事的方式和简述事情的方式,皆是出自这种方法的缘故。

4. 在津巴布韦学印刷:普遍之物、表征、文化

普遍之物

时间是1997年7月。在哈拉雷(Harare)一个工业学校,我正看着一台照相电子印刷机;买了才6个月,最新技术的印刷设备。"盯着它看"是目前对这台机器唯一能做的事情——而且也无法了解它——因为它几乎在到达之日起就一直坏着。这台印刷机的价格在津巴布韦算是笔巨款。幸运的是不需要用津巴布韦巨款来支付;它是一家丹麦援助组织所捐赠,在丹麦的价格远称不上巨款。那位教师,由一家丹麦援助组织捐助——但在我拜访之后不久就得离开津巴布韦,因为即使如此她也是津巴布韦政府的一笔大开支——领我四处转转。

当丹麦援助组织把一台最新技术的印刷机送给津巴布韦时,它以为技术是普遍性的:技术在别处也会起作用,无论这个别处是在哪里。好的机器理当无往不胜,而不论在怎样的环境中运行。这样一台印刷机要成为普遍之物,其尺寸要紧么?谁把它带到哪里重要么?需要多少人才能维护它,这些人的开支又有几何?换言之,它需要些什么才能成为普遍之物?预期这个技术物品普遍适用的代价和收益是什么?它的物质性、运转、使用是什么?普遍之物如何出现的?其出处何在?使它维系的代价是什么?

普遍之物。该机器做事情：它能印刷。但在津巴布韦不能。物质问题是其要害。就津巴布韦这台印刷机来讲——如同许多机器一样，事与愿违地沦落到另外的世界——普遍性的预设证明是错误的。在全新的、棘手的环境中，机器经常出故障。这些故障或是"技术的"(包含"机械的"：电线断了、灯泡脱了)，或是社会的(未被使用，或做他用而非设计用途，如用作脚凳)，或是介于二者之间。这个介于二者之间便是个有趣的空间：是什么在那儿？或许，是文化？

表 征

表征这台打印机的语词——操作手册——业已消失。失踪了。或许被盗了。反正它无关紧要：它并不真正教授津巴布韦工业学校印刷学生如何操作这台机器。因为它讲述开关和按键，但没讲述方法和原理。所以(有意用"所以"来强调因果联系)甚至当它在手边时，机器也无法运转。有一个灯泡几乎在印刷机到达之日起就已坏掉。它可能被用作脚凳或者什么的。按那位老师的说法，这是典型的情况；事物并非总是正常地在津巴布韦或向津巴布韦旅行。不久前，在交易会展示后回来的路上，学校的另一台最新技术的印刷机从卡车上掉了下来。"Aju paraplu,"她用简洁的荷兰方言说。意思等于"噢，这个……"

表征。手册以多重方式"表征"印刷机：它具有关于机器的知识并代表这台机器，紧锁在校长办公室壁柜里。印刷机要成为普遍之物，其手册也必须成为普遍之物。手册中所表征的关于机器的知识应该是透明的，而且应该像机器本身一样是可运输的。然而，就像机器，手册也并非如此。在新的、棘手的环境中，如哈拉雷的工业学校，知识经常出故障。之所以出故障，是因为知识的载体不能有效地将知识运载到这些地方。这种失败可能是"技术的"(比如，手册不可读，因为公认晦涩难懂)，可能是"社会的"(手册最终锁在校长办公室，因为那是书写文本的归宿)，或是介于二者之间的某个地方。重复一遍：这个"之间"非常有趣。在那里，手册发生了什么？它可能围绕着它安排了自己的文化空间？

文 化

在津巴布韦这个地方，语词通常保存在封闭的门后。由于它们确实会被盗。在这一方面它们意义重大：非法占有它们令人惬意。这种占有定期发生。甚至一台没有用处的印刷设备的一份没有用处的手册也是孜孜以求的语词收集。结果(或者是原因？)校长将大部分语词锁起来。这些特别的语词——可能使印刷机运转的语词、描述与操作该设备的语词——完全可能也在校长办公室。实际效果都一样，就仿佛它们被盗了。因为，一旦进了校长的壁橱，任何人都休想触及它们。这就是事实——和事情——崩溃的另一种方式。捕捉事实的语词消失在某个人的私人领地。

文化。机器穿越文化：从丹麦到津巴布韦；从高技术实验室到低技术教育环境；从设计者到使用者；从物质空间到表征世界。我们习惯于把"文化"看作外在的某种东西：它是民族，它是语境，它是环境，它是搭建平台的东西。"文化"于是可以解释在津巴布韦发生在印刷机上的事：我们贸然以为崇拜会使书面文字神圣化并将之囚禁起来。我们以为在某些文化(在这方面跟我们类似的文化)里,文本的地位和搜集并行不悖。我们以为有一种文化它不了解——不屑于了解——这台特别的机器。然而也许,也许,文化就在"内部"。一个"文化"高度看重书面文字可能是*由于*意识到没有书面文字的话印刷机将永不运转。一种特别的文化安排的原因可能是技术旅行的方式——以及技术出故障的方式。

物质性:一种 STS 探讨方法

于是,负责公共领域教育的那位老师,决定抛开语词行动。"让他们把头伸入机器,"她说,"反正那样对他们更好。进入机器,观看它,拆开它,描绘它。看它由什么组成。"他们探头进去的是另一台机器。不过老气一点;它永不会再工作了,那是肯定的。"探头进去"并非在任何机器上都可以做,也不是没有后果。小机器上就不能这么做,主要由集成电路组成的机器也不行——像丹麦那台几百万津巴布韦元的机器。而且在一台崭新的、刚送达的机器上也不太容易这么做。但是就旧机器而言,或从卡车上掉下来的而言,就有可能了:原因各异,反正这些机器用不成了。因此它们为学生现在和将来抛开语词做事提供了机会,将来他们——这些学生——自己将是印刷工人,将被称作"创始人"。甚至还有可能,通过把头伸入这些机器,这些学生也将了解到某些关于丹麦的东西。了解到那些灯泡不是脚凳,或许,因为印记几乎等同其光线的角度。

STS 方法盯住实践。它会问,比如,不能运转的机器如何可以教印刷;在新环境的机器——如印刷机——承担的任务如何和送到别处的不一样——如送到津巴布韦。它盯着物质性:正是细小的、物质的事情才决定机器是否运转。也许它在回来的路上从卡车上掉了下来。也许它的手册和它在一起以便某个人试图学会操作。也许手册在第一天就失踪了。也许正是由于尊敬书面文字的文化迫使它们被锁了起来,因而就决定了这台机器原来不是普遍之物;或者也许,也许它在此处运转而彼处不运转正是文化癖性。而且 STS 方法盯着效果:也许把印刷机送到津巴布韦除学习印刷之外出现了其他事情。也许这是新的文化安排:其本质是社会技术的,产生于把印刷机送到津巴布韦。或许,文化除了内容之外是语境性的;或许,文化并非原已存在,而只是技术旅行到新空间后才出现的结果。

5. 最后的沉思

就 STS 仅讲述一些特例以及它与 CS 的差异和汇合,我本可以聊以自慰了。不过我当然做得多了一点。毕竟,《布莱克韦尔文化研究指南》(*Blackwell Companion to Cultural Studies*)关于 STS 和 CS 这一章的格式,要求表征普遍之物、概括性、一个概述;它理当呈现可靠的事实内容。你读这些文字是因为你想知道 STS"全然"是关于什么的。于是我向你讲述了该领域不同版本历史中的一种、其根源与发展中的一种、其成就与论战中的一种、其发现与已经确立的事实中的一种;所有这些都围绕 STS 中的一系列努力来组织,在其存在过程中,来*把握文化问题*,围绕关于制造普遍之物的表征问题。

但你要记住,这样写就的一章也应该被看作建造普遍之物的一种方式。由于我已就STS的所有内容为你提供了一个特别的概述,那么你现在就负载了这一概述,参与了它的散播——而且在此过程中其特别性从视野中消失,且概述比起原来的样子更像一个普遍之物。我的偏袒的观点可能获得更一般性的看法,因此或许变成——一个概述。你现在会理解,写这么一个章节,真是一个棘手的事情。关于普遍之物的写作乃一表演行为,促成了普遍之物的制作。

制作这么一个普遍之物有其成本和利益。我兴致勃勃地在这里,通过一个特例,梳理了特定普遍之物的成本与利益——即STS的使命和印刷机的旅行——可能要求的东西。我想记住,在这么一册书中,叙述关于STS的故事的成本和利益。因此,这就是如何解读我写的东西。我不是围绕STS与CS之间的差异,而是对其先在的东西进行了组织,我也不企图对STS的整个内容进行概述。

相反,我的焦点是CS和STS的共同旨趣,在文化研究工作上、在表征工作上、在从特别之物制造普遍之物的工作上——目的是昭示两个领域之间的沟通以及相互取长补短的方式。并且我希望我这样做的方式是恰当的:通过讲述一个特别案例的小故事,其中,被认为是普遍技术物品的旅行并最终证明根本不是那样的普遍。在故事里我整理了那个预期的成本和利益,预期即技术物品是普遍适用的。而且通过追述这个物品我进行了古典人类学的追踪文化物质性的工程;当我们试图理解科学事实和技术人工制品在旅行到另外的世界时会发生些什么,这就成为新颖的追求。

(张新军 译)

参考文献:

Alpers, S. (1983). *The Art of Describing: Dutch Art in the Seventeenth Century*. Chicago: University of Chicago Press.

Ashmore, M. (1989). *The Reflexive Thesis: Wrighting Sociology of Scientific Knowledge*. Chicago: University of Chicago Press.

Barnes, B. (1977). *Knowledge and Social Imagery*. Chicago: University of Chicago Press.

Barnes, B. and Bloor, D. (1982). "Relativism, Rationalism, and the Sociology of Knowledge." In M. Hollis and S. Lukes (eds.), *Rationality and Relativism*. Oxford: Blackwell.

Beck, U. (1992). *Risk Society*. London: Sage.

Biagioli, M. (1993). *Galileo Courtier*. Chicago: University of Chicago Press.

Biagioli, M. (ed.) (1999). *The Science Studies Reader*. New York and London: Routledge.

Bijker, W. (1995). *Of Bicycles, Bakelite and Bulbs: Toward a Theory of Sociotechnical Change*. Cambridge, Mass.: MIT Press.

Bijker, W. and Law, J. (eds.) (1992). *Shaping Technology/Building Society: Studies in Sociotechnical Change*. Cambridge, Mass.: MIT Press.

Bijker, W., Huges, T., and Pinch, T. (eds.) (1989). *The Social Construction of Technological Systems: New Directions in the History and Sociology of Technology*. Cambridge, Mass.: MIT Press.

Bowker, G. and Star, L. (1999). *Sorting Things Out: Classification and its Consequeces*. Cambridge, Mass.: MIT Press.

Callon, M. (ed.) (1998). *The Laws of the Markets*. Oxford: Blackwell.

De Laet, M. and Mol, A. (2000). "The Zimbabwe Bushpump: Mechanics of a Fluid Technology." *Social Studies of Science* 30(2): 225—63.

Downey, G. and Dumit, J. (1996). *Cyborgs and Citadels: Anthropological Interventions in Emerging Sciences and Technologies*. Santa Fe: SAR Press.

During, S. (ed.) (1993). *The Cultural Studies Reader*. London and New York: Routledge.

Fabbri, P. and Perron, P. (1990). Foreword to A. J. Greimas, *The Social Sciences: A Semiotic View*. Minneapolis: University of Minnesota Press.

Foucault, M. (1970). *The Order of Things*. New York: Random House.

Fujimura, J. (1991). In D. Maines (ed.), *Social Organization and Social Process*. Hawthorne, NY: Aldine de Gruyter.

Gross, P. and Levitt, N. (1996). *Higher Supersition*. Baltimore: Johns Hopkins.

Haraway, D. (1989). *Primate Visions: Gender, Race, and Nature in the World of Modern Science*. New York and London: Routledge.

Haraway, D. (1991). *Simians, Cyborgs, and Women: The Reinvention of Nature*. London: Free Association Books.

Haraway, D. (1997). Modest_Witness@Second_Millennium. FemaleMan©_Meets_OncoMouse™. New York: Routledge.

Hartouni, V. (1997). *Cultural Conceptions: ON Reproductive Technologies and the Remaking of Life*. Minneapolis: University of Minnesota Press.

Helmreich, S. (1998). *Silicon Second Nature: Culturing Artificial Life in a Digital World*. Berkeley: University of California Press.

Hess, D. (1995). *Science and Technology in a Multicultural World: The Cultural Politics of Facts and Artifacts*. New York: Columbia University Press.

Hess, D. and Layne, L. (1992). *Knowledge and Society, vol. 9: The Anthropology of Science and Technology*. Greenwich: JAI Press.

Jasanoff, S., Markle, G. E., Peterson, J. C., and Pinch, T. (eds.) (1995). *Handbook of Science and Technology Studies*. Thousand Oaks: Sage Publications.

Knorr Cetina, K. (1981). *The Manufacture of Knowledge: An Essay on the Constructivist and Contextualist Nature of Science*. Oxford: Pergamon.

Knorr, Cetina, K. (1999). *Epistemic Cultures: How the Sciences Make Knowledge*. Cambridge, Mass.: Harvard University Press.

Knorr, Cetina, K. and Mulkay, M. (eds.) (1983). *Science Observed: Perspectives on the Social Study of Science*. London: Sage.

Latour, B. (1999). *Pandora's Hope: Essays on the Reality of Science Studies*. Cambridge, Mass.: Harvard University Press.

Latour, B. (1987). *Science in Action*. Cambridge, Mass.: Harvard University Press.

Latour, B. (1988). *The Pasteurization of France, followed by Irréductions*. Cambridge, Mass.: Harvard University Press.

Latour, B. (1993). *We Have Never Been Modern*. Cambridge, Mass.: Harvard University Press.

Latour, B. (1996). *Aramis, or the Love of Technology*. Cambridge, Mass.: Harvard University Press.

Latour, B. and Woolgar, S. (1986). *Laboratory Life: The Constructin of a Scientific Fact*. Princeton: Princeton Unversity Press.

Lave, J. (1988). *Cognition in Practice: Mind, Mathematics, and Culture in Everyday Life*. Cambridge: Cambridge University Press.

Lynch, M. and Woolgar, S. (1988). *Representation in Scientific Practice*. Cambridge, Mass.: MIT Press.

Mol, A. (forthcoming). *The Body Multiple: Artherosclerosis in Practice*. Durham: Duke University Press.

Mol, A. (2000). "Things and Thinking. Some Incorporations of Intellectuality." *Lecture for the Conference on the Role of the Intellectual in the Public Sphere*. Beirut, Feb.

Mol, A. and Law, J. (1994). "Regions, Networks, and Fluids: Anemia and Social Topology." *Social Studies of Science* 24(4): 641—71.

Nelkin, D. (1992). *Controversy: Politics of Technical Decisions*. Newbury Park, Calif.: Sage.

Pickering, A. (ed.) (1992). *Science as Practice and Culture*. Chicago: University of Chicago Press.

Ross, A. (ed.) (1996). *Science Wars*. Durham: Duke University Press.

Serres, (ed.) M. and Latour, B. (1995). *Conversations on Science, Culture, and Time*. Ann Arbor: University of Michigan Press.

Shapin, S. (1994). *A Social History of Truth: Civility and Science in Seventeenth-Century England*. Chicago: University of Chicago Press.

Shapin, S. and Schaffer, S. (1985). *Leviathan and the Air-Pump: Hobbes, Boyle, and the Experimental Life*. Princeton: Princeton University Press.

Star, L. (ed.) (1995). *Ecologies of Knowledge: Work and Politics in Science and Technology*. Albany: SUNY Press.

Staudenmaier, J. M., Sj. (1985). *Technology's Storytellers: Reweaving the Human Fabric*. Cambridge, Mass.: MIT Press.

Traweek, S. (1988). *Beamtimes and Lifetimes: The World of High Energy Physics*. Cambridge, Mass.: Harvard University Press.

第 7 章
文化研究里的政治经济学

理查德·马克斯韦尔(Richard Maxwell)

批判意识的获得并非最终的目标,而是一个持续的过程,在人类发展的历史道路上,每一时刻所盛行的思维模式与习惯模式都会对这个过程的展现感到惊讶与迷惑。目前为制定传播—文化政策所做的努力,就必须以这种方式来看待和理解。无论方案多么先进或者原始,也不过是通向实现人类潜力漫长道路上的若干标记而已。

Herbert I. Schiller (1919—2000)[1]

导　　言

批判传播学与文化研究倾注了大量的心思来考量、激发并延续政治经济学与文化研究(以下简称为 CS)之间批判方法的对抗。这些努力大都聚焦 CS 和政治经济学,仿佛它们即使不是敌对的,也是完全不可通约的思想领域。描述其差异所使用的典型措辞有"分离的领域"和"巨大的分野",以及如迈克拉福林(McLaughlin)(1999)最近所指出的一些类比,这些类比让人想起马克思主义与女权主义"不幸联姻"。虽然言辞之争已大致平息,但思考这些差异的框架并未给有关人士留下多少事情可做,而只能以怀旧的心绪去寻觅那昔日甜蜜的理论约会地点(在安东尼奥·葛兰西、路易·阿尔都塞或《德意志意识形态》的那棵大树下面),或是找个实际的理由在两个学术领地之间受到争议的边界上相会,可能是专家政治论(制订文化政策)的理由,也可能是技术方面(民族志学+政治经济学=方法论)的理由。

本章采取另一个走向,做如是建议,即认同政治经济学或 CS 的作者应该努力找寻那些已经栖身在他们工作中的对手。在某种意义上,迈圭根(McGuigan)(1997),文化研究的鼓吹者,走出了这步棋,他指出约翰·费斯克(John Fiske)关于积极受众的写作与古典自由政治经济学的预设是一致的。然而,他的尝试可能偏于无谓地嘲笑费斯克的著述,而未能唤起 CS 内部俯拾即是的关于政治经济的意识。

政治经济已经成为 CS 工作的特色,原因有二:作为一个经验问题以及作为一套理论命题与背景假设。经验政治经济可以被描述为政治与经济的动态互动,这种关系的效应波及生活的方方面面,其中,权力关系决定经济安排与结果,与此同时,经济力量限定政治思想与行为。作为经验问题,CS作者面临的主要问题一直是政治经济学如何界定、组织并调整文化产业与文化劳动,后者囊括文化的生产、分配、消费的工作。

理论政治经济学(以下称PE,以区别于经验政治经济学)可以细分为三个思想家族:重商主义、自由主义和马克思主义。虽然这三个族支已经交叉并混杂,但严格地讲,某种形式的马克思主义PE(又称批判政治经济学)已成为CS最具特殊意义的他者,尤其是对那些CS作者而言,他们力图辨别并批判性分析民族大众文化与盛行的政治结构之间的意识形态联系。然而,一旦扩展到国际层面,许多CS写作似乎与新重商主义及自由主义的批判及其主流变体保持理论一致,或起码与之对话。本章就考察CS内部政治经济学的这些侧面,廓清业已栖身于文化研究里的经验和理论政治经济学。在绘制理论PE三大谱系时,我希望唤起关于CS中PE的现行与潜在使用的意识。

对抗政治经济:持续的事情

虽然他们并不是作为理论政治经济学家而写作,英国CS的奠基者们却发轫于英国资本主义政治经济在他们知识与政治工作中所引发的关键的经验问题。他们侧重同媒体、教育及其他文化产业相关联的英国工人阶级状况,这些产业正随着二战之后福利国家的扩张、财富的增长、消费资本主义的兴起而变化。

譬如,理查德·霍加特曾尝试说明,战后政治经济的这些变化如何影响了工人阶级文化的传统场所,聚焦消费资本主义正如何摧毁本真的工人阶级情感与态度矩阵。霍加特的研究可能突出了对工人阶级文化的人类学理解,但他的洞见仍然是关于文化中的政治经济。相比之下,雷蒙·威廉斯和爱德华·汤普森(Edward Thompson)更纠缠于意识形态与政治方面的问题,不过,他们各自从不同角度呈现战后变化着的政治动态。汤普森遭遇政治经济学,是在他探讨工人如何通过在资本主义政治经济里为争取生存与解放而斗争的过程中生成传统、信念、思想以及自己的体制。在汤普森的文化观念中重视阶级冲突的地方,威廉斯对盛行的政治经济学提出挑战,因为它限制了工人阶级在普通文化中的参与和在场。威廉斯既不像霍加特那样聚焦于当代政治经济如何腐蚀了工人阶级的生活方式,又不像汤普森那样聚焦于它如何通过阶级经验而生成了不可通约的文化,而是寻求将文化作为文化劳动来进行理解与再造。这种努力始于《文化与社会》(*Culture and Society*),在此书中,威廉斯指出,当代对"艺术"和"文化"之类术语的使用是对文化劳动的描述,而在向现代工业社会的转变中,文化劳动正经历着特殊化与分层化的过程。[2]

英国的CS大都发扬写作的政治学,以挑战经验政治经济对文化所施加的压力与限制。最明显的领域包括对教育体系不平等所做的研究,对理解媒体与政治意识形态之间的联系所做的努力,尤其是为改善劳工运动(无论工党是否参与)机遇所做的努力,对文化生产资料与文化消费能力的获取障碍所做的分析。为生成对文化与传播的政治经济进行批判所做的这些努力,有助于使CS区别于价值中立的文化分析、主观主义的利维斯式文学批评以及源自美国社会科学的非历史的和经验主义的传播与大众文化社会学。

这些趣识相互重叠且浓厚逾甚,得益于女权主义和种族与种族主义的批判分析对20世纪60年代和70年代英国CS第二次浪潮的推波助澜。正是在这个时候,一套条理分明的、也许更显文化主义的理论开始界定CS对经验政治经济的研究方法。最终,一些CS写作开始回避经验主义的描述与分析,尤其在20世纪80年代和90年代,但是,CS驳斥了这种趋向(见Morley 1992,1997);甚至连对文化政治经济学家理论工作不甚友好的CS作者也对理想主义CS挑毛剔刺(见Grossberg 1995及Carey 1997)。最能恰当体现当今CS典型特征的是,它倾向于将经验政治经济作为一个单独的权力与社会组织领域来对抗,通过意识形态性或体制性话语分析(连接理论)使之与文化形式做临时连接。

在国际层面,CS还得对抗新殖民形式与帝国主义形式的经验政治经济。非洲、亚洲、拉美的CS写作可以追溯到二战后伴随国家建设、去殖民化、民族解放斗争而出现的革命状况与过渡状况。法侬(Fanon)、卡布拉尔(Cabral)、恩克鲁玛(Nkrumah)乃非洲反殖民统治斗争中极具影响的人物,他们尝试将民族文化问题与其人民摆脱盛行的殖民政治经济桎梏的解放联系起来。关注文化帝国主义的拉丁美洲作者不仅参与罢黜美国政治经济的半球统治,而且还通过新形式的文化表达想象社会主义社会。这表现在新拉丁美洲电影的泛地区成就和联合知识分子的工作、弗莱恩(Freirean)知识与教育理论以及古巴革命所激发的文化研究和批判媒体学者国际团队的努力,他们在阿连德(Allende)岁月(尤其Armand and Michèle Matterlart)在智利工作。在加拿大和澳大利亚,CS不仅汲取英国的理论影响,而且通过对美国文化与经济帝国主义的批判研究而发展壮大。

战后资本主义政治经济的全球扩张,在美国军事和商业的指引下,导致了英国和美国CS的至关重要的意识嬗变。20世纪60年代与70年代早期的对越南战争的抗议突出显示了帝国主义的文化支持的问题。民权运动和农场工人运动将非裔美国人和奇卡诺人的历史经历提到美国激进文化分析的日程上。抗议和庆贺的反文化浪潮激发了CS对青年亚文化、造反、身份、政治意识形态之间的关系的持久兴趣。20世纪70年代和80年代CS雷达所截获的重要政治经济问题包括:通过向第三世界国家输入美国和英国文化商品而形成的文化支配、媒体和政治中的种族和性属表征、围绕冷战敌意而界定的超级大国政治、文化政策从民族政治经济领域向受跨国企业议程驱动的全球经济的移位以及人口统计学变化,这种人口统计学变化要求扩大对第一世界内部的族裔散居(diasporic)文化和少数族文化的研究。

到2000年止,经验政治经济已沿着这些同样的断层线取得进一步的发展。工业经济和信息经济的扩张将许多人从传统的农业生产模式中转移出来,全世界另有几百万人被送进工人阶级大军里。这种经济转变也加剧了全世界贫困与饥饿,由于许多的国家经济不能为大部分人口提供资源与援助的公平分配,这些人仍然生活在维持温饱的农耕状况、工作于贫困的初级商品部门或难以做出调整以适应市场经济。条件最恶劣的可见于非洲亚撒哈拉地区、东欧、苏联的部分地区。发达国家的工人也在基本生存条件方面经受了挫折。极端自由市场政策的复兴,通过合并与收购与垂直整合,消除了全球企业紧缩的限制,在所有经济部门都引发了一系列大量的解雇。这些政策也鼓励取消工人的社会保护,降低劳动市场的价格并消除劳动市场的稳定,为的是吸引跨国资本的投资。对工作状况全面侵袭的一个结果就是,世界范围的劳工运动复兴,伴随着 CS 对劳工运动批判兴趣的复兴。

此外,在世界最富有的区域,信息技术部门作为世纪末资本主义扩张的发动机,已经显示出大规模种族与阶级分化的迹象,划分出信息富人和信息穷人。所谓的数码分化具有鲜明的国际性,正如联合国开发计划署(UNDP)1999 年度《人类发展报告》(*Human Development Report*)所阐述的那样。根据这份简明报告,到 20 世纪 90 年代晚期为止,经合组织(OECD)国家占世界人口的 19%,但却占世界因特网用户的 91%(p. 3)。这样的文化分化长期以来一直反映在国际音像市场,但是,到 20 世纪 90 年代末期,美国文化产业所积累的庞大经济势力越过了一个异常的阈值。如《报告》所云,"对美国来说,单个的最大的出口产业既不是飞机,也不是汽车,而是娱乐"(p. 6)。《报告》进而指出了北美、欧盟及日本所享有的极端富裕和消费水平。在那里,世界人口最富的 1/50 生活并消费将近世界产量的 90%,占出口商品和服务的 62%,占外国直接投资的 68%。1997 年世界人口最富的 1/50 与最穷的 1/50 之间的收入差距"是 74 比 1,从 1960 年的 30 比 1 上升到 1990 年的 60 比 1"(p. 3)。2000 年资本主义政治经济中的这种怪异的财富悬殊使 CS 遭遇日益恶化的全球规模的阶级分化。想想"前三名亿万富翁的资产要超过所有最不发达国家及其六亿人民的 GNP 总和"(p. 3)。如果把 358 位世界亿万富翁的资产相加,就等于 23 亿世界最贫困人口的资产,大约全球人口 38%的资产总和(Harvey 1999:xv)。

总而言之,将政治经济和文化研究联系起来的主要故事线索表明,CS 作者遭遇经验政治经济学——现在是全球化规模地——视之为文化劳动的总体状况与目标的调节者与塑造者(从生产到消费,且从生活的局部的规模到国家的乃至全球的范围)。然而,也应注意到,政治经济也曾敲打、调整、塑造了文化研究本身的工作。因此,思忖政治经济如何影响他们自己的态度与批评课题,对于 CS 作者而言就日显重要。资本主义国家对教育的社会支持采取了新自由主义收缩,随后出现了以市场为依据的要求,即把学生看作零售客户、把学术课程看成收入渠道,这激起了一定程度的专业化、企业经营主义以及学术 CS 范围的日趋窄狭——这些状况,在整个 20 世纪 90 年代,造就了一些 CS 作者,他们的政治参与性已经降低,而更愿意进行与顺应市场的通俗文化情投意合的写作。在过去十五年里,高等教育承受的政治经济压力或许是 CS 教育者日益强烈的工作不稳定感的根本原因之一(就此而言,也是所有人文科学教育者日益强烈的工作不稳定感的根本原因之一)。点明他们与经验政治经济的狭路相逢,应当能使 CS 作者们警惕他们自己文化劳动状况内部的怨恨的根源。这样的坦率也应当使人更容易地公然谈论 CS 与理论 PE 之间的伙伴关系。

基本的事情

CS 学者广泛认可他们属于理论马克思主义 PE 家族。CS 和马克思主义 PE 之间的明显联系一直在于对意识形态、国家、阶级、公民社会以及权力级差的研究。明显的话语联系是，二者均是从政治角度来理解文化并进行有关写作，而不是从专业经济学和自由人文主义文化探索的狭隘的非政治角度。马克思主义 PE 对文化的批评探讨广揽主题，包括宣传、意识形态、电信与媒体政策、国际传播、电影与电子媒体产业、劳工、音乐与唱片产业、知识产权、广告、销售调研、旅游、时装、城市建筑以及信息技术。在对文化政治经济的学术研究内部，对通信与媒体产业的研究成了文献的主流，很大程度上是因为它们被认为在现代社会的政治与经济生活中占据着一个战略地位。此外，这些主题惹人注目还因为最近对它们做了优秀的理论阐述，尤其是文森特·莫斯考（Vincent Mosco）（1996）和丹·席勒（Dan Schiller）（1996）所做的工作。

因此，表面上虽然政治经济学家常常探讨的题材侧重经济学、商业、劳工及产业结构，但是他们的基本观念里总有一个政治视野，即经济学遭遇伦理问题，如公正、平等、级差权力、资源分配及社会福利。对此 CS 与 PE 达成共识。CS 与 PE 分道扬镳的地方是 CS 认为政治和经济是两个单独的领域。PE 以整体的观点来看待相互依存的政治与经济领域，而 CS 理论倾向于把这些生活领域分割成半自治的活动领域。当然，政治经济学的不同派别对政治学与经济学的确切关系并没有一致看法，对二者关系中哪个更重要也意见相左，但这往往不是关于认识论或事实，而是关于规范理论的争论。总的说来，对政治经济的整体观也适用于 PE 对文化的研究，这是由于多数政治经济学家都同意文化、政治学、经济学在经验上是相互依赖的，但同时又就每个领域对其他领域的规范性影响程度争吵不休。

无论如何，只要预设 CS 与马克思主义 PE 之间浓厚的亲缘关系，那么 CS 作者与 PE 之间日益增大的分歧就可描述为主要还是马克思主义者之间的争论。CS 对马克思主义内在批判的对象包括法兰克福学派的大众文化理论、连接经济基础与文化上层建筑的机械主义模型的问题、主导意识形态理论、国家理论中对文化的忽视、过度重视阶级与民族的庞大社会结构而牺牲了亚民族与亚文化形态、科学性与客观主义的幻觉等等。一些人已将这段历史看作马克思主义 PE 与 CS 日益增大的鸿沟的证据（比较 Grossberg 1995 论述）。在我看来，这是误导性的，至少原因有二。其一，从事马克思主义理论反思的 CS 作者，和学术马克思主义 PE 的倡导者一样，坚定地投入对经验政治经济的批判——二者因此相得益彰（且应继续下去），并尽可能多地汲取其他可能的源泉以便修改他们的理论并提出对资本主义政治经济的批判。不过，还有第二条理由来反驳关于 CS 与 PE 隔阂加深的说法。这种说法是为原教旨主义欲望的粉墨登场做铺垫，亦即 CS 知识身份的内在纯洁性。这种原教旨主义欲望势必抑制多元化冲动，而这正是 CS 作者——尤其雷蒙·威廉斯——很久以前所设计的，使得 CS 作为一个跨学科的领域而独树一帜。理论原教旨主义还有一个相关的、自我萎缩的方面，即它剥夺了 CS 在理论 PE 内部做重大变革的能力。如果 CS 作者对他们的根本差异深信不疑，那么就会受到鼓舞，将存在于他们工作内的理论 PE 进行驱逐并加以嘲弄，因而把 PE 建构为与 CS 不可通约。当然，这是双向的运作（比较 Ferguson and Golding 1997；McChesney 1996）。

为着手反拨这种原教旨冲动，本章要求 CS 作者重新将理论 PE 视为自己课题的一部分。PE 已经存在于 CS 之内，也许存在于一些背景预设中，也许存在于一些明确的方面，尚需要进行梳理检查。以下是学术 PE 的广阔的概念地图，分为三个思想家族：重商主义、自由主义、马克思主义。这些家族已杂交并生产了后代,其中最值得注意的是体制主义与法国调整学派,各有其不同的关注:有些相互重合,另外一些已被修正以迎接新的经验挑战。本章所能做的就是提供一个 PE 的纵览,并讨论出现在 CS 中的家族连续性。PE 在 CS 里的现行故事免不了要讲一些 CS 在 PE 中的事情,不过遗憾的是,不会很充分。本章仍然能够显示那条道路上何处是斜坡、何处是弯道。

理论政治经济学

重商主义 PE 发展于 16 与 17 世纪,旨在说明如何通过使经济活动从属于国家权力的利益,从而获得财富与安乐。起初,重商主义服务专制主义国家利益,为国内经济的政府干预以及国际经济关系中的保护主义政策进行辩护。国库的充盈被视为国家管制领地内的任何一般福利的存在基础,还被看作世界事务中的力量源泉。正是从这一视角,重商主义政治理论认为,社会秩序依靠生产者将自己的工作投入在国家政治权威的再生产(Crane and Amawi 1997:5—6)。

自由主义将这种政治理念与秩序问题反其道而行之,声称政治权威应该致力于保证生产者的再生产,后者被理解为商人和小商品生产者。对重商主义政治经济观的理论挑战自有其背后的原因,那就是以商品生产及商业财富的不断增长为基础的新型权力与权威中心。在《国富论》(1776)中,亚当·斯密(Adam Smith)抨击了重商主义,理由是,国家干预和保护主义对经济活动与财富积累实际上是起反作用的,因而也就违背了国家的利益。相反,斯密的自由政治经济学理论赞成对国内经济的有限国家干预以及国际经济中的自由贸易。国家应当维持秩序,比如保护财产权,而无须干涉生产者的经济事务。如此看来,问题的答案——对谁而言秩序才是个问题?——从国家转移到拥有财产的生产者,然而生产者乐于将秩序的强制实施(只要符合他们的利益)交付于政治权威。自由贸易学说为英国的以及 20 世纪美国的军事与商业的全球扩张提供了关键的意识形态支持,助长了这些现代霸主的帝国野心。

自由 PE 经历了一系列修正,首先是大卫·李嘉图(David Ricardo,1772—1823)努力将政治经济学家的眼界缩小在严密的方法论上,更聚焦个体经济行为人(生产者、消费者、国家)之间的相互关系问题,而不是政治。李嘉图也提炼了可追溯到洛克的关于生产者的道德政治权利的思想,他认为,(商人的和商品生产者的)劳动,对立于地产和租金,是价值创造的源泉,因此是私人资本积累或产生收入的财产(income-generating property)的法定基础。李嘉图拓宽了斯密的自由贸易思想,注意到弱势经济如何凭其比较优势从自由贸易中获益,因而修正了斯密的论点,即全球贸易只给那些国家带来利益,他们拥有绝对优势能比其他任何国家以更高的效率进行生产(Crane and Amawi 1997:6—7)。

与此同时,重商主义调整了自己的理论,以适应美洲和欧洲新兴的民族经济和民族国家的渴望,居然提出,为保卫新生产业,某种保护主义是必需的,直到且除非它们变得强大到足以在当时英国主导的开放的全球市场中竞争。经过研究美国汉密尔顿重商主义,弗雷德里希·李斯特(Friedrich List,1789—1864)详细阐述了重商主义理论,旨在迎合并帮助提出德国成为现代工业民族国家的目标。李斯特未能对自由贸易和比较优势的逻辑展开足够强大的挑战,但他的见解给德国历史学派以灵感,他们采取了民族主义立场,认为政治权力应该驾驭经济过程。虽然德国历史主义未能巩固理论基础以支撑民族主义PE,但是他们设计了一些规约来测量政策的意义和民族经济历史上的体制系统的组织。重商主义(民族主义)和历史主义的这些秉性巩固了马克斯·韦伯在历史社会学中的进展,尤其是他对市场与民族国家和现代官僚政治之间互动关系的分析(Crane and Amawi 1997:17;Mosco 1996:54)。

至19世纪晚期,对国家体制、政治学、经济学的历史相互依存的这些关注,孕育出了政治经济学思想的一个支脉,唤作体制主义(Institutionalism)。体制PE诞生自实用主义、历史主义、社会主义及重商主义(后者具有美国民族例外论的风格)的美国母体。通常认为,是索斯泰因·凡勃伦(Thorstein Veblen,1857—1925)做了将体制主义引入理论PE之创举(Ross 1991:204—16;Mosco 1996:55;Babe 1993)。其《有闲阶级论》(*The Theory of Leisure Class*,1899)结合了PE与文化分析,部分是为了解释工人阶级如何体验资本主义制度下的消费。他认为消费的动机主要是羡慕、效仿以及与邻居的争强好胜——把有闲阶级视为一种体制性身份,或"思维习惯",由经济活动所形成。然而,"有闲阶级体制"最终对经济活动与社会进步起反作用,凡勃伦如是说,因为它掠夺工人的钱财与精力(消费资料)"到如此地步以至于使工人们失去了学习并形成新的思想习惯的能力"(转引自Ross 1991:209)。据进化论与心理主义历史观,凡勃伦预测,效仿性消费将从这个虚假意识与贫困的阶段,过渡到一个由"受伤的公正"情感所支配的阶段,并最终激起阶级冲突和社会主义(p.206)。

凡勃伦的社会主义源自他对马克思和德国、意大利马克思主义者的解读,从这些人身上他树立了一种对意识的唯物主义认识,意识作为一种力量,不仅在社会体制内部被塑造,还决定体制的组织与目标,这个思路使得多萝西·罗斯(Dorothy Ross)把凡勃伦刻画为美国的葛兰西(1991:207)。后来的体制主义将凡勃伦的历史变革理论修改成一种结构解释,把他的社会主义修改成"对自由社会控制的呼唤"(1991:216)。当代的一个体制主义者是约翰·肯尼斯·加尔布雷斯(John Kenneth Galbraith),其著作《丰裕的社会》(*The Affluent Society*,1958)考察了广告在激发对消费品的欲望中所起的体制作用,这一论述撼动了自由PE所谓消费者能理性而自由思考的预设(Mosco 1996:55)。

同样在19世纪晚期,自由主义从内部被边际主义(Marginalism)所改造,边际主义将经济学研究与政治、关于社会冲突、劳动、体制影响的政治与伦理考虑脱离开来。经过边际主义"革命",经济学(或新古典经济学)把社会问题与体制界定为经济过程的外在内容,赋予它们一个无关经济理论的单独逻辑。而边际主义聚焦一个数学模型的建立,从决定价格的市场供需互动中清除主观性(而且还希望搁置社会冲突、道德判断、差异、秩序等问题)。[3]边际主义使经济学专业化,力求使之成为一门数学,并提升它在社会科学与政府政策里的影响,大有取代重商主义之势。此外,通过撇开政治和社会问题,边际主义经济学放弃了自由PE中一部分极为重要的知识领域,尤其是围绕形式政治学、国家、社会行为、秩序及冲突的研究,它们随即为社会学和政治学学科所占领(Clarke 1982)。边际主义思想回归自由政治理论的一个特点就是理性选择的数学模型,以解释与权力和交换相联系的个体和组织行为的动机(他们总是寻求个人利益的最大化,等等)。

克雷恩和阿玛维(Crane and Amawi)(1997:8)将边际主义的成功解释为它貌似进步的经验主义。换言之,看来它以严密的科学方式来说明世界资本主义如何进展及为何进展。边际主义理论似乎可从经验上得到验证,它对英国和美国的经济成功(忽略外在原因)的预测证明是正确的,正如它曾准确预测了保护主义贸易冲突的失败,这些冲突导致了20世纪30年代的大萧条。相比之下,西蒙·克拉克(Simon Clarke)(1982)却认为,边际主义及其互补性的社会科学其实根本没有为理解资本主义提供一个科学基础。相反,克拉克就边际主义"革命"为何成功提出了一个批判性解释:对古典自由主义所不能解释的资本主义政治经济中的持久问题,如社会秩序、阶级冲突、不平等,边际主义做了一个简便的、精练的意识形态解决。而且,如威廉·梅洛迪(William Melody)(1994:28)所言:"新古典市场理论其实对任何结果都同样能做出完美的辩解。它在现实中所反映的是市场权力的现行分配。"[4]

的确,很难回避这一事实,即,若非贯穿20世纪的无数内部修正,自由主义对经济学与政治学的教条式分离是难以为继的,这些修正滥觞于约翰·梅纳尔·凯恩斯(John Maynard Keynes,1883—1946)对一个基本信念的挑战,即不受约束的市场总是趋于生产普遍效益。作为秉承自由传统的经济学家,凯恩斯力主新古典经济学承认国家在管理经济中的更大作用,尤其是在周期性的经济危机期间,但总体上是作为全球市场力量的持续补充。凯恩斯的宏观经济方法赋予调节工具与体制以更广阔的影响力,无论是在国内还是国际管制层面。这样的思维转向使得自由主义修正某些关于自由贸易、比较优势及利益均衡的预设,开始考虑不良竞争、欠发达国家经济以及失业问题。可是,如克雷恩和阿玛维(1997:12)所称,正统的新古典经济学成功地抵制了凯恩斯的"冲击",捍卫了经济主义的方法,把任何有关市场政治化的论调讥讽为"非理性的"(而没有像凯恩斯尝试的那样,去处理自由主义在说明政治如何塑造市场时的无可奈何),并成为主导的"理论工具,为世界银行和国际货币基金会之类的体制所采纳"。

古典自由PE的中心思想——方法论上的个人主义、辅助性国家、自由贸易、比较优势——仍然与体制主义视角相对立,虽然体制主义持续揭露自由市场经济中的各种反常现象,尤其是经济、政治、文化经验、社会不平等、社会体制之间显而易见的相互依存。至于古典理论重商主义,在自由经济理论的挑战中未能逃过此劫,不过,还是设法维持了在经济民族主义政策中的存在意义,直到二战。此后,重商主义有过几次缓刑,但总体上,对国家决策者的影响日渐式微,直到20世纪末期几乎为新自由主义所湮灭(Crane and Amawi 1997:5—8)。

尽管如此,许多重商主义的中心关注还是在政治经济学思想中残留在场,大都以修正的形式不同程度上与自由与马克思主义方案重叠。譬如,自二战以来,自由经济政策业已与军事与对外政策中的某种形式的重商主义携起手来,清楚地表现在对国际关系的现实主义设想,认为主权民族国家锁定在无政府世界环境里的权力斗争之中。同样,二战之后,关于社会安定、社会进步和经济发展的世俗民族主义理想暂时受到马克思主义PE的改写,这是由于社会主义国际主义反抗法西斯帝国主义的斗争。许多马克思主义国际PE作者,尤其是列宁、斯大林和罗萨·卢森堡(Rosa Luxemburg),开始影响第三世界的民族解放与去殖民化的理论与运动

(Hobsbawm 1992)。在这种融合中诞生了社会主义所启发的民族主义经济与文化发展模式,对抗美国领导的自由市场资本主义的帝国主义扩张的自由理论主张。其中有些研究与关于欠发达状态、世界体系理论、属地理论的受马克思主义启发的 PE 研究契合。

虽然政治理论家如迈克尔·夏皮罗(Michael J. Shapiro)、詹姆斯·德尔·德瑞安(James Der Derian)、戴维·坎贝尔(David Campbell)贡献了关于军事与外交文化的 CS 写作,但这仍然是人文科学中 CS 作者鲜做侵犯的领域。尽管如此,大量的 CS 工作涉及文化保护主义的问题,尤其是对 PE 探讨文化帝国主义的方法提出挑战的作者就此进行了讨论。新重商主义当然还盘踞在政治经济学家对特别应用保护主义规则的要求中,这些规则调整民族文化产业的政治、金融、商业方面。任何探讨过影响民族文化的政策或文化帝国主义问题的 CS 作者,也吸取过或遭遇过这些思想。一些人,如约翰·汤姆林森(John Tomlinson)(1991),从一个与自由主义教条相一致的立场,对保护主义(民族主义)政策里的重商主义预设提出挑战,这些政策使人想起文化帝国主义的批评家。最近,斯科特·奥尔森(Scott Olson)(1999)提议全盘采用比较优势模型,用以解释在大相径庭的民族接受语境中好莱坞电影的普遍需求——暗示着自由 PE 同 CS 文本与受众研究模型之间更进一步的联系。其他 CS 作者抵制了自由 PE 的吸引,但吸收了从新重商主义思想中提取的预设。例如托比·米勒(Toby Miller)(1998),已遭遇了 20 世纪 70 年代自由世界经济危机之后那一时期出现的大量的新重商主义思想。那个时候,对新的国家理论、自主发展或去联系(delinking)理论、民族主义文化政策的阐述纷至沓来。米勒一直在反思文化消费与公民身份问题,却没有诉诸自由主义的消费者主权观念,所借鉴的 PE 混合了来自重商主义、体制主义、国际主义马克思主义的各种关注。

重商主义残余影响曾经是(且仍然是)文化与传播政策的明显的一个部分,其中,关于保卫文化身份的争论,赞成与反对,都要求历史的与理论的资料来源,这些资料既不属于关于自由贸易的自由主义正统,也不属于视国家为附带现象的马克思主义传统。在国际传播方面,马克思主义与体制主义政治经济学家于 20 世纪 60 与 70 年代,在称之为属地与世界体系理论的框架内部,修正了李斯特的民族主义议程,以阐述反帝国主义政策,支持不发达国家和地区经济中的文化与信息自治。对文化自治的这种探究在西斯·汉姆林克(Cees Hamelink)的《全球传播中的文化自治》(*Cultural Autonomy in Global Communications*)(1983)中得到了最为明晰的发展,该书借用新李斯特理论以推进第三世界的文化产业保护主义。而且,在美国文化与传播政治经济学的奠基者——达拉斯·斯迈斯(Dallas Smythe,1907—1992)和赫伯特·席勒(Herbert I. Schiller,1919—2000)的工作中,新重商主义思想论调与体制主义和马克思主义相混合,并贯穿始终。这些作者注重辨别并分析市场准则如何遏制了传播的解放潜力;二人都致力于使人类发展摆脱剥削、压迫及其他形式的经济与社会不公的桎梏(Lent 1995)。史密斯的受众商品观(1981)与席勒关于文化帝国主义的研究工作(尤其 1969/92 和 1976)仍然是对文化内部商业化后果感兴趣的 CS 作者的标准参照。

最后,不论单个 CS 作者的最终名目是什么,马克思主义或至少马克思主义影响下的理论,一直是他们重要的出发点。马克思对资本主义政治经济进行分析的核心特点是对私人财产的体制及其社会副产品的批判,包括生产关系中的结构性不平等(阶级)、交换价值凌驾于劳动投入价值(labor-invested value)及使用价值之上(以金钱为符号的生活：工资和地位)、金钱形式在价值游离使用价值和劳动过程中的作用(商品拜物教)以及对世界的一种领悟模式,这个世界嘲弄并贬抑非商业的生活方式(社会与经济的帝国主义)。

马克思对财产关系的批判具有两个重要的基本特征。其一是论证私有财产体制如何造就了一个财产拥有阶级(资产阶级),他们只有通过支配非财产拥有阶级(无产阶级)的劳动,才能加强对资源的控制以及对能使其财产增值的技术手段的控制。当工人为摆脱这种关系而斗争时,当资产阶级竭力强化无产阶级的屈从地位时,双方均愈加意识到自身乃一个阶级。英国的CS,尤其 E. P. 汤普森、理查德·霍加特以及后来使用民族志学技术来研究工人阶级青年文化的作者,析取这个基本关系的某些文化含义,来理解英国通俗文化中表达性差异与解释性冲突的根源。人们如何理解由阶级进行分层的社会内部级差权力(differential power)的意义,成了早期 CS 意识形态研究的内容。随着女权主义和反种族行动主义在 CS 中取得进展,这条探究路线也愈发关注财产关系滋生性属化与种族化分层的那些方面。

马克思主义 PE 在说明资本主义财产关系如何产生工人与财产所有者这些客观敌人的同时,也论证了在资本主义政治经济学中,这个令人忧虑的关系如何被关于道德与政治权利的自由话语自然化了,而这些权利被授予了财产拥有者个体。连接道德权利、财产、个人主义及主权的文化表达或故事,不仅成为自由主义理解新的政治经济的标准方式,还演化成了一个令人望而生畏的意识形态体系,为资产阶级统治无产阶级(推而广之,资本主义统治世界上非资本主义地区)进行辩护。CS 围绕资本主义伦理政治侧面的各边沿,用文化霸权的葛兰西风格展开批判,以期把握主导媒体与政治行为者如何在公民社会中,征得工人阶级对项目和政策的同意,而这些项目和政策却是在结构上对立于工人阶级的利益。

马克思对资本主义财产关系的批判另外一个基本特征是,发现了资本主义生产、流通及交换的过程中产生的价值的不同形式。在其基本形式上,商品并不具有一个固定的或内在的价值,但生产商品所付出的努力赋予其价值;在此人文主义框架中,马克思把劳动看作价值的本质并加以颂扬。但马克思补充道,商品一旦可为他人所用,其价值就以新型的、补充的方式理解为其有用性的一个侧面。马克思识别了对商品所做的全然相异的解释,这些解释衍生自各种需要、缺失及欲望,这种动态特性被称为商品的使用价值(我们可以用今天的话说,商品为任何产品或服务)。使用价值描述产品或服务的物质侧面。倘若劳动赋予商品以实质价值,那么生活中,社会对产品的不同使用则赋予产品以意义,或曰使用价值。

许多 CS 作者陶醉于并深化关于不同群体如何利用消费品、媒体产品、服务及购物来改善或理解自己生活的那些故事。使用价值并非总是以马克思所采用的那些技术术语来讨论,但触及消费问题的研究却卷帙浩繁。CS 必须提的问题是,他们的背景预设如何与马克思主义 PE 中的阐述相联系——就是说,仍然要警惕不同的、相互竞争的社会在场与价值意义、使用价值及交换价值(后文讨论)。同样,CS 作者可以考虑自由 PE 如何使价值像产品或服务中的实用性一样通俗易懂。当以满足或不满足来对待价值的时候,这样做尤为重要,并由此在他们的工作中寻与杰里米·边沁(Jeremy Bentham)的功利主义及其边际主义变体的话语连贯性。而且,也值得考虑连接消费与身份的思想是否与体制 PE 保持一致,尤其是凡勃伦关于消费半自治领域里所形成的(棘手的)体制身份的看法。当然,留心这些影响脉络也是 PE 作者应该认真对待的事情。谈到对价值与评估的思考,许多 PE 作者决意忽略马克思所做的区分——部分是因为技术术语可能很容易变得令人困惑——反而依赖那些容易迎合自由主义,或更经常是体制主义的 PE 思想框架的见解。

马克思在批判资本主义财产关系中所做的一个重要区分,与交换所产生的价值形式有关,交换乃资本主义制度下的主导性交际模式。回想一下,根据自由主义学说,自由贸易(不受约束的)交换)创造财富,而贸易是建立在拥有私人财产的个体主权(individual sovereigns)的基础上。和谐的社会秩序理当衍生于这样的假设,即涉足交换的任何个体都将对方视为、并将对方眼中的自我想象为所讨论财产的合法所有者。这种对交换中的个人资格(personhood-in-exchange)的承认,赋予个体以与主权相当的自由决策权,决定何时出售以及与谁交易私有财产。非财产拥有者,或以非商业方式生活的人,充其量只能获得半主权地位,因为在社会交往的财产规则下,他们不具有完整的个人资格。随着私人财产的体制和体制身份充分到位,产生收益的财产或资本的个体积累,就形成财富创造的动态系统。资本家把他们的资本投入生产以制造更多的资本。以资本积累为根本目的而生产出来的商品当然必须具有一项使用价值,或多重使用价值,但进入流通时附有价格。用于装饰商品的价格有助于保证交换价值的在场,这是第三种,也是最穷凶极恶的价值形式。

马克思关于价值的区分帮助 PE 及 CS 作者辨认文化产品与实践中的价值诡计。价值并非自然产生,而是社会生成的在场、具有社会建构的意义,这些意义交替衍生自工作,即理解并满足物质需要的日常努力,衍生自支撑私人财产的交换关系。每一种社会性都生成价值的不同形式,并且提供一种独特的依据来解释人与物的价值甚至交际的价值。然而,对马克思主义 PE 而言,虽然价值与使用价值(劳作与满足物质需要)可能被看成游戏性与创造性的竞争关系,但交换价值以贪得无厌的形式产生了,以迎合资本的再生产与增值。的确,资本主义拔高交换价值,使其成为理解与评判产品的劳动(价值)和产品物质侧面(使用价值)的突出模式。

从马克思主义 PE 视角看,关键就是要警惕将派生于交换的生活价值与源自非商业生活形式的价值观对立起来的价值阐释冲突。比如,虽然许多 CS 写作聚焦处于文化中心的意义竞争,但在通俗文化抵制或挑战主导价值体系的地方,需要一些技术细节来辨别马克思主义 PE 如何界定这种阐释斗争。对马克思而言,不可能回避价值从劳动的异化:使用价值和交换价值都使商品和服务远离其价值源泉的具体性,即最初付出的努力,并将自己对价值的阐释强加在劳动投入价值之上。然而,只要免于暴露给交换,那么劳动投入价值与使用价值,从某种意义上讲,在理论上是平等的,因为都需要同样的努力来使价值产生。当给予实质的劳动遇上给予意义的劳动时,文化就被制造出来了,至少理论上如此。这就是为何,作为抽象的原则,这一信念如此具有吸引力,即文化生产者必须响应文化消费者的需求、趣味及欲望。因为它暗示着价值仍然处于公开谈判中:生产者和消费者均竭力在产品和服务中持续地若非竞逐地生成新的价值和意义。如果留意这一关系,我们就会更好地感悟并培养一种伦理关怀,关怀人们如何使价值产生以及该价值如何历经不可避免的异化,异化于最初使它产生的劳动。

这幅瑰丽的图景,当然,实在是太瑰丽了。一旦交换价值进入这种关系,就将消费者与价值生产者割裂开来,企图把持对价值的阐释,并迫使受它影响的人们从价格、地位及利润的角度来看待价值。由于资本主义把交换的信仰宣传为社会交往的合法性形式,物品价格与金钱形式就强力地灌输进了人们的日常生活,以致辨别财产关系、劳动投入价值及使用价值的结构性不平等的能力由此而萎缩了。对马克思主义 PE 而言,源自交换价值的社会帝国主义的经验是通过商品拜物教理论而解释的。在《资本论》里,马克思认为,一旦交换价值和交换关系支配了政治经济,商品就有可能聚集价值——以商品的形式呈现——而没有劳动投入价值。物品可以仅仅通过定价和销售而获得商品形式。价格不仅将自身错误地表现为与价值等同,它还隐藏了一般劳动的定性价值,以及日常生活中价值的特定的物质方面。果真如此的话,马克思说,"价格就不再完全能表示价值"。并且,

> 本身不是商品的物体,如良心、荣誉等,能够被它们的拥有者拿来出售,因而也能够通过价格获得商品的形式。故物品可以具有价格而没有价值。这种情形下的价格是想象性的。(Marx 1967:102)

倘若我认同这种想象性系统,其中,商品、价格、金钱显现为消费的整个基础结构,那么,按照马克思的说法,我就很容易患上商品拜物教。商品拜物教不允许我与我生活于其中的政治经济的充分接触,除此之外,还从交换的角度将价值自然化。金钱与交换价值不仅使价值异化于创造它的劳动,而且还引发一种休眠、恍惚感,使得很难对劳动异化于价值的冲突保持伦理关怀。当劳动被禁止充当伦理反应的资源或全然消失的时候,用于理解商品世界的可获得的首要资源便来自交换价值与使用价值之间的竞争。这样的竞争是固定的,支持交换。因为,如果说使用价值随社会需求的多样性和商品与服务的欲望而增殖,那么,交换价值缩小商品的使用范围,以满足一个统筹与专横的目的:积累资本(Maxwell 1996)。

许多 CS 作者,包括朱迪思·威廉森(Judith Williamson)和雷蒙·威廉斯,使马克思主义 PE 对商品拜物教的领悟更加敏锐,说明广告与销售如何通过操控符号而强化了交换价值,这些符号赋予商品与服务以魔力。批判 PE 与其他非自由主义方法形成有趣的重叠,这些非自由方法努力将价值与阐释的被阻滞形式解除冻结,这些形式埋葬在现代体制与话语中,尤其是受福柯、德里达和其他后尼采分子所启发的 CS 工作中。通常,CS 作者通过混合对消费主义、购物等进行体制-历史研究,从而扩展了马克思主义 PE 对商品拜物教的领悟。这种情况常常涉及从传统小镇市场关系向大规模市场关系的转型,在后者,大规模生产的产品散播到大规模的匿名消费者中。

财产关系不仅创造条件使吝啬而神秘的价值形式成为可能,而且还推进了价值转换成利润的过程。可是,这个转换过程需要时间,因此缩短周转时间的困扰——实现利润所需的时间——就成为资本主义的根本特征。马克思在《政治经济学批判大纲》著名段落中(1973:524)辨别了通信网络在解决利润实现问题中的作用:

> 生产越是依赖交换价值,因而越交换,交换的物质条件——通信与交通工具——对流通成本就越是重要。资本在本质上驱使超越任何空间障碍。所以创造交换的物质条件——通信与交通工具——通过时间来湮灭空间——就变得异常必要。

对马克思主义者而言，通信技术之所以被使用，是因为它们有能力通过消除阻碍交换的空间障碍（时间湮灭空间）来克服利润实现的时间障碍。在 16 和 17 世纪，利润实现的时间平均一年四次；相比之下，在 19 世纪，周转则是每日一次（Braudel 1986：607—8）。试想，到 20 世纪晚期，卫星通信结合数码计算机化网络已容许资本在全球金融和商品市场上瞬间转化为利润。缩短周转时间的冲动不仅使通信技术成为维持财产关系与扩大资本积累的一个战略资产，工资劳动（wage-labor）也被迫采取与持续加速的资本流通保持同步的工作节奏。

这样马克思主义 PE 追踪到了私人财产与社会不平等、冲突及秩序之间的关联。马克思主义 PE 拒绝了自由政治经济学的道德规范，尤其是产生收入的财产即所谓生产资料所有者被授予特权的合法性。马克思还分析了不断扩展的交换关系、资本主义积累中走向危机的固有趋势、资本家中间不可避免的派系斗争以及劳动的屈从与间歇的破坏。马克思展示了古典自由主义基本观点（方法论上的个人主义、规范化的国家辅助和自由贸易）需深入商榷之处，并揭示了资本主义体系的内在不稳定。后来的马克思主义者，尤其始自列宁，拓展了这项工作以考察资本主义的地理扩张、其帝国主义形式、对非资本主义地区的冲击，进一步挑战了自由主义对自由贸易和比较优势的信念。对 CS 而言，有多种的资料来源，其中一些尤其可以作为基础来理解那些构建资本主义财产关系的级差权力。更重要的也许是，CS 试图展现消费的经验细节，并努力将消费者的日常生活与级差权力批判联系起来，不仅仅从阶级的角度，还涉及由性属、种族、国家所构建的权力轴心。此外，近来有例子表明 CS 对劳动又恢复了兴趣，视之为对文化、冲突、不平等及公益问题做出伦理与政治反应的源泉。

最后应该考虑 PE 的法国调整学派（French Regulation School），以及它与前面讨论过的 PE 思想家族的相似之处。调整法将资本主义理解为财富创造的总体系统，或积累政权（regime of accumulation）。但是，在这个系统内部存在固有的危机，而这些危机为调整该系统的新模式创造了条件。可以将这些调整模式想象为撑起积累政权的许多支柱；每一次连续的危机，或每一轮破坏，都会清除一些柱子而树起另一些。文化型式就是每根柱子的部分材料，因此文化状况的转变紧密配合调整模式的改变。虽然资本主义被看作上位政治经济，但政治经济的实际再生产要依赖特定区域或国家总体的经济与国家体制（市场、交换、金钱、调整机构、监狱、军事等）。这个方法或许混合借鉴了新重商主义（承认国家权力与民族政治经济）、自由主义（调整工具的新凯恩斯式的作用）、马克思主义以及体制主义（关于系统不稳定、不平等、历史主义、组织与官僚的体制身份与作用）；与自由－体制主义方法的其他相似之处可在约瑟夫·熊彼特（Joseph Schumpeter）的工作中找到，他论述过资本主义发展的破坏周期。

在 20 世纪 80 年代和 90 年代，调整学派成为 CS 写作中的鲜明特色。最常见的主题之一与所谓福特主义调整模式的消逝有关，葛兰西用这一术语来指称组装线生产的工厂纪律，作为调整生产率与控制劳动的模式来取代直接威力。韦伯斯特和罗宾斯（Webster and Robins 1986：48—51）辨别了四个广阔而相互联系的领域，它们使得福特主义成为与众不同的调整模式。第一，福特主义将资本主义社会交往形式推进到休闲、家庭及日常生活的"非工作"领域；这部分程度上是借助消费主义的普及得以实现。第二，国家通过经济计划、财政政策、科学研究与开发、福利与社会政策来管理社会。"福特主义的第三与第四个方面是相关的，涉及尝试对时间与空间进行资本主义合并"(Webster and Robins 1986：50)。直到二战之后福特主义才相对成形,此时劳工运动已经荡涤了社会主义和共产主义规划,凯恩斯也放弃了自由主义并至少暂时地认可国家的重要作用。

作为稳定的积累政权,福特主义在20世纪60年代晚期到达巅峰,但在韦伯斯特和罗宾斯所描述的四个领域中也变得更加僵化。哈维(Harvey 1989)认为正是福特主义体制的僵化引发了20世纪70年代早期的全球经济危机。1973年由石油危机陡然延长的衰退的重新组合,为"在工业组织领域以及政治社会生活中进行实验"创造了条件(Harvey 1989：142—5)。调整主义者称这个改组时期为"后福特主义"。这个时代的特征是出现了全新的生产部门、新型的金融服务与市场以及加速的技术与组织革新(1989：147)。随着所谓新工业化国家的兴起,出现了经济地理的转变,与之相伴的是血汗工厂与家长纪律约束下的家庭劳动的复兴,以及"服务部门"强劲的就业增长。加剧的结构性失业造成了高度灵活的劳动市场,其中兼职和无技术劳动储备开始使工资维持低水平并削弱福特主义组织有序劳动的传统作用。最终,福特主义的大订单生产体系被修订,以便让位于灵活的小批量生产和转包合同,一些人认为这代表着向灵活积累政权的长期转移。

根据这一方法,福特主义的危机将文化和传播产业送入了经济活动的中心。生产上的更大灵活性必然带来加速度的产品革新,这要求周转时间的加速。PE和CS作者开始留意文化产业的重新配置,以满足对灵活性和加速度的需求。技术与组织的革新扩展了"交换的物质手段"的地理影响范围。他们也使文化物品的生产成为可能,这些物品具有一个简短得难以置信的,甚至根本就不存在的保存期(数码储存的音像产品和计算机软件就是典型的例子),储存或发布几乎无须任何成本,优势在于它们的价值几乎可以在瞬间转化为利润。戴维·哈维(Harvey 1989：157)指出,处于首位的"消费中加速周转时间的需要已导致重心从商品的生产(如刀叉,大都有实体寿命)转向事件的生产(如表演,几乎是即时的周转时间)"。哈维将从消费物品转向消费娱乐、信息与形象看成资本主义的及时雨。当资本家由于生产过剩而不能将部分剩余资本投入流通时,资本积累就会遭受间歇性的过度积累的危机;资本必须处于运动中,否则就不会增值。所以,变幻无常且昙花一现的形象以商品的形式粉墨登场,就为保持资本运转提供了一条途径(Cf. Ewen 1988；H. Schiller passim)。这一过程的出现通过所有种类的文化形式、通俗身份、表达转换成商业化的形象革新。那么,从调整主义视角来看,娱乐与信息产业在后福特主义调整模式内部提供了一个新颖的定位,而且,一旦在工业资本的旧口袋里得到如是承认,就引发在文化与信息产业中的史无前例的投资、增长和集中的浪潮。最终,可以说,后福特主义重组给予商品形式和交换价值更大的流通,因为它强化了信息—文化商品的作用以及有形物品的销售(Maxwell 1991 and 2001)。

结论:文化起作用

本章的初衷是介绍来自理论PE的思想,它们可能已经渗透进了大量的CS思维,希望能拓宽CS作者在自己工作中想象PE的思路。自由主义在CS写作中继续存在,使用消费者主权与比较优势的概念来解释文化消费。一些重商主义和许多体制主义见于马克思主义PE和CS写作中,他们为传播与信息上的全球不平等查找根源与办法。尤其在目前后福特主义重组的进程中,马克思主义和体制PE继续为辨别与分析经验政治经济中的变化提供方法启示。对PE所有家族的应用明显贯穿整个CS,数量之多远非一篇论文所能逐一指出。在此我试图说明的是,虽然使CS脱离PE,或反之,可能有助于在令人困惑的时代巩固学术身份,但也会鼓励作者们蔑视那些已然构成他们思维一部分的源泉。纯粹CS或PE的倡导者采取另外的做法也许太令人不安。毕竟,承认你所嘲笑的事物就在内部,玷污你的理当连贯的身份,可能会使你的写作脱轨。然而时代可能恰恰要求PE和CS这么来做。

最后,我想表明,捍卫劳动投入价值与多种形式的使用价值之间的竞争——借用马克思主义PE技术的措辞——可以起到对商业化提出难以应对的挑战作用,商业化被理解为资本主义内部将生活、生活价值的阐释转化为商业的倾向。劳动投入价值与使用价值之间的阐释斗争不仅可能生产文化,而且是公开谈判的可能条件,生产者和消费者都竭力在商品和服务中生成新的价值和意义。从这个意义上讲,它具有潜力来瓦解生产者和消费者的体制身份的差异,提供一幅文化工作的图景来表现生产、分配、消费中相互依赖的努力,价值和意义正是依靠这些努力而得以产生。但必须记住,这种相互依赖的特点是文化工作异化于它所创造的价值和意义所必然伴随的纠纷。因此,设若PE和CS作者力求捍卫价值与使用价值对抗的基本开放性,并且牢记这个令人忧虑的关系需要在关于事物的价值与意义竞争性阐释之间保持相当的相互克制,那么他们就能够对劳动不可避免地异化于价值做出伦理的反应。

这固然不甚容易,这个世界已充斥着关于私人财产与交换价值阐释日程的叙述。交换成了唯一的价值形式,使得其他的价值源泉遵从它的判断、功用、意义及阐释标准。它将自身作为价值铭刻于收入、价格、金钱、商品的整体化叙述之中;这个叙述令人着魔,让人健忘,因而很难对产生价值的内在争斗做出伦理反应。交换在生产和消费之间分裂文化劳动。只要劳动陷入与生产私人财产的剥削关系,那么就存在强制与自愿努力的正式但不稳定的分离,自愿努力在自由主义里被矛盾地界定为消费领域的非工作努力。这种被动或非生产性消费的观点已经受到关于工作文化的CS和PE写作的广泛批驳,工作文化据说产生于非工作时刻,这时我们通过在消费的基础结构中再生产自身而制造意义并使系统运行。然而,自由主义内部生产性财产和生产性劳动的结合扼要重述了生产主义的道德和政治问题,它倾向于将生产工作凌驾于消费工作之上。此外,它还提供了一种理解世界的模式,嘲笑非商业的与非财产的谋生形式。最后,它使得我们为制造文化而做的工作看起来分化成单独的文本生产和接受。如果事情就是这个样子的话,那么,交换这个楔子也对智性劳动分工推波助澜,这种分工使得CS和PE无法看清他们共同的目标。

(张新军 译)

注释:

[1] *Communication and Cultural Domination*, 1976, pp. 96—7.

[2] 本节参考了大量的关于文化研究的历史叙述,包括 Schiller (1996), Turner (1990), 以及 Curran, Morley, and Walkerdine (1996), During (1993), and Gray and McGuigan (1993) 的部分论述。

[3] 同名的"边际"一词指人们不再有什么需求的最外层边缘,在那个想象的边界中,人们仍然在商品与服务的最后与最无价值的单元(边际单元)中发现某些理性效用。边际效用也决定最后与最无价值的边缘,此时供给者担负生产更多那种商品与服务的成本(资本与劳动)。

[4] 美乐笛(Melody),体制主义者,举例说明边际主义经济学如何被用来使贫困社群里切断电话理性化,按照边际主义自己的数学模型,甚至当贫困用户愿意担负的费用和拥有电话的边际效用(短期社会成本)等值时,在那些社群里也不存在明显的商业循环;而且,有时候,电话公司将无力付费的用户线路切断也没有什么明显的成本收益(1994:28—9)。鉴于地方居民区的客户很少有能力来提出对他们自己有利的关于同样经济事实的阐释,该例的关键是通信产业有权力来支配对源自新古典模型的"事实"的阐释。

[5] 本节有关马克思主义 PE 的某些论述参考了 Maxwell(1991)。

参考文献:

Babe, R. (1993). "Communication" Blindspot of Western Economics," in J. Wasko et al. (eds.), *Illuminating the Blindspot*. New York: Ablex.

Braudel, F. (1996). *Civilization and Capitalism, 15th-18th Century: The Perspective of the World*, vol. 3, trans. Sian Reynolds. New York: Harper and Row.

Carey, J. (1997). "Reflections on the Project of (American) Cultural Studies." In Ferguson and Golding 1997: 1—24.

Clarke, S. (1982). *Marx, Marginalism and Modern Sociology: From Adam Smith to Max Weber*. London: Macmillan.

Crane, G. T. and A. Amawi (eds.) (1997) *The Theoretical Evolution of International Political Economy*, 2nd edn. Oxford: Oxford University Press.

Curran, J., D. Morley, and V. Walkerdine (1997). *Cultural Studies and Communication*. London: Arnold.

During, S. (ed.) (1993). *The Cultural Studies Reader*. London: Routledge.

Ewen, S. (1976). *The Captains of Consciousness*. New York: McGraw Hill.

Ewen, S. (1988). *All Consuming Images*. New York: Basic Books.

Ferguson, M. and P. Golding (eds.) (1997). *Cultural Studies in Question*. London: Sage.

Gray, A. and J. McGuigan (eds.) (1993). *Studying Culture*. London: Arnold.

Grossberg, L. (1995). "Cultural Studies vs. Political Ecnomony." *Critical Studies in Mass Communication* 12(1): 72—81.

Hamelink, C. (1983). *Cultural Autonomy in Global Communications*. New York: Longman.

Harvey, D. (1989). *The Condition of Postmodernity*. New York/Oxford: Blackwell.

Harvey, D. (1999). *The Limit to Capital* new edn. London: Verso.

Hobsbawm, E. J. (1992). *Nations and Nationalism since 1780*, 2nd edn. Cambridge: Cambridge University Press.

Lent, J. (ed.) (1995). *A Different Road Taken*. Boulder, Colo.: Westview Press.

Marx, K. (1967). *Capital*. New York: International Publishers.

Marx, K. (1973). *Grundrisse*, trans. Martin Nicolaus. New York: Vintage Books.

Maxwell, R. (1991). "The Image is Gold——Value, the Audience Commodity, and Fetishism." *Journal of Film and Video* 43(1 & 2), Spring and Summer.

Maxwell, R. (1996). "Out of Kindness and Into Difference: The Value of Global Market Research." *Media, Culture and Society* 18(1), Jan.

Maxwell, R. (ed.) (2001). *Culture Works: Essays on the Political Economy of Culture*. Minneapolis: University of Minnesota Press.

McChesney, R. (1996). "Is There Any Hope for Cultural Studies?" *Monthly Review* 47(March): 1—18.

McGuigan, J. (1997). "Cultural Populism Revisited." In Ferguson and Golding 1997: 138—54.

McLaughlin, L. (1999). "Beyond 'Separate Spheres': Feminism and the Cultural Studies/Political Economy Debate." *Journal of Communication Inquiry* 23(4): 327—54.

Melody, W. (1994). "The Information Society: Implications for Economic Institutions and Market Theory." In E. A. Comor (ed.), *The Global Political Economy of Communication: Hegemony, Telecommunication and the Information Economy*. New York: St. Martin's.

Miller, Toby (1998). *Technologies of Truth*. Minneapolis: University of Minnesota Press.

Morley D. (1992). *Television, Audiences, and Cultural Studies*. London: Routledge.

Morley, D. (1997). "Theoretical Orthodoxies: Textualism, Constructivism and the 'New Ethnography' in Cultural Studies." In Ferguson and Golding 1997: 121—37.

Mosco, V. (1996). *The Political Economy of Communication*. London: Sage.

Olson, S. (1999). *Hollywood Planet*. Totowa, NJ: Lawrence Erlbaum.

Ross, D. (1991). *Origins of American Social Science*. Cambridge: Cambridge University Press.

Schiller, D. (1996). *Theorizing Communication*. Oxford: Oxford University Press.

Schiller, H. I. (1969/92). *Mass Communication and American Empire*. Boulder, Colo.: Westview, 2nd edn. 1992. originally published by A. Kelley Publishers, 1969.

Schiller, H. I. (1976). *Communication and Cultural Domination*. White Plains, NY.: M. E. Sharpe.

Smythe, D. (1981). *Dependency Road: Communication, Capitalism, Consciousness, and Canada*. Norwood: Ablex.

Tomlinson, J. (1991). *Cultural Imperialism*. London: Pinter.

Turner, G. (1990). *British Cultural Studies*. Boston: Unwin Hyman.

United Nations Development Program (1999). *Human Development Report*. Oxford: Oxford University Press.

Webster, F. and K. Robins (1986). *Information Technology: A Luddite Analysis*. Norwood, NJ.: Ablex.

第8章
文化研究与哲学：一种介入

道格拉斯·凯尔纳（Douglas Kellner）

过去二十年来，文化研究已经成为一种全球性显学，哲学已经成为这一事业中一种非主流的并常常备受抑制的一维。而许多受过哲学训练的人，比如我自己，已经投身于文化研究实践，而极少仔细考虑哲学维度和哲学在这一计划中的作用。文化研究中对哲学功用的深思熟虑及争论之缺乏，以及这样一些关注的普遍被压抑，都使得文化研究因为哲学地位的不确定而受损，和/或因为未得到充分发展之哲学维度已经损坏了这一事业。

相应地，在一开始我将讨论哲学的三种特殊功用：(1) 仔细考虑文化研究的方法、假定和元理论；(2) 使批评的基本观点成为系统的整体；(3) 发展道德和美学维度，在我看来，它们普遍没有在目前流行的文化研究之主流学说中充分发挥作用。然而我并不想夸大哲学的重要性，我的论点是：今天的文化研究应该在发展一种适应现时代挑战之文化研究的努力中，通过合并哲学、政治经济学、社会理论、文化批评和一种批判理论的多样性进行其跨学科计划。

正在概念化中的文化研究

今天的文化研究已经变成一个有着种种非此即彼学说的、充满争议的领域。在这一碎片化和分歧化的领域中，对文化研究中这些非此即彼的模型及概念进行分类，对它们的前提进行描述，对它们的力量及限制进行评价都是有用的。这是元理论的工作，当人们正在倡导一种自己的独立概念之际，它试图抓住一种事业的前提，批判地分析和评价它们，捍卫自己的看法和立场——如同我将在这一介入中要做的那样。

然而，当前正在扩散的文化研究差异性是广泛的。过去十年来，已经成为一种重要全球现象的这一运动由伯明翰大学当代文化研究中心在1964年展开，当时由理查德·霍加特领导；1965到1979年间由斯图亚特·霍尔（Stuart Hall）领导。因此，我们的元理论探索将开始于英国文化研究之前提在其孕育和发展最初期的衰落。在其如今已然经典化的时期，该中心发展了种种用于文化批判之分析、解释和批评的批判路径。通过一系列内部争论以及对20世纪60年代和20世纪70年代社会斗争和运动的反应，伯明翰小组逐渐集中于文化文本及传媒文化中阶级、性属、种族和民族性等意识形态和表征的相互作用。他们最先研究报纸、广播、电视、电影和其他流行文化形式对于受众的作用。他们集中研究不同的受众如何以多样和不同的方式和语境来解释和运用传媒文化，分析使得受众以形成鲜明对比的方式来对媒体文本做出反应的那些因素。

从一开始，英国文化研究体系化地摒弃了高/下的文化区分并严肃地对待传媒文化制品，因此超越了主流文学理论接近文化时的精英主义。同样地，英国文化研究用他们创造意义和流行的积极受众概念超越了法兰克福学派消极受众概念的限制。建立在安伯托·埃柯(Umberto Eco)发展的符号学概念基础之上，斯图亚特·霍尔认为必须在制作商对媒体文本的编码和消费者对其解码之间做出区分(1980b)。这种区分突出了受众生产他们自己的阅读和意义的能力，以离经叛道或背道而驰的方式，及与主流意识形态一致的"更好的"方式一样来解码文本的能力。

从20世纪60年代中期到20世纪80年代早期，现今英国文化研究的经典时期从一开始就采用了一种，特别是受到阿尔都塞(Althusser)和葛兰西(Gramsci)(特别参见霍尔1980a和当代文化研究中心1980a、1980b)影响的马克思主义的方式来研究文化。尽管英国文化研究的成员经常从其创始和历史的叙述就开始忽略法兰克福学派，一些由伯明翰小组所写作的著作还是重申了法兰克福学派的社会理论和文化研究方法论模型，以及他们在政治观点和策略方面(参见 Kellner 1997b)的一些经典立场。正如法兰克福学派一样，英国文化研究发现了工人阶级的结合/表达及其革命意识的衰落，并研究了这一状况对于马克思主义革命计划的颠覆性。正如法兰克福学派一样，英国文化研究得出结论：在现存的资本主义社会，流行文化在结合/表达工人阶级过程中发挥了重要作用，新的消费者和传媒文化正在形成一种新的资本主义霸权模式。

两个传统都集中于文化和意识形态的交叉，并把意识形态批判看作批判的文化研究的中心(当代文化研究中心 1980s、1980b)。两者都把文化看作一种意识形态和霸权的模型，文化形式帮助形成一种诱导每个个人去适应资本主义社会状况的思想和行动模型。两者都把文化解释为一种抵抗资本主义社会的潜在形式和一种社会生产模型。更早一些的英国文化研究先驱，特别是雷蒙·威廉斯(1958和1961)和法兰克福学派的理论家们都确信高雅文化是一种抵抗资本主义现代性的力量。后来，英国文化研究稳定了在传媒文化和受众解释和运用传媒制品中的抵抗时机，而法兰克福学派趋向于，也有某些例外，把流行文化看作一种霸权的和潜在的意识形态统治形式——一种严格区分开两种传统的差异。

尽管它们之间存在差异，正如法兰克福学派一样，伯明翰学派文化研究著作的元理论和实践都是跨学科的。因此，它把社会理论、文化分析和批判以及政治合并到一个致力于当下文化和社会形态之综合批评的计划中，从而打破了现存的学术界限。此外，它试图在一个朝向基本社会转型的计划中将理论联系实践。

因此，两个传统都探索理论作为一种把历史发展既定模型的大致轮廓加以概念化而形成的模型，并分析文化与社会在特定历史背景中的结合。马克斯·霍克海姆(Max Horkheimer)和T．W．阿多诺(T. W. Adorno)的文化工业概念能被广泛地看作对20世纪30年代和20

世纪40年代出现在欧洲和美国的国家资本和垄断资本主义时期社会和文化的一种哲学分析；英国文化研究中对工人阶级文化的衰落、商业流行文化的兴起以及新型反文化的出现之分析可以被看作一种常常和哲学相关的、广义的理论对话——或一种哲学地——调和的社会理论。然而，两个学派都绝对是历史主义者，把概念、方法和社会形式都看作在特定历史背景和特定生产模式中发展起来的。两者都受马克思主义理论化模型的影响，尽管法兰克福学派更多地受到了黑格尔式（比如由乔治·卢卡奇[Georg Lukács]和卡尔·科尔施[Karl Korsch]发展而来的）马克思主义形式的影响，而英国文化研究试图融合葛兰西的历史主义、激进主义观点和阿尔都塞更结构主义的马克思主义（参见霍尔1980）。

从一开始，英国文化研究在本质上是高度政治的，集中关注在对抗性亚文化中抵抗的可能性，首先，稳定化工人阶级文化的可能性，然后是青年亚文化，去抵抗资本主义统治的霸权形式。不像经典的法兰克福学派（但与阿尔伯特·马尔库塞[Herbert Marcuse]相似），英国文化研究乞灵于青年文化能提供对抗和变革社会的潜在新形式。通过对青年亚文化的研究，英国文化研究展示了文化是如何逐渐建构起不同认同形式和群体成员的，并评价了不同青年亚文化相对抗的可能性（参见Jefferson et al. 1976 and Hebdige 1978）。文化研究逐渐集中于亚文化群体如何抵抗占统治地位的文化和认同形式，并创造它们自己的风格和认同。因此，符合主流服装和流行密码、行为和政治意识形态的人在主流群体中产生了他们的认同，成为特殊社会群体的成员（如白色人种的、中产阶级的、保守的美国人）。个体认同于如像朋克文化，或黑人民族主义亚文化等个体，其外表和行为不同于主流文体，并因此创造了对抗性的认同，把他们自己界定为反标准模型的人。

正如20世纪70年代到20世纪80年代间的发展一样，英国文化研究成功地借用了女权主义理论、种族理论、女同性恋和男同性恋理论、后现代理论及其他流行的理论模型。因此，他们转而检查文化文本推进性别歧视、种族歧视、同性恋歧视和其他压制形式的方式，或推进反对这些现象的抵抗和斗争。这种途径暗示了一种内在的、对所有导致压迫与统治而又积极地稳定文本、生产一种可能更公正和平均的社会秩序的重新表征之文化形式的政治批判。

伴随着文化研究的后现代转向，受众及受众如何生产意义，文化文本如何既生产流行娱乐又生产抵抗形式，受到越来越多的关注（Fiske 1989a, 1989b and 1993）。这一时期的文化研究批评家们宣称这一计划已经失去了其批判锋芒，堕入后现代文化民粹主义的泥淖（McGuigan 1992），已经放弃了原初计划的政治激进主义和批判锋芒（Kellner 1995）。这一转向文化民粹主义的捍卫者们认为原初的、更具批判性的模式显得过分精英主义并极度批判流行娱乐，而忽略了文化文本可能被借用和运用的复杂方式。

对流行的盲目崇拜也导致了英国和北美文化研究中占统治地位的趋势，它轻视高雅文化、现代主义的诺言及先锋运动，比如区别法兰克福学派那些分析从最难理解的现代主义艺术到最平庸的媒体文化制品的著作。看起来在其使流行研究合法化和从事媒体文化制品的焦虑中，文化研究已经对所谓的高雅或精英文化感到厌烦，转而支持流行文化。但这一转向牺牲了洞察所有形式文化的可能性，重复了文化领域固有的"流行的"和"精英的"的分歧（仅仅颠倒了旧有的高雅/低俗之区分的肯定/否定秩序）。更重要的是，它使得文化研究和发展与那种"历史先锋的"相关的对抗性文化形式之尝试分离开来(Bürger 1984)。先锋运动如表现主义、超现实主义和达达主义想发展将使社会革命化、将提供霸权文化形式的替代物的艺术(参见 Bronner and Kellner 1983)。

这种对抗性和解放的先锋艺术运动的可能性是法兰克福学派,特别是阿多诺和瓦尔特·本雅明(Walter Benjamin)一个最初的强调。不幸的是,英国和北美文化研究已经普遍地忽略了先锋艺术形式及运动的参与。这一状况与文化研究的许多学说及文化社会学中发展法兰克福学派所坚持的美学哲学观点的失败有关。但英国文化研究中对高雅文化、现代主义和美学的厌烦也表明,它未能发展一种激进文化和媒体政治,正如在布莱希特和本雅明的著作中发现的那样,关注激进主义文化政治和替代性对抗文化的发展。对现代主义和先锋艺术的忽略,对流行的密切关注都由文化研究中的后现代转向所支援和唆使。这一转向把英国文化研究的主要立场和策略散播到全世界,但也催生了英国文化研究中一个重要的突变。

此外,我将指出,为充分发展文化研究,批判社会理论是必需的。法兰克福学派和英国文化研究中的早期模型使得文化与社会的关系成为他们分析的中心,利用社会理论和更多文学及文化分析方法来语境化(Contextualize)文化的生产、分配和消费,批判地分析文化文本。随着英国文化研究的发展,它把越来越多的理论引入其视野,但随着其计划变得全球化并集中于学科的多样性,它与社会理论的关联已愈见薄弱。在一些搞笑的、后现代形式的文化研究中,语境、文本和日常生活的限制消失在对消费娱乐或文本表层的描绘之中。因此,文化研究和社会理论之间的关系本身是复杂的、运动的和多变的。

在这一语境中,我将建议文化研究利用一种哲学和批判社会理论的综合来发展一种多视角的方法,它包括对广义上的艺术品的调查,以及对以下三方面关系的质问:(1) 文化生产和文化政治经济学;(2) 文本分析及其艺术品批判;(3) 受众反应研究和媒体/文化产品的运用。这一元理论首先涉及这样一种暗示:文化研究本身被多视角化,从政治经济学和生产、文本分析和受众反应等多角度来理解文化。我也将建议文本分析和受众反应利用一种视角多样性或批评方法,在致力于文本分析时,在描述多样性、主题观点或看法时,贯穿受众喜爱的文化。此外,这种研究的结果需要在批判社会理论中被阐释和语境化以充分描述其意义和影响。

当然,在挑战文化研究中哲学维度的重要性时有一种危险。文化研究的危险之一在于其理论化趋向,文化和社会被简化为话语,在其中,一种话语优越于其他话语。这种趋势导致了一种纯粹鲍德里亚式的(Baudrillardian)、福柯式的(Foucauldian)、德勒兹式的(Deleuzean)、哈贝马斯式的(Habermasian)不确定观念,或(等等)其他形式文化的研究分析被简化为理论家质疑的问题。当然,以一种想象性的方式来探索任何既定理论可能产生新奇和重要的洞察。但把文化研究简化为一种理论上的不确定,或把文化研究转码为一种特殊理论的语言,它本身可能成为对更广泛计划的极大毁坏。

显而易见的是,任何人都不可能在其承担的每个特定计划中都探索上面所指出的全方位方法和看法,特定计划的本质将决定最有生产力的那些看法。但无论如何,任何人都应该把政治经济学、文本分析和受众研究的维度看作彼此补充的而不是各自为营的。因此,我不是在做不可能的建议:任何人在他每次开始做文化研究或部分社会文化研究时都可以采用这一综合的多视角方法。显然,单独地极度集中于政治经济学、受众反应或文本细读和批评,可能都会非常有价值并产生重要的洞察。但是,排他性地和持续地强调它们中的一个维度而忽略了其他可能,对一种以发展文化和社会的综合和包容方法为目的的文化社会学或文化研究而言会是毁灭性的。

批判的立场

因此,我将据理支持文化研究中元理论的看法,以合并哲学、批判社会理论、政治经济学和种种文本分析及受众研究方法,从而抓住最丰富的文化形式及影响,从高雅文化和现代主义到传媒文化和对抗性的亚文化。因此,哲学将维护文化研究的元理论,质疑和保护其假定,结合/表达其价值,完善其概念,提供批评立场——而这些正是我将在这个部分提出的主题。

然而,文化研究中的后现代转向已经导致了一种放弃结合/表达文化研究的标准批判立场,并常常以文本主义占主导地位的或搞笑的方法替代文化研究中更早一些的激进主义政治目标。受众反应中的民粹主义转向已经导致一种感觉:受众独自生产意义,文化文本多义泛滥,多样受众生产多样意义和影响,这决定了提供优先阅读(Privileged Reading)或描述受众反应的尝试。搞笑的文本主义把文本看作避开了阐释学定界之意义的多义增殖。然而,文本及受众意义的不确定决定了提供文本阅读或影响分析的尝试不只是暂时性的和可能性的,极端现实主义是既无能而又有着自身问题的。

斯图尔特·霍尔的更早一些的受众理论既强调文本引导其读者的尝试而又承认否定、对抗和抵抗阅读可能性的"优先阅读"(1980b)。戴维·莫利(David Morley)指出,优先阅读的概念指向一种结构多元性,关注文本与阅读间的互动。莫利担忧的是,"新受众研究"朝相对主义、读者解码的浪漫主义、意义的不确定和传媒力量的吞噬等方向走得太远。他认为文化研究应该回归到一种社会唯物主义,一种方法论的实用主义和认识论的现实主义(1997:122)。他的批判指出,需要用哲学视角来检查文化研究的特定学说的不同假定,提供批判文本理想主义、极端相对主义或搞笑观点之立场,上述观点仅仅颂扬文本愉悦和差异受众阅读,而不关注意义、真理、价值和其他认识论因素。

因此,我想结合/表达文化研究中从政治到伦理和美学批判的几个观点。因为在现今伯明翰学派的经典时期,政治批判是优先于其他文化分析和批判模式的。英国文化研究从事表征的政治:分析阶级、性属、种族、民族性、亚文化、性取向和民族国家的表征。特别是在20世纪60年代末期和20世纪70年代中期,英国文化研究集中于批判地仔细分析文化制品中规范、价值、模范及否定和肯定的表征。英国文化研究及其后来的支派趋向于从事表征的政治,不是集中于伦理学本身。采用葛兰西的霸权和反霸权理论(参见 Gramsci 1971 and 1992),英国文化研究尝试将统治和抵抗的力量特殊化以推动政治斗争和从压迫及统治之下解放出来的进程。因此,它们的表征政治必需一种推进种族歧视、性别歧视、阶级歧视或任何形式的压迫之文化表征批判。因此,推进统治和压迫的表征是否定性稳定,而那些推进民粹主义、社会公正和解放的表征则是肯定性稳定。

在这一视角下,伦理趋向于从属于政治,而文化的道德维度趋向于被低估或贬低。因此,人们将据理支持一种更明确地强调伦理/道德分析的重要性,为着有特色的伦理规范、理想和价值描绘而细读文化文本并相应地评估作品的文化研究。或者,人们将更详细和深入地探索文化文本中的道德和哲学维度,而不是像文化研究中通常所做的那样,它们提出社会和文化的道德批判的方式,或具体化的关于善恶、对错的道德关注,而建构——或解构——道德模型和不朽行为或现象。

在上一段中,我用了"伦理的"和"道德的"等术语,为了这一讨论目的,我想要区分"伦理的"及其同源词与"道德的"及其语族。在伦理分析中,一个人关注规范、价值、模范和黑格尔所谓的美德,及特定社会的既定道德话语和实践。相比之下,道德关注善的理想和形成规则的义务,结合/表达康德描绘为道德的那个王国。于是,在文化研究中,伦理分析和批判剖析体现为特殊文化之表征、话语和文本的规范、价值和社会模范,它们从属于按照特殊道德、政治或美学价值的批判性细察。

然而,我并不是在倡导文化的道德批判,它谴责某些表征、文本或类似水准的文类(even genres)(即色情)从某种意义上说是"不道德的"或有害的。我所召唤的是对伦理和道德话语及特殊文本的影响进行批判式剖析,实现对规范、道德及其他的精神讨论,从中批判地分析甚至也许是评判特殊的文化文本或制品。因此,我反对道德教条主义和绝对主义,但我关注推进文化研究中的伦理现象表征及道德批判规范和理想的讨论。

事实上,伦理关怀弥漫在更早一些的文化研究学说中(参见 Hoggart 1957 and Willams 1958)。较之其他事物,文化是价值的一个主要传播者和发生器,文化研究对文化的这一本质和功能的敏感应该意识到其伦理及道德维度。因此,对伦理及文化文本如何传播特殊伦理价值和道德理念的关注应该是文化研究的一个中心和基本的考虑内容,像其对经典文学研究的考虑一样。然而,传媒文化文本不可能具有那些伟大的文学文本所具有的伦理/道德深度和复杂性,而伦理和道德关怀对于文化研究领域中这种流行文化制品显然具有根本意义上的重要性。

同样地,伦理和道德评判及批评问题的提出,对批判地讨论不仅表征在文化文本中,而且运行在文化研究本身的特定著作中之明确的价值、规范和理想而言是很重要的。文化研究中伦理和道德维度问题的提出显然引起了人们在做文化批评时运用和评判价值的争议。那就是,仅仅是对文化文本中伦理价值进行描述性说明并不能保证人们的特定道德立场,如果人们因为伦理或道德的失败而批判传媒文化——即描述极度的性和暴力,传播色情,引起偏见的女性或有色人群的表征,美化战争等等——那么,人们需要评判其批判立场。当然,这一课题为白热化的哲学论争大开方便之门,我认为文化研究中这种强有力的伦理和哲学争论的缺乏已经损害了这一计划。尽管人们想要避免伦理绝对主义和教条主义,然而它让我觉得清晰地讨论被用于实现传媒文化制品批评的伦理价值的做法是有益的。它也让我觉得迫使那些人做出伦理判断以捍卫其价值及假定并弄清他们正在倡导这些判断的做法是有益的。

如果哲学论争能对前提和假定提出质疑,并对人们的立场给出理由,进行批判对话,那我相信,这些话语将只会加强文化研究,并提供更多强有力的阐释和论争。对这些伦理——道德批判和论争的相对否定,一种我相信决定了这一计划的否定,是另一个在文化研究的主流看法中避免尖锐哲学争议的征兆。

如上所言,英国文化研究也趋向于把美学关怀排除在这一计划之外——一种我在上面提到过的,理论上和政治上都不可靠的对策。英国文化研究从来没有像法兰克福学派那样把文化冲突问题真正地理论化,即认为文化是日常生活和社会生产的一部分,但又是超验的,建构了能够适用于批判和立场所在地的另一个维度。英国文化研究集中关注作为再生产和对抗现存社会的一种方式之文化和文化经验,现存社会趋向于忽略艺术作为超验物的可能性,特别是某些艺术形式生产对于现存现实的批判学说或一个更美好世界的替代性表征之可能性。文化研究中对美学的否定省去了文化的超验维度,文化超越普通经验和日常生活的维度,艺术提供另一个世界及替代性思想和存在模型的维度。同样地,英国文化研究趋向于忽略美学现代主义和先锋派的潜在巨大影响,艺术能动摇日常观念模型的方式,被唤醒的个人对常常被压抑了的丑陋或可怕现实的感知。

在阿多诺、本雅明或马尔库塞(Marcuse)著作中发现了一种文化研究的辩证法,它把文化看作既确定的又否定的,既再生产又反对既存社会现实。因此,一方面,文化是常规的,建构可以分享的日常生活熟悉模式的普通经验;另一方面,文化是超常的,提供现存现实的另一维度,一种超验的、自动的和潜在的对抗。文化能生产帮助变革生活和使得现存形式理想化和稳定化的意义。它帮助形成抵抗亚文化并提供现存现实的批判看法,这一看法提供了一种个人或社会变革的推动力。艺术的种种外观和形式都是重要的,不应该被文化研究否定。

然而,美学批判和立场有其限制,我不想建议文化研究全盘美学化,尽管我相信批判地提出美学论题能加强这一事业。英国文化研究中对美学的内在疏离可能与一种摒弃许多美学方法的理想主义和精英主义的渴望有关,英国文化研究作为一种对文学分析的文本主义和美学主义的超越而出现,但我认为,它背道而驰走得太远,把美学论题也一起丢出了文化研究之外。

随着文化中的后现代转向,美学变成每一生活领域中更显著的一面,从商品包装和广告到身份和生活方式的创造,人们需要认识到美学是日常生活的一个关键因素,需要严肃细察。当然,美学与日常生活的融合对一种文化问题的批判和超验的维度提出了要求——正如詹姆逊在其论后现代主义的著名文章中指出的那样(参见 1991:47)。然而,确切地说,何种艺术形式具有或不具有批判和对抗可能性的问题,和艺术与政治、美学与日常生活的交叉问题一样,继续成为与理解和变革现存社会及文化之相关和重要因素。因此,我认为,对美学的关注将成为下个世纪复兴文化研究的一个重要部分。

文化研究,教育学和政治:一些结论性评论

因此,一种批判的文化研究将追求一定的美学、伦理和政治目标。然而理解文化研究的本源、位置和影响也涉及一种对教育学的关注。尽管发展初期的英国文化研究与成人教育和教

育学紧密相连,晚期文化研究变得更学术化和学科化。然而,最近一些年来,有一种把文化研究回归到批判教育学的召唤,一个我赞同的计划(参见 Giroux 1994,Grossberg 1997 and Kellner 1995)。既然传媒文化自己是一种有影响的教育学,文化研究应该发展一种教给受众如何解读文化文本,如何批判地解码和生产对抗性读物的反教育学,并因而理解社会化过程中文化文本的有效性、身份建构及社会关系的生产。

教育学的问题不可避免地涉及价值问题,因此,我在前面讨论的政治、伦理和美学关怀将成为文化研究教育学的一个关键因素。我也将认为批判教育学涉及保罗·弗莱雷(Paolo Freire)(1972 和 1998)所谓的通过解读文本而解读世界,以便获得批判的读写能力,阅读单词的能力,同时也涉及学习通过阅读单词和文本而阅读世界的能力。这一指令平行于以一种文本和语境的辩证法起作用的文化研究的一个基本宗旨,通过它们的社会语境,通过对文本的批判解读来更好地理解语境,来定位和解读文本。从这一视角来看,获得批判的、阅读传媒的能力涉及学习通过世界来解读文本以及通过文本来解读世界。因此,正如政治是一种教育学形式一样,一种批判教育学是一种政治形式,教给个人在他们生活于其间的社会和政治体系语境中如何定位他们的文化形式及其日常生活。

发展批判的、阅读传媒的能力也要求发展一种严肃对待影像、场景和叙述的后现代教育学,因此推进阅读视觉和传媒的能力,阅读和批判地分析传媒文化的影像、故事和场景的能力。然而一种后现代教育学与下列因素相关:发展多元阅读力量;重新思考与新技术和新文化形式相关的阅读能力本身;发展一种包含一系列广泛的领域、文本和实践,从流行音乐到到诗歌,从绘画到网际空间和多媒体(如光盘只读内存)的文化研究(参见 Kellner 1998,Hammer and Kellner 1999)。

然而,特殊教育学的运用应该是语境化的,取决于讲授和实现文化研究时特定场景中的具体场景、兴趣和问题。因为它将形成教师、学生或评论家的特定兴趣,或帮助决定何种精确的人工制品被生产,何种方式将被运用,何种教育学将被采用。正如一个文化研究问题和文本必定是语境化的、流动的和开放式的一样,文化研究也因此必然成为其教育学和政治。

这样一种跨学科的和政治的计划涉及法兰克福学派、英国文化研究、后现代理论和其他批评方法的综合,合并了经验研究、理论、批评和实践。一种复兴了的文化研究将抵制高雅和低俗文化的区分,将研究广泛领域中的文化制品。它将运用一种积极受众的概念稳定抵抗,但也探索操纵和更被动的接受,看穿传媒力量的花招及受众抵抗的策略。一种政治的文化研究将遵循英国文化研究更早一些的趋势,事无巨细地考虑对抗性亚文化和对主流文化的替代,但也将发明出发展替代性传媒的策略和一种行动主义的文化政治。它将合并并集中关注政治经济学、传媒操纵和文化再生产统治的方式,以及法兰克福学派与从现代主义和先锋派到传媒文化批评和破坏性时机的广泛文化制品的解放可能性之仔细观察。

一种文化和对抗文化研究的批判社会学也将利用女权主义方法和多元文化力量来全面分析性属、阶级、种族、民族性、国籍、性别歧视等等在建构文化文本中极其重要的因素之功能及影响,如同欣赏和运用文本的受众之基本建构一样。英国文化研究越来越多地采用一种女权主义维度(参见 McRobbie 1994 and 1997,Gray 1997)并对种族、性属、性别、国籍等流行在对社会斗争和运动的反应中的因素予以越来越多的关注。文化研究的更早一些的形式追求分析其制品与现存政治斗争的主题和影响相结合,我将支持回归这一计划。确实有大量继续把文化研究与对抗性政治运动及最近以来政治争议和论争中实际的财政困难相关联的尝试(参见McGuigan 1996,Bennett 1992 and 1997)。因此,有一种文化研究的政治结合/表达霸权,正如其霸权一样,其政治将必然成为时机性的和语境化的,取决于文化研究的一定形式之特定位置和时机。

此外,它是异常关键的,对于一种理论化的文化研究持续欣赏最近的理论话语,调整其前提、程序和话语对其之前工作的批判的反应,能被用于加强人们未来工作之新理论的出现,对产生新的批判政治话语和实践之对抗性社会运动的反应。法兰克福学派和英国文化研究都继续调整他们的工作以应对新的理论和历史发展,在一个社会历史飞速变革、新理论不断增殖的时期,文化实践、政治斗争的形式,理论和历史的约定对今天的文化研究是至关重要的。

为抓住当下的新颖,大胆的看法是必需的。例如,阿多诺和霍克海默对文化工业的批判就提供了一个对 20 世纪 40 年代发展起来的文化工业之生产、本质、流通和产品接受的刺激性哲学综述[1972(1947)]。詹姆逊对后现代主义轮廓的权威勾勒提供了一幅催生大量论争和洞察的,非常具有暗示性的当代文化地图(1991)。技术革命和新形式的网际空间、新身份、新公共领域和新政治的出现要求今天类似的大胆哲学假说。

因此,一种当代文化研究将对新的理论冲动开放,并将准备开拓新的主题。我们现在生活在一个影像文化不断增殖的世界。这一世界中,新技术不断变革着生活中从经济到个人身份的方方面面。在一种后现代传媒和电脑文化中,需要新的批判策略来解读叙述,解释图像和声音、文字与影像的结合,这一结合正在生产新的文化空间、形式和经验。这一计划也涉及对发生在飞速膨胀的电脑文化中的、突现的网际空间和身份模式、互动和产物的探索,正如探索金字塔形式的政治论争和斗争在其中得以展开的新公共空间一样(Kellner 1997c)。最后,一种面向未来的文化社会学将仔细考察被计划和已经在实施的传媒和电脑工业的发展,公司合并和协作的发生,信息和娱乐、电脑和传媒文化的综合。全球传媒和电脑文化是我们的生活世界和命运,我们要能够根据其现在发生的巨大变革及飞速靠近之未来变革所带来的越来越多的新颖并详细计划它。

(潘纯琳 译)

参考文献:

Ang, Ien (1991). *Desperately Seeking the Audience*. London and New York: Routledge.

—— (1996). *Living Room Wars: Rethinking Audiences for a Postmodern World*. London and New York: Routledge.

Agger, Ben (1992). *Cultural Studies*. London: Falmer Press.

Aronowitz, Stanley (1993). *Roll Over Beethoven*. Hanover, NH: University Press of New England.

Benjamin, Walter (1969). *Illuminations*. New York: Shocken.

Bennett, Tony (1982). "Theories of the Media, Theories of Society." In Gurevitch et al. (eds.), *Culture, Society, and the Media*. London: Macmillan.

——(1992). "Putting the Policy into Cultural Studies." In Grossberg et al. 1992.

——(1997). "Towards a Pragmatics for Cultural Studies." In McGuigan 1997b: 42—61.

Best, Steven and Douglas Kellner (1991). *Postmodern Theory: Critical Interrogations*. London and New York: Macmillan and Guilford Press.

——(1997). *The Postmodern Turn*. New York: Guilford Press.

——(forthcoming). *The Postmodern Adventure*. New York: Guilford Press.

Blundell, V. et al. (1993). *Relocating Cultural Studies*. New York: Routledge.

Bronner, Stephen and Douglas Kellner (eds.) (1983) *Passion and Rebellion: The Expressionist Heritage*. Universe Books and Bergin Publishers (USA) and Groom Helm (England); 2nd edition, Columbia University Press 1988.

——(1989). *Critical Theory and Society: A Reader*. New York: Routledge.

Bürger, Peter (1984). *Theory of the Avant-Garde*. Minneapolis: University of Minnesota Press.

Centre for Contemporary Cultural Studies (1980a). *On Ideology*. London: Hutchinson.

——(1980b). *Culture, Media, Language*. London: Hutchinson.

Davies, Ioan (1995). *Cultural Studies, and After*. London and New York: Routledge.

During, Simon (ed.) (1993). *The Cultural Studies Reader*. London and New York: Routledge; 2nd edn. 1998.

Dworkin, Dennis (1997). *Cultural Marxism in Postwar Britain: History, the New Left, and the Origins of Cultural Studies*. Darham: Duke University Press.

Ferguson, M. and P. Golding (eds.) (1997). *Cultural Studies in Question*. London: Sage.

Fiske, John (1989a). *Reading the Popular*. Boston: Unwin Hyman.

——(1989b). *Understanding Popular Culture*. Boston: Unwin Hyman.

——(1990). *Introduction to Cultural Studies*. London: Routledge.

——(1993). *Power Plays. Power Works*. New York and London: Verso.

Freire, Paulo (1972). *Pedagogy of the Oppressed*. New York: Herder and Herder.

——(1998). *The Paulo Freire Reader*. New York: Continuum.

Giroux, Henry (1994). *Disturbing Pleasures: Learning Popular Culture*. London and New York: Routledge.

Gramsci, Antonio (1971). *Selections from the Prison Notebooks*. New York: International Publishers.

——(1992). *Prison Notebooks*. Vol. 1. New York: Columbia University Press.

Grossberg, Lawrence (1997). *Dancing in Spite of Myself. Essays on Popular Culture*. Durham and London: Duke University Press.

—— Gray Nelson, and Paula Treichler (eds.) (1992). *Cultural Studies*. New York: Routledge.

Hall, Stuart et al. (eds.) (1980). *Culture, Media, Language*. London: Hutchinson.

——(1980a). "Cultural Studies and the Centre: Some Problematics and Problems." In Hall et al. 1980: 15—47.

——(1980b). "Encoding/Decoding." In Hall et al. 1980: 128—38.

Hammer, Rhonda and Douglas Kellner (1999) "Multimedia Pedagogical Curriculum for the New Millennium." *Journal of Adolescent & Adult Literacy* 42(7): 522—6; Longer version in *Journal of Religious Education*, 1999.

Hebdige, Dick (1978). *Subculture: The Meaning of Style*. London: Methuen.

Hoggart, Richard (1957). *The Uses of Literacy*. New York: Oxford University Press.

Horkheimer, Max and T. W. Adorno (1972). *Dialectic of Enlightenment*. New York: Seabury. First published 1947.

Jameson, Fredric (1991). *Postmodernism, or the Cultural Logic of Late Capitalism*. Durham: Duke University Press.

Jefferson, Tony et al. (1976). *Reistance through Rituals*. London: Hutchinson.

Jensen, Joli and John J. Pauly (1997). "Imagining the Audience: Losses and Gains in Cultural Studies." In Ferguson and Golding 1997: 155—69.

Johnson, Richard (1986/7). "What is Cultural Studies Anyway?" *Social Text* 16: 38—80.

Kellner, Douglas (1992). "Toward a Multiperspectival Cultural Studies." *Centennial Review* 26(1) (Winter): 5—42.

—— (1995). *Media Culture: Cultural Studies, Identity, and Politics between the Modern and the Postmodern*. London and New York: Routledge.

—— (1997a). "Overcoming the Divide: Cultural Studies and Political Economy." In Ferguson and Golding 1997: 102—19.

——(1997b). "Critical Theory and British Cultural Studies: The Missed Articulation." In McGuigan 1997b: 12—41.

—— (1997c). "Intellectuals, the New Public Spheres, and Technopolitics." *New Political Science* 41—2: 169—88.

—— (1998). "Multiple Literacies and Critical Pedagogy in a Multicultural Society." *Educational Theory* 48 (1): 103—22.

Mepham, John (1991). "Television Fiction-Quality and Truth-Telling." *Radical Philosophy* 57 (Spring): 20—7.

McGuigan, Jim (1992). *Cultural Populism*. London and New York: Routledge.

—— (ed.) (1997a). "Cultural Populism Revisited." In Ferguson and Golding 1997: 138—54.

—— (1997b). *Cultural Methodologies*. London: Sage.

McRobbie, Angela (1994). *Postmodernism and Popular Culture*. London and New York: Routledge.

—— (1997). "The Es and the Anti-Es: New Questions for Feminism and Cultural Studies." In Ferguson and Golding 1997: 170—86.

Morley, David (1992). *Television, Audiences, and Cultural Studies*. New York and London: Routledge.

—— (1997). "Theoretical Orthodoxies: Textualism, Constructivism and the 'New Ethnography' in Cultural Studies." In Ferguson and Golding 1997: 121—37.

O'Connor, Alan (1989). "The Problem of American Cultural Studies." *Critical Studies in Mass Communication* (Dec.): 405—13.

Steele, Tom (1997). *The Emergence of Cultural Studies* 1945—65: *Adult Education, Cultural Politics and the English Question*. London: Lawrence & Wishart.

Stevenson, Nick (1997). "Towards a Pragmatics for Cultural Studies." In McGuigan 1997b:62—86.

Tester, Keith (1994). *Media, Culture and Morality*. New York and London: Routledge.

Turner, Graeme (1990). *British Cultural Studies: An Introduction*. New York: Unwin Hyman.

Williams, Raymond (1958). *Culture and Society*. New York: Columbia University Press.

—— (1961). *The Long Revolution*. London: Chatto and Windus.

—— (1976). *Keywords*. New York: Oxford University Press.

—— (1981). *Communications*. London: Penguin.

第9章
"X"未曾有所标示：考古学与文化研究

西尔克·摩根罗特（Silke Morgenroth）

> 考古学追求事实。而非真理……所以忘掉任何你持有的关于迷路的危机、异国情调的旅行之观念，探究世界。我们不沿着地图去寻找被埋葬的珍宝，"未知数"从未，始终，标志着困境。70%的考古学是在图书馆中进行的。研究。阅读。我们不能负担面对价值时的神话。
>
> ——印第安纳·琼斯（Indiana Jones）教授，《印第安纳·琼斯与最后远征》（*Indiana Jones and the Last Crusade*），史蒂文·斯皮尔伯格（Steven Spielberg）导演，1989。

考古学的研究对象是对那些少有文字记载的过往人类文化和社会物质遗迹。

它涵盖了从至少是三百万年前最早的人类存在证据到最近的过去这样一个时间段（例如土著的、未开化的居民或工业考古学）。最初的文字记录出现在公元前3000年左右的西亚和相当晚近的世界许多其他地方。因此考古学是唯一探索近90%人类历史的方式。

考古学的中心议题是：过去是怎样的？人们是如何生活的？为什么他们以某种方式生活，而这些为什么又发生了改变？但这些问题之所以要紧，只不过是因为它们直接与我们相关，询问的议题是：现在是如何形成的？

一种现代影像可能展示考古学的看法：你打开电视上的一部电影，刚好在结束前几分钟。你不能掌握你在看完整部电影之后将很容易掌握的那些情节和冲突的来龙去脉。一部电影的最后那几分钟可以被比作我们有意识的寿命：如果我们考虑到整个历史发展——整部电影，就能更好地理解今天世界的技术、经济和社会结构。在那个意义上，考古学试图发现和描绘从最初以来的发展，以帮助解释现在的问题（Ziegert 1990：55）。考古学家们对现在的关注似乎是相当奇怪的观念：公众对考古学家们的想象看起来是相当模糊和过时的，即使是对同类学科的成员。

因此，接下来我将从考古学术语一种简要的观点开始，概述过去十年来的理论论争。在那之后，我考察考古学促成现存问题之解决的一切方式，是否与文化研究领域有实际上的或可能的联系。

考古学的关键术语

考古学家们的核心关注是对人工制品——人类所使用、完善或制造之物[1]的阐释。它们中的一些具有物质的和艺术的价值,但绝大部分是废物,例如残破不堪的石头工具或古陶器碎片。它们中的许多仅仅在考虑到其背景时方能被辨认或解释。因此,非人工的有机的和环境的遗迹,即生态事实(ecofacts),包括动物骨头、植物化石或废墟,是另一种基本类型的证据。不能搬动的考古学结构,例如道路上的洞坑或储物坑,被称为特征(features)。特征和人工制品的一种结构形成一个遗迹(site)。

对遗迹的发掘是考古学工作的经典形象。发掘的目标是弄清其背景——这一发现及其与其他发现的联系(association),以及它们在周围沉积物中横向和纵向的位置(来源)。一个理想地发掘出来的古迹能够使人们辨别任何可能的特征,绘制其地图和描绘它,以便这一遗迹可能在所有方面完全被修复。最近几十年来,随着地球物理学和地球化学勘测技术的发展,对发掘遗迹的兴趣已经减小,因为它同时暴露和破坏了考古学证据。有许多种呼声要求仅仅发掘那些绝对需要发掘的遗迹,从而为未来时代的考古学家们保护尽可能多的遗迹,那时发掘方式可能已经发展到能够回答我们今天甚至无法想象的问题的程度。

总的说来,和博物馆所教给我们的相比,发现本身是第二位的,其背景是第一位的。一件人工制品的价值不如其背景所告诉我们的东西重要。与此相关的是对这一考古学记录之形成进程(formation processes)的分析。发现并不代表整个的过去存在,它们是一种并未展现完整画面的选择。动物区系的、植物群的、气候的和化学的影响在许多不同的方面作用于物质,但考古学记录也由我们的辨认和鉴别能力所形成。

发掘遗迹的一项重要任务是确认其地层学(stratigraphy),那是对任何发掘都有效的:它是否是一个旧石器时代的洞穴,或一个湖泊所在地的水下遗迹。对其地层学鉴定暗示了这一发现的一种时间联系:更低的层意味着更古老的发现。根据物体或事件的地层位置,描绘其变革或发展所进行的相对年代测定法(relative dating)允许一种对其发生年代的创造。相对年代的基本成就是把古老世界建立为石器时代、青铜器时代和铁器时代三个部分的组织。这一分类被证明非常有效,但它正在误导为被看作对过去现实的描绘。

理想地,一个遗迹的地层学能产生可被列入一种类型学(typology)的地层学分类的人工制品。这些相对方式是重要的,年代测定法的最终目标是获得绝对年代(absolute dates)。它们告诉我们关于发展速度或是否同时发生的事物一定看起来有联系。在科技方式(最著名的是碳-14年代测定法[radiocarbon dating]和树的年轮年代测定法[tree-ring dating])发展起来之前,历史年代测定法(Historical dating)一直是这样做的唯一方式。历史年代测定法是可能的,因为我们能把罗马人、埃及人和玛雅人的历法与我们今天的年代测定体系相关联。如果你现在在同一个背景(密封的积淀层[sealed deposit],例如一个墓穴)发现一枚罗马钱币(绝对年代)和一个凯尔特族的罐子,你能把罐子和钱币交叉定时(cross-date)。然而,你并不真正地知道这两件制品是否处于同一流通环境。例如,那枚钱币可能古老得多,在其被放进罐子之前一直被用作给后代的一种幸运的护身符。而那罐子也可能被测定为比其实际上的年代更古老。

正如特里杰(Trigger)指出的那样,"史前历史考古学是唯一没有关于人类行为之直接信息来源的社会科学"(1989:357)。遗迹自己并不会说话,我们不得不解释它们。解释意味着提问。答案千差万别,取决于我们在追求的东西。例如,一个黏土罐子可能被化学地测定出其制造年代,因此成为一个确定它被发现之地的年代的线索;黏土的配比能暗示出其来源和提供关于联系范围的线索。罐子的形成可能被解释为一种类型学的结果,给出关于信仰的信息。对形状和残留物的分析则可能提供关于罐子用途的信息。

考古学或历史?

因为考古学试图涵盖的宽泛领域以及其研究对象在本质上的限制,考古学不得不与诸如历史、人种志、生物人类学、化学、地理学及其他许多人文和科学相连。考古学分享技术、方法和需要交流的结果:考古学是如此地跨学科,以至于考古学自身的科学基础是令人质疑的。

在欧洲传统(及受其大学传统影响的前殖民地)中,考古学主要是与历史或文化历史系相连的,经常成为史前历史(*préhistoire or Vor- und Frühgeschichte*)。相反,在美国,考古学是(与社会文化人类学、生物/物理人类学和语言人类学一起)组成人类学系四个亚学科中的一个。这一学科差异远不仅是官僚程序:它反映了欧洲和美国在方法和理论发展上的巨大差异。

因为几乎 21 世纪上半叶考古学都处于文化史范式的统治之下,该范式基于居斯塔夫·科辛纳(Gustaf Kossinna)及其出版于 20 世纪 20 年代的、影响深远的著作《日耳曼人的起源》(*Die Herkunft der Germanen*)。他试图通过追溯族群的过去并把它们与考古学地记载下来的物质文化相比照,以确定族群现在的起源或历史地了解族群。当他的方式被法西斯政权特别是纳粹分子误用时,导致了一个主要的危机:考古学被用于证明日耳曼人是印欧雅利安人的后裔。此外,它认为波兰事实上"曾隶属于"北欧的雅利安人;考古学因此以科学为纳粹德国对波兰和俄罗斯的侵略提供了科学支持(Hodder 1991:1)。科西纳自己并未在事实上成为纳粹分子,但他为被用于这种"优秀民族意识形态"的理论奠定了重要基础。作为一种对政治滥用的反应,德国考古学变得谨小慎微,试图避免任何政治滥用状况(参见 Härke 1991)。

在 60 年代,一种新范式(主要)由美国人的"新考古学"("New Archaeology")或过程考古学(Processual archaeology)建立起来(参见 Binford & Binford 1968)。[2] 它试图通过把数学纯粹性引入考古学中来消除旧有的文化—历史负担。对不顾史实的模式之限定是其新的目标。它认为,如果结果能被凭经验证明,将不再有意识形态滥用的危险。考古学应该能生产事实和真理,而不仅仅是假说和解释。

来自人种志的类似模式被用作推论过去社会的基础。过程考古学广泛传播,导致了非常实用的新方法和技术的发展,如更强调试验过程的重要性和人种志考古学等。这一范式至今仍在美国占统治地位。

在大英联合王国,它被 80 年代的后过程考古学(Postprocessual Archaeologies)所征服。后过程已经成为一个强调摒弃过程主义者理论的集体名称,但它自己是一批观点各异的结构主义者(例如 Yeates 1989)、后结构主义者(例如 Hodder 1989)、新马克思主义者(例如 Miller 和 Tilley 1984)和女权主义者(例如 Gero 和 Conky 1991)的方式。他们的共同关注是过程主义者变成科学实证主义者、进化论者和功能主义者,并漠视考古学的社会文化联系的趋势。

后过程主义奠基于所有真理都是客观的这一理想,因为对信息的每一种解码都不可避免地是另一种编码(Tilley 1990:338)。通过这一点,相对主义被看作一种绝对原则。尚克斯(Shanks)和蒂利(Tilley)得出结论,研究目标必定是政治的(1987:195)。考古学对话应该有助于通过证实相对主义而剥夺政治精英和知识分子精英的授权,并因此证实所有对于过去的解释。特别是要求考古学理论与一种和当今社会的特别兴趣相连的女权主义者和马克思主义者的方式。

后过程主义仍然是一种几乎完全英国的现象,但其相当多的声誉来自后现代主义在比较文学中的杰出表现及其在整个人文和社会科学中的传播(参见 Hunt 1989)。

考古学研究的文化

对文化的严格的考古学界定是相当特殊的,因为它被限定在物质特性上。一种考古学的文化是"一种经常再发的集会,被假定为在某一特定时间和地点发生的一系列特殊行为之代表的人工制品"(Renfrew and Bahn 1991:485)。毋庸置疑,它当然不是一种科学的定义,因为毕竟我们感兴趣的是人,不是罐子。事实上,所有考古学关于过去社会的推论严重地取决于对文化物质和非物质方面关系的理解。这一基于考古学的理念认为,相对于动物而言,人显然不是很能适应在自然环境中的生存(Gehlen 1997),因此,不得不通过创造工具来适应自然环境。"文化,无论我们如何定义它,是人造产品,是创造物,通过它,人类能超越他对内在和外在自然的依赖"(Greverus 1987:60)。

这些方式、工具、价值和规则能被转化为使文化具体化为一种物质和非物质的自然:共时地一代传一代,历时地在社会空间、群体和阶层间传承。物质文化是人类适应环境的最初层面:衣、食、住。开始考察这些赖以存活的最初层面可以更容易地承认文化客观的更隐蔽形式,需要和满足之间的直接联系不能被轻易看到。

文化更多地是建构性的而不仅是生存需要。把事物象征化和赋予意义的能力并非与生俱来,而与争论的议题相关。以一幢房屋为例:它使得生存和社会互动变得更容易,并宣告了其居住者的价值与生活美学(Schultz and Lavenda 1990:360ff)。在那一意义上,考古学能推论的远不只是物质文化。

我们知道象征意义存在,但我们仅能以一种比较的方式理解这一点:我们寻找类比,在一幢房屋的例子中,看起来非常简单,因为这一概念仍然是我们熟悉的。但那可能是误导性的:不同的文化可能有着完全不同的价值,人类行为的可能性超出了我们独有的视野。我们不得不接受这一点,这是无法解决的。那提醒我们注意文化的历史维度。

鉴于一种对于人类行为广泛可能性的意识,使用类比是必要的:如果我们假定在过去的人和我们自己之间存在一种共识,我们才能理解过去。但这暗示着我们的价值转化为过去的人的价值:我们自动地想,最大和最豪华的房子属于富人和掌权的人,正如在我们当今的社会一样——不属于穷人和无特权的人。历史想象总是取决于历史的社会和经济环境或背景:

> 我确信历史实际上是一位历史学家的梦,这场梦主要取决于这一历史学家所生存其间的环境。(Duby and Lardreau 1982:48)

考古学与文化研究

因此,考古学的表述总是不可避免地同时也是考古学家的文化表述。在那一意义上,它们是政治的,并对文化研究有着极大兴趣。两者之间的联系仍然并不明显。它们都关注文化。但是看起来很难有任何共有的兴趣,毕竟没有印刷文字能证明任何一个这样的兴趣。看来两者不得不走很远才能到达彼此。文化研究传统关注当代文化、文本和大众传媒的研究,明确地避免一直延续到资本主义之前的历史维度,对个体的声音和社会政治调查感兴趣。这些兴趣中没有一个能容易地与考古学相连,既然考古学不能提到书面记录,它最远离现代社会并相当反对过去五十年来的政治推论。

但最近有一种考古学与文化研究之间的双向运动(During 1993;Vincent 1996)。这对考古学影响极大,在一种无论如何都可辨认的小规模中。如上所述,后过程主义考古学家对政治冲击、知识建构、身份和社会愈来愈有兴趣。因此,考古学向文化研究的兴趣移动。

这同样发生在文化研究中。最近几十年来,历史维度变得愈加重要。例如,文化研究有一种把前现代社会简单化的观点,这看起来就是一个问题。历史研究在这儿是明确需要的(Lutter and Reisenleitner 1998:63)。和通俗和高雅文化的社会变革一样,也存在霸权发展的问题。一定文化形式的铭刻是一个复杂的社会历史进程,考虑到考古学视角可能会更好地理解这一点。性属或种族研究不断增长的冲击也要求一种历史的或考古学的视角:它增加了身份构成和一系列替代欧洲中心和男性中心的看法。考古学和文化研究仅仅在反对实证主义者和行为主义者对人性的理解这一点上不谋而合。他们想要把世界看作并非自然给定的而是社会和文化建构的,文化研究能与考古学家交流(Carey 1997:12)。也存在一种警告:对单个文化实践的孤立阐释会失去文化作为一个整体生存方式的意识(例如 Kellner 1997)。

毕竟,人们不该忘记任何一种文化研究的典型描绘都暗示这"是一个不断转换其兴趣和方法的学科,既因为它不断地忙于与其更大历史背景的相互作用,也因为它不能满足于自身的权威"(During 1993:20)。也许仍然没有真正的关注,后过程主义考古学和文化研究取得了共识。

下面的例子将展示共有兴趣的一些领域。

考古学与民族主义

考古学遗迹是一种当今人们经常愿意为此争论不休的潜在民族认同象征(例如以色列的马察达[Masada]遗址,或津巴布韦的津巴布韦遗址)。考古学和古代历史帮助界定一个人群的明显特征及其占据(或拥有)历史上属于他们的领土。(Kohl and Fawcett 1995:11)

考古学不能忽略其理论曾经并将继续用于建构一种民族感或领土感。它曾认为考古学和民族主义之间有着一种几乎是天然的关系,因此,考古学总是一种不可避免的政治事业(Silberman 1995)。此外,考古学经常看来好像是一个几乎是邀请政府干预的学科。取决于政府对原始研究的巨大支持,考古学家们看起来特别难以防守政府压力。

在安德森的"想象的共同体"(Imagined communities)(1983)的意义上,民族身份是建构物。在建构文化身份和宣布领土权的过程中,考古学的贡献是重要的,因为其物质证据能被用于象征一个历史上统一的民族国家的共同价值。对世界上的许多人民而言,他们的考古学上的过去比常识更为重要。

不久之前,"前南斯拉夫联邦成员马其顿共和国"希望单独把自己单纯地命名为"马其顿",这导致了一场重要的政治危机,因为希腊人觉得这是对他们历史的一种冒犯,并觉得受到与古代马其顿相连的可能的领土宣言的威胁(Kohl and Fawcett 1995:10)。另一个不太有敌意的例子可能是过去十年来凯尔特人的欧洲游行。主要的游行如"凯尔特人——最初的欧洲人"("I Celti- La Prima Europa")(The Celts-The First Europe, Venice 1991)催生了惊人的公众觉醒——数本流行书籍和电视栏目——表明了席卷全欧的兴趣。这显然与欧洲民族国家的政治意识相连。但凯尔特人是最初的欧洲人的观念是一个现代概念。它显然和凯尔特人可能曾经被杂交毫无关联。

对于追寻前殖民地自尊的国家或人民,或对于寻找其没有书面记录的历史之少数民族而言,考古学扮演了重要的角色。例如,在澳大利亚,书面记录直到公元后1788年才出现。它们只能告诉我们欧洲殖民者的历史,提供一个被扭曲的土著居民形象。土著居民的文化至少早在这一时间之前23 000年就已经出现。"土著人"已经发展了一种他们自己的历史感以反抗殖民传统的压迫。

许多国家宣称他们的古老,许多人民反对发掘其墓地和宗教遗迹的考古学。最近一个非常有争议的例子是关于肯纳威克人(Kennewick Man)的。1996年7月,骨骼遗迹在华盛顿州肯纳威克郡的哥伦比亚河岸上被发现(参见 Thomas 2000;Downey 2000)。它被碳-14年代测定法测定为大约已有9 400年历史。这使其成为在北美发现的最古老人类之一——一个考古学的轰动事件。但五个西北部落宣称尸体是他们的祖先,并要求停止科学调查,因为他们将这一调查视对他们文化和宗教信仰的不间断侵犯。他们想要按照部落仪式埋葬他。在20世纪90年代,土著美国人墓穴保护和修缮法案(the Native American Graves Protection and

Repatriation Act)已经被通过,他们有法律权力这样做。理论上说来,遗迹的一种文化联系不得不被证实,但实际上所有早于500年前的发现(特别是前哥伦比亚的)都被回填。但在肯纳威克人的例子中,科学家开始采取法律行动,否认一种跨越将近一万年的文化联系之可能性。在他们看来,科学的自由处于危险之中。

通过高等法院的判决,一项DNA测试被执行,为了决定肯纳威克人原本应该属于哪一个印第安部落,以便骨头能被归还给真正的后裔。这一做法,这一认为文化和社会建构单位如部落或民族国家能通过基因检查或头骨测试来追溯的观念,是一种错误观念,使人想起科西纳那个把德国人与雅利安人相连的、后果相当可怕的尝试。

> 肯纳威克人不仅被看作只有9 000年的历史,而且被看作有着高加索地方的源头。如果这是真的,那一个重大的科学和文化发现被制造。但这样一个发现与美国左翼意识形态的看法并不一致。与此观点相一致,克林顿下令毁坏遗迹和任意破坏骨头以期摧毁任何决定遗迹的种族起源的可能性。这是左翼通过克林顿进行的一个经过周密算计的、以摧毁历史证据来试探和控制现状乃至未来的奥威尔式(Orwellian)尝试。关于左翼的权力、影响和恶谋,特别是在传媒中,没有比这更清晰的证据了。(James Henry: "The Left's War Against American," *New Nation News*: www.newnation.org/NNN-Kennewick-man.html)[3]

在这儿,人们能再次看到把考古学推理带入社会政治论争中的危险。这一冲突不是关于骨头的,而是关于当今社会的权力的。也许肯纳威克人所能暗示的一切终究不过是:美国至少在10000年前就已经是一个移民国家。

考古学不得不注意到不断增长的观点和问题的差异性。这样的一个例子是,对于18世纪和19世纪早期非裔美国奴隶生活状况的考古学调查。当考古学家们被他们所联络的非裔美国人告知他们对奴隶制已经听厌了时,他们感到很惊讶。然而,他们对发现表明其祖先与非洲的文化联系深感兴趣。通过在一个特别的角落、地表之下的发现,人们可以证明在美国东南部的房屋居民是非裔美国人。在西非会发现一种类似的模式。对非裔美国人而言,这一议题是关系重大的,因为它证明了与非洲的一种文化联系,但也证明了跨越美国大部地区的文化内聚力:奴隶不是单纯去社会化的工人,而有着一个能被追溯到一个特定非洲地区的、明确的集体认同(Leone 1996)。

考古学与社会性别

> 文化研究使那些让我们以我们并不认为理所当然的方式与世界再接合的历史书写模式得以合并,如此一来,我们被给定的身份,我们的"来源"开始看起来不再安全。(During 1993: 25)

这也同样适用于神话和意识形态,鉴于神话是一种以创造和加强使人们如此熟悉以至于看起来就像永恒真理的原型模式对过去的排列——罗兰·巴特(Roland Barthes)也称之为意识形态的背景,因为它推进社会中统治阶层的利益,在那一意义上,考古学在建构神话的过程中扮演了重要角色。

一个明显的例子是性别和性属的问题。在这一讨论中,考古学充当了一个主导的角色;这一背景中一场主要的论争来自考古学与长期的人类及其祖先的发展和基因突变的形式。在运用考古学结论的过程中,性属问题文化决定论的关联被否定。

以性属驱动的陈规如何获得科学支持为例,我想从《我们尼安得特人》(*Wir Neandertaler*)一书中做些引用,该书来自1988年的德国,为著名新闻记者和作家伍尔夫·施奈德(Wolf Schneider)所作。这是一部因其科学准确性和介绍新视角的大胆方式而享有极高声誉的畅销书。

> 当男人们狩猎归来,满载猎物,回到营地,女人们以她们分工劳动的成果——女人们采集和采摘的坚果、草莓、根茎——来迎接他们。(第85页)

显然,作者试图在至少370万年时间里,性别关系看来是稳定的这一事实中找到安慰。直立人(*Homo erectus*)家中的家庭生活同后资本家模式的资产阶级(*bourgeois*)成规完全一样:爹地下班回家,妈咪和孩子欢天喜地地迎接他,他们坐下来用晚餐。亲爱的,你今天过得好吗?

> 为什么男人被卷入如此繁多的责任,而不是像雄猩猩那样无拘无束地生活?也许因为有回报:性——永远准备就绪的女性,而所有其他的雌性动物仅仅在难得的发情期乐意性交和受精。绑住一个流浪的猎人并把其卷入照顾家中所有孩子的责任中,是女人获得的最好东西,女人能提供给他永远的愉悦,说到底,四周中的三周是这样[原文如此!]——而处于动物节奏中的女人寻找一个保护者的机会更少,因此减少了她们孩子的生存机会。结果是千百年来的性不仅意味着生孩子,而且也结合了配偶和保护家中所有孩子。(第87页)

男人们被卷入了何种责任?他们关心家中的所有孩子吗?他们是游猎者吗?你如何能证明那些假定中的一个?这样一种解释的基础是什么?考古学并非单独面对这些问题,科学家的社会背景将总是在其答案中被发现。

把早期人类与猩猩相比,就像把他们与土著居民相比一样,是有问题的。能被人种学地描绘的、稀有的猎人聚居社会仅仅代表了社会的所有可能形式中的极少部分。关于一夫一妻的女人与男女乱交的男人之神话后来受到挑战:女人不需要一个保护者,社会群体提供了她们需要的一切保护;你并不一定需要一个父亲来抚养一个孩子。但因为女人每月仅有一天受精时间,通过乱交收集尽可能多的精子,被证明为一种有价值的繁衍方式——对女人而言。"早期男人"是猎人是另一个普遍神话。看起来更有可能的是:男人以捡垃圾开始他的食肉生涯(Binford 1981)。骄傲猎人的图画,直立的万物之王,而非一个卑下的捡垃圾者,啃着土狼剩下的残渣,这更多的是我们想要自己如此而已。

这是常识:第一个人是"露西",非洲沙漠中一个大约3 600万年前的祖先遗骨。但凭什么假定这半个骨骼(没有头骨)是一个女性呢?(她带了一个手袋吗?)这看来符合一些70年代的神话图画,当露西被发现,第一个人是一个老祖母。事实上这种解释是很有问题的:仅仅根据骨头一点都不容易区分男人和女人的骨骸;通常是背景导致性别界定。在露西的例子中,没有相关的背景。

在考古学中,性属和性别一样是理论建构物。对遗骨的分析并非一种客观做法:经常女性和男性特征能同时被发现,这是一个纯主观的决定:带剑的一个是男性,戴项链的那个是女性。民族学告诉我们土著美洲人的文化,那一文化了解一种第三性属:生理上的男人、文化上的女人。考古学无法从遗骨中辨认。(Bernbeck 1997:329)

过去与现在

鉴于考古学对过去文化深感兴趣,这也是现在的组成部分。考古学家是电影(《印第安纳·琼斯》[Indiana Jones])和电脑游戏(劳拉·克劳馥[Lara Croft])的虚构英雄,考古学场景是恐怖故事和爱情故事的背景(阿加莎·克里斯蒂[Agatha Christie]和巴巴拉·伍兹[Barbara Woods])。电视节目和印刷报纸给予了考古学巨大关注,也没忘了许多游客到过的成千上万博物馆。

在考古学内部所讨论的与被转化为常识的过去间有一条巨大的鸿沟,让我们以印第安纳·琼斯为例。他的工作不啻把世界从邪恶中拯救出来("纳粹分子!我恨那些家伙!"),通过找到(劳拉在1993年也宣称找到的)《圣经》中的方舟(the ark of the Covenant)和圣杯(Holy Grail)来实现两个主要宗教的神话。在《末日之殿》(The Temple of Doom)中,他的西方理性控制了对宗教信仰的滥用,并救赎了一个未受教育的部落。确是如此,在任何情况下,他不得不处理非常重要的神话:"寻找圣杯不是考古学,而是一个种族反抗邪恶。如果它为纳粹分子夺得,黑暗的军队将遍布整个地球表面。"(亨利·琼斯[Henry Jones]《印第安纳·琼斯与最后远征》[Indiana Jones and the Last Crusade])

毫无罪恶感,印第安纳·琼斯劫掠了南美、印度和埃及的寺院,搜寻很珍贵的第一手制品。欠发达的土著不能看到这些物品的价值。他们只是害怕,因为某些盲目崇拜的信仰体系。印第安纳·琼斯三部曲是一个毫不令人惊讶的逃避主义庆典。使得印第安纳·琼斯如此烦恼的不是冒险(没人想看到一个一对一的乏味的考古学家的复制),而是为公众充分理解的霸权和意识形态中的隐含信息。[4]

博物馆的行为模式与此非常类似。绝大部分的展览仅代表了过去的艺术史观念。例如,纽约大都会博物馆(Metropolitan Museum of Art)中陈列的大部分来自古埃及的著名收藏品都是散乱和脱离背景的。目标是珍贵和异国情调的体验,使人对过去和博物馆本身的地位产生敬畏。人们不可能由此获得一幅社会可能如何运作的图画,也不可能了解他们的问题是什么。以一种社会文化方式来学习是不值得鼓励的,只是收集了一堆毫无疑问的知识。

考古学的整体公众图画是十分过时的。印第安纳·琼斯在20世纪30年代的场景可能不是一个巧合。考古学看来好像是回溯性的、对历史的保存。许多考古学家感到了这些逃避主义倾向的威胁。对过去之魔法的、外星人的或其他偏激看法的大力普及化看来直接反叛了考古学本身。一个可能的例子是瑞士作家埃里奇·冯·丹尼肯(Erich von Däniken)[《诸神的战车》(*Chariots of the Gods*)],他使这一主题非常流行并将其扩展到这样一种观念:人类文化或技术发展的所有成果是外星人从外层空间带给我们的。

也许这不仅是考古学家们的错:公众看来好像宁愿在考古学的时间窄缝中选择逃避后现代主义复杂性的机会。去到大都会博物馆,在合乎礼仪的文化中得到放松,该文化有着合乎体统的等级制度和简单结构,通过玻璃陈列柜前的简单句子就可以轻而易举地掌握,这多么令人欣慰啊!

但考古学仍然能做相反的事情:增加我们对差异性的理解,给予我们学习社会文化社会形式的机会,鼓励个人去想象,去批判和发展开放性。这是考古学必须提供给公众文化的:一个批判实践和历史思考的场所。

过去和将来

当前的考古学,散布四方并有着世界视角,主要为两个主要观点所统治。过程主义者宣称他们的解释是可以证明的,因而是可以批判的。后过程主义者怀疑对客观知识的理解力,要求考古学解释社会和知识背景的意识。

它们都在考古学中占有一席之地:过程方法不能代替考古学的田野实践。指挥一场有着清晰界定的科学眼光的发掘是有重要价值的。但更广泛关注考古学著作含义的时代已经来临:后过程主义把有价值的新视角引入文化学位的范围——过去和现在。通过这些新关注,考古学向文化研究靠拢并能从其批判传统和学科开放性中获益。考古学仍然需要鼓励,心甘情愿地和无所畏惧地,不但对学术知识而且对社会文化现实的参与和贡献。

迄今为止,考古学在总体上已经触及内部论争并仅仅最低限度地关注社会含义。另一方面,文化研究近来向历史观点靠拢并能将其对人类学的兴趣扩展到考古学。许多考古学能有所贡献:对起因和进程的持续关注,一种人类文化发展的古代风俗习惯观念;承认持续的史前社会和文化变迁的动态记录,它证明静态、原始的、"传统的"文化观念是虚假的。考古学为没有书面记载的人们提供了接近他们自己历史的可能性。考古学有展示殖民冲突之前的社会动态之潜能。它也能对现代资本主义世界体系的扩张理论之理解有所贡献。

无论你喜欢与否,考古学的结论在现代政治和社会中扮演了重要角色。它被用于宣称领土主权、建构身份、质疑现状。它被展示在博物馆、教科书和大众传媒之中。其影响十分强大,一方面是因为其异国情调的吸引力;另一方面是因为其术语的复杂性。

考古学必须受到挑战和质疑。这不是物理学——"X"未曾有所标示。在那一意义上,它不得不被看作人文学科并以同样方式被对待:批判以及意识到——正是移情的、与当前的特殊社会背景缠绕在一起的、我们自己在寻找着过去的答案。我们将发现的一切将不是古代现实,但可能丰富和增加我们现在的新视角。

（潘纯琳　译）

注释：

［1］我仅能谈论考古学的全球方面。若要更充分地考察技术和方法,理论和实践,参见伦弗鲁(Renfrew)和巴恩(Bahn)1991;Trigger 1989。

［2］在英国,戴维 L·克拉克(David L. Clarke)在做相似的工作,但没有明确的理念;参见克拉克(Clarke 1978)。

［3］一个基本的概念混淆是对"白种人"("caucasian")和"白种人"("Caucasoid")的混淆。前者是用于东欧人（人种上经常被误用）的一个文化的或语言学的术语;后者是用于亚洲南部到东南部人的一个人种学术语。肯纳威克人的头骨已经被人种学家詹姆斯·夏特(James Chatters)打上了"白种人"("Caucasoid")的标签,他最先检查了骨头(在那个时候,他确信他在处理一个100年前的设陷阱捕兽者)。

［4］"我热爱那部影片,因为它真的可信。它使得你看到纳粹分子多么残忍和如何做事。它也使你相信你必须小心你信仰的东西,因为这可能是一件生死攸关的事。我确定无疑地给这部影片打满分。"(国际电影数据库中的消息看板上对《印第安纳·琼斯与最后远征》一片的评论。)

参考文献：

Anderson, Benedict(1983). *Imagined Communities: Reflections on the Origins and Spread of Nationalism*. London: Verso.

Barnard, Alan, and Jonathan Spencer (eds.) (1996). *Encyclopedia of Social and Cultural Anthropology*. New York: Routledge.

Bernbeck, Reinhard (1997). *Theorien in der Archälogie*. Tübingen: Francke.

Binford, Lewis R. (1981). *Bones-Ancient Men and Modern Myths*. New York/London: Academic Press.

Binford, Lewis R. and S. R. Binford (eds.) (1968). *New Perspectives in Archaeology*. Chicago: Aldine Publishing Company.

Campbell, Neil and Alasdair Kean (1997). *American Cultural Studies: An Introduction to American Culture*. New York: Routledge.

Carey, James (1997). "Reflections on the Project of (American) Cultural Studies." In *Cultural Studies in Questions*, eds. Marjorie Ferguson and Peter Golding. London/Thousand Oaks/New Delhi: Sage.

Châtelet, François (1962). *La Naissance de l'histoire: La Formation de la Penseé histoirenne en Grece*. Paris.

Childe, V. Gordon (1949). *Social Worlds of Knowledge*. Oxford: Oxford University Press.

Clarke, David L. (1978). *Analytical Archaeology*. New York: Columbia University Press. First Published 1968.

Downey, Roger (2000). *Riddle of the Bones: Politics, Science, Race, and the Story of Kennewick Man*. New York: Copernicus.

Duby, Georges and Guy Lardreau (1982). *Geschichte und Geschichtswissenschaft*. Frankfurt am Main:

Suhrkamp.

During, Simon (ed.) (1993). *The Cultural Studies Reader*. New York: Routledge.

Eggert, Manfred K. H. and Ulrich Veit (eds.) (1998). *Theorie in der Archäologie: Zur englischsprachigen Diskussion*. Münster: Waxmann.

Etcoff, Nancy (1999). *The Survival of the Prettiest: The Science of Beauty*. New York: Doubleday Books.

Gehlen, Arnold (1997). *Der Mensch, seine Nature and seine Stellung in der Welt*. Wiesbaden: Quelle & Meyer. Originally Published 1962.

Gero, J. M. and M. W. Conkey (eds.) (1991). *Engendering Archaeology: Women and Prehistory*. London: Blackwell.

Greverus, Ina-Maria (1987). *Kultur und Alltagswelt: Eine Einführung in Fragen der Kulturanthropologie*. Frankfurt am Main: Institut Für Kultur-anthropologie und Europäische Ethnologie der Universitat.

Härke, Heinrich (1991). "All Quiet on the Western Front? Paradigms, Methods and Approaches in West German archaeology." In *Archaeological Theory in Europe: The Last Three Decades*, ed. Ian Hodder. London: Routledge.

Hodder, Ian (1989). *The Meanings of Things*. London: Harper Collins.

Hodder, Ian (1991). "Archaeological Theory in Contemporary European Societies: The Emergence of Competing Traditions." In *Archaeological Theory in Europe: The Last Three Decades*, ed. Ian Hodder. London: Routledge.

Hunt, Lynn (1989). "Introduction: History, Culture, and Text." In *The New Cultural History*, ed. Lynn Hunt. Berkeley: University of California Press.

Jenkins, Keith (1995). On "What is History?" New York: Routledge.

Kellner, Douglas (1997). "Overcoming the Divide: Cultural Studies and Political Economy." In *Cultural Studies in Question*, eds. Majorie Ferguson and Peter Golding. London/Thousand Oaks/New Delhi: Sage.

Kohl, Philip L. and Clare Fawcett (eds.)(1995). *Nationalism, Politics, and the Practice of Archaeology*. Cambridge: Cambridge University Press.

Kossinna, Gustaf (1920). *Die Herkunft der Germanen: Zur Methode der Siedlungsarchäologie*. Leipzig: Verlag C. Kabitzsch.

Leone, M. P. (1996). "A Historical Archaeology of Capitalism." *American Anthropologist* 97(2): 251—68.

Lutter, Christina and Markus Reisenleitner (1998). *Cultural Studies: Eine Einführung*. Wein: Turia und Kant.

Miller, D. and C. Tilley (eds.) (1984). *Ideology, Power and Prehistory*. Cambridge: Cambridge University Press.

Murdock G. P. and C. Provost (1973). "Factors in the Division of Labor by Sex: A Gross-Cultural Analysis." *Ethnology* 12: 203—25.

Renfrew, Colin, and Paul Bahn (1991). *Archaeology: Theories, Methods, and Practice*. London: Thames and Hudson.

Schiffer, Michael B. and Skibo, James M. (1987). "Theory and Experiment in the Study of Technological Change." *Current Anthropology* 28 (1): 595—622.

Shneider, Wolf (1988). *Wir Neandertaler: Der abenteuerliche Aufstieg des Menschengeschlechts*. Hamburg: Gruner and Jahr.

Schultz, Emily A. and Robert H. Lavenda (1990). *Cultural Anthropology: A Perspective on the Human Conditions*. St. Paul, Minn. : West Publishing Company.

Shanks, Michael and Christopher Tilley (1987). *Social Theory and Archaeology*. Albuquerque: University of New Mexico Press.

Silberman, Neil Asher (1995). "Promised Lands and Chosen Peoples: The Politics and Poetics of Archaeological Narrative." In *Nationalism, Politics, and the Practice of Archaeology*, eds. Philip L. Kohl and Clare Fawcett. Cambridge: Cambridge University Press.

Thomas, David Hurst (2000). *Skull Wars, Kennewick Man, Archaeology, and the Battle for Native American Identity*. New York: Basic Books.

Tilley, Christopher (1990). "Michel Foucault: Towards an Archaeology of Archaeology." In *Reading Material Culture*, ed. Christopher Tilley. London: Blackwell.

Tong, Enzheng (1995). "Thirty Years of Chinese Archaeology (1949—1979)." In *Nationalism, Politics, and the Practice of Archaeology*, eds, Philip L. Kohl and Clare Fawcett. Cambridge: Cambridge University Press.

Trigger, Bruce G. (1989). *A History of Archaeological Thought*. Cambridge: Cambridge University Press.

Trigger, Bruce G. (1995). "Romanticism, Nationalism, and Archaeology." In *Nationalism, Politics, and the Practice of Archaeology*, eds, Philip L. Kohl and Clare Fawcett. Cambridge: Cambridge University Press.

Vicent, Joan (1996). "American Athropolgy." In *Encyclopedia of Social and Cultural Anthropology*, eds. Alan Barnard and Jonathan Spencer. New York: Routledge.

White, Leslie (1973). *The Concept of Culture*. Minneapolis: Burgess Publishing.

Yates, T. (1989). "Habitus and Social Space: Some Suggestions about Meaning in the Saami (Lapp) Tent ea. 1700—1900." In *The Meanings of Things*, ed. Ian Hodder. London: Harper Collins.

Ziegert, Helmut (1990). "Vom Kuriositatensammeln bis zur historischen Basiswissenschaft: Die Archäologie will zur Löstung heutiger Probleme beitragen". *uni hh Forschung: Beiträge aus der Universität Hamburg* 24: 46—56.

第10章
不平衡的相关性：文化研究与人类学

乔治·E. 马库斯（George E. Marcus）

文化研究所拥有的人类学意义大于人类学所拥有的文化研究意义，这是简单的事实。文化研究与历史、文学和社会学等学科的关系不尽相同，前者的许多重要参与者均来自后者的学科训练之中。进一步讨论这种不平衡的相关性是本章所探索的目标；这一不平衡的相关性在正在展开的文化研究与人类学之间的关系中占据了主要地位。美国的过去二十年间，人类学学界对文化研究持有一种略带愤恨和怀疑，但又开放的态度。从弗朗茨·博厄斯（Franz Boas）那时起，美国人类学（常被称为**文化**人类学）就强烈地把自己等同于文化概念的一种学说，而英国人类学，包括其澳大利亚和其他帝国的变体在内（常被称为**社会**人类学），并不把文化作为其关键词或与之认同。虽然处于人类学核心的人种志方法作为文化研究的形式之一，一种文本阐释的加强模式，而保持了其吸引力，然而这种主要是社会学（尤其是英国社会学）中非常边缘的、次要的民族学核心传统的人种志方法，却为文化研究采用民族学方法提供了近似的模型。

虽然有人曾试图在文化研究的系谱、英国源头或美国扩展中找出文化研究与人类学的明确关联和联系，却是徒劳无益的。长期以来，文化研究关注西部地区（the West）事务（以及特别是西部地区讲英语民族的民族主义），而人类学则关注其余地区的事务。过去二十年来，正如变化中的人口统计学、差异与多元文化主义议题以及更专业的学术生产理论一样，两者的关注区域已经发生了巨大变化，变得非常明确地关注西部地区，而其余地区已经被去殖民化、全球化和跨文化化了。学科和跨学科起源的文献仍然继续记录着文化研究和人类学的实践，并维持它们之间不平衡的和富有成效的，但可能不如想象中那么有成效的结合。

在本章中，我将主要关注美国文化研究和人类学之间的关系，特别是近十年来它们在观念上明显的相互交叉影响之后的现状。[1]此外，运用我对文化研究与人类学之失衡倾向及最初导向的感觉，我将强调文化研究曾为人类学做了什么。

在人类学家们意识到文化研究有上升趋势的早期论争中，我回想起他们最强烈的反应是：他们自己惯例中的（*de facto*）知识产权被占用，被掠夺，甚至被强暴！我认为，在人类学家当中，现在盛行的是对文化研究的这一态度要温和一些的说法，此外，他们对于自己在研究其他社会同时，对国内社会的文化批判任务做得好不好这一点毫无把握，这是一个至少从弗朗茨·

博厄斯那时起就并不始终如一地实践的任务。考古学家们私下对于文化研究的恨意和敌意也许是这样的:"如果我们过去做得还不够好,现在也许就已经太迟了,更时髦的和无疑更有能量的暴发户已经出现。他们看起来好像已经找到我们在文化概念中一直在宣扬和发展的真理……但对此却毫无谢意。"

在本章中,我们并没有时间来讨论这些恨意的表达,即对于一种从未真正发生过的挪用之恨意。雷蒙·威廉斯在其《关键词》(*Keywords*, 1976)一书中,给予我们一种感觉:欧洲思想中的文化概念谱系学具有复杂的盘根错节感,而人类学谱系学也是其中之一。这一点可以结束于人类学中文化概念(作为共有物的文化,通过日常生活研究易被理解的文化)一种相似的重叠说法,文化研究有其自己的系谱,在对文化概念的反应中从大写的文化(从未为文化人类学接受过的、更多地源自法国文明的观念)向着小写的文化(更多地源自德国的观念)变化。这种小写文化是现代工业社会中的大众、中产阶级和工人阶级所体验和创造的不同的生活形式。[2]

文化研究对文化的设想与人类学很相像,但这一概念植根于一种对发展中的现代社会阶级本质的感觉,文化人类学最近才兴起了一个主流研究,即从对其他区域的小型且封闭社会的支配性研究方式,转回到本领域不同方面的研究来。因此,在描绘文化研究与人类学的实际和潜在关系时,最好考虑到它们在文化概念的复杂历史中有着各自的系谱。当西方和他者的划分深深地打上了两种知识规划史的印记,并依然继续区分着它们的基本倾向时,我们不应该让嫉妒、不安全或自负的欲望成为学科或跨学科中政治常态的一部分,不能让这些东西掩盖潜在的分析力量和对那些令人着迷的问题的研究,这种分析力量和问题研究是由两个学科计划的幸运环境所提供的,二者现在占据着学术和批评领域大致重叠的空间。这种重叠影响到了人类学的研究,我将其归纳为一种不平衡的相关性,在这种实际影响中,其潜在性现在甚至都是显而易见的。

第一,什么是文化研究?……对我的目标而言

迄今为止,卷帙浩繁并仍在增多的指向文化研究自身的文献总在追问"它是什么?""我们是谁?",并探讨该领域的起源,其最近的增殖及其现在的前景。然而一直没能解决的问题是:这一领域如何被定义和划界?关于文化研究的每个更深层的写作行为纠缠于这场自我关注的密集对话中。然而毫无疑问,这是关于文化研究英国源头的问题,它对进一步发展而言已经变得刻板甚或虚幻,它在美国所发生的所有变化已经成为将其描绘为对标准学术学科实践有着**无限**替代可能性规划的一种基础。也许文化研究界定的最早立场是与英国源头相关:赞同给文化研究划界并限制其进一步扩散倾向,保留定义严谨的狭隘途径以理解其进化。另一个立场则鼓励在该领域发展中的开放、包容甚至某种任性——拒绝界定文化研究的清晰边界,而鼓励领先于它的不同知识运动中的"具有相似性的大家庭"。这种对清晰边界的拒绝甚至可以被看作一种政治声明,它采用了一种对学科间性和非学科性一视同仁的极端开放的看法,拒绝相信跨学科领域在向学科模式发展。这一立场主张以制度定义和支持为潜在代价。学术的长期

兴旺取决于系部、项目、等级制度、标志性研究方式和对象、专门化、各种官方决策力的创造等等，而这一切都取决于目标声明、界限和详细说明，以及对其他统治论调生态学的敏感。

那么，对我的目标而言，该以何种立场来定义这种环境呢？即过去十年来美国文化研究发展中，文化研究和人类学成为彼此但不平衡的相互影响来源的环境。最好是把有着特殊源头的文化研究看作一个在那些有着追求文化分析共同问题的、受过不同学科训练的人中的、无边界的、兼收并蓄的论争空间。在这种努力中，一方面有着让这一计划开放和无边界的强烈意识形态要求，另一方面，有着为这计划建立一种强有力的制度身份、对来源和学术界的重新认可有着热望的相反要求。

今天，文化研究的探索风格和议程弥漫在对科学技术的社会研究之中，弥漫在媒体研究、妇女研究、后殖民研究、同性恋研究和不同族群研究等跨学科方案中。它已经成为某种在上述每个领域都受欢迎，而许多其他领域则加以排斥的一种影响和认同；它是一种既排斥又坚持的刺激，而这两种方式，对主要在当代各学科间进行的修辞和实践都产生了一种重要的形成性影响。

1992年的巨著《文化研究》(*Cultural Studies*)（格罗斯伯格[Grossberg]、纳尔森[Nelson]和特雷切勒[Treichler]编）的确是在文化研究发展高潮中一部优秀的里程碑式的著作，它既是有关趋向于划界欲望，又是趋向于涵括学术界原先所有骚动、无规则和犹豫欲望的文集。在此文集的不同观点的文章中，不同学科风格是容易辨认的，但对以他们的名义言说或旨在唤起学科认同而非暗示他们正超越这种认同的作者而言，这却是糟糕的形式。在诸种阐释中的文化研究的英国传统中（它自身并不容易被均质化，正如斯图尔特·霍尔的文章所表明的那样），存在着相当重复的努力去唤起文化感，以找寻游离于旧有学科权威之外的结合空间。正如编辑在导言中试图界定的，这是20世纪90年代早期文化研究飞速发展世界的一个中心趋势。

发展为如下两个区域的文化研究的扩散，呈现出了一种不受约束的状况。这暗示了文化研究影响流入人类学中的途径（反之亦然）是一件比文化研究是否是一个与其原来英国表现形式紧密相连的、更有界限的现象更为棘手的事。例如，人类学中这种影响途径也许无法通过斯图尔特·霍尔来追溯，而是通过一种或另一种在其英国谱系中已经成为一种更明确影响的后殖民研究的文化研究来进行。正如经典人类学本身所教导的那样，在所有传播进程中，影响线路很少是直接或单向的，而通过为数众多的、令人眼花缭乱的复杂媒介而进行。

最后，文化研究最近的扩散，也可以被看作巩固并给予20世纪70年代和20世纪80年代激进学科批判的所有主导性跨学科讨论及知识分子运动一种明确政治分量和关联的努力。该运动处于左派思想的马克思主义和自由主义传统中，最初由女权主义模式和后现代主义所激发。20世纪70年代和20世纪80年代的批判运动经常因持有模糊的政治，一定的神秘主义，缺乏社会责任或社会参与而受到批判。文化研究强调和注意这些运动中的政治并给予它关于自身源头方面的明晰性。这种明晰性是以英国和所谓的西方马克思主义（葛兰西、法兰克福学派和作为主要理论灵感的阿尔都塞的著作）形式给出的。政治上显而易见的优柔寡断被更严格界定的文化研究，但一般被称为左派自由主义的批判信条（经常被提到为"文化左派"）所取代。

这里有一种文化研究所提供的对政治定义的喜好,有着经常未被注意到的政治关联,特别是自20世纪60年代以来美国人类学的具体批判维度。这不仅包括了反殖民主义(它恰恰是同一时期英国人类学的特征),而且包括了同样的马克思主义理论的影响,该理论提供给20世纪60年代人类学一种批判美国现状和国内文化的力量。该批判力量抗议维也纳战争以及对自由主义政治和后二战时期运动的镇压。因此,美国人类学对殖民主义最重要的批判最终是对美国文化和政治本身及20世纪60年代风格的一种批判(正如海姆斯[Hymes]《重新改造的人类学》[*Reinventing Anthropology*, 1969]一书所反映的那样,1969);而不是像英国人类学那样对明确的殖民主义和帝国(但并非英国国内境况)的更直接批判(参见 Asad 1973)。为了批判美国对外国事务的干涉,美国人类学不得不回归到其研究本身,并比英国甚至法国人类学更早和更直接地进一步明晰其批判立场。在给予文化人类学一种并非不同于马克思主义思想发展和文化研究确认的明晰政治时,美国人类学是构成性的。它也导致了人类学与文化研究从相对主义和差异理论(人类学家们感到他们应该占领但从未来曾完全占领的一个领域)立场来处理美国文化批判信息时的某些竞争感。因此,正是左派自由主义在面对作为差异和日常生活共有物的小写文化(culture)时对现代社会中大写文化(Culture)之造作的批判,使得既统一又分离的文化研究和文化人类学(特别是20世纪80年代以来)为了相互作用而形成下述内容基础。

第二,人类学与文化研究有过怎样的联系?

文化研究学者们能够具体承认人类学与他们的工作相关,而该学科的传统实践又与其如此不同,他们大部分对此毫无兴趣,这意味着什么呢?而逐渐得到认可的是,人类学与文化研究的相关性取决于人类学是如何关联并参与到美国先前那些更为广泛的知识转向运动和学科批判——更多样和更无组织的所谓后现代主义运动之中的。这一运动包括20世纪70年代末和20世纪80年代初由女权主义和文学研究领导的一切批判阐释的趋势,它试图通过20世纪60年代法国后结构主义理论的刺激将自身拓展为一种有着更加社会化、历史化和政治化意识的文化研究。[3]我要论述的是,进入文化研究的途径主要建构在人类学领域中,首先是由20世纪80年代早期到中期的"书写文化"批判(参见 Clifford and Marcus 1986)和之后贯穿20世纪80年代末和20世纪90年代初的《公共文化》(*Public Culture*)倡议之中(参见 Appadurai 1996)。人类学中的女权主义学者(参见 di Leonardo 1991, and Gordon and Behar 1995)总是提供与文化研究自我认同传统及其自身在美国扩展中的极重要的重叠。但我相信,作为大学中一场知识运动的女权主义有其自身更早的和更强烈的跨学科身份,结果以其名义(正如以人类学名义)的学术几乎难以使自身进入并合并到文化研究名义之下飞速发展的跨学科空间之中。因为它是"最初的",可以说,女权主义学者在使其与之后的运动(部分地模仿其自身风格)相分离时有更多风险。

《书写文化》批判

出版于 1986 年的《书写文化》(Writing Culture)一书是 1984 年在圣达菲研究所召开的一个长达一周的专家研讨会的成果,它反映了在前些年人类学中跨越其界限的、与批判表征和对话的学科核心模型相关的讨论结果。在前面指出的基础广泛的、跨学科的、横扫 20 世纪 80 年代人文和社会科学的批判趋势中,《书写文化》代表了文学(常常是比较文学)研究者和文化人类学者的联盟。前者使承担对话批判(特别是现实主义表征模型)的理论意图得以完善;后者明白对其自身表征他者的决定性形式之批判将成为明确有力地表达学科的自我批判最有力的意图(参见 Marcus & Fischer)。该意图至少从 20 世纪 60 年代起就被酝酿在不同表达之中。从受过其他学科,如文学、法律、建筑、哲学、历史、艺术和艺术史、电影/媒体研究、社会学训练的学者们的视角来看,他们自身参与过由试图变成文化研究的文学研究所激发的跨学科运动中,《书写文化》有着如下特殊的吸引力。

它变成一种**有效的**修辞批判模式,明确地动摇了一个学科业已建立的实践和惯例,并暗示了在它所激起的跨学科运动倾向中的新问题和新分析类型。例如,历史学中早就有着海登·怀特(Hayden White)对历史自身修辞的一种激进和系统的批判,但它未能对历史学家们的研究和书写实践产生决定性影响。人类学中的一种类似批判在跨学科运动中获得了《书写文化》所产生的力量,并在这段时间内取得了相对成功。该书远不仅是一本集中关注人类学的书,而是修辞批判变革可能性的一个纪念碑式范例。

相对而言,生产《书写文化》一书的集体的、合作的努力和这一努力的事实,是一个以更广泛运动本身为中心的各学科间联盟的结果,这也使得它具备了一种特殊的吸引力。正是这一跨学科特征给予它作为一种**学科**批判的特殊力量。那就是,人类学家们将不得不非常严肃地看待这一批判,看它是否仅仅由帝国主义式地寻求扩张自身兴趣的文学学者们生产出来。确实不公平的是,一些人类学家们经常削弱了这一批判使人信服的力量,其方式是告知他们自己,吉姆·克利福德(Jim Clifford)并不是一个人类学家。但他们也不得不提醒他们自己,这本书中所包含的其他人都有着作为曾经是人类学家身份的强有力的凭据。与此同时,没有书中那些人,如克利福德(他把人类学带入先前的理论、历史和文学研究训练中)的老练和知识,卷入这一批判的人类学家们绝不可能推翻它。正是这种在对某一特殊学科的批判中跨越了学科界限的共同研究才赋予了《书写文化》某种示范力量。

在普遍的跨学科运动中,《书写文化》赋予人类学一个进步的声音或立场,这可能是用别的方法难以获得的;也因此赋予了人类学对普遍趋势的一种影响力,这可能也是用别的方法难以获得的。事实上,后现代主义、文化研究和文化批评等趋势都渴望人类学关键性的介入。首先,尽管民族志修辞批判已经决定了以"原始"或"异国情调"的理念作为其标志性研究对象,人类学仍然权威地以口头和书面的方式(无论其自我批判有多少保留)为西方背景之外极端差异的本质辩护。我还主张,在更广泛的跨学科运动中,原始或异国情调的特征仍然是非常重要的,尽管是以具有细微差别和冲突的方式。人类学与其自身研究对象之间的斗争,正如《书写文化》一书所表达的,使得异国情调的"空间"仍然存活在后现代主义对话中而又置身于一些批评之下。也许并不能令爱德华·赛义德(Edward Said)满意的是,人类学的自我批判在批判对话中确实代表了在它与美国大量后殖民主义写作(20世纪90年代早期)融合之前的其他文化的问题。

在跨学科的理论竞技场上,传统人类学另一个具有广泛吸引力的方面是其标志性的人种志方法,这一探索类型和实践当然是《书写文化》的焦点。各学科所展示的对人种志的兴趣,以及一场基本是文本导向的跨学科运动,依赖阅读作为一个研究实践——经验主义的和来自经验的——来自于一种对社会现实与他们的分析指向之间关联缺乏的焦虑。把人种志看作文化研究中一种结盟的探索方法——无论是否天真烂漫地或远非容易地来自人类学公正的视角——是意识形态上被详尽阐述的焦点,也是《书写文化》对这一类型和方法的反映给予相当多神秘实践的一个重要方面。再有,与原始的转义相似,在各学科间的批判趋势中,人种志对人类学的这一单纯有灵感的借用将不会有效,但**在强烈的批判之下**,如《书写文化》所提供的那样,对人种志道义(ethos)的借用是具有强大吸引力的。

在人类学学科之外,《书写文化》的命运可能与各学科间原本嵌入的批判趋势之命运联系在一起。在美国,20世纪80年代是一个思想和反省理论范式的黄金时代,一个通过对权威修辞的强有力消解来实现学术目标和知识本质多样化深刻转向的黄金时代。在发现新的理论理念这一意义上,20世纪90年代要乏味得多,但世界本身则变得更有趣了——全球化的故事、"新的世界秩序"、大量对于民族国家消亡的报道、**世纪末艺术**($fin\text{-}de\text{-}siècle$)的结束和开始、科学技术在生物基因和信息领域的胜利、意义深远的原教旨宗教信仰回归等等。以坚定的、独创性的和有耐心的方式去探索20世纪80年代的理念是一种挑战,但这种以先锋派渴望新奇和震惊的那种快速而表面的反应来转换研究方法的意愿甚或倾向是否存在,却并不十分清楚。先锋派显然是20世纪80年代学术界各学科间运动的风格,不辞辛劳和小心地探索这些相似理念的特点可以理解正在呈现的实践和进程。在这一点上,《书写文化》和那些业已接收到跨学科批判趋势中的方式——这些批判趋势致力于维系其批判锋芒——仍然是那些学者们的态度和可能性的先驱,他们成长在旧有的左派、自由主义知识传统之中,但生活在政治上十分保守而又变化莫测的不确定时代。

《公共文化》倡议

文化研究出现于20世纪80年代末,它是作为在这之前的,并与之重叠的、无规则的各科领域的中心趋势或名称而出现的。《书写文化》之后的文化人类学世界被赋予了一种进一步深入的途径,得以进入由阿尔让·阿帕杜莱(Arjun Appadurai)和卡罗·波若肯瑞基(Carol Breckenridge)所承担《公共文化》(*Public Culture*)倡议下变成文化研究之研究工作的一切标志性主题、风格和关注点之中。这一倡议首先在20世纪80年代末成形,开始是作为一个通讯和有着共同兴趣的学者们的一个国际网络,而后作为一个有着一个异常活跃的集体编辑队伍、两个刊号的(杜克大学出版社的和明尼苏达大学出版社的)、声名鹊起的获奖杂志(从1988年起)以及独立的芝加哥跨文化研究中心(Center for Transcultural Studies)的一个联络点。该中心在过去数年间由一系列专题研讨会和国际研讨会提供资金和赞助,有着多学科的参与,但以人类学(通过芝加哥大学人类学系毕业生间的普遍联系)为其核心。这一计划是文化研究在美国大量扩散期间一个强有力的存在。

对于美国学术界而言,《公共文化》在其出版物和研讨会上是个独一无二的、展示非欧美(特别是来自中国、印度和苏联的)知识分子和学者间讨论和论争的公开辩论场所。就聚焦文化的研究与现在被所谓的全球化(参见 Appadurai 1996)所俘虏的变革而论,它是早熟的。诸如此类,它提供了一种统治冷战时代学术界的、非欧洲世界研究的区域研究体制所亟须的批判。它寻求探索对必定适应本质上跨文化进程的文化和地理处境的理解方式,20世纪90年代的世界正到处形成既定位又流动的文化想象。《公共文化》事实上是用来标志这一领域的概念,它充满了20世纪80年代和20世纪90年代那种使人晕头转向的混合学术理论趋势。当年的那种趋势结合了来自许多不同地方的说法和权威声音,这对西方这一公开辩论场所而言是独一无二的。

1989年,关于《撒旦诗篇》(*Satanic Verses*)和萨尔曼·拉什迪(Salman Rushdie)的争议首先给《公共文化》倡议提供了一个绝大部分有报道价值的事件,以及一个幸运地使一个象征性跨文化领域向大众观点迈进的具体化的事件。它提供了一个在西方和世界上其他地方进行的,带来对《公共文化》倡议之关注的广泛讨论的严峻考验。与此同时,这一初步参与提供给飞速发展的、主要由在美国大学中的南亚作家们生产的所谓后殖民学说一个额外的公开辩论场所。《公共文化》本质上是政治性的、尖锐分析的和高度复杂的,在其对西方文化理论的接受和采用中,后殖民学说成为《公共文化》自己的领域,但也成为美国文化研究"世界化"的一种主要的影响。

然而,《公共文化》的出版物和研讨会是对一直在文化研究庇护之下发展和重组的理念和运动之最广泛、最多样批判和运用的发源地。除了早期对全球化的呈现之外,它介绍和推进了一系列重要的讨论:散居和流亡、对跨文化公共领域和"想象共同体"(依照 Anderson 1983)的认同关系、不同地方政府的生存能力、历史和记忆在民族信仰中的作用、市民社会和人权状况、现代性和后现代性自身的比较及其跨文化意义等等。这不但是对主题、地点和它所提出的当代问题的折中,而且也是方法的折中。《公共文化》从传媒研究、电影批评和通俗文化研究中借鉴了许多东西。常常是因为人种志的敏感,它并不把自己局限于任何一个学科的传统方法,而是差不多整合了文化分析的整个手段。

因此,《公共文化》倡议为知识资本的考察提供了最重要的跨文化/超文化竞技场,否则知识资本的发展就会只重视西方。就聚集在文化研究成规之下的、出现在更早批判趋势中的兴趣而论,它变成20世纪90年代早期最明显的途径,通过它可以在其他对非西方世界的学术关注中倾听和吸收人类学。在批判了《书写文化》之后,它向人类学新的研究工作而不是以往所界定的研究方式开放了空间,《公共文化》倡议实际上促进了研究的主流方向,人类学可能与文化研究竞技场在美国学术界出现的相关问题、理论和讨论是一致的。于是,从文化研究的学术视角来看,它能看见其自身在人类学中的反映一点也不奇怪,这正是《公共文化》倡议在整个20世纪90年代所竭力鼓励的,因此为人类学提供了在《书写文化》批判之后的第二种和后续的认识途径。

第三，文化研究与人类学有过怎样的联系？

因为当前美国的文化研究扩散包含了知识的复杂组织（集聚），要解释文化研究影响文化人类学当代研究计划的特殊途径就显得十分困难。这些途径曾是差异性的、分散的、多元中立的，但毫无疑问是有价值的（例如，通过作为通往相反方向之途径的《书写文化》批判和《公共文化》倡议，回到学科而非跨学科的领域）。例如，通过刚才讨论过的《公共文化》倡议至关重要的信息交换功能，文化研究通过后殖民学说或通俗文化研究等其他研究领域进入人类学。通过女权主义研究向性属研究的变革，伴随着同性恋研究的兴起，文化研究曾进入过人类学。把先前对民族志电影的狭隘追求和研究变革为一个涵括了人种志和土著传媒领域的努力已经带来了一种对文化研究的探索风格和对人类学感兴趣论题的强劲影响。事实上，就文化研究的形象而言，原本的英国信息看来对人类学几乎没有什么影响，但通过斡旋，先前发展中的各学科间的空间改组为20世纪90年代一般意义上的文化研究的特征，它对美国人类学的影响由此得到深化。

也许聚焦于过去十年来文化研究对文化人类学总体影响方式的最好办法是，探索当时所具有的讽刺事件，即许多为那时的文化人类学研究生训练所吸引的学生们，不是因为他们对这一学科的认知，或对这一学科以往具体的方向，而是因为跨学科取向对他们的影响，诸如女权主义、后殖民研究和文化研究这样一些席卷过去二十年来知识生产组织的领域是具有诱惑力的。在这些趋势中，正如我们已经描绘过的，人类学——其特质、方式及其主题——已经成为通过《书写文化》批判和《公共文化》倡议在不同时刻产生之影响的关键特征。这已经激发了有着非凡天赋的研究生对人类学的介入，他们有时更多地为人类学在文学和文化研究中所获得的声誉（人类学作为一个通过自我批判而不断被推进的学科——一个实际上很显著的成就）而不是被他们现今所遭遇的（特别是人类学研究生训练的优秀院系的）教育的实际状况所驱使。他们被如下的某些范例拉（或受到激励而）进研究所：人类学如何被用于非人类学家（如布鲁诺·拉图尔[Bruno Latour]、唐娜·哈拉维[Donna Haraway]、吉姆·克利福德或安德鲁·罗斯[Andrew Ross]等人）的著作中，或为著名人类学家所发展的人类学如何深深地认同于跨学科取向（如热纳托·罗萨尔多[Renato Rosaldo]、埃米莉·马丁[Emily Martin]、朵云·近藤[Dorinne Kondo]以及不断增加的其他人）。尤其需要指出的是，把学术引领到特殊院系的灯塔，也许始终是50年代早期到50年代中期这一过渡期的那代资深教授们使自己的论著成为闻名遐迩、令人印象深刻的人种志第一手著作所致。然而，正是这些为文化人类学的外在荣耀所激励的同一批学生，却发现一旦置身于该训练体制之下，他们自己便处于一个以20世纪80年代以来人类学的改造趋势尚未解决的以盲目和犹豫为特征的更复杂的境况之中。

那么，上述这一未解决的教育境况是学生们如今实际上到任何一个研究生院都会面临的吗？在这里，我乞灵于一种视角，它既源于我自己在过去一些年中指导一个研究生项目过程中的发现——无可否认地，一个更强烈地融入跨学科趋势而不是人类学中心传统的发现——也源于我和参与训练研究生的大学教员们的许多谈话。这一视角的中心是观察到了在许多资深人类学教授研究生涯中有一种令人感兴趣的断裂,它进而反映了文化人类学所有主要研究生项目中以不同方式被剔出和忽略的一个关键困境。对这种差异性的一个调查将显示出今天人类学研究实践意识形态上的许多改变,进而显示出学科信仰和传统的命运。

置身于包括我自己和同行在内的这些最著名的人类学家行列中,我已经注意到在第一类和第二类研究计划间的一种明显断裂。这样一些人类学家的第一类研究计划能在过去五十年来稳定的适当学科实践框架中得到充分理解,它仍然至少是正式限定了范畴,通过这些范畴,博士学位论文计划的选题被确定,工作被明确,课程——特别是大学课程——被形成。为了对世界民族学志档案有所贡献而被划分为不同文化区域(每个区域都有一种直接的人类学对话历史和探索轨道)的田野调查仍然以研究生训练为目的。最初的民族学志研究训练计划——对另一种语言的两年或多年的田野调查,博士学位论文的赞扬,紧跟着一部专题著作的出版——建构了获得学术任命和终身职位的资本。而置于传统体制中进行人类学研究的计划,就其自身而言,仍然是有活力的,而这一体制本身——某种关于人种志的态度及其应该是一种对人类学的适当关注和敏感的职业特质——仍然维系了人类学学科中强大的体制、界限分明的传统和深层的构成。

于是,这些资深学者有第二类的研究计划,这反映了人类学中过去二十年来跨学科取向中同样有力的合法性。这些第二类的研究计划划定了一个实验区域,它在传统体制阴影之下发展起来,但以各种不同方式背离了存在已久的训练模型及职业生涯。这实际上在适当的地方仍然强有力地充当了人类学知识组织之内当代资深教授的身份基础和他们的职业特质基础。确切地说,处于这些第二类的研究计划中心的问题是:为了非惯例的目标、领域和主题而废除人种志惯例,特别是在确定田野调查选址时,从定居共同体转向散居现象,公然反抗经典人种志所框定和接受的方式。现代性和后现代性文化复杂理论的重要性,对不同范式(特别是关注文本和文化制品分析的范式)的运用,是这些第二类的研究计划的中心。如何在这些第二类的研究计划中保存人种志的核心学科特质和承诺,这是对资深学者们的一个主要的和令人激动的挑战。在这一点上,他们希望这些学者们超越在人种志生产中训练模型和预期的特殊限制,超越仍为这些模型所形成的学科合法性机构以及仍然依赖这些模型以建立一个成功生涯的努力。资深学者们有很多意见并相对不受约束地与有两种统计方式的——甚或分裂的——形成第一类和第二类计划的体制达成协议。[4]

但是,如上所示,研究生经常被他们教授的第二类计划的范例拖进现今的人类学,进而受到跨学科取向强有力的激励,在尚在改造人类学的困境中难以像他们的教授一样自由自在。他们迫使他们的教授协调其自己对于研究模式的困惑和承诺,教授们自己参与制定了第一类计划中的模式,但是如果这些模式不能以某种方式兑现为研究理念提供给学生的话,现在也许会被他们的学生所遗弃。因此,在学生们追求更像他们的教授最近所做工作的渴望中,传统的训练体制即刻处于危急之中;而在资深学者和大学教师们自己个人的研究实践中,这一体制并不即刻处于危急之中。在后一种情形下,学科传统的危机已经被推迟或回避,然而它正面临这样一个正待协商的研究计划,研究生们期望仅仅依照范例进行博士论文写作,而不是训练模式。

正是在协商的这一场景中,以及它在每个院系中(在资深学者们与他们自己的著作间有优势的协议中也不例外)是如何结束的场景中——学科的关键转向正被制定。研究的新意识形态断断续续地出现在过渡时代的这一最初场景中,这种过渡在一些地方平稳进行,而在另一些地方则充满痛苦。

教研究生们些什么呢？让他们阅读在一种"人类学史"课程框架之外的哪些传统读物呢？这在许多博士培养项目中是至关重要的事情。我的印象是：核心课程的中心已经从人类学家们的旧有著作转到他们关于跨学科文化彻底混合的更为当代的著作上来。然而,在我看来,训练现今学生的中心是对在新著作中将被看作民族志的作品意义和价值的调和,既考虑到人类学家们自己所拥有的巨大象征和实际的资本,又考虑到它(作为这一实践的主人)在其身份已经被流通的跨学科领域中为人类学所创造的负有盛名的神秘。确切地说,在可以接受的人种志议题中,人类学家们经常因其认同方式甚或他们毫无贡献的中心实践而被歪曲,这已经被应用于文化研究等领域。例如,在人类学家们中间,我经常听见,一系列有主题的访谈或随意接触是多么非"人种志"的,由文化研究学说所生产的所谓人种志是如何被理论所压倒的,而这些著作中没有什么原创观点。然而,在人类学家们自己的学术领域中,他们的一些最有天赋的研究生们正带给他们诸种计划新的思路,人种志在这些计划中已在人类学领域中获得认识和重视,人种志声称还要从属于某些首位的主题兴趣、理论主张和其他方式。事实上,在我已经提到的协商的最初场景中,即便是那些资深人类学家们已经把自己当前的研究工作深深地置于跨学科影响和研究风格中加以界定,并成为吸引新类型学生到人类学中的一个优势,但是他们还是往往迫于某种学科定界的保守立场("但这不是人类学！"),或至少被迫为自己界定一些限制,即作为人类学博士学位研究那种明晰且传统的训练模式的消除所能接受的东西,而接受的方式则是自己所吸引的学生所具有的研究倾向和思路。

当然,在当代研究生训练中,教育学任务更客观的方面是使得这些必要的必需品和学生们一起适应于过去二十年来获得重塑的社会和文化人类学的知性影响。更为乐观的观点是：这毫无疑问是到处都在发生的。虽然,在我看来,这一正在进行的过程中最重要的任务,是明确地重新思考或翻译(如果你愿意采纳这个字眼)训练模式中对研究的新形式如此有建设性的人类学特质和方法。这样一来,人类学家们将能够说服他们自己：在这些竞技场中,他们通过他们自己的标准来做很棒的人种志研究,进而与他们的过去有着直接和深刻的联系。我相信,只有这样,人类学家们才能复兴他们对他们自己新工作的启发性论争(这在我看来是非常缺乏的),而不是对如今统治了相对较新的人类学研究工作竞技场的优秀人种志的美学评价和赞美。它们将替代那些理所当然被崇敬的典范研究——予人深刻印象的研究工作,在这一学科内我们没有对此进行进一步讨论和争论的基础——而成为更深刻和更持久讨论的中心,并重新创造当前学科内部相当空白的公共领域讨论的重心。这将有待于当前对专业创始的关键时期各种计划的改造,现在教授和学生们正在他们的错误认知和崭新理解中对这些计划进行磋商。

不管近年来对于人种志研究有关表征的所有复杂讨论如何众说纷纭,在我看来,处于(在其他方面保持和谐的教授们对在文化研究过程中被构想出来的各种计划的反应的)矛盾核心的是人种志报告中厚实典范的缺席,甚或完全平实著作的出现。许多"很棒的"人种志特质隐含着要求某人的田野调查能够厚重或平实的能力。在我看来,当教授们在他们学生的各种计划中号召更多的"人类学"时,这与获得对一个研究试点或领域的一种足够彻底的观察者的知识有关,当被其他人类学家们质疑时,人种志学者能提供更厚实的或者至少更平实的描绘。这可能会引发一种深层的怀疑:无论人种志采用何种写作形式,理论对话、某些事先包装好的比喻、分析和书写的框架都是任何优秀的人种志学者应该知道或能够言说的一切之辩解。

事实上,如何在新领域中以及十分新奇怪异的复杂理论中满足各种计划的厚重或平实感,不仅是人类学方法新规则的操作问题,更是正在进行的博士论文计划的实际磋商中如何处理人种志本身的问题。

关键的事实是:实际上,当代人种志学者进入的所有田野调查空间或场景没有一个是完全不和其他表征计划蹉商的——田野工作者进入这些空间不再有任何问题,就好像表征的其他层面和相互竞争的部分并不存在一样。因此,人种志视角的新颖性不是取决于重新创造一种对"他者"的发现(优秀的文学新闻记者们可能相继到达这里),而是任何对作为研究对象的他者直接和经验的感觉——仍然是人类学的一种不同贡献——必定伴随着通过已经存在的表征的密集网络而达成的协调。人种志因而变成一种他者的"书写机器",最终成为人种志研究习惯上的描绘焦点的平实事件、行动和行为也已经被大量表征/描绘和书写。

人种志学者在他们的著作中采用了一种相当原始甚至天真的书写形构或经济学书写,对他们而言,在被其他权力和组织结构所征服的,被理解为书写机器,有着更复杂的表征生产(例如合法意见、合作报告、新闻副本或新闻报道的生产以及他们为了研究、事实筛选和编辑控制而进行的精细劳动分工)的事物中,也许有某种令人生畏的东西。一种刻板印象是:孤独的人类学家和他的笔记、打印机和文字处理员,在法律、传媒、科学和当代政治运动的巨大共同结构中工作。"书写文化"如今意味着对人类学中天真书写模式的超越,当人种志学者发现他们自己被卷入其他类型的书写机器,不是作为知性工作的分离功能——分离于田野调查——而是作为其不可或缺、不可分割的部分时。人种志进程被卷入高度结构化的表征计划的重叠——书写机器——最后意味着包括制度和日常生活世界作为平行和复杂相连的研究目标在人种志探索的同一框架中进行。一种书写机制的理想不仅是思考这一更为复杂的人种志目标的有趣方式,而是一种田野调查自身的决定性特征,它足以不支持在辉煌孤立中的传统人类学原始书写机制。

因而,人种志的书写功能最终使人类学家们自身与他们的研究语境联系在一起,他们越来越发现他们自己与他们的书写处于不确定的回应、反应、接受和竞争的环境中,当他们在其他表征模式中提供了他们经典的知识形式时,"书写文化"因而成为更广泛的练习,表明的不仅是在某种控制文类中的文本生产,而是一个对在这个研究定位已经改变的勇敢新世界中不同田野调查本身的研究进程的比喻。

于是文化研究在此刻的影响遭遇了某种人类学的后《书写文化》危机,它不再十分关注已经出版的人种志将看起来像什么,而是关注田野调查自身在处理主要处于文化研究理论和论争领域之中的主题以及很难以人种志研究的旧有范式来把握的主题时将变成怎样(参见 Marcus 1999)。正如我们已经看到的那样,在导师及其学生双重结合的研究生项目中,研究的形成及其与训练模式的联系是非常有争议的。事实上,在通俗文化文类及其接受、文化工业、传媒、社会运动和性属及身份政治等与此同时拥有阵地的研究中,某些已经建立了的文化研究的研究样式混合了文本分析和人种志实践,但人类学这一学科的未来需要其自身的新实践,关键是修改至少在意识形态上仍然是合适的人种志研究的经典概念,因为模式并不真正存在于文化研究本身。文化研究为《书写文化》之后以及在诸如《公共文化》等这样一些影响深远的计划框架中的人类学家们提供了文化研究论题兴趣的一种扩展方式,但人类学如今在追求新的方法论实践,这一变革可能在其自我构想的学科空间内,而不是在跨学科作用和特许的标识之下占有一席之地。与此同时,文化研究的研究样式更是一种灵感而非一个模式,并被那些混杂着怀疑和犹豫的人类学家们吸收。

(潘纯琳　王晓路　译)

注释:

[1] 这些年来,我一直打算以文化分析的形式完成一个我对美国人文和社会科学学科的骚动之体验的部分书写记录。该骚动开始于20世纪80年代早期,包括如今正在成熟的文化研究运动。但我也许将不能完成它。多年以来,这一领域一直在飞速转换;我憎恶陷入对多年来我不得不说的一切负责的泥沼,而且还是在我想说的一切都已经被说过无数次之后。这一论述不是从一个有距离的视角或评论对文化研究这些观念、优点和罪过的回顾,而实际上是对可能被卷入这一精力旺盛的、非常具有异国情调的世界的一切的一个人种志的记忆,集中于其习惯、风俗和实践及所有风格化了的当代人种志自身参与运动。我想表达的一切感觉都已经在1988年的一篇文章(Marcus 1992)中给出,它使得一个大学出版社的编辑请我在这样一些对"关键时刻"的评论非常需要的时候写一部这种风格的小书。无论如何,至我基本上采用人种志方式的角度来书写文化研究,特别是在其与人类学的分界线上,这是对我这儿所写论点的有力证明。

[2] 文化研究中文化概念的重叠所缺乏的是对人类学概念非常重要的整体论。对人类学家而言,文化被集中于日常、普通和平常之中,但它也通过研究程序、信仰、风俗和仪式的功能性相互关系而包含了文化的整体性。人类学概念的整体论当然来自人类学对于被看作时空中孤立整体的小规模的所谓部落社会的普遍占支配地位的关注,所以并不完全适合文化研究的用途。在人类学中概念化的习惯已经显著衰落,使得分析的整体论风格更少相关并将文化的人类学概念带入与文化研究的更大重叠之中。

[3] 美国文学研究成为文化研究野心的最初阶段将与文化研究的英国初始期(开始于20世纪50年代)加以区分。英国如今已成为美国文化研究之扩散的、更特殊的偶像和膜拜之地。正如已经指出的那样,这一扩散试图给所有20世纪80年代前的批判骚动下定义。在20世纪80年代早期,文学的作用是流行的,作为文化研究的理论圣器;英国文化研究先例是在场的,但仅仅作为一个变形,而不是作为一种统治性影响而存在。然而,到20世纪80年代末期,标志性的文化研究已经成为对前些年骚乱的一种一般性确认,英国文化研究传统获得偶像和更独立的意义,而文学研究把自我确认为文化研究的早期兴趣流入这一更普遍的重新组织化中。这一重组是关于传统人文和社会科学学科中批判骚乱的发展

中的跨学科空间的。

[4] 20世纪80年代以来,在跨学科趋势对人类学影响的觉醒中,这一学科的两种统计方式状况经常在各种立场中被表露,尽管对于这一影响是如何重要及曾经如何重要的问题,有着差异显著的看法。例如,最近我发现在一部流行的人类学选集中,一个英国人类学家一篇简洁的《泰晤士报文学增刊》(TLS)评论中的下述观点,正如出现在史密逊尼研究机构(Simithsonian Institution)的一份出版物中的观点那样(David Gellner, *TLS* Oct. 30, 1998, p. 32.)。

英国人类学是一个边界模糊的学科……情况非常不同于北美,那儿不像英国,对于人类学被看作什么,以及无经验的人类学家在通过他们的博士研究(即文化人类学、生物人类学、考古人类学和语言人类学等"四个领域")之前,必须通过什么等问题有着重要的一致认识……这本书(《人类学探索》)提供了一种主要由解构的、后现代关注使其保持平静的大众人类学职业感,它注重运用基本概念的安全性。这种关注是其精英成员最具影响力的输出中的一部分,它既是对邻近学科又是对并不相关的人类学的大输出。

这一评论看起来至少与我对一个仍然制度地和意识形态地深深地嵌入其传统认同之中的学科所做的区分相关,但在其典范(其当代"精英"?)中引起和激起的讨论正向其他的、定义还不明确的方向移动。这种方向威胁着"大众人类学职业"中统一性和可能斗志的出现。我认为,这一冲突是研究生们在其研究形式中必须最直接和敏锐地处理的。事实上,如果院系分离的当前趋势继续导致其本质认同为从事仅仅是社会和文化人类学,而远离其他两种亚研究领域并最经常地界定自己关于所谓的跨学科精英趋势(正如先前发生在杜克大学、最近戏剧性地发生在斯坦福大学的,在许多院系中作为一个基础而存在的那些趋势),于是人们不得不追问在上述评论中发现的最后论断的准确性。

185

参考文献:

Anderson, Benedict (1983). *Imagined Communities*. London: Verso.

Appadurai, Arjun (1996). *Modernity at Large: Cultural Dimensions of Globalization*. Minneapolis: University of Minnesota Press.

Asad, Talal (ed.) (1973). *Anthropology and the Colonial Encounter*. New York: Humanities Press.

Clifford, James and George E. Marcus (eds.) (1986). *Writing Culture: The Poetics and Politics of Ethnography*. Berkeley: University of California Press.

Gordon, Deborah and Ruth Behar (eds.) (1995). *Women Writing Culture*. Berkeley: University of California Press.

Grossberg, Lawrence, Gary Nelson, and Paula Treichler (eds.) (1992). *Cultural Studies*. New York: Routledge.

Hymes, Dell (ed.) (1969). *Reinventing Anthropology*. New York: Pantheon Books.

di Leonardo, Micaeola (ed.) (1991). *Gender at the Crossroads: Feminist Anthropology in the Postmodern Era*. Berkeley: University of California Press.

Marcus, George E. (1992). "A Broad(er)side to the Canon, Being a Partial Account of a Year of Travel Among Textual Communities in the Realm of Humanities Centers, and Including a Collection of Artificial Curiosities." In *Rereading Cultural Anthropology*, ed. George E. Marcus. Durham: Duke University Press.

Marcus, George E. (ed.) (1999). *Critical Anthropology Now: Unexpected Contexts, Shifting Constituencies, Changing Agendas*. Santa Fe: School of American Research Press.

Marcus, George E. and Michael Fischer (1999). *Anthropology as Cultural Critique: An Experimental Moment in the Human Science*, 2nd edn. Chicago: University of Chicago Press. First published 1986.

Williams, Raymond (1976). *Keywords: A Vocabulary of Culture and Society*. New York: Oxford University Press.

第11章
媒介研究和文化研究:共生趋向

约翰·恩古耶·厄尼(John Nguyet Erni)

从美国和英国的许多描述可以看出,文化研究理论与媒介研究领域的整合是迅捷而影响深远的。[1]这一整合已经被认可为一场横跨大西洋的运动,是对无数历史性反省的见证,而这种反省是美国(以美国为基础的)大众传播学者们对这一领域如何遭遇、并在不同层面吸收英国文化研究所提供的(参见 Carey 1997;Delia 1987;Hardt 1992;Heyer 1988;Levy & Gurevitch 1994)。的确,这些年来,从"大众传播研究"向"媒介研究"的转向——作为经验主义和目录文献学的标识——已经成为一场被文化研究打上无法磨灭印记的演进。

尽管媒介研究和文化研究二者相互影响,共享方法,共同关注文化文本和商品的生产与接受,然而它们并非同义词。它们分别由不同的历史、学科和知识轨道引起。意义最为重大的差异在于那浸透欧洲大陆哲学(Continental Philosophy)(最贴近结构主义传统及其后变种)的马克思主义的介入,这使得文化研究能够通过以下方式重新装配媒介研究领域:(一)"大众传媒"重置于"大众文化"的批判研究之中(特别关注"大众阶层"的文化);(二)对符号学和意识形态批评的知识和政治投资;(三)加强基于身份认同的传媒批评;其结果是,(四)生产——或建构——一种介于传媒政治经济学批判和传媒文化研究之间的方法论框架。

在这一章中,我考察了过去三十年来美国媒介研究领域的这些变革。我的论点是:文化研究与媒介研究迅速而成功的整合表明,大众传播研究(特别是在美国)已经意识到并充分接纳传媒作为一种**政治社会实践**的事实。实际上,注意到这一点是很重要的:先于英国文化研究的"到来",美国媒介研究已经看到对于传媒应用之政治功能和后果的一种密切关注,以及随之在所谓"行政的"和"批判的"媒介研究之间的对比中引人注目的一场论争。英国文化研究为什么能成功应用的另一重要原因是:大众传播理论和研究中一股强有力的知识潮流已经为一种进入传媒和社会的"文化"途径奠定了基础。詹姆斯·W.凯里(James W. Carey)在其论著中曾对此优雅地进行了言说。凯里在这一领域的立场曾与"美国文化研究"有着最密切的联系。在本章结尾,我将考虑到一些媒介研究的典范著作,特别是那些关注全球传媒文化的著作。这些著作将取自一种非美国的背景。

媒介研究的历史遗产和知识遗产

"领域中的喧嚣"(Ferment in the Field)(1983)是《传播学季刊》(Journal of Communication)的一期专号,其20周年纪念日就快到了,它为一场影响美国大众传播研究的经验主义力量论争提供了一个里程碑式机会。"领域中的喧嚣"敏锐地评价了二战以来形成许多美国大众传播研究之基础的实证主义和新行为主义的遗产,提供了一种作为"批判理论"而闻名遐迩和意义重大的替代范式。该评价中的操作性术语是"替代性的"、标志性的和有趣的,更多的是展示不同传统的意图而非与过去传统的彻底战斗。这期杂志三十五篇论文中的许多篇目对批判性的马克思主义导向的媒介研究进行了概述,其中心关注点是权力和控制问题。在这里,据珍妮弗·达利·斯莱克(Jennifer Daryl Slack)和马丁·阿洛(Martin Allor)的论文,批判学说译自欧洲马克思主义和法兰克福学派更特殊的批判理论(1983:208—9),而据达拉斯·斯迈思(Dallas Smythe)和陈文定(Tran Van Dinh)的论文,批判学说译自"要求对其体系背景中现象的矛盾方面进行批判"的政治经济学。

可以确定的是,"领域中的喧嚣"对一场横跨大西洋的遭遇而言是一个时机。在最广泛的意义上,"大众传播"过去曾是——现在仍是——美洲和欧洲一场历史和知识遭遇的地点,前者是充满进步、实用主义和自由主义多元论等社会和政治精神的美洲,后者是以法西斯主义、流亡、分裂和对抗等历史经验而闻名的欧洲(Carey 1985,1991,1997)。大众传媒作为生产一种"民主秩序"、控制"舆论"甚或支持"行为决定论"的理念受到极端置疑。因此,在一定程度上,"领域中的喧嚣"更多的是对美国大众传播研究传统的挑战;在更为含蓄的层面上,它是对美国民主主义的一次进攻。然而正如许多学者的后见之明一样,被著称为"行政的"与"批判的"大众传播研究的两极化"争鸣"姿态也迅速地否定了美国传统的历史性,就像权力和控制的问题无视于那一传统的参与者一样。为了正确看待文化研究的理论和方法如何通过"喧嚣"而渗出,本文将展示自20世纪40年代以来美国大众传播研究中一些有代表性的研究问题,以及那些来自20世纪60年代欧洲和英国的替代性范式中的问题。我说渗出是因为在"喧嚣"中所建议的替代性范式仅仅代表了为传播学量身打造的文化研究的一种说法,这不能被混淆为整个文化研究的全部知识计划。稍后我将回到这一点。

大体而言,在美国大众传播研究传统中所检视和探索的一些中心研究问题包括:传播和共同体组织进程间的关系是什么?(例如 Dewey 1927;Bryson 1948;Burke 1945);大众传播,特别是报刊、商业广告、电视和政治宣传如何参与和改变美国现代化的社会现实?(例如 Enzensberger 1970;Lasswell 1927;McLuhan 1964;Meyrowitz 1985;同时参见 Peters 1989,1996);能被定量地而非纯理论地研究以测定其社会影响(特别是在形成公众意见方面)的大众传播学及其方法是什么?(例如 Hovland et al. 1949;Schramm 1948,1949,1954;Berelson & Janowitz 1950);个人和更广大的分裂的公众如何为传媒生产的消息内容所刺激?(例如 Lasswell 1948;Klapper 1949);个人如何运用大众传播以维持他或她自己作为一个起作用的社会成员的地位？（例如 Wright 1986；Blumler & Katz 1974）；媒介研究技术,如广播和广告,如何得以改造以连接专业世界和更广大的传媒市场？（例如 Lazarsfeld 1938；Lazarsfeld & Stanton 1949）；传媒,特别是电视内容,如何培植对受众和社会的长期影响？（例如 Gerbner et al. 1980；Morgan 1989）。总而言之,20 世纪 40 年代以来的美国大众传播传统已经成为一项社会科学事业,它由正出现的、反对测量传媒影响的功能和"实践"型研究所塑形,这一方面导致大众传播研究的专业化,另一方面,导致了对大众传媒的一种实证主义社会学的理解（尽管受到了当前社会学芝加哥学派阐释传统的影响）。尤其是从 20 世纪 40 年代到 20 世纪 60 年代,传媒"批评"的观念在很大程度上包括了方法论的争议,据汉诺·哈尔特（Hanno Hardt 1992）的观点,"一定会威胁到创造性或创新性的探索模式"（第 122 页）。行为科学导向成为探索的资源和结果,因此这一领域的专门化和一个"单元周期"捆绑到了一起（Hardt p. 122）。

迄今为止,媒介研究的学生们对保罗·拉扎斯菲尔德（Paul Lazarsfeld）和西奥多·阿多诺（Theodor Adorno）在 20 世纪 30 年代末的冲突已经很熟悉,他们由洛克菲勒基金会资助,在普林斯顿合作进行的有缺陷的广播研究,标志着大众传播研究道路上的一个主要分歧。他们的冲突将代替源自"批判"传统的所谓的"行政"传统的分歧。拉扎斯菲尔德在给阿多诺的 161 页备忘录中责备他"忽视证据和系统的经验主义研究"（Lazarsfeld 1938）。另一方面,阿多诺回忆起无线电广播计划作为仅仅是对主流商业体系的反应之兴趣,以至于"体系本身的结构和含义是不用分析的。"（Adorno 1976：71）。阿多诺和法兰克福学派那些在 20 世纪 40 年代从纳粹德国移民到美国的其他成员们的影响是深刻的,因为他们把德国社会科学（Sozialforschung）进口到美国社会科学研究传统中。他们关注大众文化的历史特征以及一方面被大众文化消费所强加、另一方面被社会政治现实所强加（个人主义的）价值的可能断裂。他们的理论规划是明显马克思主义的。他们关键的挑战是马克斯·霍克海默（Max Horkheimer）对于当前美国社会科学研究中所呈现的"对事实卓绝的搜集……与问题相关的为数众多的细节的搜集"的抽象化的经验主义的批判（Horkheimer & Adorno 1972：190-1）。

传播研究中受法兰克福学派批判传统影响的重要著作追问过两类主要问题：第一,大众传媒的工业化及其集中的所有权和控制权对美国社会而言是值得向往的吗？（例如 Horkheimer & Adorno 1972；Schiller 1989；Smythe 1981；Lowenthal 1984）。第二,当公共传播的新概念使其不仅是商业文化,而且是公众参与和审议的共享领域时,其"解放的潜能"又是什么？这一新的概念化是为总体主义的历史经验所必需的吗（例如 Harbermas 1979；Arendt 1951；Levinas 1989）？ 总的来说,通过迫使美国传播研究去面对大众文化的非民主特征,去处理研究与主流政治和经济体系的可能共谋,为批判理论所重新装配的媒介研究已经丰富了理论对话。**大体说来,从"美国大众传播研究"到"批判媒介研究"的变革要求一个对社会、对实证主义哲学和功能主义、非行为主义的社会理论的激进批判**。这是体现在"领域中的喧嚣"中的集体精神,一种被法兰克福学派辛辣哲学详细阐述所迷住的精神。今天,几乎是二十年后,媒介研究领域继续在一个分支领域的阴影之下进行,即使此时的社会科学研究特征已经完全在不同程度上呈现出了批判的新马克思主义（critical neo-Marxian）范式。[2]

"领域中的喧嚣"为结合英国文化研究打开了大门,其方式是通过后者与批判理论的知识联系。然而,有趣的是,英国文化研究和法兰克福学派共享的新马克思主义导向已经从中产生了另一个分支领域,一个常常被文化研究和政治经济学的分离打上印记的领域。这一分离曾常常作为一方面是对文本事件和受众兴趣的关注,而另一方面则是对传媒生产装置的关注之间的对比而被提到。一个门道通往两个房间。这一分离的特征和后果将在本章稍后部分更为详尽地讨论。这里重要的是,媒介研究领域对文化研究的吸收在"传播"形象中,以及更为具体的是,在生产—文本—消费进程(粗糙的和机械的)的形象中,被标注为一种独特而新兴的建构[3]。

劳伦斯·格罗斯伯格(Lawrence Grossberg)(1997b)已经暗示了"在史学和谱系学的意义上,传播学科是美国文化研究一个明显和明确的计划的第一个主要开放基点"(第279页)。斯图尔特·霍尔(1969—70)在回顾伯明翰当代文化研究中心(the Centre for Contemporary Cultural Studies)的发展中也评论了作为媒介研究基点中心工作的事实上的看法:"研究中心在引向关注'当代文化'批判研究的导向中,其观念在本质上已经成为一个电视、大众传媒和流行文化的研究中心……尽管这与我们对这一状况的感觉不相符……但界定我们自己以及我们的工作,无论如何都刻不容缓。"(引自 Grossberg 1997b:281—2)。此外,媒介研究这一领域的许多观点都来自理查德·约翰逊(Richard Johnson)的论文《文化研究究竟是什么?》("What is Cultural Studies Anyway?")(1986—7),这将成为文化研究接近传媒的范式性框架。约翰逊的论文提供了一个类似于传统传播理论三焦点的文化研究模式,即分别关注生产、文本性和接受三个维度(Grossberg 1997b:286)。其结果是,通过把"文化"还原为"传播",由雷蒙·威廉斯、理查德·霍加特和斯图尔特·霍尔开创的更广泛文化研究计划进入到美国媒介研究之中(Grossberg 1997b:282)。另一方面,格罗斯伯格已经指出,对霍尔论文《编码/解码》("Encoding/Decoding")(1980)的某些误读以及由此而来的对马克思《1857—1858年经济学手稿》("Grundrisse")导言的误读,也促成了这一领域根据一种传统(常常是不关心政治的)传播模型标准来调整文化研究的愿望(出处同上,第283—286页)。

因此,有趣的是,无论是有意或无意,这些年来美国媒介研究领域的惊人变化经验取决于"文化"这个含糊不清(和无可否认地富有争议性)的术语。我的意思是,这一领域的发展可以通过以"文化的"为中心旋转的三个"支点"而得以见证。整个的知识变革将沿着这样的途径行进:(欧洲的)"公共领域"——(英国的)"文明"——(美国的)"进步的社会"观念,然后将被(横跨大西洋的)"文化"帝国所捕获。这是这一领域的第一个支点。第二个支点性的变化需要如上所论的"文化"与"传播"之间的转化(translation)。而第三个支点涉及另一个转化:"文化"与"意识形态"间的转化。相应地,文化研究融入媒介研究领域可以被说成是地缘历史学、方法论以及理论层面(plane)三位一体的一种操作。这三个层面发现"文化"这个不断变动的术语是一个共同的统治者,因此,能使得"大众传播研究"到"媒介研究"迄今为止的转换继续变化为"传媒文化"研究。[4]我已经触及了上述前两个支点。现在让我们简洁地转到第三个。

20世纪70年代和20世纪80年代早期,通过斯图尔特·霍尔(1982)的"意识形态的新发现",伯明翰当代文化研究中心和开放大学实践的媒介研究回归(转)到"被压抑"状态。这一重新发现的基础是这句名言:传媒不是反映"现实",而是建构"现实"。霍尔和他的同事们——托尼·贝内特(Tony Bennett)、詹姆斯·柯伦(James Curran)、格雷厄姆·默多克(Graham

Murdock)、珍妮特·沃尔科特(Janet Woollacott)——以下述理由重新置疑了媒介研究中的实证主义传统:(1)它错误地假定了一种由媒体生产的不可或缺和有机的"舆论";(2)它缺乏一种关于权力的复杂理论。首先转向霍华德·贝克(Howard Becker)、涂尔干和韦伯(Weber)的阐释性社会学,他们恢复了"偏差"这一等级社会的批评概念。他们吸收了斯蒂芬·卢克斯(Stephen Lukes)的《权力:一种极端的观点》(*Power: A Radical View*, 1975)和罗兰·巴特(Roland Barthe)的著作,以便详尽阐述权力驱动的舆论创造模型。有趣的是,这一模型将预示福柯式的贡献时刻,既然他的权力模型也提到了舆论生产问题。通过对这些理论的详尽阐述,一种建立在特别激进的意识形态批判基础之上的马克思主义框架被正式引入媒介研究中。这一意识形态批判考察两个中心问题:"意识形态进程是如何发生作用的,其作用机制是什么?'意识形态'如何被确信与一个社会形式内的其他实践相关?"(Hall 1982:65)。这一假定是关于印刷新闻和电视新闻的,其中心问题是阶级斗争,其主要哲学动力是"结构主义—历史机缘主义(structural-conjuncturalist)"(参见 Grossberg 1997a:220ff)。对传媒的这一意识形态批判使阿尔都塞、葛兰西和维洛斯诺夫(Volosinov)的不同理论著作互相协调,并概述了把"文化"重新概念化为结构意义、霸权形式和(阶级)斗争阵地的一种严肃的知识和政治承诺。詹姆斯·柯伦等人的《大众传播与社会》(*Mass Communication and Society*, 1977)和米歇尔·古雷维奇(Michael Gurevitch)等人的《文化、社会和传媒》(*Culture, Society, and the Media*, 1982)是两部重要的文集,总结了在那一时代新近概念化的媒介研究的意识形态立场。

学者们将很快注意到:文化研究从与雷蒙·威廉斯、理查德·霍加特和 E. P. 汤普森联系最紧密的"文化和社会"传统转向"文化与意识形态"传统。在这种情况下,一种"传播文化研究"(Grossberg 1997b)被缝合到一种"意识形态文化研究"之中。詹姆斯. W. 凯里(James W. Carey)进一步指出:在语言、传媒、作品、亚文化和整个社会形式的文化研究中,"文化"被极端地还原为"意识形态"。根据凯里的观点,这一还原主义已经招致对文化研究相当多的"抵抗":

> 这一抵抗的观点在于反对将意识形态问题或文化研究朝向大众传媒的观点加以中心化:大众传媒似乎预先就将自身的使命作为对现代社会做出某种道德评价——特别是美国,总体上的西方民主,尤其是大众传媒——现代社会完全是负面的,应受到谴责的。因此,人们似乎就应当献身到政治行为的革命阵线中,或至少是某种主要的社会重建计划中。(Carey 1985:33)

在这里,凯里仅仅把意识形态批判与所谓文化研究的"悲观主义"冲动相联系,[5]因此并未预见到稍后时代围绕着媒介研究的接受问题而重新运用意识形态批判的情形。他仍然认为,对于意识形态问题的这一抵抗是误置的,即使它使一种还原主义的文化研究成为公众关注中心。即便"文化"在现象学意义上有着不同本质和影响,然而文化的意识形态批判揭露了现代生活中被弱化了的"高压政治"的作用,而对意识形态国家机器的描绘则指向了对一种镇压机器的置换(Carey, p. 36)。凯里尤其认为:超越意识形态批判的抵抗将使一种对话的可能性保持开放,这种对话是英国和美国文化研究各分支间的一种建设性的比较对话。

事实上,凯里是传播学领域中第一个严肃地将英国文化研究的知识遗产整合到美国背景中的学者(参见 Carey 1975,1983;Grossberg 1997b)。早在20世纪50年代早期,他就不满实证主义科学模式下的传播研究,这导致了他倡导文化研究,以作为一种替代的范式(参见 Carey 1985)。凯里的美国版文化研究采用了马克斯·韦伯、约翰·杜威(John Dewey)、罗伯特·帕克(Robert Park)、C. 库利(C. Cooley)和肯尼斯·伯克(Kenneth Burke)的观念,建立了一个现代传播和传媒能有效定位的与美国进步主义(American Prograssivism)相一致的框架。凯里也认真地对待雷蒙·威廉斯的"漫长的革命"观念,使"文化"的概念作为一个永不止歇的、持续不断的经济、政治和共同体生活的变革而重构。最后,凯里的计划回顾了乔姆斯基(Chomsky)、阿尔都塞、哈罗德·英尼斯(Harold Innis)和葛兰西等人的观点,以标明"传播"中的象征、仪式和社会结构的整合关系。在后实证主义时代,常见的情形是:当代媒介研究未曾充分弄清美国文化研究的影响和效用。同样常见的是,我们未能承认英国和美国文化研究共同的结构人文主义(structural humanism)。我们必须把这一共同基础重新想象为一种共生关系。

在上面的论述中,我试图勾勒这一历史和知识性的形成,它是造成媒介研究进入到由文化研究所提供的批判范式的成因。我当然没有主张限定理解的范围。此外,我没有对不同传媒形式,如新闻、电视、电影、广播、广告等做分析性区分。我在转而论述文化研究对媒介研究领域加以转化的特殊方式,即(1)朝着"流行文化"政治研究的转向;(2)文本和受众意识形态批判的首要性;(3)媒介研究中"身份政治"如性属政治、种族政治和性别政治等的提升;(4)政治经济学和文化研究之间无休止的分歧。我将在下面间接提及这种区分。

媒介研究与文化研究:契合点

在尼尔森(Nelson)和加能卡(Gaonkar)1996 年《文化研究的规范和异议》(*Disciplinarity and Dissent in Cultural Studies*)的一篇论文中,阿尔让·阿帕杜莱(Arjun Appadurai)发现,正在进行的文化研究论争揭露了他描绘为一种"关于其'理论'(太法国化)、其论题(太通俗)、其风格(太浮华)、其行话(太混杂)、其政治(太后殖民)、其选民(太多元文化)的多项特征"的一种"焦虑的过度决定景象"(第 30 页)。尽管阿帕杜莱的语调是尖刻的,他仍然指出了文化研究的反对者嘲讽文化研究的夸张方式。过去一些年来,媒介研究领域想必已经生产了自己对文化研究的抵抗和丑化。也许近来最富侵略性的进攻看起来是建立在弗格森和戈尔丁(Ferguson and Golding)《文化研究置疑》(*Cultural Studies in Question*,1997)基础之上的。[6]因此,这并不令人惊奇,在 20 世纪 70 年代,媒介研究领域对文化研究的整合主要是一种合法化政治。

我在本部分的目标是双重的。除了重新审视文化研究已经据此重新界定媒介研究领域不同契合点之外,我也将考虑这一结合已经越来越多地遭遇一种怨恨的政治反弹。对这一反弹力的理解是今天来自其内部和外部必要契合点的一部分。

无保证的流行文化
在我看来,想象流行文化并非是"既有的政治"则是政治性灾难。(Morley 1998:487)

文化研究与媒介研究的第一接触点曾是关于大众媒介研究向大众文化政治研究的变革。由 20 世纪 60 年代总体文化剧变和新左翼形式所塑形,英国文化研究把流行文化或普通而琐碎的日常生活文化及其多变敏感性领域看作政治和文化冲突的一个重要场地。对大众传媒的关注将被转向流行文化这一更广泛、更为政治化的领域。更为具体的是,这是正式结合高雅文化与低俗文化论争的转向(参见 MacCabe 1986)。早在 1964 年早期,斯图尔特·霍尔和帕迪·霍内尔(Paddy Whannel)就在《流行艺术》(*The Popular Arts*)中主张"在什么是好的和有价值的,与什么是劣等的和贬值的之间的斗争,不是一场**反对**现代传播形式的斗争,而是这些媒体**内部**的一种冲突"(第 15 页)。电视、音乐和电影院继续成为优美和庸俗泾渭分明的竞技场。通过把流行文化等同于工人阶级文化的假定,20 世纪 70 年代和 20 世纪 80 年代早期的文化研究维持了那一理解。使得他们所消费的"流行文化"和"贬值文化"边缘化的政治动力(霸权)是媒介研究重新政治化的一个关键方面。

然而,正如我想提出的那样,这一合法性政治在媒介研究中产生了彼此矛盾的影响。一方面,这是对一个由正统马克思主义所支撑、由法兰克福学派提出的操作性论题的反映。一旦其"麻醉作用"像过去那样被消除,流行媒体研究就变得合法。另一方面,这一合法性的冲动刺激了某种怀旧式的理想化,即对某种(前商业)消逝的、过去曾经正式属于"真正"工人阶级文化的思想加以怀旧式的理想化。托尼·贝内特称之为"向后走进将来"("Walking backward into future")(第 18 页),由此,工人阶级所消费的任何传播形式,诸如社区新闻报纸和广播等等,都被假定为革命预想!整合了葛兰西对"民族的—流行的(national-popular)"的论述,在"流行"能被(已被)积极地运用于建立(霸权)民族主义的更大政治语境中(特别是在英国),通过使流行文化与工人阶级文化间可能的连接和分离保持开放,伊恩·钱伯斯(Iain Chambers)于 1980 年提出了一种修正。在这方面,英国于 20 世纪 70 年代围绕工人阶级青年与流行文化关系而进行的整个亚文化论争,特别是霍尔与杰弗逊(Jefferson)的《通过仪式的抵抗》(*Resistance Through Rituals*, 1976)、海布迪奇(Hebdige)的《亚文化》(*Subculture* 1979)、威利斯(Willis)的《世俗文化》(*Profane Culture*, 1978)、麦克罗比(McRobbie)的《女权主义与青年文化》和(*Feminisim and Youth Culture*, 1991),仍然保持了一种开放的方式来看待流行文化所提供的那种复杂且往往是**矛盾**的协商。

因此,流行文化的理论化为重新思考现存历史和社会结构中的媒体力量提供了一个有利的机会。例如,在流行音乐生产的研究中,它允许独立的地方音乐生产和由大型音乐公司所统治的核心音乐工业间的一种商业化层次的区分(参见 Robinson 1986;Ross & Rose 1994;Shore 1983)。甚至音乐排行榜和市场销售也是相对开放的空间,可以协调商业音乐打动公众的程度。品味、身份和影响的交易当然是流行音乐消费的一种积极维度。劳伦斯·格罗斯伯格、西蒙·弗里斯(Simon Frith)、迪克·海布迪奇(Dick Hebdige)和近来的崔西卡·罗斯(Tricia Rose)、莎拉·松顿(Sarah Thornton)、迈克尔·戴森(Michael Dyson)、乔治·尤迪斯(George Yúdice)等人(这里只列了部分名字),在这方面的著作是我们所熟悉的。同样的,对电视日间情节剧和肥皂剧的研究必定与流行媒体的女权主义理论化相交叉,这种研究已经把赞誉和谴责的平衡(更不必说覆盖两者的同性恋倾向的阅读)看作这一计划政治上的矛盾心理标志(参见 Allen 1995；Grisprud 1995)。因此，以斯图尔特·霍尔的观点来谈，对媒体权力的考察已经被改编成一种无保证的"流行性"(同时参见 Bennett et al. 1986；Garafalo 1987；Miller & McHoul 1998；Stallybrass & White 1986；Williamson 1986)。

时至 20 世纪 90 年代早期，流行文化研究、课程和书籍已极为丰富。然而合法性政治继续弥漫于媒介研究领域；这一基础仍然有待捍卫。这是因为对某些可能为对手所持有的、对流行事物的某种不明确的自动的颂扬已经走得太远。一方面，对他们而言，消费永远是值得怀疑的。另一方面，支持流行激情的理论被看作提供了似新实旧的把戏，因此让人联想起祸害过去的美国大众传播研究的自由多元主义特质。然而，流行文化研究中"新修正主义"(Curran 1977)这一指控看起来需要集中关注文化研究中的某些例子或数字(例如约翰·费斯克一再重复的目标)或(例如为阐释社区的女权主义人种志研究而建构的)"软科学"的某种盲点。当历史限制问题被轻易遗忘时，这种无诚意的精神就会产生；对流行文化研究的攻击者们今天对于这个仅仅在二十年前才撬开的来之不易的空间，却以某种任性健忘症进行着运作。

媒介研究中意识形态批判的首要性

我在上面已经强调过：从历史角度来看，对文化研究而言，重组媒介研究的关键在于葛兰西的途径，以使其对历史状况和社会权力机制做出反应。注意到这一点是很重要的：意识形态和霸权理论没有被用于文化和传播理论，相反，它们为建构一种更广泛传媒效果的历史化连接提供了必要的脚手架。为此目的，20 世纪 70 年代的文化研究给我们展示了一种关键性的、建立在经验主义基础上的媒介研究，该研究对意识形态批判首要性做出了示例。这对于大体上重新检视霍尔等人的《监控危机》(Policing the Crisis, 1978)是有教育意义的。

1972 年，一起抢劫案——被归为行凶抢劫——在英国汉兹沃斯审理。这一犯罪激起了来自媒体、司法系统和公众的巨大反应。尽管至少自 1860 年代以来，这类犯罪就在伦敦街头司空见惯，新闻界和警方还是将其描绘为"一起令人毛骨悚然的新倾向犯罪"。在短时间内，公众对这一"新型"犯罪争论不休，它重新更新了对于"英国生活方式"道德结构的恐慌，对英国法律和秩序的明显弱化甚或崩溃议论纷纷。到 1976 年，这种争论看起来集中到一个单一的实际"源头"：市中心贫民区的黑人青年。到那时，行凶抢劫和黑人在公众想象中成了同义词。

围绕汉兹沃斯案而产生的恐惧变得越发巨大，越发具有威胁性；在这种害怕驱使下的社会控制变得越发严格，越发"正当"。以一种怀疑的眼光来看待对这种犯罪"新奇性"的建构，《监控危机》的作者们指出，汉兹沃斯案的分析发掘了抗议力量的整个领域，从场景外部和背后形成了事件，与一定政府设置控制权力的霸权斗争相关，不是关于犯罪本身，而是关于被认为明白无误地与犯罪相关的社会群体：黑人青年。

《监控危机》使意识形态批判从一种交互作用模式转向一种结构和历史模式，"行凶抢劫"不是被当作在公共传播圈中消费的一个事实，而是被当作一种"累积其间的社会力量和冲突……它们在其间发生的更广大历史背景"的联系(Hall et al. 1978：viii)。他们认为，这一历史事件确切说来就是"以其出现的特殊方式生产'行凶抢劫'的批判力量"(185页;强调注点)。因此,汉兹沃斯案展示了媒体操作的结果。由此,通过一个案例,我们就能发现整个新闻进程的形成及其与霸权的关系。意识形态批判的重要理论——结合理论(theory of articulation)——提供了一种有效方式以检视新闻界和法律机构在试图通过对犯罪和黑人青年的(高度紧张的)控制来维持社会稳定和团结时的明显共谋。因此,《监控危机》揭示了一个反对黑人的对话、态度和实践的受抑制领域,所有这些都早于汉兹沃斯案和随后结构这一事件被阐释的方式,以及如何才是"合适的"反应、控制和监控。

《监控危机》中所用方法和理论意义深远。这一重要转向已经详尽考察了在它们作为复杂信息网络散漫关系中的中立事件,在公众想象("常识")中获得声望,并坚持改变社会监控和现实的可能性。例如,1988年这起可怕的、忠实于现实生活的、写实的谋杀故事——"预备生谋杀案"("preppy murder")——成为一个重要的媒体事件,并被查尔斯·阿克兰(Charles Acland)在其《青年、谋杀、公共展示》(*Youth, Murder, Spectacle*, 1995)中进行研究,因为其意识形态内容与种族化了的青年和监控工作有关。厄尼(Erni)在《不稳定阵线》(*Unstable Frontiers*, 1994)中,打开了围绕着一种艾滋病药物(AZT)的"发明"的媒体对话,并解释了其意识形态意义如何在一定传媒权威和对越轨事件的管理中返老还童。这些例子展示了文化研究理论和方法在理解新闻时的影响。显然,与文化研究许多敌手们的观点恰好相反,在这些例子中找到的意识形态批判并不仅仅限于文本问题。

与此同时,意识形态途径由于某种未知的原因而过分看重源自霍尔的"偏向解读(preferred reading)"观念,这决不意味着仅限于文本的解读。过去这些年来,正如媒介研究转向意识形态模式一样,我们也从"偏向解读"研究转向霍尔传媒效果模式的其他(自发)元素,即对文本和语境的否定性和对抗性解读。因此,媒介研究中受众接受研究的持续发展(例如 Ang 1995;Morley 1986,1992;Radway 1988;Seiter et al. 1989,等等)以及针对这些研究的理论修正(例如 Allor 1988;Erni 1989;Grossberg 1997c)都试图对其概念化并追溯在传媒消费环境中发现的关联受众。

与围绕着大众文化研究的合法性政治不同,以文化研究名义来实施的传媒受众研究已经看到了自己分享着来自人种志传统的知识裁决者的非议(例如 Ferguson & Golding 1997;同时参见 Nugent & Shore 1997)。而其中的一些反对意见未能把传媒消费环境看作一种**不同的**社会形式,它有着自身的解释共同体组织、互文的开放性、小道传闻和其他日常生活实践的向心性。重新思考媒介研究田野调查之"田野"的努力已经导致了重新思考人种志及其方法的努力。在一个传媒消费处于超信息环境中的时代,正如文化研究正面临发明研究媒体使用者(可能是人类学、社会学或政治经济学)的新研究模式的任务一样,看起来召唤一种向更"安全的学科基础"及其"已经建立的方法论程序"的回归是会产生不良后果的(参见 Morley 1998)。

媒介研究中的差异、认同和操演

自20世纪70年代以来,媒介研究领域中相当多的学者已经开始关注差异政治——社会性的、重要的、关键的差异。媒介研究的研究工作很快围绕着一系列基于身份的、对代表不同差异的传媒方式的调查而组织起来。相应的,不同新闻和结合不同身份的、业已建立的政治及知识运动逐渐在这一领域中形成特殊领地:女权主义媒介研究、种族和民族性媒介研究、酷儿媒介研究、民族国家和地区媒介研究等等。[7]

这些研究中的政治和知识分子焦点能从它们所追问的问题中窥见一斑,它们大致包括:什么是一种征服边缘化身份的恰当理论？不同社会群体的身份是如何在媒体中被表征的,而又如何被转化为非身份基础的对话(例如那些与技术问题、文化居民身份、民族主义、宗教等问题相关的对话)？属下身份的文化表征如何被联系到物质的、经济的限制和其他控制机制？不同身份之中、之间和之上的关系是什么以及它们如何联系到使然作用、权力、抵制和表示实现愿望之行为等范畴？我们如何想象替代性表征？相关的媒介研究著作例子不胜枚举。[8]

自20世纪70年代到现在,媒介研究传统的这一广泛扩散所造成的一种令人振奋的影响是:学术研究与偏重行动主义传媒研究之间形成了交叉。基于身份的媒介研究对一系列经常为更富实践意义的传媒行动主义者所共享的关注点加以了理论化:吸纳与排斥、公众与私人、积极与消极的区分、调和与拒绝,以及许多其他与特殊事件、地方居民、代表性人物、司法判决等相关的,与如像医药、技术、公民权、民族主义、其他政权等等不同社会制度特殊关系相连的政治和历史关注等等。例如,由传媒教育基金所生产的磁带表征了传媒理论的学术论述以及批判传媒学说的学术训练及可能的激进分子应用之间一种直接链条的锻造。[9]此外,独立和激进的电影和电视制作人对传媒中身份政治的关注,比如那些对性别和种族表征的关注(例如Marlon Riggs, Deidre Pribam, Richard Fung, John Greyson, Jennie Livingston 及许多其他人,他们中的一些人跨越了学术世界),已经使得电影和电视类似于媒介研究中的印刷作品。尽管它们也许没有分享媒介研究的标签,这些著作显示了一个取决于社会变化的领域之本质和特征。考虑到这些批判著作的公共本质,它们继续与围绕着"政治正确"广泛对话的一种强烈反应纠结在一起(例如"Symposium" 1992)。

媒介研究的边界:文化研究与政治经济学

传媒批判源自文化研究和政治经济学,其分化源自政治斗争的一种共有感。与此同时,两种调查方式的划分有时是错误的。然而,一方面,媒体的工业实践和结构的复杂分析通常包括:阐释进程和一种充分理解,其内容涉及资本(这里的"资本"意指"福特主义"或"后福特主义"的"资本")如何重构媒介实践中的社会、经济和话语关系(例如 Burnett 1996; Geuens 1993; Gitlin 1986; Hannerz 1996; Sussman 1995),另一方面,作为"文化对话"的媒介研究,包括流通和消费时段,通常始自对周边物质条件的充分调查(若不是"建构"),这种对话及其意识形态背景的联系,包括历史、政治和经济状况。显而易见的是,传播和传媒是包括文化、政治、经济维度的复杂体系。

然而,它们之间存在着实质性差异。但它们不能被简单化为如下的"二元化区分",如具体与抽象、平实与深奥、研究与理论、客观与主观等等。

在媒介研究领域中,文化研究的内部整合看起来是对传统"马克思主义"(特别是针对"经济决定论")的重要调整。从对马克思主义"经济基础决定上层建筑"理论的重新解读到不同尝试看来,这种调整是在充满"阶级关注"的框架和时代中进行的。在传媒文化中,意识形态和语言的作用被媒介研究中的"经济决定论"所忽略。需要调整的中心是思考传媒消费的整个方式。

首先,文化研究假定:文化消费被视为一种由商品化进程主导的文化产业,这导致一种政治计划的破产,特别是对左翼政治计划而言。文化研究主张:社会不能被消融于经济之中。从这一角度看,对"无保证的"大众文化政治批判研究转向一种意识形态方向。它将人们的注意力转移到政治经济学途径的主要盲点上。当人们消费"传媒"时,资本主义传媒被整合于社会生活中,但是是在"意识形态"的意义上,而非"制造"的意义上。文化研究暗示,除非这种理论化进程被严肃对待,否则传播与媒介研究将沦入政治确定性的误区,而看来商品逻辑将完全限制我们与媒体关系的所有方面。

其次,文化研究假定媒介研究需要对传媒研究工作者和传媒消费者超越其阶级倾向性持更为开放的观点。即便是在一个拉克劳和墨菲(Laclau & Mouffe)1985年称为"社会过剩"的时代,政治经济学也未能把这些社会差异理论化。例如,长期以来,对电影工业的政治经济分析仅仅集中于扩张的劳动剥削和日常实践的经济结构,而未能认识到工业的这些维度对女性和文化少数团体的不同影响。即便是在格拉斯·戈梅里(Douglas Gomery)对美国电影院历史的复杂研究中,美国黑人电影院和其他种族的电影院也被分别看作"选择性操作"(Alternative Operations),工业的电影运作实践和商业被置于这一假定之下来进行考察:在集中的资本与分散的电影院观众之间存在着直接关联。换言之,资本的运动和利润毫无疑问地**解释了**传媒消费中分离的社会现实。**广义说来,政治经济学方式可以解释一种历史中的传媒事业现象。文化研究主张,历史中的"社会"是由远远超过"经济"的力量所组成。**即便是劳动问题,作为政治经济学调查的主要调查点,也是**社会**问题。即便是在不断整合的劳动剥削中,撤销管制规定后的传媒工业要求推进一种全面的社会和文化对话,这一对话暴露了"自动化"、"局部控制"、泰勒主义的"效率"、"全球缩减开支"等意识形态问题。

近年来,文化研究与政治经济学的分化已经被深化。我将在此进一步考察这一战役。[10] 我赞成政治经济学传统中的一个资深学者文森特·莫斯考(Vincent Mosco)的观点。他以一种非常流利和含蓄的话语概括了这两方面的关系。这里需要进行一段长长的引用:

> 文化研究提醒政治经济学,其工作(传播分析)主旨植根于普通人试图使其生命具有意义的需要、目标、冲突、失败和成功;即便是当他们面临一个并非完全由他们自己制造的制度和象征的世界。事实上,这一世界显示出一种在其控制之外的敌对力量。文化研究也对批判著作的扩展具有贡献,这些超越了阶级分析的著作包括:女权主义和那些新的社会运动所激发的研究。例如,和平与环境主义。这些著作提醒政治经济学,尽管社会阶级是一个中心的分界线,或者从这一采用的视角看来,一个起点与多元重叠的等级制度建构了这一结构进程。此外,尽管其极端公式化的表述把

当代生活的政治颂扬为对构建抵抗政治的特定身份的追求,文化研究已经认识到社会机构多方面形式所供给的潜在能量,每一个都带来其对政治实践至关重要的主观和意识,这在政治经济分析中很少受到关注。(Mosco 1996:251—2)

全球媒介研究:一些最近的著作

我想要得出一个在美国背景之外,尤其是在当前全球媒介研究的温室氛围中进行的媒介研究的结论。在本章中,我并不主张完全覆盖文化研究影响,特别是在不同民族国家和地区传统中媒介研究领域的不同方式。无论如何,文化研究,在其当前国际化时期,已经产生了一种对该领域的评价,而对其评价的背景则不仅是美国和英国,而且包括非英语地区的接受。看来,全球传媒的分析已经出现在所有社会科学的走廊上和电信工业中。当前英语中围绕着批判的全球媒介研究的热情来自学者们对美国、英国、欧洲和澳大利亚等地优势媒体之全球化(和不同程度和维度的国际化)的评论(例如 Downing 1996;Miller 1998a;Shohat & Stam 1994,1996;Sinclair et al. 1996;Trent 1998)。我想讨论两部在某种程度上相关的著作,以便确认今天的传媒和文化研究所采用的某些方向。[11]

总的说来,全球媒介研究已经继续了全球资本主义广阔空间中的一种普遍的理论前提,我们拥有何种身份的问题,已经越来越变成一个我们的身份位于全球传媒移动电信中的**何地**和**何时**的问题。这一讨论使得在(去位)定位形象和叙述的跨国非法交易中体验到的"电子身份"(wired identity)理论成为一种可能(参见 Erni 1996)。这一理论的关键是在时间和空间关系中权力的表面配置和分配。戴维·莫利(David Morley)和凯文·罗宾(Kevin Robin)《认同的空间》(*Spaces of Identity* 1995)及麦肯锡·沃克(McKenzie Wark)《视觉地理学》(*Virtual Geography* 1994)代表了文化研究中的两部重要著作,以他们的方式,努力分析出"电子身份"概念的含义。他们的评估已经有效地在暗中颠覆了关于世界地域关系的标准和正式的对话,特别是在诸如欧共体的形成、亚太资本主义的崛起、德国的重新统一和北美自由贸易协议(North American Free Trade Agreement,简称 NAFTA)、关税暨贸易总协议(General Agreement on Tariffs and Trade,简称 GATT)和世界贸易组织(World Trade Organization,简称 WTO)的创建等国际化事件之后果的背景之中。作为一种正在出现的、沿着电信传播的、全球后现代重新绘图的结果,并不能被简单地坍塌成为资本和财富的线路,这种关系不得不被重新评价。另外在此可以用这两种著作来指出,当今文化研究中两种彼此平行的、有时相互冲突的推动力,它们与地理、政治和文化关联的跨国主义问题关系越来越紧密。

这些著作与更为广泛且有影响的批判书写主流联系紧密,这些批判书写探索了以空间和时间术语为概念的殖民化轮廓。自 20 世纪 70 年代以来,这一书写主流不断增长并成为考察跨国发展计划及资本和传播全球化的一个重要声音。例如,重要文本包括戴维·哈维(David Harvey)的《后现代状况》(*The Condition of Postmodernity*,1989)、亨利·列斐伏尔(Henri Lefebvre)的《空间的生产》(*The Production of Space*,1991)、尼尔·史密斯(Neil Smith)的

《不平衡发展：自然、资本和空间的生产》(Uneven Development: Nature, Capital and Production of Space, 1990)、爱德华·索亚(Edward Soja)的《后现代地理学》(Postmodern Geographies, 1989)、多琳·马西(Doreen Massey)的《空间、地点和性属》(Space, Place and Gender, 1994)等等。当然，爱德华·赛义德的重要著作，包括《东方主义》(Orientalism, 1978)和《文化与帝国主义》(Culture and Imperialism, 1993)在内，已经在令人炫目的、异国风情的东方主义空间的想象性生产方面，针对殖民化观念的形成奠定了批判基础。此外，英尼斯(Innis)的重要著作中最近复兴的加拿大批评理论证明了"批判地理学"(critical geography)的中心性，它是源自传播流动形式的殖民权力社会理论的焦点(参见 Acland & Buxton 1999)。因此，或许可以认为，《认同的空间》和《视觉地理学》是后殖民传媒和文化研究。

莫利和罗宾在西欧地区书写了一种英国文化研究的传统，它在某种程度上历时地废除了知识和权力体系的西方(特别是欧洲中心)霸权计划。与此相对的是，沃克从澳大利亚悉尼来看世界，他将其戏称为"模仿的美国"(第 14 页)。因此，在某种程度上，悉尼文化研究代表了其知识分子对模仿结果总体上做出的反应，这使其对传媒、文化和身份的跨国动力相当敏感(例如 Turner 1993)。

和弗雷德里克·詹姆森(Fredric Jameson)一样，莫利和罗宾在《认同的空间》中重新表述的全球文化问题，不仅是关于文化对象在其中得以形成的经济秩序方面，而且是关于参与其创造和接受的心理历程。[12]他们致力于将跨国欧洲文化和身份结合为"政治无意识"，以使欧洲超国家主义作为一种历史、政治、经济和间接的精神幻想统治而得以建立。另一方面，沃克在《视觉地理学》中暗示：文化生产的主客观维度是全球化的影响而非替代，并借此提出了全球传媒中政治幻想的问题。不是假定文化关系中主观/客观的命名，沃克首先集中关注这一命名的建构方式——通过保罗·维希留(Paul Virilio)的著作，他称之为"航向"。最终，全球资本主义和跨国文化生产的"政治无意识"作为一种**航线图**而出现，这包括了经济的流动线、自然和人类资源的分配、历史记忆、电子和数字型号、影像和声响广告等等。因此，这些流动航线把全球与不同力量缠绕在一起，建立一种资源、欲望和认同的不平衡的跨国流动。简言之，沃克假设，拥有一种文化"主体"，拥有全球范围的认同，就意味着发现航线的坐标，它形成某种富有主体意义的叙述，而这种主体只能在地域和相互关联的条件中才能得以辨别。

在《认同的空间》一书中，莫利和罗宾把"欧共体"和"欧盟"在 20 世纪 80 年代的出现标记为危机的一个历史时刻。他们主张，一种跨欧洲的经济计划的形成已经用官方术语表达为一种由不同地方人民所进行的文化调整："新的产业文化(culture of enterprise)支持文化产业(enterprise of culture)去制造有差异的城市或地方认同"(第 37 页，加着重号部分)。他们建议，这一议程通过扫荡电信的创制权和管理权而完成，这些权力与把地区和地域分离为他们所谓的与民族文化空间相分离的"视听地理学"相连。这一议程还将"在更'普遍的'国际消费文化原则基础之上"进行重新编制(第 11 页)。考虑到全欧民族国家文化和认同的内在差异性，这一新的传媒秩序到底如何才能为不同欧洲居民创造社会、政治和心灵的凝聚力？他们追问道："当其中的许多人感到他们被排除在外时，欧洲理念意味着什么？"(第 3 页)据他们的观点，存在两种层面的霸权排斥：通过在欧洲内部"错误的地方文化和经济"的生产而实现的内部排斥,和通过对非欧洲他者的象征性划界而实现的外部排斥。因此,为了达成一致,为了成为"欧洲的",意味着一个核心信仰,"有机的"欧洲认同假定恢复跨越广大地域的民族国家和帝国的"共同记忆"。这就是传媒所到达的目的地。

尽管莫利和罗宾主张,全球资本主义没有毁灭所有的空间和地点(第 30 页);但他们认为,不同的地方认同是在传媒中"围绕一种影像的创造,一种伪造的和不真实的认同,一种错误的气氛"而被制造出来的,经常是通过"历史的恢复"而获得的(第 37 页)。通过 1984 年埃德加·瑞茨(Edgar Reitz)的电影《故乡》(*Heimat*),他们参与欧洲开放而剧烈的文化论争,这在其后来的系列片《第二故乡》(*Die Zweite Heimat*,1990)中得以发展。根据莫利和罗宾的观点,瑞茨的影片是遍及欧洲的、关于其特征的欧洲大陆论争的"避雷针",尽管这个"德国故事"热烈地争论关于谁拥有代表过去的选举权,与欧盟的对话结合在一起,因此建构了对"家乡"概念的意识形态质疑,并以此作为欧洲身份的象征认同点。考虑到在欧盟对话中,"对家乡的渴求并不是一个天真的乌托邦"(第 90 页),莫利和罗宾追问:"我们能够在不曾拥有一个家的经验,或从未有过一个家的经验的基础上来想象一种身份和一种意识吗?我们能把家看作一个必然的、临时的、总是相关的事实吗?"(第 103 页)于是,作者断定,如果《故乡》是欧洲基要主义(European fundamentalism)的一个不稳定的形式,那么,这一欧洲自 20 世纪 80 年代以来所面临的批判议题就是关于它是否能对"无家可归的状况和经验"的开放(第 103 页)。

他们的概念性结论是:欧盟的象征性凝聚力与欧洲在世界事务中作为一个经济、技术和文化领导者的地位相一致。这样一种象征性凝聚力一方面是通过重新确定欧洲现代性作为唯一可与美国和日本的"过度发展"相媲美的事件而获得的,另一方面是通过重新确定伊斯兰国家、非洲和中亚的不发达事实而获得的。因此,欧洲现代性为晚期资本主义的世界文明提供了一种幸福媒介,这一欧洲秩序在很大程度上是关于地图和地域的连续划界的,包括了自我和他人之间、物理和想象的或心灵的边界。因此,身份的意义在于根据经济和文化力量来重新命名主客关系。莫利和罗宾把欧洲中心计划看作在很大程度上是退化的和反动的,认为它最后激起的是恐惧和焦虑,而不是统一感。与此相对的是,沃克的《视觉地理学》建议一种分析全球化现象替代性模式,这一模式拒绝主客关系模型。

沃克研究的副标题是"与全球传媒事件一起生活",他讨论了全球化问题,其方式是把这一问题作为如何体验世界上不同时空的传媒事件的问题加以理论化。我们如何调解对于 1991 年海湾战争复杂状况,或者是 1997 年香港回归等某些如此遥远而又如此接近,如此新近而同时又如此易于忘记的事件的令人头晕目眩的观察?在日常生活中,在这些传媒事件中,信息、影像、历史叙述、新近记忆、经济故事或间接箴言的高频重复,仅能产生这样一种使人迷惘的影响,以至于剥夺了我们的理性对话。人们怎么能和这样一种奇怪的间接经验生活在一起呢?

沃克集中关注最近发生的四个重大全球性事件,这些事件作为媒介事件跨越了巨大的空间和时区,发挥了传媒导引运动的功能和效应。事实上,他并未谈到 1991 年波斯海湾战争、1989 年柏林墙的倒塌和 1987 年股票市场崩盘的"黑色星期一"等等诸如此类的事件。在传媒导引的领域中,这些高度指控的国际故事被术语化为"地点"、"交叉点"、"线"和"噪音"等等。他在对这些在跨国传媒地图上与它们相关并形成它们的协调事件,及其情节的"客观的"再报道中来回移动。他主张,我们对全球层面景观点的日常生活体验,主要取决于它们在**何地**和**何时**沿着业已建立的、然而正在转向中的"权力线"分布在世界上的不同地点。这些权力线是沿着信息、技术、资本甚至弹头可能会经过的轨道而分布的。它们瓦解了不同地理学地点的标准距离和时间关系。与这些在这里被概念化为传媒导引的全球传媒事件生活在一起的体验意味着:不是去发现与其同样的"事件",而是去发现跨越地理和时间空间的传媒导引运动。因此,观察海湾战争或香港回归变成一种具体的抽象,吸收从天上掉下来的信息和意义,把它们整合进经常转换的(不断修正的)解释,期望它们每时每地都将变化。根据沃克的观点,这是与全球传媒事件生活在一起的工业神话现实。

以这种方法,沃克的研究提供了一种"做"媒介研究的新方式,它基于一个被传媒导引图重绘的世界日常生活实践。研究者们将变成后现代地图制作者。当今世界这一调解的、导引的地图怎样讲述沿着作为全球状况客观基础的阶级、种族和性属等线路不平衡发展的故事?换句话说,全球传媒事件在**何地**和**何时**固定、依赖和具体化全球力量关系,以至于我们在这一语境中的日常生活实践有时是魔术般超现实的,而在另一个给定的时间和空间中,又是痛苦地"现实的"?对于超越国家和历史线路的每一导引路线而言,在最初和最近的例子中,存在着源自那一跨越国家和历史结构的物质空间,也存在着所有物质和历史决定的、导引图可以通过但不能(至少是不曾)有效地转换的绝大部分经济现实——和经济荒废的——表象。在他的整个研究中,沃克仅仅有一种与导引运动相关的物质力量略为触及这种讨论。他充其量只有一种反唯物主义权力理论。权力仅仅被描绘为进入导引领域的问题:"迅速和有效地进入有用的信息是一个导引的力量……拥有这些导引力量则是一种权力形式,因此导引线路是沿着战争和事件在其中和周围发生的。"(第18页)

最终,在一个飞速全球化的世界,我们面临着全球/宇宙及地方/特殊的辩证法。无论这是欧洲、美国或日本的乌托邦,或者是中东或中国的反乌托邦问题,电信工业运输和超越文化边界的强劲趋势将总是不得不面临全球-地方的交叉。因为传媒同时是全球的和地方的,所以对于媒介研究学者谈论"电子身份"的可能与限制而言,传媒在批判意义上变得重要起来。莫利和罗宾的《认同的空间》和沃克的《视觉地理学》可以被看作一种传媒中介,它们是关于新世界秩序的全球-地方的复杂性如何变革晚期资本主义时代日常生活物质性计划性的两个平行但最终是分离的观点。

作为结论,我冒着简单化的危险,用最近这两个全球媒介研究成果结论中的两段来指出他们关于全球-地方传媒的复杂性观点中令人困惑的差异。沃克主张:

> 事件是一种感觉的不规则碎片。每一事件呈现为导引矩阵中多种声音的一种汇合,但考察小规模和看起来由小事件组成的事件,则在更大规模上发现所有在某种程度上与更大事件自我相似的事件……因此,看起来适合以某些发生在电子微观规模中的、彼此处于一个无关紧要的信息项目中的某些事物来命名所有巨大和全球的现象。(Wark 1994:228)

另一方面,莫利和罗宾写道:

要点是简单的:"我们"并非是生活在同一个"后现代"宇宙中的所有流浪或分散的主体……许多作家已经提到同时全球化和地方化的当代动力学。然而,对许多这样的人而言,动力学的全球化方面是主要的,而对另外的人而言,正是地方化的方面在不断运作,如像他们的生活变化被逐渐减少一样,他们越来越在他们出生地的微观地域中保持着稳定。(Morley & Robins 1995:218)

　　信息的"微观电子"抑或历史代理人的"微观地域"?"非物质信息"抑或"生活变迁"?可以确定的是,在这两部重要的著作中是有分歧的。它们的要点都是为我们中那些研究全球传播时代中文化和认同变革的政治内容。当文化研究位于这两极之间,它将意味深长地形成未来的媒介研究实践和政治。

　　我在本章中把自己的讨论限制在美国传媒和文化研究探索的最明显线路上,而不曾谈到一些重要的分支,例如电影研究、新(多元)媒介研究、传媒与文化政策研究和英语媒介研究传统等等。我希望我勾勒的这一幅地图将有益于开拓出更多关于传媒和文化研究历史的研究工作。

(潘纯琳　王晓路　译)

注释:

［1］我想要感谢帕特里克·戴利(Patrick Daley)和宏斯·朱努瑞(Vamsee Juluri)对早期草稿的富有洞察力的评论,以及托比·米勒(Toby Miller)的鼓励。

［2］关于最近对大众传播研究历史和轨道的反映,可以参见如下这些论文集中的论文:利维和古雷维奇(Levy and Gurevitch)(1994),汉森和马塞(Hanson and Maxcy)(1999),玛丽丝和苏梅(Marris and Thornham)(1996)。

［3］玛丽丝和苏梅(Marris and Thornham)(1996)作用巨大的关于媒介研究的论文集明显地采用了生产—文本—接受模式。参见他们的导论。

［4］在这儿提出这些变革仅仅是因为启发式的目标。它们显然不是线性变革。

［5］最近以来,凯里表达了他对当前文化研究扩散的观点:"我认为这是一种错误的繁荣。知识和政治文化研究并不非常健康,我相信,除了作为学术中的一种不恰当的前哨基地而外,其末日指日可待"(1997:15)。建议阅读他的全篇文章以理解凯里字里行间的绝望。

［6］关于新近激烈的争论,如果稍带几分讥讽,回答了对文化研究不同形式的攻击,参见莫利,1998。

［7］一些重要的例子:女权主义媒介研究(Valdivia 1995;Treichler & Wartella 1986),种族和民族性的媒介研究(Gray 1995;Hamamoto 1994)、男同性恋媒介研究(Herderson,即将出版)、民族国家和地区媒介研究(Chen 1998;Downing 1996;Miller 1998a;Turner 1993)。参见本卷中其他相关章节。

［8］除了出版社的书目介绍而外,读者如对广泛基于认同的媒介研究著作资源深感兴趣,可以参考如下有用的网址和个人主页:www.culturalstudies.net;www.cas.usf.edu/communication/rodman/cultsutd;www.blackwellpublishers.co.uk/cultural;www.eserver.org/gender;www.popcultures.com/internat.htm;www.newmedia-studies.com。

［9］参见传媒基金会(Media Education Foundation)的网址:www.mediaed.org。

[10] 对于文化研究的一种政治经济学视角、特别激进的挑战而言,参见弗格森和戈尔丁(Ferguson & Golding 1997)。对于文化研究的调整及对于这一攻击的回答,参见格罗斯伯格和莫利(Grossberg 1995 and Morley 1998)。

[11] 本章的最后部分包含了对先前出版的论文的一定修订。参见 Erni 1996。

[12] 在谈到詹姆斯时,科林·麦卡伯(Colin MacCabe)(1986)认为詹姆斯式分析把每一文化生产看作"在其最基本层面上的一种政治想象,与结合了在特定政治经济学中建构了每个个人的、实际和潜在社会关系的时尚相矛盾"。(第 11 页)

参考文献:

Acland, Charles R. (1995). *Youth, Murder, Spectacle: The Cultural Politics of "Youth in Crisis."* Boulder, Colo.: Westview Press.

Acland, Charles and William Buxton (eds.) (1999). *Harold Innis in the New Century: Reflections and Refractions*. Montreal: McGill-Queens University Press.

Adorno. Theodor W. (1976). "Sociology and Empirical Research." In T. Adorno et al. (eds.) *The Positivist Dispute in German Sociology*. New York: Harper & Row.

Allen, Robert (ed.) (1995). *To Be Continued…: Soap Operas Around the World*. London and New York: Routledge.

Allor, Martin (1988). "Relocating the Site of the Audience." *Critical Studies in Mass Communication* 5: 217—33.

Ang, Ien (1995). *Living Room Wars: Rethinking Media Audiences for a Postmodern World*. London and New York: Routledge.

Appadurai, Arjun (1996). "Diversity and Disciplinarity as Cultural Artifacts." In C. Nelson and D. P. Gaonkar (eds.), *Disciplinarity and Dissent in Cultural Studies*. London: Routledge.

Arendt, Hannah (1951). *The Origins of Totalitarianism*. New York: Harcourt Brace.

Bennett, Tony (1986). "The Politics of 'the Popular' and Popular Culture." In T. Bennett et al. (eds.), *Popular Culture and Social Relations*. Milton Keyes: Open University Press.

Bennett, Tony et al. (eds.) (1986). *Popular Culture and Social Relations*. Milton Keyes: Open University Press.

Berelson, Bernard and Janowitz Morris (eds.) (1950). *Reader in Public Opinion and Communication*. Glencoe, Ill.: Prentice-Hall.

Blumler, Jay G. and Elihu Katz (eds.) (1974). *The Uses of Mass Communications*. London: Sage.

Bryson, Lyman (ed.) (1948). *The Communication of Ideas: A Series of Addresses*. New York: Harper & Row.

Burke, Kenneth (1945). *A Grammar of Motives*. New York: Prentice-Hall.

Burnett, Robert (1996). *The Global Jukebox: The International Music Industry*. London and New York: Routledge.

Carey, James W. (1975). "A Cultural Approach to Communication." *Communication* 2: 1—22.

Carey, James W. (1983). "The Origins of the Radical Discourse on Cultural Studies in the United States."

Journal of Communication 33 (3): 311—13.

Carey, James W. (1985). "Overcoming Resistance to Cultural Studies." In M. Gurevitch and M. Levy (eds.), *Mass Communication Review Yearbook*, vol. 5. London: Sage.

Carey, James W. (1991). "Communications and the Progressives." In R. Avery and D. Eason (eds.), *Critical Perspectives on Media and Society*. New York and London: Guilford Press.

Carey, James W. (1997). "Reflections on the Project of (American) Cultural Studies." In M. Ferguson and P. Golding (eds.), *Cultural Studies in Question*. London: Sage.

Chambers, Iain (1980). "Rethinking 'Popular Culture.'" *Screen Education* 36: 113—17.

Chen, Kuan-Hsing (ed.) (1998). *Trajectories: Inter-Asia Cultural Studies*. New York and London: Routledge.

Curran, James et al. (eds.) (1977). *Mass Communication and Society*. London: Sage.

Daley, Patrick and Beverly James (1998). "Warming the Arctic Air: Cultural Politics and Alaska Native Radio." *Javnost / The Public* 5(2): 50—60.

Delia, Jesse (1987). "Communication Research: A History." In C. Berger and S. Chaffee (eds.), *Handbook of Communication Science*. Newbury Park, Calif. Sage.

Dewey, John (1972). *The Public and Its Problems*. New York: Minton, Balch & Co.

Downing, John (1996). *Internationalizing Media Theory*. London: Sage.

Enzensberger, Hans Magnus (1970). "Constituents of a Theory of the Media." *New Left Review* 64: 13—36.

Erni, John Nguyet (1989). "Where is the 'Audience'? Discerning the (Impossible) Subject." *Journal of Communication Inquiry* 13(2) (Summer): 30—42.

Erni, John Nguyet (1994). *Unstable Frontiers: Technomediacine and the Cultural Politics of "Curing" AIDS*. Minneapolis: University of Minnesota Press.

Erni, John Nguyet (1996). "On the Limits of 'Wired Identity' in the Age of Global Media." *Identities* 2(4): 419—28.

Ferguson, Marjorie and Peter Golding (eds.) (1997). *Cultural Studies in Question*. London: Sage.

Garafalo, Reebee (1987). "How Autonomous is Relative: Popular Music, the Social Formation and Cultural Formation." *Popular Music* 6(1): 77—92.

Gerbner, George et al. (1980). "The 'Mainstreaming' of America: Violence Profile No. 11." *Journal of Communication* 30(3): 10—29.

Geuens, Jean-Pierre (1999). *Film Production Theory*. New York: State University of New York Press.

Gitlin, Todd, (ed.) (1986). *Watching Television*. New York: Pantheon Books.

Gomery, Douglas (1992). *Shared Pleasures: A History of Movie Presentation in the United States*. Madison, Wis.: University of Wisconsin Press.

Gray, Herman (1995). *Watching Race: Television and the Struggle for "Blackness"*. Minneapolis: University of Minnesota Press.

Gripsrud, Jostein (1995). *The Dynasty Years: Hollywood Television and Critical Media Studies*. London and New York: Routledge.

Grossberg, Lawrence (1995). "Cultural Studies versus Political Economy." *Critical Studies in Mass*

Communication 12.

Grossberg, Lawrence (1997a). "The Formation(s) of Cultural Studies: An American in Birmingham." In *Bringing It All Back Home: Essays on Cultural Studies*. Durham, NC: Duke University Press.

Grossberg, Lawrence (1997b). "Toward a Genealogy of the State of Cultural Studies." In *Bringing It All Back Home: Essays on Cultural Studies*. Durham, NC: Duke University Press.

Grossberg, Lawrence (1997c). "The Context of Audiences and the Politics of Difference." In *Bringing It All Back Home: Essays on Cultural Studies*. Durham, NC: Duke University Press.

Gurevitch, Michael et al. (eds.) (1982). *Culture, Society, and the Media*. London and New York: Methuen.

Habermas, Jürgen (1979). *Communication and the Evolution of Society*. Boston: Beacon Press.

Hall, Stuart (1969—70). Introduction to *The Annual Report of the Centre of Contemporary Cultural Studies*. Birmingham, England.

Hall, Stuart (1980). "Encoding/Decoding." In S. Hall et al. (eds.), *Culture, Media, Language*. London: Hutchinson.

Hall, Stuart (1981). "Notes on Deconstructing the 'Popular.'" In S. Raphael (ed.), *People's History and Socialist Theory*. London: Routledge and Kegan Paul.

Hall, Stuart (1982). "The Rediscovery of Ideology: Return of the Repressed in Media Studies." In M. Gurevitch et al. (eds.), *Culture, Society, and the Media*. New York: Methuen.

Hall, Stuart and Tony Jefferson (eds.) (1976). *Resistance Through Rituals*. London: Hutchinson.

Hall, Stuart et al. (1978). *Policing the Crisis: Mugging, the State and Law and Order*. New York: Holmes and Meier Publishers.

Hamamoto, Darrell (1994). *Monitored Peril: Asian Americans and the Politics of TV Representation*. Minneapolis: University of Minnesota Press.

Hannerz, Ulf (1996). *Transnational Connections: Culture, People, Places*. London and New York: Routledge.

Hanson, Jarice and David Maxcy (eds.) (1999). *Notable Sources in Mass Media*, 2nd edn. Guilford, Conn.: Dushkin/ McGraw-Hill.

Hardt, Hanno (1992). *Critical Communication Studies: Communication, History & Theory in America*. London and New York: Routledge.

Harvey, David (1989). *The Condition of Postmodernity*. Oxford: Blackwell.

Hebdige, Dick (1979). *Subculture: The Meaning of Style*. London: Routledge.

Henderson, Lisa (2000). "Queer Communication Studies." In B. Goodykunt (ed.), *Mass Communication Review Yearbook*. Thousand Oaks, Calif.: Sage.

Heyer, Paul (1988). *Communication and History: Theories of Media, Knowledge, and Civilization*. New York: Greenwood Press.

Horkheimer, Max and Theodor Adorno (1972). *Dialectic of Enlightenment*. New York: Herder & Herder.

Hovland, Carl et al. (1949). *Experiments in Mass Communication*. Princeton: Princeton University Press.

Johnson, Richard (1986—7). "What is Cultural Studies Anyway?" *Social Text* 34: 17—52.

Klapper, Joseph (1949). *The Effects of Mass Media*. New York: Bureau of Applied Social Research,

Columbia University; mimeographed.

Laclau, Ernesto and Chantal Mouffe (1985). *Hegemony and Socialist Strategy*. London: Verso.

Lasswell, Harold (1927). *Propaganda Technique in the World War*. New York: Peter Smith.

Lasswell, Harold (1948). "The Structure and Function of Communication in Society." In L. Bryson (ed.), *The Communication of Ideas*. New York: Harper & Row.

Lazarsfeld, Paul (1938). Unpublished Letter, undated, response to Theodor Adorno's manuscript, "Memorandum." Music in Radio, Princeton Radio Research Project, June 26, 1938.

Lazarsfeld, Paul and Frank Stanton (eds.) (1949). *Communications Research*, 1948—49. New York: Harper Brothers.

Lefebvre, Henri (1991). *The Production of Space*, trans. Donald Nicholson-Smith. Oxford: Blackwell.

Levinas, E. (1989). *The Levinas Reader*. Oxford: Blackwell.

Levy, Mark R. and Michael Gurevitch (eds.) (1994). *Defining Media Studies: Reflections on the Future of the Field*. New York: Oxford University Press.

Lewis, Justin and Sut Jhally (1998). "The Struggle over Media Literacy." *Journal of Communication* 48(1) (Winter): 109—20.

Lowenthal, Leo (1984). *Literature and Mass Culture: Communication in Society*, vol. 1. New Brunswick: Transaction.

Lukes, Stephen (1975). Power: *A Radical View*. London: Macmillan.

MacCabe, Colin (ed.) (1986). *High Theory/Low Culture: Analyzing Popular Television and Film*. Manchester: Manchester University Press.

Marris, Paul and Sue Thornham (eds.) (1996). *Media Studies: A Reader*. Edinburgh: Edinburgh University Press.

Massey, Doreen (1994). *Space, Place and Gender*. Minneapolis: University of Minnesota Press.

McLuhan, Marshall (1964). *Understanding Media*. London: Routledge & Kegan Paul.

Meyrowitz, Joshua (1985). *No Sense of Place: The Impact of Electronic Media on Social Behavior*. New York: Oxford University Press.

Miller, Toby (1998a). *Technologies of Truth: Cultural Citizenship and the Popular Media*. Minneapolis: University of Minnesota Press.

Miller, Toby (1998b). "How do you turn Indooroopilly into Africa? Mission Impossible, Second World Television, and the New International Division of Cultural Labor." In his *Technologies of Truth: Cultural Citizenship and the Popular Media*. Minneapolis: University of Minnesota Press.

Miller, Toby and Alec McHoul (1998). *Popular Culture and Everyday Life*. London & Thousand Oaks, Calif.: Sage.

Morgan, Michael (1989). "Television and Democracy." In I. Angus and S. Jhally (eds.), *Cultural Politics in Contemporary America*. London and New York: Routledge.

Morley, David (1986). *Family Television: Cultural Power and Domestic Leisure*. London: Comedia.

Morley, David (1992). *Television, Audiences, and Cultural Studies*. London: Routledge.

Morley, David (1998). "So-called Cultural Studies: Dead Ends and Reinvented Wheels." *Cultural Studies* 12 (4): 476—97.

Morley, David and Kevin Robins (1995). *Spaces of Identity: Global Media, Electronic Landscapes and Cultural Boundaries*. London and New York: Routledge.

Mosco, Vincent (1996). *The Political Economy of Communication*. London: Sage.

Nelson, Cary and Dilip Parameshwar Gaonkar (eds.) (1996). *Disciplinarity and Dissent in Cultural Studies*. London: Routledge.

Nugent, S. and C. Shore (eds.) (1997). *Anthropology and Cultural Studies*. London: Pluto Press.

Peters, John Durham (1989). "Satan and Savior: Mass Communication in Progressive Thought." *Critical Studies in Mass Communication* 6: 247—63.

Peters, John Durham (1996). "The Uncanniness of Mass Communication in Interwar Social Thought." *Journal of Communication* 46(3) (Summer): 108—23.

Radway, Janice (1988). "Reception Study: Ethnography and the Problems of Dispersed Audiences and Nomadic Subjects." *Cultural Studies* 2(3): 359—76.

Robinson, Deanna (1986). "Youth and Popular Music: A Theoretical Rationale for an International Study." *Gazette* 37: 33—50.

Ross, Andrew and Tricia Rose (eds.) (1994). *Microphone Fiends: Youth Music and Youth Culture*. London and New York: Routledge.

Said, Edward (1978). *Orientalism*. New York: Random House.

Said, Edward (1993). *Cultural and Imperialism*. New York: Knopf.

Schiller, Herbert I. (1989). *Mass Communication and American Empire*. New York: Augustus M. Kelly.

Schramm, Wilbur (ed.) (1948). *Communications in Modern Society*. Urbana: University of Illinois Press.

Schramm, Wilbur (ed.) (1949). *Mass Communications*. Urbana: University of Illinois Press.

Schramm, Wilbur (ed.) (1954). *The Processes and Effects of Mass Communication*. Urbana: University of Illinois Press.

Seiter, Ellen, Hans Borchers, Gabriele Kreutzner, and Eva-Maria Warth (1989). *Remote Control: Television, Audiences and Cultural Power*. London and New York: Routledge.

Shoat, Ella and Robert Stam (eds.) (1994). *Unthinking Eurocentrism: Multiculturalism and the Media*. London and New York: Routledge.

Shoat, Ella and Robert Stam (1996). "From the Imperial Family to the Transnational Imaginary: Media Spectatorship in the Age of Globalization." In R. Wilson and W. Dissanayake (eds.), *Global/Local: Cultural Production and the Transnational Imaginary*. Durham, NC: Duke University Press.

Shore, Lawrence (1983). *The Crossroads of Business and Music: A Study of the Music Industry in the United States and Internationally*. A Doctoral dissertation, Stanford University.

Sinclair, John, Elizabeth Jacka, and Stuart Cunningham (eds.) (1996). *New Patterns in Global Television: Peripheral Vision*. New York: Oxford University Press.

Slack, Jennifer Daryl and Martin Allor (1983). "The Political and Epistemological Constituents of Critical Communication Research." *Journal of Communication* 33 (3): 208—18.

Smith, Neil (1990). *Uneven Development: Nature, Capital and the Production of Space*. Cambridge, Mass.: Blackwell.

Smythe, Dallas W. (1981). *Dependency Road: Communications, Capitalism, Consciousness, and Canada*.

Norwood, NJ: Ablex.

Smythe, Dallas W. and Tran Van Dinh (1983). "On Critical and Administrative Research: A New Critical Analysis." *Journal of Communication* 33 (3): 117—27.

Soja, Edward (1989). *Postmodern Geographies: The Reassertion of Space in Critical Social Theory*. New York: Verso.

Spigel, Lynn and Michael Curtin (eds.) (1997). *The Revolution Wasn't Televised: Sixties Television and Social Conflict*. London and New York: Routledge.

Stallybrass, Peter and Allon White (1986). *The Politics and Poetics of Transgression*. Ithaca, NY: Cornell University Press.

Sussman, Gerald (1995). "Transnational Communications and the Dependent-integrated State." *Journal of Communication* 45(4) (Autumn): 89—106.

Symposium: Communication Scholarship and Political Correctness (1992). *Journal of Communication* 42(2) (Spring): 56—149.

Treichler, Paula and Ellen Wartella (1986). "Intervention: Feminist Theory and Communication Studies." *Communication* 9: 1—18.

Trent, Barbara (1998). "Media in a Capitalist Culture." In F. Jameson and M. Miyoshi (eds.), *The Cultures of Globalization*. Durham, NC: Duke University Press.

Tulloch, John and Henry Jenkins (1995). *Science Fiction Audiences: Watching Star Trek and Doctor Who*. London and New York: Routledge.

Turner, Graeme (ed.) (1993). *Nation, Culture, Text: Australian Cultural and Media Studies*. New York and London: Routledge.

Valdivia, Angharad (ed.) (1995). *Feminism, Multiculturalism, and the Media*. London: Sage.

Wark, McKenzie (1994). *Virtual Geography: Living with Global Media Events*. Bloomington & Indianapolis: Indiana University Press.

Willamson, Judith (1986). "The Problems of Being Popular." *New Socialist*, 14—15.

Wright, Charles R. (1986). *Mass Communication: A Sociological Perspective*, 3rd edn. New York: Random House.

第二部分

地 域(Places)

第12章
文化研究传统比较:拉丁美洲和美国[1]

乔治·尤迪斯(George Yúdice)

请允许我先做一个说明:我能列出好几种文化研究传统,但是,要穷尽"文化研究传统比较:拉丁美洲和美国"这一领域所涵盖的内容,对于我,甚至对于一个研究小组来说,都是不可能的。即便是在最理想的情况下,像在美国那样,借助有效的文化研究传播体系,也依然存在着介入的困难:介入各个民族国家内部属下的公共领域(subaltern public sphere),该领域由不同的民族构成,他们不仅要面对贫穷的生活条件,还要面对如何表征这些生活条件的难题;研究人员也很难介入各种群体丰富多彩的文化实践。了解拉丁美洲不同群体的文化生活又尤其困难,这不仅仅是美国和欧洲的研究人员面临的困难,也是本土的研究人员面临的难题,他们也同样难以进入拉美的文化生活当中。

我将集中探讨这一特殊的困难,并从中推导出一个较为宏观的框架,用于有关拉丁美洲和美国文化研究传统的讨论。这个框架将考察国家结构之间的差异,全球市场关系及其对各国消费经济的冲击,大学和文化产业体系,等等。我之所以在本章一开始就提出这个框架,是为了便于讨论,为了使讨论更具体明确。在我所举的例子当中,我将尽量具体一些,这些例子并不能代表整个比较研究,但是可以阐明一些重要的异同之处。

本框架关注美国和拉丁美洲这两个区域里不同的文化研究状况,没有这一框架,我们就很难理解相似的文化研究为什么会在两个区域发挥着不同的作用。说到美国文化研究中的伯明翰中心传统以及拉美的各种文化—政治规划和科研项目,就必须要提到,有关流行(the popular)及其同大众文化产业(mass culture industries)之间的关系的研究方面已经取得卓越成就。当然,对于大众,我们可以从不同的视角进行理解和分析,但是,至少正如我已经概括的那样,两种文化研究传统的共同之处在于,对文化的定义从专业化的实践(尤其是精英的专业实践)转向日常生活。就这一点而言,两者在方法论上是没有多大差别的。60年代后期和70年代,出现了一种后结构主义转向,尤其是阿尔都塞式认识大众地位的框架。当研究重点从经济与社会力量如何决定从属群体意识转向这些群体(哪怕是在殖民传统最悠久的地区)如何挑

---

[1] 本章曾以"Tradiciones comparativas de estudios culturales:América Latina y los Estados Unidos"为题目发表在 *Alteridades* 上(*Alteridades* 3:5 [1993]:9—20)。

战并抵抗这些经济与社会力量的时候，对阶级的关注就越来越为对日常生活的关注所取代，从而导致最近身份和表征政治的形成。比如，民族志研究（ethnography）已经成为一种重要的手段，揭示这种抵抗是如何发生的。所以，如果不从一个更宏观一点的分析框架入手，我们就会觉得这些发展趋势在两个区域的意义是一样的。很多新兴的理论和方法论都是从北美传到南美的，在这个意义上，我们可能会发现存在着一种不对称，不能因此就断言，拉丁美洲就没有理论视角传播到北美：艾拉·肖尔（Ira Schor）、亨利·吉鲁（Henry Giroux）、彼得·麦克拉伦（Peter McLaren）等人的研究工作表明，保罗·弗莱雷（Paulo Freire）的"被压迫者的教育学"和基督教社区（Christian Base Communities）等以意识提升（consciousness-raising）为特点的运动，就为教育学理论做出了重要贡献。但是，从我所确立的框架来看，主导的趋势却是一种知识和方法论的不规则流动。我将对此进行详细的论述。

首先，正如我已经指出的那样，在美国以及西欧部分国家，某些理论和研究的市场要发达得多，但是这并不意味着美国学者就更容易接近福柯或布尔迪厄的理论；相反，一些知名学者的重要文化研究理论著作在拉丁美洲已经很容易买到，只是价格要相对高一些，这正是因为学术前沿仍然被认为是在北美。

其次，拉丁美洲对这些理论文本的接受与美国是不同的——大卫·波德威尔（David Bordwell）称之为 SLAB 理论（即索绪尔、拉康、阿尔都塞和巴特的理论，我们还可以列举出很多其他人物）。在美国，这些理论对人文学科（尤其是英语学科）已经产生了很大的影响，跨学科的文化研究，连同传媒研究和传播学系，都将被纳入人文学科的框架之内。在拉丁美洲，一般很少使用"文化研究"这一术语，但是，在业已形成的各种拉丁文化研究传统中，却使用着一些其他术语：传播学（communications）、智识理论（intellectual theory）、话语分析（discourse analysis）、跨学科研究（interdisciplinary studies），以及很多其他用于特定学科的术语。甚至人文学科（Humanities）这个术语在拉丁美洲的所指都不一样，且在学科分类中一般都不使用这个词。比这个词更常用的是文学院（Facultad de Letras），但这也是一个 20 世纪 20 年代新造的词汇。对文化进行的研究，包括文学和艺术文化，属于美国划分的社会科学的范畴。另外，由于区域性的社会科学组织——如拉丁美洲社会科学理事会（CLACSO）和拉丁美洲社会科学院（FLACSO）——从一开始就具有跨学科性质，我们在这里所说的"文化研究"（cultural studies），基本上就相当于社会学和人类学研究。因此，和美国相比，拉丁美洲的文化研究更倾向于是市民社会和政治社会研究的组成部分，再加上文学研究中强烈的社会倾向，如安东尼奥·坎迪多（António Cándido）和安吉尔·拉马（Angel Rama）的研究，就给美国批评家这样一种印象：拉美的理论和批评更具社会科学性而缺乏审美性。

除了上述在学术界内存在着术语和结构的差别之外，还存在着学院派文化研究和一系列非学院派文化研究之间的区别，后者有时候和报纸杂志、电台、社区组织、妇女团体、博物馆、市政当局甚至独立的学者个人有关。由于资金来源相当有限，非政府组织（NGO）在资助非学院派的研究中起着极为重要的作用。在非学院派和基于社会科学的跨学科项目中，都存在着运用定量的方法研究文化的倾向，尤其是布尔迪厄开创的研究方法，还有起源于美国的民意调查型研究。这在一定程度上是对占主导地位的文化分析传统的反拨。这一传统表现为学术性的散文,其中经典的代表人物是乔斯·马蒂(José Martí)、乔斯·恩里克·罗多(José Enrique Rodó)、吉尔伯托·弗雷里(Gilberto Freyre)、乔斯·卡洛斯·玛利亚特吉(José Carlos Mariátegui)、乔斯·瓦斯康塞罗斯(José Vasconcelos)、费尔南多·奥尔蒂斯(Fernado Ortiz)、伊泽奎尔·玛蒂内兹·埃斯特拉达(Ezequiel Martínez Estrada)。值得注意的是,这一传统构成了拉丁美洲以及拉美各国自我认识的一部分,却明显排斥女性知识分子、黑人和土著人。玛丽·普拉特(Mary Pratt)认为这一传统的特点是"民族兄弟情"(National Brotherhood),意思是该传统有强化等级制的作用,比如,为了建立有利于统治阶级和父权制的霸权而安抚文化领域。

除了这些意识形态方面的内容,还应提及的是,这种散文传统还是拉丁美洲新兴的交叉学科——文化研究的重要先驱。这些知识分子对很多在今天看来已经是建制化的学科话语持回避或者模棱两可的态度,这使得他们有可能将整个哲学的、美学的以及日常生活的实践纳入对社会、政治和经济过程进行的分析中。但是不足之处在于,他们太过于依赖思辨型的研究方法,这一点削弱了他们研究成果的实用性。不重视性属问题和性取向问题即便在今天也依然存在,比如在当今拉美文化研究界最为著名的代表人物内斯特·加西亚·坎克里尼(Néstor García Canclini)的研究即是如此。一般来讲,女权主义者的参与使性属问题进入许多学科的讨论范畴,但是这种现象在拉美不及在美国那样突出。我将在下文关于政治的讨论中进一步阐释这一点。

在美国,文化研究正迅速成为所谓"表征政治"范式不可或缺的一部分,也就是说,基于种族歧视、阶级歧视和性别歧视的社会不公等严峻的问题被认为是可以在话语层面上得到矫正的。反过来,一些大众文化的实践和形式,尤其是音乐和其他高度技术化的文化形式(如电影、录像)以及少数民族更具传统特点的写作实践[1],也被认为在话语层面上具有颠覆现状的作用。从这一点来看,多文化表征被认为是扭转歧视造成的影响的可行方式。总的来讲,拉美的文化政治实践是很不一样的。一些次要群体(如巴西的黑人和墨西哥的土著人)的表征一方面是构成"民族—大众"(national-popular)的种族混杂(mestizaje)或曰混杂身份(hybrid identity)的要素,另一方面又使他们蒙上恶名。当然,确实存在着边缘民族的表征政治,然而这常常并不是为消除不公正服务的政治。但是越来越多专攻拉美研究的美国学者,正是以这种方式(即表征政治的范式)来阐释这些民族的文化实践的。这就不得不让人想知道,在拉美是否也会有同样的倾向。毕竟,与其他的文化转换一样,这也事关权威话语的跨国化和全球化,在这里,就是指把美国派生出的认同政治投射到拉美次要群体的大众实践中去。但是,这种表征政治是有其局限性的,这一点在拉美语境的观照下更加明显。

首先,必须认识到,表征政治一般都伴随着一定的物质性妥协,如广泛参与消费资本主义(至少是在廉价商品的层次上)。在美国这样的社会里,在表征层面进行干预具有补偿的功能,在这里,尽管还存在着无家可归、医保无门、发展落后等问题,但是绝大多数人的基本需求还是得到了满足的。可是在拉美情况却不是这样。第二,美国政府通常都不插足文化生产的管理(美国据说是一个国家干预相对较少的社会,但是尽管一直以来都有保守的人士鼓吹精简政府的好处,我们还是感觉到国家权力越来越多地出现在关于文化问题的决策中),而很多拉美国家的政府却是直接参与对文化(包括精英文化和大众文化)产品的引导中的。事实上,这是这些发展中国家一贯的做法,以保护他们的文化遗产和文化工业,因为这是强化"舆论"的一种方式。20世纪30年代,在巴西的现代化建设中,为了将黑人和混血儿打造成驯服的工人群体而进行的桑巴舞功能重建运动就是一个极好的例子。

尽管拉美各国在民族认同的形成方面各不相同,但是在对现代化、属下种族(subaltern races)、少数族群和移民群体以及所谓附属地(dependency)的表征方式上,却有一些共同之处。这种普遍的拉美表达方式同美国普遍采取的解决方案完全不同,也是我们在理解拉美的文化研究时出现差异的根源。如果说英国的阿诺德、利维斯和艾略特极为推崇高等文化在塑造公民中所发挥的作用,美国则极为看重大众文化,那么在拉美,国家就是扎根于大众的霸权文化(hegemonic culture)。这一传统可以追溯到19世纪中期,当时的焦点集中在文学上,将其视为一种创造独立于欧洲的自治文化的手段。与乔斯·玛蒂一样,安德内斯·贝洛(Andrés Bello 1847)认为,在界定清晰的文学出现之前,拉美恐怕还谈不上所谓严格意义上的文化,这种文化是基于当地实践的,也不照搬欧洲的模式。这种思想传统还依然活跃在安吉尔·拉马的作品中,他从19世纪70年代到80年代早期直到去世这期间,都试图证明拉美文化依然跟美国文化和欧洲文化是一样的,因为在他看来,自从19世纪末的现代主义(*modernismo*)以来,拉美完全融进全球资本主义的阵营中,这是一定的推动力量,文化会对此予以回应的,当然,在拉马看来,这种回应只是在象征性(从而是补偿性)的文学形式中表达自己,因为只有在这里,才可以说拉美的实践和发达国家的实践是一样的[2]。拉美同资本主义的融合有其自身的特点,拉马沿用古巴人类学家费尔南多·奥尔蒂斯的说法,将这种融合称为跨文化化(transculturation),并率先提出了诸如复归(reconversion)、混杂性(hybridity)之类的概念。

如果说早期的精英文化研究关注文学,在大众文化研究中,种族则是民族与国家协调关系的领域。事实上,种族问题使拉美身份的定义复杂化,也是身份政治的主要因素,它可以追溯到拉丁美洲被征服的那一刻。(在这里我得顺便说明一下,性属问题同样是一个重要的因素,因为很少伊比利亚[Iberian,即西班牙和葡萄牙]妇女陪同征服者和殖民者来到拉丁美洲,给族混杂问题打上了明显的性属烙印,但是这一领域到目前为止一直还鲜有人涉猎。)更确切地说,在20世纪二三十年代,很多拉美国家的知识分子开始系统地考察种族问题,将其视作定义文化(民族文化和拉美大陆文化)时要考虑的主要因素,从那以后,对种族、大众文化以及南北关系(传统上以帝国主义为特征)之间的相互关系就出现了新的看法,但是直到今天,这一点还远远没有被其他文化研究传统所认识。秘鲁人乔斯·卡洛斯·马利亚特吉、巴西人吉尔伯托·弗雷里及古巴人费尔南多·奥尔蒂斯(首创"跨文化化"一词,以修正单向的"文化同化"[acculturation])等人的工作就是一种"整体性的"(如果不是有机主义论的)分析,涉及阶级、区域经济、移民、宗教、流行音乐、文学等文化实践,在这里,"大众"(popular)更倾向于词源学上的(工人阶级)"民众"(people),而不是市场流行程度,即群众文化(mass culture)。有意思的是,这种"整体性"的文化分析之所以在这种散文传统里成为可能,正是因为在当时的拉丁美洲语境中,对知识生产的方式还没有清晰而严格的界定。当然,很多研究大众文化的人其实本身就是精英,是有机知识分子,为新的民族—资本主义现代化运动服务;其他的,如马利亚特吉、则代表着受压迫阶级。

20世纪20年代和30年代,新的国家形式在拉美形成,使拉丁美洲以进口替代品生产国的身份进入一战以后的全球经济体系。这一新的角色要求公民以工人身份进行新的质询。由于工人很可能拥有不同的种族背景(如土著人、黑人或混种人)或族裔背景(如移民),结果导致极权国家的出现(如阿根廷的庇隆主义[Peronism],巴西的瓦加斯主义[Varguism]),顶着传统寡头政治的极力反对,从民众当中获得其进行现代化运动的合法性。就文化研究而言,问题不在于这种平民主义(populism)是否有效地增强了"民众"的权力,而是将大众文化问题提上了有关社会研究和政策的议事日程,直到今天,大众文化问题都还是从社会运动的角度而不是只以阶级为基础进行研究的。正如葛兰西所说,拉丁美洲人的经验其实已经为当今的社会理论做出了贡献,因为他们认识到政治、"法定"知识以及文化都是同霸权产生的过程结合在一起的,就像厄恩斯托·拉克劳(Ernesto Laclau)所说的那样,霸权基本上起着表达"非阶级内容——质询和冲突——的作用,而这些非阶级内容就是阶级意识形态实践赖以起作用的基础"。换言之,"文化知识"(the cultural)就是"法定"知识和对抗知识相互冲突、表达自己的场所。应当指出的是,拉克劳早期关于平民主义的研究就是根植于阿根廷平民主义政治分析的传统,并引发了该传统的革命。后来,他同钱特尔·墨菲(Chantal Mouffe)合作的研究才被认为是受到英国文化研究运动的影响。

拉丁美洲的经验派生的另外一个主要的文化研究问题是关于文化流动的观念,尤其是南—北美洲的文化流动,涉及技术、科学、信息、媒体、学术与艺术潮流以及市场关系等方面。早在19世纪80年代,乔斯·马蒂就已经对以南北美为轴心的文化迁移有独到的见解。不过,和许多其他拉美文化批评家一样,马蒂仅将这种关系狭隘地视为一种"文化帝国主义"。最近,一项"跨国"的文化流动研究对更为广泛的社会和政治进程提出了很重要的看法。比如,美国的大众传媒在很多情况下已经不再仅仅被看作对拉丁美洲的殖民,而且还起着促成社区冲突产生的作用,在这些社区里,诸如性别平等之类的问题还没有成为大家的"常识"。这催生了70年代中期以来新一代的文化批评家,他们创造了诸如"文化复归"(cultural reconversion——内斯特·加西亚·坎克里尼)和有差别的接受之间的"调停"(mediation——吉萨斯·马丁-巴贝罗)之类的新术语。比如,通过关注消费和其他文化调停方式,他们已经知道,构成拉美多元文化的各种群体是如何相互作用的,达到了什么程度,次要群体更多地参与到知识、商品和服务的流通中的前景如何。

对文化之于社会运动的关系进行的研究也已经有比较悠久的历史。60年代早期,拉美大陆掀起了一股意识觉醒(concientizatión)的潮流,旨在挑战国家政策、精英体制和社会分层,并以"法定"知识为依托促使其发展,推动大众事业的发展。这是通过以下方式实现的:创立新的替代体制,寻求与传统体制(如教会和教育机构)的合作,使大众实践蕴涵的知识合法化。这项运动不仅致力于对文化进行研究,更致力于以非精英的、大众的标准重新界定文化,所以该运动涉及多种学科,如教育学(保罗·弗莱雷)、政治经济(马克思主义)、宗教(解放神学)、草根行动主义(在城乡工人阶级、学生机构中的基督教社区)、族裔研究、新闻学、文学以及其他文化实践等。更重要的是,从这项运动中产生了一种新的表达方式:证明书(testimonio)。这种表达方式涉及大众知识的生产,而大众知识又关涉一系列在其他文化形态里各不相同的学科:社会历史、族裔研究、自传、文学、政治分析、雄辩术等等。确切地说,这种知识与为现代化运动辩护的"法定"知识针锋相对,而所谓现代化就是按照欧洲和北美的发展模式重组社会、政治和经济结构,对普通大众产生了不利影响。另外,这种对发展主义的挑战凸显了长期以来存在于拉美的在认识论上对于知识从北美流动到南美的抵制,因为这种知识流动使拉美在融合中处于不利位置,而对美国的经济政策则大有好处。

本章主要围绕着价值问题进行讨论,即一般的知识和文化形式在生产、流通、接受、转换、回应等过程中形成的价值。价值最终取决于这些过程是怎样在权力关系中得到协调的。这些权利关系贯穿阶级、种族、性属、地理政治学等领域。对这一点的认识,引发了当今南北美有关知识及其合法性的危机。

探讨这种范式危机的很多都是拉美的社会科学家和文化批评家,他们通常将这种危机纳入全球的现代性危机之中。拉丁美洲跨国公司研究所(ILET)是当今拉美为数不多致力于文化研究的研究中心之一,1976年成立于墨西哥,在阿根廷首都布宜诺斯艾利斯和智利首都圣地亚哥都有分支机构。该研究所非常关注通讯、信息、性属身份形象和生活方式的跨国流动,关注这种流动同形式政治的崩溃、新社会运动、民主化进程以及知识分子融进跨国生活方式的重要性之间的关系。所以现在已经不能说,文化就相当于一个民族的"生活方式",自成一体,独立于全球潮流。智利社会学家乔斯·乔安奎因·布伦纳(José Joaquín Brunner)进一步阐明了这一点,认为在欧洲和北美可能属于现代性危机的东西在拉美实际上却恰恰是常态。他反对这样的观点:现代化天生就是与拉美的所谓新西班牙的(novohispanic)、巴洛克式的、基督教的、混血(mestizo)的文化特质格格不入的,在奥克塔维奥·帕兹(Octavio Paz)看来,这种文化特质(cultural ethos)因其已被其他伦理价值观所"殖民化"而失去其真实性了。布伦纳反对这种关于拉美的本质主义观点。魔幻现实主义概念是学者们提出来解释相互冲突的混生现象之合法性的,但是拉美的神奇现实并非与生俱来,而是由不同的生产方式、文化消费市场的分割以及文化产业的扩张和国际化造成的。因此,拉美独特的混杂形式就不宜因其令人惊叹的特质而大书特书,也不宜因其失去真实性而大加鞭挞,它们其实正好体现了在异质社会中出现一种现代的文化领域时所具有的特点(Brunner 1987:4)。

墨西哥人类学家吉勒莫·邦费尔(Guillermo Bonfill)在评判当今语境下人类学的生命力时,也提到过范式危机的问题。他认为墨西哥的人类学是作为卡登尼斯塔(Cardenista)政府民族一体化计划的附属物而出现的。政府力主将墨西哥的一体化进程嫁接到跨国潮流中,最直接的就是加入"自由贸易协定",该协定只是老布什总统"美洲事业计划"(Enterprise for the Americas Initiative)的第一步,也受到很多拉美国家政府的追捧[3],既然如此,那么人类学的生存空间在哪里?人类学家只要能够成为政府的民族规划中不可或缺的组成部分,他们就能够对决策施加一定的影响。邦费尔认为,现在人类学家应该"同社会结盟",即改变他们同信息提供人的关系,让他们参与到为社区和社会运动服务的项目中去(Bonfeill 1991:88—9)。

人类学家的这种"复归"行为对文化研究有重要的影响。事实上,一些社会学家正在践行邦费尔的建议,他们认为文化研究不仅仅是研究文化,也介入新的社会运动的斗争中并与之合作。在这里,政治、文化政治、身份形构、体制建设和公民权的复归之间的关系交错在一起。最近,伊丽莎白·热兰(Elizabeth Jelin 1991)和其他来自国家和社会研究中心(CEDES)的成员对阿根廷人权侵犯的受害者进行了研究。热兰的前提是,在一个民主文化里,公民权的观念必须考虑到一些象征性的方面,如集体身份,而不仅仅是合理的权利话语。在这一点上,杰林的观点很接近南茜·弗雷泽(Nancy Fraser)有关身份与需求阐释(needs interpretation)斗争之间的相关性的观念。弗雷泽认为,当代社会里各不相同的需求之间的冲突表明,我们生活在一个"新的社会空间",这个空间和理想的、盛行优佳(better)观念的公共领域是不一样的。需求阐释的斗争涉及专家的可行性,是否需要他们来监控政府官僚和其他服务管理机构,监控各个群体根据某一文化特质而提出的要求的合法性,还监控选民的"'重新私有化'话语,这些选民希望将最新出现的需求问题推回到先前民主的或官方的经济飞地上"(Fraser 1989:157)。我们还得给弗雷泽所说的领域加上传统的美学飞地,这块飞地根据一定的口味,将个人的实践分为精英的或大众的形式,并且由国家机关进行调节。

现在回到热兰的研究。她区分了公民权产生的三个领域:(1)内在心理(intrapsychic),这是主体间关系的基础;(2)公共领域;(3)国家同社会的关系,包括从极权主义型的到参与型的关系,也考虑到了庇护主义型、煽动主义型和腐败型等形式的关系。问题主要是如何激起一种民主思潮(democratic ethos)。热兰的答案是通过扩展公共领域来实现这一目标,即扩展那些未受到国家控制的空间,在这里,对民主行为持支持或反对态度的实践,都既有人鼓励也有人反对。公共领域的扩展将确保占据主导地位的不只是一种关于公民的观点(权利和责任)。这样一来,研究人员的任务就是同各种群体合作,创造有利于这些群体的身份和文化特质形成的空间。这样的文化研究项目,在国家大力倡导自由市场政策(如将所有公共空间和文化空间都私有化)的背景下,就因此而成为社会民主进程运动的一部分。

还有一个当代文化研究的例子,完全不同于热兰的研究但却互为补充。内斯特·加西亚·坎克里尼(1991)和一个来自墨西哥大都会自治大学(Universidad Autónoma Metropolitana)的研究小组研究了自由贸易协定对教育和文化产生的影响。这是一种政策分析,考虑到了通常情况下不为美国主流文化研究所关注的政治经济等方面的因素,分别探讨了自由贸易协定对教育、各种文化产业、技术革新、知识产权和著作权、旅游、边界文化(border culture)可能产生的影响。我们看看其中的一个例子。墨西哥小学教材的出版一直是出版业在负责,随着政府开放小学教材的生产(每年九千六百万),采用竞标的方式进行,出版业将受到不利影响。更麻烦的是,竞标也允许外国出版社的参与,而墨西哥出版公司在成本和质量上都不具备竞争优势(1991:111)。在知识分子看来,更重要的是,在私有化的计划中,教育系统的边缘化就已经初现端倪:政府不再提供补贴,而是像美国那样,由社区自行出资为学生购买教材。这就意味着社区将控制教材的内容,而这正是天主教急盼付诸实施的一项计划的内容之一。教会已经发起对性教育以及其他一些伦理问题的攻击,这些问题正是当今社会自由的象征。

这个小小的例子很清楚地表明,自由贸易协定对文化的影响可能是很大的。这个研究团队由艺术家、作家、文化产业主管、记者、学者等构成,采取不同于杰林的研究方法,在蒙得维迪欧(Montevideo)的弗里德里希·艾伯特基金会(Friedrich Ebert Foundation)的资助下,还研究了即将形成的贸易协定—南方共同市场（MERCOSUR）的影响，这是一个区域性市场，最初的成员国有阿根廷、巴西、巴拉圭和乌拉圭（Achugar 1991）。我提这个例子只是为了再次说明，人们已经越来越认识到，文化研究必须走出表征政治的樊篱，因为在表征政治里，权力几乎仅仅被看作一种象征性的操控功能。如果说这个新颖的拉美文化研究工作对英美的文化研究传统有什么启示的话，那就是认识到文化研究要保持活力，必须放眼国家和民间机构、决策机构、政治经济、贸易协定等领域。另外，他们还凸显了文化批评家可以承担的角色：不仅仅只是以局外人的身份站在一旁，对所谓又一个由媒体炮制的摇滚巨星或情景喜剧的颠覆性拍手称快，或者只是谴责政府政策，却不愿意更直接地介入制度政治中。所以，我很高兴在由劳特利奇（Routledge）出版社出版的《文化研究》（*Culture Studies*）读本中看到一篇由托尼·贝内特（Tony Bennett）撰写的跟该书的其他作者唱反调的文章，题目是《将政策纳入文化研究之中》（Putting Policy into Cultural Studies）。既然文化研究应该是关于"从文化实践同权力错综复杂的关系中考察文化实践"的，贝内特由此提出了"四个主张，关涉到（理论和实践上）参与文化与权力关系的理想模式的必要条件（p.23）"。我认为这些主张同前文提到的拉美的文化研究选题很一致，它们是："第一，要在界定文化的时候考虑到政策，将文化视为政府的一个特殊领域；第二，要根据政府特定的宗旨、目标及手段在这个领域里区分出不同的文化区域；第三，要根据具体的文化区域确定不同的政治关系，并采取适当的方式参与进这种关系；第四，要以这样一种方式进行研究工作，即在内容和方式上，都要影响或服务于特定文化区域里那些公认的起作用之人的行为"（p.23）。

这种政策型批评如此切合实际，以至于有可能是政府的授意，这就是影响到很多拉美的文化研究工作者的一个问题，特别是在私有化开始之前。另外，这种方法还能强化典型的美国"表征政治学"。人们很少会想到，竟然会有这么多构成身份的要件在一定程度上是出于政府的压力的。如果说在极权统治瓦解以后，在自由市场政策实施困难的情况下推进民主，从而激发社会矛盾的背景下，拉美的文化研究的关注的对象已经转向公民权问题，那么在同期的美国，正如前文所述，政府自身则在从基于权利话语的公民权问题转向基于需求和满意之可阐释性的公民权问题的过程中紧密团结在一起。

在过去二十年里，对于身份是本质的还是由社会建构的，有许多争论。一般来讲，大多数文化研究学派都认同结构主义的观点。但是，这种观点也一直有些差强人意，因为它无法解释经验。我所谓的经验不同于霍加特用于指称工人阶级文化的经验，他关于什么才是真正的工人阶级的观点实在有些本质主义的倾向。伯明翰中心转向亚文化研究，抛弃了这种建构主义的研究方法，关注身份是在霸权确立过程中是如何形成的。建构主义的研究方法在解释经验或者展示经验时显得力不从心，而对经验的表演已经成为当今最重要的艺术表达方式，它取代了文学、音乐会和"艺术"电影，成为鉴赏家最钟爱的美学实践。

我认为，目前要对身份政治的主流理解和我称之为经验表演之间划一条明确的界线是很困难的。二者其实在很多方面都有雷同之处。但我还是试着区分一下。在美国，身份政治起源于民权运动的斗争，迈克尔·奥米（Machael Omi）和霍华德·怀南特（Howard Winant）认为，这是美国民主化第一次真正的表达[4]。他们这样说的意思是，二战前，少数族群（racial minorities)处于一场运动战中——"在这种情形中,从属群体希望固守并拓展一定的地盘,击退敌方猛烈的进攻,并发展出一个内部社会来取代他们所对抗的压迫性的社会系统"(p.74),而民权运动则与此不同,它将种族政治演变成政治斗争或阵地战,在这里,"各种制度领域和文化领域都有必要存在,这样持反对意见的政治规划才能有攻击的目标"(同上)。也就是说,在争取霸权的斗争中,民权突然成为一个现成的阵地,这时,文化—政治结构(cultural-political matrix)的转变使得其他从属群体能够发起他们自己的阵地战。当然,政府和经济也被牵涉进这场争取霸权的斗争中,结果就是很多政府机构和政策发生变化,消费者和文化产业也学会了经营他们自己的阵地。我们现在所理解的美国的身份群体就这样开始在公共领域表演,也可以说就是在这个过程中"书写他们自己"。身份必然成为一种实践,一种表演,一种在社会形构中的制度化领域内进行的部署,因为将身份表演出来就是通过重新强调或重新组合现有社会参与方式,进而实现为我所用,即协调生活方方面面的形式,从卫生、教育和住房到消费、审美学和性取向。事实上,正如新兴的公共领域理论所言,身份以及对"需求"和"满意"的理解都是可以阐释和表演的[5]。

这样的写作过程摆脱了建构主义(强调来自制度和经济的压力)这个术语的限制,也超出了利益集团的概念范畴,利益集团已有的自我知识使其能够寻求社会和政治利益。当然,身份群体也卷入利益政治中,但是随时都会有新的或者改头换面的身份群体书写或表演自己的身份。我到目前为止所讨论的可能适用于美国所有的身份群体。但是,所谓随时表演身份也隐含着这样一层意思:不同的群体表演自己身份的原因会截然不同。迈克尔·沃纳(Michael Warner)编有一本重要的酷儿理论著作,告诫人们要注意防止不动脑筋的"身份平行"(identity parallelism)倾向,也就是以为所有基于种族、族性、性属、性取向、阶级等原因而被边缘化的群体都是一样的。

不同的权力条件下形成的策略也不同,不可能总是同质的。有时候联盟政治能促成重要的修正;很多同性恋政治中的主题和机构的努力已经开始用于中产阶级白种男人的模式中。然而即使在人们的行为高度一致的情况下,策略要求(strategic requirements)也可能是不一样的。比如,由于酷儿行为一般来讲是隐蔽的,它就要求采取一种独特的经过并了解的政治(politics of passing and knowing),并将可见性策略贯穿在酷儿运动的很多方面,传统的做法就是"出柜"(coming out)的表演方式,或称"尖叫抗议行为"(screaming),最近的方式则是"公开亮相"(outing),以及由"酷儿国"组织(Queer Nation)和"行动起来"组织(ACT UP)倡导的"鄙视你"政治(in-your-face politics)。在这些组织内部及其同其他政治群体之间也存在着相当大的张力,因为这些新的公共表演的策略主要还是对特定的酷儿行为政治的回应[6]。

确实,行为的特殊性是理解表演性(performativity)的重要尺度。我无法想象一个直率的墨西哥裔美国人会采取同样的表演方式,他有自己的种族身份、性属特征和直率性格。黑人、墨西哥裔美国人和妇女一般是不参与"出柜"之类的仪式的。但是,所有的身份群体在穿着风格、姿态、言说等方面又存在着不同类型的表演性,这也是他们进行身份表演的一部分。这种差异性又让我想到构成表演的基础——幻想,表演的方方面面都意味着表演是和欲望和幻想有关的。

关注幻想有助于身份政治从纠正表征的泥潭里摆脱出来,认识到表演性并非仅仅是扮演一个角色(如在传统的社会学里),也不是成为鲍德里亚意义上的拟像(simulacrum)。首先,幻想是"一个假想的场景,在这里,主体是主角,代表着[欲望]的实现"。[7]所以,我认为在当代的美国社会,媒体和消费文化已经将身份问题置于大众面前,而且"需求"和"满足"并非已知事实,而是等待着阐释并为之斗争的现象,在这样的社会里,幻想已经不再局限于私人的精神世界,而是投射到社会的屏幕上。准确地说,欲望就是其中的操控者,"将需求(need)和要求(demand)区分开来"(Laplanche & Pontalis, p. 483)。毕竟,身份群体总是试图通过将伦理上合法的需求投射到社会和政治领域,从而满足他们被认可的要求的。其次,由于没有哪一个群体控制着"需求阐释"政治,所以这一社会幻想的过程必然持续下去,并且很容易反复。第三,上述论述说明,幻想作为身份和政治在其中交织的过程,很难产生出文化研究中的偏马克思主义学派所寻求的各种认知性和政治性解读。杰奎琳·罗斯(Jacqueline Rose)的观点有助于我们理解这一点:

> 幻想以及反复的冲动(compulsion to repeat)这些概念,是经常为一种更具政治性的反对不公正的观念所排斥的。在我看来,女权主义者关于心理分析的争论如今已经转移到这个领域上来了;但是这样做只不过突出了一个更加普遍的政治研究问题,这个问题一直存在于激进的有关弗洛伊德的解读中,那就是如何调和主体性问题,主体性以一种分析的形式将活动(而不是犯罪)、幻想(而不是错误)和冲突(而不是愚蠢)分配给单个的主体——这里指女性,这种分析形式在紧急的社会变革需求中也能认可结构的力量。(Rose 1986:14)

在我看来,身份政治已经找到打破长期以来阻碍对审美文化进行政治阐释的僵局的方法。表演性是美国身份政治的特点,也是文化研究的一个重要对象,只是理论性还不够。幻想一直被认为是艺术才具有的想象纬度,表演性的前提是把这种幻想拓展到整个公共空间。这当然是有代价的,很可能就是导致私人世界的完全消失,而传统上的审美活动则被认为是在私人世界里进行的。

限于篇幅,我无法对此进行深入的阐释,只想提一点,美国的文化战争与审美表演从私人体验转向公共体验这一变化有关。经典的审美理论认为艺术实践构成自由王国。但是当幻想受制于政治压力时,这种自由肯定就岌岌可危了。当然,也有学者,如特里·伊格尔顿(Terry Eagleton),认为这种自由从来就是一种幻觉,遮盖了资产阶级的统治,是"理性的替代物"(prosthesis to reason)或曰权力的替代物(proxy for power)[8]。但是如果不用自由这个术语,而是将其视为构建幻想和身份之满足感和要求的象征,这一领域则可能更富成效。

简要总结一下前面的论述来结束本文。我概括了英美文化研究传统中的几个流派理解审美文化的特点。由于该传统一直强调政治和权力问题,故审美文化通常都是和阶级冲突、霸权、抵抗、颠覆等联系在一起进行理解的。在从康德延续到黑格尔再到卢卡奇、阿多诺和詹姆森的德国唯心主义哲学传统中,审美文化也被当作一种理解詹姆森所称的"认知图示"(cognitive mapping)的手段,这种方式允许主体去了解经验无法参透的现实结构[9]。我在解释美国当代的审美经验的时候,部分地结合了这一政治和认知传统,但又不固守这一传统,因为经验的方式毕竟是不属于这些范畴的。

(余泽梅 译)

注释:

[1] 这是一个很有意思的现象,一些传统上的优势文化实践如文学写作,在过去半个世纪中,逐渐丧失其在塑造民族身份中的重要地位,而少数民族及其他次要群体却越来越多地采用了这些传统的文化实践形式。这一点在美国尤其明显,拉美裔美国人、非洲裔美国人、亚裔美国人和美洲土著人的群体形构写作(group-formative writing),在多元文化运动解构民族文化并将其重组为多样性文化的企图中处于中心位置。但是,这个趋势在很多拉美国家中也很明显,至少在批评家看来,这些国家的普通大众(农民、工人、小镇居民、都市年轻人等)的文化实践应该受到同样的重视。这个运动的一个重要结果就是出现了证明书(Testimonio)这样一种文学形式,并得到承认。参见 Yúdice 1990,1991。

[2] 参见 Angel Rama, *Los poetas modernistas en el Mercado económico* (Montevideo: Facultad de Humanidades y Ciencias, Universidad de la República, 1967); *Rubén Darío y el modernismo (circunstancia socio-económica de un arte Americano)* (Caracas: Universidad Central de Vebezuela, col. Temas, no. 39, 1970); *Las máscaras democráoticas del modernismo* (Montevideo: Fundación Angel Rama, 1985).

[3] 这种跟上老布什步伐的心理非常急迫,阿根廷总统卡洛斯·梅内姆(Carlos Menem)甚至不顾国内民众的强烈反对,出兵海湾战争。

[4] Michael Omi and Howard Winant, *Racial Formation in the United States: From the 1960s to the 1980s* (New York: Routledge, 1986), p. 75.

[5] 关于公共领域里的"需求阐释"政治理论,参见 Nancy Fraser, "Rethinking the Public Sphere," and George Yúdice, "For a Practical Aesthetics," *Social Text* 25/26 (1990): 56—80, 129—45.

[6] Michael Warner, "Introduction: Fear of a Queer Planet," *Social Text* 29 (1991): 13. 本期是关于酷儿理论的特刊,文章选自明尼苏达大学出版社出版的论文集。

[7] L. Laplanche and J.-B Pontalis, *The Language of Psychoanalysis*, trans. Donald Nicholson-Smith (New York: Norton, 1973), p. 314.

[8] Terry Eagleton, *The Ideology of the Aesthetic* (Oxford: Blackwell, 1990), p. 16.

[9] Fredric Jameson, "Cognitive Mapping," in *Marxism and the Interpretation of Culture*, eds. Cary Nelson and Lawrence Grossberg (Urbana: University of Illinois Press, 1988), p. 349.

参考文献:

Achugar, Hugo, ed. (1991). *Cultura mercosur (politica e industrias cultrales)*. Montevideo: Logos.

Bennett, T. (1992). "Putting Policy into Cultural Studies." In L. Grossberg et al. (eds.), *Cultural Studies*. New York: Routledge.

Bonfill Batalla, Guillermo (1991). "Desafios a la antropología en la sociedad contemporánea." *Iztapalapa* 11 (24):9—26.

Brunner, José Joaquín (1987). "Notas sobre la modernidad y lo postmoderno en la cultural latinoamericana." *David y Goliat* 17 (Sept.).

Fraser, Nancy (1989). *Unruly Practices: Power, Discourse and Gender in Contemporary Social Theory*. Minneapolis: University of Minnesota Press.

Gaarcía Canclini, Néstor, ed. (1991). *Educacion y cultura en el Tratado de Libre Comercio*. Mexico.

Jelin, Elizabeth (1991). "Cómo construer ciudadania? Una visión desde abajo." Paper delivered for the CEDES project on *Human Rights and the Consolidation of Democracy: The Trial of the Argentine Military*. Buenos Aires, Sept. 20—1.

Rose, Jacqueline (1986). *Sexuality in the Field of Vision*. London: Verso.

Yúdice, George (1990). "For a Practical Aesthetics." *Social Test* 25/16:129—45.

Yúdice, George (1991). "*Testimonio* and Postmodernism." *Latin American Perspectives* 18(3) (summer): 15—31.

第13章
文化研究能"讲"西班牙语吗？

豪尔赫·马里斯卡尔（Jorge Mariscal）

> 面对这样一个基于贫瘠的文明、由不受欢迎的民族混合而成的痛苦群体，我们还能做什么呢？
>
> 哈佛大学西班牙研究创始人乔治·提克诺（George Ticknor）发表于墨西哥战争前夕

> 我们很难不感叹，最近兴起的文化研究热潮受英国和英语性（Englishness）观念的影响是多么深。
>
> 保罗·吉尔罗伊（Paul Gilroy），《黑色大西洋》（The Black Atlantic）

我是在加利福尼亚大学尔湾分校攻读比较文学研究生的。一年级的时候，一位老教师告诉我，我如果选西班牙语作为一门语言必修课，是拿不到学分的，因为"西班牙没有优秀的文学作品。我们只承认法语和德语"。20世纪70年代中期，有我这种经历的人并不在少数。有些加利福尼亚大学的分校根本不接受西班牙语，而在其他院校（如耶鲁大学），要想拿西班牙语的学分，必须提交一份特殊的申请书。在美国高等院校中，西班牙语作品的魅力不及法语、德语甚至意大利某些时期的文学作品。

要充分理解产生这种现状的历史，有必要后退几百年，去看看"黑色传奇"（Black Legend）的源头。在16世纪，英语写作里兴起了一项运动，构建一个截然不同的西班牙，一个与伊丽莎白时代的价值观相去甚远的"他者"，西班牙文化由是成为英语文化的简单对立（inversion）（参见 Gibson；Maltby）。这种政治意图是通过写作实现的，并在经济中心的迁移——从西班牙的塞维利亚（Seville）转到伦敦和阿姆斯特丹——中发挥作用，从而构建了一个想象的"西班牙性"（Spanishness）的身份。这也促成了"英语性"的形成，预示着新的文化和经济运动的到来，如19世纪种族主义理论和当代国际上的南北对立（Amin）。

英格兰和西班牙（启蒙运动以后变成欧洲和西班牙）之间的对立是如此强大，以至于历经无数的历史变迁，至今依然存在于各个民族的语境中。我个人在研究生院的经历也从一个侧面说明，这种对立在知识生产的一个微观层面上发挥着作用。在国家政策制定的层面，这种对立还被输送到美洲大陆，为1898年美国的帝国主义野心服务。后来在这种对立中，对立一方由西班牙换成了墨西哥,清晰地表明了美国自1848年到现在——也就是从西南的领土征服到北美自由贸易协定(NAFTA)的建立——的野心。在本文开篇的引言中,乔治·提克诺的提问表明,墨西哥以及其他先前的殖民地,是颓废的西班牙的后代,贫瘠软弱。作为北美西班牙研究的创始人,提克诺开创了在美国为期一个半世纪的"黑色传奇"传统,在这个传统里,不管是最高层的知识分子和决策层,还是大众的想象,都认为中心(西班牙)和边缘地区(拉丁美洲)及其背井离乡的子民,是可以互相替换的。正是因了这种对立的力量,再加上当今"西班牙"、"墨西哥"、"拉丁美洲"和美国的"西班牙裔"等范畴在英语思想界大行其道的趋势,所以,我们这些就西班牙语的文化问题发表文章的人在运用源自英语传统的方法论的时候,就得非常谨慎。这种谨慎态度又进而延伸到美国大学里已经体制化的文化研究中,因为这里对讲西班牙语的文化素来是不太友好的。

毋庸置疑,为英语世界的学者和决策者平面化的西班牙语传统其实有着丰富的区域历史和内部分层。波多黎各、古巴、阿根廷、秘鲁等的历史本身就千姿百态,自成一统,尽管它们和菲律宾一样,都曾经是西班牙帝国的一部分。所以,尽管"黑色传奇"的话语传统历史悠久,西班牙的文化生产却在美国大学的西班牙系里享有最高的待遇,这就多少有点讽刺意味。西班牙至少还可以宣称自己同欧洲有联系(只是在英国人看来有些牵强)。毕竟,讲英语的文学研究人员很难把《唐·吉诃德》从西方文学经典中排除出去。到今天,用于大学入学时的高级西班牙语编班考试都是首选难懂的西班牙作家的作品,而不是选拉美作家或拉美裔美国作家的作品。在很多教育机构里,直到20世纪60年代,卡斯蒂利西班牙语(Castilian Spanish,通常被认为是西班牙语的标准发音——译注)都一直是语言课堂上受青睐的西班牙语方言,不少墨西哥裔美国人和来自波多黎各的学生都被告知,他们不懂西班牙语。在美国,一定程度上受益于60年代早期的美国外交政策,拉美文学研究突然兴盛起来,引发了一股缓慢的院系内部调整潮流。但是,为美国的拉美研究创造空间的还是70年代早期的人口大迁移(mass mobilization)。

比如,在奇卡诺运动(Chicano Movement,60年代末美国墨西哥人争取民权的社会运动——译注)发展到高潮阶段时,由一批行动主义的学者创建的奇卡诺研究(墨西哥裔美国人研究),在80年代末90年代初再度兴起,很大程度上是由于"西班牙裔"(Hispanic)市场的确立、文学和艺术生产的兴盛以及新兴的文化研究方法的出现。但是奇卡诺研究在早期面临着传统的西班牙语院系公然的敌视,这些院系中来自西班牙的老教员称奇卡诺文学为"乡下垃圾"。这种不幸的现实使很多奇卡诺研究项目(至少是那些无法列入教学计划、也无法获得足够预算的项目)跑到英国研究和美国研究项目中去寻求庇护,却在这里遭遇到另一种歧视,即从美国的殖民史上流传下来的偏见,和前文的敌视情绪形成互补。关于西班牙的"黑色传奇"是北欧想象的产物,在不同的地方条件下,要么独立于、要么融合进"墨西哥/拉美传奇"(Mexican/Latino Legend),这种传奇深深地根植于"天定命运论"(Manifest Destiny)、科学种族主义(scientific racism)和白人至上(white supremacy)的观念之中。比如,20世纪早期在南加利福尼亚建筑中离奇的西班牙遗风,一定程度上就是美国白人精英复原"昔日西班牙"的企图,但那是欧洲的白人而不是混血的墨西哥人(mestizo Mexican)心目中的西班牙。在这种语境下,"西班牙"被视为比墨西哥人高人一等,然而隐而不露的种族歧视依然继续将当代所有形式的西班牙语以及"西班牙化的"族群特点都表征为落后于英语及英语民族。如果这些意识形态思潮无可救药地缠绕在一起，无法区分开来，在当代学术界产生的后果将是显而易见的。很多年轻的奇卡诺学者都不在他们的研究中使用西班牙语的材料，在写墨西哥的萨帕塔运动（Zapatista Movement）的时候，却不引用哪怕是一位墨西哥历史学家的话。有些编写拉美裔美国人的嘻哈（hip hop）文化读本时，却采取北美洲的黑人/白人二分法，根本就不能解释拉丁美洲的种族混杂（mestizaje）和文化融合（syncretism）进程。那些宣称要对"西班牙"文化进行"激进"阅读的评论家，使用的研究语言却是英语，并且一边倒地依靠非西班牙语的权威。事实上，这是"黑色传奇"再次赢得胜利。

乔恩·斯特拉顿（Jon Stratton）和洪美恩（Ien Ang）已经追溯过在伯明翰中心早期的研究工作中"英语性"（Englishness）和"不列颠性"（Britishness）无可争议的霸权地位。他们令人信服地表明，在后来的岁月里，尽管文化研究的热潮在全球铺开，这一点却几乎没什么改变："国际文化研究'界'根本就不关欧洲的事情，基本上局限在英语世界里。这并不是说除了英语，就没有其他语种的文化研究（肯定是有的），但是，这些英语外的文化研究传统基本上被英美人所垄断的讲英语的文化研究所忽略了。"（p.389）很难否认英语在美国的文化研究中独霸天下的地位。国家教育机构和媒体已经将这样一个事实从人们的集体记忆中抽掉：历史上土著人、西班牙和墨西哥的语言和传统其实是先于英裔美国人和英语存在的。正如阿尔弗雷德·阿特亚加（Alfred Arteaga）所指出的那样："美国的美利坚文化表现出来的就是一种英语语言文化，它只信奉一种语言特质，致力于维护一种单语的身份。"（1994：13）胡安·佩雷亚（Juan F. Perea）对此的看法更是一针见血："仅仅是西班牙语的声音就足以冒犯并吓坏很多只说英语的人，这种语言使他们感觉到无力控制'他们的'国家。"（1998：583）在新墨西哥、得克萨斯或加利福尼亚，英语不过是后来者，这就会让人回忆起开始于19世纪30年代的征服和殖民史。服务行业、农业工人、餐馆勤杂工、园林工人、女仆普遍使用的语言有着丰富多彩且地域宽广的文学传统，可是如今绝大多数继续控制着这个区域资源的人已经忘记了这一事实。20世纪90年代，由于人口统计数据表明各种族人口比例的变化，白人纷纷感到恐惧，受此影响，本土主义思潮复活，导致227提案的通过，取消双语教育。这些事件和白人至上的后征服历史密切相关，用玛格丽特·蒙托亚（Margaret Montoya）的话来说，就是尽早在公共领域将西班牙语打入"不合法的语言"之列。蒙托亚写道："在学术圈宣称有权用西班牙语写作就是抵抗文化和语言统治的一种重要形式。重拾这些'不合法的'语言、禁忌知识和受贬斥的话语就是一种对抗文化霸权的立场。"（1998：578）如今在加利福尼亚，很多时候，说西班牙语招致的如果不是公开抵制，也是一种蔑视，但是想想目前在所有拉美人中，拉美籍美国人是第五大种族—语言群体（ethnic-linguistic community），倒蛮令人欣慰的。据推测，到2050年，他们将跃居第三位。

随着最近资本主义生产和消费中的变革以及北美大学的"跨学科"重组，文化研究的全球化已是不可阻挡的发展趋势。毫无疑问英语就是这个新的世界秩序的官方语言，所以非英语传统的文化研究工作人员如果想要实现斯图尔特·霍尔（Stuart Hall）在最近一次访谈中所说的"翻译、重新表达（rearticulation）、转码（transcoding）和跨文化化（transculturation）"等行为，就必须努力使自己掌握流利的英语（Chen 393）。当然，我认为我们的目标之一还是加强对新自由主义和新帝国主义的批判，而不是仅仅是庆祝"跨越边界"的行为，比如日本人现在崇拜美国歌星弗雷迪·芬德(Freddy Fender)什么的。到文化研究愿意并且能够"讲西班牙语"、"讲"美国拉美裔文化的混合语言、"讲"美洲土著人的语言并在这个过程中允许次要文化为自己说话的时候，就可以成功地挑战"英语性"及英美人对世界和美国历史的叙述霸权了。只有到那时，才能形成一个有意义的全球文化研究。

文化反哺和常识转型

> 人必须打破集体心理形成的历史障碍以及权力结构。
> 卡洛斯·蒙斯迈斯(Carlos Monsiváis)，《自由论》(*Entrada libre*)

任何方法论，只要其分析停留在后结构主义符号斗争的层面，就无法解决21世纪西班牙语世界的人们遭遇的危机。对于大多数拉美国家和地区来说，20世纪80年代是一个深陷外债、失业和通货膨胀泥潭的时代。中美洲出现前所未有的经济和国家暴力，而拉美裔美国人则眼睁睁地看着60年代末70年代初得到的那点可怜的好处又被收回。美国主要高校的拉美裔学生留学生越来越少，美国中学拉美学生的退学率居高不下，无证件工人成为美国西南部经济危机的替罪羊。新保守主义者挑选一些少数民族出来，表明自己是多么支持多样化(从政论节目"麦克尼尔和莱尔"[MacNeil-Lehrer]的拉美裔美国人问题"专家"及新时期浪漫主义者理查德·罗德里格兹[Richard Rodriguez]，到前里根总统任命官员、著有反动的《走出西班牙语住区》[*Out of the Barrio*]的琳达·查维斯[Linda Chavez])；在加州圣地亚哥，白人少年以袭击和抢劫墨西哥籍劳工为乐。

文化研究工作者致力于社会的进步，力图阐释在这样动荡的环境中文化的生产及社会环境本身。文化研究参与更广泛的社会问题得益于对体制和种族疆界的突破以及研究范围的拓展。理想的情况下，比较文化研究的方法可以弥补仅关注单个"民族"群体的研究的不足，如"奇卡诺体验"，只有通过墨西哥和西班牙的历史，并结合在美国的菲律宾人、非洲裔美国人、波多黎各人、贫穷白人和其他弱势群体的历史，才能理解得透彻。在一些紧要的历史关头，这些群体之间的联合就特别明显：加利福尼亚的淘金热、第二次世界大战、美国在东南亚的战争、农业工人联合会(United Farm Workers)掀起的工会运动、移民袭击、肯定性行动(平权计划)以及90年代的双语主义，等等。在成百上千的语言形式共存的都市中心，如洛杉矶和纽约，如果结合其他传统研究西班牙语的文化实践，可以取得非常好的成果。

当代的统治形式，只有在各个群体及其文化生产相互隔离开来或者简单地做二元划分的时候，才会发挥最佳的作用。美国严格的黑人—白人对立是美国种族关系的基础，这种对立又由于迈克尔·杰克逊的唱片《乌木与象牙》(Ebony and Ivory)和《是黑还是白》(Black or White)、斯派克·李(Spike Lee)的电影、托妮·莫里森(Toni Morrison)调和美国文学的《在黑暗中玩耍》(*Playing in the Dark*)(1990)等文本得到强化，维持这种对立就有助于维持现状，因为这种对立将使那些被排除在传统二元论之外的群体几乎成为隐形的人，使人更难以理解一种异质性的集体主体（heterogeneous collective subject）的存在。不过这种相互隔离（segregation）也并非一贯如此。30 年代末在加利福尼亚工会运动中，由男女共同出任主席的拉美裔美国人、菲律宾人、非裔美国人协调委员会，是我们可以想到的唯一一个协同作战的例子。在艺术领域，推动进步的嘻哈运动的愿望，由于很多演艺人员希望拓展市场、增加自身资本而受到阻碍。短期内，对那些表现得很进步并且有泛种族举动的艺术家的关注就不妨苛刻一些：武当组合（Wu Tang）、奥组马特里乐队（Ozomatli）、黑眼豆豆组合（Blackeyed Peas）、萨尔瓦多的表演艺术家奎克·阿维利斯（Quique Avilés）、圣地亚哥的塔科商场诗人（Taco Shop Poets）。如果北美的文化研究项目意欲理解未来的民主化并参与其中，就得剥去一大批社会和艺术团体以及先前的组织模式的外衣，对其进行客观的调查研究，看看他们保守和激进的程度到底如何。

由于并不存在只具单一的内部连续性或自治性的西班牙语传统，文化研究通过突出文化对象在不同的语境下（即不确定的历史和地理环境中）变动不居的特点而使自身获益匪浅。最近的比较研究对空间（spatial）差异的关注就甚于对时间（temporal）差异的关注，而且很多文化研究非常重视最近三十年以来的大众和通俗文化，使文化研究脱离了早期研究的领域。对西方种族主义谱系史上的各个时期进行的研究，对占统治地位的传统在不同的历史背景中重新书写（reinscribe）自身的方式进行的研究，都在现世主义（presentist）的方法论中迷失了方向。早期那些积极介入文化对象的再生产的作家往往比很多评论家更具有转型意识。一个例子就是奇卡诺剧作家和电影导演路易斯·瓦尔德兹（Luis Valdez），1989 年根据 20 世纪晚期加利福尼亚的情况，改编了一部西班牙中世纪的诞生剧（nativity play）《田园歌》（La Pastorela），剧中，地狱变成了有毒的垃圾场，而基督则成为移民劳工的儿子。

对这样一种改编现象，文化研究的反应可能就是去分析研究那出戏剧的传播过程——从 14 世纪西班牙到 16 世纪的墨西哥，再到当代的加利福尼亚——研究这种传播是如何牵涉到一系列复杂的政治文化（即特定社区）功能的。在 20 世纪的研究中，我们可能考察受美国都市文化因素影响而产生的奇卡诺人的亚文化风格是如何返回墨西哥，并具备不同功能的。墨西哥评论家卡洛斯·蒙斯迈斯（Carlos Monsiváis）就曾经写过，起源于美国西南部、作为霸权对抗实践的亚文化（如花衣少年流氓［pachuco］和乔洛［cholo］人的穿着、音乐和语言），后来是如何褪去了政治和对抗的外衣，传到南方，并被墨西哥北部大城市的中产阶级年轻人加以改造的（Monsiváis 1981：291-5）。墨西哥移民家庭的奇卡诺子孙，向他们"祖先的家乡"出口了一种在传统看来很奇怪且不受人欢迎的文化礼物，这就是表演艺术家圭纳摩·高迈兹·佩纳（Guillermo Gómez Peña）所称的"墨西哥的奇卡诺化"进程。90 年代，这种跨越国界的文化交流通过音乐形式（如 quebradita 舞，西班牙语摇滚和技术乐队［techno-banda］），也通过贩毒和枪击暴力等文化现象继续进行着。由于 80 年代拉美人独特的移民方式，美国的文化形式和社会不良现象如今不仅已经进入墨西哥，还延伸到中美洲甚至更远的地方。

乔斯·曼纽尔·瓦伦左艾拉（José Manuel Valenzuela）在对墨西哥和美国的朋克及乔洛人文化进行的种族研究中，列举了两国的亚文化风格和另类主体性（alternative subjectivities）之间存在着的政治经济关系以及迁移（transference）。在墨西哥依附于美国的不平等时期，处于边界南方的墨西哥的大众文化受国际市场力量的左右也受美国大众传媒体系的控制。但是,不同的亚文化群体之间的接触可以产生意想不到的效果,一位墨西哥朋克讲述了这样的故事:

> [在提华纳(Tijuana)]我开始去参加圣地亚哥的朋克聚会……有一次,一个乐队正在演奏,他们有一面美国佬的国旗,于是我走到乐器中间,扯下美国旗,对我的朋友说:有火柴吗? 对,把这面旗给点了,于是我们当着美国朋克佬的面,烧掉了那面旗,有些人拍手称快,有些人则很生气。斤斤计较,不是? 有几个民族主义的爱国者,对吧?"我们是最棒的",其他的人都……[后来,有个乐队成员抗议烧那旗。]我问既然他们唱的都是反对美国的歌曲,为什么又要反对烧旗,他说,"我哥哥在越南死了",我告诉他,"你知道是谁杀了他吗? 你们的国旗杀的,你们的爱国之心杀了他,懂吗? 所以你就应该反对你们的国旗,因为它杀了你哥哥。"(1988:179)

这种无批判的爱国主义(更准确的说法是"民族本体论"[national ontology])的话语受到了另一种来自所谓第三世界的声音的激烈批判,这种声音从风格上来看,似乎还是属于北美朋克文化圈的。这件事情可能产生的矛盾冲突并没有立即产生政治效应,但是可能很长一段时间,那乐队成员对美国的民族神话的被动接受产生了动摇,使他开始从外界的角度去审视他自己的文化。

这种交流是所有边界群体中比较普遍的现象,在跨文化化的过程中,各种不同的视角就这种交流中并置在一起并被问题化。但是由于民族主义和阶级偏见,各个群体之间的关系依然很复杂。比如,墨西哥艺术家罗伯特·吉尔·德·蒙特斯(Roberto Gil de Montes)承认受到奇卡诺街头艺术的影响而在自己的作品中融进了涂鸦的元素,但依然大胆地坚持自己优越的真实性:我当然不是反对奇卡诺人。毕竟是我们赋予了他们生命,他们就是出自于我们……要是他们曾经试图跟我们一样,我觉得是挺荒唐的。所以我怎么可能和他们相提并论呢? 他们当初不过是想成为过去的我而已(Benavidez 1991:6)。这种论调出于对纯洁文化的追求,相信种族起源论,无法理解复杂的身份和联盟共存的现象。跟之前的奥克塔维奥·帕兹一样,蒙特斯将奇卡诺艺术和身份贬为只不过是本质的墨西哥性的拟像(simulacrum)而已。

将跨文化交流解读为取长补短的机制也许更合适。社会身份、文化形式和风格,进入一个新的环境,要么迅速地使该环境发生改变,要么为将来的变革铺平道路。比如 16 世纪西班牙的印第安诺人(indiano),他们是从美洲赚了大钱回来的人,象征着社会关系中一个不安定的领域,所以经常出现在文学作品中,是新的主体位置(subject positions)的具体表现。这样一来,流氓、乔洛人、花衣少年流氓、恰恰女孩以及其他"人物"就可以有效地解读为:他们是社会变革的承担者(尽管不一定是进步的变革)。后来,印第安诺人的财产激励了没落的贵族阶层,也为西班牙中产阶级的兴起创造了条件,他们的政治权力直到 19 世纪晚期才得到巩固。400 年后,走出国门的墨西哥劳务工,带着足够的财产回到墨西哥的小城市,过上了相对"贵族"的生活(Macrum)。目前还不清楚这些工人将在多大程度上推动墨西哥政治体系的民主化斗争。在一个比较长的历史时期,这些补充性的人物以及对他们进行的文化表征常常反映出社会领域中不太容易发觉的经验结构。因为每一种亚文化或从海外归来的人在新的语境下同霸权力量的关系都是不一样的,我们不能认为他们产生的社会关系的重新表达就是"颠覆"或"抵抗"。

詹姆逊·克利福德是这样概括这个问题的:"民族、种族和社群的'内部'与'外部'是如何被不同的历史主体根据一定的目的、一定的权力和自由度所维持、监控、颠覆、跨越的?"(1997:36)。认识到西班牙语在北美不是一门外语,而是未来美国民族身份的必要组成部分,就是从传统的种族中心主义中跨越出了一小步。面对加利福尼亚等地人口比例不断变化的现实,我们就不得不从多语言和多文化社群这个角度重新思考"少数民族"话语这个问题,在多语言和多文化社群中,以前属于多数派的群体并不会被排除出去,但是必须放弃他们曾经的统治地位,以便大家更平等地生活在一起。

为进步的社会变革而教学

> 当今时代是一个没有出口的迷宫,但是教师却必须思考可行的解决方案,哪怕这些方案看起来是那么遥不可及。
>
> 乔斯·瓦斯康塞罗斯(José Vasconcelos),《在教师节上的发言》

面对"历史终结"论,全球的进步分子努力保持着葛兰西式的乐观精神。学术界所谓"晚期资本主义"的说法听起来很空洞,但是我们都知道,事实将证明,当前的秩序对现今世界上的大多数人,对环境和我们后代的影响都是灾难性的。在一个制度环境里,对起源的去神秘化,对社群的重新想象,对跨国界的文化交流的研究,对新型社会的构想,都是和教育学与行动主义直接相关的,文化研究工作者可以在这些领域里有所作为。在课堂里,现状要么通过我所说的挪用(appropriation)方式被不加批评地再生产出来,要么就是被推翻,从而产生新的"常识"。但是使已经被接受的知识(这些知识似乎也为一些后结构主义理论和文化研究所共享)问题化的愿望,却不是生活在传统文化形态中的群体能够轻易就实现的。我不仅指工人阶级的拉美裔群体,也指美国大多数中产阶级群体,前者有强烈的天主教信仰、基督教原教旨主义和爱国主义话语,后者深受消费主义的影响,生活在城市的慵懒中。巴西教育家保罗·弗莱雷(Paulo Freire)提醒我们,"这些问题是不容易为惯于被动接受的人群接受的,不管这些人处于什么地方——世界的'乡村地带'、教室里还是在城里的电视机前"(1988:vii)。在将个人主义、族群真实性(ethnic authenticity)和传统的知识生产问题展开以后,我们面临着构想新的社会关系的难题。曼纽尔·卡斯特(Manuel Castells)称之为从"抵抗性认同"(resistance identity)转向"寻求社会结构整体转换"的"规划性认同"(project identity)的历程(1997:8)。他对"抵抗性认同"的定义是"被排斥者对排斥者的排斥(the exclusion of the excluders by the excluded)",所以区分为弱势群体进行的斗争就很有必要。"规划性认同"(我认为就是对萨特的规划观念的注解)将抵抗性认同"朝社会转型"的方向拓展。从实用政治角度来讲,我认为可以根据具体的情形和目标有效地利用这两种认同形式。

英语的文化研究是否能够引发多语言、多文化的规划性认同?这个问题目前还依然没有答案。换句话说,批判的实践哲学能否在私立大学(现在只是名义上是公立的)得到整体的发展?新保守主义80年代宣称,美国的大学正被"马克思主义教员"所接管,这种论调很荒唐,但是却被媒体权威和右翼政客四处宣扬。90年代末期,著名专栏作家乔治·威尔(George Will)(1999)再次发出这样的警告:"[高等教育]是现存的马克思主义者的藏身之地。"皮埃尔·布尔迪厄提醒我们,"新自由主义的'思想家们'不遗余力地工作,就是为了败坏和贬低我们的词汇、传统和表征遗产,这些遗产是与过去和现在的社会运动产生的重大征服紧密联系在一起的"(1998:103)。修正主义知识分子想贬低的不仅仅是马克思主义,还有过去一百年来的每一个进步传统。

在现实中,后结构主义理论(及其引发的大多数族群研究和后殖民主义研究)使整整一代的学者反对社会主义理论,原因就是该理论所谓"整体化和目的论"的罪名。有些教员摆出"马克思主义者"的架子,尤其是那些以研究美学而非政治或经济的人,只要课堂上的理论没有在校园内外变成实践,如研究生社团化斗争,就不会考虑学界共有的事情。简而言之,只要没有给整个体制造成冲击,管理者就会容忍马克思主义者教授的存在。

绝大多数教员和管理者还是继续坚定不移地通过管理实践和自由的修辞来维持现状的,如今,充斥着一系列"多文化主义"议事日程的市场价值厚颜无耻地决定了这种管理实践和自由修辞。全世界都对外语教学和"多样性"发展感兴趣,如邓白氏国际信息咨询有限公司(Dun and Bradstreet)的Hola! 项目(Hispanic Organization of Leaders for Action,西班牙行动领导组织)和健康保险公司Aetna的"西班牙裔网络"(Hispanic Network)。最新的理论潮流——从疆界研究到后来的全球化研究——在私人资助的、相对独立于传统的系科结构的智囊们看来是很容易和知识的生产方式挂上钩的。在企业界,通用电器公司的CEO可能大谈建立"多样化的全球团队",这个团队"有信心使每个人都参与进来,行为处事都超越边界的约束"。在校园内外,"多样化"这个术语被新的公司—教育—军事一体化体系赋予了无数新的含义。精英理论,也许跨越了学科边界,但几乎都是用英语表达的,不足以改变这种现状,这一点,连乐观的教授们都承认:"使某一领域和课程体制化就是建立起正统的目标和方法,这在一定程度上是为了满足大学的要求,满足大学使主体社会化的教育功能的要求。"(Lowe 1998:41)在洛依(Lowe)看来,族群研究和亚裔美国人研究项目可以成为"反对的论坛"(oppositional forums),这就是对马丁·卡诺依(Martin Carnoy)所谓私立大学内部"可供利用的政治空间"观点的佐证。我则认为,只要精英主义、个人崇拜以及当地的制度官僚、地方机构官僚一般意义上的反民主本质没有受到挑战,新型的企业型大学是能够容忍这些论坛或空间存在的。旨在破除制度性的种族歧视和性别歧视的草根运动,自从70年代中期以来就进行得不够彻底,将不得不改头换面,制定新的策略,唤醒新一代的行动主义学生,以夺回这个过去二十年迷失在保守主义中的领地。

奇卡诺女作家安娜·卡斯蒂罗(Ana Castillo)准确地描述了大多数所谓的学术左派教员:"少之又少的人会挑战(力度也极小)他们身处其中的体制,就算是这样做的时候,也是因为有明显的个人好处或者没有风险。至于其余人,他们的兴趣显然在他们的职业生涯上,而不在体制内外的社会变革上,这一类人实在是太多了。"(1995:211)明尼苏达大学学生安妮·马丁内兹(Anne Martinez)从一个本科生的角度证实了卡斯蒂罗的感叹:"我的体会就是,很少有教员能够或者愿意为任何事情冒很大风险。"(Wing 1999)将学术圈子从政治的角度加以划分是贯穿美国大学整个历史的传统,但是今天这种做法更明显了,因为任何人只要对现状提出质疑,很快就会被贴上"非学院"(uncollegial)的标签,有企图破坏友好"对话"的"软大炮"之嫌(全然不理会知识分子在争论中提出的那些观点)。

伊丽莎白·马丁内兹(Elizabeth Martinez)将精心策划的扩张称为"有色精英的缓冲器",面对这种情形,源自墨西哥思想家乔斯·瓦斯康塞罗斯、产生于奇卡诺运动(Chicano Movement)之"桑塔·巴巴拉计划"(Plan de Santa Barbara)的主张,就跟其在1969年一样必要:"今天,我们不是来为大学工作的,而是来要求大学为我们的人民服务的。"他们还说:"学生紧跟奇卡诺或非奇卡诺管理者和教员,就会发现他们是不向学生和社区的立场妥协的。"(Muñoz 1989:200)三十年前,奇卡诺学生要求(现在依然继续要求)的不过是一种承诺,一种早期伯明翰中心的承诺。正如雷蒙·威廉斯所指出:"如果你同意我的定义,认为这正是文化研究一直在关注的,同意我们在研究中要尽我们最大的努力,并以这样一种坦诚的方式去和人民接触,对于他们来讲,这不是一种生活方式,也不可能是一种工作……这样,文化研究的前景就真的很好了。"(1989:162)在加利福尼亚,讲西班牙语和非洲裔美国人已经看到,由于陈旧的K-12教育体系、具有入学排他性的政策以及全国范围内取消肯定性行动计划(209提案),他们进入美国最好的大学读书的机会越来越小,我们作为在高等教育院校工作的人,有义不容辞的责任,在这些社群和大学资源和知识之间建立起渠道,换言之,也就是在E. P.汤普森所称的"投身实践的媒介"中定位自己并介入其中。

美国的文化研究出现的时候,正是种族主义和精英主义以新的形式复苏的时候,同时还有以下背景:后冷战的必胜观念,财富开始大量往上集中在少数手中,以及随后美国社会的强硬,其源头可以从克林顿总统的"福利改革"往回追溯到旨在保护国外的美国居民的军事介入行动和城市郊区(如科罗拉多州立特顿市)信奉里根主义的中产家庭的孩子制造的暴力事件。20世纪末,大学官员以底线经济学(bottom-line economics)的名义,削减人文和族群研究项目,这可是唯一两个可能对新自由主义、父权制、性别歧视和种族歧视进行持续批判的领域。甚至在那些60年代的集体行动所创建的、如今困难重重的学科里,最原始的资本主义时代典型的残酷竞争和松散性,弥漫在年轻的学者中,只有极少数精英读者了解的学术理论家却很龌龊地被比作历史上的平民艺术家(如阿丽莎·弗兰克林[Aretha Franklin]),这种名人文化又使这种状况雪上加霜。边缘领域(如族群研究)的教员为了执行虚假而严格的规范而进行的过度职业化使有色人种学生深受打击,从而导致学生的疏离和人数的减少。如果我们不愿意批判这些受市场推动的行为,同涉足其间的同行据理力争,建立北美文化研究项目的斗争就不会取得胜利,这种研究项目超越了新自由主义、单语主义和种族中心主义,在这里,个人身份和集体身份的理解和形成都是为了更平等地分配权利和资源。

(余泽梅 译)

注释：

本章是一篇完成于 1991 年底、发表于 1994 年的论文的修改稿。修改时，由于美国政治气候发生变化，尤其是在加利福尼亚，我不得不重新思考文中涉及的问题，但同时又尽量保留原有观点。本章的修改稿将收在由 Angie Chabram-Dernersesian 主编、即将出版的《奇卡诺人文化研究》(*Chicana/o Cultural Studies*)中。

参考文献：

Acuña, Rodolfo (1997). *Anything But Mexican: Chicanos in Contemporary Los Angeles*. London: Verso.

Alarcón, Norma. "The Theoretical Subject(s) of This Bridge Called My Back and Anglo-American Feminism." In Calderón and Saldívar.

Amin, Samir. (1989) *Eurocentrism*, trans. Russell Moore. New York: Monthly Review Press.

Arteaga, Alfred (1994). *An Other Tangue: Nation and Ethnicity in the Linguistic Borderlands*. Durham: Duke University Press.

Benavidez, Max (1991). "The Labyrinth of the North." *Los Angeles Times* "Calendar," Sept. 15.

Bourdieu, Pierre (1998). *Acts of Resistance: Against the Tyranny of the Market*, trans. Richard Nice. New York: The New Press.

Cabán, Pedro (1998). "The New Synthesis of Latin American and Latino Studies." In Frank Bonilla, Edwin Meléndez, Rebecca Morales, and María de los Angeles Torres (ed.), *Borderless Borders: US Latinos, Latin Americans, and the Paradox of Interdependence*. Philadelphia: Temple University Press.

Calderón, Hector and Jose David Saldívar (eds.) (1991). *Criticism in the Borderlands: Studies in Chicano Literature, Culture, and Ideology*. Durham: Duke University Press.

Castells, Manuel (1997). *The Power of Identity. The Information Age: Economy, Society and Culture*, vol. 2. Oxford: Blackwell.

Castillo, Ana (1995). *Massacre of the Dreamers: Essays on Xicanisma*. London and New York: Penguin.

Chen, Kuang-Hsing (1996). "Cultural Studies and the Politics of Internationalization: An Interview with Stuart Hall." In David Morley and Kuan-Hsing Chen (eds.), *Stuart Hall: Critical Dialogues in Cultural Studies*. London: Routledge.

Clifford, James (1997). *Routes: Travel and Translation in the Late Twentieth Century*. Cambridge, Mass.: Harvard University Press.

Davis, Mike (1999). "Magical Urbanism: Latinos Reinvent the US Big City." *New Left Review* 234: 3—43.

Freire, Paulo (1988). *Cultural Action for Freedom*. Monograph Series No. 1. Cambridge, Mass.: Harvard Educational Review.

Gibson, Charles (1971). *The Black Legend: Anti-Spanish Attitudes in the Old World and the New*. New York: Knoptf

Graham, Helen and Jo Labanyi (eds.) (1995). *Spanish Cultural Studies: An Introduction: The Struggle for Modernity*. New York: Oxford University Press.

Larsen, Nell (1995). *Reading North by South: On Latin American Literature, Culture, and Politics*. Minneapolis: University of Minnesota Press.

Lowe, Lisa (1998). "The International Within the National: American Studies and Asian American Critique." *Cultural Critique* 40 (Fall, 1998): 29—47.

Maltby, William S. (1971). *The Black Legend in England: The Development of Anti-Spanish Sentiment*, 1558—1660. Durham: Duke University Press.

Marcum, Diana (1997). "The Busboys of San Miguel." *Los Angeles Times Magazine*, Dec. 14.

Monsiváis, Carlos (1981). *Escenas de pudor y liviandad*, 6th edn. Mexico City: Grijalbo.

Montoya, Margaret (1998). "Law and Language(s)." In Richard Delgado and Jean Stefancic (eds.), *The Latino Condition: A Critical Reader*. New York: New York University Press.

Muñoz, Carlos, Jr. (1989). *Youth, Identy, Power: The Chicano Movement*. London: Verso.

Perea, Juan F. (1998). "American Languages, Cultural Pluralism, and Official English." In Richard Delgado and Jean Stefancic (eds.), *The Latino Condition: A Critical Reader*. New York: New York University Press.

Pratt, Mary Louise (1991). "Arts of the Contact Zone." In *Profession 91*. New York: Modern Language Association.

Saldívar, Ramón (1990). *Chicano Narrative: The Dialectics of Difference*. Madison: University of Wisconsin Press.

Sánchez, Rosaura and Beatrice Pita (1999). "Mapping Cultural/Political Debates in Latin American Studies." *Cultural Studies* 13: 290—318.

Spivak, Gayatri. "Bonding in Difference." In Arteaga.

Stratton, Jon and Ien Ang (1996). "On the Impossibility of a Global Cultural Studies: 'British' Cultural Studies in an 'International' Frame." In David Morley and Kuan-Hsing Chen (eds.), *Smart Hall: Critical Dialogues in Cultural Studies*. London: Routledge.

Thompson, E. P. (1978). *The Poverty of Theory and Other Essays*. New York: Monthly Review Press.

Valenzuela, José Manuel (1988). *A la brava, ese*! Tijuana: El Colegio de la Frontera Norte.

Will, George (1999). "What To Do With All Those Ph. D. s." *Sacramento Bee* webpage, April 25.

Williams, Raymond (1989). "The Future of Cultural Studies." In *The Politics of Modernism: Against the New Conformists*. London: Verso.

Wing, Bob (1999). "Multiculturalism and the Struggle for Ethnic Studies." *Colorlines: Race, Culture, Action*, May 17.

阅读书目：

Acuña, Rodolfo (1998). *Sometimes There Is No Other Side: Chicanos and the Myth of Equality*. Notre Dame: University of Notre Dame Press.

——(1988). *Occupied America: A History of Chicanos*, 3rd edn. New York: Harper and Row.

Anzaldúa, Gloria (1987). *Borderlands/La Frontera: The New Mestiza*. San Francisco: Spinsters/Aunt Lute.

Cantú, Norma Elia (1995). *Canícula: Snapshots of a Girlhood en la frontera*. Albuquerque: University of New Mexico Press.

García, Alma M. (ed.) (1997). *Chicana Feminist Thought: The Basic Historical Writings*. New York-

London: Routledge.

García, Ignacio M. (1997). *Chicanismo: The Forging of a Militant Ethos among Mexican Americans*. Tempe: University of Arizona Press.

Gutiérrez, David (1995). *Walls and Mirrors: Mexican Americans, Mexican Immigrants, and the Politics of Ethnicity*. Berkeley: University of California Press.

Leclerc, Gustavo, Raúl H. Villa and Michael J. Dear (eds.) (1999). *Urban Latino Cultures: La vida latina en L. A.* Thousand Oaks-London: Sage Publications.

Martínez, Elizabeth (1998). *De Colores Means All of US: Latina Views for a Multi-colored Century*. Cambridge, Mass. : South End Press.

Monsiváis, Carlos (1982). *Amor perdido*. Mexico City: Ediciones Era.

——(1987). *Entrada libre: crónicas de la sociedad que se organiza*. Mexico City: Ediciones Era.

——(1997). *Mexican Postcards*, trans. John Kraniauskas. London-New York: Verso.

Montejano, David (ed.) (1999). *Chicano Politics and Society in the Late Twentieth Century*. Austin: University of Texas Press.

Reyes, David and Tom Waldman (1998). *Land of a Thousand Dances: Chicano Rock'n Roll from Southern California*. Albuquerque: University of New Mexico Press.

Sánchez, George J. (1993). *Becoming Mexican American: Ethnicity, Culture and Identity in Chicano Los Angeles, 1900—1945*. Berkeley: University of California Press.

第14章
大 洋 洲

格雷姆·特纳(Graeme Turner)

"大洋洲的文化研究"

在"大洋洲"的题目下探讨澳大利亚和新西兰文化研究的发展问题是有一定的地理意义的。但是不能因此就认为,澳大利亚和新西兰两国各种文化研究实践之间、两国主流的研究传统之间存在着一致性或统一性。尽管两国地理位置很接近,也几乎都不和其他国家接壤,还都有殖民地的历史,但是二者的传统却是各不相同的。澳大利亚的文化研究有幸得益于高校和传媒业的一系列发展,新西兰的文化研究则没有那么有利的高校环境,其学生和读者市场极为有限。两国的传统都必然关注本民族或地方性的话题,并且认为文化研究有责任让学术知识成为对社会有用的知识,但是,较之于新西兰学者,这个任务对于澳大利亚的学者来说要容易得多,这一点已经从澳大利亚文化研究的发展规模及其对国际学术争论的参与中反映出来。不过,有意思的是,澳大利亚参与新西兰的论争的积极性却不高。而且出人意料的是,在两国的文化研究或相关领域中,学术交流却不发达,只是偶尔意识到要努力营建一种对抗北半球正统、共同的后殖民或"澳洲的"话语。两国都可以说做出了自己的贡献,但却几乎没有为此而结成联盟为共同的事业奋斗。

这就意味着,我们不能将澳大利亚和新西兰的文化研究看作一个整体来进行研究。本文偏向于认为澳大利亚的文化研究是规模较大、发展较成熟、内容较复杂的学术和知识领域,作为一种特定的文化形态,在国际上享有较高的知名度。这样做的理由有很多。我们当然不能仅仅看澳大利亚在国际上的知名度,但是必须承认,澳大利亚和新西兰在人口上的差距是极为悬殊的(新西兰三百万,澳大利亚一千九百万),这极大地影响到了两国高校的规模、学术出版物和学生教材的市场潜力,也影响到了同类学者拥有自己的批评群体来了解并重视他们的工作的机会。

两国高校体系的差异也是极大的。绝大多数新西兰大学继承的是牛津大学的传统,很多都是后殖民大学体系,一直有严格的学科基础,哪怕是在跨学科性很明显的职业教育中也如此。而在澳大利亚的大学里，二十多年来，跨学科或多学科课程有极为优越的发展空间，所以已经形成的结构模式(structural model)比新西兰多，当然澳大利亚大学的规模也使其比新西兰更容易做到这一点。新西兰的文化研究者面临的学术环境一直不太令人乐观，在一定程度上也将继续如此，就算是比较新的且受人尊重的领域(如电影研究)，也不得不为了自己的生存而同传统的优势学科据理力争，在后文我们将看到，具有讽刺意味的是，在过去的十年里，新西兰大规模推广经济理性主义(尤其是放权社会机构，在政府服务中普遍运用市场逻辑)，上述情况在一定程度上已经有所改善，文化研究也同时显示了它对市场的吸引力。但是，其在新西兰运作的规模有限，哪怕是在我们所能想象到的最有利的条件下，决定了那里的学者很难开创出一个大家都希望看到的研究共同体。

另外还有一些相关的、出于语境的考虑。澳大利亚拥有自己的传媒业，一些电影仅在当地放映就能够收回投资，而澳大利亚电视产品的出口总的来说也是相当成功的。具有一定规模和文化意义的电影和传媒业的存在，跟澳大利亚高校的传媒研究和文化研究课程比较成功有直接的关系，也跟这些学科的学者能够广泛接触到报刊的评论文章、广播谈话节目、电视新闻和时事节目以及政府机构、评论、听证会等决策论坛有直接关系。新西兰的学者在能力和进取心上并不亚于澳大利亚同行，有些还完全就是公众知识分子，但是由于缺乏澳大利亚具备的上述条件，使得他们在文化政治上的影响力均不及他们的澳大利亚同行。

有人会认为，解决这些问题的方案就是澳大利亚和新西兰的学者将自己视为共同体的一员，这个共同体就是大洋洲文化研究的市场。倒是已经有类似的情况出现了，比如通过澳大利亚和新西兰传播协会这一高端职业机构进行的传播研究。但是这种现象并没有发生在文化研究中，原因有很多。最根本的原因是两国的传媒研究和文化研究所关注的主要是各自民族语境的分析，如对民族的意义的追问，对主导的民族或种族身份建构的追问，对政府主持的民族形构过程的审查和参与等等。这就阻碍了同在另一种民族传统中进行研究的人进行合作的机会，哪怕是地理背景和历史背景都和自己如此接近的传统。这种障碍又由于当今澳大利亚和新西兰两国的政治关系而变得更加复杂，也更加难以逾越。有一些文化问题——如在塔斯曼海地区制作电视节目——由于显而易见的新殖民政治，使得两国之间存在着利益冲突。两国均有不少学者一直以来都热衷于突破这种政治，让学术论争越过塔斯曼海地区，如在司徒尔特·坎宁安(Stuart Cunningham)和伊丽莎白·杰卡(Elizabeth Jacka)合著的《澳大利亚电视和国际媒体景观》(*Australian Television and International Mediascapes*)中，新西兰人杰弗·里兰德(Geoff Leland)就负责撰写其中有关新西兰的内容。但是这样的合作还处于初级阶段，还有很大的发展空间。像迈肯齐·沃克(McKenzie Wark)(1992)这样的理论家可能会谈到"大洋洲的"文化研究，但是他举的例子却通常都是从澳大利亚文化研究的论述中选出来的，让人感觉根本就没有考虑过新西兰的研究传统。据我所知，只有塔拉·布拉巴宗(Tara Brabazon)(1999)尚未出版的手稿《追踪米字旗：澳洲人溯源再探》(*Tracking the Jack: A Retracing of the Antipodes*)中，直接将两国的文化研究对比作为一个学术课题，而该手稿一直未能发表也暗示了这个课题目前面临着什么样的障碍。

澳大利亚和新西兰文化研究的起源

澳大利亚本土的文化研究是在一系列有利条件下确立起来的,这包括:70年代澳大利亚研究兴起,重新掀起对澳大利亚文化和历史进行研究的热潮;政府设立专门负责电影和电视生产的部门,支持国内传媒和电影研究的发展;学费减免促使学生数量激增,高校中出现了新的学科分支,针对这些学生开设跨学科课程和职业教育课程;80年代,出现了一批受过文化研究训练的英国移民;出版市场(开始是国内市场,后来是国际市场)对澳大利亚文化研究开放;最后,文化研究者通过一系列州和联邦管理事务在一定程度上参与政府的决策过程。

澳大利亚的大学考虑本民族的文学、历史和文化还是比较晚的事情。很多年以来,澳大利亚的历史被看作大英帝国历史的注脚,而"澳大利亚文学"无非是自相矛盾的提法。60年代中期以来,历史研究和文学研究开始特别关注民族身份、通过民族文化的生产塑造"民族性格"等问题,上述情形逐渐有所改观。当学者们不再将民族性格界说为一种理想的或经验的活动,而可能是文化建构、叙述、虚构(或巴特的神话观念)的产物时,新引进的结构主义和叙事学的理论视角在很多情况下就能派上用场了。

到80年代早期,研究历史和文学的学者就不再追寻有关澳大利亚社会及其典型公民的性质之类的"真理",而是转向研究本尼迪克特·安德森(Benedict Anderson)所谓的"想象的社区"(imagined community),并思考和民族文化相关的意义问题、包容与排斥的模式以及相关的利益问题。这些问题有效地促成了文学和历史之间的结合,后来成为澳大利亚人文学科的新课题,关心"澳大利亚"是如何在各种形式和传媒中被表征的,这些表征的后果和影响如何。要充分理解这些问题,我们必须考虑整个意义领域——民族建构运动在这个领域里才有意义,还要考虑制约着意义流动的生产和流通体系。"澳大利亚研究"使人们开始探索文化本身的运作和文化形态的运作过程。

显然,如果想要在这方面有收获,文学研究、历史研究和澳大利亚研究需要一些新的启发。从伯明翰学派马克思主义、索绪尔符号学和法国后结构主义发展而成的大杂烩——澳大利亚文化研究,正是这些启发的最佳源泉,只是上述学科一直不愿意接受这个事实。澳大利亚研究缺乏的正是文化研究的理论(更准确地说,是一个庞大的理论库),用以讨论文化过程是怎样运作的,文化是怎样生发并分享意义的,并最终如何影响到权力的分配。澳大利亚研究尽管采取了多视角的途径,但本质上还是描述性的,而文化研究为分析澳大利亚文化提供了更灵活、更完整、更具批判性的理论基础。

与此同时,澳大利亚还有另外一种研究传统在发展。70年代早期,澳大利亚电影业由于政府的扶持而复兴,由此带动了国内电影和传媒研究的发展。最初,这个领域的主流又是民族主义(或者至少是反帝国主义)的理论,旨在保护针对本土观众的本土电影的生产。电影和传媒研究作为一门学科的发展同电影业的商业合法性和批判合法性同步进行,使自己受益匪浅。创刊于70年代的杂志《电影论坛》(*Cinema Papers*)和《澳大利亚电影理论期刊》(*The*

Australian Journal of Screen Theory），证明了澳大利亚电影强大的吸引力，也表明一种批判传统在理论上的成熟，这种理论的发展方向就是梅斯电影符号学和拉康式的弗洛伊德理论应用。有些供稿人的研究对象还比较接近普通大众，在这期间，米格安·莫里斯（Meaghan Morris）还为主流的报刊做了几年的电影评论员。总的来说，这种研究传统不像其他地方的电影研究那样关注经典；当时，主导电影理论的是电影和文化之间的关系、电影文本的文化政治（cultural politics），并且直接影响到了电影和传媒研究课程的发展。（关于澳大利亚电影文化的发展，参见 Tom O'Regan 1996。）

随着时间的推移，这种对电影和传媒文本及产业进行政治和文化分析的传统对澳大利亚文化研究的发展方向产生了巨大的影响。这直接体现在一种具体的文化政策研究形式的发展中，因为传媒政策分析从一开始就是澳大利亚文化研究、电影研究和传媒研究的重要组成部分。从70年代中期到80年代中期，电影和传媒研究、澳大利亚文化的研究这两种研究传统结合在一起（只是有时候不太稳定），推动该领域脱离表征研究，走上分析文化生产的制度方式和产业方式的道路，同时也保留了较传统的对文本（如电影和电视节目）的研究。苏姗·德谟迪（Susan Dermody）和伊丽莎白·杰卡（1987，1988）关于澳大利亚电影复兴的历史的论著对研究途径的结合有很好的论述，他们用了整整两卷的篇幅谈论电影文本和电影业的问题。

澳大利亚高等教育结构的改革极大地推动了上述研究的发展。1972年，澳大利亚取消高等教育收费，很快就出现了一种新的高教体制——高级教育学院（CAEs），推动了澳大利亚人文社会科学教学的学术构架的变革。高级教育学院比传统大学更注重职业教育，切实增加了人们选择教育的机会。同时，一批新建的大学明确致力于跨学科的教学和研究，进一步推动了改革的进程，并激发了研究新的学术和教育课题的兴趣。改革最大的受益者当中，就有传媒研究、传播研究、澳大利亚研究、电影研究以及后来的文化研究等新兴的跨学科领域。这些研究领域继续在澳大利亚文化研究中起着举足轻重的作用。近年来，帕斯的莫道克大学和科廷大学、布里斯班的格里菲斯大学、悉尼的科技大学都成为以文化研究为特色的高校，在其中工作的学者有：约翰·弗劳（John Frow）、约翰·哈特利（John Hartley）、汤姆·奥里根（Tom O'Regan）、洪美恩（Ien Ang）、米格安·莫里斯、斯蒂芬·米克（Stephen Muecke）、伊恩·亨特（Ian Hunter）、斯图尔特·坎宁安（Stuart Cunningham）和托尼·贝内特（Tony Bennett）。早期的一些期刊就是这些高校办起来的，如《介入》（Interventions，UTS）、《延续》（Continuum，莫道克大学）以及后来成为劳特利奇出版社《文化研究》专刊的《澳大利亚文化研究》（Australian Journal of Cultural Studies）（科廷大学和莫道克大学）。

高等教育体系的拓展也带来其他的好处。随着新的传媒、电视、电影和文化研究课程的设计、开发并实施，新的教职机会也出现了。在英国也有很多这样的课程，只是开设时间要早得多，而且伯明翰研究中心的出版物、开放大学《大众文化》课程读本、"梅休因新口音"系列结合在一起，已经培养起了自己的读者群，人们对这些材料可以或者应该怎么教也有更成熟的理解。很多从英国来任教的顶尖学者——其中包括约翰·塔洛克（John Tullock）、托尼·贝内特、约翰·费斯克和约翰·哈特利——在课程设计、为澳大利亚学者的本土研究成果提供在国内外出版的机会方面做出了卓越的贡献。

英国理论的影响是很大的,尤其是费斯克,引进了斯图尔特·霍尔的文化研究模式,引起了希望采用新方法教授大众文化的澳大利亚学者的注意,但是,不能因此就认为这是唯一并且是无可比拟的影响。当然,在莫道克大学和科廷大学(时称西澳大利亚理工学院)的学者当中,伯明翰模式的影响是相当大的,但是,就算在这里,也还是存在着一些与之相抗衡的理论思潮:社会符号学,现象学,马克思主义文论。在欧洲大陆,则是来自法国的影响最大。对于80年代早期在悉尼从事传媒研究和传播学研究的人来说,"文化研究"这个术语本身就值得怀疑。他们更倾向于鲍德里亚而不是斯图尔特·霍尔的理论,对表征政治的研究兴趣高于对文化形式的研究。后来,格里菲斯大学的研究人员将福柯的话语理论奉为文化研究的圭臬。所以这期间,澳大利亚并没有(也一直没有)一个单一的文化研究传统,文化研究也没有为所有从事批判理论和传媒理论研究的学者所接受。

但是,这些各不相同的研究方法却有一个共同点:都关注地方的、民族和当代的政治。"民族"是澳大利亚文化研究中一个统一但是争议很大的术语:理想主义者的原则、文化建构、倒退的本质化的力量等等。由于澳大利亚与其他大陆相隔离,白人历史短暂,致使民族这一范畴(不管是作为研究对象还是作为分析基础)必然会出现在比较大的文化争论中。在澳大利亚文化研究的发展过程中也有这样的情形。不论是在关于澳大利亚电影的文本体制(textual regimes)的争论中,还是在关于实现文本体制的政策体制(policy regimes)结构的讨论中,对民族的定义都是非常重要的。(关于本观点的进一步发展,参见 Frow and Morris 1993,Turner 1993 中的导言部分。)

如果不以新西兰的文化研究作为反面的参照,关于澳大利亚文化研究起源的讨论是很难继续下去的。可能需要强调的是澳大利亚文化研究兴起的条件是有一定的任意性和偶然性的,然而新西兰缺乏这些条件,极大地影响了文化研究在该国的发展。新西兰的高等教育体系没有像澳大利亚那样发展并拥有新的跨学科教学和研究目标。所以文化研究不得不建立在已有的学科内部并推动这些学科的发展。不过这是一个迥然不同的学科群体。新西兰人倾向于从社会学的角度进入文化研究,而非从电影、传媒或区域研究甚至英语或历史入手。这样,就引起很大的争论:说文化研究就是蹩脚的社会学,文化研究是社会学内部的需要,文化研究是"进口"的社会学等等。另外,文化研究进入新西兰的形式是比较单一的:伯明翰当代文化研究中心是一个明显的标志,几乎是整个80年代,新西兰学者的研究都集中在对这种范式进行评价上。新西兰也似乎没有一个强劲的后结构主义研究传统(而在澳大利亚,后结构主义使得研究局面变得复杂起来),这也许是因英语学科在90年代以前一直疏离文化研究所致。

整个80年代,澳大利亚文化研究开发了很多新课程,吸引了不少学生,而新西兰的文化研究则局限在一批以学术杂志《场所》(Sites)为中心的学者内部,该刊1981年创立于北帕默斯顿的梅西大学。在塔拉·布拉巴宗(1999)看来,《场所》杂志显然就是伯明翰当代文化研究中心在新西兰的翻版,但也是一个比较排外的杂志,来自其他大学的稿件是不太容易被发表的。澳大利亚和新西兰之间也几乎没有学术交流,标志着澳大利亚文化研究对文本和语境、民族主义和身份认同等问题的高度重视似乎也就止步于塔斯曼海,没有抵达新西兰。就算是有关于这些问题的讨论,也是被用来证明新西兰的文化研究不应该怎样进行(Lealand 1988)。相反,由于种簇是新西兰这个双文化国度的中心问题,故种族问题一直是文化研究的核心论题(尤其是从社会学的角度来进行研究),围绕产生毛利人(Maori)和白种人(Pakeha)身份的结构进行的论述颇多。

80年代末以前,由于没有高校体制框架的拓展促成的外向型视角,教师和学生的数量也缺乏,新西兰文化研究的发展受到极大的阻碍。在那之前,学科的局限性使大学里开设的课程都比较保守,并且抵制文化研究的反学科性。极具讽刺意味的是,新西兰政府随后在90年代推行激进的经济理性主义提倡以市场为导向的服务,极大地影响了高校针对潜在消费者进行的宣传,却暗中促进了文化研究、传媒研究和电影研究等跨学科领域的发展。高校的保守主义被经济需求所击破,因为政府的政策使高校别无选择,只能跟着政府的意图走,以吸引学生为要务。这样一来,电影、文化研究和传媒研究的课程成了高校里的热门,不过,这些课程依然面临着来自传统学科的围攻和反对,因为在后者看来,这些课程无非是摇钱树,并不具备本身的合法性,不值得受到尊敬。尽管如此,文化研究就依然在社会学以外更广泛的学科领域中(如英语、政治和传播学等)寻求立足之地,跟以前相比,更接近于美国和英国的研究模式了。

新西兰文化研究在体制定位方面表现出来的这种进步也反映在下面的事实中:90年代,新西兰的文化研究学者在国际上受到越来越多的关注,罗伊·沙克尔(Roy Shuker)(1994)、杰弗·里兰德(Lealand)(1996)、尼克·佩里(Nick Perry)(1994)和克劳迪娅·贝尔(Claudia Bell)(1996)等人的工作不仅促进了国内文化研究的发展,也推动了国际上的一些重要论争,包括同澳大利亚的论争。这样,到90年代末,新西兰文化研究的地位明显提高,只是在诸如教员晋职和研究资源方面还存在着一定的压力。现在从数量上来讲,新西兰的文化研究阵容相当可观,但是体制性的尊重和支持并非一蹴而就的。

也有一些迹象表明,新西兰和澳大利亚之间的学术交流正与日俱增,尤其是就广播规范政策以及电影和电视生产中的本地内容等问题进行的交流。1993年,"文化政策研究所"(后来成为"澳大利亚文化和传媒政策重点基地")在布里斯班举办了题为"后殖民的形态"(Postcolonial Formations)的研讨会,吸引了来自加拿大、澳大利亚和新西兰的文化研究学者。正如研讨会的主题所暗示的那样,研讨会的假设是这些后殖民的英联邦国家在文化政策的形成中面临着相似的问题,这种共同性需要通过一定的事件来进一步探讨。这种假设又是受澳大利亚和加拿大代表参加1990年著名的伊利诺伊大学研讨会的启发提出来的,该研讨会的主题是"文化研究:现在与未来",并出版了格罗斯伯格、纳尔逊和特雷切勒的合集《文化研究》(1992)。与会的学者们体会到,后殖民国家的语境所要求的研究与英美语境所要求的研究是不同的。1991年,由约翰·哈特利和洪美恩在珀斯组织的研讨会探讨了这种差异,该研讨会旨在"摧毁"英美文化研究中的同质性观念,主要邀请澳大利亚学者参加,并出版了《文化研究》特辑《拆毁弗里曼特尔》[*Dismantling Fremantle* 3(6)1992]。1993年那次主题为"后殖民的形态"的研讨会将这一议题更往前推进一步,首次邀请澳大利亚、加拿大和新西兰的文化研究学者参加研讨会,就后殖民语境下文化研究的特殊性交流看法。

政府在文化政策的制定和实施中发挥的作用也是本次研讨会的主要议题之一,这加强了澳大利亚和新西兰学者就广播政策进行的对话。新西兰的广播业曾经一度为传统的公共服务电台一统天下,现在却是世界上广播业最开放的国家之一。澳大利亚也向开放迈出了一步,但是没有完全取消公共电台和商业电台之间的区别。两国的政策体制及其影响之间的比较是一个极具研究潜力的领域,现在两国在研究文献方面的关系非常密切。

尽管两国文化政策研究都一致抵制来自北半球的文化统治,但是有时候两国的关系之类的政治问题也会引起争论。现在,关于电影和广播业中各自内容的规定的争论已经极大地促进了两国学者之间的交流,大家都为策略性但又是民族主义的个案辩护(参见 Britton 等 1997 年著《澳大利亚国际传媒》[*Media International Australia*]中"蓝天项目"[Project Blue Sky]一文中的专题讨论会)。

大洋洲文化研究的贡献

正如"后殖民的形态"研讨会的目标所暗示的那样,澳大利亚文化研究对国际文化研究的贡献首先是挑战了 80 年代后半期北半球文化研究热中出现的一种不言自明的假设:英美的文化研究具有普遍性,可以放之四海而皆准。当然,一旦面临挑战,这种假设立即被推翻,文化研究领域做出了积极的回应,认同文化理论自身可能因文化背景而异的观点。最先发起挑战并提出这种观点的人当中就有大洋洲文化研究的学者,他们坚持澳大利亚语境的差异性,认为在其他语境中发展起来的文化研究理论模式,如果想在澳大利亚文化研究中有所作为,就必须做很大的变更(Turner 1992a,1992b)。这样的观点现在看来已是不言而喻,因为文化研究已经抱定了自我去中心的观念(参见 Ang & Stratton 1996),但是在 1990 年情况却不是这样的。这个观点在北半球被接受的速度可以从下面两个事件中看出来:一是 年内出版了两本澳大利亚文化研究读本(一本在澳大利亚出版[Frow & Morris 1993],一本由劳特利奇出版社在英国出版[Turner 1993]),二是劳特利奇出版的论文集《文化研究再定位》(*Relocating Cultural Studies*),编辑就是一批参加过"后殖民的形态"研讨会的加拿大学者,他们是瓦尔达·布伦德尔(Valda Blundell),约翰·谢普德(John Shepherd)和伊恩·泰勒(Ian Taylor)(1993)。

米格安·莫里斯(1988:241—87)在讨论 1986 年澳大利亚电影《鳄鱼邓迪》(*Crocodile Dundee*)的吸引力时,提供了一种建设澳大利亚文化研究的模式:将来自其他地方的材料本土化。莫里斯将这部电影看作澳大利亚电影的混成策略——"积极的模仿"(positive unoriginality)的典范,指出该电影是如何窃取并戏仿美国模式,既崇拜又嘲讽美国的权力,既破坏也维护了澳大利亚的民族主义。在她的论述中,这样复杂的挪用(她称之为"死板的聪明"),其特点就是有限度的抵抗,甚至是一种后殖民的政治策略。在这样一个大众文本中发现如此矛盾地隐藏着的政治策略正是澳大利亚文化研究的特色,这种政治策略的潜能一直是文化研究的根本所在。具有讽刺意味的是,这种潜能是在维护战略性的民族利益中释放出来的,是批判行动和政治行动不理想却最实用的靶子,这种潜能在新西兰文化研究中也有体现(Horrocks 1995;1996)。

在这一点上,战略性的民族主义和文化政策容易走到一起,而且近年来大洋洲文化研究的贡献也可能正是在对文化政策的研究中凸显出来的。这样简单的定位可能有点高估了文化研究的重要性和创新性，但是有一点却是无可置疑的：在"文化和传媒政策重点基地"（由格里菲斯大学、昆士兰科技大学和昆士兰大学布里斯班校区联合筹建），一个以托尼·贝内特、伊恩·亨特（1988，1994）和斯图尔特·坎宁安（1992）为核心的、强大的研究群体已经形成（部分研究成果已经收在 Bennett 1998）。前文提到过，电影和传媒研究一直就是澳大利亚文化研究关注的对象，但是在贝内特的影响下，研究范围拓宽了，开始涉及为国家博物馆、艺术馆、学校教育和旅游等制定的政策框架。在锐意改革的澳大利亚联邦工党政府和各级州政府的领导下，原有的政策单位拓展非常快，对独立的政策建议的需求也迅猛增加，在这种情况下，高度成熟的文化政策研究理论的发展无意中同一系列州和联邦劳工党政府部门的职能相契合，显然为文化政策研究的成功发展助了一臂之力。但是，尽管最开始有人有些冲动地宣称文化政策研究为文化研究的支撑性学科（ur discipline）（因为它极为有利于理论和实践、政治和政策之间的平衡），文化政策研究实际上可能还是退回到了一个更加现实一些的位置，担当一个向主流的文化研究理论和实践提供资源的重要角色。

这里"实践"一词引起我另外一个思考。在最近一期《延续》[13(1)，April 1999]的社论中，亨利·詹金斯（Henry Jenkins）、塔拉·麦克弗森（Tara McPherson）和简·沙特克（Jane Shattuc）（1999）介绍了美国"新一代的"文化研究，指出其偏爱个案研究，这种实践模式与其说是取自文化理论，毋宁说是取自文化史。大洋洲文化研究非常赞同这种文化研究的回归，因为其在过去的二十年里所做的工作大多数都是进行的个案研究，旨在通过具体详细的例子来揭示某个特定的问题或者探讨某种特定的立场（参见 Morris 1992；Johnson 1993；Turner 1994）。这也可能和英国的影响有关——我认为英国的影响也在这种应用中发生了变化，也可能是因为其所做的大多数工作就是站在民族的立场上考虑的，并且有特定的问题作为研究目标。我在本文开篇就提到过，文化研究的吸引力首先就在于它使澳大利亚人开始研究他们自己的文化，所以文化研究是如何运用的就不足为怪了，哪怕其方式千姿百态。

给澳大利亚和新西兰的文化研究（不管是学术圈内还是圈外的）做一个整体的描述并不太容易。跟其他地方一样，文化研究残留的民粹主义、对当代和短暂的社会现象的偏爱、其研究话语的复杂性，都使其成为学究式的知识、学术时尚甚至学术有用性明确批判的对象。同样，勾勒大洋洲的研究人员（个人或群体）在国际上的形象也是一个挑战，因为目前这么多工作都被建议要和特定的文化挂钩并且要密切结合当地情况，出版商的眼光也集中在欧美市场，对有关澳大利亚的话题保持谨慎态度（这倒可以理解）。不过这正好说明了大洋洲文化研究的活力和重要性（那么多学者在国际上享有盛名），也说明了这么多文化研究守门人的伦理取向，他们一直警惕着"来自边缘地带的中心观点"的诉求（Turner 1993：4）。

（余泽梅　译）

参考文献：

Ang, Ien and John Hartley (eds.) (1992). "Dismantling Fremantle." Special issue of *Cultural Studies*

6 (3).

Ang, Ien and Jon Stratton (1996). "Asianising Australia: Notes towards a critical Transnationalism in Cultural Studies." *Cultural Studies* 10(1): 16—36.

Bell, Claudia (1996). *Inventing New Zealand*. Auckland: Penguin.

Bennett, Tony (1998). *Culture: A Reformer's Science*. Sydney: Allen and Unwin.

Blundell, Valda, John Shepherd, and Ian Taylor (eds.) (1993). *Relocating Cultural Studies: Developments in Theory and Research*. London and New York: Routledge.

Brabazon, Tara (1999). *Tracking the Jack: A Retracing of the Antipodes*. Unpublished ms.

Britton, Anne, Jock Given, and Geoff Lealand (1997). "Forum: Are New Zealand Programs Australian?" *Media International Australia* 83: 38—50.

Cunningham, Stuart (1992). *Framing Culture: Criticism and Policy in Australia*. Sydney: Allen and Unwin.

Cunningham, Stuart and Elizabeth Jacka (1996). *Australian Television and International Mediascapes*. Melbourne: Cambridge University Press.

Dermody, Susan and Elizabeth Jacka (1987). *The Screaming of Australia, Volume 1: Anatomy of a Film Industry*. Sydney: Currency.

Dermody, Susan and Elizabeth Jacka (1988). *The Screaming of Australia, Volume 2: Anatomy of a National Cinema*. Sydney: Currency.

Frow, John and Meaghan Morris (eds.) (1993). *Australian Cultural Studies, A Reader*. Sydney: Allen and Unwin.

Grossberg, Lawrence, Cary Nelson and Paula Treichler (eds.) (1992). *Cultural Studies*. New York: Routledge

Horrocks, Roger (1995). "Strategic Nationalisms: Television Production in New Zealand." *Sites* 30: 85—107.

Horrocks, Roger (1996). "Conflicts and Surprises in New Zealand Television." *Continuum* 10(1): 50—63.

Hunter, Ian (1988). *Culture and Government: The Emergence of Literary Education*. London: Macmillan.

Hunter, Ian (1994). *Rethinking the School: Subjectivity, Bureaucracy, Criticism*. Sydney: Allen and Unwin.

Jenkins, Henry, Tara McPherson, and Jane Shattuc (1999). "Introduction." *Continuum* 13(9): 5—12.

Johnson, Lesley (1993). *The Modern Girl: Girlhood and Growing Up*. Sydney: Allen and Unwin.

Lealand, Geoff (1988). *A Foreign Egg in our Nest*. Wellington: Victoria University Press.

Lealand, Geoff (1996). "New Zealand." In Cunningham and Jacka, *Australian Television and International Mediascapes*, pp. 214—28.

Morris, Meaghan (1988). *The Pirate's Fiancée: Feminism, Reading, Postmodernism*. London: Verso.

Morris, Meaghan (1992). *Ecstasy and Economics: American Essays for John Forbes*. Sydney: emPress

O'Regan, Tom (1996). *Australian National Cinema*. London: Routledge.

Perry, Nick (1994). *The Dominion of Signs*. Auckland: Auckland University Press.

Shucker, Roy (1994). *Understanding Popular Music*. London: Routledge.

Turner, Graeme (1992a). "It Works for Me: British Cultural Studies, Australian Cultural Studies and

Australian Film." In Grossberg et al., *Cultural Studies*, pp. 640—53.

Turner, Graeme (1992b). "Of Rocks and Hard Places: The Colonized, the National and Australian Cultural Studies." *Cultural Studies* 6(3): 424—32.

Turner, Graeme (ed.) (1993). Nation, Culture, Text: Australian Cultural and Media Studies. London: Routledge.

Turner, Graeme (1994). *Making it National: Nationalism and Australian Popular Culture*. Sydney: Allen and Unwin.

Wark, McKenzie (1992). "Speaking Trajectories: Meaghan Morris, Antipodean Theory and Australian Studies." *Cultural Studies* 6(3): 433—48.

第15章
周边视角:香港的华语文化研究

马杰伟(Eric Kit-wai Ma)

文化研究有极强的语境决定论(contextualism)特点,所以任何关于某个地方的文化研究的叙述,都脱离不了叙述者的社会文化背景。我生长在殖民时期的香港,所以我在香港的经历和我在英国所受的学术训练极大地影响了我关于华语文化研究的论述。我的学术背景使我能够从人种志的角度去考察香港学术共同体的特殊性,勾勒香港的各种文化研究形式。但是,我的社会文化背景的局限性又使我无法对普遍意义上的华语研究做客观的论述。如果要这样做,我必须撇开香港和内地之间的内部矛盾,因为两者的历史形构截然不同。虽然香港现在已回归中国,但是香港本土化和国际化的离心冲力(centrifugal impulses)和再中国化(resinicization)与再民族化(renationalization)的向心推力(centripetal force)之间依然存在着极强的张力(Ma 1999;2000)。本章在与十几位香港学者访谈的基础上,立足香港,从一个小小的侧面叙述华语文化研究。我没有采取复述他人论文和参考文献的方式,而是想通过讨论文化研究是怎样融进学者的生涯和体制的历史中去的,把文化研究置放在香港这一具体的语境中。所以,本文内容不是关于理论论争的,而是描绘文化研究是如何在体制和文化空间的内部及之间发展起来的。我还将从香港这个周边地区的角度,简要地对比一下香港和大陆的文化研究形式。

特 殊 性

香港的文化研究是在特定的去殖民化和再民族化的社会文化语境下出现的。发起人是一些在自己的教学和科研中翻译、修正文化理论的香港学者。英国的各种文化研究流派是围绕精英文化/大众文化、主流文化/亚文化、全民文化/地方文化展开论述的,而这些论述必须加以改造才能适应香港的特殊情况。首当其冲的差异就是民族—国家(nation-state)的问题。在战后的几十年里,香港是一个没有民族皈依的殖民地。为了不引起政治冲突,中国政府和英国政府都避免对当地文化施加过多的民族主义影响。这就意味着,很多年以来,香港人都没有强烈的历史或民族叙事来定位自己的主体性。管理体制巧妙地掩盖了殖民政治(Law 1998;Chiu

1997)。在政权交接前后的几年里,这种受压抑的民族叙事激发了公众和知识分子重申历史的愿望(Ma 1998)。所以,香港文化研究学者对本土身份的表达的关注更甚于对国家权力的抵抗的关注。这和国家权力高度显见的大陆的文化研究旨趣是截然不同的。90年代初以来,中国政府通过鼓励消费文化,激发并满足社会欲望而巩固了自己的权力(Wang 1999;1998)。间或的高压政治与赢得普遍支持辩证施用,使其在吸取了市场力量的同时也巩固了民众的支持(Ma 2000)。自90年代以来逐渐繁荣起来的中国文化研究,主要是为在国家强力控制和新兴市场力量之间搭建一个话语空间而斡旋。

第二个差异表现在阶级分析的相关性上。香港在二战以后经历了一个结构性的扩张。经济的高速发展,各行各业的开放,促进了人口的向上流动,导致阶级界线的模糊。工业化和技术进步带来的结构性变革,使工人阶级家庭不再像以前那样受阶级地位的限制了。经济转型、人口猛增破坏了先前的阶级结构(Leung 1996)。重视阶级抵抗的文化研究理论在香港的语境中是不能直接应用的。这和大陆的文化研究是不同的。大陆的阶级分析依然继承的是左派的传统,最近资本市场的开放已经触发了一些阶级问题,如很多沿海的省市对女性工人的剥削(Tan 1999)等。但是,90年代以来,香港的阶级问题日益明显,因为1997年亚洲经济危机以后,香港经济不平等日趋严重,中产阶级结构性的扩张达到50%。最近,一些文化研究中的社会行动主义者非常积极地关注香港工人阶级的结构性贫困问题(Ip & Lam 1999)。

第三个差异表现在高雅文化问题上。香港长期以来一直就是一个移民社会,更确切地说,40年代末50年代初,来自大陆的政治难民蜂拥而入,导致香港的人口在短短几年里增加一半多。现在我们都知道,香港的人口主要是由大陆移民及其后代构成的。作为一个移民社会,香港的文化结构并不尊崇精英文化(Luk 1995)。换言之,精英/传统的中国文化在香港人看来不过是一种遥远的文化权威,并不具备统治香港人日常生活的话语权力。所以,一些经典的伯明翰中心项目中不遗余力标榜大众文化对抗高等文化的霸权的态势,就不能直接运用在香港的语境中。在香港关于大众文化的争论没有那么激烈。尽管大众文化研究能否成为体面的学术项目还依然是个问题,但是与其他地方不同,在香港大众文化本身并没有引起精英的蔑视。事实上,大众文化跨越了草根阶层和精英阶层的界限,在70年代和80年代成为孕育香港集体身份的摇篮(Ma 1999)。没有所谓的高等文化,没有对抗高等文化的压力,亚文化形态在香港就不太明显。这就意味着文化研究里某种很有影响的领域是不太容易被移植到香港的。与此相反,1999年我第一次参加在北京举办的文化研究研讨会(主题为"传媒和地方文化生产")的时候,得到的印象是,大陆的文化研究较之香港的文化研究,反映了精英文化和大众文化之间较为激烈的话语斗争。大陆的文化研究比较强调知识分子的文化领导权、文学及先锋派的遗产以及"民众"(mass)和"人民"(people)概念的考证等话题。而在香港,有关高等文化和知识分子不太有影响力的角色的研究,充其量不过是文化研究议事日程上的边缘计划。(参见《香港文化研究》[Hong Kong Cultural Studies Bulletin]1996年第六期和1995年第二期有关香港知识分子身份问题的特稿)。

本 土 化

文化研究在香港学术界兴起并在 90 年代成为一门显学,但是文化研究与关于香港本土文化之研究的发展密不可分,并因其而得到加强,后者的历史显然比文化研究要早。很多年以来,香港的本土文化都是被中华帝国及后来的大英帝国的政治和文化中心叙述的。这些早期的叙述将香港描述成一个文化沙漠,荒芜贫瘠(Wong et al. 1997)。作为一个没有学术价值的主题,香港研究在当地高校是没有地位的。有个例外值得注意,那就是香港农村地区研究中的人类学传统(如 Ward 1983;Hayes 1983)。人类学的日常文化观念使早期的人类学者避开了视香港为没有(精英)文化之地的统治话语。

60 年代的香港人开始体验到一种强烈的集体意识,却苦于找不到叙述空间以定位自己的本土经验。60 年代末、70 年代初第一代香港学者从海外学成归来,这种状况开始有所改变。他们当中有些人开始注重对香港本地的问题进行研究。受强烈的本土文化意识的推动,他们努力在学术机构内外寻求话语空间。一些香港研究的先驱在传统学科占优势地位的正规院校里打游击战。他们在教育、历史、人类学、文学和社会学等系科里研究香港的历史和文化身份。没有人认为他们从事的是"体面"的研究。但是,70 年代末和 80 年代,高校还没有形成严格的研究评估制度,这些学者有充分的自由进行自己的研究(参见 Sinn 1995;Cheung & Tam 1999)。

所以在 70 年代和 80 年代,香港研究在各种各样的机构围攻中艰难前行。但是,进入 90 年代以后,有一小部分香港研究转向文化研究。1991 年香港大学组织的一次研讨会巩固了这种结合。那次研讨会的主题是"香港文化和社会",组织者是历史系的伊丽莎白·辛恩(Elizabeth Sinn)领导的一个小组。这是一个非常地方化的研讨会(以粤语进行),吸引了来自各个学科的学者和文化产业的专业人员。这次研讨会跨越了学术的边界,并将香港文化提上研究日程。参加者后来回忆说,这次研讨会切实提高了香港研究学者们的共同体意识。尽管与会的论文不能都归在文化研究的大旗下,一些论文还是使用了文化研究的观点和语言表达。这些介绍性的论文抬出了诸如"文化研究新动向"(New Directions in Cultural Studies,Ng 1995)和"香港文化研究导言"(Prolegomena on Cultural Studies in Hong Kong,Chan 1995)之类的新提法,呼吁大家关注日常文化实践以及地方身份复杂的表达方式。这次研讨会促进了更深入的研究,有的沿着社会历史分析的方向前进,有的将文化研究作为教学和科研的工具。90 年代以来,介绍文化研究的课程在高校开设并讲授,有些还发展壮大成文化研究系,我将在下一节中探讨这一问题。

我前面已经指出过,英国的文化研究模式并不适用于对香港抵抗民族与精英权力的研究。但是,文化研究强调抵抗的学术旨趣已经融进香港研究的学术形构中了。这并不是说,香港的文化研究只是对香港文化进行的研究,香港研究只是利用文化研究的语言在进行研究。很多从事香港研究的学者和文化研究没有任何干系,然而有趣的是,有时候很多研究地方文化的人却采用或挪用文化研究的语言来解释自己的研究,使自己的研究更具说服力。事实上,一些地方学者经常将"香港文化研究"、"文化研究"和"香港研究"等术语混为一谈。在这里,文化研究并不是用来解构精英文化或者对抗国家权力的,而是用来开拓研究视野,描述曾经默默无闻的地方文化的。另外,文化研究的各种理论也被用来解释90年代政治过渡时期异彩纷呈的身份政治。在这个过渡时期,对香港末日的想象引发了一系列怀旧情绪和拯救本土文化的冲动。文化研究的关键概念,如文化想象(cultural imagination)、过度决定论(overdetermination)、接合(articulation)、霸权和抵抗等等,引发了创造新词新表达法的连锁反应,记录了1997年前后香港文化消失和重新表达的历史时刻(参见 Leung 1995;Chen et al. 1994a;Erni,即将出版)。一些地方文化研究学者甚至试图从另一个极端来重新思考香港文化的边缘化——他们著文论述香港剥削性的资本主义文化,认为是盛行于大陆城市的"北行的想象"(northbound imaginary)观念催生了这种文化(Law et al. 1997)。这些学术的操练和自我诊疗式的写作产生了言辞激烈的论文,并出现在国际性的学术研讨会和杂志上,从而进一步推动了对香港本土文化进行的研究。

体 制 化

90年代末以来,文化研究正式融入学术体制中,成为向本科生和研究生授予学位的系科。文化研究体制化是一个同各种要求进行复杂斗争的过程,其规律很有意思。香港高校开设文化研究专业,主要有三个内驱力,都与英语系有直接或间接的关系。第一个内驱力来自香港大学英语系内部。最开始的时候,关于地方文化和文化研究的新课程受到了强烈的抵制,认为香港大学作为殖民地最好的大学,应该维护高标准的英语,尤其是在作为楷模的英语系里。关于香港通俗小说和电影的研究课题被认为顶多也只能算是边缘课题,有时甚至还被视为不合法的。但是关于香港文化的课程和研究生研究项目依然受到学生的欢迎,并最终发展壮大,于1989年诞生了新的比较文学系,对文学边界的界定更宽泛。最初将该系命名为文化研究系的提议被否决了。90年代以来,文化研究和文学课程就在比较文学的名目下开设。

香港中文大学设立现代语言和跨文化研究系走的也是一条类似的道路。90年代初期,中文大学一个以英语系成员为核心的跨学科研究小组,高调提出了文化研究的课题。该课题促进了跨学科的合作,并出版了双语的《香港文化研究》,从中选出的论文后来由牛津大学出版社结集系列出版(如 Chan 1997a,1997b;Law 1997)。这是第一次正式冠以文化研究名称的合作,并受到大学资助委员会强有力的体制性资助。但是,这个大型项目的研究工作并没有得到英语系的承认。随着研究类的学生和助理开始较多地涉足地方文化研究,冲突也逐步升级。由于这些研究大多都是对书面汉语或口语粤语的文化文本进行分析,它们的合法性受到挑战。争执还在英语系内外升级成公开的论战,有的写抗议信,有的写公告牌,还有的甚至建议设立一个新系。最后,成立了新的现代语言和跨文化研究系,授予文化研究本科和研究生学位。

一些相互关联的压力促使文化研究从两所大学的英语系分离出去。部分上是出于维护英语语言纯洁性的殖民需要,但是这种观点和要求保持香港作为讲英语的国际大都市竞争力的行政命令也是有关系的。此外,英语文学的经典也无助于地方文化成为合法的学术主题。学科的分野已经在所难免。但是,在中文大学设立新的文化研究系的举动不仅仅是一个英雄的反抗故事,事实上,那个新系的诞生在一定程度上也是管理层深思熟虑的结果。如今,这个系由不同的群体构成——前欧洲语系科成员和一部分脱离英语系的人,走到一起组成一个新系,优化了管理资源。

第三个内驱力促成了第一个成熟的文化研究专业的启动。这是岭南学院通识教育学院发展的结果。这所学院最近已经升格为大学,新的管理层已经将其定位为一所博雅大学。根据这个新的体制定位,文化研究相应地就成为同传统的大学竞争的武器。于是,新的文化研究系应运而生,但不是为了威胁传统的学科,而是为了体现年轻的岭南大学自身独特的优势。同那些源自英语系的文化研究系不同,这个系脱胎于肩负启蒙和赋权使命的通识教育系。现在,这个系有来自人类学、社会学、传媒研究、比较文学和哲学系科的教员。该系的元老之一斯蒂芬·陈(Stephen Chan),就是香港中文大学那个开创性的文化研究项目组的负责人。他离开中文大学英语系来到岭南大学文化专业。最开始的时候,管理层可能并不完全清楚文化研究是什么,如何研究,为什么研究等等,但是一个简单的事实是,它吸引了大量的学生,并且在经典的研究之外开辟了新的研究领域。新系的建立显然非常适合岭南大学的体制需求。

文化研究最近的体制化显示了文化研究和香港研究之间的部分差异。正如前文所述,香港文化研究的主要表达形式就是文化研究和香港研究的融合。文化研究已经被用作使本土文化合法化的手段之一。但是近年来,1997年政权交接引发的紧迫感已经缓解。另外,将文化研究发展成一个专业并授予学位的过程也表明,在理论知识的体系(文化研究)和探索性的话题(香港研究)之间必然是有差异的。当初岭南大学对文化研究专业有两个提议。一个是建议规模小一点,并且是关于香港文化的地方化专业。一个是建议规模大一点,综合性更强,将文化研究视为理论和实践的统一体,而香港研究则是文化分析诸多话题中的一种。被采纳的是第二个提议。现在,岭南大学的文化研究专业整合了社会学、历史、文学等传统课程以及有关香港社会和文化的课程。另一方面,中文大学的文化研究系由语言学和欧洲研究构成。该系试图用"跨文化研究"的名称来标记香港特殊的居间性(in-betweenness),从而确立自己独特的身份。正如系主任王建元(Kin-yuen Wong)所解释的那样,"跨文化研究"强调在不同文化之间进行协调的力量,而不是赋予某个主导的文化指涉模式以特权。这些体制上的设置再次将一些地方学者的注意力引向文化研究的课程和大纲的建设上。在接下来的几年里,文化研究将继续是一个注重地方文化研究的项目,但是将会有新的举措,将文化研究转变成教育项目供当地大学生选择。

伪 装 性

在访谈中,我发现一个有趣的现象,就是文化研究在体制空间里的变形性。除了上文提到的那些文化研究专业外,还有很多系科有人在从事文化研究的教学和研究工作,只是没有打文化研究的旗号。在一些大学的系科里,管理层依然认为文化研究、妇女研究、后殖民研究之类的标签很令人头疼。但是,年轻的学者可以借各种课程的名目暗度陈仓,"走私"文化研究理论。他们可以在传统课程、通识教育选修课和主题研究的伪装下进行文化研究,无须改变传统专业既有的基本框架。在诸如英语和中文系等经典的学科里,不张扬地进行文化研究的策略为其提供了制造颠覆的空间。

相对而言,文化研究比较容易融进社会科学而不太容易融进人文学科里。一定量的文化研究在社会学系科还受到欢迎,就是因为其吸引学生,还可以转换成资源。当然还是有一些很微妙的抵制。有时候文化研究被视为软性"话语"(discursive)理论,很新潮,但研究鸡毛蒜皮的事情,主观臆测性很强。接纳文化研究的多半都是通识教育单位,将文化研究作为赋权的工具。前面已经提到过,第一个成熟的文化研究专业就是由岭南学院(现岭南大学)的通识教育学院发起的。1999年,香港理工大学的通识教育中心发起了每年一次的香港文化研讨会。文化研究表现出了它的竞争力,接受我访谈的人一般都可以毫不费力地开设并讲授作为通识教育课程的文化研究课。

我的访谈对象中除了那些在体制环境里一心一意从事文化研究的人以外,还有不少人对文化研究是持矛盾心理的。他们并不介意将文化研究作为"副业"来进行,只要相关的理论和实践对自己的教学和科研有好处,就将文化研究这顶帽子戴一阵子。但是,他们更喜欢在学科和体制空间之间穿梭,将文化研究作为职业生涯中的理论工具。他们认为,文化研究有助于他们替香港边缘(但生机勃勃)的本土身份说话,探索学术上不合法的大众文化,体会跨越学科的乐趣,激发他们介入社会文化的人文关怀。他们就是被文化研究的居间性和模糊性吸引过来的,但是,他们同文化研究的联系是偶然而短暂的,有些人甚至还保持着相当远的距离。有些说,他们理解不了一些深奥的文化研究形式,但是却参与了一些相关的合作项目。还有些说他们很喜欢文化研究这个标签,但是不愿意专攻文化研究,因为对他们来说,文化研究就是一种学术潮流,可能持续不了多久,他们更关心自己的研究兴趣,而不愿紧跟某一种思潮。这种拒绝被定义的趋势实际上是符合文化研究的基本原则的,那就是在阵地战中,灵活主动地吸取任何有用的东西,在各个文化战线上取得哪怕是很微不足道的胜利。

越 界 性

在香港学术界,要将传记同学术形态(或者说知识分子的个人喜好同文化研究的话语影响)区分开来是很困难的。我所采访的十几个学者之间尽管有一些很明显的差异,但在学术上却表现出一种共通性。大多数都想跨越学术疆界,挑战正统,重新定义经典,重新制定学术规划,同时又都避免给文化研究下定义,特别是在谈到自己所从事的文化研究的时候。

一些访谈对象在读大学的时候就非常反对传统的香港知识界,最极端的就是要求彻底取消香港本土的大学教育。有的说他们在香港大学受到的教育枯燥乏味,毫无用处,其中有一位用文化研究的理论语言批判自己本科阶段所受的哲学教育。他说,那些在香港中文大学很受尊敬的新儒家学者,实际上是从大陆北方的政治中心移民到南方这个周边殖民地的知识分子,他们在香港处于边缘地位,以新儒家思想的名义想象中国文化,并将其本质化、理想化,希望振兴中国文化。当然,我的访谈对象中像这样激进的也不多。有些在谈到自己在香港所受教育的时候,还是很温和的。他们是在课外阅读中接触到西方文化理论的。他们当中很多都是当时的学生行动主义者。他们参与学生出版、社会活动和公共论坛,得以了解香港和西方或新或旧的理论并在实践中加以运用。由于在香港及海外出现正式的文化研究专业还是非常近的事情,所以之前文化研究一直是以各种方式被挪用,多数时候都是以零零散散、单打独斗的方式进行的。

很多采访对象都有跨越自己的学科疆界的经历。我在第一节中提到过,他们重新制定了研究规划,将香港文化研究纳入殖民教育体系中。很多人都表达了借用其他学科的概念和方法的强烈愿望,认为只依靠一门学科对文化现象进行分析和批判太显捉襟见肘,因为这些文化现象本身通常都是多层面、跨学科的。有一位学比较文学的采访对象,大约十年以前开始人种志的研究。她认为基于文献资料的研究方式已经"死亡",在最近的研究中,她借用了社会学和人类学的方法,认为文献型研究主观性太强。另一位采访对象,也是学比较文学的,认为将自己局限于古典文本的研究是学科的死胡同,因为这种方式忽略了当下活生生的大众文化文本。包括我在内从事传媒研究的人,对传媒研究的职业化很不满意,因为它将传播问题的各个社会层面简化成传媒问题。社会学家对社会理论的宏大叙事进行自我批评,从而将文化研究作为探索社会文化常规(sociocultural routine)的日常性的工具。那些专攻早期批判理论的学者被文化研究吸引,是因为文化研究能够使他们走出宏观政治经济的局限,投身对精英主义和消费者文化的批判之中。除了跨越自己学科的边界,我的采访对象们还都想跨出学术体制的边界,将文化呈现在公众论坛中。在他们学术生涯的不同时期,他们先后参与了文化批判、社交网络(social networking)以及各种教育和市民项目等活动。

然而这些活动都不能想得太浪漫。一位访谈对象一语中的:香港文化研究的跨学科性更多的是个人行为而不是集体行为。它只是学者个人的努力,在不同的理论领域游走并暂时停留一段时间。作为孤独的研究者,跨学科的文化学者从不同学术领域借用了很多方法。跨学科性看来更像是一种个体的反思行为,而不是为了构建一个跨学科的网络。采访中我最感到惊讶的是,这些研究同行之间很少交流和沟通。有的告诉我,同事之间的学术交流根本就没有。有一位还谈到,曾经"成功"组织过一次大型的跨学科研讨会,但是来自相关领域的与会人员却没有进行多少交流,实在是令人沮丧。跨越学科疆界常常是从另一个领域里非常有选择性地借用其中一小部分东西,忽略困难和不熟悉的核心部分,然后回到自己学科里驾轻就熟的领地。这种状况将会有所改变,因为文化研究现在正式任命来自不同学科的人员从事教学。但还是要提醒一下,学术上的跨越边界更多时候其实只是一种虚构的理想。这样说并不是给诸如文化研究研讨会以及由香港各界组织的合作项目之类的跨学科努力泼冷水,但是到目前为止,这些合作项目所起的作用,最多不过是提供了培养跨学科意识的空间、增强了文化研究学者想象中的跨学科共同体的集体身份意识。

解 境 化

很多从事文化研究的人都非常倾心于本土性。文化研究是最广泛意义上的学术取向,涉及资助、出版、观念的流通和形形色色的文化参与。有些文化研究学者更喜欢理论探索,有些又有介入社会和文化的强烈愿望。介入社会的要求和学术努力是可以相互促进的。但是在香港特殊的语境下,二者有时候却是相互矛盾、相互否定的。最近几年,香港本地大学的学术活动受到了非常严格的管制,学者们面临的压力更大,要用英语在国际刊物(而不是本地和区域性的刊物)上发表文章,用汉语发表,有时候无异于学术自杀。这种对学术生产的控制导致了香港非常奇怪的文化研究现象。

作为一个国际大都市,又曾经是英国殖民地,香港学校里教的、商务中用的都是英语。但是很多香港人在日常生活中使用的却是粤语和汉语普通话,最活跃的大众文化形式大都是粤语的。英语当然是香港文化不可或缺的一部分,并且和当地的方言混杂在一起。香港人在粤语中夹杂英语表达的现象是非常普遍的,所以我们有用粤语、普通话和英语混合表达的本土文化。但是,如果我们廓清这些语言的话语权力,就会发现粤语在日常生活中是主导语言,而英语(普通话后来居上)则是政治和经济生活中的主导语言。英语具备更多精英主义意义上的文化资本,而粤语则是日常生活中最具活力的语言。

以英语从事文化研究、在竞争激烈的国际刊物上发表论文意味着不得不将香港的混杂文化翻译成英语,并将其普遍化、异域化以适应国际学术圈。这种跨民族化(transnationalizing)的做法说不上是好事还是坏事。将文化研究理论化和普遍化可以增加文化分析的多样性,这样做就是将本土东西异域化,将西方理论本土化以解释地方特殊现象,从而促进跨文化的敏感性(如 Abbas 1997)。但是,在香港,国际方面的吸引力显然要远远大于对本土性的忠诚。强制退休、任命已退休的研究者、取消终身制等学科手段就是鼓励高度理论化,压制对地方性的忠诚。

因此,香港文化研究不同的流派在国际学术圈和地方学术圈中的知名度就不一样。那些致力于本土研究并用汉语写作的人就不太为人所知,而那些操着流利的主流理论语言(英语)的人却享有较高的国际知名度。香港的行动主义者为报纸写文化批判的文章,办展览,组织学习小组,记录并分析边缘群体的生活历史,出版老年妇女和移民的口传历史,规划旧街区在城市的空间(如 Kowk 1999;新女性协会,1998;Choi 1998;Leung 1996;Man 1997)。然而圈外人对他们知之甚少。他们的工作着眼本土文化,却不为人所知,而且大学的管理层也常常不承认这是严肃的学术研究。

我在这里划分圈内圈外,并没有打身份政治牌的意思,只是想指出一种和早期伯明翰研究以参与并介入当地文化为主的传统相去甚远的特殊话语现象,不过这种话语总的来说和国际学术圈在理论上还是一脉相承的。在香港,文化研究的学术兴趣已经转向与国际接轨。以我自己为例,我将精力倾注到用英语写作上,并在国际刊物上发表出来(通常情况下是很不容易的)。但是,我又不太愿意接受用中文写作的稿约。我的习惯是将我最好的时光用于英语写作,然后在筋疲力尽的时候用中文写作。而且我常常将我研究的"残余"留给中文写作作为消遣。如果说文化研究是赋予失语的人以声音的话,那么香港的文化研究赋予香港的就真是一种很奇怪的声音。学术成果的观众主要还是国际刊物的评论家,而不是本地学者和普通人。

我这种怪异的文化研究行为在同北京的文化研究群体进行比照的时候就更加明显。1999年我第一次参加在北京举办的一个研讨会。北京以戴锦华为首的文化研究群体给我留下了深刻的印象。戴锦华熟谙西方理论,却以汉语进行研究、写作和教学。她极富创造性地发明、修正文化研究的概念和理论,并用地地道道的汉语表达出来(Dai 1999;Wang et al. 2000)。她的著作很有影响力,在北京的地方性研究中开辟了新的话语空间。与此同时,她还一直与国际学术圈保持着学术交流。相反,体制性的压力使香港的文化研究一边倒地偏向国际而损害了本土的研究。这种畸形的学术解境化潮流制约了文化研究投身地方的努力。

后 记

我本是应约写一章关于亚洲文化研究的内容。但是我很快发现我是无法完成这个任务的。亚洲各国有着极不相同的社会、政治和文化形态,根本就不可能对错综复杂的亚洲文化研究进行概括。这样做,很多东西都不得不被高度普遍化和平面化。于是我将范围局限在亚洲文化研究的一个小点即香港的文化研究上。但是,小中可以见大,局部的构造可能还是有助于整体想象的。

在英国和美国,文化的政治经济比亚洲国家相对要稳定一些,因为后者的文化形态更具动态性和不稳定性。亚洲各国正处于转型时期,此时的文化研究可能会在特定的历史时期以特定的方式与特定的文化形态融合。香港地方意识的觉醒就是七八十年代一种重要的文化形态,对这种现象的研究——用阿巴斯(Abbas)的话来说(1997)——在一定程度上就是由1997到来之前出现的有关"消失"的文化政治引起的。所以香港的文化研究一直密切关注崛起的地方身份问题。但是本土化的问题,如文化研究在高校的体制化,跨学科融合的可能和障碍,从事地方研究和融进国际网络之间的张力,文化研究在国际语言英语中的斡旋(mediation),并非只存在于香港,在其他亚洲国家都同样或多或少和文化研究有牵连。

我将以一位从事文化研究的香港学者写的一首诗来结束本章的内容。二十几年来,作为诗人、小说家和专栏作家的梁秉钧教授(Ping-Kwan Leung),一直都在跨越学科和体制的边界,用他的创作和学术研究讲述着香港的故事。1995年的一次展览会上,他将自己的诗作放在一个北宋时期的鱼形壶残件旁。这个据说是北方的壶实际上具有南方的艺术风格。通过创造这样一个话语空间,他戏剧性地讲述了这件处于边缘的南方生产的陶制品是如何被同化为北方的艺术品的,香港的地方性将怎样被中国的整体性销蚀掉,对一片小小残件的重新解读将如何帮助我们对整体的理解。

北宋鱼形壶残件

是从潮州的山窑出土还是从
屯门外面的零丁岛海域
打捞上来？

破碎的一幅鱼鳞能教我们想象
鱼鳍、鱼鳃以及鱼嘴
张开的壶口？

当年从南方的海港启程，乘船
与香药、犀角和象牙一起
往狮子国去？

沉没在半朵菊花和菩萨的指头旁边
伴着西洋狗的大耳朵和其他
历史的碎屑？

有权写历史的人大笔一挥，把西村窑
拼入北方耀州窑系，写出一套
完整的历史

碎片说：请认清楚我们的纹理
不要把我读入
你的历史

缺失的部分漂洋过海了，也许在
爪哇的海底，也许在菲律宾的
文物博物馆？

不尊重不同的演变怎能追溯过去？
不理解缺席的部分怎能想象
一尾完整的鱼？

梁秉钧，1995

译者注：此处中文诗为作者原诗，承蒙本章作者马杰伟博士不吝惠寄中文原稿，在此致以诚挚的谢意。原诗英文译者为玛莎·陈(Martha Cheung)。

(余泽梅 译)

参考文献：

Abbas, A. (1997). Hong Kong: *Culture and the Politics of Disappearance*. Minneapolis: University of Minnesota Press.

Chun, H. M. (1995). "Popular Culture and Political Society: Prolegomena on Cultural Studies in Hong Kong." In E. Sinn (ed.), *Culture and Society in Hong Kong*. Hong Kong: Centre for Asian Studies.

Chan, S. C. K. (ed.) (1997a). *Cultural Imaginary and Ideology: Contemporary Hong Kong Culture and Politics Review*. Hong Kong: Oxford University Press (in Chinese).

Chan, S. C. K. (ed.) (1997b). *The Practice of Affect: Studies in Hong Kong Popular Song Lyrics*. Hong Kong: Oxford University Press (in Chinese).

Chan, S. C. K. et al. (eds.) (1994a). "Special Topic: Cultural Studies in Hong Kong." *Hong Kong Cultural Studies Bulletin*, 1: 4—12.

Chon, S. C. K. et al. (eds.) (1994b). "An Annotated Bibliography of Studies in Hong Kong Popular Culture in the Past Twenty Years (1974—94)." *Hong Kong Cultural Studies Bulletin*, 1: 13—19.

Cheung, S. C. H. and M. S. M. Tam (eds.) (1999). *Culture and Society of Hong Kong: A Bibliography*. Hong Kong: Chinese University of Hong Kong.

Chiu, F. Y. L. (1997). "Politics and the Body Social in Colonial Hong Kong." In T. Barlow (ed.), *Formations of Colonial Modernity in East Asia*. Durham and London: Duke University Press.

Choi, P. K. (ed.) (1998). *6:30pm Every Evening-Female Workers in Evening Schools of the 1970s*. Hong Kong: Step Forward Press (in Chinese).

Dai, J. (1999). *You zai jingzhong* (still in the mirror). Beijing: Knowledge Press (in Chinese).

Erni, J. (ed.) (forthcoming). *Cultural Studies*, Special issue on Hong Kong.

Hayes, J. (1983). *The Rural Communities of Hong Kong: Studies and Themes*. Hong Kong: Oxford University Press.

Kowk, J. Y. C. (1999). *Ageing in the Community: Research on the Designing of Everyday Life Environment for the Elderly*. Hong Kong: School of Design, Polytechnic University of Hong Kong.

Ip, I. C. and O. W. Lam (eds.) (1999). *Street Corners* 1 (in Chinese), Special issue: poor people are lazy people?

Law, W. S. (ed.) (1997). *Whose City: Civic Culture and Political Discourse in Post-war Hong Kong*. Hong Kong: Oxford University Press (in Chinese).

Law, W. S. (1998). "Managerializing Colonialism." In K. H. Chen (ed.), *Trajectories: Inter-Asia Cultural Studies*. New York & London: Routledge.

Law, W. S. et al. (1997). "Northbound Imagery: Repositioning Hong Kong Postcolonial Discourse." In S. C. K. Chan (ed.), *Cultural Imaginary and Ideology: Contemporary Hong Kong Culture and Politics Review*. Hong Kong: Oxford University Press (in Chinese).

Leung, B. K. P. (1996). *Perspectives on Hong Kong Society*, Hong Kong: Oxford University Press.

Leung, P. K. (ed.) (1995). *Today Literary Magazine 28* (in Chinese). Issue feature: Hong Kong Culture.

Luk, B. H. K. (1995). "Hong Kong History and Hong Kong Culture." In E. Sinn. (ed.), *Culture and Society in Hong Kong*. Hong Kong: Centre of Asian Studies (in Chinese).

Leung, F. (1996). *Wenhua lache* (Cultural Chit Chat). Hong Kong: Hong Kong Humanities Press (in Chinese).

Ma, Eric Kit-wai (1998). "Re-inventing Hong Kong: Memory, Identity and Television." *International Journal of Cultural Studies* 1(3): 329—49.

Ma, Eric Kit-wai (1999). *Culture, Politics and Television in Hong Kong*. London: Routledge.

Ma, Eric Kit-wai (2000a). "Rethinking Media Studies: The Case of China." In J. Curran and M. J. Park (eds.), *Dewesternizing Media Studies*. London: Routledge.

Ma, Eric Kit-wai (2000b). "Re-nationalization & Me: My Hong Kong Story After 1997." *Inter-Asia Cultural Studies* 1(1): 173—9.

Man, S. W. (ed.) (1997). *Hong Kong Cultural Studies Bulletin 7*. Special issue: The Culture and Politics of Human Rights.

New Women Association (1998). *Laughters and Tears: Oral Histories of Old Ladies*. Hong Kong: New Women Association (in Chinese).

Ng, C. H. (1995). "New Directions in Cultural Studies." In E. Sinn (ed.), *Culture and Society in Hong Kong*. Hong Kong: Centre for Asian Studies.

Sinn, E. (ed.) (1995) *Culture and Society in Hong Kong*. Hong Kong: Centre for Asian Studies.

Tan, S. (1999). "Working Female Workers and their Personal Letters." Paper presented at the conference, Media and Local Cultural Production, Beijing, Dec. 13—15 (in Chinese).

Wang, J. (1998). "Public Culture and Popular Culture: Metropolitan China at the Turn of the New Century." Paper presented at the conference, Modern and Contemporary Chinese Popular Culture, Duke University, May 8—9.

Wang, J. (1999). "The State Question in Chinese Popular Cultural Studies." Paper presented at the conference, Media and Local Cultural Production, Beijing, Dec. 13—15.

Wang, J. et al. (eds.) (2000). *Cinema and Desire: Feminist Marxism and Cultural Politics in the Work of Dai Jinhua*. London & New York: Verso.

Ward, B. (1983). *Through Other Eyes: Essays in Understanding "Conscious models."* Hong Kong: Chinese University Press.

Wong, W. C. et al. (eds.) (1997). *Hong Kong Un-imagined: History, Culture and Future*. Taipei, Taiwan: Rye Field Publishing Company (in Chinese).

第 16 章
消解中心:英国文化研究及其传统

本·卡林顿(Ben Carrington)

> 文化研究有复杂多样的话语,有各不相同的历史叙述。它是由各种形态组成的一个体系,有自己的兴衰沉浮,涵盖很多不同类型的研究工作。我坚持认为文化研究永远是一套不稳定的形态,它的"中心地位"永远要打上引号……
>
> 斯图尔特·霍尔,《文化研究及其理论遗产》
> ("Cultural Studies and its Theoretical Legacies")

引　言

我居住的英格兰布莱顿城新建了一栋博得斯大楼,兼营书店和咖啡厅。最近我到里面逛,问销售助理社会学专柜在哪儿。"社会学?"她显然是被我弄糊涂了,居然打听这么一个早就过时的主题,"会不会是归在文化研究类的?"我试图在她的声音里找到后现代的反讽意味,但是没能找到,她没跟我开玩笑:"社会学……归在文化研究。"

她的话促使我思考当代社会学和文化研究在英国的现状及二者之间多多少少有点纠缠不清的关系。我突然觉得,和那些跟自己同源的学科相比,文化研究看上去已经占据主导地位,我甚至想说是霸权地位。有些人甚至还经常想当然地以为,文化研究是一门独立的学科,有自己的方法论,言说方式,探究形式,有自己的疆界和历史,全然不顾文化研究内在的矛盾性。更准确地讲,文化研究就是一个有着明显的跨学科性项目,它更倾向于是一种介入式的政治批判,而非疆界明确的专业知识所生产的学术观念。

在英国,有多少学生学习文化研究及相关学科(传媒研究和传播学、电影研究、体育与休闲研究等),就有多少学生选修"纯粹的"社会学。事实上,现在还有很多课程结合了文化研究和社会学,这似乎是一些社会学系科的应急举措,以此挽留住一批热衷于学习罗兰·巴特和让·鲍德里亚而不是罗伯特·默顿(Robert Merton)和卡尔·曼海姆(Karl Mannheim)的学生。换句话说,文化研究已经成为一种很酷很诱人的主题,而它的同伴社会学显然已经黯然落伍了。因此,有必要对文化研究在当代的体制化进行一定的批判性反思。

格奥尔格·齐美尔(Georg Simmel)曾经说过,在"被无以数计虽不是毫无意义、可最终也没啥意义的文化因素所包围的情况下,现代人是不可能获得整体知识的。面对这么一大堆东西,他感到很沮丧,因为他无法将其全盘吸收,但是又不能简单拒绝,因为不管怎么说,这些东西可能还是他自身的文化发展所需要的"(1968:44)。站在任何一家大书店的文化研究专柜面前,很容易就会和齐美尔有同感,犹如大山压顶。现在好多研究成果都被泛泛地冠以"文化研究"的名号,以至于根本就看不清当代的研究潮流是什么,也无法判断在这些文山字海中,哪些才是真正新颖有趣的。

我不想在本文中探讨英国文化研究时面面俱到,也不认为我提出的问题就是唯一需要讨论的问题。我只是想指出,我们在思考文化研究到底应该为我们当代的社会分析提供什么的时候,还有哪些重要问题有待进一步深入思考。我将特别质疑关于英国文化研究发展的单线式叙述(该叙述对一种非参与式的学术历史偏爱有加),并将提出一些对当今文化研究在大学中的体制化的关注。在质疑文化研究的正史时,我还将质疑对文化研究内部的民族主义意识形态缺乏批判性反思这一做法。最后,我还将举一些当代文化研究的例子,看看文化研究是否真的如某些人所说,或者至少像那位书店销售助理所暗示的那样,已经取代了社会学。

从霍加特到霍尔……

现在有关英国文化研究发展的叙述正逐渐成为一种正史,并成为文化研究的唯一叙事。读过学生相关综述的教师对这种叙事都耳熟能详,通常情况下故事是这样展开的:

50年代末理查德·霍加特《文化的用途》(The Use of Literacy)、雷蒙德·威廉斯《文化与社会,1780－1950》(Culture and Society, 1780－1950)和《漫长的革命》(The Long Revolution)出版,标志着文化研究的开端。(有时候还会提到汤普森的《英国工人阶级的形成》[The Making of the English Working Class],但都不太多,因为这本书太长了,当代学生很少能够有时间耐着性子将其从头到尾读完。)然后,随着学生研究的深入,他们还会提到霍加特1960年的一次出庭,为企鹅出版社出版D. H. 劳伦斯小说《查特莱夫人的情人》淫秽与否一案辩护。霍加特赢得这场官司以后,利用企鹅出版社赠送的一笔钱,在伯明翰大学创立了一个研究文化的中心,后来由斯图尔特·霍尔"接管"任中心主任(霍加特一般都会在这个时候从故事中消失),带领一群年轻有为的学生,大量阅读法国社会理论和葛兰西著作。所以,伯明翰当代文化研究中心(CCCS)在70年代和80年代初,吸取了新马克思主义者日常生活批判的方式,探索意识形态是如何在大众文化中并通过大众文化起作用的——但又不独尊机械的马克思主义还原论(reductionism),探索文化抵抗的形式是怎样出现的等等——这就是文化研究的历史,学生们的综述文章一般都会这样说。

我并非要否认上述事实的确发生过——有些人在某个特定的时期当然很重要,有些机构也的确曾经是某些类型的知性活动的中心。一些比较好的关于文化研究(尤其是英国文化研究)的介绍中,对待这个故事的态度也的确还是比较谨慎的(参见 Storey 1996;Turner 1996;

Mulhern 2000)。我也无意为这个已经广为人知的故事再另外编一个版本,而是关心其中一些被忽略掉的东西。

这个故事的问题之一在于,他们倾向于强调学术文本的出版"产生"了文化研究(即当今在大学里教授的学术性学科),而不是将这些文本看作更为广泛的社会政治背景的产物:三四十年代以来发生在成人和工人教育学院内旨在适应社会转型需要的教育改革。这一点对于理解文化研究的社会形态及其目的非常重要,却被很多学生甚至老师所忽略。很多人都很推崇霍尔的观点:追溯文化研究的起源是"很诱人却徒劳的",在"知识领域绝对意义上的开端是相当罕见的,相反,我们只能发现一些连续和断裂"(Hall 1980:16),尽管如此,很多关于文化研究历史的叙述还是将其开端确定在1957年左右。

在很多白人中产阶级的大学生眼里(他们占学校人数的大多数,因为尽管英国高等教育"扩招",但是工人阶级子弟进大学的机会三十年来都没有多大改观),文化研究好像就是运用法国后结构主义理论解构"文化"文本的一种方法。然而六十年前,那些致力于弄清楚文化(尤其是大众文化)在社会中的政治和意识形态意义的人,所参与的却是与今天不一样的工程。对他们来说,"文化研究"——如果他们真的这样称呼过的话——首先关注的是成年工人的教育问题。正是对建设真正的社会主义民主社会的憧憬,使很多教师将工人教育和日常生活分析看作政治斗争的一种形式。尽管在那些明确提倡以阶级为基础的社会主义教学(其目标在工人教育,与针对全民的更宽泛笼统的成人教育相对)的人之间存在着冲突,但是他们有一个核心目标,那就是将教学实践扎根于未受正规教育的人们的日常生活经验中。虽然这种乌托邦的理想从来就没有真正实现过,但这的确为文化研究的兴起提供了条件。汤姆·斯蒂尔(Tom Steele)有一个非常精当的譬喻,"从独立的工人教育运动的余烬中飞出了文化研究的火凤凰"(1997:9)。

至于霍加特、威廉斯和汤普森,我们要记住的最重要的并不是他们在什么时候出过什么书,而是他们都曾经是在正规高等教育边缘(或之外)从事成人教育的人,并且亲自参与了这一政治进程。斯图尔特·霍尔也曾经有一段时间属于校外教师,他职业生涯的大多数时间都是在开放大学度过也并非巧合。开放大学的学生都是成年人,没有显赫的背景,在这里,霍尔可以和他们进行交流,从而延续了文化研究教育实践的精神(参见"The Formation of a Diasporic Intellectual"in Morley & Chen 1996)。这里很有必要重申一下:文化研究的形成,首先是一项旨在对工人阶级成年人进行大众教育的政治运动(Steele 1997:15)。让这样一种教育在意识形态上和体制上融进"资产阶级"大学的系科,一直以来都存在着一种张力,而事实上对大多数系科来说,这种张力也的确发生过。文化研究从自治的成人和工人教育及政治实践的空间变成在大学讲授的学科逻辑,这种转向有助于我们更好地理解文化研究的起源、现状及将来。正如威廉斯自己所强调的那样:

> 我们现在所理解的文化研究脱胎于成人教育:在工人教育协会,在校外的扩展课堂上——这一点再怎么强调都不为过。我读过一些过关于文化研究发展的论述,都是根据文本确定其开端。我们都知道那些列举《文化的用途》、《英国工人阶级的形成》、《文化与社会》及其出版年代的论述。然而事实上,早在40年代末……甚至在

30年代,文化研究在成人教育中就已经相当活跃。只是后来这些书的出版,才使它得以出现在书面上,并得到知识分子普遍的承认。当时有很多人活跃在这个领域,却没有著作问世,我感到很遗憾,然而跟我们中的任何人一样,他们的工作都为文化研究的建立做出了贡献。(Williams 1989:154)

这并不是我的新见或独创之见。之前已经有人在不同的场合提到过类似的观点(参见 Dunn 1986;Laing 1986;Davies 1995;Dworkin 1997)。我指出这一点是要提醒人们注意,文化研究形成中有一个方面正面临着被集体记忆排除出去的危险,给我们认识当代文化研究的适用性(relevance)造成极大的困难。如果连克赖斯·巴克尔(Chris Barker)这样睿智的评论家都宣称文化研究的"主要栖息地一直以来都是高等教育机构和书店"(2000:7),这就说明我们需要一点反驳,以质疑那些将文化研究的历史目的(和当前栖息地)描述成去政治化了的(depoliticized)人文学科的论述。

这给我们的警示是,在联系社会再生产、主导的意识形态和权力关系来理解文化的地位和重要性的时候,如果要强调一些普遍问题,"英国文化研究"的提法倒可能是一种简单有用的方式,然而这样做的效果就是暗示文化研究存在着统一性和连贯性,而事实上这种特性根本就不存在。诚然,在英国这样一个具有特定的地理和民族特色的地方确实有过文化研究工作(广义上的),但并不能因此就宣称有一个所谓的英国文化研究传统,可是有些人就喜欢在综述里做这样的影射。上文提到的围绕成人工人教育所做的工作,威廉斯经典的、比较有建设性的文化分析和社会分析,当代文化研究中心在七八十年代介入主义式的(interventionist)工作,女性主义研究的重要著作,90年代英国黑人后殖民理论家的研究,受后现代主义影响、由一大批"后伯明翰当代文化研究中心"的研究人员进行的"新人种志"研究,包括其他一些中心,如开放大学、东伦敦大学、戈尔德史密斯学院的研究中心所从事的"新人种志"研究,这些都可以称为文化研究工作[1]。但是如果不考虑时间和地点差异,就认定这些研究构成了"英国的文化研究",似乎它们有着共同的核心概念和方法论,就太离谱了。下面我就将对这种原型民族主义(protonationalist)的想象提出质疑。

质疑英国文化研究中的"英国"

为工人阶级创造一个比较好的社会环境的愿望,促使那些早期的知识分子亲自参与到大众文化中去,在这个转型时期文化研究发挥了教育的功能,然而无论人们怎么赞同这种做法和说法,有些问题还是被忽略了。女性主义学者已经明确指出,这些研究中很多都带有常见的男性偏见,没能严肃地探讨有关性属身份的建构、性取向(sexuality)、将父权制理论化等问题(参见 Brundson 1996;Franklin et al. 1991;Gordon 1995;Gray 1997)。确实,很多人认为向工人教育协会传授的知识应该集中在对更严肃的"公共"问题(如政治、国际关系和经济)的分析上,理由是,同人文学科相联系的"软"学科将会削弱工人的革命运动,这种观念反映出一定程度的男权、父权姿态(参见 Steele 1997)。

但是我下面要讨论的是前文叙事中的另外一种"忽略",为此,我将讨论为保护"真正的"工人阶级共同体形式免受美国大众文化影响而提出的主张是怎样在特定的种族化(racialized)的民族体(nationhood)里运作的。很多早期的重要研究都很少触及英国民族主义讨论种族形态的核心问题,也没有深入思考过这一事实:他们经常提到英格兰(而非不列颠的)感情,也经常带着这一感情谈论事情。这种理论盲视,使那些想从早期创始人那里开始梳理知识谱系的人,通常就会忽略当代文化研究的核心主题:"种族"和种族化。

1939至1945年战争期间及其后,英国社会、文化和经济发生了巨大的变化,这为文化研究的兴起提供了条件。文化研究因此可以被看作一种为当时日趋没落的不列颠"超级大国"提供一套解决方案的尝试(Hall 1980;1992)。战后,英国重建社会基础设施,劳动力紧缺,于是从以前的殖民地招募有技术的体力劳动者、护士和医生,导致英国更广泛的社会文化变革。来自亚洲、非洲的移民,尤其是讲英语的加勒比海移民的涌入,导致英国政治的性质、内容和风格发生了决定性的改变(Solomos 2000)。我不是说"种族"现在已经被输入到不列颠的心理中——种族其实一直都在英国塑造着风俗习惯、道德观念和大都市的格局——而是说,英国的殖民地关系曾经一度被认为是——至少在一定程度上是——发生在大洋"之外"的,而现在英国却在自己的中心地带面临着帝国主义遗留下来的事实:"岛国种族"似乎不再那么与世隔绝了。

尽管政府对移民表示欢迎,但是至少在60年代初期以前,亚洲人和黑人在英国的大街小巷受到的是暴力和敌视。70年代这种情况尤其严重,当时国内经济衰退,国际经济大范围不景气,英国大幅度减少基础设施建设,失业率上升,突然使英国的亚洲人和黑人成为政治上的"内部敌人",被认为是抢了英国本地人的饭碗,对他们的敌视心理更甚。70年代末80年代初,也发生了偏离战后的社团主义政治而倒向选举玛格丽特·撒切尔的"新右派"政府的事件,新政府将"自由市场"经济手段和更为明显的民族主义政治形式结合起来。现在,与移民问题结合在一起的"种族"成为一个重要的政治问题,跟过去一样,蕴涵着对(经济上和文化上的)民族政体(state of the nation)的焦虑和政治统一体(body politic)危机。

芒特(Munt)认为,"二战以后工人阶级身份呈现出一种新的自觉意识,这一点对我们理解工人阶级文化研究的形成是至关重要的",如果芒特没错的话,那么下面的事实就很令人奇怪了:50年代以来,工人阶级的特性发生质的变化,先前的结构发生断裂,受到新的"种族"战线的冲击,并与其结合在一起,然而直到70年代末80年代初,文化研究才开始对这种现象进行系统的理论探索。英国的社会政治发生巨大变革的时候,文化研究还依然囿于50年代工人阶级生活的观念之中,未能对这些社会变革做出及时的反应并积极地去理解,却将不以纯阶级术语分析文化形构的研究转向看作对文化研究宗旨的背叛(比较 Owusu 2000)。

迪克·海布迪奇(Dick Hebdige)(也是当代文化研究中心)的《监控危机》(*Policing the Crisis*)(1978)算是早期的重要著作,但是一个具有里程碑意义的例外还是1982年出版的《帝国反击》(*The Empire Strikes Back*),有人将其视作当代文化研究中心最重要的介入性著作之一(Solomos & Back 1996:10;Hall 1996:270)。该书试图解释为什么英国的社会斗争必须放在英国资本主义政治和经济危机的背景下来解释,"种族"是如何被用来表达并"处理"这些问题的。然而即便是在这里,展开"种族"和民族主义问题的努力也遭到抵制。正如霍尔所回忆的那样,"在文化研究的议事日程上增加关于种族、种族政治、反抗种族主义和文化政治等批判性话题,本身就是一场深刻的理论斗争……只有在与一种强烈但尚未意识到的沉默进行一场持久、有时甚至是艰苦——当然是艰苦的论争——的内部斗争之后,这场理论斗争才能取得胜利"(1996:270)。在谈到出版《帝国反击》的学术研究背景时,霍尔接着说,"保罗·吉尔罗伊(Paul Gilroy)等写作这本书的人发现,要在当代文化研究中心争取必要的理论和政治空间来完成这项课题,是相当困难的"(同上)。

通过重新强调文化的重要性,形成超越阶级的忠诚并在其中为知识分子找到一席之地,以此重新表达工人阶级抵抗的形式并赋予其权力,这是早期文化研究的基础,这种学术关注当然源自对葛兰西及其"民族—大众"(national-poplar)概念的解读(Forgacs 1988;1999)。显然,"民族—大众"这一概念为批判与政治策略相关的政体的运作提供了空间,但是这也意味着民族本身常常被视为一种既定的存在。霍尔认为,吉尔罗伊的介入标志着文化研究发展中的一个重要时刻,不再像过去那样不假思索地将"民族"视作政治斗争的场所:

> "民族—大众"这个概念中含有一些强有力的因素,但是也有一些令人担忧的因素……它[……]把我们推到一个很奇特的观点面前,在这里,我们突然发现自己在一个国家中处于社会主义的边缘:这种观点就是你可以创造一个跟任何别的地方都不搭界的关于不列颠的"民族—大众"概念。这是一个很微妙的时刻。只有在我离开、保罗·吉尔罗伊加入伯明翰中心的时候,我们才得以从中解脱出来!如果你在这条路上走得太远,以为政治的首选目标就一定是民族——民族—大众,而不是大众——那你就是钻进了一条什么样的死胡同呀。(1997a:29)

一些"歌颂""英国文化研究"独特性的叙述往往也在重复这个问题。他们没能注意到跨文化、跨民族的知识分子流动促成了英国文化研究的理论发展,也没注意到,更广泛的全球化的社会条件——尤其是殖民主义和帝国主义——使以阶级为基础的政治形式最先受到关注,并且还可能就是 C. L. R. 詹姆斯本人及其著作在很多历史叙述中被忽视的原因。

保罗·吉尔罗伊 80 年代初通过合作《帝国反击》一书,加入了当代文化研究中心,但是在他随后的职业生涯中,大多数时间都是在努力挣脱这里日益狭隘的视野的束缚,从而形成与文化研究的矛盾关系(参见 Smith 1999)。在这种背景下,文化研究最重要的著作之一是吉尔罗伊 1987 年出版的《米字旗上没有黑色》(There Ain't No Black in the Union Jack)。该书融合了社会理论、实证分析、历史敏感性、联系进步的共同体政治、思想的独创性,使其成为文化研究的重要文本。很多人确实会这样褒扬这本书,但是那些声称阅读过此书的人,却很少真正读懂了该书的观点。在他的就职演讲中,吉尔罗伊明确表示,他的项目是统一在他"对形形色色民族主义的反感及对知识分子责任的关注之中的,知识分子在面临民族主义挑战时,行事应该公正、符合伦理"(1999:184)。在吉尔罗伊看来,"种族"和有关殖民主义和帝国的历史叙述问题都不是英国社会发展过程中的偶然现象。这些问题的形成非常重要,有助于我们理解英国的经济是怎样建构起来的,英国的阶级关系是怎样协调的,从而又是如何更广泛地影响到英国文化及其民族身份感的形成的。所以,任何文化研究项目都必须认识到"种族"作为一种阶级和民族主义赖以存在的形态是如何发挥作用的。换句话说就是,作为行动者的黑人在英国社会文化的历史叙事中应该受到更多的关注,还必须承认该叙事是被打上了种族化的烙印的。吉尔罗伊将《米字旗上没有黑色》的写作当成"对文化研究中的种族中心维度的矫正"(1987:12):

> 我不得不应对极力在纯粹的、同质的、反映"生活关系"的民族单元中进行文化分析所带来的影响;应对研究领域中对"种族"的视而不见,更重要的是,还要应对一门倾向于病态盛赞英格兰和英语性、排斥黑人于系统之外的学科所极力推崇的民族主义的影响,对这一切,我已经越来越厌倦了。(同上。)[2]

格雷姆·特纳(Graeme Turner)对英国文化研究所做的综述就很能说明问题。只是在1996年出版的第二次修订版中,才开始严肃地探讨大众文化在"种族"、种族主义和民族主义的表达中的地位问题,在后来的版本中才开始严肃地对待吉尔罗伊对"创始人"深藏的种族民族主义(ethnonationalism)进行的批判。如果说特纳的认识稍嫌晚了一点的话,最近又出版的一本关于英国文化研究的著作排斥"种族",排斥种族在文化研究的形成及随后的观念性论争中的重要性就更令人担忧了。作者在书中如是敷衍:

> 本书将不讨论"后殖民"文化研究的兴起,也不讨论最近一些重要的关于文化中的种族和"他者性"的思考。这并不是因为我认为这些问题不重要,而是因为它们尽管的确很重要,但却不能算是文化研究传统中重要的分析性问题。(Tudor 1999:7)

要不是因为这些"权威的"论述有一种潜在的并且是体制赋予的权力,会影响到我们对什么才算是文化研究的内容的理解——且牵涉到最终教什么以及由谁来教的问题——我们大可不必理会这种错误的种族中心的立场,但是,图德(Tudor)以及其他类似目光浅短的论述,很有助于阅读甚至理解吉尔罗伊的观点,吉尔罗伊是这样写的:

> 从种族历史的角度考察文化研究,不仅需要注意文化研究同英语文学、历史和新左派政治的关系,还有必要梳理这些英国创始人对更广泛的现代欧洲关于文化的思考传统的借用,并且考察这些借来的文化视角在各个阶段是怎样看待作为知识、权力和文化批判对象的、种族化了的他者形象的。很重要的是(尽管很难),对这些问题的思考还要结合当前一个很紧迫的任务,即学术界应该严肃地对待黑人的文化表达、分析和历史叙述,而不是以"种族关系"的名义将其打发给社会学,从而将其抛弃在大象坟场,任这些棘手的政策问题在那里坐等消亡,永远得不到解决。(1993:5—6)

处在这样的文化研究氛围之下,就难怪是美国的作者(休斯顿·贝克尔[Houston Baker]、曼西亚·戴尔瓦拉[Manthia Diawara]、鲁斯·林德博格[Ruth Lindeborg])和一家美国出版社,在1996年出版的《英国黑人文化研究》(*Black British Cultural Studies*)一书中来认可英国黑人学者对文化研究的特殊贡献了。直到现在,新一代的学者,如切坦·博哈特(Chetan Bhatt)、巴诺尔·荷西(Barnor Hesse)、杰恩·艾弗克伍尼格威(Jayne Ifekwunigwe)、波比·赛依德(Bobby Sayyid)和罗拉·杨(Lola Young),他们追踪后殖民性(postcoloniality)、离散身份(diasporic identity)、认可和差异的文化政治、文化的融合性等问题,然而他们的这些特殊贡献依然处于边缘地带,没有得到广泛的认同,只有科贝纳·默瑟(Kobena Mercer),海泽尔·卡比(Hazel Carby)和吉尔罗这些人受到一些象征性的承认。

早期从事文化研究的知识分子未能摆脱种族绝对主义思维、质疑自己工作中的民族局限性的苗头,在理查德·霍加特关于文化多元主义的讨论中就已经出现了。霍加特将民族身份(nation identity)和种族化的族裔性(racialized ethnicity)混为一谈,后来又没能将关于移民的讨论从"民族—大众"中分离出来,就是在重复上述的错误。大多数人都认可霍加特对文化研究发展的重要性,所以他最近让位于那位日趋保守的评论员,不啻一个小小的学术悲剧。在《我们现在的生活方式》(*The Way We Live Now*)一书中,霍加特对那些宣称英国是一个多文化的社会的人表示不满("根本就不是这样的",1995:165),因为英国种族上的少数民族人口还没达到足以支持这个论点的程度。他继续指出,将英国视为一个多文化社会无异于为白人种族主义者提供"弹药"(同上),因为他们可能就会因此认为,他们有理由相信"他们的"文化正在受到侵蚀。霍加特注意到,"在过去的二三十年里,确实有大量来自不同文化的移民,这些人应该被完全接纳"(同上)。

霍加特的立场不能解释文化,尤其是民族文化的多变性和融合性。如果仅仅因为各个民族文化必然都包含了不同的语言群体、区域群体、种族群体等组成部分,就认定所有的民族文化天生都是多文化的,从而宣称民族文化是"多文化的",这种观点肯定既是误导人的,又是同义重复的。正如从理查德·詹金斯(Richard Jenkins)到爱德华·赛义德(Edward Said)等学者所指出的那样,在关涉族裔性和民族身份的时候,多样性和文化交流才是常态。但这并不是霍加特想表达的观点。在将一个虚构的单一文化的英国并置的时候,霍加特无意之中使自己站到了像诺曼·蒂比特(Norman Tebbit)这样的英国右翼政治家一边,后者认为,英国是,也将永远是(如果限制甚至取消移民的话)一个单一文化的社会,核心是白人的基督教社会。

其实霍加特应该知道,我们对民族性、文化身份和差异的理解不是由某些群体的数字规模决定的,而是由文化在特定的场景下被想象、被叙述、被再现的方式决定的(参见霍尔,1999)。也就是说,移民群体将会在改变全体社会公民的民族身份感受方面起到相当大的作用,这和他们群体的数量规模是极不相称的——尤其是在青年文化和其他大众文化领域。这就是为什么现在很多人都拒绝使用"种族少数民族"(ethnic minority)这一术语的原因,因为这个术语暗示存在着一个同质化的"多数民族"文化,还有一个支离破碎、互不相关的"少数民族"文化。如果从文化的角度来定义族裔性,当所谓的少数却在文化上处于主导地位的时候(如黑人青年文化),种族少数民族这个观念就有点误导性并且是自相矛盾的。

大约十年以前,吉尔罗伊在质疑威廉斯论述关于真实和非真实的民族归属类型时就写道:

> 威廉斯将关于"种族"的讨论和对爱国主义和民族主义的评论混在一起了。但是,他对"种族"的理解局限于随着"新民族"的到来产生的社会和文化张力上。对他来说,"种族"问题始于移民潮,这也是右派的观点。对"陌生邻居"的憎恶被看作一个过程的开端,这个过程以对"种族"和"优越感"从意识形态上予以规定而结束。威廉斯走在一条"新而实在的社会主义"道路上,准确地勾勒出了一幅跟伊诺克·鲍威尔(Enoch Powell)一样的关于"种族"、民族身份和公民权之间的关系图。(1987:49)

十年以后,霍加特以同样的方式在理论上和蒂比特结为同盟,暴露出对围绕"种族"、民族主义和文化形态等问题出现的理论危机的认识不足,要弄清楚这些问题,文化研究依然任重而道远。

当代文化研究

如果追踪英国文化研究在当代的一些趋势,就会发现趋势之一就是委婉地(偶尔公开地)拒绝由当代文化研究中心发展起来的一些重要概念。比如,安迪·贝内特(Andy Bennett)关于音乐文化的重要研究就脱离了"经典"的 CCCS 传统中亚文化理论中过度的阶级决定论。贝内特感觉到英国静态的阶级结构正在解体,和其他"后亚文化主义者"(post-subculturalists)(参见 Muggleton 2000;Miles 2000)一起将注意力集中在理解人们的消费认同和生活方式的选择上,但又不是从这些社会关系产生的"阶级抵抗"和"真实的"亚文化角度,而是通过人们的主观解释,人们就是通过这些主观解释赋予自己的生活经验以意义,并建构自己的生活经验;这就是马格尔顿(Muggleton)所说的"后现代的超个人主义"(postmodern hyperindividualism)(2000:6)。

民族志研究就是一种挑战"自上而下"观念(如亚文化)的方式,这种观念被看作和过去狭隘僵化的阶级反映论的身份观念紧密相连的,这些身份观念已经不再适用于(后)现代人群异质的、变动不居的生活方式。所以贝内特不但参照了海布迪奇或霍尔早期的著作,还特地参照了马费索利(Maffesoli)"新部落"的概念,后现代文化理论家(如史蒂夫·莱德赫德[Steve Redhead])的著作(参见贝内特,1999a,1999b,1999c,2000)。在总结后伯明翰当代文化研究中心研究人员一定程度上认同的立场时,洛瓦特(Lovatt)和珀基斯(Purkis)说,"我们认为,理解大众文化时需要理论的灵活性——在解释之前就先移情其中;这样就可以避免那种诱惑,即将文化元理论客观化的陷阱之中"(1996:249)。在有反霸权实践的地方,他们更关注身体,将其视作一个具有颠覆性、创造性和内在多义性的"政治"抵抗场所,如斯威特曼(Sweetman)对刺体、文身等"亚文化"进行的民族志研究(1999a;1999b)。斯威特曼认为,当代文化的标志是脱离稳定的集体身份,转向变动不居、个人化的认同:"当代人对身体的修饰并非为了标示群体身份,而是为了表达自我"(1999b:71)。毫无疑问,这种研究工作的优势在于,重拾体系严密的民族志研究方法论,使实证研究和理论研究均能够适应研究对象。只是有一点还不太确定,即这种研究是否能够同文化实践所处的社会里更广泛的结构变革相结合,是否能够和关于权力和不平等的讨论相结合,到目前为止,这些新的研究工作尚未将存在于这些更为松散的社会形态内部或之间的权力和不平等纳入自己的视野之中。

但是,尽管我们可以认为出现了一种"后现代的转移",脱离新马克思主义的 CCCS 分析所提供的确定性,也有一些迹象表明,文化研究又开始热衷于在诸多话题中讨论阶级定位的问题。在回应受女权主义、后殖民主义和酷儿理论(queer theory)影响出现的论争时——这些论争有时候就拒绝阶级的框架——莎利·芒特(Sally Munt)认为,"文化研究首先是关于日常生活的叙述和研究,日常生活中显然就渗透着阶级关系。并不是每个人都相信这一点,但也不能因此就否认这一点的正确性,它只表明对自由多元主义的坚定信仰获得成功"(2000:10)。其基础并不是对霍加特、威廉斯和汤普森那个"过去的美好时光"怀旧式的向往,而是切切实实地反思——而不是简单修订或彻底抛弃——早期研究的缺陷以及利用传统的马克思主义模式进行文化分析的可能性和问题之所在。事实上,莎利·芒特自己的研究工作就一直足于更为广泛的关于民族主义和阶级身份的讨论之中,已经很好地勾勒出了女同性恋身份和酷儿理论的轮廓(例子参见 Munt 1998)。

当前文化研究内部还有一些潮流更成问题,需要提一下,不过这些问题并不仅限于英国的文化研究。受一些流行的解构思想和社会理论内部"语言学转向"的影响——通常是由于对德里达蹩脚的解读和翻译造成的——在对文化形式的解读和阐释中悄然兴起一些哲学视角,这些视角经常抹去这些实践所处的社会语境。也就是说,依然还有很多对文化进行的文本分析脱离了文本生产和消费的物质条件,也就无法形成一个具有充分整合性的分析模式——麦克罗比(McRobbie)称其为"文本的陷阱"(textual trap)(1994:39)。能够解构耐克广告中意义(signification)、互文性、"拼贴"(bricolage)和主体间召唤(intersubjective interpellation)之间的对话过程是一回事,将广告同鞋子本身在东南亚剥削性的经济生产、在西方贫困的内陆城市的消费以及由此产生的意义联系起来,又是另一回事,而这个过程往往是少有论及的。霍尔曾经警告过,文化研究的体制化使其面临着成为深奥的学术追求的危险,在这里"权力"和"抵抗"无处不在(从而无处可在),几乎完全脱离了人们的日常生活经验(参见霍尔的《文化研究及其理论传统》,收入 Morley & Chen 1996, Hall 1997a)。显然,文化研究首先应该随时关注文化的生产和形态所处的政治经济语境,关注文化的生产和形态同文本内部特定的意识形态表达之间的关系,关注"观众"是如何在日常生活中解读、理解和领悟这些文化实践的,并将这些同主导的意识形态如何试图通过文化召唤人民但最终失败这一点联系起来。

社会学 VS 文化研究:还有谁厌倦这种论辩?[3]

1996年,在英国社会学协会的年会上,身为主席的斯图尔特·霍尔在讲话时指出,他对自己有幸被称为社会学家深感意外,他从来没有过、也不会认为自己是一个社会学家[4]。毫无疑问,很多学者也会同意这个说法。霍尔接着谈到自己在当代文化研究中心时,该中心研究的出发点。"我们转向塔尔科特·帕森斯(Talcott Parsons),"他说,"只要是他拒绝的,我们就去阅读。"尽管这只是作为一个逸闻趣事来表明当代文化研究中心所做的学术研究是具有介入性、反思性和批判性的,但是这个故事还是无意中透露出,人们已经察觉到至少在社会学和文化研究之间是存在着一种张力的。很多社会学家认为抽象的理论建构和知识的积累要比介入性的社会政治分析和行动更重要,并且试图建立一种实证主义的社会学,或多或少地反映客观事实和自然科学所谓的"客观性",而文化研究则被贬为一种低劣的、受意识形态驱使的政治运动。正如一位评论家所指出的那样,社会学家倾向于"拒绝承认文化研究的伦理—批判功能,坚持传统的社会科学的观点,认为学者应该是客观中立的"(Wolff 1999:505)。霍尔的话似乎证实了这个观点。也就是说,至少正如霍尔所言,文化研究的工作并不关心跟帕森斯和一些功能主义理论交战的问题,而是从论战中抽身而出,提出其他关于权力、意识形态、主体性和文化抵抗的问题,但是这些问题是不在传统的社会学关于社会化、规范和价值共识(value consensus)的话语范围之内的。所以,当艾尔温·古尔德纳(Alvin Gouldner)(1970)在70年代初示意西方社会学危机即将到来,并试图通过对帕森斯社会学的批判来回应这个危机信号的时候,文化研究却将自己的论争定位在社会性的方方面面——日常生活、大众嗜好、语言和意义——而这些恰恰是社会学未能进行充分研究的领域。

对于某些社会学家来说,文化研究在学术方法上几乎就是反社会学的,根本无助于我们更好地理解为什么在建构社会关系中扮演重要角色的文化现在已经成为一种"简单无用的"(Tester 1994:9)事业,明显"无力应对需要严肃对待的文化价值和道德价值等重要问题"(同上)[5]。剑桥大学社会学教授布莱恩·特纳(Bryan Turner)对当代文化研究也有类似的批评,认为不过是"花架子理论",与社会学和社会理论(和文化理论相对)基于社会现实而提出的实实在在的理论是两码事。对那些喜欢脱离"社会"高谈阔论的文化研究形式,特纳极为不满。他将英国当代的文化研究同早期处于"黄金时代"的文化研究进行了对比:

> 将社会淹没在文化中是无助于我们充分理解权力、不平等和社会分层的。文化研究已经成了无根之研究,这种根就在雷蒙德·威廉斯、理查德·霍加特和早期伯明翰文化研究中心建立起来的批判传统之中,该传统非常关注群体的失落和媒体的权力。文化理论本身已经成为目的——对自己的文本传统进行自恋式的研究——从而失去了其作为实证研究的重要性。(Turner 2000:xv)

以这样的方式来区分文化研究有一个问题,那就是必然歪曲整个探索领域(area of enquiry)并使其同质化。很多文化研究的领军人物也会对这个领域内的某些研究进行类似的批评。事实上,理论主义(theoreticism)问题——为理论而理论,脱离实证参与——也正是当代社会学和社会理论存在的主要问题(参见 Craib 1992;Mouzeils 1995;Seidman 1998)。特纳还继续批评文化研究,认为由于建立在折中主义和多学科融合的基础之上,文化研究缺乏应有的学术深度和成熟性,无法建立一组眼界宽广、道德严肃的概念,如韦伯的合理化概念、马克思的异化概念、涂尔干的宗教分析、齐美尔关于精神生活和城市的理解以及帕森斯对教育体制的民主革命进行的分析(2000:xvi)。

要反驳这种论调易如反掌,可以列出一长串文化研究理论家同样重要的理论贡献,但是这样做的话,势必陷入一场学术领地的战争中("我们的概念比你们的好"),这是毫无必要的,反会造成不良后果(我想在此强调这一点)——哪怕我们能够决定谁应该站在哪"一边";毫无疑问,齐美尔将会在被争论的范围之内,但是我也希望文化研究理论家很乐意让社会学家讨论帕森斯[6]。然而问题的关键是文化研究并不想否认这些论点的重要性,而是试图扩展这些论点,将它们融入新的理论框架之中(如讨论统治、文化管理和权力的话语制度等问题)。前述态度反映出面对文化研究时的防范心理和不安全感,这种态度在谈到21世纪社会学的本体论和认识论危机将继续的时候更普遍,甚于谈论文化研究所谓的道德和学术缺陷的时候。正如一位批评家所惋惜的那样,社会学"看上去即将进入最后的悲剧英雄式的、黑格尔式的'扬弃'时代,在这里,内在真理在一定程度上保留了,也被取代了,因为新的'理念'的承载者逃走了"(McLennan 1998b:61)。"社会学还有未来吗?"英国领军的社会学家安东尼·吉登斯(Anthony Giddens)在其 1996 年所著《为社会学辩护》(In Defence of Sociology)一书中提出了这样的问题。他的回答是,"不要绝望!你还可以赢得一个世界,至少还可以对这个世界进行阐释"(1996:7)——这哪是鼓舞士气的召唤。在文化研究内部是很难想象会有这样充满焦虑的呼唤的。

对文化研究和社会学做这样的区分很多时候都是错误的,它夸大了二者之间的分歧及所谓不可调和的矛盾,却忽略了这样一个事实:很多经典社会学的创始人也关注文化和意义的诸多方面,只是这些方面却被更注重结构—功能方法的现代社会学所忽视(Hall 1997b)。尽管拥戴文化研究的人经常宣称文化研究有多学科(如果不是跨学科)的基础,涉及历史、政治、美学、文学理论等学科,但为其大部分的研究提供重要元概念(metaconceptual)框架的实际上还是社会学。事实上,很多从事"文化研究"的人是在社会学系科内部工作,或者以"社会学与文化研究教授"的头衔(社会学往往出现在前面)开展工作。尽管很多社会学系为适应文化研究的影响,已经在专业设置、教授职称和研究中心设立等方面做了相应的调整,但是总的来说,与一些言过其实的论调相反,他们还没有被文化研究系所取代,这在英国历史悠久一点的大学更是如此——但是年轻一点的"红砖"大学和 1992 年以后建立的大学视文化研究为独立的研究领域,纷纷为其创造更广泛的空间。

将文化研究与社会学区分开来毫无意义,歪曲了它们之间与生俱来的共生关系,也不能说明至关重要的一点,那就是在过去 20 年来文化研究是如何直接在理论、方法论和概念方面改造了社会学,并给社会学注入了新的推动力的,尽管有些很正统的社会学评论家极力否认这一点[7]。就算是在文化研究发展的最初阶段,后来成长为发展社会学系统方法方面重要知识分子的人物,也参与了一些直接促成文化研究形成的工作。比如卡尔·曼海姆,30 年代初当他刚从德国移居到英国的时候,就被成人工人教育协会的政治抱负和他们扎根工人阶级群体内部的决心所吸引。曼海姆的《意识形态和乌托邦》(Ideology and Utopia)对成人教育老师的影响极大,帮助他们确定自己作为教育者的角色,理顺这一点同教授工人阶级解放教育的关系。在很多方面,他都是一个重要的渠道,将欧洲大陆的批判社会哲学引进英国的经验主义学术圈,这一点后来被证明对新左派是非常重要的。正如斯蒂尔所指出的那样,曼海姆在战后的研究工作"通过使社会学直面文化问题,并将其纳入成人教育的跨学科实践中,使当时社会学的学术实践开始转型,为战后新一代的文化研究铺平了道路"(1997:116)。

文化研究对社会学的影响还表现在其他一些方面。阿兰·汤姆林森(Alan Tomlinson)(1999:79)写道,70 年代初有一项针对英国社会学家的调查,请他们列举自己心目中重要的社会学文本,结果依次是涂尔干的《自杀论》(Suicide)和韦伯的《新教伦理与资本主义精神》(The Protestant Ethnic and the Spirit of Capitalism)。仅仅十年以后,涂尔干"退居"第二位,保尔·威利斯(Paul Willis)(1997)关于工人阶级男性是如何被教育改造去从事工人阶级工作的研究,被认为是最好的解释性文本之一。汤姆林森进一步指出,吉登斯本人在被要求提一项最能说明他的建构理论的实证研究时,也说是威利斯那本具有里程碑意义的文化研究著作("建构"实际上是吉登斯从心理学家皮亚杰[1971]那里"挪用"来的概念)(参见Giddens 1984)。

实际上吉登斯的《为社会学辩护》一书中就有一章专门讨论雷蒙德·威廉斯的研究。古尔德纳的文章也开篇就介绍了大众文化,并用大门乐队演唱的歌曲《(来吧,宝贝)点燃我的激情》这首歌来阐释著作的核心论题——当底特律城大火和抢劫正盛的时候,这首歌显然是被一家汽车制造商用来推销产品的。"这样一种充满矛盾和冲突的环境,正是我所谓的'西方社会学危机来临'的历史背景。"[8]即便是像布莱恩·特纳这样传统的社会学评论家也承认,我们需要做的不是将二者截然分开,而是进行调和,他指出,解决的办法就是"使社会学更文化研究化,文化研究更社会学化"(2000:xiv)。

有些人认为特纳试图将文化研究与社会学区分开来不仅不合时宜,也徒劳无用。比如,斯科特·拉什(Scott Lash)就反对文化研究(拉什称之为文化理论)内部那些不讨论"社会生活形式的重要性"的人(1999:1),也反对那些"忽视文化"的社会学家,说他们完全不顾文化的维度,而是热衷于行动者(actor)理性的算计与被算计、制度(systems)或大型定量数据(quantitative data)矩阵(同上)。毫无疑问,很多人会反驳特纳和拉什两人,称这样一种研究文化的"多维度"方法其实正是他们自己一直在使用的。

要克服这种二元论,要做的就不仅仅是虔诚的声明,而是真正反思社会学探索的本质及其目的。情况可能是这样的,尽管文化研究和社会学的确存在共同之处,但是文化研究优先考虑语言、主体性和身份的被建构性,并通过这种被建构性理解权力的运作、意识形态和社会等级的生产,这与另一种研究方式——即将社会看作一个先在的既定存在,从而试图理解各种符号如何在这个社会系统内被使用——是不同的,文化研究体现的是一种不同的立场,可以与之共存,并不一定要视其为死对头。

结　　论

如果以为我所讨论的这些话题不在目前争论的范围内,那就有误导之嫌。问题是,越来越细的学术专业化意味着,当今,在那些自诩为"理论家"、那些自称首先是"实证主义者"和那些依然认为自己在更广泛的教育实践中发挥作用的人之间存在着巨大的鸿沟。很多人也许会反对这种三分法,但是,批判教育学的形式常常被视为有志于促进教学技能的专家所关注的对象,却已经越来越成为不争的事实。也就是说,通过讲授文化研究来赋权(empower)的各种形式很少联系理论发展和对社群的实证研究,甚至跟进步的政治和政策关注也没多少联系——"赋权"现在已经沦为对教学手段的改进以免学生不满(参见Buckingham 1998)。文化研究可能为民主的解放政治模式奠定基础,我们怎样才能重新让公共领域谈论这些和文化政治相关的教育话题,还有待进一步思考(Giroux 2000)。事实上,很多英国的左派并不认为文化研究是对某个运动的介入以扩展我们对政治的范围和界限的理解,而是一种"后政治的"否定形式并从"现实的"政治中脱离出来,并非达到现实政治目的的手段。所以文化研究受到鄙视,被认为不过是一匹学术上的特洛伊木马,让种种后现代"差异性"话语渗透进来,干扰我们对于政治真正的(经济)决定因素的认识。

这种论调的问题在于,他们没能认识到新的社会运动对于进步政治的重要性,没有真真切切地认识到社会理论内部"文化转向"的激进性,也没有认识到,简单地将"经济"实质化、概念化,并视之为总是最终决定社会形态的关键因素,这无论是在理论上还是在政治上都是多么的不现实。某些正统的政治—经济的方法口头上说重视非阶级主体性,无非是企图借着把新的社会运动装扮为小宗派的、个别的、"纯粹文化的"的机会,重新让70年代以来就被摒弃的研究模式重返中心地带而已(Butler 1998)。在论及政治经济/大众传播学者和葛兰西/文化研究理论家之间存在的这种张力时,莫利(Morley)说,前者

> 最近经常说他们当然一直都承认生活的内容比阶级和经济决定的问题更丰富,文化和意义的问题对他们来说一直都很重要,其中种族、性属和性取向一直都是他们最为关注的,对一些低级的虚构的传媒生产进行研究自然也很重要,他们当然从未将观众视作被动盲从的傻瓜……回顾一下早期这些学者和文化研究学者之间的一些论争,就会发现实际上是另外一种情形,这些大众传播学者"一直都承认"的东西,事实上都是在文化研究传统内部工作的人通过斗争一点一点地争取来的,并且是被强行加到议事日程上的,与此形成对照的是,政治经济学家却在一旁咬牙切齿地悲叹哀号。(1998:488)

不知道那些三四十和五十年代在成人和工人教育学院从事教学,并且把自己的学术研究直接和政治参与和社会变革相联系的人,能否认可今天的文化研究的构成。这一点倒不重要,重要的是避免对英国文化研究"美好旧时光"的怀旧和不加批判的接受。有人认为文化记忆应该重拾文化研究是在激进的成人教育中兴起的这一事实,但不能将这种观点误解为是对文化研究及其过去的"革命"历史"浪漫而英雄式的概念化"(McGuian 1997:1)。在更广阔的历史背景中理解文化研究更广泛的社会形态,并不意味着不对早期研究中的理论缺席这个问题做批判性的评价,也不是说当代文化研究就只能关注政治性的教育实践。但是,质疑当代文化研究的本体论基础和伦理基础确实有利无害。这就要求我们更注重研究的本质、注重这些研究同公共政策关注之间的联系,才能保持这种研究对于自己试图理解的那些人的生活的意义,避免蒙昧主义或者文不对题。格雷姆·特纳(1996)认为文化研究已经给建立在人文学科和社会科学之上的正统学科提出了严峻的挑战,使我们能够对文化在社会中的角色进行更深入更丰富更复杂的理解,在这一点上他显然是对的。特纳还说,文化研究致力于理解并分析日常生活的方方面面,"这样做是为了一个很崇高的目标,那就是让我们的生活更美好。并不是所有的学术追求都有这样实际的政治理想"(1996:234)。在当今的大学和更广泛的教育活动日益为新自由主义的管理意识形态所渗透的情况下,英国的文化研究能否实现自己的学术、政治和教育目标,目前还依然是个问题。

现在回到我开篇提到的那个故事吧。我后来终于找到了社会学专柜,在书店最后面靠近

一个消防出口的角落里,两边是关于商务管理、家庭保健顺势疗法的书籍,还有一个儿童游乐场。书店里没有文化研究专柜。诸位自己想象这意味着什么吧。

(余泽梅　译)

注释:

[1] 至少从在那里工作的文化研究理论家的数量上来讲,戈尔德史密斯学院现在可以宣称自己是英国一个新的文化研究中心。(我这样说是表明我很谨慎,避免将某些机构归入"中心"之列,因为这样做势必将其他地方的研究打入"边缘"之列。正如特纳所说,由于很多历史叙述忽略了卡迪夫大学的理论家的研究,"该研究领域已经在一定程度上受到大都市的控制,这样,就有了地理意义、理论意义和意识形态意义上的边缘地带"[1996:76];另参见斯瓦茨[Schwarz 1994]。目前,东伦敦大学有一批很重要的文化研究理论家分散在各个系科工作,曼彻斯特城市大学的曼彻斯特大众文化研究所,已经迅速发展成为英国文化研究的领军力量。所以我并不是想说,我们就必然会以为戈尔德史密斯学院的教师们的研究工作"好于"其他地方的。)斯科特·拉什领导的戈尔德史密斯文化研究中心就很谦虚地宣称自己是一个"超学科(supradisciplinary)的中心",是一个进行学术活动、酝酿学术思想的地方,但是我们完全可以说,戈尔德史密斯学院不那么有名的城市和社区研究研究中心实际上更接近于实现早期文化研究的教学理想和介入理想。

[2] 吉尔罗伊曾经指出,"霍加特在他关于战后阶级和文化的论述中,全面排除'种族'问题,显然是政治选择的结果,这是无法否认的事实"(1996:236)。

[3] 解释这句话,首先要向劳伦斯·格罗斯伯格(Lawrence Grossberg)致歉——参见1998年斯托雷(Storey)著作中格罗斯伯格和尼古拉斯·加恩汉姆(Nicholas Garnham)就越来越多从文化研究派生出的传媒研究与更广泛的政治—经济方法之间的相关性所做的沟通与交流。这场论辩的一些内容在弗格森(Ferguson)和戈尔丁(Golding)1997年的著作中就已经出现过了。凯尔纳(Kellner)轻蔑地将早期的论辩称为"徒劳无益",因为大多数参与者"互相谈论往昔,并且在讨论中经常进行人身攻击"(Kellner 1997:120)。参见麦克伦南(McLennan)的著作(1998a)中对日趋激烈的社会学和文化研究之争所做的述评。也参见隆(Long)1997年编辑出版的论文集,尤其是其中由史蒂文·赛德曼(Steven Seidman)和理查德·约翰逊(Richard Johnson)撰写的文章。对文化研究与社会学之争进行的批评,莫利(Morley 1998)的回应较有说服力。也可以参见 McRobbie,1999。

[4] 早期从事跨学科/多学科的文化研究学者如今在高等教育结构中身处高位,而其所处体制有时候又跟不上学科变化。对他们而言,这当然是一个小小的、有点滑稽的职业危险。比如,西蒙·弗里斯(Simon Frith)在他的就职演讲中就表达了自己的惊讶和尴尬,"我只达到普通水平,从没正式研究过英语",可现在却是一个"英语教授"(引自 Wolff 1999:499)。

[5] 这样的批评并不新鲜。比如霍尔回忆道,当代文化研究中心1964年刚成立的时候,就受到了"尤其是来自社会学界的猛烈攻击",好像是告诫文化研究不要轻举妄动:"研究中心一开张,就收到了两位社会学家写来的一封信,他们发出警告:如果文化研究胆敢越界,对当代社会(不仅仅是文本)进行研究,又没有'应有的'科学(此处为准科学)的约束,将会因非法跨越学术疆界而招致报复"(同上)。

[6] 这里很重要的一点是,帕森斯在社会学中运用他的结构—功能主义方法的时候,很难结合齐美尔关心的对都市文化和日常生活进行的现象学—社会学调查方法,后者后来由文化研究进行了更深入的探

索，而特纳对此却避而不谈——参见列文（Levine 2000）关于帕森斯面临齐美尔社会学时遭遇的难题的论述。

[7] 或者正如吉尔罗伊有力地指出的那样："在社会学领域，跟很多其他学科一样，有一股很强烈的怨恨情绪，认为所有关于文化及其复杂性的讨论都已经是社会学家了解并且实践过的东西。我认为这完全是胡扯，但有意思的是，这种立场其实也将自己表征为一种常识……对我来说，更要紧的是文化化（culturalisation）问题，这是一种新的对文化研究工作的敏感性，一直明显地存在于作为学科的社会学的内爆和瓦解之中。这种学科的困境引起了围绕文化及其研究工作的政治斗争"（Smith 1999：18）。

[8] 有些人可能会反对这些例子，指出吉登斯在很大程度上没能发展出完善的关于文化自身地位的分析，而关于威廉斯的那一章也确实属于篇幅最短的一篇。另外，古尔德纳开篇第一章第一节的题目实际上是"作为大众文化的社会学"（Sociology as Popular Culture）而不是"大众文化的社会学"（Sociology of Popular Culture），二者显然是两码事。两本书中都没有关于大众文化的文本解读。这说明，两本书至少开启了更多地从社会学角度对文化和大众文化进行分析的可能性。

参考文献：

Baker, H., M. Diawara, and R. Lindeborg (eds.) (1996). *Black British Cultural Studies*: *A Reader*. Chicago: Chicago University Press.

Barker, C. (2000). *Cultural Studies*: *Theory and Practice*. London: Sage.

Bennett, A. (1999a). "Subcultures or Neo-Tribes? Rethinking the Relationship between Youth, Style and Musical taste." *Sociology* 33(3): 599—617.

Bennett, A. (1999b). "Hip-hop and Main: The Localization of Rap Music and Hip Hop Culture." *Media, Culture and Society* 21: 77—91.

Bennett, A. (1999c). "Rappin' on the Tyne: White Hip Hop Culture in Northeast England—An Ethnographic Study." *The Sociological Review* 47(1): 1—24.

Bennett, A. (2000). *Popular Music and Youth Culture*: *Music, Identity and Place*. Basingstoke: Macmillan.

Brundson, C. (1996). "A Thief in the Night: Stories of Feminism in the 1970s at CCCS." In D. Morley and K.-H. Chen (eds.), *Stuart Hall*: *Critical Dialogues in Cultural Studies*. London: Routledge.

Buckingham, D. (ed.) (1998). *Teaching Popular Culture*: *Beyond Radical Pedagogy*. London: UCL Press.

Butler, J. (1998). "Merely Cultural." *New Left Review* 227: 33—44.

CCCS (1978). *Policing the Crisis*: *Mugging, the State, and Law and Order*. London: Macmillan.

CCCS (1982). *The Empire Strikes Back*: *Race and Racism in 70s Britain*. London: Routledge.

Craib, I. (1992). *Modern Social Theory*: *From Parsons to Habermas*. London: Harvester Wheatsheaf.

Davies, I. (1995). *Cultural Studies and Beyond*: *Fragments of Empire*. London: Routledge.

Dunn, T. (1986). "The Evolution of Cultural Studies." In D. Punter (ed.), *Introduction to Contemporary Cultural Studies*. London: Longman.

Dworkin, D. (1997). *Cultural Marxism in Postwar Britain*: *History, the New Left, and the Origins of Cultural Studies*. London: Duke University Press.

Eagleton, T. (1996). *The Illusions of Postmodernism*. Oxford: Blackwell Publishers.

Fergnson, M. and P. Golding (eds.) (1997). *Cultural Studies in Question*. London: Sage.

Forgacs, D. (ed.) (1988). *A Gramsci Reader*. London: Lawrence and Wishart.

Forgacs, D. (1999). "National-Popular: Genealogy of a Concept." In S. During (ed.), *The Cultural Studies Reader*, 2nd edn. London: Routledge.

Franklin, S., C. Lury, and J. Stacey (eds.) (1991). *Off-Centre: Feminism and Cultural Studies*. London: HarperCollins.

Giddens, A. (1984). *The Constitution of Society: Outline of a Theory of Structuration*. Cambridge: Polity Press.

Giddens, A. (1996). *In Defence of Sociology: Essays, Interpretations and Rejoinders*. Cambridge: Polity Press.

Gilroy, P. (1987). *There Ain't No Black in the Union Jack: The Cultural Politics of Race and Nation*. London: Routledge.

Gilroy, P. (1993). *The Black Atlantic: Modernity and Double Consciousness*. London: Verso.

Gilroy, P. (1996). "British Cultural Studies and the Pitfalls of Identity." In H. Baker, M. Diawara, and R. Lindeborg, (eds.), *Black British Cultural Studies: A Reader*. Chicago: Chicago University Press.

Gilroy, P. (1999). "Between Camps: Race and Culture in Postmodernity." *Economy and Society*, 28(2): 183—97.

Giroux, H. (2000). "Public Pedagogy as Cultural Politics: Stuart Hall and the 'Crisis' of Culture." *Cultural Studies* 14(2): 341—60.

Gordon, D. (1995). "Feminism and Cultural Studies: Review Essay." *Feminist Studies* 21(2): 363—77.

Gouldner, A. (1970). *The Coming Crisis of Western Sociology*. London: Heinemann.

Gray, A. (1997). "Learning from Experience: Cultural Studies and Feminism." In J. McGuigan (ed.), *Cultural Methodologies*. London: Sage.

Hall, S. (1980). "Cultural Studies and the Centre: Some Problematics and Problems." In S. Hall, D. Hobson, A. Lowe, and P. Willis (eds.), *Culture, Media, Language*. London: Hutchinson.

Hall, S. (1992). "Race, Culture, and Communications: Looking Backward and Forward at Cultural Studies." *Rethinking Marxism* 5(1): 10—18.

Hall, S. (1996). "Cultural Studies and its Theoretical Legacies." In D. Morley and K.-H. Chen (eds.), *Stuart Hall: Critical Dialogues in Cultural Studies*. London: Routledge.

Hall, S. (1997a). "Cultural and Power." *Radical Philosophy* 86: 24—41.

Hall, S. (1997b). "The Centrality of Culture: Notes on the Cultural Revolutions of Our Time." In K. Thompson (ed.), *Media and Cultural Regulation*. London: Sage.

Hall, S. (1999). "Whose Heritage? Un-settling 'The Heritage', Re-imagining the Post-nation." *Third Text* 49 (Winter): 3—13.

Hoggart, R. (1995). *The Way We Live Now*. London: Chatto and Windus.

Kellner, D. (1997). "Overcoming the Divide: Cultural Studies and Political Economy." In M. Ferguson and P. Golding (eds.), *Cultural Studies in Question*. London: Sage.

Laing, S. (1986). *Representations of Working-Class Life*, 1957—1964. London: Macmillan.

Lash, S. (1999). *Another Modernity, A Different Rationality*. Oxford: Blackwell Publishers.

Levine, D. (2000). "On the Critique of 'Utilitarian' Theories of Action: Newly Identified Convergences among Simmel, Weber and Parsons." *Theory, Culture and Society* 17(1): 63—78.

Long, E. (ed.) (1997). *From Sociology to Cultural Studies: New Perspectives*. Oxford: Blackwell Publishers.

Lovatt, A. and J. Purkis (1996). "Shouting in the Street: Popular Culture, Values and the New Ethnography." In J. O'Connor and D. Wynne (eds.), *From the Margins to the Centre: Cultural Production and Consumption in the Post-industrial City*. Avebur: Arena.

McGuigan, J. (1997). "Introduction." In McGuigan (ed.), *Cultural Methodologies*. London: Sage.

McLennan, G. (1998a). "Sociology and Cultural Studies: Rhetorics of Disciplinary Identity." *History of the Human Sciences* 11(3): 1—17.

McLennan, G. (1998b). "Fin de Sociolgie? The Dilemmas of Multidimensional Social Theory." *New Left Review* 230: 58—90.

McRobbie, A. (1994). *Postmodernism and Popular Culture*. London: Routledge.

McRobbie, A. (1999). "Afterword: In Defence of Cultural Studies." In *In the Culture Society: Art, Fashion and Popular Music*. London: Routledge.

McRobbie, A. (2000). *Feminism and Youth Culture*, 2nd edn. London: Macmillan.

Miles, S. (2000). *Youth lifestyles in a Changing World*. Buckingham: Open University Press.

Morley, D. (1998). "So-called Cultural Studies: Dead Ends and Reinvented Wheels." *Cultural Studies* 12(4): 476—97.

Morley, D. and K.-H. Chen (eds.), (1996). *Stuart Hall: Critical Dialogues in Cultural Studies*. London: Routledge.

Mouzelis, N. (1995). *Sociological Theory: What Went Wrong?* London: Routledge.

Muggleton, D. (2000). *Inside Subculture: The Postmodern Meaning of Style*. Oxford: Berg.

Mulhern, F. (2000). *Culture/Metaculture*. London: Routledge.

Munt, S. (1998). *Heroic Desire: Lesbian Identity and Cultural Space*. London: Cassell.

Munt, S. (2000). "Introduction." In S. Munt (ed.), *Cultural Studies and the Working Class: Subject to Change*. London: Cassell.

Nava, M. (1992). *Changing Cultures: Feminism, Youth and Consumerism*. London: Sage.

Owusu, K. (2000). "Introduction: Charting the Genealogy of Black British Cultural Studies." In K. Owusu (ed.), *Black British Culture and Society*. London: Routledge.

Piaget, J. (1971). *Structuralism*. London: Routledge.

Schwarz, B. (1994). "Where is Cultural Studies?" *Cultural Studies* 8(4): 377—93.

Seidman, S. (1998). *Contested Knowledge: Social Theory in the Postmodern Era*, 2nd edn. Oxford: Blackwell Publishers.

Simmel, G. (1968). *The Conflict in Modern Culture and Other Essays*. New York: Teachers College Press.

Smith, M. (1999). "On the State of Cultural Studies: An Interview with Paul Gilroy." *Third Text* 49 (Winter): 15—26.

Solomos, J. (2000). *Race and Racism in Britain*, 3rd edn. London: Macmillan.

Solomos, J. and L. Back (1996). *Racism and Society*. London: Macmillan.

Steele, T. (1997). *The Emergence of Cultural Studies*, 1945—65: *Cultural Politics, Adult Education and the English Question*. London: Lawrence and Wishart.

Storey, J. (1996). *An Introduction to Cultural Theory and Popular Culture*, 2nd edn. Hemel Hempstead: Prentice Hall.

Storey, J. (ed.) (1998). *Cultural Theory and Popular Culture: A Reader*, 2nd edn. Hemel Hempstead: Prentice Hall.

Sweetman, P. (1999a). "Marked Bodies, Oppositional Identities? Tattooing, Piercing and the Ambiguity of Resistance." In S. Roseneil and J. Seymour (eds.), *Practising Identities: Power and Resistance*. London: Macmillan.

Sweetman, P. (1999b). "Anchoring the (Postmodern) Self? Body Modification Fashion and Identity." *Body and Society* 5(2): 51—76.

Tester, K. (1994). *Media, Culture and Morality*. London: Routledge.

Tomlinson, A. (1999). *The Game's Up: Essays in the Cultural Anaysis of Sport, Leisure and Popular Culture*. Avebury: Arena.

Tudor, A. (1999). *Decoding Culture: Theory and Method in Cultural Studies*. London: Sage.

Turner, B. (2000). "Preface to the Second Edition." in Turner (ed.), *The Blackwell Companion to Social Theory*. London: Blackwell.

Turner, G. (1996). *British Cultural Studies: An Introduction*, 2nd edn. London: Routledge.

Williams, R. (1983). *Towards 2000*. London: Chatto and Windus.

Williams, R. (1989). *The Politics of Modernism: Against the New Conformists*. London: Verso.

Willis, P. (1977). *Learning to Labour: How Working Class Kids Get Working Class Jobs*. Aldershot: Gower.

Wolff, J. (1999). "Cultural Studies and the Sociology of Culture?" *Contemporary Sociology* 28(5): 499—507.

第 17 章
欧洲文化研究

保罗·摩尔(Paul Moore)

1995年出版了一系列讨论欧洲文化研究的论文集,专门"介绍"这一研究领域,每一卷负责一个区域专题——西班牙文化研究,德国文化研究,法国文化研究,等等。这些著述出现的时候,正是政府机构、政客、管理者和知识分子试图重新界定"新欧洲"争论的时候。这种重新界定是建立在这样的理解基础之上的:在涉及欧洲发展的时候,文化再也不能只接受空头支票了,而是应该有相应的政策将其提上议事日程,并置于舞台的中心。

仔细阅读这些文章,就会发现,创建一个文化研究的平台以促进对欧洲语境中各种文化意义的理解,是相当困难的。比如,《文化和批判理论词典》(*A Dictionary of Cultural and Critical Theory*)(Payne 1996)认为西欧的文化研究是和英语系联系在一起的,并将其与其他一些既存术语相提并论,如法国的"文明"(civilisation),斯堪的纳维亚的"文明"(civilisation)和德国的"国情"(Landeskunde)。这个综述得出的结论是,欧洲有大批从事文化研究的人,但显而易见的是,这些研究"跟语言和文学研究没多大关系,在教学大纲中也没有什么空间,在大多数专业人员眼里也没什么地位,也明显缺乏理论空间和学科空间"(Payne 1996:186)。

所以,这些文章聚焦各国文化研究的发展,是颇有先见之明的。每一卷开篇都有一个引言,规划了在各国文化史中发展独立的文化研究的宏伟任务。所以,罗伯·伯恩斯(Rob Burns)在介绍德国文化研究时,分析了英国文化研究的发展,区分了美学的文化定义和人类学的文化定义,突出了威廉斯文化是"整体的生活方式"这一概念。英国的这种传统是和法兰克福学派阿多诺和霍克海默的"批判理论"(Critical Theory)相对的,后者正是德国文化研究的主要推动力。所以,伯恩斯在结尾时指出,本书"试图调和'文化主义'(重点在具有构成性和赋权性的文化实践上)和'文化产业'(重点在渗透着强加意义的共识性大众文化)两种范式"(Burns 1995:7)。

在法国卷的引言中,迈克尔·凯利(Michael Kelly)指出,法国文化研究主要是研究身份问题。身份在法国文化中是通过阶级、性属和民族之间渐进的互动得以表达的。他最后说,"法国文化话语的丰富性和多样性,确保了法国将继续寻求有力而生动的方式表达新身份。因此,法国文化不仅是法国的珍贵资源,也是其他愿意倾听的人的珍贵资源"(Forbes & Kelly 1995:7)。

最后,在西班牙卷里,海伦·格雷厄姆(Helen Graham)和约·拉班依(Jo Labanyi)这样界定文化:文化"既指生活实践,也指人工制品或表演"(Graham & Labanyi 1995:5),并利用这个定义勾勒出从19世纪中期以来西班牙文化主要的发展线索,但是,在开篇就提出了一个针对所有文章的问题:"每一卷都宣称西班牙文化研究已经成为一门学科,但是每一卷一开始必定会问这么一个问题:这门学科的发展为什么如此缓慢?"(Graham & Labanyi 1995:1)

部分答案可以在各卷的论文中找到。每一卷都没有分析作为日常生活经验的文化研究,而是回顾了文化研究在各国的发展历程。文化运动的重要性被紧密地跟各个时期重要的政治实践联系在一起,每一篇都有一个相似的假设,那就是欧洲的文化隐约就是某种"高等"文化的观念。西班牙篇倒还试着分析了一下通俗音乐、电视、电影、同性恋文化,但是除了这些显而易见的例外之外,通篇提到大众文化的地方只是泛泛地评论了一下大众传媒或者美国化的威胁。结果,整个研究成果呈现给读者的是关于欧洲文化的研究(study of culture in Europe),而不是欧洲的文化研究(European Cultural Studies)。

为什么没有欧洲文化研究?

分析一下这些文章,就会发现为什么欧洲文化研究的发展如此缓慢。尽管每一卷都对该国的文化发展进行了非常细致翔实的回顾(并且提出了一些有关扩大文化研究议题范围的核心问题,将论争往前推进了一步),然而在整个欧洲,由于四种观念的影响,挑战已经广为接受的文化价值观的空间是有限的。第一个观念就是认为文化研究是一种民族身份的表达。

所有的文化行为都是在一定的民族背景下发生的,但是大多数的文化研究工作却是在地方或区域的层面进行的,并且对人们如何协调立场这一点很感兴趣,立场的协调通常给民族运动和民族关注带来挑战甚至颠覆。对这些协调进行研究就是所谓伯明翰学派早期的主要课题,他们将当地街头的亚文化行为视为一种真正的表达阶级抵抗的方式。即便是在当代文化研究中心暴露出研究"弱点"(尤其是忽略性属和种族)的时候,文化研究也依然强调地方和区域而不是民族的重要性。在后现代的环境中,评论家哈维(Harvey 1990)和马西(Massey 1998)等的研究表明,文化行为是跨越地理疆界的,但同时也具有地方性和日常性。可以体现文化创造性的地方有家庭(尤其是对女性而言)、学校、工作场所、大街以及最新出现的俱乐部。这种对本地的关注让我们想起了威廉斯基于阶级、工业化和政治化等问题提出的文化定义。在这种定义的框架下,文化研究关注每天的社会交往中产生意义和价值的人们的"生活经验"。所以在威廉斯看来,严肃学术研究的目标应该是形成共同体或民主的共同文化(Williams 1963)。这种研究工作并不否认民族身份观的重要性(民族身份是一种表达地方和区域文化行为因素的方式),但关键是,它认识到所有的民族身份,正如安德森(Anderson 1983)所言,是一种社会文化的建构,而不是原始的既定存在。在这个意义上,即便是"英国文化研究"这样的提法也太过于强调一个统一的国家身份的观念,而实际上,大量研究表明,边缘区域(参见 Bell 1990)和边缘人群(参见 Gilroy 1987)对"英国"的看法实际上是非常复杂、问题多多的。

认为欧洲主要是由"高等"文化构成的这一观念也阻碍了文化研究在欧洲的发展。这种传统可以追溯到"至尊旅游"(Grand Tour)时代,那些企图将欧洲当作丰富自我的工具进行兜售的人把它打造成一个永久的旅游神话,以为通过走访各个有着"高等"文化优秀传统的城市,如巴黎的艺术、维也纳的音乐、布拉格的建筑等等,就可以提升一个人的内心。格雷厄姆和拉班依(1995)认为,就西班牙而言,有关"高等"文化和"低等"文化的概念就是社会的建构,旨在说明有的文化是渗透着伦理价值的,有的则没有。他们并不将这种区分看作文化高低的界限,而是认为其中隐含着三个层面——高等文化、大众文化(popular culture)和群众文化(masses)。但是,在这种划分里,他们对大众文化的定义是和民俗观相联系的,而群众文化指的是无产阶级在工业化过程中形成的文化。这种区分其实混淆而非澄清了大众文化在涉及大众艺术形式(如电影、音乐和着装风格)时的意义,并且再次表明了(他们也承认这一点)传统的文化评论家在某个虚构的人民群体(volk,因拥有土地而显尊贵的农民群体)和现代国家之间建立联系的企图。

显然,这里所说的就是阿诺德意义上"高等"文化的定义。洪美恩(Ang 1998a:97)认为,高等文化和大众文化的等级之分不仅广泛存在于欧洲关于文化的话语中,"更重要的是……在欧洲的自我表达中,为'高等文化'的辩护中呈现出的不仅仅是一种保守的价值观,也是一种批判性的价值观。"这种保守主义反映在乔治·斯坦纳(George Steiner)对咖啡屋里的高等知识分子文化的怀念中,"这是一个特殊的话语空间——大家一起休闲,一起交流不同的观点——我的意思是,咖啡厅确实界定了一个很独特的、大约从列宁格勒到基辅和敖德萨(Odessa)的历史空间"(引自 Kearney 1992:44)。

罗曼·霍拉克(Roman Horak 1999)在一篇题为《德国(/奥地利)文化研究以及为什么不存在此类研究》(Cultural Studies in Germany [and Austria] and Why There Is No Such Thing)的文章中,同样揭示了这种对大众文化的偏见。霍拉克将伯明翰学派的研究和社会科学在德国/奥地利学术界的地位进行了比较,进而得出结论:"即便是法兰克福学派最直率的批评家同他们所批判的对象之间也存在着一个共同之处,那就是对大众文化的鄙视,甚至恐惧。"(Horak 1999:112)——鉴于罗伯·伯恩斯(1995)和格雷厄姆及拉班依(1995)都认为法兰克福学派对德国文化研究的发展起着重要作用,所以霍拉克的观点就显得意义非同寻常。

可以说,对大众文化的鄙视和恐惧跟对美国文化的恐惧是密切相关的。美国化(Americanization)的威胁一直是文化研究永恒的主题,霍加特和威廉斯早期的研究就是在好莱坞电影、李维斯牛仔裤、可口可乐和麦当劳化(McDonaldization)的威胁下高扬工人阶级传统的语境中进行的。这种"威胁"对于以"高等"文化为荣的欧洲来说意义更加重大,并且被牵扯进关于文化帝国主义的论争中。汤林森(1999)已经指出,不假思索就接受威胁论的观点,实际上忽略了这样一个事实,那就是文化帝国主义本身是一种话语,产生于五种亚话语中:主导(dominance)、媒介帝国主义(media imperialism)、民族性(nationality)、全球资本主义(global capitalism)和现代性(modernity)。每一个"问题"都显而易见,使保守的文化政策得以巩固,也限制了各国或地区就美国影响的实际意义和重要性进行的探讨。所以斯坦纳才会将美国影响定义为"二等文化"(Culture of the Secondary),一种寄生形式,催生了关于谈话的谈话和形象的形象,一种使人看上去很俗的文化,因为这里没啥有意义的东西。

在距离巴黎 28 或 30 英里远的地方,他们正在修建世界第二大迪士尼乐园,并希望在最初几个月游客就可以达到 30 万,接下来还会有新的主题游乐园建立。显然,俄罗斯目前也正迫不及待地想加入这股潮流中,对此,我深感绝望。(引自 Kearney 1992:46)

然而,事实上如果真的要证明所谓的美国化,也得在特定的文化实践的语境中证明,而不是凭空想象。正如韦伯斯特(Webster 1988:183)所说,"在提到美国/大众文化的地方,依然存在着大量的论战,只是还不为我们所知而已。"

前述三个影响欧洲文化研究发展的观念可以归结到一点上:欧洲中心主义,这种话语正是影响欧洲文化研究发展的第四个观念。欧洲中心主义预设西方历史的优越性,并视欧洲为西方世界重要社会变革的中心,肩负独特的使命:是文明的传承者和保护神。洪美恩(1998a)认为,这种立场掩盖了欧洲中心主义话语和"真正的"欧洲本身,以至于欧洲中心主义被正常化,并成为一种"常识":"很多欧洲人其实潜意识中都是欧洲中心主义的,因为欧洲中心主义实质上对于欧洲的文化身份意识的形成极为关键"(Ang 1998a:89)。这种掩盖的结果就是一种不假思索的优越性假设(并对此深信不疑),认为这种优越假设渗透在欧洲的情感结构中,阻碍了可能解构这种优越感、促使重要文化论争展开的研究。这种掩盖甚至也给知识分子提出了挑战,他们意识到欧洲中心主义的局限性,但还是继续以洪美恩所说的"半推半就的欧洲中心主义"方式接纳这种话语,相信只有欧洲人才有资格批判欧洲。

乐观的理由——第一部分

有人认为如果欧洲文化研究的发展是受到了这四种观念的阻碍,那么就需要采取的一定的措施,发展一系列的理论途径,去检视还尚未被触及的欧洲文化内容。

其中一种途径就是抛弃本质主义的观念,采用一种基于"混杂性"(hybridity)概念的分析模式。马西(1998:123)就提出了这样一种模式。她认为所有的文化都具有混杂性,并强调比较成熟的民族和地方(如欧洲)善于吸纳各式各样文化的影响。她说,"文化形态的开放性并不仅仅年轻的文化才有。'混杂性'可能是所有文化的前提条件"(Massey 1998:124)。

更重要的是,马西挑战了依据"规模"等级(身体,家庭,社区,区域,民族,全球)划分文化空间的学术传统,并建议脱离根(roots),转向路线(routes),以建立"一种空间概念,这个空间没有分明的等级之分,而是通过广阔复杂的互联形式(interconnections)建立起来的。"(1998:124)"疆界跨越"这个比喻就是检视"混杂性"和互联性概念的方法之一。

"混杂性"这个抽象概念在关于新的身份形式的讨论中已经成为一个热点,因为这个概念的思想可以适应(并解释)地理区域的错综复杂性,在这些区域里,居民被要求同时属于一个民族和一个超民族的政体(supernational state)。"混杂性"还可以用于反驳本质主义的观念,但同时又都承认地方和全球的重要性。正如洪美恩所指出的那样,"边界(borderland)容易被想象成是一个具有混合性(intermixture)、混杂性(hybridity)和多样性(multiplicity)的乌托邦场所,一个所谓的政治激进性基本上还没有受到质疑的地方"(Ang 1998b:14)。

论文集《跨越疆界:爱尔兰、英国和欧洲的电影》(*Border Crossing*:*Film in Ireland,Britain,and Europe*,Hill et al. 1994)一书中有很多作者讨论了这个主题。该书讨论了欧洲在经济和文化上对于英国和爱尔兰电影制作人的重大意义。在关于创造性、北爱尔兰的电影生产和凯尔特电影必要性的讨论中,有两篇最相关的论文讨论了是否有欧洲电影的存在,如果有,其前景又如何。在回答第一个问题的时候,菲利普·弗伦奇(Philip French)指出,认为民族电影很有必要实质上是独裁者(如列宁和希特勒)的想法,他的结论是的确存在欧洲电影,但是这种电影是从一系列复杂的民族和区域影响交错混合(intermingle),亦即跨越疆界(border crossing)中诞生出来的。所以,弗伦奇采用著名美国B级电影制作人雅克·图尔尼尔(Jacques Tourneur)的例子来阐明,

> 他的父亲莫里斯·图尔尼尔(Maurice Tourneur)是第一位在美国执导的著名欧洲导演,于1914年到美国并成为美国无声电影时代的重要人物。雅克后来成为美国公民,除在法国待了五年(1928—1933年),一直在美国工作,是西方的黑色恐怖电影、暗调(low-key)恐怖片的杰出代表(尤其是同俄罗斯制片人瓦尔·刘敦[Val Lewton]合作的电影)。这就是错综复杂性,实在是对欧洲和美国电影的反讽。(Hill et al. 1994:52)

至于欧洲电影的未来,希尔(Hill)也提出了区域之间创造性交流的观点,认为泛欧洲电影的提法是有问题的,因为这个观点忽略了文化身份的混杂性。但是,对希尔来说,这并不意味着欧洲性和民族性就只能是受攻击的对象。"相反,它表明,共同的欧洲身份,不管是现在还是将来,都同时和具体的民族和文化密切交织在一起。所以,具有讽刺意味的是,'做(being)欧洲人'或'成为(becoming)欧洲人'的经验可能正是一部民族(或有民族特色的)电影可以也应该涉及的领域之一"(Hill et al. 1994:72)。

希尔和弗伦奇与其他《跨越疆界》撰稿人的观点是在对电影、电影制作人和观众消费进行具体分析的基础上提出来的,而钱伯斯(Chambers 1990)关于疆界/文化交流的观点则更具哲学思辨性。钱伯斯通过对当代文化、哲学和批评所涉及的问题进行梳理,试图回答"做英国人"意味着什么这个问题。他的结论是,任何一种观点,都必须通过分析其是如何嵌入现代(后现代)社会网络的才能理解,而要进入这个社会网络,必须通过"边界对话"(border dialogues)。总之,这种理解过程强调这么一个事实:承认欧洲文化既强化也颠覆了"家园"(home)的观念,也动摇了任何"有保证的语境"(guaranteed context)观的根基。"指向边界并栖息在边境和边缘地带,将使调和性论调在话语中没有立足之地。"(Chambers 1990:116)

亨利·吉鲁(Henry Giroux 1992)也指出,欧洲可以是全球交往中的"交界地带",掌握多国语言、具有多国生活经历的人聚在一起,就会突出所有文化叙事所具有的多文化本质,这时就会创造出一个话语空间。这个观点在全球的网站上广为流传,如"Border Crossings"(跨越疆界)网站就试图表明各种文化立场对他们本地和全球的邻居产生了什么样的影响。

因特网在欧洲文化研究的发展中将起着非常重要的作用。斯坦利·霍夫曼(Stanley

Hoffman 1981:213)认为,"欧洲的现在是一个虚拟空间,它的辉煌历史令人称羡,它的未来却是个谜",这就是说现在很多欧洲文化研究都是以因特网为基础的。我们必须注意,不要过高估计新型通信技术的重要性和影响力,但斯特拉顿(Stratton)的观点显然是正确的,他说,"因特网的超空间(hyperspace)消除了主张民族文化的民族——国家地理空间形态"(Stratton 2000:725)。在欧洲极力想表达民族身份和超民族身份的张力中,这一点至关重要,因为它允许一种想象的、对民族疆界不构成威胁的民族身份的存在。阿帕杜莱(Appadurai)提出了文化"景观"(cultural "scapes")和信息流(flows of information)的观点,因特网也一样,调和了中心与周边的矛盾,难怪最有意思的一些文化研究都是在欧洲周边地区的推动下发展起来的,所以才有奥地利和国际文学与文化研究所(Research Institute for Austrian and International Literature and Cultural Studies, INST)展开的工作。这个题为"文化研究和欧洲或虚拟现实"的网络研究课题旨在探讨一系列文化研究的问题——多语制(multilingualism),教育与奖学金,图书馆与大学,有争议的艺术,移民。这些问题在网上论坛"文化合作"(cultural collabatory)上进行讨论,参与者有来自意大利、波兰、德国、挪威,甚至日本和非洲的学者。该网站有各种主题网页,再次提出诸如"欧洲存在吗?——历史,可能性和欧洲身份的问题"之类的话题。对上述问题的重视出自深信文化研究是一种推动力。

  上面提到的文化形式继续保持着现在的区分,但是它们在增进相互理解方面前进了一步,并且反对将文化作为一种排外的手段。尽管关于文化进程还没有很好的政治概念,但有关"欧洲的文化政治"主题的讨论却隐含着这种政治概念。目前的政治真空意味着"文化"主要是被民族主义者和多元主义者挪用了(现代艺术是个例外,再现了像勒庞[Lc Pcn]、塔利班、约克·海德尔[Jorg Haider]和瓦杰帕伊[Vajpayee]这些令人讨厌的人和事)。但是,和一个由民族国家构成的欧洲相比,情况已经发生了变化,暗中削弱了民族主义者的政治机会。这些新情况实质上就是推进和平的必要性(以及与之相联的文化因素),经济共同体,新的工作结构,跨国界沟通的机遇,弥合不同社会利益集团之间差异的追求,社会和自然之间新的动力关系的需要,人们在各个层面参与发展的机会,等等。(INST, 1998)

对有关传统欧洲文化构架压制边缘群体的论争提出挑战,也有助于我们认识到欧洲身份的混杂性。对差异和"他者"进行分析一直是文化研究的重要特点。但是爱德华·赛义德坚持认为,欧洲不仅没有同内部的"他者"达成共识,还通过文学形式,陷入"一种偏执的幻想狂状态"(引自 Kearney 1992:111),既反映了对外界的恐惧心理,也暴露出种族主义者的实质。所以在赛义德看来,欧洲必须设法理解自己的"他者",让他们像"互相取长补短的敌人"一样在一起生活。

  欧洲和他者之间也有互补性的。使欧洲成为某种新而纯粹的东西而不割裂同外界的联系,这对欧洲也是一个有趣的挑战。(Kearney 1992:105)。

洪美恩(1998a)认为,只有在欧洲知识分子批判欧洲的特权地位受到他者的挑战时,这个进程才能成功。她引用印度评论家(如历史学家迪佩西·查克拉巴提[Dipesh Chakrabarty])

的研究,认为只有在视欧洲为一个直线型的同质化过程这个观点受到挑战的时候,欧洲文化研究才会得到真正的发展:"他者由于没有自己的代言人,常常被看作位于'欧洲化'和'西方化'进程末端的被动接受者。人们没有意识到这样一点:这些在进程末端被动接受的他者,实际上也很积极地在创造着自己的历史,即便这种创造历史的条件显然不是由他们自己创造的"(Ang 1998a:102)。

莫利(Morley)和罗宾斯(Robins)(1995)也认为欧洲身份和一个认可"他者"的文化很重要,达成这种国际主义的方式是加强同第三世界文化的"团结"。这样就会认识到欧洲文化的丰富多样性了。"欧洲文化将不再仅仅是一个西方学术传统和文化传统的问题……问题是种族(和性属)差异是否受到否认和压制,或者是否能够被接受——而且是在差异中被接受"(Morley & Robins 1995:41,42)。

随着东欧国家的"解放",混杂性的出现和承认"他者"的必要性在欧洲的论争中变得更加重要。东欧解放进程中出现的暴力特征表明,欧洲身份的观念还没有取代民族性(nationhood)的观念。这为如何构建一种欧洲文化的讨论增添了新的内容,欧洲的每一个民族国家都可以为这个文化做出贡献,并接受这种代表性的文化。

要理解这些"新的"欧洲国家是如何想象他们自己的,可以看看对人们是如何反思地方(place)这个概念的,这种反思为我们认识日常环境是如何巩固身份观念和文化观念提供了视角。

当代的"地方"涉及三个相互关联的层面——本地的,民族的,跨民族的,对三者关系的讨论集中在全球化和同质化问题上。围绕全球化进程的讨论很多都涉及美国化及其对欧洲身份的威胁(参见 George Steiner in Kearney 1992)。这种讨论也将全球化和传统的现代化观念联系起来,并将它们排在一个"符号等级"(symbolic hierarchy)中(Featherstone 1993:170),其后隐含的假设是民族国家在现代化进程中将吸收并复制美国的文化实践(以及金融和消费理想)。最后,这将导致同质化的文化,但是这种同质化是侵蚀性而不是建设性的。费瑟斯通(Featherstone)对这种同质化理论提出挑战,认为这种理论将时间置于空间之前,以为历史与进步是有一定内在逻辑联系的,从而赋予其放之四海而皆准的力量。这种立场忽略了后现代——尤其是宣称作为单一进程的历史终结论——对发展理论提出的挑战。他说,"这些进步观和完美世界观的世俗化,表明人们越来越意识到历史的被建构性,意识到应该利用修辞手段——修辞手段也有这种能力——去解构叙事"(Featherstone 1993:171)。

所以,费瑟斯通认为,全球化进程一个具有矛盾性的后果就是人们发现了自己地方文化的范围和广泛性,其结果反而是多样性而非同质性的增强。显然,全球化进程"包括普遍性的特殊化和特殊性的普遍化"(Bird et al. 1993:253)。

这样一来,在探讨欧洲各国和地方之间日益密切的文化交流时,一个关键的问题就是,怎样使论争从泛泛的关于形象、产品和人口流动的陈述转向具体的特定群体在特定语境下如何活动的模式。发展中的欧洲文化研究在确立这样一种模式的过程中可以扮演很重要的角色。吉登斯(Giddens)和阿帕杜莱都尝试过建立相关模式的研究。

吉登斯(1990)认为,当今世界体系中有四个相互关联的特点,即世界资本主义经济,民族—国家体系,世界范围内现代技术的传播及与之相联的劳动分工,世界军事秩序的兴起。目前看来,这个模式的问题是,这些因素是在民族的层面而不是跨民族的层面上运作的,但更关键的是它们关注的是经济而不是文化,尽管吉登斯宣称文化维度是隐含于其中的。

阿帕杜莱(1990)以"景观"概念描述全球化的格局,对上述问题做了一定的探索。他区分了五种景观——族群景观(ethnoscapes),在诸如游客、移民或流亡分子等人的流动中形成;技术景观(technoscapes),在国内国际的机械和工厂的流动中形成;媒介景观(mediascapes),在图像和信息的流动中形成,并通过各种媒体形式流通;金融景观(financescapes),在全球范围内各种快速的货币流动中形成;观念景观(ideoscapes),和国与国之间、超级大国机构之间和迁移之间观念的流动相关。有人认为这些"景观"只说明了资本主义经济建立世界体系的发展方向(如吉登斯所描述的那样),但是流动的概念强调了阿帕杜莱的信念,即"景观"是动态的,而且特定文化群体在建构特定文化身份的过程中,是要不断和交错在一起的各种景观进行协调的。正如贾维(Jarvie)和玛圭尔(Maguire)所指出的那样,"与其无休止地争论同质性与异质性、一体性与分裂性、统一性与多样性哪一个更明显,还不如将这些视为是相互交织在一起的进程。这也不是一个平衡和调和的问题"(Jarvie & Maguire 1994:251)。

如果阿帕杜莱的"景观"概念应用于新欧洲,显然会出现一个明显的经济—文化二元划分。战后的合作不可避免集中在重建问题上,早期的协约,如布鲁塞尔条约(1948)、欧洲议会(1949)和50年代的西欧联盟,都将注意力集中在所谓"技术景观"和"金融景观"的发展上。可以这样认为,在这个进程的初期阶段,这些机构其实是政府间的组织,而不是超民族(supranational)的组织(Hainsworth 1994:9),但是到50年代末,出现了真正的一体化组织,如欧洲煤钢共同体(1951)、欧洲原子能共同体(1958)和欧洲经济共同体。

尽管经常有人提到文化问题在欧洲重建中的重要性,但是却没有相关的政策或机构直接讨论建立欧洲文化身份的问题。也就是说,"观念景观"、"媒介景观"和"族群景观"这些因素的发展不如经济因素那样急迫。海恩斯沃斯(Hainsworth 1994)的研究已经表明,在电影方面,这种状况最近已经有一定的变化,但关键是文化资本的重要性还只是在一般意义上为人们所认识。传统的商务和政治观念正受到以文化为基础的消费模式的挑战。这种挑战,典型的说法就是,西方产业经济从福特主义(Fordism)转向后福特主义,标志着一种根本性的重心转移,认识到文化产业的关键是在产业上,而不是在文化上(Jameson 1991)。与法兰克福学派所说的商品化方式不一样,在这里产业是通过文化商品化的。"很多评论家已经指出,不仅仅是经济决定文化,而是经济反映在文化中,众多的产业开始模仿文化产业"(McGuigan 1996:88)。

如果赞同抛弃静态的"高等"文化观,转向承认混杂性及边缘群体实践重要性的经验,那么就有必要区分不同的物质行为和文化行为类型,这可能正有助于欧洲文化研究的形成。确定这些行为类型的关键又是这个观点:"日常生活经验"应该是建构各种物质实践的根本原则。这种对"日常性"(ordinariness)的关注激励我们去考察构成这些行为类型核心因素的数据和主体。阿兰·杜兰特(Alan Durant)(1997)在一篇探讨英国文化研究用于教学的可能性的文章中,提出了一种非常有意思的文化研究资源类型学方法。他列举了一系列的资源,并解释了如何将它们融进教学大纲中去,其中包括与人互动,关于他人的个人证词记录,到各地参观走访,接受媒体采访报道,社会仪式,风俗习惯,社会制度,调查研究,统计数据和表格,有启发意义的对照和反对意见,阅读符号和风格(Durant 1997:24—30)。当然还可以列举更多,但是上述资源涉及的范围表明,杜兰特试图确定哪些日常实践能够巩固发展中的文化研究框架。确定一个有研究意义的各方面密切相关的网络,涉及保尔·威利斯在古尔本基安研究院(Gulbenkian Institute)从事的研究中提出的共同文化的概念。保尔在那项重要研究中,考察了和文化媒介相关的文化活动。1998年威利斯重返这项1987年从事的研究,写出了《论共同文化》(Notes for a Common Culture)。文中认为,通过"符号工作"(symbolic work)、"符号创造性"(symbolic creativity)和"符号扩张"(symbolic extension)这三种程序,共同文化的因素就会产生。这种共同文化抛弃了以前旧的中产阶级文化、工人阶级文化或区域文化等观念,也是不受经济权力的控制和指引的文化。

共同文化与传统文化和工人阶级文化是有联系的,但是又必须同它们区分开来。共同文化也不同于大众文化。在我看来,前者关注的是普通的日常实践,后者关注的则是提供的产品。同样的材料可能因为平庸陈腐而使日常生活贬值,也可能在不同的语境和社会实践中与日常生活极为合拍。大众文化只不过是出人意料、无法预测的催化剂。同时,日常文化,日常意义和意义的形成,可能划时代地从各种各样的服从和乡土观念形式转为各种各样具有开放性和世俗独立性的形式。(Willis 1998:169)。

爱尔兰:个案研究

各种有关混杂性、反本质主义、地方意识的理论观点和对日常生活的理解是当前研究的重心,但是只有运用在特定的场合产生特定的效果才能是有用的理论。爱尔兰就是这样一个特定的场合。尽管是一个后殖民国家,有障碍重重的政治问题,但是爱尔兰依然认为自己是一个生机勃勃的(后)现代国家,经济实力强劲,已经在国际上建立起一个复杂的全球网络。所谓的"凯尔特之虎"(Celtic Tiger)并不是以牺牲传统的民族性为代价建构并重新想象出来的。正如马丁·麦克路恩(Martin McLoone)指出的那样,新爱尔兰是一场关于文化和身份的激烈论争的产物,这场论争涉及爱尔兰文化生活的方方面面,并通过爱尔兰经济地位的变化表现出来。

麦克路恩将爱尔兰的经济发展分成三个明显的阶段:第一阶段为1958到1978年的增长阶段,第二阶段为1978到1988年的不景气阶段,第三阶段为1988年到现在的突飞猛进阶段。"经济成就为其赢得了'凯尔特之虎'的称号,表明爱尔兰正以越来越活跃和自信的姿态出现在世界舞台上,并且激发了国内比在低谷年代进行得还要彻底的大讨论。"(McLoone 1994)

麦克路恩对电影研究特别感兴趣,他解释了爱尔兰经济的兴衰起伏是如何推动了有关文化和身份的大讨论的,并且将爱尔兰各个时期有关电影、电视、民族身份和宗教/道德问题的讨论同各个经济发展阶段相联系起来。

麦克路恩研究的重要意义在于,他明确了爱尔兰电影产业/文化同英国和美国的关系,但是他想说的是,解决同英美的后殖民问题的方法是在欧洲文化的语境下重新想象爱尔兰。所以,在谈到英国时,他说"从很多方面来看,要割断同英国紧密的经济文化纽带,爱尔兰身份的'欧洲化'无疑是最有效的途径"(McLoone 1994)。在谈到1976年的《广播法》时,他说"(《广播法》中的)变化意义深远,从过去的民族主义一致性转向一个基于自由的欧洲身份感之上的新传统"(McLoone 1994)。

对大众文化给传统身份立场带来的影响进行的研究,也促进了非本质主义的爱尔兰文化定义(此处指北爱尔兰)的发展。对北爱尔兰的文化差异,普遍的解释倾向于简单强调天主教/新教的二元区分。这种看法跟欧洲人不太愿意承认大众文化表达的心态相似,没能认识到对于很多人来讲,尤其是年轻人,文化表达是以日常生活为基础的。所以,要建立新的反本质主义的文化范式,就得承认与根深蒂固的文化身份观念相悖的文化活动和亚文化活动,意识到跨民族的运动(如锐舞狂欢文化[rave culture]、流行音乐和新时代文化[New Age Culture]),并在此基础上提供相应的新身份。在爱尔兰最近有两篇文章指出,这样的进程已经开始了。马丁·麦克路恩(1994)在对爱尔兰音乐人凡·莫里森(Van Morrison)的研究中,论述了复杂的文化影响是怎样融合进莫里森音乐中的。这样一来,对北爱尔兰人来说,莫里森的音乐超越了任何一首具体的歌曲。"《迷乱时期》(Astral Weeks)当然是关于贝尔法斯特(Belfast)的,而不是关于我的出生地德瑞(Derry)或者我学生时代的都柏林(Dublin)的。但是我第一次听到它的时候,我就感觉到,这就是在讲述我的'此时此地',甚至我的过去经历"(McLoone 1994:41)。麦克路恩说他为莫里森是北爱尔兰人感到骄傲——"他是我们中的一员"——并进一步探讨了外界对莫里森音乐的影响,以及"地方"和"全球"在他的"根性"(rootedness)建构中是怎样复杂地结合在一起的。麦克路恩认为,这一点对于理解北爱尔兰大众文化身份的发展至关重要。

> 他的成就为全世界处于周边地位的本土文化树立了榜样,表明对自己"根性"的忠诚与超越不仅是可能的,也实际上是抵抗强势全球大众文化的最好方式。
> (McLoone 1994:44)

在对北爱尔兰的文化研究进行考察时,大卫·巴特勒(David Butler)也反对"狭隘"且"本质主义"的文化身份模式(Butler 1994)。巴特勒指出,文化身份是通过我们每天都在协调的社会关系在社会中形成的,而文化指涉点持续地聚结在一起就最终形成根性。这并不是说文化和身份之间存在着某种既定的关系,而是说应该将文化形态看作"跨越疆界的(社会的、地理的、经济的、哲学的)。从最低限度上来讲,群体身份是在历史中形成的:是一种需要有意识的虚构、想象和意图的社会活动。文化实践不过是建构好的社会关系的体现而已,但是要清楚一点,文化和身份之间是没有必然关系的。我们要想象自己置身其中"(Butler 1994:32)。

所以巴特勒认为,"传统的"文化实践不过是巩固了北爱尔兰的社会差别,他特别反对建立一致性的企图,因为这种企图强化的恰恰就是其本欲推翻的宗派主义,并且对传统的尊重可能使最过激的派系行为却因其具有代表性而免受挑战。最后,巴特勒呼吁扩展对已被接受的/不可接受的文化实践的定义,以便认识到北爱尔兰社会的复杂性,以挑战排外主义和本质主义。

> 我想提出一种更宽泛的对文化的形成和意义的理解：文化身份是在一系列影响和限制中形成的，当代世界是如此，过去也是如此。除了各种派系文化，当然还有大量的文化重叠和文化涌入的现象：来自音乐、电影、广播电视，在书籍杂志里，在繁华大街上和其他或多或少具有点异国情调的地方。这就是（后）现代生活的状况。还有一点至关重要，那就是我们不要对所谓整体的唯一的身份保有任何幻想，这是中庸的宗派主义容易固守的二元论做法。(Butler 1994：55)

这些研究的重要性在于它们有助于我们认识到，北爱尔兰正在建立自己的文化身份，这种身份不同于目前主导的有关北爱尔兰的解释所提倡的本质主义文化身份。这使人们认识到，在年轻人帮派、朋克运动或者锐舞狂欢运动的运作过程中，个人和群体产生的文化实践和文化形构尽管显然是在冲突中形成的，却没有通过传统的符号、习俗、信仰和偶像表征出来。他们也并不自我封闭，而是愿意跨越民族界限和其他志趣相投的个人或群体结盟，对于他们来说，共同文化实践可以创造一个共同的想象社区。正如科林·格雷厄姆（Colin Graham）所言，文化应当呈现为"一个过程而不是一种静态的东西；是具有意识形态和矛盾冲突性的而不是具有普遍性和治疗效用的；是从社会各个部分中发散出来而不是分成'高等'、'低等'或'大众'的，是要在各种文化中证实其流向，在意识形态的庞大结构中机智地过滤等级透视出文化运动"(Graham 1994：74)。

这样，爱尔兰就可以被看作这个进程的一个范例（这也正是欧洲领导人意欲提倡的），一个运用与欧洲经济的联系引发文化论争的国家，这场论争造就了一个混杂的多元文化社会，这个社会尽管不是没有问题（麦克路恩提到了种族主义和一大批被剥夺公民权的城市下层阶级的存在），却创造出了全球瞩目的"日常"文化实践范例，比如摇滚乐队 U2、科尔家族组合（the Corrs）、凡·莫里森、大河之舞乐团（Riverdance），当然还有很多褒贬不一的电影。这些尝试的成功进一步揭示了一个开放、海纳百川的文化身份的重要性，这种文化身份既是爱尔兰的，同时也是欧洲的、英美的。

结　　论

在对欧洲的文化研究进行综述或分析的时候，我想起了洪美恩（Ien Ang）有关欧洲知识分子特权地位的提醒，正是靠着这种特权地位，他们提出自我怀疑是欧洲独有的素质，不欢迎"他者"来研究欧洲，这种说法隐含着欧洲人有能力拷问自己的自大心理。但是，如果欧洲要从静态保守的文化研究范式中走出来，并且发现其在重塑一个虚拟的欧洲"高等"艺术和文化形象的地位时所具有的学术力量和适用性，那么这样的自我审视还是极为重要的。

上文探讨了欧洲的文化研究意味着什么，下一步就是创建并阐释一些能够推动进步和发展的项目了，这些项目中，可以想象欧洲的经济和文化政策在运作中可以相互取长补短。这项工作还可以走得更远，如果从事欧洲文化研究的学者能够创造出解决洪美恩（1998a：89）所举问题的必要条件：

欧洲中心主义的思维模式是如何在当代欧洲文化自身中被表达为"含蓄的(自我)定位",即一种生活情感结构的?这种情感结构如何使20世纪晚期做欧洲人的经验充满活力?当今欧洲的欧洲中心主义的政治是什么?这些问题比较接近我所称的当代欧洲的文化研究——也就是,不将"欧洲"仅仅理解为一个抽象的概念,而是一个具体、复杂、充满矛盾的社会空间,特定形式的文化实践和生活经验就在这里形成,并相互协调,相互斗争。

(余泽梅 译)

参考文献:

Anderson, B. (1983). *Imagined Communities*. London: Verso

Ang, I. (1998a). "Eurocentric Reluctance—Notes for a Cultural Studies of the New Europe." In Kuan-Hsing Chen (ed.), *Trajectories-Inter-Asia Cultural Studies*. London: Routledge.

Ang, L (1998b). "Doing Cultural Studies at the Crossroads: Local/Global Negotiations." *European Journal of Cultural Studies* 1(Jan.).

Appadurai, A. (1990). "Disjunction and Difference in the Global Cultural Economy." *Theory, Culture and Society*, 7(2—3).

Bell, D. (1990). *Acts of Union-Youth Culture and Sectarianism in Northern Ireland*. London: Macmillan.

Bird, J., T. Putnam, G. Robertson, and L. Tickner (eds.) (1993). *Mapping the Futures — Local Cultures, Global Change*. London: Routledge.

Burns, R. (ed.) (1995). *German Cultural Studies*. Oxford: Oxford University Press.

Butler, D. (1994). "The Study of Culture in Northern Ireland," *Causeway* 1(31): 50—6.

Chambers, I. (1990). *Border Dialogues—Journeys in Postmodernity*. London: Routledge.

Durant, A. (1997). Quoted in G. Turner (1997). *British Cultural Studies*. London: Unwin Hymen.

Featherstone, M. (1993). "Global and Local Cultures." In J. Bird et al. (eds.), *Mapping the Futures—Local Cultures, Global Change*. London: Routledge.

Forbes, J. and M. Kelly (eds.) (1995). *French Cultural Studies*. Oxford: Oxford University Press.

Giddens, A. (1990). *The Consequences of Modernity*. Cambridge: Polity Press.

Gilroy, P. (1987). *There Ain't No Black in the Union Jack*. London: Routtedge.

Giroux, H. (1992). "Resisting Difference: Cultural Studies and the Discourse of Critical Pedagogy." In L. Grossberg, C. Nelson, and P. Treschler (eds.), *Cultural Studies*. New York: Routledge.

Graham, C. (1994). "The Poet, the Shah and Alladin: Culture High and Low: Ideology and Understanding." *Causeway* 1(3): 71—4.

Graham, H. and J. Labanyi (eds.) (1995). *Spanish Cultural Studies*. Oxford: Oxford University Press.

Hainsworth, P. (1994). "Politics, Culture and Cinema in the New Europe." In J. Hill, M. McLoone, and P. Hainsworth (eds.), *Border Crossing—Film in Ireland, Britain and Europe*. Belfast: Institute of Irish Studies.

Harvey, D. (1990). *The Condition of Postmodernity*, Oxford: Blackwell.

Hill, J., M. McLoone, and P. Hainsworth (eds.) (1994). *Border Crossing: Film in Ireland, Britain and*

Europe. Belfast: Institute of Irish Studies.

Hoffman, S. (1981). *Culture and Society in Contemporary Europe: A Casebook.* London: Allen and Unwin.

Horak, R. (1999). "Cultural Studies in Germany (and Austria) and Why There Is No Such Thing." *European Journal of Cultural Studies* 2(1).

Jameson, F. (1991). *Postmodernism, or, The Cultural Logic of Late Capitalism.* London: Verso.

Jarvie, G. and J. Maguire (1994). *Sport and Leisure in Social Thought.* London: Routledge.

Kearney, R. (1992). *Visions of Europe: Conversations on the Legacy and Future of Europe.* Dublin: Wolfhound Press.

Massey, D. (1998). "The Spatial Construction of Youth Cultures." In T. Skelton and G. Valentine (eds.), *Cool Places—Geographies of Youth Cultures.* London: Routledge.

McGuigan, J. (1996). *Culture and the Public Sphere.* London: Routledge.

McLoone, M. (1994). "From Dublin up to Sandy Row: Van Morrison and Cultural Identity in Northern Ireland." *Causeway* 1(3): 39—44.

Morley, D. and K. Robins (1995). *Spaces of Identity—Global Media, Electronic Landscapes and Cultural Boundaries.* London: Routledge.

Payne, M. (1996). *A Dictionary of Cultural and Critical Theory.* Oxford: Blackwell.

Stratton, J. (2000). "Cyberspace and the Globalisation of Culture." In D. Bell and B. M. Kennedy (ads.), *The Cybercultures Reader.* London: Routledge.

Tomlinson, J. (1991). *Cultural Imperialism: A Critical Introduction.* London: Pinter.

Webster, D. (1988). Looka Yonder: *The Imaginary America of Popular Culture.* London: Comedia.

Williams, R. (1963). *Culture and Society 1780—1950.* Harmondsworth: Penguin.

Willis, P. (1990). *Common Culture.* Buckingham: Open University Press.

Willis, P. (1998). "Notes on Common Culture: Towards a Grounded Aesthetics." *European Journal of Cultural Studies* 1(2).

第三部分

议 题(Issues)

第18章
让我们严肃一点:青年文化授课笔记

贾斯廷·刘易斯(Justin Lewis)

随着200名大学本科生闪烁的眼睛顺从地望向放大的投影屏幕,阶梯教室的灯光暗淡下来。约翰·莱登(John Lydon)一副鲜活的面孔——过去也叫约翰尼·罗顿(Johnny Rotten)——斜视着那些礼貌而又专注的学生们。"上帝拯救女王……她不是人类"[1],他一边哼唱嘲弄着,一边斜倚在投影仪上,脸上一副半疯狂而又古怪的神情。如果大多数学生欣赏这种对课堂不敬的打断的话,我就会为这一时刻的怪异所打动。正是在我的"流行文化与文化研究"课上,在为青年学生讲授青年文化时,我被迫去面对这种大胆与厚颜。

尽管讲演者在阶梯教室里将"性手枪"乐队(Sex Pistols)乐曲极端激烈的声响保持在一种适宜体面的音量上,但是我愿意认为,他们不能,即使现在都不能完全容忍录像片断中那种轻松愉快的、眼光闪烁的粗蛮。并且,在整个流行文化的时段中,这是古代历史的一个片断,就像是一个过去时代的遗迹一样,从尘封的档案中抽取出来的片断。而阶梯教室里大多数学生正处于接近二十或二十出头的年龄。这是我处于他们的年龄时所听的音乐,在他们出生之前。我忍不住想知道他们究竟懂得它什么。

讲演的目的在于,探讨一种文化工业的经济结构与这种文化工业生产出来的文化之间的联系和中断,但是录像片断的声响太大了,以至于不能仅仅将其当作一个特殊要点的示例来阅读。这不仅象征着教授与学生之间的隔阂,而且象征着在发自内心的某事上试图保持分析性心态的难度,虽然似乎并没有完全遗漏要点。这使我想起了那句妙语:评论音乐就像是围绕建筑物跳舞。[1]但是我更加痛苦地明白,录像片断与我自己青年时期之间的关系给我贴上了标签,用历史上适当的俗语形容就是:"一个无聊之极的笨老头",这种身份状况是由于我试图以严肃的态度来对待顽皮事物而混合造成的。

冒着将事情变得更加糟糕而不可挽回的危险,在这篇文章中我将对其中的一些问题做简要的思考,这会提及教授流行文化的目的和缺陷。我主要的关注就是要严肃地对待,既然它可能是无论别的什么,我以为流行文化是一项严肃的事业。首先,我将涉及那些想要在体制的层

---

[1] 这是英国著名的朋克摇滚乐队 Sex Pistols 一张专辑中的单曲"God Save the Queen"中的歌词。——译注。

面上教授流行文化——尤其是青年文化——的人在发展道路上遇到的一般障碍。在给学生搞清这一问题之后,接下来我将简要考虑两个主要的教育学难题:一是劝说"青年"批判地审视他们自己的文化时所涉及的问题;二是看上去似乎是学生领域内的权威的问题。

因此,这一章提出了三个不同的论点。第一,教授流行文化和/或青年文化是强加给学院的而不是学院乐意接纳的。诚然,在主流公共话语的许多领域里,它以一种怀疑论的眼光被看待。因此我们正在一种潜存着敌意的氛围中运作,这种氛围要求我们在提倡教授流行文化的重要性时比以往更加强有力而明确。第二,教授流行文化涉及的主要问题之一是要讨论愉悦的政治——以及,尤其是本科生投入流行青年文化中的具体形式。第三,当流行文化的过去和现在往往将教师与学生分离开来,我们需要承认,由我开头举的那个例子所引发的尴尬教学,并且我们这一教学的指涉范围也将会有很大的不同。

流行文化与反智主义的气候

如果流行文化能够作为学术研究的主题这一观念正在逐渐为人所接受,那么,还是有许多人将这整个训练从本质上看作浅薄而不足道的。这种猜疑可能最经常地表现在英国。在那里,一种刻板与愤世嫉俗的古怪结合引发了对媒介和文化研究一致的冷嘲热讽。无论它遭到拒绝是由于太过无足轻重还是过于自负,其假定是,流行文化——尤其是流行青年文化——缺乏一个学术科目应有的庄重与单调。我倾向于认为,对于流行文化不予考虑的悖论在于,那种声称要提高学术水准的做法,是缘于一种由衷的反理智主义的姿态。

反对流行文化的观点的要旨在于,认为大学的教学和研究应该是困难和复杂的,而媒介和流行文化是那么明显地易于接触和进入,以至于它几乎不要求什么级别的学位就可以理解。因此流行文化被认为是学生们在课堂之外而不是课上应该做的事情。

在这种观点最恶毒极端的形式中,教授媒介或文化研究的教师被当作一种嘲笑或奚落的形象——一个与众不同的伪知识分子,其古怪滑稽的行为成为大家娱乐消遣的来源,或者,它促使人们对教育水准的下滑表示绝望。而那些从事媒介和文化研究教学的教师们对这些批评则趋向于自我辩护或者不屑一顾。然而,作为一个群体,以严肃的态度来对待流行文化,以此来反驳他们,在这方面目前我们的工作做得还不够好,而且这也值得提醒我们自己和他人,我们当中的许多人为什么要从事关于流行文化的写作和教授。

学术界对于流行文化的责难,其问题在于三个层面。第一,它假定如果某事是流行的,那么它就不可能富有内涵,即浅薄的。第二,它完全忽略了流行文化在塑造或界定人类发展中的重要性。第三,它倾向于假定流行文化是大众趣味的表达(因此几乎不需要什么阐释),而不是一组结构性条件的产物。

这些问题当中的第一个,正如皮埃尔·布尔迪厄(Pierre Bourdieu)已经指出的,是关于社会阶层差别的问题,是关于划定"合法"文化疆域的问题,一般而言,这种文化是大众理解力和鉴赏力无法企及的。[2] 汗牛充栋的学术著作——关于文学的、艺术的和音乐的——传统上一直巩固着这些阶级差别,原因在于这些书籍本身就包含着这些差别的假定。然而,大众与精英之间的美学差异总是显得格外脆弱,诚然由于这种脆弱,批评家们要耗费巨大的精力去解释为什么某事是值得对其进行学术考察的。我们可以阅读 F. R. 利维斯,将其视为努力维持合法文化的边界的例子:他很不情愿接受狄更斯的一部小说而将其放进他的《伟大的传统》(The Great Tradition)一书当中,这是他承认作者才能的一种方式——但是人们能够感觉到,对于利维斯而言,任何更进一步的接纳都将会是他对小说家与流行文化之间联系的少许接受(参见 Leavis 1948)。

利维斯可能不再流行,但是诸多艺术和人文学科在很大程度上仍然以价值观为前提。经典可以变换,以此来反映出当代的关注焦点——女性主义和多元文化主义在这方面尤其重要——但是课程提纲所包含的内容一般仍然基于一系列定性的判断,基于某物值得研究是因为它有价值这一观念。这是一种为法兰克福学派(Frankfurt School)中一些马克思主义文化理论家和较不复杂的精英文化倡导者所共同持守的观念。[3] 即使是为流行文化研究开辟了许多路径的罗兰·巴特,也给予了拉辛(Racine)相当多的关注(参见 Barthes 1964,1988)。

在这样的语境下,人们不难想象,当大学的图书馆开始用关于浪漫传奇小说、《星际旅行》或是说唱音乐的书籍来填充他们的书架时,那种为许多人所感受到的对流行文化的怀疑达到了令人张口结舌的程度。当英国的学校总监克里斯·伍德黑德(Chris Woodhead)发起一场大家熟知的对于媒介研究的攻击时,记者们不难发现学术界讽刺性地扩张起来。例如,《独立报》(The Independent)这样援引阿伦·史密瑟斯(Alan Smithers)教授的话:"迄今为止还没有把莎士比亚和乔叟拿来放在一些媒体上加以研究一类的事情出现。我认为这与让某人看完电视剧《除暴安良》(The Sweeney)所有的 57 集不是一回事。"(March 3,2000)这种将文化文本和对象提升到学术观照层面的精心建构的差别,与其说是受到这种关注流行文化的威胁,还不如说是出于坚决的蔑视。在这种情况下,任何对于这种蛮横入侵行为的激烈抵制都是在预料之中的。

但是,那些在文化研究领域里阅读、写作和授课的大多数人,并没有发起辩论认为流行文化是(或能够)与艺术和文学的传统形式一样好——相反,而是那些针对媒介和文化研究的责难往往会就特性品质而发言。如果媒介和文化研究从艺术和人文学科(在这些学科中,诸如符号学和后结构主义等领域里已经做了大量的工作)中获取大量的资源,那么它在社会科学中同样存有根基,而在社会科学领域,关于什么是值得研究的定性判断与某事无论被认为是好的还是坏的没有关系。[4] 之所以要分析流行文化,其原因不在于估定它的价值,在一种更为人类学的意义上讲,而是要估定它的重要性。换言之,一个文化对象值得研究并不考虑它被认定是好的还是坏的。

因此,在为流行文化做辩护时,要能抵挡住诉诸定性判断的诱惑,这一点是重要的。[5] 这种反应自从理查德·霍加特的《文化的用途》(1958)以来实在是太普遍了。流行文化研究一旦以美学标准为依据,那么它只能陷入关于那些标准的性质的争论当中,而这种论争是毫无意义的。流行文化之所以重要,首要的就是由于它的流行。

在这些术语中,在大多数时间内对于大多数人而言,流行文化比大学中文学、音乐或艺术研究中的大部分术语在相当程度上更为普遍。我们生活中更多的时间是被下面的事务所占据：我们看的电视，我们阅读的杂志，我们支持的球队，我们购物的场所，我们听的音乐等等。这并不是要轻视对更高雅的文化形式的研究，也不是要忽视与诸多文化形式相遇的深度，而仅仅是要重视在一个特定的社会里已有的文化形式的范围，从而试图去理解这个社会。而历史学家们在一段时期里已经懂得了这一点。[6]

随即提出第二个问题，即拒绝严肃地看待流行文化。可以想象我们生活在一个认知的世界里，我们将其中像电视、时尚或流行音乐一样的流行形式归入一个大脑的隔层，然后贴上"琐碎而短暂之物"的标签，这种想象从社会学的角度看无疑是天真幼稚的。简言之：流行意识是由流行文化塑造的。未能充分地意识到这一点，部分是来自这样的假定，即只有当流行文化导致反社会的行为或者粗鲁的模仿形式（一种来自文化工业的对于命令呆板机械的反应）时，它的影响才显得至关重要；或者流行文化的影响依赖于轻信的某种形式。既然流行文化通常并不以公开指令的形式显现——"依此法投票"或者"挑战/服从权威"——因此它的影响不太可能在这些术语中感受到。

我让我的学生搞清楚这一点的方式之一就是问他们知道些什么。一开始我就让他们说出一些人物的身份职业，这些人物要么是真实的要么是虚构的，但都深深地铭刻在流行文化当中（例如霍默·辛普森[Homer Simpson]或者万纳·怀特[Vanna White]）。这是一个熟悉的话题领域，他们大部分人都自信满满地举起了手。于是我又让他们告诉我那些可能被看作重要的但在流行文化中最少露面的人物及其身份职业（例如联合国秘书长科菲·安南[Kofi Annan]或是美国劳工联合会－美国产业工会联合会的头脑人物约翰·斯威尼[John Sweeney]），这次很少有人举手（这样一来，约翰·斯威尼可能是美国最大的劳工组织的领导人，但与此同时在文化中却几乎身份不明），许多学生看上去很难为情，似乎期待着让我来告诫他们，应该忽略一些更为重要的信息转而来关注一些琐细的东西。这一练习的目的仅仅想要表明，我们对于世界的了解，包括在我们头脑中积累起来的人、图像、故事和社会团体，其中大量都来自流行文化。即使这一知识很少对人们的思想观念产生影响（从认识论的角度看，我认为这是个荒谬的命题），但它的大量存在是用以界定当代生活的一部分，而这绝不是微不足道的事情。

依此又过渡到第三个难题，即很难忽略流行文化作为一个研究的对象。正如斯图尔特·霍尔(1986)指出的，流行文化可以为人们所共享，但是不能为人们所支配。文化研究始终坚持强调，文化工业远非只是对在别处生产出来的某物的反映（不管是流行的观念还是支配性的意识形态）。在这种意义上，关于流行文化没有什么是"自然而然的"或必然性的。例如，为什么英式足球在很大程度上不被北美洲的人们所重视，而在他们祖先所由来的欧洲大部分地方却大受欢迎？如果从全局看来这一问题似乎并不是那么重要——而且它有充分的理由可以如此——问题的答案则包含了对于文化运作方式的一种复杂的理解，其中要求我们意识到，电视在宣传某项体育运动中所扮演的角色，以及由此而产生的美国商业广播独特的历史。因此譬如，如果美国忽视英式足球是不同寻常的，那么它的广播系统一直以来——至少从20世纪30年开始——主要被视为（从产业的角度看）一项市场工具，而这也是独具特色的。在这样的广播系统中,对于一项要求45—50分钟连续时间的体育运动而言,如果不是完全不可能,那么与那些可以经常暂停的体育项目——像拳击或棒球——或者通过频繁的暂停来调整比赛的运动项目——像篮球或美式橄榄球——相比,则肯定不如它们那么有吸引力。同样,如果商业媒体看上去都是纯粹"美国式"的,那么它们的发展演进并不是毫无人情味的,但同时它也不是对公众需求做出的反应——它是在激烈的竞争中一组力量对另一组力量取得的胜利(参见 e. g. McChesney 1990;Douglas 1987;Kellner 1990)。正如迈克尔·里尔(Michael Real)(1989)已经指出的,美式橄榄球(和英式足球相对抗)随之而来的发展具有一系列的文化回响和共鸣。

这绝不是这一问题的唯一答案——这里涉及文化史的问题,这已经超出了体育与媒介的政治型经济,而文化的期待可以变成是自我决定性的——但是这一答案说明,经济或社会结构可以通过非常具体独特的方式来限制或塑造文化的诸多可能性。流行音乐本来多半是以它那美学自主的时刻引人注目的(这样,譬如,英国的朋克摇滚是在一次青年失业高潮之前发展起来的,而不是作为对社会经济条件的一个直接的反应而出现)。而现在甚至连流行乐产业也是由这样的节奏韵律和曲调所组成,它们是在产业结构、移民模式、社会福利政策,以及一系列围绕性属、性别、种族、家庭、年龄、权威和权力而展开的意识形态的斗争这样的背景下产生的。

因此,了解当代社会成为理解流行文化的根本。既然社会和意识形态斗争在流行文化这一领域里展开,那么了解流行文化又是理解当代社会的根本。

在这样的语境下,将流行文化研究视为无足轻重就是否定任何我们对文化环境严肃的了解和联系,无论是意识到它为什么是如此的,它是如何成为不同的,还是对于我们社会发展而言它的结果是怎样的。诚然,即使我们接受这一不太可能的说法,即认为流行文化是一个不具有意义的离散的领域,它超出了一套想象的边界,那么想象一种没有广告或者体育或者电视的生活——不管我们将其视为一种缺席还是自由——就是在想象一种社会变革。而拒绝这种想象就是在抑制一种知性的探索,以及抑制由此而来的一系列文化的可能性。

正如我所指出的,这种顽固的反智主义最经常地表现于英国。而鉴于这里有着流行文化研究的思想历史,这种情形显得更加明显。媒介和流行文化研究更为经常的是被描绘成处于一种尴尬的困境——在很多圈子里,人们都以一种窃笑的轻蔑态度来对待讲授"媒介研究的讲师",而这种轻蔑在60和70年代是特地为英国的社会学家所保留的——因此在这里英国文化研究巨大的全球性影响并不能得到赞誉。英国这种反智主义的力量是一种综合而复杂的表现,其根源恐怕散见于关于阶级、性和一些英国报章杂志季刊中的利己主义式的专家地位的观念。但这绝不是英国独有的现象。甚至是在对流行文化研究甚为宽容和接纳的美国,对其在各个领域里的疑虑都久久不能消释。1990年,当我在马萨诸塞大学建议教授流行文化的正规课程时,负责批准新课程的教授评议会对它"学术性"的内容表示了首要的担忧,这种反应揭示出人们对流行文化出现在学术界而表示出的某种不安。

对于教授流行文化所持的消极反应并没有阻止它在学院和大学中的发展,对此自不必言。这部分上是由于这种工作对年轻的教学科研人员的影响,以及应学生们的要求而开设的这种课程在他们中间大受欢迎(通常而言,这种要求都大于供给,有趣的是,有时候这种要求导致的是开设更为严肃的学术而不是流行的科目)。如果认为学生对流行文化的兴趣和我们这些教授流行文化的教师一样,同样是出于对流行文化的关注,那么就过于乐观了。[7]同时,给那些年轻的成年人讲授他们自己流行的文化,对于有关的各方而言都是个未知数。学生注册学习并不是问题,但是要想促使他们对流行的青年文化做出一番严肃认真的分析,则需要一点点技巧和手段。在这里我想考虑两个困难:一是就一个题目设立一个批评性案例的问题,例子中包含很高程度的感情投入;二是学生与老师在流行文化指涉范围方面的隔阂与差距。

愉悦的政治

我经常被我的学生问及我自己对于流行文化的体验,这对于另外那些教授媒介和文化研究的人来说并不陌生。对于大部分人而言只是玩笑而为的每一件事情,我却想要对它们一一做出分析,这毕竟看上去有点古怪。他们问我,我是如何处理诸如看电视或购物这样的日常事务的?我是否始终生活在一种批评性的状态中,正是在这种状态中,通过一种苛刻的分析性透镜来消费流行文化?对于他们而言,既然我倾向于解构从连续剧到相册的每一件事物,那么让他们想象我坐在电视机面前能彻底放松则是不可能的事。或者换言之,我看上去在情感和智性上已经脱离了整个世界。有些人会对这种观念产生一丝敬畏感,而对于大多数人而言,这一形象令人想到一种异域的而且相当冷漠的存在物。全然的工作而没有娱乐必然使教授的生活索然无味。

这个问题部分上是投入和愉悦间关联的一个结果。如果我们与流行文化之间不是休戚相关——如果我们总是非常的自由闲散,那么我们如何才能享受它的乐趣呢?这一问题看上去有些奇怪或天真,却是一个重要的问题——人们以各种方式投入到流行文化的形式当中,而这一问题就迫使我们提出各种方法来处理人们的这些方式。

钦·孙(Chyng Sun)(1999)近来的一项研究考察了教学上的一些问题。有些教师想让他的学生们有能力对他们所投入其中的一项流行文化进行批评性的文本分析,而这些教学上的问题正是这些教师所面临的。这项研究包含了迪士尼公司的动画片《小美人鱼》(*The Little Mermaid*),这是一部大多数学生看过无数遍的电影,而且对于很多人而言,是一个美好的(但不是太遥远的)童年记忆。它要求学生们去阅读汉斯·安徒生(Hans Andersen)的原著小说,然后将其与电影相比较,以便从中思考迪士尼版本中的一些意识形态性的动机和策略,尤其是有关性属的陈规模式。孙对于这一过程的研究有力地传达了作为他们自己的文化史,这些学生对这部电影投入到何种程度,以至于他们很难接受这样的分析,而这样的分析在其他情况下可能是很具有说服力的。简言之,他们很难接受对迪士尼公司的《小美人鱼》做意识形态的仔细研究,因为这看起来贬低了他们自己的文化历史,粗暴地践踏了一段快乐的童年记忆。在某种意义上说,它是一种大煞风景的批评。

让那些学生们考察他们的流行文化,这就要求他们要直面他们自己脆弱的主体性。这在一个倡导独立性、个体性和自由意志观念的文化里尤其令人不自在,特别是在有关文化消费方面。将自我视为是社会建构的,而且把流行文化视为这一过程的一部分,这是令人不安的。而当分析将政治与愉悦之间的矛盾显露出来时,情况更加如此。因此,比如,孙的研究中的许多学生,如果他们自身的投入并不那么明显,本来可能会倾向于认可那种对于性属陈套模式的批评。这可能就是为什么让·基尔伯恩(Jean Kilbourne)在诉诸学生而对广告中的性属角色进行批评分析时会取得特别成功的原因。[8]当他们在欣赏一个制作精良或诙谐的广告时,很少有年轻人认为他们与作为一个类型的广告之间有着感情上的利益联系。在另一方面,他们对迪士尼的《小美人鱼》有一种怀旧之情,而不想在这种怀旧情绪之上加上一层重负,即需要对其中传统的被动女性这一意象做出取舍。而女学生则被置于尤其难堪的地位,她们要面对迄今未受质疑的对于模式化性属角色的接受观念。

  如果这种投入能够吸引学生们去研究流行文化——毕竟这里的主题是他们已经感到了解和可能会喜爱的——那么出于同样的原因,也能够使他们小心谨慎而不会将他们的愉悦与先入之见混同起来。一些人像约翰·费斯克(1989)或亨利·詹金斯(1992),他们通过借助他们自己的"影迷"和强调流行文本的符号学潜力,已经部分地避免了这个问题。这样的位置为批评可能的发展提供了某种程度上起始的共同点。所以,例如,詹金斯描述了《星际旅行》快乐的影迷们是如何探索这部影片的文本复义性,然后根据再现的政治转向一个更具批判性的姿态。这种方法创造了一定程度上的团结一致,因为,像许多文学批评一样,它基于一种通常具有欣赏力的立场。但是,不论这种"内在的"立场能否使分析显得或多或少地敏锐,要在整个教学提纲中保持这种立场并不容易。除开别的东西,它不是限制我们所享受的流行文化的那些形式,就是另外要求一种相当虚假的姿态。

  虽然如此,我们需要找出方法来应付这种愉悦的政治,应付某种大众愉悦是如何伴随着强制性的意识形态(像男权政治)表述出来的,以及它们是如何伴随着其他意识形态的可能性被重新表述的。[9]这在下面的情况下显得更为直接,即文化可以为人们提供对两者的扫视(比如音乐电视或说唱音乐)。然而,也有一些重要的事例,在这些情况下,文化的形式已经趋于自然化,另外的选择似乎是遥远而难以想象的,或者在陌生中显得令人不安。

  在美国,这方面最重要的例子可能就是广播的商业模式。当学生们没有认识到广播系统可能会是另外的什么样子时,让他们理解这一系统的局限性和倾向性是很困难的。为此,我们可以带领学生穿越整个广播的历史,由此来说明公共服务广播的观念是如何被边缘化的,以及经过20世纪60年代短暂的复苏之后实际上被根除了。然后我们可以考察那些利用电视和收音机,来向广告商兜售观众或听众的公司寡头垄断所带来的诸多局限,这两种行为都受到节目的意识形态限制(借此来要求广播宣传一种个人消费主义的意识形态)和美学限制,这些节目必须每7或8分钟就要成功地将观众或听众过渡给广告商一次。但是,在美国学生大体上掌握了所有这些抽象的术语的同时,他们的电视经验告诉他们,商业电视通常是娱乐性的,而具有公共服务性质的电视通常是单调乏味的。这种强有力的联系可能会使想象受到如此程度的限制,以至于对于商业广播批判性的历史和分析最终将会在猜疑中困难重重,这种猜疑即是公共服务电视将会播出像连续剧《急诊》(ER)这样的大众节目,而将其变成经典剧场。正是在这种意义上,有人会认为公共服务电视以其目前的形式——这种形式作为大众电视之外的另一种选择而不是它的另一种不同类别——在维持商业系统的霸权地位这一过程中扮演着重要的角色。

我认为,处理这些联系的唯一办法就是迎面而上,讨论这些联系是如何被建构起来的,以及他们服务于谁的利益。这就将重新表述一些商业电视中的大众愉悦——包括精心构造的故事、高产价值观等——这一困难的任务留给了想象性愉悦,而这种想象性愉悦是可能会由公共服务系统提供的(例如更少的电视广告,或者自愿去处理那些使广告商感到神经质的有争议的素材)。尽管这会是一项困难而有点危险的任务,但是如若对广播所做的批判性分析是介于默许公民身份共同的消费主义观念,否则即屈从于沉闷乏味这两者之间的一种选择,那么它将会是客观而无情的。

如果我们将类比稍稍延伸,我们会说,如果学生们在愉悦的其他形式中没有看到自身投入的机会,那么他们在脱离流行文化时将会看不到什么价值,而这种脱离是为了取得一段批判性的距离。这转而促使我们考虑,流行文化的愉悦以及这些愉悦如何与意识形态的立场相关或不相关。如此,例如贾尼丝·拉德韦(Janice Radway)(1984,1986,1994)认识到了言情小说的愉悦,并且思考这些乐趣如何能够从男权主义的意识形态中分离出来。

我们当然会发现,关于某些流行文化的形式,一些人喜欢的恰恰就是它们所携带的意识形态特征。因此举例来说,会出现这样的情况,即一些人喜欢广告并不是因为它所宣传的产品的价值(这种产品价值可能会随着公民身份的观念而不是消费主义而被重新表述),而是他们希望与广告这种类型一起参与到消费的乐趣当中。在这种情况下,我们的工作就是要指出这种(或其他任何的)意识形态性选择的本质,讨论其更为广泛的社会后果。[10]

以现在教授过去

当代流行文化最为显著的一个方面就是它变化和发展的速度。因此许多流行文化的形式都与特定的年龄相适应,尤其是那些与青年人相关的。最明显的例子或许要属流行乐工业了。它所生产出来的音乐像某种听觉胶水一样牢牢地粘住我们,在一种永久的味感文化中吸引着一代又一代人。流行乐工业,尤其是在20世纪下半叶,被很容易地细分为几个小的时期,每一时期都有其独特的音响和风格。其实,为一个十年命名这一简单的行为,就能唤起一种或另一种流行乐类型的共鸣。鲍勃·迪伦(Bob Dylan)的音乐会可能不是婴儿潮这一代独有的保护地,但是他们在这种事件中的出现与在他们的收藏中说唱的缺席一样引人注目。

一些人年过三十就不再听任何真正新出的或不同的东西,有人会哀叹他们的守旧——流行文化的教师们经常觉得他们自己(可能有点自鸣得意)在这方面是非典型性地超凡与卓越——但是我们不应该忽略为什么会这样和这意味着什么。坦率而言,有些人会觉得事情有点奇怪,即一些四十多岁的人(对于一名大学教师而言还相当年轻,但是在大多数学生身上已经过去了几个小的时期了)声称,对于在他们十多岁或二十多岁几乎才流行的文化形式在一定程度上很在行。

尽管对身份政治一些更加本质主义的形式做出了论断,但是人们并不需要身处一种文化环境而论及这种环境——以一种阐释的方式进行谈论。但是，这不能作为我们闯入文化领域的一个借口，在这一领域我们可能会被视为外来者，却又不肯停步。例如，在流行乐文化的情况中，了解近来更多的类型流派，从而在意识形态的、美学的或者政治经济的结构中给它们进行定位是可能的，但是这一知识不能以一种等价物为预设前提。流行乐文化与青年文化在经验上以独特的方式联系在一起：对于构成青年时代与成人年轻时代的经验的冗长叙述，流行音乐为此提供了音响上的效果和阐释。因此，一个人新鲜与兴奋的经验是与另一个人同样的经验联系在一起的。

这些联系在苏珊·道格拉斯(Susan Douglas)(1994)的文化史《女孩们在哪里》(Where the Girls Are)中生动地呈现出来。在这本书中，她详细叙述了听披头士或雪莉儿合唱团(the Shirelles)所带来的那种独特的愉悦，和他们在阐释性属角色以及相反的把女孩从那些角色中解放出来这二者中所扮演的象征性角色。其实，正是部分由于流行音乐是我们更为密切的文化形式之一——例如性欲、爱情、痛苦和反叛并不仅仅是它的主题，也是它的附属物——所以这些类型流派以早期遇到过的音乐那种探索性的强度与我们紧密相关，而正是在这些音乐的伴随下，我们摸索着长大成人。因此，从小伴随着说唱长大的人与在中年才接触到它的人是十分不同的。它与真实性的观念或者空间地点这样的场所之间变得更加少有联系。

同样，回到我开始的那个例子，我的学生将要体验的是20世纪70年代晚期的朋克摇滚乐，它作为别人历史当中的一部分，其意义现在已经脱离了那种情绪或其存在的方式，而那种情绪和存在方式在我对像《上帝拯救女王》(God Save the Queen)此类事物的体验当中是不可磨灭的。对于这些学生而言，对他们并没有产生新的震撼，而只不过是谱系语境的一种迁移。因此《上帝拯救女王》的意义随着现在的到来而被封存到历史的夹缝当中。

在这种语境下，给青年们教授青年文化部分上只是想避免各种教学上的困难。采取一种时髦新潮的团结的姿态——即使有人能够做到这一点——不仅有被当成一个冒名顶替者(行骗者)的危险，而且传达了一种流行音乐与青年文化是如何紧密相关的误识。流行音乐是由深刻的历史文本所构成：它们的意义不能从它们所出现的语境中联合起来，也不能从青年文化更为一般的互文性中找到联系。

同样，对流行音乐史上一些特定时刻(最著名的是20世纪60年代，一些出生于婴儿潮的教授们愿意赋予这一时期以真实性，此后所有的时期都是一种衰退)的评估，它们以某种方式显得比现在更为重要——依据你的评价体系——似乎是合理的。但是对于大多数学生而言，过去的重要性要根据它与现在的关系来衡量，而现有唯一跳动鲜活的青年文化是在此时此地。

要避免这两种立场——要么是一种时髦的团结，要么将现在仅仅视为过去的一个分支——要求保持一种适度顺从的态度：一种对于是什么使当代青年文化显得与众不同而不是独一无二的理解。既然我们必须教授流行文化形式的历史(如果我们打算理解它们)，那么就要运用一种目的论的叙述而将现在排除在外。将流行文化的历史呈现出来，并设法导向(否则就失败)当代的形式或样式，这对于大多数本科生而言具有更大的强制性。这是一项有用的教学策略，但是像大多数目的论叙述一样，它会让现在看起来成为最后一章——"历史的终结"，此时文化工业被几十个大型的跨国公司所掌控。

避免这种早熟的终结的一种方法就是,以现在教授过去,让学生们运用他们的历史知识去推测文化工业的发展。除开别的东西,这将是有趣的。它也要求我们把对文化政策(cultural policy)的理解纳入流行文化的教授当中。对于大多数学生而言(尤其是在美国),制定文化政策的那只"看不见的手"不是市场而是政府特拨款和法令,之所以是"看不见的",是因为那么多的文化政策是不为人所注意的。因此,譬如,美国政府采取的一系列政策,导致郊区大型购物中心的普遍出现和市区购物中心的日渐衰落(参见 Jackson 1996),这些政策包括为公路而不是城市快速运输设立的大量补助金、薄弱的分区制法令、基于财产投资的加速折旧而制定的赋税优惠。但是当这些政策的结果改变了美国的文化景象时,这并不是他们的意图。因此,尽管美国也许没有官方的文化政策,但它有一个庞大的文化政策机制,从以津贴资助广告开支到赋税优惠再到为大学广播站提供公共资助,这都有助于其文化产业的形成(参见 Dimaggio 1983; Miller 1993)。

一旦学生们开始理解文化政策与文化形式之间的关系,他们就会开始想象事情可能是什么样子。因此现在成为一条历史轨迹中的一个时刻,虽然享有特权,但只是一个时刻而已。这一想象的范围取决于一种理解,在这种理解中,历史是以 Z 字形、环形和曲线形而不是直线行进运动。例如,彼得森(Peterson)和伯杰(Berger)(1990)著名的研究表明,流行乐行业中的公司合并呈现出月缺月圆的情况:在 20 世纪 50 年代早期和后来的 70 年代中期,一个公司的寡头垄断对于这一行业表面上看来坚不可摧的控制力证明,在两种情况下都既不是不可动摇的,也不是牢不可破的。在这两种情况下,联营企业的市场控制力对于维持在一个行业中艺术的控制而言,并不是充分的依据和基础,而在这一行业中,对新奇和革新的欲望,完全是由公司风险最小化和利润最大化的保守性动力所满足的。因此可以将这一行业目前的状况——此时集体的部分已经将"独立的"部分全部买进——看成不稳定的,而不是公司巨头最后胜利的归来。

总而言之,我在这里的建议是,既然学生们将现在作为透视镜来理解大众青年文化,那么我们就以现在作为我们的焦点。但是,在某种意义上,如果这一焦点是在此之前的历史的终点,那么这一历史的曲折与转向之处,可以帮助我们将现在同样看作一系列可能性的开始。如果学生们意识到这一点,他们就可以在这些可能性的形成中扮演任何角色,那么就必须将文化政策纳入教授流行文化的教学法中来。

(史冬冬 译)

注释:

[1] 安德鲁·古德温(Andrew Goodwin) 1992 年关于 MTV 的书《在娱乐工厂跳舞》(Dancing in the Distraction Factory)以这句评论开头。

[2] 这在皮埃尔·布尔迪厄的《区隔》(Distinction)(1984)一书中略有论述。

[3] 例如,参见在阿多诺和霍克海默合写的著名文章《作为大众欺骗的文化工业》(1979)中饱受批评的文化精英主义。

[4] 这也是一些社区艺术家提出的一个观点,例如参见 Kelly, 1984。

[5] 这并不是说定性判断不重要,相反,我们需要做出区分以便描述文化的可能性。但是,我认为,如果提出理由说我们研究流行文化是因为流行文化是好的,则是失其要旨。

[6] 无论是 E. P. 汤普逊(E. P. Thompson)的有影响力的《英国工人阶级的形成》(*The Making of the English Working Class*)(1968),还是肯尼思·杰克逊(Kenneth Jackson)关于大型购物中心的讨论,想要论述大众生活而不是精英历史的历史学家们,必须面对流行文化,他们可以这样做而不需要做出价值判断。

[7] 我开设的流行文化的大型演讲课程总是严重爆满,但是我很清楚这种情形只是想要阅读安东尼·葛兰西或罗兰·巴特的一种反应。

[8] 据我所知,基尔伯恩的《温柔地杀死我们》(*Killing Us Softly*)是关于媒介的所有制作中最成功的影片。基尔伯恩最近以好莱坞的风格制作了这盘影带的第三版《温柔地杀死我们之三》(*Killing Us Softly III*)。

[9] 参见莫利《电视、观众和文化研究》(*Television, Audiences and Cultural Studies*)(1992年)一书中对愉悦和霸权的讨论,以及霍尔的《访谈:论后现代主义与表述》("On Postmodernism and Articulation: An Interview.")(1996)一文或斯莱克(Slack)《文化研究中的表述理论与方法》("The Theory and Method of Articulation in Cultural Studies.")(1996)一文对表述的讨论。

[10] 参见例如萨特·加利(Sut Jhally)的视频录像《广告与世界的终结》(*Advertising and the End of the World*),这是对一个文化体系的后果进行了清楚说明的极富戏剧性的例子。

参考文献:

Adorno, T. and M. Horkheimer (1979). "The Culture Industry as Mass Deception." In *The Dialectic of Enlightenment*. London: Verso.

Barthes, R. (1964). *On Racine*. New York: Hill and Wang.

Barthes, R. (1988). *Mythologies*. New York: Noonday Press.

Bourdieu, P. (1984). *Distinction: A Social Critique of the Judgment of Taste*. Cambridge, Mass.: Harvard University Press.

Dimaggio, P. (1983). "Cultural Policy Studies: What They Are and Why We Need Them." *Journal of Arts Management, Law and Society* 13(1): 241—8.

Douglas, S. (1994). *Where the Girls Are*. New York: Times Books.

Douglas, S. (1987). *Inventing American Broadcasting, 1899—1922*. Baltimore: Johns Hopkins University Press.

Fiske, J. (1989). *Understanding Popular Culture*. Boston: Unwin Hyman.

Goodwin, A. (1992). *Dancing in the Distraction Factory*. Minneapolis: University of Minnesota Press.

Gramsci, A. (1971). *Selections from the Prison Notebooks*. London: Lawrence and Wishart.

Hall, S. (1986). "Popular Culture and the State." In T. Bennett, C. Mercer, and J. Woollacott (eds.), *Popular Culture and Social Relations*. Milton Keynes: Open University Press.

Hall, S. (1996). "On Postmodernism and Articulation: An Interview." In D. Morley and K.-H. Chen (eds.), *Stuart Hall: Critical Developments in Cultural Studies*. London: Routledge.

Hoggart, R. (1958). *The Uses of Literacy*. London: Penguin.

Jackson, K. (1996). "All the World's a Mall: Reflections on the Social and Economic Consequences of the American Shopping Center." *American Historical Review* Oct. 1111—21.

Jenkins, H. (1992). *Textual Poachers: Television Fans and Participatory Culture*. New York: Routledge.

Jenkins, H. (1995). "Out of the Closet and Into the Universe." In J. Tulloch and H. Jenkins (eds.), *Science Fiction Audiences*. London: Routledge.

Kellner, D. (1990). *Television and the Crisis of Democracy*. Boulder, Colo. : Westview Press.

Kelly, O. (1984). *Community, Art and the State*. London: Comedia.

Leavis, F. R. (1948). *The Great Tradition*. London: Chatto & Windus.

McChesney, R. (1990). "The Battle for the US Airwaves, 1928—1935." *Journal of Communication* 40 (4): 29—57.

Miller, M. (1997). "Who Controls the Music?" *The Nation*, Aug. 25/Sept. 1, pp. 11—16.

Miller, T. (1993). *The Well-Tempered Self: Citizenship, Culture and the Postmodern Subject*. Baltimore: Johns Hopkins University Press.

Morley, D. (1992). *Television, Audiences and Cultural Studies*. London: Routledge.

Ouellette, L. (1999). "TV Viewing as Good Citizenship?: Political Rationality, Enlightened Democracy and PBS." *Cultural Studies* 13(1): 62—90.

Peterson, Richard A. and David G. Berger (1990). "Cycles in Symbol Production: The Case of Popular Music." In S. Frith and A. Goodwin (eds.), *On Record*. New York: Pantheon.

Radway, J. (1984). *Reading the Romance*. Chapel Hill: University of North Carolina Press.

Radway, J. (1986). "Identifying Ideological Seams: Mass Culture, Analytical Method, and Political Practice." *Communication* 9.

Radway, J. (1994). "Romance and the Work of Fantasy: Struggles over Feminine Sexuality and Subjectivity at Century's End." In J. Cruz and J. Lewis, *Viewing Reading Listening*. Boulder, Colo. : Westview Press.

Real, M. (1989). "Super Bowl Versus World Cup Soccer: A Cultural Structural Comparison." In L. A. Wenner (ed.), *Media, Sports and Society*. California: Sage.

Slack, J. (1996). "The Theory and Method of Articulation in Cultural Studies." In D. Morley et al. (eds.), *Stuart Hall: Critical Dialogues in Cultural Studies*. London: Routledge.

Sun, C. (1999). "Reading Disney." Paper presented at the University Film and Video Association Conference, Aug.

Thompson, E. P. (1968). *The Making of the English Working Class*. London: Pelican Books.

第19章
文化研究之回顾与展望*

保罗·史密斯(Paul Smith)

当我们进入21世纪,对文化研究做一番回顾,追忆它的历史并努力想象一下它的未来,这恐怕是一件十分乏味的事情。首先,涉及对这一领域做出思考,或者考虑文化研究可以由什么或应该由什么所构成,而这些工作在过去的四十年里已经被重复得令人发腻,即使现在还没有出现多少要减少这一活动的迹象。在另一方面,情况似乎是,界定与再界定、回顾与展望这一永久性的事业,已经常常被当作这一领域生命力的征兆,有时还被当作其性质和任务的本质和积极的一部分。因此,它作为一种不断被提出的构成性主张,还是需要关注的。我们经常听说,文化研究就是这个样子,并且这个样子是有价值的,这部分是因为,它并没有停滞不前,而是不断地调整自己以适应新的信息和新的环境。在另一方面,我们可以认为,这种变化不定的状态与这一事业的本质性力量相比,更像是一种混乱与不确定性的征兆。此时此刻,这一领域如同其历史中先前的情况一样,没有人真正懂得文化研究现在是什么,它将会是什么,乃至它现在在何处,将来又会在何处。

同样还要冒着更多这样令人厌烦的老调重弹的危险,既然在某种程度上,这一章尝试和埋葬文化研究——至少是目前摆在我们面前我所看到的文化研究,以及它的一些核心主张,或最经常被重复的虚夸——那么这里所要做的事情恐怕也会稍显莽撞。由此看来,由于我将要围绕文化研究的话题试图做出一些建议甚至是劝诫,本章的内容因此可能也会稍显狂妄和自大。在讲述过程中将话题牢牢地控制住也会有几分困难,这至少部分上是因为我本人的历史,它——如果不是体现出——强调了文化研究在英国和美国之间的脱离和断裂。我虽然在英国文化研究的理路中接受教育,但在美国度过了将近二十年的时间,先是在美国第一个大学本科文化研究课题组(在卡内基·梅隆),近来又在最早的一个博士课题组(在乔治梅森大学)。如今回到英国,对于这里的文化研究可能已经生疏了许多,观点和视野也带有地方性的褊狭色彩。但是在我看来,文化研究仍然最重要的潜力即是,它承诺一种知识的努力,并且公开声称对当代文化和社会有着政治塑造的功能,正由于此,冒所有这些风险似乎都是值得的。

---

* 本章第一次发表于蒂莫西·贝弗斯(Timothy Bewes)与杰里米·吉尔伯特(Jeremy Gilbert)合编的《文化资本主义》,伦敦:劳伦斯与威沙特出版社,2001年。

真正文化研究的爱好者无疑会注意到,我文章的标题提到了——或者不如说几乎一字不差地重复了——斯图尔特·霍尔一篇更为著名的著述的题目,那是他最初于1989年的一次谈话,于1992年发表在《马克思主义反思》(Rethinking Marxism)[1]一书中。当然,霍尔的著作处处被视为对文化研究具有重大意义,并且在许多方面一贯都被认为具有权威性。我不想与这种评价进行争论,而是想利用这篇特定的文章继续探究一些问题,这些问题不断在当代的文化研究中引起争论,也就是,政治与文化之间的关系。为了探讨这些问题,我将从对霍尔的文章进行怀疑式的阅读开始。

在霍尔本人对文化研究历史的回顾中,他提出的观点是迄今为止几近于经典的版本。但是就我此处的目的而言,这一历史也有相当的象征意味:在对其进行症候性的阅读之下,显示出一些文化研究一直在进行并且仍然在进行的奇特的策略和离奇的骤变。霍尔提出,起初,文化研究处于与实证主义的社会科学各部门相对立的状态,而那些部门过去仅仅将各种文化视为由抽象的规范和价值构成的分析系统。文化研究同样是对人文学科的一种矫正,这些学科长期以来拒绝"为文化命名,更不用说使文化理论化或概念化了"。然后——这也是我想指出的霍尔几次标志性的转移的第一次——接下来他仍然不为文化提供一个精确的定义或概念。或者说,他退回到一种极为模糊的观点之上,可喜的是,文化研究已经将这种模糊性从雷蒙·威廉斯的著作中大量地消除掉了,威廉斯的著作总的来说是令人满意的,其中文化被非常概括地界定为"交流的全部方式……生活的全部方式,大众文化与高雅艺术在此处交汇,权利与知识在此处邂逅……文化进程在此处先于社会变化"。

这是我想要通过霍尔的文章指出的第一点——在文化研究中,对文化究竟是什么的问题,倾向于避免给出特别肯定的定义,或在方法论上提供有启示性的观点。而这里霍尔所体现出的这种模糊性在他努力的核心中并不是唯一之处。例如在另一篇著名的文章《文化研究:两种范式》("Cultural Studies: Two Paradigms")中,他进一步指出,在"当代文化研究中心"(the Center for Contemporary Cultural Studies)奠基性的工作中,并没有发现"任何独一无二的、毫无疑问的关于文化的定义"。"当代文化研究中心"所运用的,是他称之为"各种利益"的汇集,而不是从逻辑上或概念上加以阐明的文化的概念。[2]

这里我想要指出的是,这种对文化研究的核心对象不予界定的决定,已经在研究工作的中心导致了一种多元化的倾向,我们只能以此来描述它。而这种倾向认可了文化研究可以采取多种形式,当然,在这种意义上,它可以被认为是一件好事,尤其是对于那些认为文化研究正好是一个摆脱人们所发觉的一般学科结构之精确性的好机会的人而言。但是,在这一点上看来无可争辩的是,这种不愿为研究的核心对象下定义,已经而且必然暗示出文化研究在方法论和程序上缺乏一致性,并且否认了与文化研究最松散的粘合力。在这里我们可以考虑一下约翰·弗劳(John Frow)最近的一项主张,即,总的说来,文化研究对文化的看法实际上处于一种窘迫的境地,不仅由于其缺乏明晰性和精确的界定,而且在于它无法将其他学科与方法论上的方法恰当地用于文化,譬如那些民族志和人类学传统中的方法。[3]

但是,正如我已经指出的,经常就是这种松散性与开放性,被许多从事文化研究的人长期视作关于这一事业最有价值的东西。可以肯定的是,明确反对文化研究的"整理工作",并且提醒我们在这一领域并没有最终的研究范式的，绝不止霍尔一人。[4] 一些在文化研究中最著名的人物已经提出了类似的主张，他们所基于的理由是，文化研究的各项假定与程序的灵活性，虑及了一种分析上的自由，而这种自由可以灵活地对文化生活不断变化的复杂性做出反应。恐怕这些主张中最有力的一种说法，就见于这一领域最有影响力的选集之一《文化研究》(Cultural Studies)编者的序言当中。在序言中，那些编者反对以任何方式对这一领域进行限制和监管，并且建议一种宽松和开放的知识方法，相当于一种"东拼西凑的大杂烩"(bricolage)的方法。在其全盛时期，"文化研究丝毫不能保证在既定的语境下问什么样的问题才是重要的，或如何回答这些问题；因此，没有任何方法论会被赋予特权，或是甚至不可能绝对可靠和自信地临时加以运用，然而也没有哪种方法论能够被立即排除在外"。[5]

迄今为止，这种立场在这一领域里已经被极大地内化了，以至于几乎形成这样一种信念，即宣称文化研究不需要定义，因为它是反学科性或非学科性的，并且其活力在很大程度上就在于它有能力提供知识自由。诚然，随着争论的展开，任何向"学科化"的文化研究的迈进，都将是在一种话语中对这一课题进行的控制，而这种控制的观念从一开始就被理解为是专制主义的，因而也就以某种方式与文化研究相对立。如此一来，倡导文化研究的开放性、松散性或未完成性的特点，就标志着这是一项彻底解放了的知识工程。

霍尔在他的文章中所采取的正是这种立场，我想引起人们对此的注意，这也是他所做出的第二个转移。先是为文化做了最为模糊的界定，随后霍尔宣称，文化研究由于它自身不确定的定位、灵活的立场和自反性而有其自己的独特之处。可能毋庸争辩的是，这些特点确实有助于确立我们所知的文化研究的特殊性，但是也付出了不可忽略的代价：最好的情况是将文化研究变成一种折中主义的知性努力，而最坏的情况则是使这种知性努力成为无原则性的。这种看法引起了劳伦斯·格罗斯伯格的争论，他坚持认为，文化研究会而且必然始终会受到其外部因素的影响，或者说文化研究工作的性质必然会以某种方式受到现存各种关注的支配。[6] 而这种观点一个明显的问题在于，文化研究恐怕是目前唯一一种这样的知识生产形态，这种形态明确地主张，知识生产的过程在意识形态和历史两方面具有偶然性；那么将文化研究本身置于现有的关注之下而任凭其支配，就是拒绝使它有任何的可能性来突破知识的意识形态建构，而成为霍尔自己所称的"各种有用的知识"。

我把这种略有弹性的方法称为观望式的方法论，同样切题的是，这种方法假定，知识的对象能够自动地显现适合其自身的分析模式，或者说，方法和智力活动能够以某种方式凭空产生，以便应对各种变化着的情况和现象。这样一种观点把对象与知识之间的关系变得神秘化了。这种争辩所要达到的目的就是，个别学者或研究者能够自由地循着他们的研究轨迹而不受学科的束缚。而在我看来，上述的这种神秘化就是要达到这一目的所要付出的高昂代价。显而易见的是，这种方法论上的自由损害了知识结果。

从知识方法的观点看，这一切只为文化研究留下了一条路可走。没有为对象提供任何集中的界定，有的只是一种"临时即兴的"或者仅仅是机会主义的方法论，于是，文化研究只能在它所探讨的主题上来证明自己的合法性。换言之，文化研究所能做的仅仅是成为一个在主题上条理化的研究领域。在这一领域里，选择特定的话题或主题最终变得比选择方法或程序更为重要。这一点在霍尔的文章具有标志性的第三个转移中有所说明。随着他从对程序或方法论问题的讨论转移到主要对主题的关注上,他的这第三个转移也就在预定的时间适时地到来了。在霍尔的描述中,文化研究显然变成了一项有关主题的事业。在这篇特定的文章里,享有特权的主题是种族与族性,它们形成了这一领域的实质性要点。我想强调的是,我指出霍尔的第三次转移,并不是说种族和族性不在文化研究理应考察的对象之内。这里仅想指出,鉴于我这里正在考察的历史和各种假定,看来不可避免的是,这一主题,或者与其十分类似的某个主题,一方面应该作为这一领域半界定性的成分而出现,但是同时又作为它要避开的任何特定的或"整理的"探讨方法。

这并不是说,霍尔对选定主题进行研究的方法是完全陌生的,也不是说他不去做一些概述性的东西,例如简述大家公认的一种文化研究的方法。霍尔为了研究种族问题而诉诸一套基本观念,包括对法农(Fanon)现象学图式纲要和相关的拉康(Lacan)的些许精神分析学的一种可以想见的巡视,以及对弗洛伊德和列维·斯特劳斯(Lévi-Strauss)的旁涉。显然,这些参照点在那本文化研究许多年来一直大力宣传的小册子中是为人熟知的,它们与符号学分析的各种形式相并列,主要源自经由罗兰·巴特传播的索绪尔,它们作为一种普通方法论的标志,在这个领域里几十年来从没有受到挑战。如果想要了解这些参照点植根的深度,只需看一看最近几年里在文化研究的标题下所出版的著作种类就知道了。霍尔轻率地将法农与精神分析相混合,是对自我和他者的一种相当"临时即兴"的图解,而这种混合后来被霍米·巴巴引向了其知识上的各种极端,最近又被凯文·史蒂文森(Kevin Stevenson)变成了最为纯粹的陈词滥调。[7]坚持意义分析的符号学模式,甚至在目前被称为重建文化研究的著作中表现得都十分明显,譬如收集在安杰拉·麦克罗比(Angela McRobbie)《回到现实》(*Back to Reality*)中的那些文章。而符号学模式影响的那种顽固守旧的性质,可能在开放大学新近出版的两本教科书中表现得最为强烈,一本是由斯图尔特·霍尔本人编辑的《表征》(*Representation*),一本是这一领域的初级读本《从事文化研究》(*Doing Cultural Studies*),这本书是围绕着索尼随身听展开并扩大了的个案研究。可以说,在所提到的三个文本中,每一个都采用了一种巴特式的符号学,它们几乎不顾及对这种意义生产模式众多的批评,而更少会考虑可供选择的其他理论。[8]

不论再对我所说的那本文化研究的小册子说些什么,一个显见的事实是,它所包含的上述参照点建构了一个既是折中的又是狭窄的领域,并且,许多年以来,其中最为频繁调用的一些元素,如今由于需要被抽取出来移作他用,而没有对其进行认真的更新和再思考。无论如何,很难将这套坐标夸大为一种几近连贯一致的方法论,即使它对于大部分文化研究者而言具有指导性的作用。面对这种情形,我们很难抵挡米汉·莫里斯(Meaghan Morris)就她所称的文化研究中陈词滥调所做的评论的精确性,而正是凭借这种陈词滥调,那一系列有限而又折中式的理论坐标往往会生产和再生产出一种文化研究的样板性文章,在这种文章中,本质上一样的东西可以用于说明文化生活中的任何对象。[9]

现在我们可以放下霍尔的这篇文章,无论如何我们对这篇文章也许过于紧逼了,尤其是考虑到它公认的图解性质。但是,我从中试图提取的几个要点对我而言,则标志着存在于文化研究中的某一系列问题。如果我已经强调了方法论的问题,这并不是说,我会相当愚蠢地相信,为了重新发现自己,文化研究需要确立更加严格的、在知识上更加连贯的草案与程序。我"确实"相信,也认为,当代文化研究中那些为人所接受甚至是受到赞赏的分析,一直以来都基于错误的假设,即提出某一套主题式分析的问题就是在从事政治,而这种为政并不管你愿不愿意。换言之,同时也概括而言,文化研究的工作似乎经常假定,进行文化分析和评论就等于是从事政治分析甚至是在政治干预。在这种意义上,政治被理解为一种自动的约定,也是某种思维活动必需和必然的表露。接下来,如果存在任何文化研究所声称的那种与现存的在理论或实践中的政治事业之间的关系,那么在面对这是什么样的关系的问题时,我们恐怕不得不认识到,要发现任何这样的关系可能并不是完全受欢迎的。例如,英国目前的文化研究和新工党统治地位之间的关系,这种关系至少可以上溯到"新时代"和对撒切尔主义的批判,它对撒切尔主义称赞有加;[10] 或者澳大利亚文化研究的政策张力与该国对劳工政治的侵害之间的关系;或者美国的文化研究与个人主义的各种形式和身份政治之间的关系,它们与那个共和国历史上反动思想的永久性张力之间有着共鸣。我并不想在这里试图回答这些问题,即使它们是文化研究的确需要提出的问题。[11] 这在下面这种情形下,尤其是在英国,看起来是特别合适的,即文化研究不仅将政治看作理所当然的,而且经常宣称它与一种有机的抵抗政治之间的联系。

也许,同样的情况是,直接的要点就是努力提出一些方法,文化研究借此才可能复兴其关于政治性的理念,或者甚至为这一领域开始草拟一份新的政治事务日程表。或许正在对这种追求发生影响的,是要表明一条前进之路,而在我看来却是一条回溯之路。也就是说,在文化研究过去的某一处,它与马克思主义和对资本的分析有着一种几乎被遗忘的联系,而在我看来,它们应该处于任何对文化进行严肃思考活动的核心。我当然意识到,对于许多从事文化研究的人而言,这样一条建议只能引起他们消极的认可或无聊的叹息,因为,它将会以其字面的意义呈现,即任何关于马克思主义分析之地位的争论,已经让位于实质上马克思主义在文化研究中缺席的问题。

当然,这种马克思主义的缺席,迄今为止已经有着漫长的历史。实际上,在科林·斯帕克斯(Colin Sparks)对文化研究和马克思主义之间关系的描述中,首先提出了文化研究的"奠基者们"相对微弱或怀疑的马克思主义,他们包括理查德·霍加特、雷蒙·威廉斯和 E. P. 汤普逊。即使在 1968 年之后,马克思主义在文化研究中获得了一定的声望,尤其是在阿尔都塞著作的影响下对意识形态的强调,但它只是更为广泛地寻求各种理论工具中的一部分,而且无论如何,几乎立即就被霍尔所采用的葛兰西自由主义和选择性的观点所掩盖了,要不就是被拉克劳(Laclau)和默菲(Mouffe)在他们有影响的著作《霸权与社会主义战略》(*Hegemony and Socialist Strategy*)中所散布的关于葛兰西几乎明确反对马克思主义的观点掩盖了。[12] 我们几乎不能低估拉克劳和穆菲的著作对文化研究产生的影响,尤其是在美国,因为在那里,文化研究者们激烈地抨击马克思主义据说是难以处理的本质论,对于他们而言,围绕着文化研究的这股马克思主义(更多的是想象的而不是真实的)气息是一种尴尬的情形,因为在当时,给某人扣"赤色分子"的帽子而进行政治迫害仍然是一项流行的运动。

不可避免的是,文化研究那种折中主义的趣味对后结构主义这一储藏丰富的理论库也产生了兴趣,并且也毫不费力地采纳了后结构主义对马克思主义的扬弃。只要看看近来文化研究的各种元评论性著作,例如论述这一领域当前状况的文集《可疑的文化研究》(Cultural Studies in Question)一书,就知道这种扬弃几乎是完全而彻底的。[13]这本书中,在十几篇被认为是最为犀利的文章中,马克思主义很少被提及,并且即使如此,它也只是作为一种历史的好奇心而被提及(例如,有关意识形态的理论)。甚至是尼古拉斯·加纳姆(Nicholas Garnham)(他长期坚持政治经济学对任何文化研究的重要性,但这种坚持在文化研究内部已经被或多或少地忽略了)和杜·凯尔纳(Doug Kellner)(论述政治经济学对于文化研究的价值)在关于什么才是马克思主义的分析工具进行激烈争论之时,他们的文章似乎也感受到了一种拘束,更不用说提及带有"马"字的词语了。

在文化研究中,标准的或最经常被重复的对于马克思主义的反对,恐怕就是那种认为马克思主义既是"简化论的"又是"经济决定论的"双重观念。尽管现在已经又加了一点,即认为马克思主义对阶级立场的强调,必然把对主体性的其他形式尤其是种族和性属的充满活力的研究排除在外,但以上那两点现在仍然是贬抑马克思主义的捷径。这些主张大部分仅仅是矫饰浮夸的,就我而言,它们指向了一种我几乎根本不能理解的马克思主义;但是无论如何,这种马克思主义要远逊于其他的马克思主义理论和分析。当对马克思主义的指控是从一种话语的内部做出,而这种话语明显地甚至已经无法开始思考文化过程内部决定论的问题,那么这些指控无论如何看起来是特别有问题的。而这甚至不顾来自文化研究的"奠基者"之一雷蒙·威廉斯的激励,他在著作中始终坚持需要建立"不同行为之间真正的决定论的秩序。始终存在着一种决定论的秩序,这是无可置疑的……这是认识各种真正不同的社会秩序必要的理论基础"。[14]

在文化生活内部对决定论的理解,和对过度决定论(overdetermination)的层次的理解,其实只是文化研究所生产出来的知识中许多巨大的鸿沟中的一条,却是重要的一条。我不记得有哪个文化研究的文本曾专门反对威廉斯提出的"必要的理论基础";而这可能是因为一旦马克思主义经济决定论的幽灵升起之后,通过决定论问题来思考的仅有的可能性就消失了。甚至更为紧要的是,文化研究中分析的缺失,认可了对于那些在主题上经过特殊选定的、或多或少彼此间孤立的文化要素的处理,或者说,至少作为离散的实体,它们的语境关系与生产模式之间没有重要的联系。否则,在极端的情况下,这样一种缺失,认可了一种就各种文化对象或事件而进行的解读工作,那些对象或事件在实质上作为"文本",与它们产生的场所或条件没有任何必然的联系。

我所指出的,正是弗雷德里克·詹姆森在他对文化研究所做的谨慎的、轻描淡写的,但最终十分严厉的苛责中已经注意到的,也就是:文化研究趋向于回避经济的以及整个决定论问题,而从此达到他所宣称的"一种直率的就事论事的无政府主义态度"——这种批评与约翰·克拉克(John Clarke)更加响亮地称之为在文化研究内部"废除对象"本身相似。[15]从与对象相关的那种无政府主义或虚无主义的立场看那时的分析是什么样子的,一个明显的例子可以从我早先提及的一本书中找到,即保罗·杜盖伊(Paul du Gay)的教科书《从事文化研究》,在这本书中,所有的经济问题都变成了仅仅是对象的语境化,所有的决定论问题都被视为是难以想象的而被拒绝。换言之,对于这类著作而言,那些显然属于政治和经济因素的作用,只可能是工具性的——政治经济因素可以有助于提供对对象之独特性的"解读",但决不能形成一种对对象本身逻辑的解释。在这一案例中,对象是非常成功的商品索尼随身听,但人们并未认识到,它在商品的整体流通中的作用,就是它作为对象身份的至关重要的一部分。下面这种看法,即认为对象本身的表达逻辑最终可能只是政治经济逻辑的一项功能,这种想法总是被认为不值一提。

和我相比,约翰·弗劳最近以一种更加有序、平和的方式,提出了一些我在文化研究中正要指出的问题。他认为,我现在批评的那类著作,以及它们对意义生产而不是商品生产的强调,将始终与那种强调文化的政治经济因素的著作存在一定的距离。实际上,弗劳认为,文化研究作为一个领域由于不能调和它的这两种方式而处于一种僵局。他的态度似乎值得完整地引述如下:

> 没有任何简单的方法(除了直截了当的简化论)来调和下面两者,即从方法论上专注于对文本的生产性研究,以及从方法论上专注于对(资本主义)制度的生产性研究。这两者不是互补性的,而这种张力的效果是一种必要的不确定性原则。两种立场都是"正确的",但却无法用一种单一的观点来调和它们。因此,出于同样的原因,要详细地阐述一种"正确的"立场,就不能按照释义来进行与之相对的另一种分析。[16]

在我看来,弗劳这里的观点有些悲观。提出一种文化研究的分析模式,使它能在意义和主体性的生产与商品的生产之间建立起联系,这似乎并不是完全或必然不可能的。重要的一点是,要能够思考和分析存在于生产的不同层次之中和之间的各种决定性过程。这至少意味着一种一致的意见,即不可能将任何一种文化形式或任何一种文化产品或事件当作独立存在的。相反,文化现象是在一种整体的逻辑中被发现(当然是一种就它所有的对立面而言的整体),而远非独立自主的文本。以这种方式来思考任何对象的任务,在传统上归于马克思主义的范畴,而马克思主义对于包括文化的、社会的、政治的和经济的领域在内的所有领域的关注,依然构成了一个比所谓的文化研究的模糊性更高级和困难的工程,而文化研究似乎已经避开了这些困难,而宁愿缺乏一种以某种方式逐渐将自身视为是彻底民主和解放的严密性。

最后,文化研究还没有成为一场激进的知识运动,它还没有颠覆学科、重组知识、不断质问自身及其方法、向超越于学术界的充满生机的政治区域拓展,以及向公共领域发言。如果我们坦诚而言,它真的还不是那些当中的任何一个。当文化研究忽略了马克思主义时,它从来无法弥补它在自身当中造成的裂隙;还没有其他可行的理论形式来进行马克思主义过去曾做的那种工作,以及文化研究始终声称想要做的工作。现在,恢复与马克思主义相关联的那一整套理念和方法,并不能将文化研究变成马克思主义"本身"。但是它将意味着文化研究不再对马克思主义理论持反感的态度,这种反感的态度已经把文化研究带入无数的死胡同和危机中,妨碍它实现其最好的知识和政治抱负。

(史冬冬 译)

注释:

[1] Stuart Hall, "Race, Culture, and Communications: Looking Backward and Forward at Cultural Studies," *Rethinking Marxism* 5(1) (1992): 10—21.

[2] Stuart Hall, "Cultural Studies: Two Paradigms," *Media, Culture and Society* 2(2): 57—72.

[3] J. Frow, *Cultural Studies and Cultural Value*, Oxford: Oxford University Press, 1995.

[4] S. Hall, "On Postmodernism and Articulation" (an interview edited by L. Grossberg), in D. Morley and Chen Kuan-Hsing (eds.), *Stuart Hall: Critical Dialogues in Cultural Studies*, London: Routledge, 1996.

[5] L. Grossberg, C. Nelson, and P. Treichler (eds.), *Cultural Studies*, New York: Routledge, 1992, p. 2.

[6] See L. Grossberg, "Cultural Studies: What's in a Name?," in his *Bringing It All Back Home*, Durham, NC: Duke University Press, 1997 [1995].

[7] See H. Bhabha, *The Location of Culture*, London: Routledge, 1994; K. Stevenson, *The Transformation of the Media: Globalisation, Morality and Ethics*, London: Longman, 1999 (especially the final chapter on the Rwandan genocide).

[8] See A. McRobbie (ed.), *Back to Reality? Social Experience and Cultural Studies*, Manchester: Manchester University Press, 1997; S. Hall (ed.), *Representation: Cultural Representations and Signifying Practices*, London: Sage/The Open University, 1997; P. du Gay, S. Hall, L. Jones, H. Mackay, and K. Negus (eds.), *Doing Cultural Studies*, London: Sage/Open University, 1997.

[9] M. Morris, "Banality in Cultural Studies," Discourse 10: 3—29.

[10] This point is made more fully in my *Millennial Dreams: Contemporary Culture and Capital in the North*, London: Verso, 1997, pp. 152—7.

[11] More along the same lines will be found in my forthcoming *Cultural Studies: a Manifesto*, Minneapolis: University of Minnesota Press, 2001.

[12] C. Sparks, "Stuart Hall, Cultural Studies and Marxism," in Morley and Chen (eds.), *Stuart Hall*. Perhaps Hall's most productive use of Gramsci is in "Gramsci's Relevance for the Study of Race and Ethnicity," in Morley and Chen (eds.), pp. 411—40. See too E. Laclau and C. Mouffe, *Hegemony and Socialist Strategy: Towards a Radical Democratic Politics*, London: Verso, 1985; and my critique of it along these lines, "The Secret Agent of Laclau and Mouffe," in Miami Theory Collective (eds.), *Community at Loose Eds*, Minneapolis: University of Minnesota Press, 1991.

[13] M. Ferguson and P. Golding (eds.), *Cultural Studies in Question*, London: Sage, 1997.

[14] R. Williams, *Towards 2000*, London: Chatto and Windus, 1983, p. 15.

[15] F. Jameson, "On 'Cultural Studies,'" *Social Text* 34 (1993): 45; J. Clarke, *New Times and Old Enemies: Essays on Cultural Studies in America*, London: HarperCollins Academic, 1991, p. 25.

[16] Frow, *Cultural Studies*.

第20章
亲密接触：运动、科学和政治文化

C. L. 科尔（C. L. Cole）

近来体育运动在其特征方面发生的变化，它在经济中的重新定位，以及它改变之后的物理存在，这些似乎正在引起越来越多批判性学者的注意。例如，在《富裕的媒体，贫穷的民主》（*Rich Media，Poor Democracy*）一书中，罗伯特·麦切斯尼（Robert McChesney）（1999）就突出强调了体育运动作为关注的焦点以及它在晚期资本主义媒体扩张中广泛的作用。事实上，麦切斯尼认为，体育运动"按理是全球媒体行业最有利可图和令人满意的一个领域"（p. 95）。与此相关的是，《幻象城市》（*Fantasy City*）一书的作者约翰·汉尼根（John Hannigan）（1998）将旅游、体育和娱乐确定为重塑新型都市经济最主要的力量。无疑，体育在当代都市美国的无限发展计划方案中有着多重的地位和作用。但是，显著的地位并不必然导致更深刻的学术洞察力或学术宽容。

实际上，作为反智主义的体育运动，其牢固确立下来的流行的模式化观念，是学术界难以动摇的。简言之，在一种尊敬与令人满意的领域相连的语境中，体育根本不是赢利性的。那种对体育研究持怀疑甚至是强烈反对态度，其背后原因恐怕也是人所熟知的：心智与身体的分离，与此相关的对身体的贬低，劳动的理论分工。但是我们如何解释在一个领域内对于体育事务的圈定，而这一领域以另外的方式成功介入学术界对大众事物的偏见之中？一些在体育运动研究领域（例如体育研究和体育社会学）从事研究的学者，当他们进行一种体育运动的文化批评时，尽管有着趋同的利益，那些从事一种更加主流的文化研究的人（我的意思是说更加著名和权威的）却一直不愿意越过体育研究的界限。当然，文化批评家对体育话题的习惯性回避，需要结合围绕体育而产生的大量的忧虑来思考。

鉴于以上情况，兰迪·马丁（Randy Martin）和托比·米勒（Toby Miller）（1999）二人在他们为《体育膜拜》（*SportCult*）一书所作的序言中表明，"对于体育的拷问，引出了大众文化是如何得到研究的这样一些问题"（p. 9），也就没什么好惊讶的了。而不曾预料到甚至非同寻常的是，他们针对与体育相关的学术研究的效用进行了打赌。马丁和米勒声称：

> 在运动竞赛的比赛和工作中，与身体的紧密接触，承诺不仅有助于我们对体育运动本身的规范和范围进行重新思考，并且对实践的和大众的概念进行再思考，而它们在文化研究当中是从更广泛的方面被理解的。（p. 1）

在将体育运动的潜力转化为介入文化研究传统的知识这一过程中，马丁和米勒不是将运动形成独立分散的概念，而是将其概念化为一种场所的增生以及一种问题，而这松动了统治人们思维方式的对事物的明显整齐的划分。他们坚持，运动能够将常规中不相关的事物联系起来：社会科学与人文科学，色情与暴力，正义与身份，价值与认同。他们认为，运动给奇观社会中所表述的主动/被动的观者带来了困扰；其运动的复杂性使地缘政治学（并存与分散、加强和挑战地方的、国家的、全球的和个人的倾向）也变得复杂；运动持续的显著性对日常生活的组成部分（扩大文化政治的领域）进行质疑。

恰好，埃尔斯佩思·普罗宾（Elspeth Probyn）（2000）对相似的紧密接触做出了类似的断言。她并不提倡一种典型的文化研究，但也是为运动身体概念上的能动方面进行辩护。对于普罗宾而言，正视运动的身体，潜在地替代了现在传统上"规训的或超越规训的"分界这种驯服的倾向，而这一分界统治着身体研究与性别研究之间的区别。因此她表示，运动身体潜在地介入到一种有限的权力建构中，这种权力建构支配着一些成对出现的问题。像马丁和米勒一样，她把运动身体视为一种重新开启联系的方式，复兴那些"作为社会学对象的身体的混杂特性"。

在很大程度上，普罗宾的打赌是由运动的恶名，更准确地说是它"对人类活动生动的、'可耻的'方面的坚持"引发的（p.13）。基于近来对羞耻/自豪的心理情感研究（例如：Sally Munt, T. Scheff, Eve Sedgwick），普罗宾考察了运动在他们日常联系中隐含的意义。通过关注竞赛——运动中最具有公众性但被忽略（在社会学叙述中）的维度之一——她将羞耻与具体化之间的联系置于前景中：

> 如果对于羞耻的感触激起竞争的动力，情况可能是，运动与身体的某些部分联系在一起，而对具体化的分析则已经从身体上避开了……顺着几位文化理论家的提示，很明显的是，作为一种肉体上的情感，羞耻可以潜在地将注意力集中在作为一种联系载体的身体上。作为一种经常感到羞耻的存在，运动身体从根本上与阶级和种族事务联系在一起，而它的联系方式则会让中产阶级的感情感到尴尬。运动身体同样也会竞争，使我们想起自豪、羞耻和肉体情感的内心动态，其方式在大量的女性主义和文化分析当中已经显著地缺席了。（p.14）

为了举例说明，普罗宾将人们的注意力引向盖伊·盖姆夫妇（Gay Games），尤其是他们的话语建构。自豪是盖姆主要的阐释方法；个人最好的东西，并且分享他们主要的价值观；同时竞争从表面上被置换掉了。普罗宾主张，在混合中，那些种类范畴提升了那想要极力否认羞耻的快乐生活的本体论。因此，盖伊·盖姆夫妇伦理的和辅助性的基础论述促进了它们功能的标准化、商业化、消除性别与政治，以及关于人权的问题。这样做，盖姆夫妇参与了他们表面上反对的权力建构。普罗宾认为，这种动力并不是盖伊·盖姆夫妇所独有的，而是对现代的运动都重要的。

为了充分发挥她的观点，普罗宾对一位中国国家运动员桑叶（Sang Ye 音译）进行了一次访谈，并且对此进行了思考，这次阅读突出而不是忽略了竞争和羞耻。他通过强调比赛失败的后果和羞耻来"确定那无法言说的东西"。后来他说明体育运动的道德立场所带来的重负，指出用来提高比赛成绩的药物实际上是创造人人机会均等场面的一种方法。普罗宾为洞悉一种魔鬼式的机制提供了证据,西方正是通过这种机制宣称一种"公平比赛",并将此作为它最为珍视的理想。通过询问"竞争和羞耻的事实"是否"属于他者的范围领域",她使人们注意到运动的身体与深入其中的国家的现代发展、性别/性属和种族之间复杂的关系网络。

现代运动身体

大量包含了产生于运动研究的知识的文化研究,已经开始关注一些与现代变革相联系的常见主题:现代国家的形成、工业化、都市化、殖民化以及社会阶层化。例如,约翰·哈格里夫斯(John Hargreaves)(1987)考察了现代运动在一个英国人的自我教化中所起的作用,尤其表明运动是如何将社会分层合法化的。理查德·格鲁诺(Richard Gruneau)和哈格里夫斯对于国家、训练性的活动比如运动、社会进步和工人的身体彼此之间的关系进行了思考。在让·哈维和罗伯特·斯帕克斯(Robert Sparks)对法国单一民族国家形成的研究中,他们描述了体操的功能和现代公民的形成。哈维和斯帕克斯认为,对于现代运动的阐释,必须研究"一些关于身体的政治身份的问题……以身体去满足的政治目的,以及用以保证那些目的的政治手段"(p. 164)。然而,恰恰是这些关系的复杂性塑造了身体、运动和政治的关系,而这正是运动研究中所缺失的,也是马丁、米勒和普罗宾所要唤起人们注意的。

在他们的概念化的努力中,马丁和米勒对运动在将身体集合起来并加以整理挑选中所处的位置进行了貌似简单的评论。描述那些共同点和不同点背后的各种力量,两者中所包含的多元的权力关系,以及它们所付出的努力,这些是对运动进行文化研究的认识论要求之一。如普罗宾所言,这样一种研究要求我们考察运动的伦理范畴,扩而言之,甚至要对国家和科学的伦理范畴进行考察。实际上,它要求思考以运动契约的名义调动起了什么,这是它自身所凭靠的,另外,它引起了"人类"的一种本体论和认识论。

思考由"出色的表现"所引发的"怀疑",那高超表现的运动表面上宣称的目标。这样的表现成绩并不仅仅被宣布为突破,并且通常促使我们想象是什么和由谁来负责这种成绩的来源(药物隐蔽的手?科学?国家?)。形象化的策略(例如药物测试和性别测试)并没有引发关于天赋(例如自我/他者,自由意志/强迫意志,人/机器,男人/女人)界限的争论,而是控制了天赋,扩而言之,控制了运动的理想编码。比较起来,当只有一小部分人直接受控于生命运动的监督策略时,科学的视觉体系举例说明了鼓励我们与运动身体相关去"阅读"和定位我们自身的日常方式。因此,作为运动的伦理立场的体育精神,是一种与现代范畴、科学化和生物学紧密相连的阐释工具。科学、生物学和运动,并没有揭示出谁已经存在,它们是在非常独特的政治语境中形成,而不管那些运动身体是否会偶遇狂热和愉悦、忧虑和恐怖或者这当中的某种结合。

带着这些联系,我着重讨论两起以不同方式凸显现代运动视觉的结果的事件,这种结果就是,在我们所想象的各种孤立的运动空间中,控制和塑造身体与身份的各种无形的权力。更为明确的是,我设法说明运动是如何与生物学和政治的要求紧密相连的,这些要求是关于社会正义和经济不公正的,以及由国家形式甚至是跨国形式统治时期所保持的效力。对于这些事件的讨论,是基于这样的要求:对于一般的文化研究,尤其与运动相关的文化研究而言,政治理论、科学和技术研究是重要的。

亲密接触 I:奥林匹克剖析的界定

1968年,国际奥委会(IOC)实施了一项政策,要求所有参加奥运会的女运动员事先必须通过一项"性别测试"(sex test)。从那时起,国际奥委会运用各种诊断技术,从外部视觉、探测性妇产科医学到染色体—口腔涂片标本和基因扩大,来确定一个运动员的女性性征。尽管已经对通过测试的标准做了修改,但国际奥委会似乎已经从染色体的角度对性别做出了界定,扩而言之,也是为了确保比赛成绩的真实性。常识认为科学只不过是为性别提供证明,而性别测试简单而直截了当,然而在性别测试的叙述中却出现了各种界限的人:食用药物的运动员、类固醇的男性/女性、兼具两性特征者、跨性别者、超强健的女性、超常态的女性、无辜的受害者、共产主义运动员、晶胚和母性身体。尽管性别测试造成了极度的复杂性并且形成了复合型知识,但对性别测试的学术批评却再三地关涉测试是否应该继续的问题。奇怪的是,赞成和反对测试的争论都取决于并暗示出从外部思考的难度,以及从历史的角度定位那熟知的决定运动和性别差异的术语生物学和平等的难度。

在对马丁、米勒以及普罗宾所设想的关系进行分类时,我回避了那些流行的赞成或反对的争论,而是集中关注一个特定的视觉领域——奥林匹克的性别测试(包括决定测试的条款)由此而获得意义:20世纪50年代美国的冷战。引进"美国"作为一个分析的范畴,这对于说明性别测试时几乎完全消除国家的语境而言,是一种干预和介入,并且正如我所指出的,它阐明了共产主义运动员的性别生产,作为一种应付美国那种有关民主的忧虑。

美国的视觉范式

直到1952年的奥运会之前,苏联的体育运动在美国都是通过如临大敌般的语言在讲述。从苏联宣布他们的奥运计划那一刻起,美国表面上模糊的回应(用难堪、猜疑和谴责的话来表达)就是断然的拒绝。主要的媒体报道突出强调了苏联对于自己运动技艺和实力的自夸,并且经常包含对苏联故意违反公平竞争的半详细的报道,甚至伪造最终的比赛结果。苏联的要求不仅被当作不可靠的而被拒绝,并且被视为过度竞争、欺骗和漠视规则,以此来推动他们的扩张主义策略。

对苏联体育的回应所生发的种种问题——这与苏联帝国主义的威胁是分不开的——在主题方面是不断地以事实为基础的。实际上,理查德·B. 沃尔什(Richard B. Walsh)(国际信息

和教育机构总干事)以宣布美国对事实真理的普遍承诺,开始他1951年的演讲《国际比赛中的苏联运动员》:

> 为了面对和打击这些(苏联的)谎言,美国政府在私人团体的帮助下,大大加强了它的讲真话计划。大体上,我们的努力获得了成功。通过新闻、广播、电影、海外信息中心以及人们的交流,我们以空前的规模在讲真话。迄今为止我们做得很好。(p. 1007)

美国的真话主张依赖两个信念:一是体育精神以及体育精神所要求的,二是苏联与美国之间的截然对立。对什么将成为国家感情做出回应之后,沃尔什最后做出结论:"我们不能期望比美国的体育精神更好的了,因为体育精神就是有效的民主。"

在他的开篇和结尾的声称之间,沃尔什系统地列举了苏联人的欺骗、他们利用体育作为宣传以及拼命要赢的种种事例。他不顾最后的奖牌总数,使他的听众确信胜利属于美国,因为"体育精神深深地植根于我们国家的传统当中"。沃尔什将体育精神确定为美国公开宣称的政治承诺的一种最要紧的简单表述,并且认为,共产主义和体育运动之间存在着内在的矛盾,两者受控于不相适应的逻辑和不可调和的价值观。奇怪的是,沃尔什从来不直接讨论他演讲的主题——苏联的运动员,尽管他有力地表达了体育精神背后的逻辑。这种表达表明了体育精神作为一种国家幻想的技术所发挥的作用:它联结着具体化与政治文化、操行、身体表现和道德优越,并且产生出被称为共产主义的运动员。作为有效民主的一种产物,共产主义运动员在陶醉于对美国和美国运动员的身体的想象上,起着至关重要的作用。

有效的民主:共产主义运动员

1952年,美国的报纸和杂志,包括《美国新闻和世界报道》(*US News & World Report*)和《生活》(*Life*),提供了关于苏联运动员的报道和图像。动力,理所当然地成为芬兰奥运会上苏联运动员字面的(和比喻的)外观,以及由于早先对苏联的描述而产生的对它明显违规的期待。在大标题"斯大林'铁幕'下的运动员"的下面,《美国新闻和世界报道》概括了苏联体育叙述中的关键特征:孤立和保密,国家许可之内的互动,违反业余爱好者规则,运动员的政治教化,对西方生活方式所带来的愉悦的敏感,以及严格的细察和管理。尽管性别差异对于当时的报道而言是次要的,但是那张掷铁饼运动员尼娜·敦巴泽(Nina Dumbadze)的照片中的文字说明:"一个俄罗斯特产:苏联的彪形妇女",暗示出所要强调的重心。

《生活》对苏联运动员的报道似乎采取了一个不同的角度。文章开篇的图片(美国运动员吉姆·富克斯[Jim Fuchs]以赞赏的眼光注视着尼娜·敦巴泽)暗示出,甚至是国际政治的力量都不足以克服事物的自然秩序。当性别差异使得一种"普遍的人性"变成显而易见的时候,本性、人性和异性恋并没有否认国家,也没有使国家变为无形。然而,当视觉图像再三地将注意力集中在同一性上时,可以想见,美国人对需要看到差异的忧虑是明显的。《生活》的评论以同样的方式,先是坚持维护,紧接着抹去,先此后彼,处理了同一性和差异性之间复杂的张力。

最终,苏联的制度在杂合和模仿的双重威胁中得到了描述。苏联运动员的照片上面并没有苏维埃国家明显的痕迹,它们被描述为国家所许可的理想化身体的表现,被转化为美国人身体的扮演。总之,美国人的身体代表了生命本身的记录,是活跃性和自发性的原点。最后,是一张苏联田径运动员塔马拉·普雷斯(Tamara Press)的照片——经过剪切之后更突出她女性的肌肉组织(用《生活》的措辞,就是她"坦克式的身段")——强调了苏联的试验,如果不加以控制,将要继续生产的那种突变异种。作为苏联极端过度的一个标志,这张图片令人想起文章开篇的那张图片(表达了美国关于承认自然天赋以及异性恋饱受争议的自然依据的忧虑),同时也对身体的完整性发出质疑。至少在接下来的20年中,塔马拉·普雷斯将成为美国人心目中代表共产主义女性特质最著名的人物。事实上,她决不会在测试中失败(她在性别测试要求之前停止参赛),而只会提高她在美国幻想中的地位。

美国人的骄傲:性别差异

1964年,《生活》杂志以十页的篇幅刊登了题为"我们优雅的奥林匹克姑娘们"的照片文章,突出展示了美国女运动员们的特征。标题中的所有格代名词将运动员的女性们定位于国家文化的一部分,并且将她们的身体视为与社会、国家、性属和美国身份相连的意义和价值观的标识。简言之,在对这些身体的描述中,它们是在各种约束之外自由的、独立自主的存在,不存在混合的能指和边界的侵犯。雄性、力量和肌肉典型的能指,通过姿态、衣饰、照相的镜头视角、距离和背景被隐藏起来了。通过优雅、愉悦和轻而易举的姿态和断言建立起共同的对称和比例,在此之上个人主义得到了维护。一连串的艺术姿势、重复性的流动以及节奏分明的线条和外形,表明同一性、一致性和连贯性就是最为紧要的。出现在封面上的人物、亚利桑那州的跳水运动员巴巴拉·塔尔梅奇(Barbara Talmage)意味着天使般人物和邻家的(郊区)女孩。

两年之后,《生活》刊登了一篇文章,以截然不同的语气解释对即将来临的性别测试的需求。对虚假、模仿和杂合的谴责似乎取代了1964年叙述中那些明显的术语。《生活》杂志带着如果女运动员果真都是女性这样的询问,将猜疑、冒名顶替和变性手术的叙述推到了前台,并且附带着扭曲身体的照片(俄罗斯运动员塔马拉·普雷斯和她的姐妹是具有这种畸形特征的其中两个)以及在此前和此后提供(性别的再指定)手术的图片。在这一报道中明显缺失的是,美国对于这些姑娘的所有权:这些是他们的奥林匹克姑娘们,必须保护美国的姑娘们不受那些姑娘的侵害。这样,像1964年那篇文章一样,这些杂合的身体是国家文化工业的一部分,而国家文化工业通过历史特定的规范性属理想而达到团结一致和国家骄傲。

1976年,美国国家广播公司(NBC)通过区分在蒙特利尔奥运会(这是1972年慕尼黑大屠杀的结果)上实行的安全措施和围绕性别所展开的安全措施,欲夸大当时大家熟知的威胁。在这篇报道中,性别安全被迅速转化为一个国家安全的问题:当照相机抓拍下其他一些惹来麻烦的身体时,美国观众遇到了两个美国郊区的游泳运动员,他们对性别测试所确保的比赛公平性表示感激。这种逻辑还以另一种形式出现在1974年国家广播公司的一则新闻片断中。它把焦点放在解放、郊区的姑娘和田径上。在一个表现郊区生活方式和女性解放运动相互支持的叙述性语境中,引入塔马拉·普雷斯这一因素,从而来破坏郊区姑娘想要参加田径比赛的愿望。当这一叙述表面上似乎在庆祝姑娘们田径的解放时,它实际上由于种族、异性恋以及在嬉戏和正式比赛之间的区分而复杂化了。非洲裔的美国青年被视为正式的运动员(没有受到塔马拉·普雷斯的影响),可以继续他们的跑步事业,甚至是在郊区的姑娘已经逐渐长大而不再有异性恋之前那种嬉戏的爱好之后,仍然如此。事实上,这一叙述支持了美国市郊社群的理想和前途。

冷战时期,美国对女性运动员的批准和认可基本上依赖于共产主义运动员。苏联人的身体,作为忧虑、推测、空想所要投射的幻想性空间,最终是想象美国人身体和美国权利运作的一种手段。当美国人被邀请去理解明显违背性别差异、不具备民主的非美国人的身体时,同时也需要他们通过国家的女运动员及其身体在美国民主中的位置,来想象一种在全国范围内许可的与市郊化紧密相连的女性气质。作为一种市郊化的标志,女性的运动身体被一种空间的政治,以及与工作、消费和性别在种族上的编码和性属的形式相关联的允诺和愿望所穿越。也就是说,身体成为一种机制,通过核心家庭、可靠的工作和家庭主权的意识形态来塑造身份和行为。危害更为隐蔽的是,身体植根于并且提出一种虚假的纯洁、自治与自足。换言之,当美国政府直接(抵押和赋税优惠)和间接(联邦政府为自来水和污水设施提供资金)地为战后的郊区提供财政援助时,通过为获得贷款资格而进行的种族整理与分类,以及什么算和什么不算政府支持,从而完成了一种虚假的自治。它同样陷入一种郊区轨迹的多方效应当中,把优质生活与基本生活条件等同于消费和到市中心的距离。

尽管很难想象国家许可的女性运动员与美国对NBA(下面的例子)的反应有大量的相同之处,但是那些维持市郊化的更广泛的文化和经济机制,正在为20世纪80和90年代在全国市中心区的体育运动的形成,尤其是篮球,创造条件和环境。

亲密接触Ⅱ:城市剖析

美国在20世纪80年代对NBA球星中非洲裔美国人的接受,是与它对"城市美国的现实生活"的集体迷恋联系在一起的。通过科学和政府报告、新闻报道、广告(包括耐克的Just do it和罗纳德·里根的Just say no运动)以及时代叙述的到来而获知的这一国家城市生活的文化水准,依赖于毒品、家庭、暴力、犯罪和体育运动的拱形主题。凭借某些NBA球员而在传播中获得独特权威的类型,当其提供了关于美国进步、包容与文化多元这样的形象时,也就确认了什么和谁才是"城市问题"(urban problems)。因而,在城市美国中,NBA形象的流行和现实生活并不是纯真的文化热忱的表达,而是美国想象的纯真的表达。

美国的二分组合:体育运动/犯罪帮派

在 20 世纪 80 年代,在市中心兴起了两个截然不同而又疏远的类别:体育运动与犯罪帮派。尤其是通过美国所谓的毒品之战,城市的黑人男性通过一条基本的分界线形象化地呈现出来,这条分界线区分了两种个体:运动员(由城市的篮球运动员来代表)和罪犯(由帮派成员来代表)。在这个二分组合中,体育运动同时又被描述为:蕴含着传统价值,一种能够带来健康而有价值的生活实践,它使 80 年代市中心的一代人与此前的一代区别开来,同时这种实践也决定着美国的市中心区实现其理想化的承诺。而帮派成员的越轨行为,则是通过违背职业的道德伦理、触犯纪律、病态的贪婪、强制性冲动以及不可理解的暴力来想象的。在对运动与帮派的叙述中,各种帮派被描述为是什么以及是谁要为市中心体育事业的衰落而负责,扩而言之,是主导城市美国的社会的衰落、无序以及各种形式的暴力。

虽然这种变化并没有立即变得显而易见,然而运动人物与帮派人物却通过与国家紧密相连的第三个因素——核心家庭——结合在一起。体育运动与犯罪帮派,对于黑人青年形成他们的肉体倾向而言是两种明显的表达方式,这两者成为所谓失败的黑人家庭(著名的福利母亲,缺少一个授精的黑人男性)想象中的替代物。当教练代表着被许可的父亲—孩子的关系时,体育运动则被认为对于社区的生产和安宁而言是必不可少的。"失败的黑人家庭"与体育运动/犯罪帮派的二分组合占据了同样的象征性空间:两者都对市中心发生的贫困和暴力做出解释。换一种表述方法就是,两者都力图取代各种复杂的力量(与后工业化和里根时代社会计划的撤资相关联的失业和贫困),正是这些力量因素形成了原已脆弱的人群他们的生活状况。通过体育运动/犯罪帮派的二分组合,以各种肉体身份对物质条件及其结果进行了重新划定(分类、形象化与精炼化)。身体的重新划定为把参与体育运动或参与犯罪帮派减少到一种对存之真(truth-in-being)的表述和个体的选择提供了一种似乎有理的解释。

总而言之,体育运动/犯罪帮派的二分组合在公共服务的公告,和与城市青年、犯罪、暴力相关的公共政策中充当了一个相对而言没有争议的参照系。通过常识与表征的科学认识论对这一二分组合进行编码,它决定并组织了看待、了解和认知城市问题的方式——也即是说,它决定了将什么和哪些人界定和否定为市中心的各种问题及其解决办法。这一二分组合并不是要确认分离的肉体身份或者城市青年的存在之真,而是一种国家思想状态的表达,一种美国对这些类别的集体投入的表达。

美国制造:监狱工业情结与迈克尔·乔丹

在这一语境中,由可卡因麻醉而导致的列恩·拜亚斯(Len Bias)之死,在种族主义者的虚构中变得事关紧要。马里兰大学一名非洲裔美国篮球球星拜亚斯,在他被召进波士顿凯尔特人队的 48 小时之后死亡,这被纳入里根禁毒之战中的一个关键事件当中。这一战争,其中包括对私藏强效可卡因(比粉状可卡因强 100 倍)的严刑重判,通过展示对法律和社会秩序所构成的威胁,以及对暴行的叙述,来证明自己的正义与合法。帮派、毒品、暴力和市中心的衰败,这些形成了以人种进行编码的图像,在这一语境之下,号召全国范围内的严惩就显得不言而喻了。

在 1984、1986、1988 和 1994 年通过的犯罪法案所确立的条款,产生了现在所谓的监狱工业情结,它是监狱建设和监狱人口的一次重大扩充。尽管实际上这一时期的严重犯罪有所下降,但是,住在主要地区的年龄在 18 到 34 岁之间的非洲裔美国人当中,至少有三分之一的男性处于刑事审判制度——它源于与这场毒品之战相联系的逮捕、定罪、判决的种族化模式——的某种控制之下。而且,对毒品的宣战、对年轻罪犯进行严惩的日益强烈的呼声表明,要求对罪犯进行惩罚的缘由比表面上看起来更加复杂。实际上,体育运动/犯罪帮派的二分组合,有助于达成一些矛盾和忧虑,这些矛盾和忧虑是通过美国自我表征为一个富于人道和同情心的国家,但又日益要求对黑人犯罪青年做出更加严酷的惩罚而形成的。

正是在美国对城市犯罪的恐慌过程中,迈克尔·乔丹被塑造成一个国家的偶像。乔丹被视为一个令人振奋的人物,是优秀的象征,这种优秀已经超越了他的球技而上升到他的人格品质。真实、诚挚、慷慨、责任,这些对乔丹通常的赞誉之辞使他变得非同一般,如同圣人。的确,通过出类拔萃这样的范畴,他变得易于理解,同时这种范畴也使他远远超出历史的承重而成为一个道德的称号。在卓越和道德的标识下,一些明显不相关联的人物和空间被加以并置、调和而成为一体——耐克(一家跨国公司)和美国被赋予一副面孔和一个身体。耐克与乔丹的杂合被视为美国政治秩序的示范性人物以及美国所宣扬的抽象概念和许诺(权利、正义、自由和共同体)的具体体现。

像迈克尔·乔丹一样,耐克和它的广告宣传活动似乎同样远离美国严厉的思想管制与监察。比如,"参与美国青年的生活"(PLAY:Participate in the Lives of America's Youth)是广告宣传网的一部分,通过这一网络,耐克寻求一个具有爱国心、慈善以及社会责任感的人物形象。而通过 PLAY,耐克号召全国团结一致,支持小孩子玩耍的权利,并且鼓励个人和团体帮助小孩,为他们提供一些安全纯净的娱乐环境。通过一些出版物如《革命的宣言:孩童权利法案》(A Revolutionary Manifesto: A Kid's Bill of Rights),这一运动激起了各种国家情感以及国家的权威力量。PLAY 出现在电视广告中的最引人注目和公认的图像就是乔丹的特写。在城市美国熟悉的规范之下,乔丹要求美国的民众想象,如果没有体育运动,他将会是谁,是什么样子。在这里,我们有一幅积极的图景和行动的号召:如果我们不为孩子们提供机会和环境,那么下一个迈克尔·乔丹就可能不会出现。

美国的骄傲和消费

从童年到体育运动再到迈克尔·乔丹这整条线索,讲述了"归属感"和美国理想的、有价值的公民的形成过程。PLAY建基于和表述了美国中产阶级纯真童年的幻想,以及国家珍贵神圣的道德核心,其中附带着美国的过去、现在和未来。没有运动和游戏的景象意味着失去了童年和希望,同时也意味着,我们所想象的民主文化会有所缺失。在这种意义上,耐克是试图实现国家繁盛之种种目标的国家文化工业的组成部分。在一个犬儒主义盛行的时代,人们每天为了使自己变得有意义而不断奋斗,这个时候,像 PLAY 这样的计划活动就为人们提供了这样的感受和机会:它们表明"我们"(想象中的社区成员)可以是或者就是具有影响力和作用的事物中的一部分。广告宣传的话语,像 PLAY,在美国、美国的体系以及美国人的生活方式中提供了一种信念。这样做,他们稳固了经常受到威胁的、依赖于自由意志和责任的个人和国家身份。

然而,具有讽刺意味的是,PLAY 的叙述同样也暗示了,并不是所有的孩子可以通过纯真这样的比喻形象化。当某些小孩被打上危险之源的标记时,地理学展示了黑人青年存在于纯真这样的话语之外。当体育运动帮助美国中产阶级的白人青年进行童年乐趣和游戏的幻想时,它同时却用以约束、规训和监管城市地区那些业已偏离社会正轨的身体。对于城市的黑人青年而言,童年被描述为一个受到损害的类别,而体育则是道德上和标准化的必要之事。如果没有体育运动(国家许可的替身家庭),市中心的青少年就会立即陷入危险当中,这种危险来自同龄人的压力和危险源。我们的注意力再一次被引向了犯罪、法律、秩序、规训以及它们之间的相互关联:帮派团伙、毒品、体育运动和耐克。

当耐克和乔丹都被描述为富于人道和同情心的,又是慈善和道德的,并且都涉及"自力更生"和"美国制造"的自由主义人道主义的主题,这两者都是跨国资本及其美国城市经济重组的产物。美国一些奠基性的类别范畴,美国的权威,只是通过暴力形成了具有欺骗性的团结统一景象。当它们的意义显现为确定无疑的,并且作为绝对的事物,它们以假定的一种民主理想的通用语言运作时,其偶然性只有通过压制那些威胁要妨碍它们的人来掩饰。实际上,使 PLAY 充满活力的运动/帮派的叙述设想了为他们的命运做出选择的统治者代言人。由于他们"罪行"的不可思议激起了复仇的欲望,他们环境的暴力(通过晚期资本主义的动态和由虚构的家庭所推动的公共政策)被取代了。

20 世纪 80 年代,城市美国的条件环境缩减到了个人选择的程度,旨在稳定美国的基础性范畴(那些范畴和价值成为美国身份的基础,而它们的稳定性要求忽略物质性的条件和力量)。而且,体育运动/犯罪帮派的二分组合及其相应的身体划分,和那些范畴的自然性铭刻了一种族化的罪犯和具有威胁性的男性特征,它们产生了各种针对市中心区非洲裔美国青年进行监督、惩罚和复仇的欲望。尽管乔丹代表了晚期现代美国独立奋斗的人物典型,但他还是"美国制造"的,与主导美国式骄傲的主题联系在一起。与此同时出现的是,极具威胁而需要加以监管的非洲裔美国青年大众偶像的激增。

运动联系

鉴于随着体育运动而引出的一系列诸多的问题,我在这一章中对我的论述和例证做了必要的限定。我集中关注了两种有各自界限的人物,共产主义运动员和帮派团伙的成员,以此来阐明有复杂的联系隐藏于纯粹的运动身体的背后。尽管从另外的层面看,这些具有各自界限的人是运动的常规产物,但同时他们表明这属于非法行为和不道德的创造;他们被认为是一种妨碍,会激起恐怖和谴责的情绪。

实际上,在科学史家唐娜·哈拉维(Donna Haraway)的一篇著名文章中,她解释说,"我们就是虚构的怪物、嫁接的杂种、机器与有机体两者理论化和构成的杂合体;简言之,我们是半机械人,半机械就是我们的本体;它赋予了我们以政治。"以半机械人的状态存在,也就是处于一种据说纯粹的范畴也总会被其他东西所"污染"的条件之下,在这种环境中,我们与杂合体和怪物体的创造者一样,都是自然技能的创造物。正如布鲁诺·拉图尔(Bruno Latour)所言,自然与技巧之间、非人类与人类之间、努力维持个体纯净与创造个体纯净之间的对立,在这些对立经常形成的过程中,杂合体的产生是不可描述的,因而也是无形的。杂合与净化这一二元对立的过程是现代文明令人敬畏的力量和生产力的根基。哈拉维与拉图尔二人都指出,对于纯粹身体的追求,往往会通过将他们的生产变成是无形的,从而促使形成了对于杂合体和怪物的不负责任的生产。并且他们这样的做法是在特定的语境之下发生——与权力、政治和公民身份的官方知识紧密相连。

对于纯粹身体的追寻似乎是一个古老而陈旧的梦想,这个乌托邦式的渴望标识着一个处于晚期现代主义之前的时代,但是它们在运动的叙述中不断和重复地出现,则暗示了另外的方面。实际上,我们只需要关注新近成立的世界反兴奋剂组织(WADA: the World Anti-Doping Agency)(世界反兴奋剂组织主要负责协调各种药物检测项目,使各种科学和技术程序标准化,并且对那些被指控服用了提高比赛成绩的违禁药物的运动员实施制裁),从而来察看运动视觉正在产生的作用。WADA是新千年的一项跨国界的成就,旨在维护体育运动卓越的全球性水准,另一方面也是为了维护一个全球水平的运动场而进行的理想化投入。凭借着净化体育运动这场战争,WADA作为全球化公民的话语组成部分享有盛誉,而这种全球化公民的话语在一个跨国界的时刻消除了世界各地的身体的特异性。为了阐明WADA背后的网络系统,各种试图垄断这一市场,以及从事附加品生产的跨国公司,要求关注各种关系,这些关系不仅包括间接隐含的、重叠的、生成性的和抑制性的,也包括个人的、地方的、国家的和全球的。通过关注马丁、米勒和普罗宾所提出的大量复杂的关系,我们要做的不仅仅是将一个对象研究加以语境化;我们还必须挑战体育运动的范围界限,挑战实践和政治上传统的文化研究的知识和信念。

(史冬冬 译)

参考文献:

"Are Girl Athletes Really Girls?" *Life*, Oct. 7, 1966, pp. 63—6.

Cole, C. L. (1996). "American Jordan: P. L. A. Y., Consensus, & Punishment." *Sociology of Sport Journal* 13: 366—97.

"The Grace of our Olympic Girls." *Life*, July 31, 1964, pp. 38—47.

Gruneau, R. (1993). "The Critique of Sport in Modernity: Theorizing Power, Culture and the Politics of the Body." In E. G. Dunning, J. A. Maguire, and R. E. Pearton (eds.), *The Sports Process: A Comparative and Developmental Approach*. Champaign, Ill. Human Kinetics.

Hannigan, J. (1998). *Fantasy City: Pleasure and Profit in the Postmodern Metropolis*. New York & London: Routledge.

Haraway, D. (1991). "A Cyborg Manifesto: Science, Technology and Socialist-feminism in the Late Twentieth-century." In *Simians, Cyborgs, and Women: The Reinvention of Nature*. New York: Routledge.

Hargreaves, J. E. (1986). *Sport, Power and Culture*. New York: St. Martin's Press.

Hargreaves, J. E. (1987). "The Body, Sport and Power Relations." In J. Horne, D. Jary, and A. Tomlinson (eds.), *Sport, Leisure, and Social Relations*. London: Routledge & Kegan Paul.

Harvey, J. and R. Sparks (1991). "The Politics of the Body in the Context of Modernity." *Quest* 43: 164—89.

Latour, B. (1993). *We Have Never Been Modern*. Cambridge, Mass.: Harvard University Press.

Martin, R. and T. Miller (1999). "Fielding Sport: A Preface to Politics." In R. Martin and T. Miller (eds.), *SportCult*. Minneapolis: University of Minnesota Press.

McChesney, R. W. (1999). *Rich Media, Poor Democracy: Communication Politics in Dubious Times*. Urbana: University of Illinois Press.

Munt. S. R. (1998). "Introduction." In Munt (ed.), *Butch/Femme: Inside Lesbian Gender*. London: Cassell.

"Muscles Pop Through the Iron Curtain." *Life*, July 28, 1952, pp. 15—16.

Probyn, E. (2000). "Sporting Bodies: Dynamics of Shame and Pride." *Body & Society* 6: 13—28.

Scheff, T. (1994) "Emotions and Identity: A Theory of Ethnic Nationalism." In C. Calhoun (ed.), *Social Theory and the Politics of Identity*. Oxford: Balckwell.

Sedgwick, E. and A. Frank. (1995). "Shame in the Cybernetic Fold: Reading Silvan Tomkins" In E. Sedgwick and A. Frank (eds.), *Shame and its Sisters: A Silvan Tomkins Reader*. Durham: Duke University Press.

Smith, M. "To Win the Olympic War." *Life*, July 28, 1952, pp. 17—19.

Walsh, R. W. (Dec. 24 1951), "The Soviet Athlete in International Competition." Department of State Bulletin, Washington DC.

阅读文献:

Andrews, D. L. (1993). "Desperately Seeking Michel: Foucault's Genealogy, the Body, and Critical Sport Sociology." *Sociology of Sport Journal* 10: 148—67.

Andrews, D. L. (ed.) (1996). "Deconstructing Michael Jordan: Reconstructing Post-industrial America." *Sociology of Sport Journal* 13(4).

Baker, A. and T. Boyd (eds.) (1997). *Out of Bounds: Sport, Media, and the Politics of Identity*. Bloomington and Indianapolis: University of Indiana Press.

Bolin, A. (1992a). "Vandalized Vanity: Feminine Physiques Betrayed and Portrayed." In E. Mascia-Lees and P. Sharpe (eds.), *Tattoo, Torture, Mutilation, and Adornment*. Albany: State University of New York Press.

Bolin, A. (1992b). "Flex Appeal, Food, and Fat: Competitive Bodybuilding, Gender, and Diet." *Play & Culture* 5: 378—400.

Brownell, S. (1995). *Training the Body for China: Sports in the Moral Order of the People's Republic*. Chicago: University of Chicago Press.

Butler, J. (1998). "Athletic Genders: Hyperbolic Instance and/or the Overcoming of Sexual Binarism." *Stanford Humanities Review* 6: 103—11.

Cahn, S. (1994). *Coming on Strong: Gender and Sexuality in Twentieth-Century Women's Sport*. Cambridge, Mass.: Harvard University Press.

Coakley, J. (1998). *Sport and Society: Issues and Controversies*. Chicago: Mosby.

Defrance, J. (1987). "L'excellence corporelle: La Formation des activités physiques et sportives modernes 1770—1914" [*Excellence of the body: The emergence of modern sport and physical activities*]. Rennes, France: Presse Universitaires Rennes.

Dunning, E. and K. Sheard (1979). *Barbarians, Gentlemen and Players: A Sociological Study of the Development of Rugby Football*. Oxford: Martin Robertson.

Elias, N. and E. Dunning (1986). *Quest for Excitement: Sport and Leisure in the Civilizing Process*. Oxford: Blackwell.

Farred, G. (2000). "Cool as the Other Side of the Pillow: How ESPN's Sportscenter has Changed Television Sports Talk." *Journal of Sport & Social Issues* 24: 96—117.

Franklin, S. (1996). "Postmodern Body Techniques: Some Anthropological Considerations on Natural and Postnatural Bodies." *Journal of Sport and Exercise Psychology* 18: 95—106.

Gruneau, R and D. Whitson (1993). *Hockey Night in Canada: Sport, Identities and Cultural Politics*. Toronto: Garamond Press.

Guttman, A. (1994). *Games and Empires: Modern Sports and Cultural Imperialism*. New York: Columbia University Press.

Haber, H. (1996). "Foucault Pumped: Body Politics and the Muscled Woman." In S. Hekman (ed.), *Feminist Interpretations of Michel Foucault*. University Park: Pennsylvania State University Press.

Hargreaves, J. (1994). *Sporting Females: Critical Issues in the History and Sociology of Women's Sports*. London: Routledge.

Holmlund, C. (1989). "Visual Difference and Flex Appeal: The Body, Sex, Sexuality, and Race in the Pumping Iron films." *Cinema Journal* 28: 38—51.

Holt, R. (1981). *Sport and Society in Modern France*. London: Macmillan Press.

Howell, J. (1991). "A Revolution in Motion: Advertising, and the Politics of Nostalgia." *Sociology of Sport Journal* 8: 258—71.

Jarvie, G. and J. Maguire (1994). *Sport and Leisure in Social Thought*. London: Routledge.

Kimmel, M. (1990). "Baseball and the Reconstitution of American Masculinity, 1880—1920." In M. Messner and D. Sabo (eds.), *Sport, Men, and the Gender Order: Critical Feminist Perspectives*.

Champaign, Ill: Human Kinetics.

King, S. (1993). "The Politics of the Body and the Body Politic: Magic Johnson and the ideology of AIDS." *Sociology of Sport Journal* 10: 270—85.

King, S. (2000). "Consuming compassion: AIDS, Figure Skating, and Canadian Identity." *Journal of Sport & Social Issues* 24: 148—75.

Linder, G. (1995). "An Ethnography of Discipline: Elite Bodybuilding in Los Angeles." Unpublished doctoral dissertation, University of North Carolina at Chapel Hill.

Loy, J., D. A. Andrews, and R. Rinehart (1993). "The Body in Culture and Sport: Toward an Embodied Sociology of Sport." *Sport Science Review* 2: 69—91.

McKay, J. (1990). "'Just do it': Corporate Sports Slogans and the Political Economy of Enlightened Racism." *Discourse: Studies in the Cultural Politics of Education* 16: 10—13.

MacAloon, J. (1990). "Steroids and the State: Dubin, Melodrama and the Accomplishment of Innocence." *Public Culture* 2: 41—64.

Maguire, J. (1991). "Bodies, Sportscultures and Societies: A Critical Review of Some Theories in the Sociology of the Body." *International Review for the Sociology of Sport* 18: 33—51.

Miller, T. (1997). "Sport and Violence: Glue, Seed, State, or Psyche?" *Journal of Sport and Social Issue* 21: 235—8.

Miler, T. (2001). *Sportsex*. Philadelphia: Temple University Press.

Moore, P. (ed.) (1997). *Building Bodies*. New Brunswick, NJ: Rutgers University Press.

Morrison, T. and C. Lacour (eds.) (1997). *Birth of a Nation'Hood: Gaze, Script, and Spectacle in the O. J. Simpson Case*. New York: Pantheon Books.

Morse, M. (1983). "Sport on Television: Replay and Display." In E. A. Kaplan (ed.), *Regarding Television*. Los Angeles: American Film Institute.

Mrozek, D. (1989). "Sport in American Life: From National Health to Personal Fulfillment." In K. Grover (ed.), *Fitness in American Culture: Images of Health, Sport, and the Body, 1830—1940*. Amherst: The University of Massachusetts Press, and the Margaret Woodbury Strong Museum, Rochester, NY.

Rail, G. and J. Harvey (1995). "Body at Work: Michel Foucault and the Sociology of Sport." *Sociology of Sport Journal* 12: 164—79.

Rowe, D., G. Lawrence, T. Miller and J. Mckay (1994). "Global Sport? Core Concern and Peripheral Vision." *Media, Culture & Society* 16: 661—75.

Schulze, L. (1990). "On the Muscle." In J. Gaines and C. Herzog (eds.), *Fabrications: Costume and the Female Body*. New York: Routledge.

Sparks, R. (1990). "Social Practice, the Bodily Professions and the State." *Sociology of Sport Journal* 7: 72—82.

Theberge, N. (1991). "Reflections on the Body in the Sociology of Sport." *Quest* 43: 123—34.

Wacquant, L. (1998). "A Fleshpeddler at Work: Power, Pain and Profit in the Prizefighting Economy." *Theory and Society* 27: 1—42.

Wannell. G. (1992). *Fields in Vision: Television Sport and Culture Transformation*. London: Routledge.

第21章
知识分子、文化、政策:实践与批判

托尼·贝内特(Tony Bennett)

目前,有充分的迹象表明,对从事社会学和文化研究的知识分子而言,文化政策正成为他们在理论和实践研究中日益重要的一个领域。这已经引起了大量的争论,这些争论涉及知识分子的角色,以及他们与官僚和政治过程之间所应采取的关系,而文化政策就是在这种过程中制定并实施生效的。我在本文中将以这些争论为基础展开讨论,通过阐释不同的社会角色和不同类型的知识分子功能的分配,使这些争论变得清晰明了。我在本文中主要关注的是两种社会理论传统之间的关系。第一种衍生于哈贝马斯对社会公共领域的经典研究(Habermas 1989),并根据对知识分子批判性和技术性功能的区分而建立知识分子角色的理论,而这种区分正体现了哈贝马斯对于不同理性形式之间关系的建构。第二种理论传统,受到米歇尔·福柯论治理性(governmentality)(Foucault 1978)文章的影响,主要涉及特定的知识形式和专业技能在组织政府和社会管理的不同领域中的作用。

我将以哈贝马斯的理论传统作为叙述的起点。当然,关于公共领域(public sphere)这一概念,现在已不必再拘泥于哈贝马斯的理论谱系。并且,这一概念在哈贝马斯之后的历史中,在文化政策的理论和实践两方面都已做出了积极的贡献。它提供了一种语言表述方式,通过这种语言,在一定程度上成功地要求政府发展各种形式的媒体法规,这些媒体法规至少为媒体在舆论的组织和传播中所扮演的角色提供了某种表面上的民主和多样性,进而抑制了媒体行业寡头垄断的趋势(Collins & Murroni 1996)。哈贝马斯对单一公共领域到多元公共领域的区分,例如女性主义的和本土的,在要求公共福利合法化方面也起了重要作用,而这种合法化帮助人们获得了各种新的公共领域形式,并且为那些曾经被古典资产阶级公共领域排斥在外的群体,赢得了公共教育的权力和一席之地。然而,在接下来的讨论中,我所关注的并不是对哈贝马斯式的概念所做的这些修改,而是当在根据他所建议的在批判功能和实践功能之间划分的研究工作中加以思考时,哈贝马斯最初对公共领域的描述和它所扮演的角色。(我应该补充的是,为了避免可能的混淆,我所关注的仅局限于哈贝马斯对于公共领域最初的描述。虽然要承认哈贝马斯后来根据这一概念所产生的争论而对其进行了修改,但这里并不考虑后来的这些修正。)

我将以两点来论述哈贝马斯的这一传统。首先,我认为,哈贝马斯将程序多极化并没有为我们争论和估价当代知识实践的政治提供强有力的基础。这些多极化程序主要的弱点在于将理性一分为二,而除了通过辩证法无尽推延的机制之外,没有能够提出任何方法来重建被切断部分之间的联系。第二,我将提出理由证明,哈贝马斯对于资产阶级公共领域的发展以及后来退化状况的描述,严重误解了公共文化的主要体制在文化统治的现代实践的发展中所起的作用。

后福柯时代关于治理术的著作形成了不同的理论分支,正是基于这些理论分支的视角,我做出了以上两点阐述。在形成第一个观点时,我借鉴了强调伦理行为的研究成果,这种伦理行为成为官僚化知识分子功能的行为特征。我这方面的论述,目的就是要削弱这样一种观点:在官僚主义的语境中履行实践的知识分子功能,可以作为一个"非伦理区域"(ethics-free zone),与批判性知识分子伦理的纯洁性形成对应。后福柯主义对政府与文化的现代形式的发展提出了质询,那么关于第二点的形成,就在于重新着眼于哈贝马斯透过这一质询对公共领域的历史性描述。

批判与实践

吉姆·麦圭根(Jim McGuigan)的《文化与公共领域》(*Culture and the Public Sphere*)一书为我们进入第一点提供了一个方便的切入点。这里提出了两个问题:批判性知识分子如何才能具有实践性?实践性知识分子如何才能具有批判性?麦圭根认为,批判性知识分子,他们赖以工作的语境将他们的工作与任何直接的实际结果——他们可以负责的结果——相分离,正是在这个意义上,他们的工作是学术性的。因此这些批判性知识分子的问题在于,在这种语境下所可能的批判性反思工作的机会,是以失去任何直接的实际效力为代价的。而麦圭根所指的实践性知识分子是一些文化工作者,他们在实践的语境中"参加某种形式的交流和文化管理",而按照他的界定,在这种实践的语境中,"批判性知识的可能性……已经"由于对"处方式知识"(recipe knowledge)的需求"而被抛弃了"(McGuigan 1996:190)。因此,至少从表面上看,两种知识分子似乎都缺乏对方所具有的特性。然而,如果进一步地观察研究就会发现,这些不同类型的知识分子之间既不是,也不能成为一种交换式的关系。相反,他们各自采取的是单行线的形式,在这种形式中,批判性知识分子的任务是驱逐合理性的各种形式,即"处方式知识",而正是这些合理性的各种形式支配着实践性知识分子据以工作的语境。我们对实践性知识分子——他们只能是礼物交换关系中的接受一方——所能要求的最多就是,他们应该准备好放弃那些自然代表他们工作特征的合理性形式,转而支持那些本质上不同的、由批判性知识分子所提供并且无私馈赠的合理性形式。

作为纯粹是"处方式知识"的底层工作人员,实践性知识分子是如何发现他们被置于将其与批判性知识分子的研究领域分离的分界线的对立方一边呢?这种分离是一种更基本的批判理性和工具理性之间分化的地方性表征,而这种批判理性和工具理性之间的分化,植根于哈贝马斯对系统和生活世界以及两者各自对立的理性原则的分化所做的阐释。在生活世界当中,交往相对地没有被不均衡的权力关系所扭曲,并且,在共享的生活环境所产生的共享的意义视野中,存在着一种普遍的利益关系,在这其中,交往理性是以相互理解为目的的。与之相对照,作为系统世界之特征的工具理性,它替换了人类价值和意义的问题而代之以一种以工具为终极目的的理性,而它的方向受控于现存的阶级和官僚政治权力的结构。这种系统世界与生活世界之间的对立在哈贝马斯对实践(praxis)和技术(techne)两个术语的区分中最为简洁地表现出来。前者正如哈贝马斯对它所做的注释,涉及对于行为规范有效性的合理评估,而技术仅仅涉及,当社会行为的规范性目标一旦确定,为了取得特定的结果而对最好的工具做出合理化的选择(Habermas 1974:1—3)。

当我们考虑到这一争论更广泛的方面时,显而易见的是,麦圭根所建议的旨在消除批判性知识分子和实践性知识分子之间分离的调解形式,将会扩展实践的支配力,它的代言人就是批判性知识分子,他们超越了生活世界而上升到系统世界,在其中"实践"将会理想地取代"技术"的应用,或者为其提供一个超常化的语境。然而与此同时,在某种程度上这一情况的实际发生,其前景并不美好,因为定位于系统世界的知识分子,其工作条件预设了他们只狭隘地专注于理性和行为的技术形式。如此,既然"实践"的经验"不会直接告诉我们该怎么办",那么就"总是让那些讨厌三思而后行的人们感到不快;实际上,那些人要的是处方式的知识而非批判性的思考,是信息而非思想"(McGuigan 1996:1987)。麦圭根似乎并没有注意到其理论体系悖论性的效果,这一理论一方面坚持认定,存在着普遍有效的交往规范和基于共享的生活世界的条件而产生的相互理解的可能性,另一方面又将理性分成两个不可黏合的领域——实践和技术。这种区分一旦确立,就不能消除,除非将一方的价值强加于另一方。然而,更有害的恐怕在于,将这种不同理性之间的对立对应于在不同语境中工作的不同类型知识分子的联系。

当考虑到其他的大多数方面,所谓批判性知识分子和实践性知识分子之间的区别看起来是那么细微,这样一来,在麦圭根对不同类型知识分子的区分过程中,其价值的不确定性就越发明显了。就我们所了解的关于人口统计学特征、共享的学术职业文化、文化中介和政策专家的各方情况而言,人们会认为,从一种职业、社会和文化理解的共享视野的角度看,他们在共同的实践问题和知性问题上,相互之间能够进行有效的交往和沟通。实际上我认为,这种情况除了在哈贝马斯二元式的世界中不能成立之外,在其他情况下确是如此。一旦批判性知识分子擅自将他们的工作同系统领域相联系,而随着他们采取一种能保持其批判的独立性和公正性的话语立场,按照释义,这是一种优于那些行政人员或管理人员纯粹的技术能力的话语立场,那么那种要求平等对待交往互动中所有参与方的民主规范就会被弃之不顾。而这种优越性在一种相关的假定下被赋予了更深层的规范化意义,这一假定认为,由批判性知识分子不安定的自反性角色所产生的"不满的文化"(culture of dissatisfaction),是文化经营管理内部进行进步性变革的唯一动力和来源,同时也用以不断对抗来自那些实际上负责文化政策之制定与实施的机构和人员的惯性和保守。正如麦圭根所言:

> 不满的文化是令所有官方文化政策永久性头痛的问题:从对事物现存的构成方式持续性不满的角度看,实际上正是政府政策的官方性,使得政策本身变得保守,变成了现状的维持者。

这里不难看出，在由哈贝马斯所构建的二元性当中如何具有一种自我实现预言的因素。因为，如果麦圭根的目的果真是要在批判性和实践性知识分子之间建立沟通的桥梁，那么他为完成这一任务所给出的哈贝马斯式的阐释则使其成为自己这项事业中一个蹩脚的专家。确实读过他的书的那些信息与文化管理者们，可能会觉得自己参与了一场开放的、非限制性的对话，在这场对话中，处于不同语境的知识分子他们的立场、观点和经验都会被当作真正争论的问题。然而，上述这种情形发生的可能性有多大呢？这些信息和文化管理者由于缺乏批判性或独立性的思考，从而已经以一些完全否定的术语来界定他们，既然如此，我想发生这种情形是不大可能的。

这是一个遗憾，尤其是当我们没有充足的理由却把批判的功效看作理所当然的，此时情况更是如此。现在有大量重要的工作，这些工作并不把批判看成一种先验和自足的规范，而是以各种方式将其历史化和相对化，以此来对它伦理和认识论的资格标准提出质疑。实际上，我们可以将哈贝马斯的研究所属的批判社会学的传统本身当作"处方式知识"的一个有力的形式来解读。与此相关的一个重要例子就是布鲁诺·拉图尔（Bruno Latour）近来对一些解放言辞的质疑。他认为，社会的革命性之简约目前已经受到了"人类、文化、时代和实体完全异质的形式之间共存"的挑战，并论证说，由此而引发的复杂性意味着时间之箭不再由"奴役飞向自由"，而是由"纠结飞向更加纠结"（Latour 1999：13—15）。作为后康德哲学传统的继承，这种认识通过它对历史过程的公式化建构而为"批判"提供了持续性角色的保证，而正是这种批判使分化得以确立（在这里，是指介于"实践"与"技术"之间及其各种衍生物之间的分化），于是这种分化只能在哲学社会学家批判性知识调解的帮助下才能得到克服和调和。正是通过这一操作过程，批判作为一种程式化的智力实践，取代了更为基本的批判质询形式，同时形成了一整套完全可预知的智力活动程序，它的形式、步骤和结论——提出对立方并进行调和，同时又惋惜阻止这一理想辩证观展开的因素——处于反抗积极性的分析性实践和社会关系与力量的分散性差异的位置当中。

然而，这里我更关心的是哈贝马斯将理性领域一分为二的另一面。通过承认纯粹工具目的的合理性同时在伦理、批判和历史情形下的优点和效力，我们可以把官僚理性的纯粹工具目的的合理性从哈贝马斯指责的术语中拯救出来。伊恩·亨特（Ian Hunter）对官僚主张的激烈辩护可以作为进入这些关注一个好的切入点。为了在适当的程度上恢复官僚主义者的长处，亨特也对权威的各种专制主义形式提出了质疑，而那些以批判性知识分子的口吻说话的人自发而不假思索地宣称这种权威是归他们自己所有。

亨特以对官僚主义者角色的描写方式为开端，这种方式一方面将官僚政治表现为一种完全的道德人格，另一方面表现为"人道主义的知识分子"，这种人道主义知识分子成为官僚主义者在缺乏实现"一种实体价值承诺"的技术手段之时，支持实体价值承诺的一个镜像（Hunter 1994：146）。虽然这种对理性世界的两分法基于韦伯（Weber）新康德主义式的对社会行为做工具理性形式和价值理性形式的区分，但不同于康德的是，韦伯所采纳的立场拒绝将人道主义知识分子当作价值理性行为的终极仲裁者。韦伯的态度可以说是多元化和社会化的，将价值理性行为的目标看作多重的和为特定生活领域所特有的，并且带来了独特的伦理倾向和能力。

亨特敏锐地注意到,官僚机构本身建构了关于职责独特的道德观,它要求具备特定的道德容纳力,而不是将自身描绘成一个道德和批判空虚的领域,这其中就包含了一个对工具理性行为的官僚机构承诺所做的评估。

这使得亨特指出,哈贝马斯所贬低为仅仅是"技术"的东西,与其说是一种伦理缺乏的形式,不如说是一种特定的伦理培养的结果。他说,政府机构不是作为生活世界里某种分裂的一个结果或公共生活机构中某种历史性分歧的开放性,而是从批判理性中分离出来的实体。相反,"机构本身形成一种'职业'(Beruf),形成一个伦理承诺和责任的焦点,形成优于掌权者官方纽带之外的自治领域,包括朋友、亲属、阶级等之类的意识"(Hunter 1994:156)。在这一意义上,它是一种独特伦理人格形成的场所。从这一角度看,由于官僚机构对本质结果所表现出的鲜明的非道德性的冷漠态度,而谴责它的工具主义,则是没有认识到这样一种职责道德观所代表的具有历史独特性的道德形式的重要性:

> 优秀官僚的伦理属性——谨守程序、接受上下级部属、团体精神、个人道德热忱的放弃、对职责目标的承诺——不是对人的一个"完善"(自利和自我实现的)行为消极的削减,相反,它们是一种要求掌握艰难环境和实践的积极的道德实现。

那么,为什么批判性知识分子总是更加倾向将官僚主义者加以贬抑,将其看作理性功能片面和不完善的化身呢?在回答这一问题时,亨特借鉴了韦伯的普通社会学原则,将后康德主义对批判性知识分子的建构看作具备更高的和普遍意义上的道德义务的人,其本身有一种特定的道德观,需要根据它与特定的社会威信与权力的关系来加以分析。当从社会学的角度来考虑,"依据内心信念而行为的自反性学者,和那些道德观为内心信念服从职责义务的官员相比,其人格同样不具备伦理深度"(Hunter 1994:163)。两者都代表了经由特定规训的训练而培养出来的特有的道德气质倾向。然而,批判(critique)却通过"将其自身的身份人格——自反性的学者,'完善的'人……——看作人所有行为的基本原则,包括官僚主义者和市民在内",来对这些差异进行等级式的排列(Hunter 1994:163)。亨特清楚地看到了作为知识分子生活策略组成部分的这种批判的绝对化趋势,而知识分子当中一个特定的阶层,当他们与社会生活得以组织起来的实际行政管理形式相分离时,正是通过这种生活,来追求一种独特的社会影响力。这一点是通过建立道德显贵的身份地位,在世界范围内发言,并宣称拥有"世俗的神圣性"来实现的。这种"世俗的神圣性"作为"世界飞行"(world flight)的一种实践的一部分,允许他们"通过以示范的方式从社会生活的统治机构中退隐来批判这种统治机构"(Hunter 1994:167)。

赛义德的《知识分子论》(*Representations of the Intellectual*)一书就为这种"世俗的神圣性"实践及其引起的批判偏狭和伦理欺凌的形式提供了一个适当的例子。因为赛义德在阐述他的观点时,将知识分子描述为一位被放逐者和边缘人,一位其真正使命是"向权力说出真理"的"业余人员"(Said 1994:p. xiv)。萨义德这种描述的策略依赖于专业人士、专家和顾问们——那些已经将自己批判的独立性出卖以换取财富、权力和名望的伪知识分子——陷入与世俗权力交结的泥潭,以及由此带来的视野或道德容纳力的束缚。赛义德的"世界的飞行"以达到普遍主义得到了官僚主义或经理主义知识分子角色的支持,在这种角色中,他们扮演着弱势的他者,与之相对抗的是真正的知识分子——"以关怀和友爱而非利益和自私狭隘的特权"作为自己行为动力的"业余人员"(Said 1994:61)——他们的轨迹可以这样加以描绘:

> 换言之,恰当地说,知识分子并不是完全屈从于一个政府或一个大公司,或者甚至是同行业协会的政策目标的官员或雇员。在这种情形下,那些使得放弃自己的道德意识,或完全从特殊性内部来考虑,或为了顺从而减少质疑的种种诱惑,都太过于伟大而无法相信。(Said 1994:64)

但是,当这一具有特定普遍性的知识分子(particular universal intellectual)在他自己与其他知识分子工作者之间建立起一条道德鸿沟时,他在多大程度上能够保持明辨是非呢?事实上,没有多大程度。在赛义德关于知识分子与政府之间关系的阐述中,他是通过一个都市人狭隘乡土观念的有色透镜来审视这个世界的,这种狭隘观念对其本身普遍有效性的信仰,建立在无视其自身具有局限的特殊性形式的基础上。因为当赛义德——对整个世界并为整个世界说话——将真正的知识分子置于政府之外并要求他们向权力说真话的时候,很显然他总是并且仅仅将政府想象成是美国科学-军事-工业联合体的某一分支形式,而这一联合体已经恰当地处于他认为的美国关于以色列-巴勒斯坦政策研究的核心地位。在世界的其他地区,知识分子可以将自己视为向一些、同时也是为这些更为局部的权力形式说真话,同时削弱或限制权力形式的影响,这种可能性在赛义德对事实与权力关系的基本的两极建构中简直是不可想象的。这里我牢记着知识分子——无论作为学者、政府官员还是公共知识分子——曾经在进步的民族主义文化政策的发展中所起的作用,在各种语境下(法国、澳大利亚、苏格兰、威尔士、加拿大),这种文化政策的发展被视为是对其他统治性民族文化(美国的、英国的)入侵性的影响加以设限和增加多项选择。对下面的知识分子而言,情况同样如此,他们在文化多样性、社团或艺术和工作生活计划中,作为各种类型的文化工作者工作于政府当中——馆长、社区艺术工作者、艺术行政人员。

这并不意味着,知识分子工作的所有语境均不是含糊不清和矛盾的。同时也不意味着,它是知识分子工作唯一关注的焦点:在政府与市民社会复杂的关系中,存在着许多知识分子借以进行有效实践的不同方式(从与社会活动相关的行为研究到政策应用研究)。我的观点是,赛义德置于知识分子生活的政治之上的简单化和极端化的建构,并没有对那些含糊与矛盾给予充分的认识,更不用说解决了。更重要的是,它在拒绝那些含糊和矛盾的同时,也去除了批判性知识分子工作的本质部分。对于赛义德而言,知识分子必须在"由专家和专业人士控制的内部空间中"选择"公共领域的危险和不确定后果——广阔自由的流通中的一次演讲或一本书或一篇文章"(Said 1994:64)。然而,这种"二选一"的模式容易产生误导,这是因为它不能区分各种根本不同的形式——依赖于问题和语境——在这些形式中,政府的特殊区域和公共讨论的特殊领域二者之间的诸多关系可以是相互关联的。

那么,对于那些立志成为批判性知识分子的人来说,他们需要更加细致地关注他们自己的实践和维系这些实践的各种条件。相应地,这需要从更一般的批评类别或批判思想来对批判做一个更为清晰的辨别,作为一种高度特定化的实践——实际上是一种道德技术——它依赖于后康德主义哲学的话语调和。如果我们准备承认,知识分子一方面既能为关于社会和文化政策特定形式的公共讨论做出批判性的贡献,并从特定的伦理和政治观点来看知识分子,从而根据他们的缺点来对这些做出评价,与此同时也能为政策形成的特定区域贡献他们的专家意见,并且向在政策形成过程中工作的其他知识分子学习,这种工作将他们联系在一起。然而,以这种方式进行批判性思考,并不要求——也不用借助——任何将"手段—目的"(means-end)从批判所建议的那类规范理性(normative rationality)中严格地分离出来。同时也不要求将后者的地位提升到前者之上。批判性思想,不论其行动者可能是谁,当它承认需要考虑不同形式的专业知识在其中所做的贡献,而不对它们之间的各种关系进行任何推理性和偏见式的排序;同样地,当它考虑到那些对实际可行的领域做出限制的社会、经济、政治和道德的力量时,以这样的方式进行思考才是最富有成效的。

  如果提出调解的问题,而不是那些被看作要涉及怎样克服那明显无法调和的、将理性领域划分为批判的和工具的形式的分离的问题,这些问题被当作问题提出来,其涉及需要体制和机构联系的崭新形式,这些形式能够使在不同语境下的不同知识分子的工作形成相互之间的联系,那么这将是大有助益的。因为,实际上并不存在认知的或伦理的鸿沟,将那些在政府和文化管理的行业中心从事工作的知识分子和那些在大学中工作的知识分子分离开来。固然,针对这些不同的语境,有不同的压力、要求和优先权。学术语境所提供的真正的益处——可以讨论更广范围内的问题,可以带有一种历史的视野和观点,可以有长远考虑的打算,可以采纳那些可能以其他方式被边缘化了的选民的观点——当然应该给予重视,将其视为能够为实际的、无疑也是折中的和争辩的程序过程做出特殊的贡献,而正是通过这种程序过程,文化生活得以组织和管理。然而,在这种语境下工作的知识分子,如果他们将提出这项任务当作跨越道德和认知的分界线而傲慢地打招呼,而不将其看作设计交换的体制化机构的问题——这种交换的体制化机构允许学术知识与政策机构的知识分子程序有效地联系在一起——那么他们就会经常地将他们自身和他们所提供的一切边缘化。

  然而,要富有成效地应对这些问题,就要求我们对公共领域在何处和我们与之关系的本质这两个问题进行重新认识。这就要求对哈贝马斯在这一主题上所做工作的价值进行细心谨慎的评估。因为对下面这种观点的支持——认为公共领域或空间(public sphere or spheres)包含了一个体制和话语领域,这一领域可以提供一个涉及政府和经济权力后果的批判外型——在历史上是误导性的,在政治上也是无益的。

重新定位公共领域

  哈贝马斯关于古典资产阶级公共领域崛起和衰落的论述的大体轮廓已经是众所周知。人们对古典资产阶级公共领域的理解,是根据它在形成一种公共空间时所发挥的作用。这种公共空间通过理性的辩论,希望表达一种公共意愿,它作为一套独立达到的国家或公共权威的要求,并且提出来期望在行使国家权力时被加以考虑。接下来从19世纪中叶开始,作为公共交往的逐渐商业化和官僚化的结果,这种对批判理性承诺的基本含义丧失了。这里我无法对这一论述做详细的说明,我只想提出一种不同的方法来解读政府与文化之关系的历史性展开和呈现。这不是将公共领域的基本理想看作通过中央集权下的经济体制的官僚形式和商业文化产品及分配的新形式来推翻,而是要追随公共领域的机构与实践转化为文化统治的现代形式的脚步,在这种现代形式中,文化资源被应用于社会管理的各种任务。可是,这并没有提供一个与哈贝马斯的论述相矛盾的历史框架。而是,我想要表达的观点可以通过以下方式来实现,第一,突出强调它关于古典资产阶级公共领域的讨论的一个方面,这一方面并非总是受到其应有的关注;第二,对于哈贝马斯所提供的关于随后公共领域的结构性转变的论述中很少论及的缺席部分做出评论。

关于对第一点的了解,最容易的途径是通过对哈贝马斯关于18世纪出现的资产阶级公共领域的图解所做的评论。他的描述见图2(from Habermas 1989:30)

私人领域		公共权力领域
市民社会(商品交换和社会劳动领域)	政治公共领域	国家("警察"领域)
	文学世界的公共领域(俱乐部、新闻界)	
婚姻家庭的内部空间(资产阶级知识分子)	(文化产品市场)"城镇"	宫廷(王公贵族社会)

图2 资产阶级公共领域

来源:Habermas 1989:30

哈贝马斯最为关注的分化介于公共权力领域和私人领域之间:因此用双划线将二者分开。于是相应地,从它们与公共权力领域一般区别的角度来看,他提出了私人领域中不同组成部分之间相互作用的方式。从这一角度看,对于文学世界的公共领域(或者,如哈贝马斯称之为的文学公共领域)而言最为重要的是,它作为形成舆论观念的一系列场所的作用,这些舆论观念在行使国家权力时将会被关注和留意。同样,文化产品市场在使文化产品非神圣化中扮演了一个历史性的角色,其结果是这些文化产品能在舆论观念形成的世俗过程中发挥作用。为了将这样的产品同它们的氛围相分离,市场允许文化产品变成批判性讨论的对象,其结果是,第一,它们卷入了国家和上流社会的批判当中,第二,它们成了发表和阐明崭新普遍的公众参与权利的传播媒介:公共文化第一次在理论上成为普遍的。

值得注意的是,哈贝马斯将文化自治的历史性出现看作以下过程的必要前提,在这一过程中,文化由于其对公共权力领域的批评和反对而成为一种公共舆论形成的政治工具。这种文化工具性的观点——也就是说这一观念,即各种文化形式和体制被塑造成新的工具以服务于新的目的——出现于"功能性转换"的语言当中,哈贝马斯利用这种语言来说明文学公共领域的分离过程:早期受王公公共机构的监护,后来被再造为适当的资产阶级的公共领域。然而,很明显的是,这种资产阶级的地位是一种历史性的获得而不是其本身固有的属性。用以组成公共领域的那些程序和体制的形成,以及它们在允许理性和公共批判的事业对文化资源的利用中所发挥的作用,都是历史过程的结果,而通过这一历史过程,早期的体制和惯例被功能性地转化为新的用途:

> 政府控制的公共领域被私人利用他们的理性所占用,并且将其建成一个批判公共权力的领域。这一过程是一个在业已配备了公共机构和论坛的文学的世界里功能性地转换公共领域的过程。(Habermas 1989:51)

那么,文学公共领域的那些机构组成了一个场所,在这个场所中,通过批判性的评论和辩论的崭新形式,文化被锻造成一种反作用于公共权力领域的方式。而对于文化的接受也是通过这种评论和辩论的新形式得到传播的。而实现这一目标,其方式受到了那些机构在下面过程中所发挥的作用的影响,即在构成私人领域的差异性利益中锻造出批判公共理性。但是这并没有详尽阐述哈贝马斯关于公共文化这一新领域的论述内容,或者关于它所面对的方向和所作用的表面。相反,他很清楚,通过文学公共领域,文化商品卷入到行动的新领域中,这些新领域与哈贝马斯以各种方式所描述的市民社会或社会的领域相联系:也就是说,与图示2中组成左侧一栏中的机构相联系。因为如果公共领域在公共权力领域和社会之间进行调和,那么它就面临着两种方式,其结果是在公共领域内对文化资源的利用也有两面。对于公共领域而言,它曾经也同时是,在国家权力的理性批判中形成一种公共舆论的途径,也是作用于社会从而去管理调节它的一种方式。这一点,在哈贝马斯区分现代公共领域和古代公共领域二者的机能时所使用的术语中,论述得至为清楚:

> 随着某种社会领域(a sphere of the social)的出现——关于它的规则,公共舆论和公共权力展开了斗争—— 现代(与古代相对照)公共领域的主题从一个具有共同行为的公民群体适当的政治任务(也就是,至于内部事务就是法律管理,至于外部事务就是军事生存)转向了一种从事批判性公共辩论的社会的更适当的公民任务(也就是商业经济的保护)。资产阶级公共领域的政治任务就是市民社会的管理(与共和国相对)。(Habermas 1989:52)

公共领域的双重倾向反映在对照性的立场上,这些立场由文化人员根据他们的行动是指向公共权力领域还是社会领域来采纳。在公共领域形成的早期阶段,对于艺术批评家而言,根据哈贝马斯的观点,由于要求他既是公众的代理人又是其教育者,所以其新的文化角色是"特殊辨证式的",一方面从公众中取得线索,另一方面又指引和组织公众。然而,这是一种普遍的观点:在18世纪晚期和19世纪早期,哈贝马斯所关注的批评(艺术的、剧院的、音乐的、道德的周刊)和机构(剧院、博物馆、音乐会、咖啡屋)的所有新的形式,都有这种双重倾向。现在,这也不被视为一种矛盾:正是通过作用于社会,公共领域的各种机构形成了一种公共舆论,然后这种公共舆论能够作用于公共权力领域。

哈贝马斯将公共领域的这些方面和他描述为"国家和社会之间充满张力的领域"(Habermas 1989:141)联系起来。他对公共领域随后发生的社会结构转型的解释,主要基于他关于一些趋势的论证,这些趋势在消除国家和社会之间隔阂的同时,导向了他所谓的"社会的再封建化"(refeudalization of society)。这产生于相互交叉的两个过程,在这其中公共的功能被转移至私人化的法人团体(现代公司),与此同时,公共权力的影响力扩展到了私人领域。正如哈贝马斯所言,"唯独国家这种渐进式的'社会化',同时伴随着社会日益地'国家化'这种辩证法,逐渐破坏了资产阶级公共领域的基础——国家与社会的分离"(1989:142)。由于受困于由这两种趋势所组成的钳形运动中,以自由主义形式存在的公共领域消亡了。它曾经运行其中的矛盾空间已经不复存在:作为一个独立领域的社会自治不再作为私人和公共管理新形式的结果而持续存在,而这种私人和公共管理将社会置于日益直接和广泛的控制形式之下,从而将其直接重新政治化。与此同时,大众消费新形式的发展使文化丧失了其艰难获得的历史性的文化自治权,这种文化自治权通过它与公共领域的联系,曾经作为一种批判工具而起作用。新型大众文化得以传播的形式——例如图书俱乐部——使它与除了各种管理形式(哈贝马斯的例子是成人教育班和收音机陪审员讨论)之外的辩论和批判的任何公共语境相分离。这种曾经一度为文化自治权做好准备的文化的商业化如今将其剥夺了。

这种论述存在着两个方面,如果将它们分开来看,可能不会引起特别的关注,但是当它们被放在一起时,则暗示了哈贝马斯所关注的那些趋势可以以一种不同的角度进行描述和解释。第一方面涉及他对19世纪最后二十五年的描述,在这段时期,公共领域进行了机构上的转型,标志着自由主义时代的结束。第二个方面涉及他关注焦点中显著的偏狭,这一点源于他将对公共领域转型的论述局限于出版和书籍行业。相较而言,进入到他关于后期描述的更广泛范围的机构并不比新机构多,前者构成了他对古典资产阶级公共领域——博物馆、音乐会、美术馆——历史性形成的描述的一部分,后者理应被置于一种论述的中心位置,这种论述主要涉及文学公共领域:公共图书馆。

哈贝马斯对于这些问题当中第一个的观点,来自他写作时期对于自由资本主义向垄断资本主义过渡的标准的马克思主义论述。对于哈贝马斯而言,这种经济结构的转型,导致偏离了政府的自由主义形式,以及随之而发生的国家和社会之间关系的终结,他把这概括为一种社会的再封建化的趋势。这是极有问题的。当然,以他详加论述的英国的情况来看,情形是真实的,19世纪最后的二十五年确实目睹了自由主义一种新形式的引进,与早期的"曼彻斯特自由主义"(Manchester liberalism)相比,这种自由主义支持国家更强有力的干涉作用,尤其是在道德领域。但同样真实的是,自由主义政府的计划在这期间也得到了发展,尤其是在它们利用文化资源来管理道德领域的范围内,并且依靠——和保持——国家与社会的分离。这在他们将社会建构成一个领域的过程中很明显,国家只有通过道德改革机制间接地干涉这一领域,主要的目的在于让社会成员做到自发地自我规范和自我指导,而不需要国家以更直接的方式干预。此外很明显,19世纪晚期自由主义文化的改革者和管理者的计划显然受到了以下承诺的激发:保持国家和社会的分离,以此来反对两者之间鸿沟的弥合,这种弥合涉及政府角色的优生学观念所隐含的国家行为的全面而直接的干涉主义的形式。

然而,我这里不打算继续这条分析的主线,只是想指出,到了一定程度,当这一时期国家和社会的分离遭到暗中破坏,这与国家—社会关系的任何"再封建化"几乎没有什么关联。不如说,这是当生物力(biopower)的新概念引发了旨在净化人口的日益直接化的国家管理形式时,政府关系逐渐种族化的结果（参见 Stoler 1995）。这里我所要关注的，同时也转到我的第二点，是哈贝马斯所忽略的各种机构——博物馆、美术馆和图书馆——在表现这一时期文化管理的自由计划中所发挥的作用。因为，尽管建立公共博物馆、图书馆和美术馆的立法化从中世纪时期就已经存在了，但是直到 20 世纪的最后二十五年，欧洲政府——在国家级和地方级别上——才开始明显大规模地投资于这类机构的建立，并与公共学校一起，构成了公共文化基础设施的骨干和支柱，直到公共广播的出现。这可能会被精确地描述为一个过程，这一过程导致了早期自由主义或资产阶级公共领域的组成成分与国家的合并，但并没有导致国家和社会之间鸿沟的消失。相反，准确地说，把公共文化的这些机构重新配置为政府工具，其目的在于通过从整体上发展公众的道德自律能力，来消除国家实行社会控制的直接形式的需要。公共文化领域，不论它现在在多大程度上被整合进国家并受国家的指导，正如哈贝马斯对其早期发展阶段的描述，它继续作为一种方式而对社会领域起作用，这一社会领域仍然被视为是与政府相分离的。发生改变的不是作为一组资源的文化行动，它被认为能够通过他们个人自主的行动来塑造其个体的行为和品质，发生改变的是文化行动在其中起作用的社会关系。文化行动将要运用其中的社会领域现在包含的不是哈贝马斯所言的私人领域的市民社会，而是一组有问题的行为——主要以阶级术语来界定——这些行为应该得到管理，同时重要的是，这一行为将会在一些机构的环境下发挥作用，而这些机构也处于政府领域之内，而不是在政府领域外或政府的对立面（参见 Bennett 1995 1997）。

实际上，从一种全球的角度看，这种在政府范围内对公共领域的定位，更为典型地表现了它的起源及其在当代出现的意义。在这一点上，依据这些制度联合体的殖民历史对其进行解读是很有启发意义的。因为 19 世纪晚期也是公共文化机构在西欧得以发展的时期，并从此第一次开始走向全球。它们作为历史的构成部分确实如此，然而这就完全超出了哈贝马斯提出的对于它们的欧洲起源、早期发展和随后转型的历史表述。在这一主题上，马丁·普罗斯勒（Martin Prosler）已经写了一些有用的东西，他指出，就博物馆而言，其最初的传播，包括 19 世纪中叶，被限制在美洲、印度、澳大利亚和南非的白人殖民居住地，以及英国在亚洲的殖民地（Madras, Lucknow, Lahore, Bangalore, Mathura, and Colombo）（Prosler 1996）。然而，很明显，在这些殖民环境下运作的机构，其作用迥异于它们在欧洲的发源地。例如，在澳大利亚，博物馆是一个由政府扶持而形成的公共领域的组成部分，而没有在一个早先存在的独立领域中有自己早期的历史（参见 Finney 1993）。在这一意义上，它们的形成是市民社会形成进程中的组成部分。它们在 19 世纪晚期主要的发展时期也表现出类似的倾向（参见 Kohlstedt 1983），如同其他的公共文化机构，诸如图书馆、美术馆和艺术学校（参见 Candy & Laurent 1994），这些倾向更加广泛地依赖于政府支持的直接形式，而不像欧洲同类机构的早期发展阶段。坦率而言，这些机构在发展中没有能够以一种方式来反对或批判国家，通过这种方式，才使得将它们与政府的结合视为一种早期环境的结构性转变这一看法变得可以理解。在澳大利亚，公共文化从一开始就被彻底地治理化了。

结　论

因而,我的目的——略微有些"扭曲"——是要指出,哈贝马斯关于"'国家的社会化'和'社会的国家化'"的解释,可以有效地被视为称呼福柯所关心的同样历史过程——虽然是从一个不同的理论视角;福柯对"社会的国家化"这一概念持明显的批评态度(Foucault 1978：103)——这种批评存在于他对"国家的治理化"(governmentalization of the state)的说明当中。我这样说不是因为福柯对治理化的论述或者它在福柯对政府自由主义形式出现的说明中扮演的角色完全没有问题。只是说,在哈贝马斯所关注的历史过程之上再添加一个福柯式的视角,是有所助益的。首先,这为解释古典资产阶级公共领域的机能转型提供了可能,这种转型产生于其各种机构与政府的合并,而合并的方式使得对这些机构在政府和社会之间历史性变化的关系语境下运作的方式进行质询,变成是开放性的,而不是将社会控制的一种由某种国家/社会关系的一般性历史闭合所产生的一般性功能归因于它们。这些益处对于研究文化政策的一种历史方法而言是显而易见的。它使得存在于政府、文化和社会之间关系上的一种更大程度的可变性成为可能,根据变换的政府观念和优先权,文化资源得以组织起来,以各种方式作用于社会,而这种可变性正是这些方式的一个结果。

第二个益处是,以这些术语进行表述,有助于避免哈贝马斯式的建构所趋于建议的那种批判性知识分子和实践性知识分子之间关系的某种极端化。在我关于哈贝马斯对早期公共领域形成之研究的讨论中,我已经提出,这里的文化行为有一种双重倾向,一方面作用于社会以对其进行规范,同时也作为形成一种认为国家权力从属于批判理性形式的观点的方法。迄今为止,如果我强调的重点是显示,从一种福柯式的视角看,这第一种倾向的转型是如何实现的,那么,对公共领域的各种机构在已经成为政府分支的情况下,是如何继续履行第二项功能的各个方面做一番思考,也可以获益匪浅。实际上,在一些情形中,正是因为它们是政府的分支,所以这些机构已经呈现出一种或多或少机构化的批判功能。例如,将反对性别歧视和文化多元政策转变成收集机构的展览实践,已经导致了相当多的文化努力,将过去以及现在仍然持续的文化歧视行为描述为不可接受的,希望这在塑造市民行为新的规范中发挥作用。在这种情况下,在公共文化机构已经构成的文化和知识分子空间里——这些空间已经在发展和传播社会与文化批判的特殊形式上起到了带头作用——统治与批判并肩而行。

(史冬冬　译)

注释：

This chapter is a shortened version of a paper originally published under the title "Intellectuals, Culture, Policy：The Technical, the Practical and the Critical," *Pavis Papers in Social and Cultural Research*, No. 2, Milton Keynes, The Open University.

参考文献：

Bennett, T. (1995). "The Multiplication of Culture's Utility." *Critical Inquiry* 21(4).

Bennett, T. (1997). "Regulated Restlessness: Museums, Liberal Government and the Historical Sciences." *Economy and Society* 26(2).

Candy, P. and J. Laurent (eds.) (1994). *Pioneering Culture: Mechanics' Institutes and Schools of Art in Australia*. Adelaide: Auslib Press.

Collins, R. and C. Murroni (1996). *New Media, New Policies: Media and Communications Strategies for the Future*. Cambridge: Polity Press.

Finney, Colin (1993). *Paradise Revealed: Natural History in Nineteenth-century Australia*. Melbourne: Museum of Victoria.

Foucault, M. (1978). "Governmentality." In G. Burchell, C. Gordon, and P. Miller (eds.) (1991) *The Foucault Effect: Studies in Governmentality*. Hemel Hempstead: Harvester Wheatsheaf.

Habermas, J. (1974). *Theory and Practice*. London: Heinemann.

Habermas, J. (1989). *The Structural Transformation of the Public Sphere — An Inquiry into a Category of Bourgeois Society*. Cambridge: Polity Press.

Hunter, Ian (1994). *Rethinking the School: Subjectivity, Bureaucracy, Criticism*. Sydney: Allen and Unwin.

Kohlstedt, S. G. (1983). "Australian Museums of Natural History: Public Practices and Scientific Initiatives in the 19th Century." *Historical Records of Australian Science*, vol. 5.

Latour, B. (1999). "Ein ding ist ein thing: A (Philosophical) Platform for a Left (European) Party." *Soundings* 12.

McGuigan, J. (1996). *Culture and the Public Sphere*. London: Routledge.

Prosler, Martin (1996). "Museums and Globalisation." In S. MacDonald and G. Fyfe (eds.), *Theorizing Museums*. Oxford: Blackwell Publishers/The Sociological Review.

Said, E. W. (1994). *Representations of the Intellectual*. London: Vintage.

Stoler, A. L. (1995). *Race and the Education of Desire: Foucault's History of Sexuality and the Colonial Order of Things*. Durham and London: Duke University Press.

进一步阅读书目：

这一书目就两个相关的领域提供指导：对哈贝马斯公共领域这一概念做出回应并对其进行扩展的批判文学；对与后福柯学术相关的技术知识的官僚主义和其他形式进行积极的再评价。

关于第一点，参见 Calhoun(1992)，这是一部从欧洲和英美视角对哈贝马斯进行评论的优秀的论文集，其中包括一篇文章，哈贝马斯在其中根据公共领域这一概念引起的各种批评对其做出了修订。关于这一概念与女性主义的关联，参见 Landes(1988)，Riley(1988)和 Ryan(1990)。关于它与本土文化关系的问题，参见 Michaels(1994)。至于由试图将这一概念与许多亚洲国家的社会文化结构相连而产生的诸多问题的选集，参见 Chun(1996)，Hanada(1995)和 Milner(1995)。

至于对技术知识的官僚主义以及其他技术形式做出的后福柯式的观点，参见 Minson(1993)，Rose 和 Miller(1992)。更长久的历史观点请参见 Saunders(1997)。针对知识精英主义的科学形式的鄙夷，为官僚主义所做的辩护，参见 Latour(1987)。

Calhoun, C. (ed.) (1992). *Habermas and the Public Sphere*. Cambridge, Mass.: MIT Press.

Chun, A. (1996). "Discourses of Identity in the Changing Spaces of Public Culture in Taiwan, Hong Kong and Singapore." *Theory, Culture and Society* 14(1).

Hanada, T. (1995). "Can There Be a Public Sphere in Japan?" *ISICS Research Papers*, no. 50.

Landes, Joan B. (1988). *Women and the Public Sphere in the Age of French Revolution*. Ithaca and London: Cornell University Press.

Latour, B. (1987). *Science in Action*. Cambridge, Mass.: Harvard University Press.

Michaels, E. (1994). *Bad Aboriginal Art: Tradition, Media and Technological Horizon*. Sydney: Allen and Unwin.

Milner, A. (1995). *The Invention of Politics in Colonial Malaya: Contesting Nationalism and the Expansion of the Public Sphere*. Cambridge: Cambridge University Press.

Minson, Jeffrey (1993). *Questions of Conduct: Sexual Harassment, Citizenship, Government*. London: Macmillan.

Riley, D. (1988). *Am I That Name? Feminism and the Category of "Women" in History*. London: Macmillan.

Rose, N. and P. Miller (1992). "Political Power Beyond the State: Problematics of Government." *British Journal of Sociology* 43(2).

Ryan, M. P. (1990). *Women in Public: Between Banners and Ballots, 1825 — 1880*. Baltimore and London: The Johns Hopkins University Press.

Saunders, D. (1997). *Anti-lawyers: Religion and the Critics of Law and State*. London and New York: Routledge.

第22章
倾听国家：哥伦比亚的文化、权力和文化政策

安娜·玛丽亚·奥乔亚·戈捷（Ana María Ochoa Gautier）

文本解构的文化研究事业，部分上是基于对揭开话语形成中权力议程之政治重要性的高度评价。[1]在世界各个不同的地区，如同女性主义一样，各种反对不平等状况的斗争，或者，在拉丁美洲，被压迫阶级境况的转变，这些通常都基于一种观念，即一种新命名的政治将会引起一种身份政治的转变，以及由此带来的实践的转变，这些实践决定了权力结构。但是，在某种历史性条件和特定的体制语境下，一种命名的政治、新的表征实践以及身份，与这种新的命名应该带来的平等之新环境的出现，二者之间的分裂变得至为明显。

拉丁美洲从事文化研究（也包括其他领域）[2]的知识分子，通过参加非政府组织、政府委员会或政府计划项目，以及参与公共政策的制定或者甚至担任公共职务，从而经常在批判话语和政治结构转变的实践之间充当调停者的角色。到目前为止，许多国家的奠基者们都经常在拉丁美洲的思想史上充当领导者的角色，因而这种介于一种知识话语和公共机构之间的流动性在拉丁美洲并不新鲜（Ramos 1989；Von der Walde 1997）。而新鲜的是，竭力将那种为呈现出"不同或者分散性的阐释而避免一些实质而封闭性的定义"（Telles 1994：50）而开辟道路的批判话语的纬度，带入一个体制性的框架内，或者处于一种需要做出决定的历史时刻，这些决定历史性地基于一些实质性的定义。在符号的层面上解构一个文本是一回事，但是将这些解构运用于日常实践，这作为一种日常生活伦理，使得文化政策复杂的关注点变成显而易见的，而这种关注点也成为位于被描述为"矛盾的和未完成的现代性"（García Canclini 1989）的社会之中的体制（行政的、法律的、财政的）与文化（表现的、流动的、易变的）两个纬度的问题。这使我们面临一种介于两个层面之间的差异：在符号的层面上单独研究文化政治，即"为意义和再现而做的空洞无实的斗争"（Alvarez, Dagnino, Escobar 1998：5）——这是作为学术研究者的我们经常做的——与在话语和实践相遇的层面，而这一时刻，在拉丁美洲对公共领域进行了深刻的再定义。我想要在这一章中探讨的，正是这种差异对建构看待文化政策的批判思维所产生的影响。

我在美国获得博士学位之后，于1997年回到哥伦比亚，开始作为一名民族音乐学者在联合文化部政府文化办公室的音乐档案馆工作。直到1998年，所有的艺术档案馆——音乐、戏剧、舞蹈和视觉艺术——由于联合文化部变成了文化部而联合归属在一个大的联合体之下。

我接受了作为这些档案馆领导的工作,但是在 1999 年 1 月就辞职了,主要是因为对缺乏一致与协调的国家行政管理和官僚政治实践感到失望。就在此时,哥伦比亚人类学研究所(在当时是文化部的一部分),在文化部地区事务办公室和一个伊比利亚美洲(泛指拉丁美洲)非政府组织,安德烈斯·贝略协会(the Convenio Andrés Bell)的财政资助下为我提供了一份工作,主要是研究由文化部计划并倡议的多元文化主义主题项目的影响,我在犹豫之下最终接受了这份工作。从一个行政人员到研究人员的角色转换,使我在文化部权力结构中的生存模式发生了转变,这种转变要求以一种新的形式来倾听描述人们参与官僚政治结构的抱怨。并且,这种转变使得甚至在一个机构当中(并且在一个历史时刻)来调停学术话语和文化政策的难度变得显而易见,而这一机构已经邀请了一些批判性知识分子积极参与到政策的制定当中。哥伦比亚这种批判研究和文化政策之间的结合与分离,对于拉丁美洲"文化研究"体制的和历史的决定性因素,和通过文化政策在批判视角和民主进程之间建立沟通桥梁的问题而言,是十分发人深省的。随着研究的深入而出现的问题是,研究者在日益通过政策项目——从国家政府部门到国际论坛如联合国教科文组织——来定义"文化"的公共机构中充当什么样的角色?这一问题不仅要求对文化在公共场所的用途进行解构,还要求对劳动关系和我们在一个日益跨机构的工作领域里作为学术工作者的角色进行去中心化。这里我将以此作为论述的开始:将文化的出现(尤其是文化的多元化)历史性地语境化,作为哥伦比亚过去十年间公共话语的一个核心主题。

作为国家议程的文化多元化

在哥伦比亚过去大约 15 年的时间里,"文化"已经逐渐变成一个政治关注的领域,一方面欢迎学者的批判性思考,另一方面,也欢迎来自不同政府部门文化政策议程的制定和实施,创造一个介于两者之间互动的领域。[3]这一互动经过一系列的辩论和论坛变得愈加明显,而这些辩论和论坛则导致了 1991 年宪法的起草进程。这是由一个异常广泛参与的国家立宪会议完成的,这一立宪会议包括来自不同政党的各色人物、最近重新进入平民社会的前游击队成员、本土运动的领袖、基督教团体、来自社会科学不同领域的学者,以及除此之外的一些人物。新宪法在司法、行政、领土和文化条款方面标志着对 1886 年宪法的根本脱离,它伴随着许多改革,直到 1991 年才生效。在过去十年里,哥伦比亚的民主化进程已经包含了艰难的并且经常是相互矛盾的立法和行政改革,通过这些来力图实现由 1991 年宪法所确定的关于国家定义的新模式。同样,在 1997 年,在桑佩尔(Samper)政府的支持下,负责文化事务的政府部门联合文化部被文化部所取代。

宪法的重新起草和文化部的创建,在它们各自的时刻,产生了不是由国家就是由国家联合了大学和非政府组织而组织的各种学术事件,同时,也延长和加剧了新闻舆论中关于文化、权力和国家之间关系的争论。[4]大量在 20 世纪 90 年代得到发展的政府文化政策都源于这些讨论,同时也源于一些专业人员(学者和艺术家)的工作,他们曾历史性地投身于在文化政策新项目的制定与实施中属于其他类型的参与过程(例如社会活动或其他形式的艺术探索)。

使得 1991 年宪法和 1997 年普通法得以产生,并借此建立文化部的那些公共辩论和著述的进程,确立了一个文化政治的新领域,现在,这一领域在决定哥伦比亚的国家文化政策生效的过程中,已经起着至关重要的作用。下面是由这些文件所确定的主要变化:

1. 宪法第 7 条正式宣布,哥伦比亚是一个"多民族和多元文化的国家",这从根本上改变了 1886 年宪法中关于国家和文化之间关系的说法,即"是一个处于白种化过程中的混血民族,团结于一个上帝和一个种族之下"(Wills 1999)。因此,在 1997 年,文化部在文化普通法的第一章第一条中采纳了一个(至今仍然)颇具争议的文化定义:"用以描述人类群体的独特的、精神的、物质的、理性的和情感的特征,并且超越于艺术和文学之上,包含了生活方式、人权、价值体系、传统和信仰。"这一定义引起的政治姿态是以下的相对化——一个允许其内含物具有丰富可能性的文化定义的使用,使文化不再盲从于作为一个表达的特定领域的观念(在哥伦比亚的历史上,以高雅文化或者作为民间传说某种可接受形式的遗产的形式),从而为一种转变开辟道路,而这种转变就是以国家通过文化政策建立表现性文化与社会建构之间联系的方式实现的。这不仅是对 1886 年宪法的根本性脱离,也是对哥伦比亚与有效的文化表达之历史联系的根本性脱离,这种主要是排除式的脱离,归结于那些在世纪之交急于设法决定言谈与书写的正确形式的文法学家们。因而,尽管这一文化观念是一个遭到那些从事文化政策制定的学者和专业人员众多批评的定义,我们仍然不得不承认它可能引起的文化政治的变化。

2. 多元文化主义被视为国家去中心化过程中的文化之维,这主要是通过行政、财政以及领土的改革来实现的。正如历史学家奥兰多·法尔斯·博尔达(Orlando Fals Borda)所言,他主要负责新宪法中领土和文化方面,行政的去中心化和领土的重新划分,对于承认不同文化和地区的文化表达而言是基本的步骤和过程,而这在以前是被一个高度集权化的国家结构所排斥在外的(Fals Borda 1996)。从国家的范围内对文化多样性的各种特定方案计划的部署,在过去十年中,曾经部分的属于文化部的职责。这不仅包括一些项目计划的实施,以此来寻求以不同的方式(通过社区无线电广播计划和广播网络、基于地方性艺术形式的教育计划、为了使地方文化以可见的形式面向全国进行的剧场建设、为研究和创造而设的地方性奖励)认可哥伦比亚的地方文化,也包括对部门特定方面(例如一些财政来源的分散化)的行政改组。

3. 那些引起宪法和立法改革的讨论,与由哥伦比亚的社会活动和文化政治的批判性话语的发展而引起的激发一起,创造了一个公共论坛,在其中能够清晰地看到,文化观念作为建构一个市民社会,以及最终达到一个和平进程的本质性的领域。换言之,学术批判话语、立法改革和哥伦比亚社会运动发展的影响之间的互动,使我们需要重新定义政治文化的领域范围。就是说,对"特殊的社会建构……什么被视为是政治的"(Alvarez, Dagnino, Escobar 1998:8)的重新定义。因而,不仅文化部,而且波哥大(Bogotá)的市政当局,都试图在一个被政治暴力搞得四分五裂、同时拥有世界上最高犯罪率之一的国家里,通过文化政策来重建市民社会(Franco 1999)。[5] 至少在许多计划项目的设计方面,显而易见的是,对于作为一个沟通过程的文化观念——它通过一种新的身份政治和认同允许社会关系的变化——的公共部分,有着一种日益增长的意识。这意味着关于文化政策的一个一般性观念发生了变化,这种变化作为一项工具,在哥伦比亚的各个地区独独为文化政策提供服务并打开方便之门(文化、图书馆、剧院等),而这种文化政策作为一种手段,则同样可以通过地方性文化与价值观的认同和支持,用来变革社会关系。

在拉丁美洲,作为一种对意义和特定实践两者进行的重组,对文化与政治之关系的重新定义,经常被研究社会运动的理论家们拿来分析。逐渐地,这些理论家们提请注意这些话语、实践以及这些运动的要求"在更大的体制和文化场所内以网状和细密的方式流通和运行"(Alvarez,Dagnino,Escobar 1998:16)。在哥伦比亚关于文化政策的事例中,尤其值得注意的是,一种新的文化政治随着学者、报刊专栏作家和专业人员,以及他们所隶属的机构和团体的话语和实践一起,从国家内部得以组织各种表达方式,他们这些人都在致力于为政策制定设计新的议事日程。这指向了一个事实,即公共空间并不是一个自治的领域,而是一个"对不曾预料到的参与形式的零开放";或者至少是对介于不同领域之间的表述模式的零开放(Yúdice 1994)。

然而,哥伦比亚这种文化话语方面的缝隙是与新自由主义政策同时出现的,这种新自由主义政策一方面提升了贫困和失业的程度,另一方面又使国家的社会责任最小化。这一时期正好处于武装冲突的剧烈升级,从所有参与战争的武装人员到国家的合法性均受到质疑。如此一来,我们本就极端的情形就加剧了——通过文化政策或其他行政和法律程序而实施的民主化进程,加上新自由主义和武装冲突的升级——这一极端的加剧导致产生了一个复杂的公共空间,在这一空间里"处于争论当中的计划方案和价值观(在哥伦比亚的事例中还包括各种力量)被设置为相互对抗的"(Telles 1994:43)。因而,在通过一种认同和身份的政治来重新定义公共空间当中,对社会行动者表面的(或者真正的)征服,其存在方式与经济和军事实践是矛盾的,后者与社会伦理和政治关系正好移向相反的方向。此外,所有这一切都发生在一个仍然部分地由人格主义与主顾主义(clientelist)的维度所界定的行政结构当中(尽管近来实行了改革),而这种人格主义与主顾主义之维从历史的观点看,曾经决定了拉丁美洲"一种寡头政治的概念"(Alvarez,Dagnino,Escobar 1998:9)。于是我们拥有的就是一个不平等和分离性的民主化进程,其值得怀疑的进行方式尤其发人深省,正是以这些方式,通过文化政策的制定,一种文化政治被区别性地和不完整地在公共空间中展开。正是在这样的语境下制定和实施文化政策的日常经验,使这一进程中更加深刻的政治含义变得显而易见。

公共领域的批判话语

当那份研究文化部主要的多元文化课题的工作摆在我面前时,我感到我自己真正站在一个十字路口。"CREA:哥伦比亚文化考察",这是1992—1998年间由政府实施的一个课题项目,力图"在全国的领土范围内拯救、评估、宣扬和展示我们(哥伦比亚)的文化"。[6]在实践当中,这个项目主要是——尽管并不排外——由一系列"文化邂逅"(cultural encounters)组成,更确切地说,就是在市政、部门、地方,最后是"全国的"(主要代表首都波哥大)层面上相继上演的本土和地方性文化的展示。这一从地方到全国的运动包括了一个选择文化表达的过程,涵盖了一个范围广阔的背景——从美味佳肴到音像制品——它将展现哥伦比亚不同的地区,并且在这一过程中,"颠倒了从中心到外围的具有哥伦比亚历史特征的文化流动趋势",在一个被武装冲突搞得四分五裂的国家里创造一种"对话和宽容的文化",为一个由新近起草的1991年宪法所定义的"多元文化和民族"的国家构造一种方案(Jaramilloca 1992)。到1998年为止,CREA已经进行了两个完整的循环周期。第一次开始于1992年,并随着一个国家级邂逅(national encounter)达到高潮而结束,这次国家级的相遇把1687名艺术家从全国各地带到了首都波哥大。在此之前,已经有102次市政间的、26次部门的和6次地区性的这种邂逅。结束于1998年的CREA的第二个循环在8月4日、5日、6日进行,先于新当选的安德烈斯·帕斯特拉纳(Andrés Pastrana)政府,从而将CREA标识为一项与桑佩尔政府明显相关的政策,而桑佩尔政府曾经积极提倡文化部的设立,并将其作为在一个与麻醉贸易有关的丑闻和腐败的政府中的一项开拓性政策。CREA的第二次循环包含了150次市政间的、26次部门的和4次地方邂逅,伴随来自哥伦比亚各个地区2235名艺术家的参与,在首都波哥大达到了高潮。

　　CREA的重要性在哥伦比亚文化政策的历史上是独一无二的。这一研究包括了我曾经感兴趣的几个主要话题——文化、权力和国家之间的关系;文化展览的影响;作为民主化的文化多元主义;地方性文化取代的影响;文化与和平进程之间的关系。是什么让我犹豫不决呢?经过一年半的时间之后再来回顾,我意识到,从文化部艺术档案馆的主管到CREA研究员这样一种位移,要求我自身在权力结构内部角色的重新定位,并且意味着一种日常工作关系的变化。换句话说,我从一个竞争者的角色,即要争取高层部门的注意,以便为组织动员政策计划项目而获得财政资源和政治空间,变成了一位从民族志的角度从事恰恰是同一个休制领域的研究人员,并且要求为一个争论性的项目所引发的问题提供处理建议。文化部之所以要从事CREA的研究,原因之一就是他们不知道该如何来处理它。一些人认为,这一计划项目在文化部中是最好的——它包含了新的共享的和民主的维度;而另一些人则认为它是最坏的——是一个政治奢华和滥用的空间。而我就要通过我的研究来对这种冲突进行调停。这不是人类学文学中经常引用的那种从"内部"到"外部"的古典性迁移,而是对我在同一机构中的劳动关系的重新定义。正如我现在在意识到的,发生的主要变化之一就是,对倾听国家或者说倾听在公共领域中工作的日常问题的模式进行重新界定。

　　我不得不学着在一种新的环境下倾听同事的抱怨(以及在与国家的共事中自己的不满)。这一"倾听的新模式"并不是突然出现的。它是在我日益建立起交流关系的新形式的那一年逐渐出现的,这种交流关系新形式的形成很大程度上是由这样一个事实决定的,即我不再是文化部权力体系中的一名竞争者。在研究期间这一情形的发生,其中两个因素起到了决定性的作用。第一,我熟悉公共政策制定的日常实践。我知道,这里有着不合逻辑的行政实践与个人偏爱的并存,同时也有许多项目计划的主持者们,他们从自己的工作职责出发,为构思并实施旨在建构新的民主空间的政策,而付出真挚而专业的努力。但是,我不得不超越那种令人沮丧的、经常弥漫于官僚机构之中的重复式逻辑,以及这种官僚机构附带的诸多抱怨(Herzfeld 1992),而以一种新的方式来倾听同事们以及我自己在与国家共事中遭遇的挫折与失败。这不仅仅是谴责不公平的行政实践的问题,这是在部门特定的工作领域里,实践和话语的日常互动当中,对介于一种"政治的文化和文化的政治"之间的矛盾关系进行定位的问题。第二,我作为研究员的新角色使我成为一名相对的局外人,但是那些"局内人"知道我是谁,并且将我在文化部内部加以定位。很明显的是,尽管我担负着研究的责任,但是我们大家都应该努力去应对思考和贯彻这些文化政策项目所带来的矛盾。

研究议程部分上是以我已经了解到的东西来进行设计的。文化部被系统地组织为一系列领域,其中每一个领域都有实行各种项目的主要分支机构。这种结构在很大程度上是从联合文化部继承而来。尽管又创设了一些新的领域(例如电影制片艺术),其他一些领域也随着文化部的设立而有所改变,然而工作的等级制度在很大程度上仍然保持原样。那些政策项目借以部署展开的最重要的领域包括:艺术、通讯、青年与幼年、地区发展、文化遗产、奖励与奖学金。[7]正如这一清单所清楚显示的,创造性领域的原则标准由此及彼,变化很大,在这种情形中是人口(青年和幼年),另一种就是地域(地方性部门),再另一种就是表现性媒介(艺术),还有就是政策特性(奖励)。这主要是对下列事实的反应:大多数领域都是从联合文化部中逐渐生发出来的,并且随着每个领域分支中项目的发展而变得更加稳固。由于这种相对独立的发展历史,对大多数领域的处理相互之间很少或没有什么联系。因而,文化部(最初是联合文化部)通过实行各种项目逐渐被系统地组织起来,而这些项目也变成了长期的计划,并最终和国家其他的改革进程(尤其是宪法的改革和部门的创立)一起进入了文化政策的议程。而在新的十年中具有导向性的理论词汇(消解中心、参与、文化多元主义、民主化)与文化政策的实践,两者之间的互动在很大程度上取决于这一体制结构和历史。

诚然,各具体部门分支的主管们是根据上述一般的国家方针来制定他们自己的政策项目的。但是,如何将这些理论词汇转化为事实上的实践,则不是由每一个领域,而是由每一个分支的主管决定的。这就意味着,对于文化政策是什么的最终界定,是在分支机构的主管这一层面上完成的,根据对文化和指导民主进程的思想两者之间关系的概念化,这一主管级别要么与最高行政方针,要么与其他分支机构和领域只是有着松散的联系。试举一例。我作为艺术档案馆主管所在的艺术领域,包含了艺术档案馆、音乐、视觉艺术、戏剧和舞蹈分支机构,还有国家戏剧艺术学校。音乐分支机构促进了涉及全国各地不同类型音乐——交响乐和唱诗班、当地管乐乐队、传统音乐——教育和组织(互动网络的创建)的项目计划的实行。这样它们就涵盖了大众和精英两种表达,并且构成了它们教育和组织的行为模式。然而,视觉艺术分支专门从事与西方视觉艺术相关的表达物,其主要活动就是组织当代艺术家们举办国家与地方性的展览。这一差异一方面回应了上文已经提到的历史性因素,另一方面也回应了分支机构的主管们的哲学和政治定位与倾向性,他们选择一种行为模式或一个文化领域并将其置于另一种之上。这说明,在文化政策及其实践的概念化方面,文化部不是一个单一的机构,而是充满了大量的可变因素。

这种类型的结构在进行计划项目的实施时,会产生某种灵活性(如果是创造性和批判性地运用,就会产生积极的效果),但与此同时也会产生许多问题。一方面,跨领域的对话是非常不完整的(如果不是不存在的),而这一事实在各自项目的制定和部署表现出不一致时,就会导致相反的目的和艰难的相遇。当在国家的同一个地区不同项目的共存出现困难时,这种情形就会经常发生。当开始在各个地区(不是在部门内)实行计划项目的时候,不同分支机构的主管们(或者他们的助手)经常进行第一次碰面,就是在此时,针对如何开展工作的问题,暴露出不同的观点。而这在这些项目计划涉及同样的人群或影响领域时,会是非常矛盾的。此外,这种冲突的产生,不仅是由于缺乏内部的对话和文化政策的讨论,而且也是因为文化政策的制定和实行,是基于对社会转变与文化二者关系默认的假定之上。例如,对于一些分支机构的主管而言,教育和组织的议程在市民社会的改革中是至关重要的,这一思想主要是继承挪用了一种弗莱雷式的话语。不言而喻的是,对其他一些人而言,大众文化凭借其自身的特性成为构建市民社会的一个领域。因而对这群人来说,地方文化的展示自然而然地会导致创建社会的对话。从未问过的问题是:通过制定文化政策,社会变革实际上是如何发生的?在部门内部经常非正式地宣称的观点,即"文化部没有一个明确的文化政策",主要谈及的并不是在不同项目计划中行为模式或人口目标的差异,而是这些议程未经研究的基础性假定。我们不仅有关于体制的残缺不全的发展历史,而且文化政策项目也在逐渐地巩固,这些文化政策项目在业已产生的矛盾中,在设置关于文化政策的一组问题的过程中,也发挥了作用。也就是说,作为一个批判的领域,文化政策的出现不仅出于对这一话题的学术兴趣,也是出于随着文化逐渐变为一个政治舞台而开始变得愈发明显的矛盾对立。

第二,决定那些财政部划拨财政资源分配的决议,是由部门高层做出的,这部分是通过人格至上主义和个人偏爱主义的关系进行调节的,这样就形成了在一些领域中不公平的、不透明的财力分配,而对此,项目主管还无从解释,这就成为一个明显会影响内部关系的问题。例如,CREA 最初于 1991—1992 年是作为加维里亚(Gaviria)政府(1992—1998)期间第一夫人安娜·米莱纳·德·加维里亚(Ana Milena de Gaviria)办公室(the Office of the First Lady)的主要项目之一来设计的。而在 1992 年当 CREA 由第一夫人办公室迁出而变为联合文化部(经过激烈的争辩),它实际上成为在艺术部门(Arts Area)内的一个平行机构,后来于 1996 年由于项目规模的关系又归入地区部门(Regional Area)。比较而言,CREA 一开始就有比部门内其他领域更多的财政预算,由于有第一夫人办公室的支持,它获得直接的批准,并且/或者与其他财政资源有直接的沟通渠道。并且,CREA 的设立包含了一个漫长的商讨过程。但是在这一商讨过程中并没有把下面这些人包括在内:他们已经在全国各地区实行过类似性质的项目,但是规模要小得多——尤其是由人类学家格洛丽亚·特里亚纳(Gloria Triana)在前政府中组织领导的大众文化项目。[8]这样,一个在公共领域中享有特权的位置就与以前未加说明的缺乏连续性的项目混在一起。在很长一段时间内,这种 CREA 嵌入联合文化部(后来变为文化部)的模式,在很大程度上决定了 CREA 中的人员和部门其他领域的工作人员之间的劳动关系。直到 1998 年我被邀请去做研究时,文化部内的不满,不仅是由于地区项目产生矛盾的结果和影响(到那时积极和消极的方面都是相当明显的),也要归因于由 CREA 在文化部的存在模式所建立起来的劳动关系的类型。而这一问题的严重性被下列事实进一步加重了,即那些实行的项目的效果和影响,并不是由局外人以民主的方式进行评估的。[9]

可以想象,由文化政策概念化过程中的差异,以及各领域间缺乏交流所产生的张力,再加上一种人格主义结构——它至少部分地决定了资源的分配——的存在,形成了一种不稳定的,并且经常是艰苦和不公的工作环境,对于这种环境,项目主管们不得不经常进行调解。如此一来,文化政策的实施不仅需要为文化改革设立一个议程,而且需要通过体制机构和日常工作实践来对一种文化政治进行调停。作为一种去中心化和共享参与的策略,CREA是一个政府中主要的计划项目,它在很大程度上与这些问题相关联。毋庸置疑的是,它在这方面的成果是卓著的,关于这方面在这一章中我没有进行论述。但是我想指出的是,文化观念的去中心化——它促成了新项目的制定和文化政策的实施方式,并没有带来日常工作实践和隐含的政治结构两者的去中心化,而这最终会影响到由去中心化、分享参与和文化多元主义观念所引发的构建民主化进程的可能性。正是在体制结构与实践之间的矛盾性互动中,才确定了一个日常工作的领域,同时也确定了制定政策的新模式,这些模式的基础认为文化可以改造社会;也正是在这种互动中,产生了一些批判理论和公共政策制定之间的断裂。那么,通过新的文化政策议程的实施来实现民主化的问题,不仅需要为文化的运用设计新的方案,同时也意味着,要在日常工作实践的层面上来解决国家机构固有的矛盾,以及这些如何影响到那些急需实行的改革的可能性。

批判理论与国家日常实践之间隔阂的消除

在过去的两年中,马里亚·阿德莱达·哈拉米略(Maria Adelaida Jaramillo),作为与文化部一起设立的国家艺术教育部的部长,曾经将下面不同分支的主要负责人召集在一起,旨在力图解决极度分裂的问题,至少围绕着各种不同项目所共有的教育维度创造一个对话空间。过去很多问题都是在这个重要的空间里开始显现和共享的。但是这一任务并不容易。一方面,召集会议的目的部分是要将各个分支机构的教育观念集合起来,基于此而为教育计划(Education Program)制定一项共享性的政策。对许多分支机构而言,这意味着一项额外的工作议程,而面对已经过剩的工作计划——这在很大程度上,是由在公共领域里要求的文件生产的直接性所决定——这项议程已经很难加入其中了。同样,既然像大多数公共政策的会议一样,这些会议在富有成效的文件生产中有特定的目的,因此无暇去明确地解构关于公共政策那些不同的(并且经常是无意识的)假定——它们经常妨碍消解人们之间的差异。此外,这些讨论还经常由不同权力等级的共存所调解,这些权力等级中,很多不能够明确地被解决,或者如果能解决,也不能被改造。

在试图纠正部门破碎化问题的过程中出现的这些不同的问题,指出了在公共机构中进行交流实践的一个特征。"来不及思考",这不仅是在部门之内,也是在部门之外普遍听到的一句抱怨,而不仅仅是"没有时间"。日常工作的议程以这样一种方式构成了交流的空间,以至于对于项目主管而言,在制定和实施政策的同时,实际上不可能进行批判性的思考。在大多数会议中,人们必须对他们项目中认可的方面进行调解,这使得很难将批判性思考作为公共政策实践一个不可或缺的维度。马丹·巴韦罗(Martín Barbero)(1995)曾经宣称,文化政策假定以一种交际理论作为它的基础。但是这不仅关涉到社会通过一种文化政治发生变革的方式,同时也包含了存在于工作日的政治和实行政策之机构的等级式结构之中的交际实践确定文化政策的方式。

即使存在这些结构上的困难,聚在一起进行讨论是主要的第一步,而两年之后已经有所成效,已经能够提出某些具有共同目标的计划项目。显而易见的是,需要建构分支机构与项目主管之间对话的空间——这一点通过教育部的经验已经是明显的——同时也是根据我的研究需要,我开设了——作为一种研究方法论——一个两周一次的研讨会,在研讨会上,分支机构的主管们可以聚在一起,讨论与在哥伦比亚不同地区实施文化政策项目直接相关的问题。作为一名研究者,对我而言很重要的是,基于不同政策项目的经验,具备一种比较的眼光和视野。关于地区、文化和文化政策的研讨会,在很大程度上就是为讨论这些问题提供空间而设立的。讨论围绕我所熟知的、对于项目主管们来说重要的问题,这主要是由于我以前在文化部的工作——包括地区观念、地方文化变革的影响、各地区全球化的效应、文化政策的行为模式等等。与一门学术课程相反,这里的观念是,由于国家公务员缺乏相应的时间而应将阅读量保持最小化。同样,每一位官员应该对他们自己的项目存在问题的一个方面做出分析和质疑。分配我的任务是以批判理论对CREA做出新的阐释和研究。为什么不让每一位主管将批判理论带入其自己的项目中呢?

最初,我把这设计为一种策略,去倾听在各个地区人们的问题。令我(同时也让研讨会上其他人)感到惊奇的是,研讨会创造了一个完全不同的倾听空间,而不是一般性地存在于公共领域中。一方面,我并不是要和他们竞争,以获取一个较好的位置或财政资源,这使我成为一个舒适的、半公共式的人物,然而,由于我以前具备的行政经验,我又能理解正在进行中的事情。另一方面,项目主管亲自承担了对他们自己项目进行批判性讨论的责任。他们不仅引出了大量必须面对的关于一些具体问题的经验和知识,而且,在没有公共机构的压力下,没有空间与人分享;他们直接采用自己的批评方法,来调解一个交际性的批判空间,这一空间对存在于官僚政治空间中的跨批评(cross-criticism)模糊和困难的性质加以改造;尤其是跨批评所存在的这种空间:它是由缺乏领域间的交流和偏爱主义者的实践从制度层面上组织起来的。这种体制化的结构使批判性的思考变得模糊不清。常被视为对其他人项目的批评,实际上是一种由于不公平并且/或者是模糊性的体制实践而带来的挫折。很快下面的问题就变得显而易见:各个项目主管都出现了类似的问题。偏爱主义结构对日常关系和批判分析的影响是毫无掩饰的,于是人们开始在质疑一个项目的文化维度和其嵌入机构的内部模式之间做出区分。这当然没有在部门内改变偏爱主义结构形式;这一直持续到现在,在每个政府之下又采取了一些新的形式。但这只是学会互相倾听和开始共享以前没有意识到的议程而迈出的一小步,无疑这一小步将令人混淆的实践转化为一些分离的和更加容易理解的维度。

关于拉丁美洲"文化研究"、文化政策和民主化进程的体制性特征的几个问题在这里出现了。首先,通常认为,"大量的文化研究,尤其是在美国,持续集中地倾向于文本的东西"(Alvarez, Dagnino, Escobar 1998:5),而"拉丁美洲的文化分析较美国而言,更直接地属于市民社会和政治社会研究的一部分"(Yúdice, this volume)。这最经常地与社会运动中的学者干预联系在一起。同样的,一个理论的分支在这些社会运动之间占主导地位,这被视为是市民社会的民主化,而国家的民主改革一般被认为是由"正式的具有代表性的政治机构和实践的稳定性"组成的(Alvarez, Dagnino, Escobar 1998：13)。但是哥伦比亚的案例所显示的是,那些机构并不是单一整体的结构,而是渗透着由不同类型的分组、联盟、人物之间互动的影响所产生的不定型的潮流涌动,而这些不同类型的分组、联盟和人物则表现了通过他们的影响(譬如1991年宪法的起草)以及历史继承而来的独裁政治的模式所导致的市民社会、社会和文化变革的特点。从国家内部来实施文化政策的新议程,要求在体制政治中,新的民主空间所具有的开放性与固守独裁空间之间进行艰难的协商。体制机构(或者正式的国家政策)的民主化不只是一项立法议程,它意味着要对日常工作空间进行革新。同样,这种明显的小型策略(比如,在一个不可能有这样可能性的公共领域里,为讨论问题而设立一个批判空间)可以作为在体制内创造更为民主的工作伦理,并最终有助于解构体制内不民主的实践而迈出的一步。

在这种矛盾的工作领域中间,我们看到的是"一种正在出现的民主化的形式,它打开了表达、对话和协商的空间"(Telles 1994：49),这些空间以前并不存在。毋庸置疑的是,文化部的许多计划项目是借助通过宪法和文化普通法生效的文化政策的新领域而产生的。但是任何人都不能对独裁政治实践和民主文化实践两者共存于部门之内这一事实视而不见。这就意味着,不仅政治或文化的基本特征在过去的几十年中已经被去中心化了,我们也需要专注于工作本身"由于它所采取的新形式中强烈的冲突"(Hopenhayn 2000)而被消解中心的方式。我们在文化部许多文化政策项目带有矛盾性的效果中发现的是,一种艰难而又不平等的民主化进程,这一进程包括了一个作为一种日常工作伦理的、包含剧烈冲突的议程。

这里存在着批判理论和公共政策之间互动的一个至关重要的方面。当解构仅仅关注意义的层面时,批判理论采取了一种较它嵌入批判政治空间时根本不同的形式。保罗·布朗伯格(Paul Bromberg),一位哲学家—数学家转型的波哥大市长说,当他就任公职时,他意识到每当他采取一个决定,同时他就会产生一个问题。即是说,批判理论的实践浸入到表现公共空间特征的矛盾的维度当中。他的这一陈述指出了一个哲学问题——许多介于批判理论和公共政策之间的关系都以此问题为基础:如何将不仅指导批判性思考并且指导公共政策或民主化进程(去中心化、文化多元主义等)的意识形态基础的抽象原则转化为日常实践?正如人类学家迈克尔·杰克逊(Michael Jackson)所说,"田野工作的经验让我懂得,共享的人道、人类平等以及人权的观念总是遭遇种族以及家庭与个人身份的微观政治的迫切要求,特定与普遍参照系之间的辩证法转化为介于人类学家特许的微观世界与第三世界的人们之间混乱的对话,而第三世界人们的声音、斗争和要求非常急切地界定了规定我们全球未来的环境条件"(Jackson 1998：5)。我们可以轻易地将这扩展到文化研究和文化政策的领域。批判理论和政策制定之间的互动不单单在解构意义的层面上至关重要,在涉入日常实践的矛盾性维度的层面上也同样重要。这并不一定意味着研究者必须担任公职。它需要我们从两个方面来努力消除文化政策理论与实践之间的隔阂:实行文化政策的人员应该有机会在他们工作议程的结构中为讨论他们的问题而开辟空间,而学者们需要在改革公共领域的日常工作中更为紧密地展开互动,而不仅仅是建构那些指导政策制定的理论原则。这不仅能够将"学术权威的边缘多元化"

(Richard 1999)，而且也许能够弥合文化政策理论化中的一些鸿沟，特别是那些与建立官僚政治的日常实践和文化解构之间联系相关联的鸿沟。

在哥伦比亚 90 年代的十年中，在正式的机构里为文化政治开放的新空间使得开展民主化的实践成为可能，这些民主实践在建立新的参与性空间的过程中至关重要，而就这些参与性的空间而言，尽管其中包含了各种问题和矛盾，它们仍然在全国各地区发挥了具体的成效。这一话题，我在本章中并没有讨论。然而，这些民主空间又是脆弱的、分裂的和不确定的。在哥伦比亚，作为在文化政策领域中工作的人，我们经常在希望感、创造力以及似乎由一些文化政策项目产生的民主化，与一个逐渐陷入新自由主义政策和武装冲突的社会的极端分裂化造成的非常真实而强烈的局限之间，感到自己陷入了困境当中。也许这也就是为什么如今在哥伦比亚，许多参与文化政策制定这一例行公事的人，经常在希望与清醒这一不稳定的平衡之不同的两端摇摆不定。

（史冬冬　译）

注释：

[1] 写这一章时，我是在纽约大学美国研究课题组（American Studies Program）的文化项目私有化（Privatization of Culture Project）中的一名洛克菲勒会员。我要感谢洛克菲勒基金会、乔治·尤迪斯（George Yúdice）和托比·米勒的支持。埃韦利娜·达尼诺（Evelina Dagnino）提供了有用的参考书目。哥伦比亚文化部、哥伦比亚人类学学会和安德烈斯·贝略协会为这项研究提供了财政支持，从而完成了本章。我把这一章题献给哥伦比亚文化部"地区与文化"研讨会的参与者们。

[2] 在拉丁美洲，将文化研究作为一个领域的观念，是以一种与美国大不相同的方式建立起来的，目前正在遭到质疑。See Néstor García Canclini, *La Globalización Imaginada*, Barcelona, México: Paidós, 1999; Daniel Mato, *Investigaciones sobre Cultura y Política en América Latina y Dilemas de su Institucionalización*. Paper presented at the Seminario de Estudios Culturales; George Yúdice, this volume.

[3] 同样也可以来自其他的部门，例如非政府组织。然而，在本章中我将只讨论政府与文化之间的互动。

[4] 关于建立文化部的争论汇集在：*Crear es Vivir*, *Gran Foro Cultural*, Barranquilla, abril 29 de 1994, Bogotá: Presidencia de la República, 1994. *Debate Cultural*, Coordinación Juan Gustavo Cobo Borda, Bogotá: Presidencia de la República, 1995. *El Trabajo Cultural en Colombia*, Juan Gustavo Cobo Borda, coordinador, Bogotá: Presidencia de la República, 1996. *Ministerio de Cultura*, *Ministerio de la Paz*, coordinador: Juan Gustavo Cobo Borda, Bogotá: Presidencia de la República, 1997.

[5] 关于对哥伦比亚暴乱统计的文件和解释，参见 Saúl Franco, *El Quinto*: *No Matar*: *Contextos Explicativos de la Violencia en Colombia*. Bogotá: TM Editores, IEPRI, Universidad Nacional, 1999.

[6] *CREA*: *Una Expedición por la Cultura Colombiana*. Bogotá: 联合文化部, 1997, p. 1.

[7] 这一部门还包括国家博物馆、国家图书馆，还有直到最近才成立的哥伦比亚人类学研究所等。这些并不被视为几个领域而是独立的行政单元。

[8] 关于对作为文化政策的 Jornadas 之影响的讨论，参见 Gloria Triana, compiladora, *Aluna*: *Imagen y*

Memoria de las Jornadas Regionales de Cultura Popular. 联合文化部,Universidad Nacional de Colombia,Bogotá,1990.

[9] 对 CREA 的一系列评价,是 CREA 的人员在与外部人士的互动中做出的。但是这些评价明显地缺少理论批评的参与。所有的问题被缩减为运作问题,这一特征在本质上对于在公共空间中的质疑模式而言是显著的。

参考文献:

Alvarez, Sonia E., Evelina Dagnino, and Arturo Escobar (1998). "Introduction: The Cultural and the Political in Latin American Social Movements." In eds. Alvarez, Dagnino, and Escobar, *Cultures of Politics, Politics of Cultures: Re-visioning Latin American Social Movements*. Boulder: Westview Press.

Deas, Malcolm (1993). "Miguel Antonio Caro y amigos: gramática y poder en Colombia." In *Del Poder y la Gramática y otros ensayos sobre historia, politica y literature colombianas*. Bogotá: TM Editores.

Deas, Malcolm (1999). "La Paz: Entre los principios y la práctica." In ed. Francisco Leal Buitrago, *Los laberintos de la guerra: Utopías e intertudumbres sobre la paz*. Bogotá: TM Editores, Universidad de los Andes.

Fals Borda, Orlando (1996). *Región e Historia. Elementos sobre ordenamiento y equilibrio regional en Colombia*. Bogotá: TM Editores, IEPRI, Universidad Nacional.

Franco, Saúl (1999). *El Quinto: No Matar. Contextos Explicativos de la Violencia en Colombia*. Bogotá: TM Editores, IEPRI, Universidad Nacional.

García Canclini, Néstor (1989). *Culturas Híbridas: estrategias para entrar y salir de la modernidad*. México: Grijalbo.

Gómez Sierra, Francisco (compilador) (1998). *Constitución Política de Colombia*. Bogotá: Grupo Editorial Leyer.

Herzfeld, Michael (1992). *The Social Production of Indifference: Exploring the Symbolic Routes of Western Bureaucracy*. Chicago and London: University of Chicago Press.

Hopenhayn, Martin (enero 2000). "Nueva Secularización, Nueva Subjetividad: el descentramiento del trabajo y de la política." *Revista de Estudios Sociales* 5: 85—92.

Jackson, Michael (1998). *Minima Ethnographica: Intersubjectivity and the Anthropological Project*. Chicago: University of Chicago Press.

Jaramillo, Rosita (ca. 1992). Crea: Una Expedición por la Cultura Colombiana. Unpublished government document.

Martín Barbero, Jesús (1994). "Por unas políticas de communicación en la cultura. In Pre-textos." *Conversaciones sobre la comunicación y sus contextos*. Cali: Universidad del Valle.

Presidencia de la República de Colombia (1997). "Ley General de Cultura." In *Ministerio de Cultura, Ministerio de la Paz*. Bogotá: Presidencia de la República.

Ramos, Julio (1989). *Desencuentros de la modernidad en América Latina: literature y política en el siglo XIX*. México: Fondo de Cultura Económica.

Richard, Nelly (1999). *Algunas notas en borrador sobre el impacto en América Latina de la creciente institucionalización de los cultural studies en países de habla inglesa*. Manuscrito.

Telles, Vera (1994). "Sociedade civil, Direitos e Espaços Públicos." In ed. Evelina Dagnino, *Os Anos 90: Política e Sociedade no brasil*. Sao Paulo: Brasiliense.

Von der Walde, Erna (Jan.—June 1997). "Limpia, fija y da esplendor: El letrado y la letra en Colombia a fines del siglo XIX." *Revista Iberoamericana* 63 (178—9): 71—83.

Wills, Maria Emma (Dec. 1999). "Continuidades y cambios en la Constitución del 91." Paper presented at the symposium *Museum, Memory and Nation*. National Museum of Bogotá. Unpublished typescript.

Yúdice, George (May 1994). "Estudios culturales y sociedad civil." *Revista de Crítica Cultural* 8: 44—53.

第 23 章
博物馆的华章：一次艺术馆谈话

安德烈亚·弗雷泽(Andrea Fraser)

    应该散发和张贴告示、标语和象征物，让每一个人都能了解其意谓。关于惩罚的宣传不应具有肉体恐怖效果，而应是打开了一本供人阅读的书籍。勒·佩尔蒂埃建议，让民众每月参观一次犯人，"在悲惨的囚室里，他们将看到门楣上醒目的文字，即犯人的姓名、罪名和刑罚"……让我们把惩罚场所设想为星期日供家庭游览的"法律公园"……这是秩序展览馆中的生动课程。

米歇尔·福柯《规训与惩罚》，1977 年

    在费城的每一个家庭，年轻人都会被教导尊重这里收藏的东西。

市长 哈里·A. 麦基(Harry A. Mackey)，在宾夕法尼亚州新
博物馆开馆典礼上的发言，1928 年 3 月 27 日

费城艺术博物馆西侧入口大厅，1989 年 2 月 5 日，或 11 日、12 日、18 日、19 日。两三打游客正在访客接待区的西南角落里等待；一些人是在等待安德烈亚·弗雷泽的"当代观念艺术家演讲"；一些人正在等着博物馆里一次导游带队的参观，这种导游式的游览在博物馆里有很多；另一些人只是在等朋友。

三点钟，简·卡斯尔顿(Jane Castleton)进入西侧入口大厅，并开始向任何一位看起来在倾听的人说话。她穿着一件银褐色相间的格子衣服，过膝的裙子，领尖带有纽扣的白色衬衫，白色的长袜和黑色的无带平底鞋。她褐色的头发在脑后整齐地结成一个发髻，上面戴着一个黑色的蝴蝶结：

呃……各位，下午好？下午好。我是简·卡斯尔顿，欢迎你们来到费城艺术博物馆。今天我将是你们的向导，我们一起来探索这座博物馆，它的历史和收藏品。

我们今天的参观是一次收藏品之旅——称之为博物馆的华章——我们将要重点参观的展厅包括博物馆著名的历史时期展室、饭厅、衣帽室等等——都能听到我说话吗？如果听不到，请不要不好意思，告诉我让我大声一点就可以了。这就对了。与此同时，我们也是在谈论访客接待区，和各种服务与支持性场所，以及这座建筑，就是搜集藏品的这座建筑。而博物馆本身

中"本身"这个词本身是那么引人注目。[1]

　　当然,我们今天的游览只能参观博物馆的一小部分;这里的200多个陈列室容纳了涵盖世界各地和各个世纪的几十万件艺术品。但是,这只是给你们一个大体上的概念,帮助你们对自己有一个定位,你们可能是第一次来这里,第一次来这里参观这座博物馆——再次欢迎你们。

　　这里是西侧入口大厅。相反的方向,当然是东侧入口,我们等会儿就要过去。这是博物馆的中心——正如你们在这里的地图上看到的——它有一个长长的中央建筑物,其两翼分别向后方延伸一直到尽头。它一共有四层,包括一个地下室。

　　这西侧入口大厅通向南侧一翼的第一层,那里是博物馆的一些公共设施,在今天的参观中,我们稍后会过去……

简向位于西侧入口大厅的服务台走去。

　　这里也有博物馆全新的联合型服务台和入会服务台——我希望你们都已经缴了入会费——这是会员服务台。如果你已经是博物馆的会员,当然,你就不需要再付入会费。

　　会员资格,大家知道,"在博物馆的存在中起着极其重要的作用。很多会员都表示,他们之所以要加入博物馆成为其会员,是因为他们将博物馆视为一种最高级别的机构,是世界上伟大的文明宝库之一。它远离现实中世俗的要求,在这里,个人能够加强他或她与这个世界各种崭新的和古老的创造性力量之间的联系"。[2]

　　如果你是博物馆的会员,你也可以使用位于我头顶正上方的楼厅右侧的会员专用休息室,你们可以看见那儿……

　　我自己并没有缴纳入会费。我不是博物馆会员,也不是博物馆的雇员。我是一名访问演讲者,一位教育部的客人。同时我也是一名像理事会和博物馆导游组一样的志愿者。[3]这样,作为一位客人,一名志愿者——也可以说,作为一名艺术工作者——今天我就有特别的待遇能够在这里表达我自己,仅仅作为一个独特的个人,一个有着独特特征的个人。

　　我衷心希望我能够最好地表现我自己——正如我们大家都应如此,如果我可以这么说的话。这就是我们为什么来这里的原因。[4]

　　让我们继续到东侧入口去,可以吗?如果可以就跟着我,到电梯那里……

简带领着这些人到电梯那里。

　　好的,我们到了,我们准备去第二层。

当人们重新在二楼的大楼梯厅集合时,简开始继续解说。

　　人到齐了吗?好的,让我们继续。
　　这里就是大楼梯厅,大家可以看到,我们已经在二楼,正好在东侧入口的里面。正如我刚才说的,这里才是博物馆真正的中心,直接通向博物馆的收藏品。我的右边是博物馆的南翼,在它的一楼大体上独立存放着美国艺术品,二楼展厅收藏的是南亚、近东、远东和中世纪的艺术品。在我的左边是博物馆的北翼,你会在它的一楼看到欧洲和20世纪的艺术品,在二楼是更多的欧洲艺术品和我们稍后会谈到的历史时期展室。

呃,费城艺术博物馆是美国最古老的艺术博物馆之一。它最初是宾夕法尼亚博物馆和工业艺术学院,成立于1877年。那是在纪念礼堂(Memorial Hall),不是这里。[5]这座建筑在1928年向公众开放。起初并不是要把这里作为宾夕法尼亚博物馆的所在地,最初是预期作为"一座巨大的建筑物,成为(本杰明·富兰克林[Benjamin Franklin])林荫大道的终端特征。建筑物本身的目的是次要的"。[6]

但是,一座艺术博物馆并不仅仅是一座建筑,并不是艺术品的收藏地。一座艺术博物馆——尤其是像我们自己这样的市立艺术博物馆——是具有某种使命和授权的公共机构。费城艺术博物馆像所有的公共机构一样,是由公共政策产生的。

那么是什么政策呢?

在1922年写作关于《新博物馆及其服务费城》(The New Museum and Its Service to Philadelphia)时,他们写道:"我们已经逐渐意识到,剥夺人们的精神食粮而代之以更高的薪水,并不是一种好的经济学、一种爱国精神,也不是一种英明的政策。"[7]

像同时代其他的市立机构——位于费尔蒙特公园的动物园和水族馆;林荫大道上新的免费图书馆;新的市立体育场;"为那些营养不良的孩子们"建造的快乐大本营;为"那些有依赖性和被遗弃的孩子们"建造的布朗农场;新的感化院(House of Correction);位于贝百利(Byberry)的新精神病医院;布勒克里(Blockly)新的综合医院、传染病医院、低能儿医院以及贫困收容所;[8]与布勒克里比邻的商业博物馆,那里有时候会为一些"献身于经济教育"的无家可归的人提供住所——现在是费城市政中心;日耳曼敦、罗克斯巴勒和罗厄·都柏林救济院……[9]

被称为活的坟墓和社会公墓,容纳那些处于危急中人的污秽不堪的处所,收容社会的失败者和被遗弃者的肮脏仓库,[10]没有人会自愿地走进救济院。接受公共救助被视为一种公共堕落的仪式,这是那么的令人憎恶,以至于与之相比,以一份最低劣的工作换取一份最低劣的薪水都是更为可取的。[11]

简走向一个窗户,斜靠在窗前的一座大钢琴上。[12]

市立艺术博物馆(Municipal Art Gallery)"真正服务于其宗旨,为所有那些具备品味但并不以此为满足的人们提供机会,享受财富和闲暇的最高待遇"。对于那些还不具备品位的人,博物馆将会提供"培养品位的训练"。[13]但是首先,市立艺术博物馆应该表现出"足够的慷慨,恰当地用符号表现艺术的功用,作为在人类成就或渴望中最为高贵的事物表达……'那里不存在人类消亡的景象……'"。[14]

简拉开窗帘,眼前展现出本杰明·富兰克林林荫大道完美的街景。

看看这景象!棒极了!

要是这个城市没有艺术,或景点,就别指望吸引游客。[15]

简向人群打着手势。

因为尤其是年轻人被带到这一地区,费城吸引了一大批受过大学教育和技术训练的人到来。并且由于它古老的制造业传统,也有大量的熟练工人。[16]

简离开窗户从人群中穿过。她边走边做手势。

这里气候宜人。能够提供最好的空间……为成功而设的各种系统一切就位并且运行良好。但是更为重要的是,费城是适合居住的城市。
你可以在五支职业运动队、一支世界级交响乐团、一百座博物馆、国内最大的市政园区体系,还有整个世界都在谈论的文艺复兴餐馆当中做出选择。[17]
另外,"八百万平方英尺的商业办公区……高科技、保健、医药出版和印刷、综合商业服务、金融服务、重工业(和)时尚……"[18]
我想现在可以继续往前到一些陈列室去,那里我们将要谈到博物馆的一些历史时期展室,我刚才已经提到过了,是博物馆著名的历史时期展室。如果可以请跟我来。

简带领人群穿过欧洲艺术陈列馆,到了其中一个历史时期展室。

就是这里了。
这是来自德拉威城堡的大型沙龙。法国,18世纪……
很少有别的时代在"活的风格"上比18世纪的法国更加迷人……
注意"那朴实的风格,路易十六统治晚期的典型特征……这在广阔外表的素朴,它们结构纤细的比例,雕刻以极端的辉煌壮丽……大美与优雅……非同一般的兴趣……极度的精巧……"[19]
接下来我将谈到另一个历史时期展室,就在陈列馆的对面。请跟我来……

简穿过陈列馆到了另一个历史时期展室,进入一个又短又窄的走廊,其中也有通向男盥洗室的门。

这里就是男盥洗室。

仅薄薄的一墙之隔,两边有着多么大的差异!在墙的这边是一个家庭,由于缺乏完整的社会教育而显得脏乱……人或房间的清洁被完全遗忘了。地板上丢满了污物垃圾,因为没有人希望或感到有义务从其他方面去改善它。财产权不被尊重或者只有通过敬畏和个人力量才得到尊重。

在仅几寸之隔的墙的另一边,地板上整洁地铺着地毯,一尘不染。中央的桌子上摆着一盏灯,一个种着嫩草的花瓶……墙上挂着几幅画……关于山水风景和家庭……

人们会发现从一个办公室变成了一块圣地。

显而易见的是,那些搞破坏的占领者一身邋遢,没有人注意,而是把同样的关注给予了那些在支付时干净、细心而准时的人。[20]

简离开了镶板室。

那些购买衣服、餐桌瓷器、墙纸和便宜珠宝的大众,应该通过观看其他文明和世纪的杰作来提高他们的品位标准。[21]

例如……

简用手示意陈列馆周围。

雄伟的建筑设施为博物馆的陈列室提供了高贵典雅的环境。[22]

简向北进入下一个陈列室。接着,介绍尼古拉·普桑(Nicolas Poussin)的《维纳斯的诞生》(*The Birth of Venus*):

灿烂辉煌地……惊人地完美无瑕……华丽的……这一形象处于最精美、最美好的创造物中……是一个非常匀称和流畅的形象……[23]

简走向房间的对面,介绍西蒙·武埃(Simon Vouet)的《圣卢克》(*Saint Luke*):

这是最为壮观的画面……由于它们清晰大胆的图案和相对而言稀少却强大而和谐的……由著名的费城律师搜集的一千多件作品……纪念碑的,雕刻的……在严峻的环境中……

简向北进入一个陈列室,其中有被归于奥古斯丁·帕茹(Augustin Pajou)的《四季》(*The Four Seasons*),她边走边讲:

他们的习惯中的顽强、节俭、未雨绸缪、乐于操持家务……独立而自助……安静而自信。[24]

介绍让·皮埃尔·安托万·塔萨埃特(Jean Pierre Antoine Tassaert)的《友谊圣坛上爱之箭的献祭》(The Sacrifice of the Arrows of Love on the Altar of Friendship)：

最不和谐和富于情感性的阐释之一……扭动的、束缚的、强健的……宏伟的、狂乱的……巨大的和精力充沛的……完美称颂的欧洲华美的宫殿和教堂……
［让我们去下一个陈列室,好吗……］

简向北走进下一个陈列室,打着手势：

17世纪最为复杂和优美的作品之一……

介绍归于亚当·魏斯魏勒(Adam Weisweiler)的《橱柜》(Cabinet)：

这群迷人的舞蹈少女……优美的、实物般大小、神话般的……几乎是充满梦幻般华丽的创造。横扫与浪涌般……夸张的、猛冲……立即如此壮丽地戏剧化和如此明显地个人化……

简又回到陈列着《四季》的房间内,向人群说：

尽管来自"乡下",可她的背景和他们相似,她与家庭下午的日常事务、音乐学院的周二包厢、油画展览的开幕之夜都配合得丝丝入扣……[25]

从大体上说：

……在那里直到世纪末保存着最高雅的品位……

指向陈列室角落里守卫的凳子：

在规模和复杂性上……最具抱负的事业……在伟大的欧洲传统中……富足和优雅……超越时间和变化……

介绍《四季:作为酒神的秋季》(The Four Seasons: Autumn as Bacchus)：

这里……
美国,母亲,三个明显低能的兄弟,她自己智力不全,暴虐散漫,在每一方面都缺乏为母之道,慵懒无能,不负责任……
她的第二个丈夫是最堕落的人中的一个,出自一个卑微恶毒的家庭……极端地落后和不可救药……父亲低于常人的智力……大体上……所有和她打过交道的人都认为她是懦弱的……由于放荡的习性而成为一个危险的人物……低劣的状况……不能学习……家里没有佣人,并且经常……惯于自虐……几乎完全赤身裸体……趴在地板上拿着一个肮脏漆黑的平底锅……[26]

她对人群说:

我想要优雅一点。
家庭仪式、爱和秩序井然……

简回到陈列着《维纳斯的诞生》的房间,说道:

柔和的、个人的……魅力和新奇……完全的克制……功利主义……线性的……[27]

介绍《维纳斯的诞生》:

底层社会文化:在当今的美国社会中存在着一部分人,他们的生活方式、价值观和典型的行为模式是一种独特文化体系的产物,可以称为"底层社会"。[28]

简重新回到位于大型沙龙和镶板室之间的陈列室,在穿过陈列馆的同时说道:

朴素的优雅……和谐与完美……令人难忘……极其庄重而又温柔……强健的……谦逊的……快乐的……[29]

无能、懒惰、胸无大志……;长期贫困……

由于人力不足或技艺的缺乏而不能"干好"……[请跟我来……]"新近败落的人";"问题多多的家庭";"贫穷的文化";"声名狼藉的贫穷","叫花子","不得不应付","吵闹",引起麻烦并且"制造各种问题"……下层。[30]

在陈列室尽头的门上方做了一个离开的手势:

上色凝重、色彩和结构精致,这幅画是卓越形式一个杰出的例子。[31]
或者这里……

简走出陈列室,将人群的大部分留在自己身后一段距离。她继续走进中世纪艺术陈列馆,向回走向大楼梯厅,说道:

多变而肤浅的人际关系……低层次的参与活动……对更大的社群缺乏兴趣或知识……无助感和个人效率感……低级的"成就需求"和对自我低层次的渴望。

她转而向人群说道：

对美之热爱是使生活充满意义的美好事物之一。[32]

又说道：

最低技术层次的工作……不需技能的简单工作……和脑力工作……

向陈列室的各个部分做着手势：

在宾馆、洗衣店、厨房、炉子间、反工会的工厂和医院里……[33]
零散的砖头房舍……阴暗的仓库……空白的墙和废弃的院落……单调的、围起来的……有时候是沉郁的……[34]

简穿过几道门来到大楼梯厅，停下来对人群说道：

真正的！我的意思是……这里比如……

简边说边向楼梯的方向走去，并且向着长椅、石头栏杆、挂毯等打着手势。

你普通的仓谷房间，可以说，你曾经住过的熟悉的房间，你从来没有想过要把它当作一件艺术品，不知何故，不知不觉的，你将它拖来拖去，你放一把椅子在不同的地方，你安置壁炉架，去掉半个妨碍它的东西——你只是把它去掉，放一两个东西在那里，把它们放在合适的地方……一个艺术家会这么做……我想，这就是一个博物馆所要做的，对于我们所有人而言。[35]

我想现在可以继续，到一楼去……

简和人群一起从大楼梯厅下来。在第二个楼梯平台，简开始说话，边走边向大楼梯厅的各个方向做着手势。当下到楼梯的最底层，她围绕大厅来到左侧。

我早先提到过，它"中央建筑物，其两翼分别向后方延伸……它有四层高，包括地下室……
"同室者住在大约22英尺宽、45英尺长的房间里，每个房间有20到24个人，并且按照他们大致的性格和习惯把他们分类，把更有价值的与那些遗弃和无用的分开来，从而去掉由这些设施所带来的最讨厌的特征。美国人大体上单独在一起,爱尔兰人也是一样;黑人也有他们自己单独的寓所。

"[它]还有一个教养所,一个为病人和精神病人准备的医院,几个大建筑物作为工厂车间、教师、孩子们的卧室,以及各种外围建筑,附属于一个规模巨大、管理完善的建筑……"[36]

她在迭戈·里韦拉(Diego Rivera)的作品《苦工的解放》(*Liberation of the Peon*)面前停了下来,它悬挂在位于楼梯低下的衣帽室的门外。

这难道不是一个美丽的喷泉吗!

简走进衣帽室,指向位于远处尽头的喷泉,说道:

一件惊人的经济和纪念碑式的作品……它大胆地与这种形式朴素和高度风格化的作品相对照……[哎,注意,哎……]巨大而厚重……巨大的……最为野心勃勃、不屈不挠……[37]
优美的、神话般的、实物般大小……
我想要优雅一点。

简离开了衣帽室,向人群示意跟着她。

你知道——快过来。你知道"每一个个体,无论多么无知,[会发现]一千个对象(或者更多,只有一个……)是那么明显地趋于完美,并且与[她]自身力求完美的一知半解是那么直接地相一致……"[38]
比如……

简走向一座大卫·史密斯(David Smith)雕塑,与它比邻而立,张开手臂。

注意光线是如何捕捉它的结构,而细微之处如何追踪衣服的格子花纹的,镀银使结构更加明亮一点,双腿在膝盖的正下方,腰部稍稍有些褶皱,双排纽扣……
但是看看那张脸。皮肤是破的。她将脸庞稍稍转过去……

简开始走向通往西侧入口大厅的楼梯,仍然不停地说着。

她的穿着和仪态可能表明她是一位上流社会的妇人,但有识别力的旁观者会注意到,她的手上留有伤痕,指甲没有修剪,牙齿也参差不齐。
我想现在我们去西侧入口……

在去西侧入口大厅的楼梯半道上，简转向人群。

博物馆的职责可以描述为，持续不断、一丝不苟、坚决果断地从平庸的作品中辨识出上乘之作。[39]

饥饿和欲望是最好的调味品，一切可以享用的东西都被有着好胃口的人们津津有味地加以品尝。[但是]……这种满足表明了在品位的指导下别无选择。只有在欲望得到满足的时候，我们才能辨别这些人当中哪些人有或没有品位。[40]

在西侧入口大厅：

尽管如此，制作一盘完美的水果和奶酪，只需要很少一点东西。比如这里……

介绍克劳德·米歇尔（Claude Michel）（著名的克洛迪翁）的《跳舞的仙女》的其中之一：

……切成粗糙块状的乳白色佛蒙特切德干酪，在她们的朴素中，一个完美的苹果显得优雅而更为可取……

接着谈论《跳舞的仙女》中的第二个：

鸡与鳄梨树交织的图案，这么一种令人生畏的结合。[41]

简从《跳舞的仙女》旁走开。她走过衣帽室，进入一个带有休息室、电话、艺术销售与出租陈列馆和某个当代艺术陈列馆的走廊，她边走边讲，偶尔转向人群说上几句。

不久以前我在一次周六的早午餐上听到……各位，现在看起来似乎是恐怖故事：
一个在德兰西地区拥有豪华住宅的人说，他不能把花放在外面，因为每天早上他发现花盆倒在地上，门前的人行道上撒满了污物和垃圾。
另一个人说，看到一个街头流浪者[他似乎睡遍了每一个可以找到的角落，缝隙和楼梯间]在沃纳特大街上躺在南·达斯金（Nan Duskin）面前，正好是在我们主要的零售地。没人能够赶走他，甚至警察也不能。
一个经常资助艺术博物馆的妇女不相信那里的景观已经变成了一片狼藉……
……已经不再有任何地方可以逃避[未被开化的绿洲了]。[42]

简在走廊的尽头停下来，转身对人群说话。

这个走廊里有一些博物馆的公共设施：衣帽室，休息室、电话，哎……它没有一个真正的名字,但是……

这里沿着大厅往下……

简顺着一个相邻的走廊,向博物馆商店对面的绘画与印刷陈列馆走去。

这里沿着大厅往下,我们来到缪里尔与菲利普·伯曼(the Muriel and Philip Berman)绘画与印刷陈列馆。它们被指定为博物馆褒奖捐赠项目的一部分。你知道,博物馆为预期的捐赠者准备了一个名副其实的指定的空间机遇的丰饶之角(cornucopia of Named Space Opportunities)。

这里比如……

简穿过走廊来到博物馆商店。

……75万美元,你可以为博物馆商店命名。

你知道,我想为一个地方起名字,为什么,如果我有75万美元,我会给这个商店起名,哎……叫安德烈亚(Andrea)。安德烈亚就是这样的一个好名字。

简顺着走廊往前走了几英尺,又停下来对人群说。

这就是我们的博物馆商店,名字叫安德烈亚,是在1989年由约翰·P.卡斯尔顿(John P. Castleton)太太命名的,她从前是博物馆的导游,也是一个不朽的艺术鉴赏家。简,别人这样称呼她,她总是喜欢说:"艺术资助能够在一个美好的艺术家园中创造一种个人所有权的感觉,并且结合了为公共利益献身中最为开明的社会精神。"[43]

你知道她吗?要认识她就要去爱她。由于她矫健的步伐和穿着讲究的身影而显得格外特殊,[金发碧眼,]中等身材,穿着朴素优雅,惊人地'完美'。她经常带着一个公文包……抱歉……她的声音中带着惊奇、深沉和沙哑,随着情感而洪亮,元音绵延持久……一个认真的学生,谦虚、渴求、善于分析……她阅读……看并且邀请我们看……有时间会看得更为清楚。[44]

简沉默了一会儿,然后在继续讲话的同时走过了博物馆商店,穿过灯火通明但空荡的走廊,走廊直通向博物馆的自助餐厅。

博物馆希望并且需要有一批见多识广、热情洋溢的观众,他们关于收藏和节目的知识能够不断地增长。[45]

博物馆这样说:在这里你将会发现"心满意足",你将感到"称心如意",你会找到"乐趣",在这里你将会发现"使生活物有所值的美好事物",在这里你将会"从物质需要的挣扎中"解放出来,在这里你将会发现你"理想中的美",你会找到"灵感",这里你会发现"一个世外桃源",你会找到一套"标准",在这里你会发现"文明……"[46]

简在自助餐厅的外面停了下来。

噢,我已经懂得了愉悦;狂喜,极大的快乐,就在这座博物馆里,在这些墙砖旁边,或者在房间对面,或者就是这里,在这两者之间。
感觉活着真是美妙。
我愿意像一件艺术品一样活着。难道像艺术品一样活着不是很好吗?
威严、活力和品质的一种精深的制作;被一种细腻华彩的氛围所软化的拘谨的形式……[47]
一个人怎么还能别有所求呢?
优美的、神话一般、实物般大小……

简进入餐厅。

这个房间代表了费城在大革命前夕殖民的全盛时期,必须被视为美国所有最好的房间之一。[48]

简边走边穿过餐厅,并指着餐桌、椅子、垃圾箱、餐厅的顾客等等。

注意"建筑的装饰……[它]结合了破碎的三角形楣饰的古典词汇和英式房屋设计常见的凹槽型壁柱,并具有源于法国洛可可风格绚丽的不对称石膏装饰物。美观的装有软垫的沙发、齐本德尔风格的椅子和大理石面的桌子,显示出费城著名的家具制造者多变的设计形式和风格"。[49]
并且……"这个房间也是身为总司令和总统的华盛顿经常光顾的地方"。[50]

简离开自助餐厅又原路返回。

仪态高贵的人们——在所有庄严宏伟的事物之上——以某种从容的典雅来估量,发布指示……素雅的颜色,高贵的制作,布局安排……简朴、精致,符合我们所有人的心意[某些杰出绘画的习惯……我喜欢称之为"优秀的绘画习俗"]……再多一点缓和、多一点沉着、多一点恬静……高贵威严和某种技术的纯正……品位,懂得方式和礼节……
经常来这座博物馆,你就能和传统保持联系。你沉醉于存留在这里的传统之中,所有的时期,伟大的时代都在这里沉积。你会和我一起感受到,这些试金石、这些标准最终并不是迂腐的东西,[而是]为一种开化的、受控制的、辨别是非的本能冲动而设的行为标准。[51]
让我们不要仅仅讨论艺术。因为最终,博物馆的目的不仅是为了发展一种艺术欣赏,也要

发展一种价值判断……

通过价值判断,我们能够区分有价与无价、真与伪、美与丑、优雅与粗鄙、真挚与伪善、修身与堕落、文质彬彬与粗鲁猥亵、不朽的价值和暂时的价值……[52]

这里……在这里,介于……之间

简迅速走回到有电话、衣帽室、休息室、艺术销售与出租陈列馆等等的走廊里。她在走廊四周走动着,说着这些东西并用手指着它们。

……这里,能够区分一个衣帽室和休息室,区分一幅画和一部电话,一个守卫和一个导游;能够区分你自己和一个喷泉,区分什么是不同的、什么是更好的,在里面的和在外面的艺术品;能够区分你的权力和需求,区分对你有益和对社会有益的东西。

好的,我们今天的参观就结束了。

感谢你们的参与,祝你们今天过得愉快。

(史冬冬 译)

注释:

[1] 《博物馆的华章:一次艺术馆谈话》一文被扩展为"当代观念艺术演讲系列"的一部分,这一演讲系列是由坦普尔大学泰勒艺术学院组织,由皮尤慈善基金机构资助的。它的实行要归功于"当代观念"的负责人赫斯特·斯廷奈特(Hester Stinnett),也是他邀请我到费城来的,同时也要归功于费城艺术博物馆的教育馆长丹尼尔·赖斯(Danielle Rice),是他支持了博物馆这次演讲的举办。我也要感谢唐纳德·莫斯(Donald Moss)为这一手稿各种草稿所做的评论和意见,感谢阿伦·麦克科勒姆(Allan McCollum)第一个让我注意到这次讲解员的活动,以及要感谢道格拉斯·克里姆(Douglas Crimp),正是在他的要求下这一手稿才第一次准备在《十月》(*October*)杂志上发表。

[2] Robert Montgomery Scott and Ann d'Harnoncourt, "From the President and the Director." *Philadelphia Museum of Art Magazine* (Spring 1988).

[3] 这在一部分上是真实的。第一次讲演我接受了来自"当代观念"的酬劳。接下来的四次都是"志愿性的"。一个在各陈列室和服务台前提供服务的志愿讲解员,并不仅仅为博物馆的一小部分参观者提供游览服务,她也是博物馆的代表。讲解员并不像参观者进来之后要联系的博物馆非专业性的从事维护、安全和礼品店工作的职员,讲解员对于主要是白种中产阶级的观众而言是一种鉴别的身份。而她又不像专业性的职员,她是博物馆志愿部门的代表。和美国许多的市博物馆一样,费城艺术博物馆也是混合了公共性与私人非营利性、志愿性和职业性。这座建筑归城市所有,并且由城市为它的安全和维护提供雇员;建筑里的一切东西归志愿者理事会所有,它还管理一个私人非营利性的公司,由这一公司来雇佣其他的志愿者,并且雇请一批专业性的职员。讲解员一般都由那些专业性的职员来培训,我想他们期望的不是获得职业能力来胜任工作,而是对博物馆艺术品所归属的作者他们所处的合法性文化的通晓,这也是皮埃尔·布尔迪厄所谓的"早熟的"(precocious)"由身份导致的通晓"(status-induced familiarity),一种"潜移默化的学习",它只能"随着时间而获得,并且由那些能花时间的人来使用"

(Bourdieu, *Distinction*: *A Social Critique of the Judgment of Taste*, trans. Richard Nice [Cambridge, Mass.: Harvard University Press, 1984], pp. 71-2)。

[4] 既然简是一个虚构的讲解员,我不想将她看作有着独立特征的个体"人物",而更愿意把她看作位于构成博物馆的各种关系中建构起来的一个发言点。同样,简首先是由作为一个非专家式的志愿讲解员的身份决定的。作为一名志愿者,她说明了一个博物馆的资助阶层所拥有的闲暇以及经济和文化资本。这只是很小的一部分——不足以消除阶层之间的差距,这种差距迫使她在没有资金的情况下自愿提供服务;也可能在没有艺术品的情况下提供她自己的身体。然而,将她与博物馆理事会紧密相连,并且把她作为博物馆模范性的访问者就足够了。

[5] 宾夕法尼亚博物馆和工业艺术学院是宾夕法尼亚在1876年举行百年展览(Centennial Exposition)的时候产生的。1893年工业艺术学院迁移至一个"原来属于聋哑人收容所的地方"。宾夕法尼亚博物馆保持了一大批研究性的装饰艺术收藏品。直到1910年它被嘲弄为"在纪念礼堂杂乱的阴暗中工业展品、珍奇异品,还有艺术品的大杂烩"(Nathaniel Burt, *Perennial Philadelphians* [Boston: Little Brown, 1963], p. 344)"充斥着工业艺术品的各种样本",纪念礼堂被认为不适合"绘画作品和艺术品的展览"(*Report of the Commissioners of Fairmount Park for the Year 1912*, p. 9)。

[6] George and Mary Roberts, *Triumph on Fairmount* (Philadelphia: J. B. Lippincott Co., 1959), p. 24.

[7] 无名氏:《新博物馆及其对费城的服务》(*The New Museum and Its Service to Philadelphia*)(费城:费城博物馆和工业艺术学院,1992年),第19页。在19世纪的最后25年中,美国开始大量地建立艺术博物馆。那个时候有一股运动,由一些银行家和实业家充当先锋,旨在加强公共援助和重组公共政策。这项运动的主要目标就是消除所有直接的户外或体制外的公共援助,弗朗西丝·福克斯·皮文(Frances Fox Piven)和理查德·克罗德(Richard Cloward)写道:通过在任何条件下的工作和饥饿之间提供一种选择,"这些公共援助使得一些穷人有可能躲避新的工业袭击"(Fox Piven and Cloward, *The New Class War* [New York: Pantheon, 1982], p. 64)。直接的物质救济将会限制在救济院,在那里"纪律和教育应该密切地与任何救济体系联系在一起"(Michael B. Katz, quoting Josephine Shaw Lowell, *In the Shadow of the Poorhouse* [New York: Basic Books, 1986], p. 71)。

[8] 根据《费城市政慈善委员会报告》(*Report of the Committee on Municipal Charities of Philadelphia*)(1913),Blockly"大规模地重现了乡村救济院的环境条件",过度拥挤并且"不科学地聚集了几种类型的受援助者"。(p. 11)1928年,也就是位于林荫大道的新宾夕法尼亚博物馆向公众开放的那一年,费城的贫困收容所在市政报告中是如下被描述的:"在这个分支机构中充斥的是两性的贫穷;其中一些人身负罪恶和肮脏的交易,漠视他们的肉体和道德,熟知教养院和监狱的用途和习俗,从感化院以及类似的机构中毕业,'将他们与生俱来的权利出卖以换取眼前的小利',当由于年龄渐老或身体日衰而不能继续惯常的生活方式时,就流浪至收容所而成为一名接受政府救济的人……"(*The Fourth Annual Message of W. Freeland Kendrick, Mayor of Philadelphia, Containing the Reports of the Various Departments of the City of Philadelphia for the Year Ending December 31, 1927*, p. 244)。

[9] 这份清单出自《费城市长哈里·A.麦基第一次年度通讯,含费城市各部门报告至1928年12月31日》。

[10] 对于19世纪救济院的19世纪时期描述,引自沃尔特·I.特拉特纳(Walter I. Trattner)《从贫穷的法律到福利国家》(*From Poor Law to Welfare State*)(纽约:自由出版社,1984年),第59页。

[11] 公共机构的建立,尤其是救济院,作为对它们用途的遏制和对从事一种低于生活工资的枯燥工作的激励,这种想法可能在英国1834年出自国王陛下的专员探讨关于穷人法律的执行和实际操作的报告中初次被编入法典:"无人将自愿进入这样一座房子;劳动禁闭和纪律将制止那些懒散和危险的人物;除

非是极端的需要,否则没有什么会致使谁愿意牺牲他们惯常的习惯和各种乐趣。"(Quoted in Frances Fox Piven and Richard Cloward, *Regulating the Poor* [New York: Random House, 1971], P. 35.)

[12] 罗伯特·蒙哥马利·斯科特(Robert Montgomery Scott)经常在这里进行即兴演奏。

[13] The Museum Fund, *A Living Museum: Philadelphia's Opportunity for Leadership in the Field of Art* (Philadelphia: Pennsylvania Museum and School of Industrial Art, 1928), pp. 2, 17.

[14] Fairmount 公园艺术协会,《理事会第 42 次年度报告》(*Forty-Second Annual Report of the Board of Trustees*)(1913),第 18 页。我愿意将艺术博物馆看作公共机构和公共宣传的一个组织中的术语,它处于刺激物和妨碍物二元对立的系统中。作为联结的概念,成对的和对立的表征,这一系统的运作类似于福柯在《规训与惩罚》中描述的 19 世纪刑事改革的策略:"刑罚应在什么地方施加压力,获得对人的控制? 在观念上——人的利益观念、有利和不利、快乐与忧愁的观念上……人们用什么手段来对表象起作用呢? 用其他的表象,或者更确切地说使用观念的联结(犯罪-惩罚,即在惩罚中感受到犯罪-不利这种想象优势)。这种成对的观念只能在宣传的因素中发挥作用。惩罚场面在公众心目中确立或加强了这种成对观念。"(Foucault, Discipline and Punish: The Birth of the Prison, trans. Alan Sheridan [New York: Vintage Books, 1979], pp. 127-8)

[15] Joseph Widener, "Address." In *Fairmount Park Art Association, Fifty-Sixth Annual Report of the Board of Trustees* (1928), p. 44.

[16] Philadelphia Industrial Development Corporation, "How a Unique Combination of Location, Lifestyle and Low Costs Is Sparking a Regional Economic Boom in the Nation's Birthplace." *Business Week*, April 18, 1986, p. 27.

[17] Philadelphia Industrial Development Corporation, "Philadelphia Is a Decision You Can Live With." *Business Week*, April 18, 1986, p. 13.

[18] Philadelphia Industrial Development Corporation, "Unique Combination of Location, Lifestyle and Low Costs," p. 27.

[19] Fiske Kimball, "Six Antique Rooms From the Continent." *The Pennsylvania Museum Bulletin* 24 (Oct./Nov. 1928), p. 7. (Kimball was the Parkway Museum's founding director.)

[20] Ocavia Hill Association of Philadelphia, *Good Housing that Pays* (Philadelphia, 1917), p. 83.

[21] Anonymous, *The New Museum and Its Services to Philadelphia*, p. 5.

[22] 下面的描述(除了那些以别的方式做的脚注)是以它们在《费城艺术博物馆入门》(*Introduction to the Philadelphia Museum of Art.*)(费城:费城艺术博物馆,1985 年)一书中出现的顺序排列的。

[23] 我不愿把下面的叙述当作对绘画的描写,而是对博物馆理想的参观者的描述——描述她的爱好、她的优点和缺点,她的开心和不快。这些描述更多的是在建构博物馆的观众而不是向他们说话——从不同的相互冲突的利益的多类型领域中建构同类型的公共性。他们可以通过抓住那些利益、需求、需要、愿望做到这一点;抓住它们、表现它们、改变它们、指引它们,决定它们得以表达的空间、语言和逻辑。

[24] Descriptions of Philadelphians from Burt, *Perennial Philadelphians*, p. 108, and John Lukacs, *Philadelphia: Patricians and Philistines 1990-1950* (New York: Farrar, Straus & Giroux, 1981), p. 72.

[25] 对伊莱·柯克·普林斯(Eli Kirk Price)夫人的一种描述。根据乔治(George)和玛丽·罗伯茨(Mary Roberts),普林斯负责城市计划中的 Fairmont 博物馆的建筑。参见罗伯茨与罗伯茨《对 Fairmount 的

胜利》(*Triumph on Fairmount*)第 21 页。

[26] Department of Public Health and Charities of Philadelphia, *The Degenerate Children of Feeble-Minded Women* (1910), pp. 2—8: "THE HISTORIES OF THESE FEEBLE-MINDED WOMEN AND THEIR FEEBLE-MINDED CHILDREN ARE PRACTICALLY THE SAME. THEIR UNFORTUNATE BIRTH, HELPLESSNESS, PAUPERISM AND RUIN IS PART OF A CONTINUOUS SERIES WHEREBY THE COMMUNITY IS CONSTANTLY SUPPLIED WITH THE ELEMENTS OF DEGENERACY" (p. 8).

[27] *Introduction to the Philadelphia Museum of Art*.

[28] Walter B. Miller, quoted in Chaim I. Waxman, *The Stigma of Poverty: A Critique of Poverty Theories and Policies* (New York: Pergamon Press, 1977), p. 26.

[29] *Introduction to the Philadelphia Museum of Art*.

[30] Z. D. Blum and P. H. Rosi, "Social Class Research and Images of the Poor: A Biographical Review." In *On Understanding Poverty*, ed. Patrick Moynihan (New York: Basic Books, 1969), p. 350.

[31] 这句话是对《收藏品展览：欧洲和美国艺术》(The Display Collections: European and American Art)中一幅绘画的完整描述。见《宾夕法尼亚艺术博物馆手册》(*Pennsylvania Museum of Art Handbook*) (1931)，第 65 页。

[32] Museum fund, *A Living Museum*, p. 27.

[33] Blum and Rosi, "Social Class Research," p. 351.

[34] 在火车上对通往费城 20 大街车站的道路的描绘。

[35] Royal Cortissoz, "Life and the Museum." In Fairmount Park Art Association, Fifty-Seventh Annual Report of the Board of Trustees (1929), p. 55.

[36] Philadelphia Board of Guardians, "Report of the Committee Appointed by the Board of Guardians of the Poor of the City and Districts of Philadelphia to Visit the Cities of Baltimore, New York, Providence, Boston, and Salem (1827)." In *The Almshouse Experience: Collected Reports*, ed. David Rothman (New York: Arno Press, 1971), p. 8.

[37] *Introduction to the Philadelphia Museum of Art*.

[38] *The New Museum and Its Service to Philadelphia*, p. 20.

[39] Alfred H. Barr, Jr., quoted from a plaque in the Museum of Modern Art.

[40] Immanuel Kant, *Critique of Judgment*, trans. J. H. Bernard (New York: Hasner Press, 1951), p. 44.

[41] Fran R. Schumer, "Salad and Seurat: Sampling the Fare at the Museums." *The New York Times*, April 22, 1987, p. C1.

[42] D. Herbert Lipson, "Off the Cuff." *Philadelphia Magazine*, Dec. 1988, p. 2.

[43] Museum Fund, *A Living Museum*, p. 19.

[44] *The Weekday Museum Guides' Twenty-Fifth Anniversary 1960—1985*, p. 2.

[45] "From the President to the Director." *Philadelphia Museum of Art Magazine* (Spring 1988)

[46] From "From the President and the Director," *Philadelphia Museum of Art Magazine*; Museum Fund, *A Living Museum*; and anonymous, *The New Museum and Its Service to Philadelphia*.

[47] Descriptions of art in *The Metropolitan Museum of Art Guide* (New York: Metropolitan Museum of Art, 1983).

[48] "The Display Collections: European and American Art."

[49] *Guide* (Philadelphia: Philadelphia Museum of Art, 1977).

[50] *Pennsylvania Museum of Art Handbook* (1931).

[51] Cortissoz, "Life and the Museum," p. 53.

[52] Edwin C. Broome, "Report of the Superintendent of Schools." In *One Hundred and Tenth Report of the Board of Public Education for the Year Ending December 31, 1928*, pp. 275—6.

第24章
女性主义不体面的垮台及"第一位黑人总统"

梅利莎·迪姆(Melissa Deem)

女性主义总是受到审判。最近的指控发生在对克林顿/莱温斯基事件广受欢迎的报道中。颇具讽刺意味的是,这一次女性主义要为自己被指沉默而辩护。一位评论者指出,这项最新的指控"如我们所知的那样标志着女性主义的终结"。他接着说:"曾经刺耳的女性主义的愤怒之声戛然而止"。(Horowitz 1998)这种评论代表了美国国内关于女性主义的流行话语的一种新趋向。这也许是头一回女性主义因说话太少而遭受责难。比尔·克林顿的"垮台"(从来没个完,但却在长长的两年里渗透到政治公共领域)伴随着另一个预料之中的垮台:女性主义的死亡。政治层面的公共话语在评论女性主义者在克林顿/莱温斯基丑闻中所保持的相对沉默时宣布了"女性主义之死"。与过去在性与权力的问题上大张旗鼓的反共和做法——早些时候在克拉伦斯·托马斯(Clarence Thomas)和鲍勃·帕克伍德(Bob Packwood)丑闻案中,女性主义者以此击败了父权制——相比,我们发现女性主义的此次"沉默"尤其值得注意。

关于克林顿/莱温斯基丑闻的讨论所引发的对后20世纪60年代政治运动的质疑中,女性主义也许是最为明显地受到指责的,但它当然不是孤立的。克林顿已然体现了一系列反对女性主义以及在更广泛的意义上反对后20世纪60年代的种族和阶级政治的抱怨。他在少数族裔政治上的身体力行一直引人注目。附于克林顿身体之上的是后20世纪60年代的种族与性政治所引发的所有焦虑。在20世纪90年代,克林顿成了20世纪60年代的文化偶像,其身体在这十年里受到创伤,按照某种说法,这十年时间的转变毁坏和贬低了美国的政治与公民生活。(Shalit 1997;Lears 1998;Rosen 1998;Beinart 1999;Ponnuru 1999;Shapiro 1999)在那些从沉迷与滥用权力到通过共同的苦痛来补偿和治愈的话语中,克林顿被历史赋予了后民权总统的职责,并带着美国道德滑坡的伤痕。妇女和非裔美国人被认为代表了完全支持克林顿的两个主要的公民群体。并非偶然,正是非裔美国人(男性)和妇女(白人)在寻求定位中的转变为后20世纪60年代的政治变化奠定了基础。

本章追述后20世纪60年代左派政治运动的命运怎样与比尔·克林顿的命运紧密联系,当时出现的主流叙事把克林顿和女性主义都妖魔化了,并同时把非裔美国人贬为"上当受骗者"。女性主义和种族政治任由丑闻所害。克林顿最终重新获得了他的"隐私领域"(Berlant 1997),从而使多数族裔的身体得以重建。分析流行的对女性主义的审判以及对克林顿的种族化修辞,其目的在于唤起一个扩展的指涉领域,并由此为美国的少数族裔政治带来一个更具挑战性的表征空间。为了创造增加言论立场(它们痛苦地受到限制)的可能性——这在现在是可能做到的——这些话语的指涉领域必须得到扩展。解读那些为女性主义者和非裔美国人定位的话语,对于识别产生于特定叙事的不同指涉策略是必要的。我检验了这些话语中使女性主义处于伪善的境地、并使非裔美国人处于上当受骗者地位的言论立场的产物。把这些因素作为讨论的主题,也许会在美国的公共文化之内为少数族裔政治创造有效的策略开辟空间。

通过在亲密的公共领域讲述克林顿/女性主义的故事,我想使一个内部差异的空间得以存在,从而改变女性主义可能性的条件。为了增加女性主义的政治可能性,我主张有必要在公共领域内对女性主义彻底进行重新语境化,这样它才能被看作语境化的实践。流行的女性主义的指涉领域必须被扩展,以使女性主义从其作为道德教条的表征中脱离出来。新的历史的产生至关重要,这种历史把女性主义语境化的政治实践的复杂性考虑在内。

与关于历史的空间问题的斗争相似,当代公共领域内在女性主义空间上的斗争颇具启发性。在这个案例中,由于削弱了20世纪60年代以来的左派和女性主义立场、国家以及礼仪的基础,"个人问题就是政治问题"的口号受到指责。女性主义和其他少数族裔的政治和实践被简化为公共领域内的各种抱怨,且部分地是通过"记忆错乱的"道德兜售的方式。为了最好地了解这些立场和"个人"的位置,有必要使公共话语加入进来。在某些特定的时刻,政治策略通过丑闻这样的场所成为大众/流行文化。此种混合可以说是产生了某些关键性时刻,这有助于理解那些产生于特定叙事的指涉策略,而这些叙事与某个特定语境中可能发生的事情有着千丝万缕的联系。政治策略的逐渐大众化表明某种东西利害攸关,在这个案例中,它超越了总统——特别是女性主义、种族以及左派政治的命运。莫里斯(Morris 1988)调查了左派的知识性工作与大众的关系,并主张需要学习那些在流行之中、并作为流行传播的理论。重要的是既要关注乐观的时刻,也要关注失败的时刻。(Morris 1990)但是,在文化研究的批判实践中,政治策略和文化策略常常意见相左,通常几乎不在他们的交叉之处相互衔接(Morris 1990; Berube 1994),并由此丧失了政治有效性的机会。

文化研究,与女性主义一样,一直被左右两派指控为卷入身份政治之中。文化研究被攻击参与了身份政治,而常常不顾在其标志下进行的多样性实践。身份政治和政治正确性成为标记,在这些标记之下,文化研究和左派政治实践更笼统地被规范于公共领域之内。(Grossberg 1992; Berude 1994; Brown 1995; Roiphe 1993; Gubar 2000)任何提倡与种族、性别、性和阶级相关的政治策略的立场都轻易地被混同于倒退的政治,并因此被轻易地打发掉。与此种立场相反的是,我想郑重地接受伯兰特(Berlant 1998)的主张,那就是右派在公共领域内通过关于亲密性的修辞及其达成的效果正在使用身份这一术语。大众文化中在身份类别上的争斗非常激烈,并常常被用来牵扯和限制那些站在文化左派立场上的人的权威。使女性主义、种族政治以及文化研究去合法化的策略致力于牵制这些政治计划的激进的可能性。重要的是,那些在文化研究领域工作的人们要去解读这些话语,并检验它们的修辞实践,以便发展多样的和临时的政治策略,这些策略并非简单地接受那些强加给它们的辩论术语。

我想把此种分析置于文化研究的批判性实践的话语之中,希望能从那些参与损害女性主义和种族政治的修辞机制当中吸取教训。文化研究可以从女性主义学到对政治话语的自我意识的必要性,这些政治话语围绕文化研究的名称进行传播。女性主义从来没有"奢侈"到成为一种学术话语,这种话语与公共和日常生活中的政治行动主义和妇女实践相脱节。在另一方面,文化研究不那么直接与公共政治行动相联系。在此种意义上,文化研究未能因必要性而被迫具有女性主义已经发展的自我意识。因此,女性主义不仅仅是一种学术/政治计划,还是某种研究对象。女性主义持续不断地研究其自身的传播。文化研究,在致力于围绕其作为一门学科的地位的争论的同时,还未能致力于成为公共生活之内的研究对象。大众对政治正确性与身份政治的争论足以表征出公共话语中的文化研究是一种道德信条和前后不一致的知识实践。此种表征被偷偷加于文化研究之上,使后者失去了在表征策略方面的力量。在莫里斯(1990)看来,这些失败的时刻也是研究的重点所在,并证明对将来的实践具有指导意义。在此种意义上,对女性主义、少数族裔政治和文化研究来说,重要的是成为特殊时刻的研究对象,正如我在此文中所主张的那样,丑闻的场所就成为这样的一个时刻。女性主义、种族政治和文化研究不太体面,而重要的是,正是在这样一个丑闻的场所,政治策略与文化策略走到了一起。

女性主义也许由于国家的创伤及其相伴随的公民生活的堕落而最受责难;但是,在那些有关克林顿的话语所造谣中伤的20世纪60年代的政治运动中,它还不是唯一的。此种怀旧向往那样一个时期,当时公共话语是纯净的,而偶像性的男性身体保持了国家的预防机制以避免谈论肉欲。在很多方面,关于克林顿的话语可被解读为对美国公共文化的转变——即少数族裔政策和身体的公开性——的公然的、阴险的攻击。然而这些有章可循的记载再次显示了少数族裔政治所导致的美国文化的转变。简而言之,这仅仅是持多重标准的多数族裔文化的最新叙事,是关于羞辱、堕落、创伤以及对国家身体欲望的故事。

丑闻,文明,以及后20世纪60年代的怀旧

说公共话语常常是从一个丑闻到另一个丑闻也许是陈腐之言。但是,与公共领域中的女性主义相关,丑闻的逻辑似乎带有某些具体的特点。贯穿克林顿性丑闻案始终的女性主义话语再次显示,女性主义进入多数族裔政治空间的重要方式是通过对男人身体的渴望。(还可参见 Deem 1996)在这个例子中,极具男性象征形象的、世界上"最有权力的"男人——美国总统——提供了女性主义被凸显的场地。女性主义"未能"正义地谴责克林顿以及未能采取纯粹的姐妹立场的做法,起到了对女性主义进行恶毒攻击的集体要求的作用。因此,克林顿性丑闻案在有关牵制和约束机制的国家公众领域内对女性主义起到了一个实际教训的作用,这个牵制和约束机制在政治领域内牵制、贬低并模糊了女性主义。女性主义被以不同方式指控为伪善,因其未能在丑闻事件上采取立场以及只把某些妇女作为姐妹予以支持(只支持凯斯琳·威利而不是保拉·琼斯或莫莉卡·莱温斯基)。同时,由于改变了那些对于公共话语来说是恰当的东西,女性主义被认为应对政治上的亲密性转向负责。女性主义与克林顿都被指控把人们生活的亲密方面带入了公共话语。(Taylor 1998)这样,女性主义便被指控为伪善,且使公共

话语堕落——也就是说,它被指控为贬低了道德。

女性主义或许更愿意谈论 1996 年的个人责任法案的含义,或是北美自由贸易协定(NAFTA)的效力,但她们往往在性行为事件的当口被要求出来作证。在当代的政治氛围中,性骚扰已成为女性主义的标志。女性主义被简化为与国家和司法机器联盟的嘴皮子政治。然而即使在这些话语之中,受到仔细审查的也并非男性行为而是女人们破裂的、被撕碎的细节,而作为女性主义的"姐妹情谊"由于只能顺从特定的教条而失去了其道德基础。国民政治想象中的女性主义的"受到约束的空间"严重地限制了女性地位的各种可能性。

尽管围绕克林顿性剥削的话语可能会被许多人视为琐碎的、轰动性的,并且最主要的是其并非"公众的"恰当的关注点,这些话语仍然标志了一个重要时刻,它处于多数族裔政治空间内牵制女性和女性主义话语的多种机制之中。关于女性主义的话语还是再次进入了政治想象。然而,这些话语并非宣布由女性主义带来的美国公共文化的积极转变,或是纪念女性主义的过去(1998 年是塞尼卡·福尔斯村《权力和意见宣言》及女性主义运动 150 周年纪念),相反,它们是关于比尔·克林顿总统不恰当的"马尔萨斯式"的好色的恶习。这并非第一次克林顿和女性主义在国民政治想象中联系在一起,或是第一次多数族裔的男性身体的反复无常迫使女性主义站在舞台中央。这也并非第一次女性主义与克林顿的关系导致女性主义受到惩戒与指控。

这种向规范多数族裔身体和从前称为"私人的"行为的转向,要求对公共领域政治中亲密的和"私人的"场所进行仔细的检查。劳伦·伯兰特(Lauren Berlant 1997)指出"在当代美国的公共领域,亲密行为已经从私人关系转变为公民的结构性层面和爱好"。(p. 131)问题不在于人们生活的亲密方面是媒体的材料来源,而在于他们的非家庭的性行为与建构美国公共文化的家庭亲密行为不相容,这导致了对卷入与家庭亲密行为不符的性行为的所有人的责难。重要的是,不是身份政治或是女性主义话语的影响导致了此种公共话语的转变,而是保守的右派带来了公共话语的亲密性转变,以维护多数族裔身份。(Berlant 1997)当然,对总统身体——男性气质的偶像身体——的攻击,引起了对于多数族裔身体的脆弱性的明显焦虑。在这种转变中,把女性主义置于如此强有力的地位保护了里根以牺牲女性主义为代价的政策。

家庭政治已经瓦解了私人和政治领域,使其进入了一个"公共亲密性"的世界(Berlant 1997:1)。克林顿丑闻已经大量散布了某种性焦虑的大众经验。克林顿是一个失去了国家偶像保护与武装的绝佳例子。他是一个眼看着已经失去却又重新得到了他的"隐私领域"的政治家。男性偶像身体的创伤领域变成了一种政治疗伤和救赎的形式,用以终结国家身体的受难与苦痛。

非但把政治视为一个在种族、性、经济不平等方面的斗争空间,"那些爱国主义的传统人士所推销的占统治地位的观念是一个核心国家,其生存依赖于日常生活的亲密范围内所展示的个人行动与身份"。(Berlant 1997:4)克林顿被公开谴责为不适合做一个公民-总统,不是因为他的民事行为,而是因为他个人的非家庭性行为。这在以下这一点上颇能清楚地显示出来:他可能的财政上的不检点与他不变的民意支持率一直都不相关。丑闻是一个美国公共文化内通过国家身体的创伤来监督非家庭形式的亲密行为的场所。作为对非家庭形式的亲密行为的解释，关于上瘾的治疗性话语起到了主导性作用。（Clemetson & Wingert 1998；Handy 1998；Steinem 1998；Franks 1999；Rich 1999）一种怀旧情绪在一段时间以来充斥着公共领域，人们怀念过去的时光，那时私人领域未受损害，女性主义还没有毁坏政治。女性主义因国家创伤、政权危机受到指责。女性主义作为替身，成了国家受难的原因。

家庭亲密行为与当今公共生活中对礼仪的兴趣可说是乐而为伴。在这个丑闻中，最为醒目地被违反或转变的传统男性特权的一个特色，就是男性的更衣室谈话的特权地位。事实上，你可以认为这整个国家都已经被转变为一个更衣室。当深夜喜剧作家制作了大量有关丑闻的节目时，对克林顿与弗农·乔丹（Vernon Jordon）的各种猜测迅速蔓延，都集中于"娘们儿玩笑"上。全国的报纸出版商都被迫出版"把公民的、法律的和性方面的问题集合成一个毫无漏洞的、X级的包裹的文献"。（Barringer 1998：27）在总统作证之前，晨间电视节目被迫打上了明显的性警示语。纽特·金格里奇（Newt Gingrich）已经对上院议员们做了关于上流社会礼仪的讲座，他说："辩论当中的言论自由并不意味着可以放任于个人谩骂和嘲讽。"（引自 Berke 1998：1）甚至肯·斯塔尔（Ken Starr）的报告也堪称"政府制造"的色情作品。克林顿被指降低了公共话语的水准；比如，反女性主义的组织"为美国担忧的妇女"（Concerned Women for America）的代表就宣称，克林顿把这种下等文化带给了美国。此种"性礼仪"的缺乏表现于全国性的对莫莉卡·莱温斯基带污点的裙子以及构成整个性行为的每一个细节的好奇心。总统被指责为把此类亲密性话语带到了一个新的低点，而女性主义则被指责引发了此类话语。围绕克林顿性剥削的各种细节及其性品位的猜测，一个真正的产业已经兴起。指责克林顿降低了公共话语的文化水准并非偶然。毕竟，他是一个"白人垃圾总统"，此语来自霍普（Hope），此人对妓女式的女人情有独钟。（Feirstein & Peretz 1998）克林顿当然不是首位放任于婚外性行为的总统；但他在近期历史上与性政治的联系最为紧密，他为男女同性恋权力、两性平等、生育自由，还有他自己的性剥削"辩护"，这为他赢得了"伟哥小子"这样的称号。（Rich 1998；Dowd 1998；Grann 1998）鲍勃·多尔（Bob Dole），伟哥的代言人，也许已经成了笑柄，但他没有失去他的"隐私领域"，因为他承认患有勃起机能障碍，并使用和推广伟哥，以治疗此种症状。多尔为服务于国家的家庭亲密性而服用伟哥。这使他得以完成例行之事，因此他的消费行为成为一种公民行动，这把他置于某种爱国的传统主义之中。

少数族裔化的国家身体

近期对先前受到保护的男性身体的注意导致网络杂志《傻客》（Suck，1998）称20世纪90年代为"阴茎的十年"。即使白人男性气质是政治行动的特权之所，它也已经变得商品化和高度象征化。随着国家预防机制不再保护其可见性，多数族裔的身体已转变为可见的、脆弱的、受创伤的了。（Warner 1993；Berlant 1997）白人异性恋的男性气质失去了许多抽象意义上的保护——当政治人物失去了他们的隐私——克林顿成了国家身体少数族裔化的样板。正是男性气质的同一性这一点（阴茎的十年，由此，打破男性气质同质性的种族、阶级和性差异被略去

了)显示了承诺转向性别和种族平等的文化恐慌。(Wiegman 1995)

颇具讽刺意味的是,正是通过这种少数族裔化,阶级、种族和性政治被带入了公共话语。白人异性恋男性身体的少数族裔化刚好被置于公民身份的矛盾之中。对白人男性气质的肉体抽象化的特权的抗拒在某种"由身份——这些身份被启蒙民主的话语和社会组织少数族裔化——的商品化所导致的视觉文化之中"发挥功用。(Weigman 1995:49)在视觉上对差异和公民身份的"哲学分解"——它已嵌入特权人物的身体中——的要求的持续增长处于一种紧张状态。威格曼展示了对可见性进行约束的政权怎样通过解剖学的逻辑使少数族裔身体商品化。但是,在这个例子中,正是杰出的多数族裔身体被这个政权少数族裔化。在这个受大众传媒左右的公众的视觉领域中,并非所有身体的特殊性和积极性都同样重要。(Warner 1993;Weigman 1995)在克林顿的例子里,国家身体少数族裔化的过程成为一个计谋,它削弱了后20世纪60年代围绕种族、性征、阶级和性别的政治转变。不是克林顿,而是少数族裔政治被毁了。

当"克林顿"被轻度的过激行为消费时,过度象征化通过否认任何"隐私的"身体空间发挥作用。对克林顿来说,由于亲密的公开化而导致的男性特权的丢失被一系列通过他的身体来讲述的话语变得复杂化:民主党党员、性欲旺盛、过度消耗、南方的、女性化爱好、贪婪的胃口、女人以及"黑人的"。克林顿的身体已被争取社会平等和改革的运动所创痛,他被视为代表了这些运动,而这些运动已因他的"垮台"而受到"损害"。

总统的身体、少数族裔政治以及政府危机的交叉点具有揭示作用。政权危机很明显与性倾向有关,或更准确地说与总统在性方面的杰出才能有关。托比·米勒(Toby Miller 1998)已经指出,无所不在的"第一阴茎"和政权的良好运作在管理的焦虑这件事情上连接在一起了。克林顿,通过他旺盛的性行为,已经从一个从事管理的男性气质的身体变为一个不能管住自己的性欲化的身体,更不用说管理他人了。"复出小子"(Brookhiser 1998)重建总统男性身体的能力让媒体权威评论者的表现看上去好像国家政权的未来紧急攸关。(Goldstein 1998)戈德斯泰因宣称,媒体报道已将"男性的歇斯底里画在了地图上"。(p.67)事实上,此种男性的歇斯底里与国家想象中偶像男性身体的转变有关。

在戈德斯泰因看来,克林顿之所以引来如此多的烧身之火,乃是因为他代表了一种更为根本的男性气质的转变,远远超过约翰·肯尼迪在这方面之所为。约翰·肯尼迪起到了传统意义上男性气质的偶像的作用,而克林顿的偶像性男性气质却充满了爱意:"我感觉到你的痛。"特别之处在于,他感觉到女人的痛。此种男性力量的"女性化"在克林顿身上产生了一种"射出爱"的能力。(Goldstein 1998)但是,由于明显地与阶级政治中的转变相关,这种"女性化"往往发挥出更多的作用。戈德斯泰因所忽略的是肯尼迪家族的女人——特别是杰奎·肯尼迪——在支撑此种对于异性恋规范下的男性气质的想象中所起的至关重要的作用。举止端庄的有贵族气质的女人,不管在公共场合还是在与丈夫的关系中,她总是明白自己的位置所在,正是这种行为支撑了男性气质的政权。希拉里·克林顿,相反的,看上去并不知道她的位置,并不断逾越她作为一个女人和第一夫人的恰当角色。(Campbell 1998)希拉里被指是一个"睾丸破坏者"、"一个女同性恋者"、"一个天生说谎的人";"噩梦般的悍妇形象"(Goldstein 1998:67)。因此，即使克林顿的性剥削已然众所周知，对此种悍妇的形象以及"行为不检点的女人"的猛烈攻击仍削弱了传统男性气质的基础。

女性主义已被置于一种不可能的境地：挑战斯塔尔等于是伪善，置疑克林顿则是故作正经。在媒体对丑闻案的报道中，对女性主义粗野的攻击四处流行。克林顿的女性支持者被认为宁愿承受羞辱也"不放弃她们的男人"。女性主义被描述为为了政治而背信弃义。(O'Beirne 1998；Podhoretz 1998)道德与规则的纯洁性是女性主义的地盘。这样，当女性主义者在特定情形下有策略地行动时，她们就受到政治世界的亵渎，而这个世界，她们应该不屑于居住。当女性主义者显示出某种政治眼光，她们就是伪善之人，而每一个单个的不保持一致的妇女则使女性主义失去效力。当博格(Borger 1998a)指出"姐妹们，我们有个问题"(p. 33)时，她举例详尽地阐释了此种路子。她宣称甚至不需要用"个人问题就是政治问题"的口号去向女性主义表明她们在克林顿问题上的立场矛盾，因为，更重要的是，女性主义过去常常在坚持原则的美德方面以身作则。女性主义非但没有带头吁求美德，她们反而寻求政治上的权宜之计。因此，女性主义的目的纯洁性的历史——它限制各种可能性并作为一个道德尺码去衡量女性主义——得到了重建。事实上，发现女性主义具有政治性本身就已经揭示其已成为"着女装的民主党"。(Podhoretz 1998：26)女性主义掉进了话语陷阱，它限制妇女和女性主义者在政界表明立场的可能性。结果就是女性主义被缚住了手脚：要么必须拒绝发表看法，要么必须发表看法，但又不符合既定形象。

左派的言论只不过重复来自右派的言论，因为它既显示出两派对男性气质转变的焦虑，又支持了传统的男性气质，再次以牺牲女性主义者为代价。在一篇名为"伟哥的堕落"("Viagra Falls")的文章中，克里斯托夫·希钦斯(Christopher Hitchens 1998)通过把女性主义置于极端男性化的异性恋规范的语境中，谴责女性主义降低了构成许可的性行为的那些因素的防护堤的高度。女性主义已经被父权制的压力"所"恐吓"。(p. 8)通过父权制的威力及其药理学方面的复苏来"恐吓"女性主义已得到鲍勃·古奇翁(Bob Guccione 1998)的阐述，此人是杂志《阁楼》(Penthouse)的出版商，他宣称"女性主义阉割了美国男性，并且这种阉割导致了生理问题。这种药片[伟哥]将使男性释放压力。它将会导向新的男人与女人之间的关系，并暗中破坏女性主义的议事日程"。(p. 56)美国公共文化中性别关系的转变被一个刚复苏的男性气质的政治表演所困惑。重建的多数族裔的身体为克林顿注入了再生的男性活力。

克林顿在女性主义者之上的权力重构了过去被"睾丸破坏"的妻子所掠夺了的男性性欲。当她站在她男人的身边，她的形象如今被她的牺牲和忠实所调和，而这既损害了她自己，又损害了整个女性主义。希拉里既作为女性主义的偶像(尽管希拉里·克林顿自己已经小心避免把自己当作女性主义者)，又作为女性主义的背叛者的形象充斥了媒体话语。在《妻子的故事》("Wife Story")一文中，马格丽特·塔尔博特(Margaret Talbot 1998)不仅把希拉里刻画成一个女性主义的偶像，还像希钦斯一样，通过控诉希拉里，对女性主义的方方面面都进行了责难。希拉里不仅损害了她自己的形象，具有足够讽刺意味的是，她还损害了克林顿执政期间的性别政治。塔尔博特支持这后一项起诉，她指责希拉里与当局串通以"打击"那些控诉比尔·克林顿不当行为的妇女。好像这还不够似的，塔尔博特还宣称，继续与克林顿待在一起，希拉里损害了"当代女性主义内部的一致性"。(p. 19)所有的女性主义,以希拉里为化身,都成了克林顿的共谋犯。塔尔博特使用此种修辞手法的原因在于她对女性主义的诟病,后者使"个人问题就是政治问题"的口号大众化。女性主义者被捆住了手脚。她们被指责为因侵犯私人领域而制造了麻烦,而女性主义政治的一切都被简化为私人事务。因此,女性主义与比尔·克林顿的关系变得跟希拉里与克林顿的关系一样,从而进一步转喻性地把女性主义的复杂关系简化为国家和男性权威。塔尔博特进一步谴责女性主义未能满足姐妹情谊的要求,而这对她和其他人来说,意味着毫不含糊的、众口一声地支持所有妇女。

围绕克林顿总统性剥削的丑闻对于牵制女性主义、亲密行为的增长以及国家身体中的伴随性危机的可议之处甚多。女性主义被多数族裔话语限制的双重运动所俘虏。首先,异性恋规范的逻辑把女性主义者刻画为渴望她们的男性压迫者(此例中为克林顿)的妇女。虽然还没有用姐妹情谊的同一化比喻把所有的妇女/女性主义者简化为一模一样,但是这些逻辑混淆了普通的妇女与女性主义者。这样,不管她们的政治地位如何,并假定她的"性别"给予她进入女性主义成就的内部故事的优先权,任何女性都被预先认为是以女性主义的名义发表言论。任何不在所有时候都支持所有妇女的女性主义者(什么构成支持的内涵利害攸关)便被认为是伪善之人、姐妹情谊的背叛者。女性身体和女性主义的混淆不清已经证明了对女性主义具有灾难性的后果,产生了一个身体和语言的实践都被高度监视和约束的管理机制。这种极端的政治化要求所有的女性主义者/妇女要在举止、言论、政治以及身体之间保持完全的一致。其次,对女性主义的牵制通过简化的和记忆错乱的历史表征发挥作用。女性主义和女性主义者被抛入一个道德纯洁、"公共"政治和"私人"生活之间的一致性的叙事之中,而这种叙事防止女性主义或是在复杂的历史中找到支持,或是成为一种语境性实践。

处总统以私刑

正如女性主义的命运被解读到了克林顿的身体之上,他与非裔美国人以及民权政治的关系也具有类似的情况。就像他的垮台被化身为女性主义的垮台,他也同样成为"黑人性"的化身。由于美国公共文化中对黑人性欲旺盛的历史性描述,关于克林顿超凡雄风(他是伟哥小子)的描述和黑人性的类比并非偶然。通过对黑人强奸案的描述展现出来的非裔美国男人破坏性的性欲旺盛,以及那些公众很容易就知晓的非裔美国妇女的性行为,从没有获得附于多数族裔身体之上的隐私领域。(Davis 1981;Giddings 1984;Collins 1991;Carby 1992;Morrison 1992;Weigman 1995)

克林顿与民权的关系,以及他与个别非裔美国人的关系都受到了质疑。他已经由于他跟维龙·乔丹的关系,他跟杰西·杰克逊(Jesse Jackson)的关系,他跟白宫立法院副代表切尼·米尔斯(Cheryl Mills)的关系,以及他的非洲之行(Bates 1998;Jackson 1998;Lavelle 1998;French 1999)而被造谣中伤。威格曼(1995)指出,对种族间兄弟情谊的描述表明了后民权时代的到来。在种族与性别转变上的文化恐慌可通过克林顿与非裔美国人的"兄弟情谊"得到解读。《主色调》(Primary Colors)——可理解为指向关于克林顿的流行话语——提出了克林顿与非裔美国人的关系问题,把他嵌入过度性行为的话语之中,并把他置于显示20世纪60年代激进主义的政治理想和支持者的叙事之中。(Anonymous 1996)

不仅仅是克林顿因其对种族的"利用"而受到质疑,非裔美国人也由于支持克林顿而遭到责问。种族问题上的争论在某种方式上反映了那些关于女性主义的争论,只是批评方式不同而已。尽管人们一直争论说种族政治已被支持克林顿的非裔美国人如约翰·刘易斯(John Lewis)所破坏,但民权还没有像女性主义那样完全受到损害。非裔美国人并非被表征为伪善,而只不过是"上当受骗者"。建立在种族化基础上的策略的政治平台被损坏了,而女性主义简直就是被毁灭了。但是,对种族政治造成损害的可指责之处并不在于那些被牵连进来的人。相反的,克林顿通过其刺激性的种族修辞滥用了种族这一术语而受到指控。

托尼·莫里森(Tony Morrison 1998)在《纽约客》(New Yorker)杂志上指出,是什么使得对黑人男性支持克林顿的解读变得具有高度争议性。她不但分析了种族偏见和暴力的历史,还分析了对克林顿身体的各种刻画,以解释为什么大多数非裔美国男性不谴责克林顿,而事实上他们明白这次丑闻的动因。莫里森只是说:"白皮肤也没用,这是我们的第一位黑人总统。他比任何在我们的孩提时代所能推选出的真正的黑人还要黑。"(p. 32)莫里森把那种视种族为看得见的解剖学标志的实践放在一边,重新把种族放进一个种族化的文化实践的复杂领域里。事实上,正是由于克林顿体现了几乎每一个黑人性的比喻,莫里森才得出了她的结论:他是偶像性的"单亲家庭、出身贫寒、工人阶级、吹萨克斯管、钟爱麦当劳和垃圾食品的阿肯色州男孩"。(p. 32)莫里森把那些克林顿任命的实际上是所有的非裔美国人——他们与聚焦总统的身体、隐私以及性行为联系在一起——的"消失",都解释为隐喻意义上的扣押和搜身。于是,莫里森能够把这些话语重申为美国公共文化内反克林顿/黑人热潮的组成部分,而不赞成指控克林顿"出卖"妇女和少数民族。黑人男性知道时下所说的:"不管你有多聪明,工作多努力,为我们挣了多少钱,我们会把你放到你所在的位置或是把你从你已有的位置上拉下来,尽管经过我们的允许你才有那个位置。"(p. 32)把克林顿作为靶子并把他的生活罪恶化不仅践踏了至关重要的自由,也成了某种从"作为靶子"到"处以私刑"再到"钉死在十字架上"的修辞链的一部分,这把克林顿放进了这个国家的黑人压迫史。对莫里森来说,这场"政变"——对国家而言是一种危险——并非总统的行为,而是美国公共文化的种族暴力的历史,它如今已附着在总统的身体之上。

在大选前夜(1998年11月)的一个采访里,塔维斯·斯迈利(Tavis Smiley)让比尔·克林顿在指向希拉里·克林顿和克林顿本人的仇恨政治的基础上来谈谈上述的种族刻画。斯迈利表示,很多非裔美国人感到,不仅仅是克林顿对"非裔美国人的政治事务"的支持,还有他觉得与"黑人和其他有色人种,以及女人"(p. 2235)相处颇为自在这件事,导致了人们对他的诽谤。对克林顿提问时,斯迈利转向了莫里森在《纽约客》上的文章,并说"许多黑人感到"克林顿的确是第一位黑人总统。(p. 2235)他接着又问,这些对克林顿的攻击是否事实上是由于他对多元化的开放态度所激发的。克林顿做出某种不太明朗的反应,强调他对多元化持久的钟爱乃是由他的祖父母灌输给他的。

即使是国会领导如辛西娅·迈肯尼（Cynthia Mckinney）(1998，Jet）也表示，尽管她对克林顿的行为深表遗憾，但克林顿政策的反对者"正试图在一场国会的审判中将其处以私刑"。(p. 8)通过处私刑把克林顿放进非裔美国人受难及不同寻常的背景的历史之中，迈肯尼把克林顿的形象种族化。在一封发表于《危机》(Crisis）上的公开信中，爱达·刘易斯（Ida Lewis）把此种文化记忆的肉体化甚至更为生动地提出来，信的名字叫作"给那些未能明白为什么大多数非裔美国人不支持克林顿下台的人"。(p. 5)刘易斯指出，恰恰是克林顿的反种族主义和他的"美国彩虹执政"（American Rainbow Administration）招致了右派对他的攻击。事实上，刘易斯把这些攻击叫作"不流血的"政变，这场政变被拍成电视并"带上黑人的印记"。刘易斯不仅仅把这场丑闻描述为右派的"媒介私刑"和"电子暗杀"策略的一部分，还把眼前的这场丑闻描述为"比尔·克林顿的黑人化"。(p. 5)刘易斯的观点可谓强劲有力，她说保守的右派通过他们的攻击实际上正使这个国家处于危险之中："结果是他们斩除了他手中的职务、他所体现的支持者的意愿，这与以下的情形一样确信无疑：那个来自得克萨斯贾斯泊的喊着'加油'的好男孩，去年6月把体面、人性和激情降格为扔在乡间道路上的撕裂的血肉块。"(p. 5)刘易斯总结道，就右派而言，克林顿犯了不可饶恕的错误；通过"为努力奋斗的有色人种和妇女提供机会"，他背叛了他们的信任。(p. 5)

克林顿作为"第一位黑人总统"没有被保守派评论者忽视。沃尔特·夏皮罗（Walter Shapiro 1999）带头恶毒攻击既作为黑人又作为女人的克林顿。在《盲目的信仰》("Blind Faith")一文中，夏皮罗发现这个秘密是"美国自由主义的前线人物的集体决定，即作为克林顿的支持者而服务于他"。(p. 12)在前往纽约大学的一个反弹劾集会之前的真相披露活动中，夏皮罗把克林顿的身体与"另一个精力充沛的、个子超大的民主党总统（格罗弗·克里夫兰[Grover Cleveland]）"的身体相联系。(p. 13)夏皮罗在集会中发现最有纪念意义的是"小说家马丽·戈登（Mary Gordon）谈到克林顿时丝毫没有讽刺意味地、感情奔放地说，'托尼·莫里森说他也许是我们的第一位黑人总统。他或许也是我们的第一位女性总统'"。(p. 13)夏皮罗发现此种言论是如此可笑以至于是显而易见的。这有点儿从瓦解"美国左派的自我中心的价值观"(p. 13)稍稍地滑向了种族与性别的权宜性策略。对夏皮罗而言，就像对如此多的保守派评论家而言，克林顿体现了后20世纪60年代的文化革命，其策略通过他的垮台而失去了信誉。因此攻击并非聚焦于克林顿，而是整个左派。

杰伊·诺德林格（Jay Nordlinger 1999）在《国家评论》(National Review）上撰写文章，从指控克林顿转向指控白人自由主义者在克林顿丑闻案中利用种族的方式。他指出，如果你快要忘掉负责克林顿案的调查委员会负责人都是白人，民主党人以及他们"媒体中的啦啦队队长"就会每隔两秒钟提醒你这件事。(p. 20)诺德林格不无讽刺性地问道："因此，你还没有意识到克林顿丑闻案与种族有关吗？"(p. 20)即使对那些头脑"镇静"的人来说这似乎离题甚远：丑闻案与种族的确有关。对诺德林格来说，种族歧视的复杂历史并非原因所在。相反的，种族之所以成为一个事件是因为"黑人政治领导者人为使然。在某种程度上也是民主党左派蛊惑民心的政客人为使然。但比尔·克林顿——而不是别的什么人——对此事负有责任。他玩种族问题就如任何南方政客一样得心应手"，并且，与他的"治疗者形象"相反的是，克林顿增加了这个国家的"种族伤痛"。诺德林格进一步指出,当克林顿遇到麻烦时,他总是求助于黑人"就像是寻求挡箭牌"。(pp. 20-2)在效果上,克林顿也作为挡箭牌服务于种族政治。当然,如我在前面所论述的那样,正是通过攻击克林顿,此种修辞策略起到了破坏非裔美国人名誉的作用。非裔美国人也许并非危险,但在诺德林格看来,他们显然是容易上当的人。进一步讲,不管是与克林顿过从甚密的,还是那些在这个国家取得显著位置的非裔美国人都被轻易地利用了。如诺德林格所指出的那样,"对像克林顿那样的自由派人士而言,没有比认可黑人更高的对善行的合法化了。这洗去了每一种抱怨"。(p. 22)克林顿因而能将他政治上的继续生存与黑人的进步事业联系在一起。通过这种方式,"一种人人喜爱的运动的道德资本(被)投在了克林顿身上"。通过此种逻辑,克林顿在一个与种族问题毫无牵连的事件中玩起了种族政治。把自己塑造为非裔美国人的保护者,诺德林格以一种傲慢的主张总结道,在实际上并非种族问题的地方去解读种族对非裔美国人是一种足够的伤害。如果说女性主义是可指责的,非裔美国人则是可资利用的。

在描述克林顿的非裔美国人支持者和克林顿的诽谤者的对比中,最引人注目的是那种能够把种族作为置于历史条件下的、相当复杂的范畴来讨论的能力。美国国内种族主义的历史已经在美国黑人的政治想象中以图绘的方式描画出来了。亚历山大(Alexander 1994)指出,"处于痛苦之中的黑人身体数世纪以来一直都是美国的国家奇观"(p. 78)。集体伤痛的记录已从公共场合的强奸、私刑以及殴打转移到了20世纪90年代表现国家伤痛的录像带对非裔美国人身体的展示。对美国的大量白人观众来说,消费黑人身体的景象在他们对黑人的经验中居于主导性地位。(Alexander 1994)少数族裔的历史记忆产生了对克林顿现象不同的解读,它与国家身体种族化现象的历史相一致。以这种方式,作为惩罚工具的"私刑"的历史在紧紧围绕克林顿的恶毒的攻击和监视技巧的过程中施加影响。私刑是一种历史上的种族化实践,它惩罚那些僭越的行为,规范那些变得太容易跨越的界线。这些行为违反了处于种族分界线之上的男性的"修辞同质性"。(Wiegman 1995)在这样的情景中,克林顿身体的少数族裔化就被结合到非裔美国人的男性气质之上。

非裔美国人的男性气质——与其破坏性的性欲一起——从没有被赋予多数族裔身体所拥有的私人区域。然而,如魏格曼(1995)所指出的,通过私刑及其常常参与的实践和祛除黑人性的传说,黑人男性气质的性欲旺盛的威胁被女性化了,即象征性地去除了黑人男性成为公民的潜力。同样的,那些规范克林顿个人行为的种族化话语被当作克林顿缺乏对其公民和总统的健康形象的保持的凭证。

把克林顿作为黑人的话语的一个显著特色就是克林顿自己的原初评论。在斯迈利的访谈中,克林顿只不过是笑了笑,承认他喜欢把自己描述为第一个黑人总统。(1998)但是,到10月下旬国会的黑人预备会议召开之前发表的讲话中,克林顿(1999)就更为接近地表达了他是黑人总统的说法。他认识到此种地位乃是被左右两派所赋予,尽管其目的公认地不同。在承认这些对他的形象的刻画之后,克林顿又在一段趣闻中分得了一杯羹:一个黑人演员来到白宫,为他即将要扮演的人物——第一位黑人总统——揣摩角色。克林顿对他的观众吐露心迹:"我不忍心告诉他我已经在做这个工作了。"克林顿没有说"我是第一位黑人总统",而是说"我已经在做这个工作了"。就像莫里森把种族从严格意义上的解剖学意义中抽取出来,此种修辞的运用假定,美国种族文化内的一套建构性的话语和实践的确能够把一个白种男人放在这个"工作"之上。但是,如魏格曼所指出的,当其被不同的身体所负载,种族就标志着不同的意义。发表这段讲话后不久,克林顿就从这个特殊的工作上辞职了。

降格到女性主义

与那种把少数族裔的极端行为联系到克林顿的身体上的做法一起,围绕克林顿丑闻的话语把女性主义描述成既是某种复杂争论的一部分,又是女性言论的不恰当水平的典型。主流社会从来没有在一桩性骚扰案中显示出对女性主义的狂热兴趣。自希尔/托马斯听证案以来还没有见到这样的讨论。本尼迪克特(1998)视这些讨论为有益的,因为它允许众多女性主义者发出声音,这些声音得以扩散,并在行动上反驳了主导性的观念,即女性主义自说自话、反对男性,而且还反对性。但是,尽管女性主义的多元话语得以在公共领域传播的想法是诱人的,可结果证明,这不过是一个女性主义的幻想。在克林顿丑闻案中所传播的作为女性主义或是关于女性主义的话语,都太清楚不过地显示了美国公共文化中对女性主义及女性言论的众多牵制机制。此种牵制引发了关于透明性政治的种种问题。

发表言论的妇女被认为应对道德的松散和身体政治的危机负责,而那些不发表言论的则被认为是伪善且缺乏判断力。凯瑟·波利特(Katha Pollitt 1998)指出,在凯思琳·威利(Kathleen Willey)出现在电视新闻节目"60 分钟"以后,任何不加入帕翠西亚·爱尔兰(Patricia Ireland)谴责克林顿公认的行为的女性主义者都得到一个红色的"H",意为"伪善"(Hypocrisy)。当然,那一周晚些时候,所有加入这一行为的人又被贴上了"右派阴谋的上当受骗者,一个突然晕倒的维多利亚少女,一个认为所有女人都是天使的女性沙文主义者,(或者)是一个性政治的警官"的标签。(p. 9)具讽刺意味的是,那些原来攻击性骚扰立法的保守的妇女团体正发起基于这方面的立法的讨论,并由此被认为是道德的保护者。(Beinart 1998;Rosin 1998;Young 1998)当然,最终的嘲讽也许是克林顿总统亲自促进限制性骚扰行为的立法。

波德霍雷茨(Podhoretz 1998)指出,克林顿丑闻案已使女性主义蒙羞,并且为了证明这一点,他既采用了姐妹情谊的同质化的譬喻,又为女性主义构建了一个历史。他的历史开始于希尔/托马斯听证案。事实上,他宣称女性主义立马就支持安妮塔·希尔(Anita Hill)是以"性骚扰"的疾病传染了身体政治(the body politic)。他认为,安妮塔·希尔个人对于把性骚扰从"边缘学术的神秘的苦心研读转向主流文化的正中央"负有责任。性骚扰已"像疾病转移那样从身体政治上转移了",没有迹象表明其恶化程度可以减慢。(p. 24)其意义的编码和强化与塞勒姆巫术审判如出一辙。

没有女性主义者比格罗丽亚·斯泰纳姆(Gloria Steinem)引起更多的注意。从争议的最初时刻开始,女性主义者已被指控,甚至被诬蔑为缺乏对控告克林顿性骚扰的妇女的支持。斯泰纳姆写了一篇为女性主义平反的辩词,她诉诸女性主义的历史,包括了对要求女性主义固守的那些标准的评判。斯泰纳姆还通过把对克林顿的指控比作那些对准鲍勃·帕克伍德和克莱伦斯·托马斯的指控而为克林顿辩护。首先,斯泰纳姆表明,强迫女性主义在克林顿问题上采取立场使用了双重标准。除女性主义者外,没有其他的克林顿的支持者被期望在莱温斯基丑闻上与克林顿断绝关系。比如,没有人质疑环境保护者对克林顿的支持,至少不会与其性行为拉上关系。以惩罚女性主义者和事先描述允许女性主义占有的政治和话语可能性的方式去瓦解身份和政治实践,此种双重标准发挥了作用。

斯泰纳姆还批判另一个主张——女性主义的伪善,它把女性主义对托马斯和帕克伍德的指控与女性主义在对克林顿的指控上缺乏支持相比。这样,女性主义被指"极端地"不一致。在斯泰纳姆看来,克林顿(不像托马斯和帕克伍德的案子)恰恰坚持了女性主义者这些年来都在争论的"不是就不是,是就是"的原则。对斯泰纳姆而言,威利阐述了"不是",而莱温斯基阐述了"是"。(p. 15)斯塔纳姆由此保留了女性主义一直以来都在争取的女性的能动性。但是,对斯泰纳姆的恶毒攻击的发生,恰恰因为她的立场在公共领域的女性主义的话语平台上不为人所知。我的观点并不必然支持斯泰纳姆的立场,而是要检验那些拒绝承认和改变女性主义言论的不明确形式的话语逻辑。由于任何令人兴奋的事件都为通常的双重标准的演练找到了理由,女性主义的失败(要么足够的女性主义,要么恰如其分)的丑闻产生了惯常的反应。

葛多林·明克(Gwedolyn Mink 1998)指责"某些女性主义者"描绘了一幅"处于角落的我们的其他人"的画面,指出克林顿所做的并不是性骚扰。(p. A17)明克宣称,说克林顿性骚扰是小看了女性的性经验并歪曲了法律。尽管说明克发起了一场关于性骚扰的争论可能是有价值的,但她走得更远,加入了牵制女性主义的同样的话语机制。她特别地指责格罗丽亚·斯泰纳姆在《纽约时报》(The New York Times)上写了那篇文章。斯泰纳姆在保护一个男人并且"在结果上损害了二十年来的性骚扰法律程序",而不是认真地看待妇女的经验,那就是"女性主义应该是什么样的"。(p. A17)再一次,一个女性主义者的言论可被视为损害了一个复杂的历史运动。

《纽约时报》刊登了一篇社论,回应斯泰纳姆仅仅在两天前发表的"观点与社论"(OpEd)专栏文章。在法鲁迪(Faludi 1998)看来,在她的记忆中,这是《纽约时报》第一次刊登一篇文章否认前面发表的社论。在《一个女性主义的困境》("A Feminist Dilemma")的文章里,时报指责了斯泰纳姆,不是因为她对于法律条款的理解,而是因为在她的立场中"涉及的危险"。作为一个女性主义者,斯泰纳姆对于"技术性"如法律的关注被比作"哲学上的背信弃义"。(A22)像女性主义这样的运动经不起这样的策略思考。这篇社论警告说,允许总统"不被追究"提高了任何老板都将"自由地行恶"的可能性。(A22)任何对妇女在工作中通过努力取得的成就的抹杀都应受到阻止。阿比·罗森塔尔(Abe Rosenthal 1998)甚至比《时报》社论走得更远,警告那些卷入到像斯泰纳姆这样地位的女性的危险。罗森塔尔表示,"对一个女性主义领导来说,这是一种令人痛心的知识分子的自我诋毁"。(A19)实际上,对于来自男人的对女人的性要求的危险不可低估;"我们在讨论那些行动,它们可能让女人感到恐惧,并使她们面对恐怖的争斗,甚至到死。"

法鲁迪(1998)指出,对斯泰纳姆的反应最引人注目之处就是男性歇斯底里的展现。法鲁迪重新描述了男性威胁论，而不是追问对于妇女们来说在性骚扰事件上采取复杂立场的女性主义者的危险是什么。男性作家们把妇女刻画为任何时候都面临来自所有男人的威胁的"处于从属地位的处女"。(p.5)法鲁迪指出，这只不过是把女人看作在任何时候都容易受到伤害的草率说法。这些话语不能允许的是妇女走出严格的、使政治正确的教条(PC orthodoxy)长存不朽的性警察的局限。

当女性主义者显示出对女性性行为更为复杂的理解时，她们不仅仅是危及了妇女，她们简直就是损害了女性主义。最近一期的有线新闻网/时代的"新闻立场"(NewsStand)节目中提出了这样的问题："女性主义是背信弃义还是刚刚长大？"(1998)此种问题并非独一无二；女性主义总是被草率地做事后分析，以试图理解或是无力地诠释其残骨余骸。不仅仅是克林顿的丑闻被用来作为制作女性主义特别节目的借口，"新闻立场"还提到最近的一期《时代》(Time)杂志以"女性主义死了吗？"为题的文章。(1998)在线杂志《沙龙》(Salon)发表了一篇特别评论，名为"《时报》的智囊死了吗？"。此文批评了《时报》为女性主义选取的那些当代的勉强只到青春期的女性代表(Brown 1998)。比如说，为《时报》投稿的贝拉芬特(Bellafante 1998)就选取了"辣妹组合"(Spice Girls)以及阿莉·迈克比尔(Ally McBeal)来代表时下的女性主义，并把她们与他们明显认为是更为严肃的早期的女性群体和政治实践——比如说《女士》(Ms.)杂志的创刊和越南战争的抗议——一比高下。"新闻立场"对于那些被要求站出来谈论女性主义和反对女性主义的人是饶有趣味的，还有，其举例说明的修辞策略也很有趣。在电视上展示了来自电视纪录片的女性主义的游行和抗议后，有线新闻网/时代播放了一组相同种族的正在说话的女性主义者头像的快进镜头。很明显，虽然斯泰纳姆一直都是"最具新闻价值的"的女性主义者，并的确出现在了《时代》的封面上，她却缺席了受访的女性主义者的场合。

卡米拉·帕格里亚(Camille Paglia)，第一个受访者，通过她通常对"女性主义成员"、其杂乱的状态以及不能表达集体立场的指控，瓦解了女性主义的复杂性。帕格里亚被标示为一个持异见的女性主义者，作为一个比其他人都更值得信任的政治局外人而占有一个最受尊敬的位置。另一个是攻击女性主义的《下一个早晨》("The Morning After")(1993)一文的作者凯蒂·罗伊非(Katie Roiphe)，她指责女性主义者在大学校园里的强奸案上制造歇斯底里情绪。罗伊非愤怒地宣称，女性主义处于深刻的身份危机之中而与性行为无关，因为曾经的"个人问题就是政治问题"的辩论是一个错误。女性主义也就再次因为把私人生活带入公共生活而受到指责。罗伊非没能辨认出某种语境化实践的女性主义，它被置于可允许策略性反应的历史环境里。女性主义者之中唯一的一个——纳奥米·沃尔夫(Naomi Wolf)——避免了这个问题的局限，她坚持谈论工作场所的骚扰，并指出这在各种场所影响到所有人，而不是指责妇女的男性化行为。但是，此种对工作场所的讨论由于女性主义所设的限定而没人能听得见。

帕翠西亚·爱尔兰(Patricia Ireland)和贝蒂·弗里丹(Betty Friedan)是参加此次"新闻立场"节目的最后两位女性主义者。与那些为女性主义在她们的策略里未能保持道德上的纯洁性所辩护的人一道，两位女性都危险而焦急地混淆了异性恋妇女与她们的丈夫的关系和所有妇女与男性政治家和雇主的关系；这是修辞性的一步，与那些被保守派雇佣而庆祝女性主义的垮台的人相似。爱尔兰指出，妇女尽其所能对丈夫的接受与妇女给予克林顿的接受是一回事。

不是说妇女是克林顿的追随者,而只是她们以一种容忍男性的轻率行为的家庭逻辑来理解她们与他的关系。弗里丹——不仅被刻画为现代女性主义的女族长,还是克林顿的朋友——在电视上拿着那一期宣布女性主义之死的《时代》杂志。一会儿是女性主义之死,一会儿又是对那些著名的女性主义者的访问,弗里丹指出了这种行为表述上的矛盾,然后转向了挂有她自己与不同社会名流的合照的墙上,其中最为显眼的是与克林顿以及与希拉里·罗德汉姆·克林顿的合照。在进一步确立她和第一夫妇关系的亲密性之前,弗里丹指向克林顿的照片,并评价他的性感,似乎这起到了解释克林顿的力量的作用。当弗里丹从克林顿性剥削的细节转向所有工作场所的性骚扰问题时,她显得尤其不安。工作场所的性骚扰被简化为男性上级对女性下级颁发的性通行证。正如克林顿的轻率行为被希拉里处理为每天早餐之前打比尔一个耳光一样,女性下级应该在她的男性上级想要对她进行不恰当的性行为时打他一个耳光。这样,工作场所和政治领域的复杂性被简化为异性恋的亲密限制,因而也是个人婚姻的限制。

作为女性主义"早期"的历史性人物,弗里丹的战略是通过把女性主义复杂的历史简化为弗里丹的母亲形象——这个形象来自她早些时期参加争取女权的游行,那个时期女性主义对自己的目标和原则是"清楚"的——而提供一个记忆错乱的机能。此种形式的文化健忘症把女性主义从其不远的过去脱离出来,并使女性主义实践的多元化变得同质化。即使女性主义的第二次浪潮在公共领域登场以来已经有二十五年多了,在这个历史环境中产生的话语通常仍被视为与当代女性主义的理论争论和公共领域的政治大不相同且大不相关。

流行的女性主义,常常在"第三次浪潮"或"后女性主义"的名义下,通过使早一代妇女的政治实践的叙事同一化和本质化,把她们自己与不远的过去分裂开来。为女性主义政治制定的流行的"有效性"或"成功"的标准大多数情况下都在体制的、法律的和日常生活中寻求清楚的可辨识的效果。不幸的是,对于像二十世纪晚期的女性主义或是激进的女权运动这样的政治运动来说,无论是变化还是成功都不易被衡量。此套标准要么避开女性的政治实践,把它们打发为无效的,要么在另一方面被用来惩戒女性主义者。流行话语常常谴责女性主义,说什么她们重建了"不愉快的"妇女的文化/经济条件和日常生活。女性主义仅仅在以下方面得到了肯定:在作为女性主义已经过时的争论之基础的女性生活中带来了"积极的"变化。如邦尼·道(Bonnie Dow 1996)所指出的,女性主义成了后女性主义的问题。

为当代女性主义画一幅地图是一项令人畏惧却必要的任务。在美国,自20世纪60年代以来,一直都有某种女性主义话语或是关于女性主义的话语的繁荣。不仅在学院里,在大众媒体中也是一样,女性主义不时地成为有关国家、男性气质、女性气质以及边界等问题的文化焦虑的征候性标志。新保守主义的文化评论者如拉什·林鲍(Rush Linbaugh)、克里斯汀娜·霍夫·索默斯(Christina Hoff Sommers)以及凯特·罗伊非都已具备讲述女性主义的公众故事及历史的能力。必须严肃地注意到女性主义的流行故事,并非要揭穿其真面目,而是因为公共领域中女性主义历史的缺乏限制了当代女性主义策略的可能性。通过把女性主义简化为表征性和定义性问题,女性主义受到限制的指涉领域不仅限制和制约了复杂的女性主义话语的可能性,还产生了某种多元主义,允许任何话语在政治领域打着女性主义的旗号四处传播。

"身份危机",或当代女性主义的健忘症,与女性主义实践的语境和历史的缺乏相联系,必须认识到它恰恰是一种危机,作为某种错位,已经与一种新的保守主义联系在一起。没有巧妙的阅读实践,处于这些话语之间的"并置的时刻,调情般的对峙,或者甚至是包容"将显得难以理解。(Morris 1984:55)当女性主义由于拒绝在围绕克林顿性行为的丑闻中表态而受到审判时,这种警告显得尤其中肯。能够说出哪些立场属于"保守主义者"或是"自由主义者",并且说出,如果有的话,哪些立场引起妇女们进一步的兴趣,这是一个高深的任务。正是由于这个原因,坚持弄清楚某些行为的必要性——这些行为拒绝已检验的路线——对于叙述女性主义历史非常关键,这个历史能打断那些约束女性主义和压制妇女日常生活的当代叙事和策略。

结　　论

扩展当代少数族裔政治的指涉领域是非常关键的。在女性主义的例子里,扩展指涉领域要求某种言论的可能性,它不与女性主义所知的教条的占主导性的观念相一致,它能以其他方式进入话语,而不是妥协、背叛和伪善。女性主义内部的不一致必须不仅仅是可理解的,它还证明女性主义者和女性主义理论的多元性。在丑闻的讨论范围内,看来无论有多复杂,无论有多盘根错节,只要种族是其中的一个因素,非裔美国人就会被判为处于"上当受骗者"的位置。最终,除非种族毫无疑问的是"看得见的",这个问题就不能讨论。正如在克林顿/莱温斯基丑闻案的讨论中所显示的那样,后20世纪60年代的少数族裔政治在保护和重建多数族裔的男性气质的方式上汇集一处。

激进的语境化的必要性取决于文化研究对象的易逝性。(Grossberg 1992;Morris 1998)对莫里斯(1998)来说,此种语境化不仅延长了易逝之物的生命,而且当它"用细节弥漫于相关的地点和时间点,一种批判性的解读就能从其对象中抽取出某种实践的寓言,用过去和再利用的潜力把它们转化成模型,从而期望赋予它们以未来"。(p.3)语境的创建既成为文化研究的方法,又成为它的对象。这样,检验这些场所,比如丑闻,在那里政治和文化因素以一种揭示性的、重要的方式相会合,这对于推进文化研究的规划至关重要。文化研究、女性主义以及更广泛意义上的左派政治的工作,就是去抓住表征的权力,或至少采取策略去这样做。迫在眉睫的是要培养语境、内在的不一致性以及与教条和虔诚的做法不一致的讲述历史的能力;还有成为少数派的能力。

最后,这一章的教训不是关于克林顿和莱温斯基,而是关于黑人男性与女性。他们才是"垮台"并为国家身体的少数族裔化付出代价的主体。这不是,也永远不可能是一个克林顿垮台的故事。

(向琳　译)

注释:

我要感谢邦尼·道给了我机会,得以在一篇会议文章《大众传播中的批判研究》(*Critical Studies in*

Mass Communication,Deem 1999)中对克林顿/莱温斯基丑闻案中的女性主义的命运进行思考。我很感激 Christopher Kamrath,Toby Miller,Lauren Berlant,Kyra Pearson,Max Thomas,以及 Mary Coffey 提供的极具洞察力的解读。还有,我要感谢参加爱荷华大学英语系教职员学术报告和调查修辞项目的成员们,他们对这篇文章早些时候的一个版本提出了意见。Kathryn Cady 和 Jessica James 则提供了极具价值的研究助理工作。

参考文献:

(1998). A feminist dilemma. *The New York Times*,March 4,A22.

(1998). Larry Flynt and *Huslter* magazine announce a cash offer of up to $1,000,000. 8 Oct. online, http://www.hustler.com/perviw/million.html.

(1998). Larry Flynt offers Ken Starr position at *Huslter*. Reprinted form *LA Weekly*, Sep. 18—24. online, http://www.hustler.com/preview/starrjob.html.

(1998). McKinney blasts white Democrat for comments about black support of President Clinton. *Jet*, Oct. 26,8.

(1998). *Suck.com*. Oct 9, online, http://suck.com/daily/98/10/09/daily.html.

Alexander,E. (1994). "Can you be black and look at this?": reading the Rodney King video(s). *Public Culture* 7: 77—94.

Anonymous(1996). *Primary Colors: A Novel of Politics*. New York: Warner Books, Inc.

Bates,B.L. (1998). Clinton's African triumph. *Ebony*, June: 54—60.

Barringer,F. (1998). Many editors decide to publish details of the report. *The New York Times*, Sept. 13, 27.

Beinart,P. (1998). Hypocrites. *The New Republic*, March 30,9—10.

Beinart,P. (1999). Private matters. *The New Republic*, Feb. 15, 21—5.

Bellafante,G. (1998). Feminism: it's all about me, *Time*, June 29,54—60.

Benedict,H. (1998). Fear of feminism. *The Nation*, May 11, 10.

Berke,R. (1998). Playing it safe, the Republicans try silence. *The New York Times*, Sept. 13, 1.

Berlant,L. (1998). The female complaint. *Social Text*, Fall: 237—57.

Berlant,L. (1997). *The Queen of America goes to Washington City: Essays on Sex and Citizenship*. Durham: Duke University Press.

Berube,M. (1994). *Public Access: Literary Theory and American Cultural Politics*. New York: Verso.

Blount,M. and Cunningham,G.P. (eds.)(1996). *Representing Black Men*. New York: Routledge.

Borger,G. (1998a). Sisters, we have a problem. *US News and World Report*, May 11, 33.

Borger,G. (1998b). Her Bill and their enemies. *US News and World Report*, Aug. 17—24, 26.

Brookhiser,R. (1998). Clinton and Nixon. *National Review*, Feb. 23, 41—3.

Brookhiser,R. (1999). Daddy dearest. *National Review*, Feb. 22, 16—17.

Brown,J. (1998). Is Time brain dead? *Salon*, June 25, online, http://www.Salon.com.

Brown,W. (1995). *States of Injury: Power and Freedom in Late Modernity*. Princeton: Princeton University Press.

Campbell, K. K. (1998). Hating Hillary. *Rhetoric and Public Affairs* 1: 1—25.

Carby, H. V. (1992). Policing the black woman's body in an urban context. *Critical Inquiry* (Summer): 738—55.

Clemetson, L. and Wingert, P. (1998). Clinton on the couch. *Newsweek*, Sept. 28, 46.

Clinton, B. (1999). Speech, Congressional Black Caucus Awards Dinner, Sept. 18.

CNN/Time. (1998). Newsstand. Sept. 20.

Collins, P. H. (1991). *Black Feminist Thought*. New York: Routledge.

Davis, A. Y. (1981). *Women, Race and Class*. New York: Vintage Books.

Deem, M. (1996). From Bobbitt to SCUM: re-memberment, scatological rhetorics, and feminist strategies in the contemporary United States. *Public Culture* 8: 511—37.

Deem, M. (1999). Scandal, heteronormative culture, and the disciplining of feminism. *Critical Studies in Mass Communication* 46: 83—93.

de Lauretis, T. (1987). *Technologies of Gender: Essays on Theory, Film, and Fiction*. Bloomington: Indiana University Press.

Deleuze, G. and Guattari, F. (1987). *A Thousand Plateaus: Capitalism and Schizophrenia*. Minneapolis: University of Minnesota Press.

Denby, D. (1996). *Great Books*. New York: Simon and Schuster.

Dooling, R. (1998). The end of harassment. *National Review*, May 4, 26—7.

Dow, B. (1996). *Prime Time Feminism: Television, Media Culture, and the Women's Movement since 1970*. Philadelphia: University of Pennsylvania Press.

Dowd, M. (1998). Father's little helper. *The New York Times*, April 26, sec 4, 15.

Echols, A. (1989). *Daring to be Bad: Radical Feminism in America 1967—1975*. Minneapolis: University of Minnesota Press.

Faludi, S. (1998). Sex and the *Times*. The Nation, April 20, 5—6.

Feirstein, B. and Peretz, E. (1998). A tale of two scandals. *Vanity Fair*, May, 170+.

Flynt, L. (1998). Letter to Kenneth Starr. Oct. 8, online, http:// www. hustler. com/preview/starrjob. html.

Franks, L. (1999). The intimate Hillary. *Talk*, Sept. 166—74+.

French, M. A. (1999). Cheryl Mills. *Essence*, May, 78.

Giddings, P. (1984). *When and Where I Enter: The Impact of Black Women on Race and Sex in America*. New York: Bantam Books.

Grann, David. (1998). Saint Lewis. *The New Republic*, Oct. 5, 12—14.

Grossberg, L. (1992). *We Gotta Get Out of This Place: Popular Conservatism and Postmodern Culture*. New York: Routledge.

Gubar, S. (2000). *Critical Condition: Feminism at the Turn of the Century*. New York: Colombia University Press.

Guccione, B. (1998). What's being said about Viagra by the famous... and the not so famous. *Time*, May 4, 56—7.

Hall, S. (1981). Notes on deconstructing "The Popular." In R. Samuels (ed.), *People's History and Socialist Theory*. Boston: Routledge and Kegan Paul.

Handy, B. (1998). Oh, behave! *Time*, Feb. 2, 55.

Hitchens, C. (1998). Viagra Falls. *The Nation*, May 25, 8.

Horowitz, D. (1998). We believe you, scumbag. *Salon*, Nov. 11, online, http://www.salon1999.com/col/horo/1998/01/26horo.html.

Jackson, J. (1998). Keeping faith in a storm. *Newsweek*, Aug. 31, 43.

Lavelle, M. (1998). A race factor? *US News and World Report*, July 6, 22—8.

Lears, J. (1998). Comments and Opinions: the president and the prosecutor. *Dissent*, Spring, 5—6.

Levitt, L. (1973) She: the awesome power of Gloria Steinem. *Esquire*, Oct., 87—9+.

Lewis, I. E. (1998). Bill Clinton as honorary black. *Crisis*, Sept./Oct., 5.

Miller, T. (1998). *Technologies of Truth: Cultural Citizenship and the Popular Media*. Minneapolis: University of Minnesota Press.

Mink, G. (1998). Misreading sexual harassment law. *The New York Times*, March 30, A17.

Mitchell, A. (1996). Clinton signs bill denying gay couples US benefits. *The New York Times*, Sept. 21, 8.

Morris, M. (1988). *The Pirate's Finance: Feminism, Reading Postmodernism*. London: Verso.

Morris, M. (1990). Banality in cultural studies. In P. Mellencamp (ed.), *Logics of Television*. Bloomington: Indiana University Press.

Morris, M. (1994). "Too soon, too late": reading Claire Johnston, 1970—1981. In C. Morrie (ed.), *Dissonance: Feminism and the Arts, 1970—1990*. St. Leonard's, New South Wales: Allen and Unwin.

Morris, M. (1998). *Too Soon Too late: History in Popular Culture*. Bloomington: Indiana University Press.

Morrison, T. (ed.) (1992). *Race-ing Justice, En-gendering Power: Essays on Anita Hill, Clarence Thomas, and the Construction of Social Reality*. New York: Pantheon Books.

Morisson, T. (1998). Talk of the town. *The New Yorker*, Oct. 5, 31—2.

Nordlinger, J. (1999). The race ace. *National Review*, March 8, 20—4.

O'Beirne, K. (1999a). Year of the intern. *National Review*, Feb. 23, 26.

O'Beirne, K. (1998b). Paula Jones, for the defense. *National Review*, April 20, 28.

Podhoretz, N. (1991). Rape in feminist eyes. *Commentary*, Oct., 29—35.

Podhoretz, N. (1998). "Sexgate," the sisterhood, and Mr. Bumble. *Commentary*, June, 23—36.

Pollitt, K. (1998a). Did someone say "hypocrites?" *The Nation*, April 13, 9.

Pollitt, K. (1998b). September thong. *The Nation*, Oct. 5, 10.

Ponnuru, R. (1999). Sexxual hangup. *Nationd Review*, Feb. 8, 42—4.

Purdum, T. S. (1996). Gay rights groups attack Clinton on midnight signing. *The New York Times*, Sept. 22, sec. 1, 22.

Rich, F. (1998). The Viagra kid. *The New York Times*, April 4, A13.

Rich, F. (1999). What Tony Soprano could teach Bill Clinton. *The New York Times*, Aug. 14, A27.

Roiphe, K. (1993). *The Morning After: Sex, Fear, and Feminism on Campus*. Boston: Little, Brown.

Rosen, J. (1998). *Jurisprurience*. The New Yorker, Sept. 28, 34—8.

Rosenthal, A. M. (1998). Murdered in the park. *The New York Times*, March 27, A19.

Rosin, H. (1997). Radical chicks. *The New Republic*, Oct. 13, 16—18.

Rosin, H. (1998a). NOW gets the Willeys. *New York*, March 30, 18—19.

Rosin, H. (1998b). People of gender. *The New Republic*, May 25, 15—17.

Sanchez-Eppler, K. (1992). "Bodily bonds: the intersecting rhetorics of feminism and abolition." In S. Samuels (ed.), *The Cultural of Sentiment: Race, Gender, and Sentimentality in* 19*th Century America*. New York: Oxford University Press.

Shalit, W. (1997). Daughters of the (sexual) revolution. *Commentary*, Dec., 42—5.

Shapiro, W. (1999). Blind faith. *The New Republic*, Feb. 1, 12—13.

Slater, J. (1998). Talk of the town. *The New Yorker*, Oct. 5, 33.

Smiley, T. (1998). Interview with Tavis Smiley of Black Entertainment Television. *Weekly Compilation of Presidential Documents*, Nov. 2, 2232—8.

Stacey, J. (1983). The new conservative feminism. *Feminist Studies* 9 (Fall): 559—83.

Steinem, G. (1998). Feminists and the Clinton question. *The New York Times*, March 22, 15.

Steinem, G. (1998). Yes means yes, no means no: why sex scandals don't mean harassment. *Ms.*, May/June, 62—3.

Talbot, M. (1998). Wife story. *The New Republic*, Feb. 16, 19—20.

Taylor, S. (1998). National journal. *MSNBC*, Aug. 2.

Warner, M. (1993). The mass public and the mass subject. In B. Robbins (ed.), *The Phantom Public Sphere*. Minneapolis: University of Minnesota Press.

Wiegman, R. (1995). *American Anatomies: Theorizing Race and Gender*. Durham: Duke University Press.

Young, C. (1998). Harassment hypocrites. *National Review*, Nov. 9, 24—8.

第25章
说唱乐与风水：关于臀部政治、文化研究以及蒂姆巴兰之声

贾森·金(Jason King)

？（身体与灵魂——一个开始……

臀部之发展始于遥远的古代……出现于当人类想起要用后腿站立并保持不动之时——此乃我们进化的一个关键时刻，因为自那时起臀部肌肉便经历了巨大的发展……同时他们的手被解放出来，并且脊柱之上的头盖骨的运动发生了改变，这使得大脑得到发育。让我们记住这个有趣的主意：人类的臀部可能——在某种方式上——是其大脑早期发展的原因。

让-路克·亨尼格(Jean-Luc Hennig)

这篇文章的开头就是黑屁股。(buttocks, behind, rump, arse, derriere——随你叫什么都行)①

就像我母亲会对我说的那样——把你的黑屁股伸过来！

这个粗俗的屁股，这个神圣化的屁股。黑色的屁股——被鞭打、链铐、击打、惩罚、被释放。被分化、被偷盗、被性欲化、被训练。屁股——一个种族身份的标识、一种定型、财产、占有。快乐/恐怖。解放/陷阱。[1]

屁股——入口，出口。旋转门。霍屯督的维纳斯。阿布纳·路易玛。勾起情欲的、骨瘦如柴的。突出部位/凹入之处。[2]可穿透的/不可穿透的。男性气质的/女性气质的。排泄物、大便、过量。崇高的，美丽的。圆形的，循环的，(整体)空洞的。屁股(整体)眼——整体性，神圣(空虚)性。时髦的黑屁股。[3]黑屁股(是一个)(作为一个)鼓。

---

① 以上的词在英文里都是"臀部、屁股"的意思，本文根据不同上下文处理。——译注

屁股是一个高度争议和深为矛盾之场所/景观……甚至,对展开当今的文化和政治来说,它也许是某种关联点。从暗喻的角度来思考屁股变得有用——把屁股、屁眼,比作"肮脏的"(开放的)密处、入口和出口、文化与性政治的后门。屁股——作为不断增长的矛盾的场所/景观——为我们提供机会跳出丑陋－美丽、静止－动态的二分法的限制,以通向某种杂交性和(整体)空洞性的政治[4]……

如果我们注意到这种(整体)空洞的讯息,某种关于屁股的话语将为在晚期现代性的时空之中掌控精神的流动提供方法。对当代以黑人舞蹈为特色的音乐来说,屁股是一个必不可少的奇迹,特别是在街头的十字路口,在那里,特定的时候,早期爵士乐、迪斯科、布基、爵士、古典乐、节奏与蓝调以及各式各样的电子乐都在说唱乐的旗帜下被囊括在一起。就其身体上的效果而言,我们可以把这种混杂的声音称为:"臀部音乐。"[5]

本章集中讨论当代最火的说唱乐制作者之一——蒂姆巴兰(Timbaland)的作曲实践。在使当代城市电台版图上的"臀部音乐"得以流行方面,他在打击乐器上的大胆尝试为作为(整体)空洞的黑人流行文化中所取得的艺术成就设立了新的标准。先后考查他的录像带和名人话语,蒂姆巴兰合成的那些极为套路化的歌曲提供了一个论坛,在这里,我们可以想象对形而上的自由的追求在科技现代性的时代里怎样发生演变。

蒂姆巴兰在制作臀部音乐方面的大胆尝试引起关于以下方面的讨论:呼吸,空间和气流,诸如此类,还有在风水——中国式的文化实践如打坐练习、布阵、以及建筑构造等——中寻求志同道合。也许是唯一的一种已经在西方城市圈子里流行起来的精神上的建筑实践,当代风水提供了一个对空间－物理环境和肉体/灵魂之间的关系的(再)思考模式。跟其他流行的城市设计形式不一样,风水主要对地方和空间如何感觉的精神层面感兴趣。

说唱乐和当代风水或许是两个互补的散居文化实践。在说唱乐中,那些重构的不同凡响的街舞通过鼓乐器得到养分:为了影响灵魂,它跳起来,在屁股的位置敲击身体。在风水中,对环绕和包围人体的现有环境进行操控带来好的气。

在说唱乐和风水两者之中,灵魂——生命源泉——与外部环境和它的物理养化之间保持了一种直接而即时的关系。说唱乐和风水因此可以被认为是灵魂的技艺:通过这些实践,灵魂也许获得滋养,并通过能量中心①振动的光波的方式被当作一个整体对待。

说唱乐和风水以音乐录像带的充满情感的表征形式走到了一起。在这里,黑人"幸福生活"的表演被公开,在其中身体的"流动"被想象为乐观化的现代生活方式。在这些文本里,通过对物理空间的曼妙设计,臀部音乐养气的力量被同质化了,而在这个空间里,黑人名流对精神的陶冶成为可能。这些录像带中的移动方式与音乐构造互为参照,作曲围绕那奇妙的鼓点,这鼓点又反过来想要跳起来,并在屁股的位置敲击身体以激发灵魂。

与蒂姆巴兰所推出的声乐爵士革命的实验性相关,屁股不仅仅成为一条对文化研究中灵魂的搁置更加深层地思考的通道,它还成为我们或许会想象身体本身将开始思考的通道……

---

① chakra即"轮",瑜伽学说中人体精神力量的七中心之一。——译注

蒂姆巴兰之声

[蒂姆巴兰的]《你是那个谁吗》(Are You That Somebody?)在[流行]排行榜前10名他妈的做什么?自那以后这是最强的实验性热门单曲,我不明白,"我就是那矮胖子"。蒂姆巴兰能排第一的唯一的一招就是把约翰·凯奇的"4′33"放到鼓乐器上。

戴维·克拉斯诺(David Krasnow),给《乡村之声》的一封信

这整个国家都完全充满了狗屎且向来如此——从独立宣言到美国宪法再到星条旗,仍然不过是热气腾腾的一堆红、白、蓝,都是美国狗屎。因为想想我们是怎样发家的。想想这件事儿吧。这个国家是由一群告诉我们所有人生而平等的奴隶主们建立的。哦是的,所有人——除了印第安人、黑人和妇女,对不?

乔治·卡林(George Carlin)

原名蒂姆·莫斯利(Tim Mosley),蒂姆巴兰作为一个说唱乐手和节奏与蓝调的制作者出现于20世纪90年代后半期,他的标签上打着"黑色背景公司"(大西洋唱片公司)。这位有远见的二十多岁的词作者兼工程师已经为固定的一群成功的艺术家做幕后工作:从阿利亚(Aaliyah)《百万挑一》(One in a Million)、SWV《我们能吗》(Can We)、吉努温(Ginuwine)《马尾》(Pony),《是什么如此不同》(What's So Different)到他的歌词合作者密西·"轻罪"·艾略特(Missy "Misdemeanor" Elliot)《雨哗啦啦地下》(The Rain [Supa Dupa Fly])以及《她是个婊子》(She's a Bitch)。

1997年早些时候,蒂姆巴兰从制作人的天鹅绒幕帘后走到前台,开始了他作为说唱歌手的生涯。《欢迎来到我们的世界》("Welcome to Our World")由蒂姆巴兰和他的另一位歌谣同伴马古(Magoo)主唱;而1998年发行的《蒂姆的自传:来自地下室的生活》("Tim's Bio: Life From 'Da Basement")则由这位制作人兼说唱歌手主唱,这也是他首次尝试独唱,得到来自从凯利·普莱斯(Kelly Price)、Jay-Z到纳斯(Nas)等艺术家的支持。被滚石票选为1998年的年度制作人,蒂姆巴兰还为艾迪·摩菲主演的《杜利特尔博士》(Dr. Doolittle)一片制作和演奏配乐,他还为许多成功的组合混录歌曲,包括英国的"所有圣人"(All Saints)。

蒂姆巴兰的作品最为突出的特点就是他那稠密的、多节奏的鼓乐段的层层分布。[6]既然鼓一直以来都是非洲和非裔散居音乐和舞蹈的中心特色(Chernoff 1979),蒂姆巴兰的部分贡献在于检验了这种传统的媒介形式与现代音乐技术的关系。自20世纪70年代合成装备和鼓乐器的工业化以来,城市音乐制作人一直都以一种持续增长的狂热把玩打击乐器的音响诱发力。怎样使这种打击不仅响彻鼓膜,并且通过(用于)聆听的不同空间——夜总会、吉普车、家——的音响激发力诱惑性地抓住身体,这已成为黑人流行的作曲实践的一个主要论题。

自从1997年在流行音乐舞台上的首次登台以来,蒂姆巴兰在低音小型爵士打击乐上的特殊才能已经重建和垄断了黑人城市电台。[7]他引入电台的声音已经以这样的一种方式开辟和

扩展了黑人流行音乐，以至于倒回去的桥已经不可跨越。由于小的制作人已忙不迭地去盲目模仿他的声音，对有些人来说，蒂姆巴兰成了所谓的爵士乐灵魂之死的最新替罪羊。

自20世纪90年代早期以来，城市音乐（这是个营销术语，用来描述一种把说唱和节奏与蓝调以及其他风格合在一起的杂糅的声音）已经让自己平稳地处于一个水平线上了。简单的、固定模式的作曲已经压倒了激烈的和弦变化。除开主流另类的R&B演出，现场演奏在城市音乐里已经有点贬值了。这些变化已被用来作为紧缩和减少城市之声的音乐性（如果不是其灵魂的话）的证据。这些变化的原因与许多当代走红的年轻的城市音乐制作人不能得到传统的音乐训练是多少有些关系的。[8]

同时，这种新的水平主义把更多的重点放在了质地和密度的形式质量以及音乐的感觉上。在一个不同的场合，史蒂文·费厄德（Steven Feld）已经把在声音里处理多维性称为"结构的密度化"（1988：82）。为厄舍（Usher）的《你让我想要》（"You Make Me Wanna"）、布雷克（Blaque）的《808》，以及TLC的《不要摩擦》（"No Scrubs"）——所有歌曲都大量借鉴"蒂姆巴兰之声"这个招牌——等曲子所配的大量吉他音响都无一不是此种可感知的、扩展维度的声音的一个表现。这是一种你确实可以感觉得到的纵向的、层层递进的声音。

事实上，蒂姆巴兰一直在以值得仔细检验的独特方式把玩城市音乐的空间临时性特质。与他的许多制作人同伴不同，蒂姆巴兰并不仅仅是使用机器去接近现场器乐演奏的效果。相反，他倾向于故意使用听起来呆板和机械的电脑化乐器。结果是，人们常常使用一些时间—空间上的比喻如"空间时代的爵士"和"未来主义爵士"来描述他的整个工作。在最近的一篇文章里，一位记者把蒂姆巴兰之声称为"回到未来"的音乐（Rogers 1997：23），而萨沙·费雷拉-琼斯（Sasha Frere-Joans）认为他的声音是"古代的现代主义"。对于把蒂姆巴兰的贡献视为一种对线性的时间和边界空间的逻辑的扭曲甚或激进的重新概念化-重构，这些描述是有用的。

模仿曼特朗尼克斯（Mantronix）的作品以及C&C音乐工厂的戴维·科尔（David Kole）和他们各自在打击乐方面的尝试，蒂姆巴兰之声奉献了一幅贫乏、沉闷的图画，以大滚筒轨道、时髦的重低音乐器和电子键盘为特色。因为键盘在传统上是打击乐的一种形式，蒂姆巴兰的音乐非常集中于打击的力量（总是与套路相连）。他把节奏和套路放在一起，具有不连贯、高度紧张和咖啡因的效果。

乐评人巴瑞·沃尔特斯（Barry Walters）曾以如下的方式描述蒂姆巴兰的鼓合成乐："尖锐、紧张，同时细小而高昂，就像有人拿着麦克风对着一个很容易突然裂开的嘀嗒作响的闹钟。他那强调机械性的鼓点让人想起迈阿密低音鼓的嘎嘎声，但不强调那种吉普车撞击的隆隆声，而且常常显示出它是英国鼓乐器的美国表亲。"（1997）那些特别专注的人会注意到丛林风格、东岸街舞、迪斯科、雷鬼、索卡、卡里普索、另类摇滚以及电子音乐的风格也在蒂姆巴兰的音乐里有明显的影响。

伴随此种全球影响的背景，在南部长大的蒂姆巴兰制作了一种必然会出现在美国南方本土化背景之中的音乐。与他在说唱方面的表演同伴和制作人——从杰明·杜普瑞（Jermaine Dupri）到OutKast和古迪·莫布（Goodie Mob）（都来自亚特兰大），再到新奥尔良的P大师（Master P）和他的"无限制"（No Limit）成员——一起，蒂姆巴兰把所谓的"肮脏的南方"的打击乐带入了20世纪90年代的黑人城市电台。杜普瑞先前这样定义此种与(自动)流动性相关的"肮脏的南方"打击乐:它基本上是"破碎的汽车的音乐……像一只没有上钩的黑斑羚。在低音上非常沉重。很多现场的键盘演奏。在单由《808》中,鼓乐器大无畏地登场:"黑鬼们上了车,在去脱衣舞夜总会的一路上敲打着什么"。杜普瑞的引用所出现的那篇文章的作者也在他的描写里如出一辙:当那些南海岸的发出鼻音的说唱歌手开始表演,你能在臀部那儿感觉到那种松弛的低音(Conroy等,斜体为我所加)。

20世纪90年代出现的"肮脏的南方"打击乐——这种涉及臀部且使臀部变得活跃起来的粗俗的打击乐——反映了南方作为单独的城市音乐制作中心的体制化。这种打击乐的"肮脏"之处在于它被美国南方动荡的种族-政治历史所玷污了。[9]这种打击乐包含了那个暴力和血腥的历史,它暴露了它——即使它并不能说是预示和决定它的话。

如果,像乔治·卡林(George Carlin)所想的,建立之初的美国的排他性叙事把这个国家变成了一堆冒着热气的屎,那么产生美国南方的打击乐则只能是狗屎。那个肮脏的屁股,的确处于身体地理的中心,但经常被想象为处于底部或是南部山坡,自然就产生了一种肮脏的、难闻的打击乐。[10]

脏东西不过是松散之物,总是已经处于不恰当位置的物质,必须被移走(移出视线!)的东西。脏东西成为一个富于启示性的比喻,不仅是对于编成动作的这种南方打击乐的历史内涵的比喻,也是对处于这种新的、重建的打击乐中心的活跃的一肉体冲动的比喻。这种打击乐想要使身体动起来,而身体必须学会随着节奏而(移)动。

思考身体

黑人的过去怎样才能利用起来?

詹姆斯·鲍得温(James Baldwin)

那个活跃的、可感知的身体不只是一个文化研究的问题。这个身体(好像是)给文化研究打上标点和标记的问号。并且,在其矛盾性、对封闭的拒绝及其标志着不断开始的渴望之中,那个运动中可感知的身体完成了它所质疑的文化研究课题的增值和动员工作。

总的来说,文化学者已经倾向于绕开而不是面对这种对运动中可感知的身体进行解读和写作的"非凡的"困难。[11]也许除开那些研究舞蹈的学者和一些文化地理学家等进步人士以外,很少有人指出运动的身体与社会政治动员形式之间的联系。而在可感知的身体与其认知上的非凡能力之间的联系就更少有人指出。这个问题不仅仅成了我们是否能(重新)思考身体的问题,而且成了我们能否通过身体来思考的问题[12]……

文化研究首先被认为在开辟空间以考虑身体的政治作用方面取得了持续不断的进步。来自20世纪70年代的两个更为重要的英国(亚)文化研究的文本——《通过仪式抵抗》(*Resistance Through Rituals*)(Hall and Jefferson)以及迪克·海布迪奇(Dick Hebdige)的《亚文化:时尚的意义》(*Subculture: The Meaning of Style*)——指出了这种由时尚矛盾地反映出来的身体的微观政治学。由于具有把身体设想为社会建构物、在时间中把社会和政治因素置入身体轮廓中的能力,文化研究也必须得到认可。通过这种方式,文化研究继续脱离自然科学对身体的*真理*的垄断以及脱离科学通过*证据*的合理性把处于整体中的身体解释为(好像是)可知的方式。

但是,文化研究认识论的靠山——不管/尽管/也许由于其作为一个学科的内在的差别——仍然根植于语义学理论。在其独特的对行为和阐释的决定性以及能指链的因果关系的强调中,语义学理论在传统上使得承认运动、劳动和表演中的身体所产生的表征抽象性变得困难。[13]身体的运动——它在表演和劳动中可触觉的生命,在文化的书写里常常被认为是微不足道的。

感觉、情感以及可感知的经验指向有生命的身体的非凡性。相关的形而上学的术语如灵魂、精神以及光晕,超出了基于自我指涉的语言系统之上的决定的(非)逻辑和批判性的阅读/书写实践。(见 Jackson 1998; Moten 1994)活跃的身体重构了合法性的语法(如果不是语法逻辑本身)。运动/表演/劳动中的身体是文化研究的问号,因为它不能成为决定性的,除非它决定它自己的不可决定性。它也质疑那种使历史的"流动"理论化的倾向,这种倾向忽略了使同样的历史流动起来的起作用的身体。(Martin 1998)

在其对"现场性"的关注中,新的行为研究的学科交叉领域也许会弥补这些身体的文化研究方法所出现的问题。然而在制度上,行为研究变得失去了力量,因为它非常想专门聚焦于言语行为之上。这种聚焦,因其本身简化语音实质,起到了使身体在能被思考、解读或是书写之前就被遣散和迟钝化的作用(Jackson 1998)。特别是在音乐表演被关注的那些地方,如果我们记得声音不仅仅在时间中,同时也在空间中流动的话,索绪尔式的对语音实质的简化也是一种停滞化。

这种低温冷冻的身体,其抽象形式的真理被模糊化而青睐其指涉的潜力,也冻结了对文化和行为的有效研究。在任何努力去遮掩阐释的抽象内容而重视决定性意义的系统里,要去评价(工业)现代化对存在之物的感官冲击变得很困难,并且要在现代化自身的前进势头上要求身体的感官作用也几乎是不可能的。在这样的一个封闭系统里,感官身体总是被认为是原始的,并且作用很弱。[14]

如果身体是文化研究的问号,也许黑人性就是关于身体的学术成就的问号。[15]灵魂作为黑人的方言实践而被体制化。灵魂——赋予身体以生命的物质——的奇迹不时打断,并同时调动着文化研究事业。[16]作为总是已经与肉体相联系的物质,灵魂对市场来说是不可或缺的,尽管它在市场之中可以很容易找到安身之所,并在其迂回的路线上作为一种崇拜物而通行。部分是由于非洲人那种早于奴隶制的传统的宇宙论,还有中转过程中严酷的条件,以及那漫长的、难熬的、由宗教折射出的不自由的黑人与财产和物质的关系,形而上学的东西仍然是对黑人表演传统的受到诅咒的庇佑。

因此,文化研究的问号,即身体与灵魂的问题,必须在某种方式上仔细检验黑人性,不是敲敲边鼓、高谈阔论、言不及题或居高临下,而是*仔细检验它*。它必须特别仔细地检验黑人音乐——一个巨大的全球性资源,在那里,灵魂比在任何其他地方得到更为积极的磨炼,而精神也最为频繁地受到苛责。文化研究还必须认识到而不是取消散居化的黑人音乐形式和共同建构的方言舞蹈动作之间的结合。尖叫、大喊、抽搐和扭动是被编码的注脚,故意地不具决定性,内容丰富,一种感官上的先锋派黑人现代性的恰当验证,一种批判性的、反大众文化的性欲幽灵。

向一种更具生产性的体形(bodywork)(参见 Joseph 2000)的概念发展,运动中的黑人身体进一步在劳动和休闲(工作与娱乐)之间扰乱了文化研究的差别。体形瓦解了劳动与理性之间的相关区分,在那种区分里,白人身体象征着理性,而黑人身体之所以存在就是为了完成体力劳动,它由抽象的理性所产生并要求得到体现。这种种族化的划分,也是一种人类劳动者与财产的混淆,在性的意义上被悲剧性地转构。在这些术语所通过的空间里,这是一种只能通过恐怖和奇观来制定的划分(Hartman 1997)。

仍然要向黑人身体学习的是,尽管它被认为是原始的和危险的、被淘汰的、流放的、流血的、野兽化的、异国情调的,它仍然以其运动/劳动/表演,为我们提供的不仅仅是对历史的新的要求,而且是新的产生历史的方式,并去想象——在表征和身份认同之上、超越、通过表征和身份认同——一种从思想的奴隶制解放出来的社会整体性的景象。回应詹姆斯·鲍德温的疑问,黑奴的过去——一直并且仅仅体现在身体上——不仅可以被利用,它还可以被表演并因此而被赋予流动性。[17]因此黑人身体仍然是一个位于自身之中和之外的问号,一种对西方哲学基础的威胁,因为它已经见证并把一种自由的实践付诸实施,它还没有从官方得到这种自由,并且已经被历史性地排除了这种自由……

黑人屁股政治

萨沙·费雷拉-琼斯对蒂姆巴兰的专辑《欢迎来到我们的世界》所做的评论把我们带到了这些形而上和身体问题的中心。谈及其第一首轰动一时的单曲《布基跳起来》(Up Jumps da Boogie),她说,

> 问问我楼下的邻居这首歌。每隔一小时我就有种下意识的冲动要去大声地播放这首歌,并且跳着"白菜地"(Cabbage Patch)或"弹力玉米片"舞(Elastic Cornflake)(详细描写)……当那段合唱到来时,听起来就像拉贝拉、一种马赛鼓圈和某种生存研究实验室的器械混在一起发出的声音。这种亢奋的时刻典型地体现出那种以动作取向的聚会式唱片的美,它不是一曲接一曲,也不是一种胁迫,或是那种强烈感觉到的美国印象:它是充满力量的臀部音乐。如果你想从当今的流行音乐中要求更多的东西,你就将会变得孤独。(斜线为我所加,1997)

费雷拉-琼斯那种在每个小时都想听到蒂姆巴兰的歌被大声播放的欲望是下意识的,或是身体化的。就像吸毒成习或是手淫上瘾那样令人着迷,那种危险而具传染性的节奏引诱了她。她每个小时都想起它:蒂姆巴兰的科技-性欲化的爵士乐准时而及时、耗尽时间而又消磨

时间。[18]

这种音乐马上就让费雷拉-琼斯回想起了那些瞬间变化的声音:拉贝拉(一种黑人妇女的节奏与蓝调的声部三重唱,她们在1975年发现自己穿上了未来主义风格的外衣)、传统的非洲仪式(马赛鼓圈)以及美国的伪科学行为艺术(生存研究实验室)。这些元素朝向(整体)空洞的极度亢奋的聚集,最终地,产生了一种"运动取向的聚会唱片",它也很美——一个不常用于说唱美学的字眼。费雷拉-琼斯毫无问题调和了这样一个事实:她把这种音乐描写为与"臀部"有关——臀部如此经常地被想象为令人羞耻的粗俗,不能在公共场合说出来——并且也把它描绘为一件美的作品。我认为这种音乐本身就提供了一种动力,以修补某种(整体)空洞性幻想的传统的美—丑二元对立。

尽管蒂姆巴兰的声音可以单独或是共同欣赏,也可以在私人空间或是公共场合欣赏,但公众和私人之间的联系仍然是一种活跃的动力。蒂姆巴兰的声音是行动取向的,它"激发"你移动身体。[19]在此种意义上,他的招牌式声音是整体性的(特别是与整体论——或是(整)总体论,如果你愿意这样说的话——指向的总体和部分之间的关系相关),并且是某种类似治疗的东西。[20]如乔治·克林顿所宣称的:"爵士不仅仅是动起来,它还可以移动,你懂了吗?"

这种打击乐的危险不仅仅藏在其污染、传染以及把他人引诱到其总体中去的能力中,它还藏在坚持把节奏作为对各种疾病的一种疗法而治病的能力中(参见Browning 1998)。你玩打击乐不如打击乐玩你玩得多。蒂姆巴兰对城市大众电台之声的迅速占领,在速度和效果上像病毒一样,这也许与他的招牌声音为其听众提供(整)总体性的体形——一种在听觉上(而不是手上的)对激发灵魂的实在的身体的体形——的力量有关。

但是,我想与费雷拉-琼斯的做法保持距离,她打发掉了包含在蒂姆巴兰作品中的威胁性和印象主义元素。我要挑战她的观点,她认为蒂姆巴兰持异见的声音不是一种"强烈感觉到的美国印象",因为它展示的是一种运动中的空洞性(整体)的毫不含糊的政治,这种政治本土性地出现于肮脏的美国南方(但以其在全球传播的能力超出了那个地方)。她拒绝感受那种音乐的危险,这必定压制了她自己与那种声音的性欲认同关系——那种心烦意乱的沉思中的有意识的神思恍惚,在想要消耗这首歌的欲望中,每个小时她的身体都要屈服于这种神思恍惚。

模仿第一首著名的主流热门说唱歌曲《说唱者的喜悦》(Rapper's Delight)的诱惑性,《布基跳起来》这个歌名本能地描述了通常情况下打击乐令人振奋的力量(歌中情欲亢奋的吟唱充分地描述了打击乐的动作:跳起来布基,布基让我跳起来,跳起来布基,布基让我跳起来)。这种声音自然地就迫使费雷拉-琼斯去练习像"弹力玉米片"和"白菜地"那样的多年的黑人方言舞蹈样式。那种性欲化的布基打击乐跳起来击中了她臀部的位置。因此她把蒂姆巴兰之声称为"充满电的臀部音乐"。

如果像巴拉卡提醒我们的那样,"操"一词被勉强翻译成"击",那么打击乐跳起来并击中身体于臀部位置的力量就可以被想象为一种声波的奸淫。如果我们也想象身体能思考,那么我们就能把打击乐想象为一种意淫的力量——一种性欲上的认知混乱。

蒂姆巴兰的合成冲动有助于把屁股与音乐合在一起,它总是已经在身体上设计为让屁股处于运动之中。他倾向于使用非同寻常的速度和拍子作为标志,这诱惑性地激发身体去重新思考它该怎样运动（或移动）以跟上节拍。《百万之一》，即蒂姆巴兰为阿里亚与人合写并制作的单曲，在鼻音部分以仅仅是蜗牛的步子爬行至两倍的涡轮机增压的速度。与传统舞蹈取向的以每分钟 120 拍或更快的节奏演奏的音乐不同，蒂姆巴兰最为成功的曲子以每分钟 60 拍的节奏流动。把它们计成双拍将错误地强调拍子。同时，他倾向于让他的镲片和相关的背景打击乐双倍加速。结果就是，他的音乐听起来极快但同时又让人心痛地慢。

这种声音要求并产生了新的聆听及动作技巧、新的通过感觉去思考的方式。打击乐的那种摇摆乐狂似的步子指示身体慢下来，也许它甚至还吸引了脚的注意。与此相反，这种打击激活了身体的其他不同部位并变得很容易——如果不是很愉快的话——使臀部和骨盆松弛并摇动屁股。蒂姆巴兰之声的影响及其大量生产的城市音乐，已经为黑人方言舞蹈的"弹跳音乐"（bounce music）的无处不在做出了贡献（与加勒比的音乐样式一起）。弹跳音乐与"臀部音乐"密切相关，而这个术语本身也许部分地描述了基于（摇摆的）屁股和胸部的运动之上的音乐效果——他们弹跳。[21]

我常常发现蒂姆巴兰不规则的节拍在最初时极难跟着跳；人们不能把那种扩张的和伸展的运动性很容易地应用于音乐本身，在蒂姆巴兰的音乐被介绍以前，这种运动性在方言舞蹈样式中更为时兴（想想 20 世纪 80 年代早期迈克·杰克逊的动作或是《星期六晚间发烧》节目中的约翰·屈夫塔）[22]。为了在弹跳运动中使蒂姆巴兰之声的乐趣最大化，脚应该在空间上更加保持自制。此种运动的自制也许与保罗·吉尔罗伊围绕后现代文化实践中的黑人身体所说的"自由的收缩轨道"（shrinking orbits of freedom）有关。(1998) 但是，尽管/不管/由于脚有这种自制，仍然有自由可寻，因为它只是开启了一个不同的肉体运动性的时髦形式，这种肉体运动性聚焦于臀部和腹股沟，并最终聚焦于有争议性和竞争性的屁股。蒂姆巴兰的声音激发身体去认识它对于自身还未认知的地方。在位置上，身体必须重新学习它自己与自我运动过程的关系。重新在重力上围绕屁股为中心，身体成了它自己的亲密的舞蹈场地、新的"舞步"得到练习和实践的更具知识性的场所。这种打击乐想让身体动起来，而身体则必须学会随着拍子移动。

臀部音乐的兴起，这种对冲击力感觉的追求，也许是来自并反对西方帝国主义文明的"狗屎的"历史（并因而是"狗屎的"现在和将来）的一种对肉体自由的从属性向往的某种延续。在这里就是黑奴的过去会怎样被利用起来。把乔治·克林顿/房肯斯坦博士（Dr. Funkenstein）的经典原则"解放你的思想，你的屁股就会跟着解放"倒置，这种新的舞蹈样式恳请"解放你的屁股，你的思想就会解放"〔或者，但愿是，它们开始修补（具体的文化上的）二元对立，这种对立把"屁股"和"思想"分离为一种无用对使用价值的话语〕。蒂姆巴兰打击乐的建构恳请我们解放我们的屁股——以免我们不只是看起来而且是感到不时髦且过时。

立刻，这种倒置就使我们回到了某种臀部政治，在这种政治里，最具争议性的身体部位——仅次于标志性别的生殖器和胸部——成了追求启蒙的所在点。臀部会思考。埃米瑞·巴拉卡（Amiri Baraka）在这里也许能提供某种指导："我们追求总体性。赎罪。尼采说不能感觉让他思考困难。对我们来说不能感觉的东西就不能思考。他们说马吉博士（Dr. J Magic）和迈克·艾尔（Michael Air）是'本能的'。说波斯顿·拉里（Boston Larry B）等人是理智的。

最高的智慧是舞蹈,不是亚瑟·穆雷(Authur Murray)做广告的脚步！最高的思想是一种行动,一种存在,不是一种抽象思辨。"(p.107)巴拉卡的修正主义的认识论被城市俚语最近的潮流所补充,那就是以"你感觉到我吗?"取代"你理解我吗?"。后一种表达中暗含的感觉表明对非裔散居文化里修正过的肉体认识论的需要。

如果我们在蒂姆巴兰的音乐在臀部位置调动身体认知能力的力量上看法一致的话,那么他的音乐也许真的是一种持异见的威胁。有色人种在传统上就被想象为文化的底部,根据笛卡尔式的在地理空间上的思想－身体的辩证法的经济(重新)规定,它是处于南部的世界的"屁股"(非洲、亚洲、加勒比),与欧洲－西北(欧洲、美国)的理性"思想"相互关联。那么我们可以想象,欧洲－西北部的自由与人权在很大的方式上依赖于对黑人屁股的肉体自由的牵制——既在比喻的意义上也在字面的意义上。因此,这种历史性的白人对黑人地方性舞蹈(还有激发和/或受到这种舞蹈激发的音乐)的压迫(以及周期性的争斗和杂交化)不得不与对黑人身体的历史性征服相联系,延伸一点说,与其对理性转瞬即逝的主张相联系。

运动中的身体也许还对社会秩序构成了威胁,因为可感知的肉体存在的自由有组织地对应于政治行动的形式,这些政治行动把社会和共同体的价值置于实践的个人主义之上。诺扎克·沙恩(Ntozake Shange)写道:

> 我是说/在哈巴那(即哈瓦那,古巴的首都——译注)/每个人都知道菲德尔可以把曼波舞跳成一种革命性的伦巴/如果菲德尔可以那样做/那么既爱你的人民又跟上节奏就不那么难/同时/福特流水线的每一个人都能做到/索威托(soweto)的人们能做到/我是说同时思考和跳舞/但我从没听人说起纽约时间注意到那个"卡斯特罗领导哈巴那跳全国性的伦巴"的时刻,就像他们不提及这个事实:吉米·卡特不能跟着任何人类已知的节奏跳舞。(p.124,斜体为我所加)

在这里,沙恩把一个革命性的共产主义政治置于古巴和南非的地方性舞蹈的节奏美学之中。(这些又反过来跨国地与福特工业劳动的无产阶级节奏联系在一起。)在这个过程中,她阐释了关于从属的肉体理性的新的话语,这种理性在根本上参与而不是替代运动中的性欲力量,使其朝着某种即兴的自由实践发展。[23]

风和水的移动

> 每当有舞蹈时屁股就不再是沮丧的、乏味的,或是在生活中看不到未来。因为舞蹈在屁股之中创造了某种奇迹般的东西:它们会摇摆。这种摇摆是一种突然的动作,它让屁股痉挛、抽筋甚至是显示出地震般的惊颤。摇摆在某种方式上是屁股内的一场风暴。
>
> 让-卢克-亨尼格

风水提供了一个参考模型,用于思考现有环境的空间－时间之中的蒂姆巴兰的声音以及这两者之间的关系。作为一种关于位置、坐落和建筑的传统的中国艺术,风水多少被总结为对一个地方(无论好坏)的"感觉"。(Walters 1998:9)作为一种严密的跨学科实践,它兼具地点规划、在现有的环境和自然环境之中的行为,还有对建筑内部物质材料的再配置等传统,除此之外还有许多其他传统。

  风水以科学和宗教的实践满足布局的形式特质(光照、通风、色彩、遮阴):它的某些关注点包括了气(精力)和地球的磁场,以及关于五行的形态象征主义。我们也许会说,风水的实践者们最终的目标就是与自然和谐、幸福、安静、和平地相处(Walters 1998)。

  风水兴起于泥土占卜的浓厚的宗教—数学之风,至少自20世纪60年代以来就在西方中产阶级的城市文化中流行起来。被德里克·沃尔特斯(Derek Walters)和莎拉·罗丝巴赫(Sarah Rossbach)这样的旅行作家带向国际视野,风水在亚裔散居文化实践之内或之外的新的都市身份已经自然而然地改变了这种形式的传统。当我的朋友宣称要实施风水时,他们只不过变换了从陶器屋①买来的桌子的位置,把从宜家买来的镜子钉在一间屋子的墙上,以使这个重新布置的空间更加"幸福",对此我经常是无可奈何地扮鬼脸。

  通过在一个非对称交换的跨国市场里的流通,当代风水被推入了现代性。因此,它不得不对科技现代化和散居化的临时性惯例的压力做出反应。事实上,由于黑人音乐和中国精神建筑都已被传播到空前巨大的观众群面前,这些异国情调化的实践的流动在硬机器技术的吸引力和(后)福特主义工业的单调节奏中受到检验……

  我要说风水的流行只是在与晚期全球资本主义精神的死亡之上的中产阶级危机的关系上才有所收获。[24]其流行的散居样式中的文化实践仅仅带有传统的泥土占卜学的蛛丝马迹。比如,《家居风水秘诀》(*Feng Shui Tips for the Home*)这本书将其讨论限制在短短的100页内,为在家中速成风水提供指导性秘诀。《美丽之家》(*House Beautiful*)杂志最近的一篇文章同样把这种实践简化为其最低限度的共同要素:"关于'农历的二十四节气'、八卦、五行,其中的一些新书还增添了许多五花八门的东西。同理,要理解风水的基本常识你不需要成为一个中国通。"(Picker 1996)

  总是处于古代的埃发②预言体系和中国宇宙论的相互关系的阴影之中,流行的非裔和亚裔散居建构实践具有深远的关系。特别是,既然文化研究运动倾向于忽视形而上学,那种在易经和约鲁巴阿谢③之间的强有力的共鸣在这里值得尽可能长的讨论。但是,注意到这些术语在西方语境中没有翻译对等物这一点是有用的。尽管说唱和风水是两种具体的文化实践,在某种基本的层面上,它们对气流都有共同的关注。德里克·沃尔特斯指出:"对于风水不可能有恰当的翻译……因为它在西方术语里没有真正的对等物。这些字本身指的是'风'(wind)和'水'(water):风和水都'流动',而这为认识风水的本质提供了线索。"

  气流是一个术语,它阐释空间和时间中的运动、事物的迹象与生命短暂之物的幻影般的风

---

① Pottery Barn:美国一家著名的家具连锁店。——译注
② 埃发(Ifa):12世纪尼日利亚的一种占卜学。——译注
③ 阿谢(Ache):在约鲁巴语里,它是一个术语,用于祈祷结束时,类似于基督教所说的阿门。——译注

格、在树枝上使树叶发出沙沙声的风或是受到阳光（看上去像是在水面上跳舞）强烈照射的水。[25]气流（运动中的能量）也是黑人口语本土实践的一个关键因素，并且与这种表演的"呼吸"——它的吸气相互联系，还与那种其最简单的节奏都被说成是反映了心跳的鼓声相互联系。[26]沃尔特斯还指出，"气"直接转换为"呼吸"或"吹入"，而"运"（气－运的运）可以说成是转换为精神的共鸣。

与风水相似，蒂姆巴兰的音乐带有与总（整）体论的关系，它致力于赋予身体以活力，在能量中心（轮）的集中震动之间组织气流。这种音乐想要尽可能使灵魂完善，去增加体现在身体上的精神自由。所以，如果现在流行的风水时不时地简化为重新布置床、桌子并在屋子里加上镜子的伪沉思默想的实践的话，那么为达成内在能量的前进性流动，它仍然是在外部环境中对硬性物质加以组织。以同样的方式，我们可以看看蒂姆巴兰对硬性物质进行重构的实践，在与总（整）体性的体形——它把气流与臀部政治相联系——的关系上，这种实践带有与现有环境坚实的物质性（不仅仅是他对合成器的运用，还有这种合成器产生模仿工厂和机器节奏的机械声音的能力）的关系。

在阿里亚的《你是那个谁吗》（由蒂姆巴兰所写并参与演出）中，那种传染性的旋律与击鼓的重音结合在一起。它以一种有规律的节奏模式开始和停止，留下空间的开放间隙和空洞（整体）。我把这些间隙比作调节声道本身流动的空气的喘息。蒂姆巴兰还受到赞誉，因为他把婴儿欢快的咯咯声作为样板，而这成为歌中反复出现的主题。一个婴儿的笑如果不是一种肺的运动、一种呼吸的效果，它就什么也不是。

此种精神饱满的呼吸"受到激发"的例子——一种独特的"现场"发现的对象，它总是自身之中和自身的灵感——是歌曲气流的源泉。把它录进磁带就开始抵消了那种可能性，即这种声音也许会由于对"硬的"合成器和电脑音乐技术的使用而被无望地去人性化。[27]那种在坚韧性和气流的液体性之间的美学上的二元对立正被蒂姆巴兰的合成选择毫无希望地重建或是向着空洞（总体）偏离。

除了鼓，蒂姆巴兰之声的中心成分就是它的套路，它以把你套进和诱惑进它稳定的气流为目的。斯蒂芬·费尔德（Stephen Feld）以动态的术语在与击鼓的关系上这样形容套路："一个人本能的充满情感的对某种'套路'或'节奏'的感知是对运动中的风格的一种确认。"（斜体为我所加，1998：76）这种运动中的风格被谱写进音乐本身的流动之中。真正把诡异的鼓边敲击和蒂姆巴兰之声跳动的镲片固定下来的是一种有节奏的套路，它描述了技术－工业时代的劳动条件。在他那张语言简洁、风靡一时的单曲"Luv 2 Luv Ya"环环相扣的爵士套路中，那种重复的叮当声、铁质器具的回响声，对我来说，就是流水线、机械化的工业劳动以及无产阶级劳动实践的紧张节奏……

在《钟声滴答》（"Clock Strikes"）中，蒂姆巴兰展示了来自20世纪80年代的电视秀《勇士骑手》的例子，介绍了那个表演的主要噱头，即一辆叫作"小猫"的高科技的、光滑的黑色跑车，这辆车以紧张的速度奔跑，用一种机器人似的声音说话，并且有自己的思想。在《钟声滴答》中"小猫"车的回响、（自动）运动的方式，让人在脑子里想起了生殖器的形象，就像气流般的、经过技术处理的黑色兴奋剂。[28]蒂姆巴兰在散居的非洲鼓乐实践与技术－机器之间所做的结合致力于修补那种传统的技术上的二元对立,即加速—兴奋剂(现代)与仪式的感官性(那"原始"的非洲鼓乐)之间的对立。

这不仅仅是对这些话语传统上的空间—地理构型的一种声乐上的重建(北方和西方代表技术化的—理性的,南方和东方代表感官的—原始的),还是一种朝向人类存在的非线性的、新的循环模式的目标的临时性重建,它调和过去、现在和将来的不同范畴。生命的意义是/作为圆周,并且时髦的反面是什么?古板。

套路在其本质上是圆周的,并因此在表达循环的主题方面很有用,而循环是蒂姆巴兰声音的特点。这种循环不仅仅由套路的重复性直接表现出来,它还并非从来都不受到空洞(总体)政治的保证,而后者由蒂姆巴兰臀部音乐的招牌赋予可能性。[29] 最终,蒂姆巴兰声音的循环性与其形成某种后现代鼓乐派的方式大有关系(再一次,参见费雷拉—琼斯),这在感官的体形的层面上连接了歌曲与观众。

我已经指出蒂姆巴兰的声音可能怎样致力于在空洞性(总体)方面调和社会建构的像本土/全球、丑/美这样的二元对立。蒂姆巴兰的声音还在空洞性(总体)方面通过各种方式——这些方式也许会使社会政治中流动的可能性再次充满活力——重新想象处于静止之中的动态的出现。尽管有可能使这种论点仅限于讨论蒂姆巴兰的音乐产品,录像带——与他的招牌声音相关——提供了展示政治与气流的关系最为清楚明了的例子。

嘻哈录像带已经成为一个特权化的场所,在这里,对灵魂的培育很明显地被视觉化并因而得到控制。在 20 世纪 90 年代晚期,嘻哈录像带的潮流就是把说唱乐明星刻画为过着"幸福生活"、开派对、习惯于社交并住在有昂贵装修的豪华的屋子里。[30] 明星们被称为明星,部分地是因为他们被想象为充满了摇晃的灯光的强烈形式,这表明他们能量的内在流动得到充分利用或不受阻碍。明星们的家被想象为居住于其中的人的精力充沛的才能的注脚。在那些不展示漂亮的家的录像带里,则以其他的休闲场所来代替,比如千禧年流线型的银色房间,它出现在海普·威廉姆斯(Hype Williams)导演的 TCL 的《不要摩擦》("No Scrubs")的录像带里。

一些评论家赞扬这些录像带的先锋派美学,而其他的人则批评他们对物质主义的刻画过分泛滥、他们的炫耀性消费、中产阶级的向上流动。[31] 这些场面富丽堂皇的录像带难道只不过是曼西亚·戴尔瓦拉(Manthia Diawara)想象的黑人的"都市现代性"——它承诺去认识一个新的太空时代,在这个时代里"黑人并不脱离创造美好生活的物质条件的道德标准"——吗(1992;1995[1994]:52)?

为了把这些录像带从它们对阶级和特权的不加鉴别的颂扬、对最初批判的缺乏的学术批判和/或缺乏批判中解救出来,我们必须开始质疑:这些录像带看起来怎样?关于它们看上去感觉如何告诉了我们什么?美丽的百万美元的家和未来主义的建筑设计也许标志着卖弄的财富、名人特权、个人利润的积累、富人和名人的生活方式。但这种表征性的空间也可能尝试去阐释爵士乐的抽象力量,它把人的身体从物质追求中(重新)移动出来,并充分利用内在的气流。超越对这些录像带的物质主义批判,我们必须说明在这些录像带中有至少三个因素的协同作用:1. 激发屁股去提升灵魂的打击乐;2. 名人们发光的身体,这是采用录像带的原因;3. 这些作品的扩展的、前卫的设计和倾向。

某些录像带的财政花费与它们想要在视觉形式中抓住那种在听觉本身之内偏离的空间——临时性的尝试大有关系。色彩饱和度及美术灯光的豪华程度在他们的艺术设计中特别重要。在这些录像带里，特别注意强调场景中现有环境的对称和平衡的特质。这种视觉设计不仅尝试接近音乐的情景及其对文本压缩的强调，还尝试接近它的情感。在这些嘻哈录像带里，那么多的空间和地点不仅看起来很美，感觉也很好：这些录像带具有质地。他们只能在世纪之交和千年之交被生产出来，因为他们"流向未来"（去模仿Jay-Z），并非不与音乐本身相似。

通过这种对运动中的风格的临时透视，风水为（重新）思考肉体与灵魂、气流与现有环境之间的关系提供了一种类比。为蒂姆巴兰和Jay-Z拍的录像带《龙虾与㐷鬼》（"Lobster and Scrimp"），以神经过敏似的不连贯的画面、斜切的镜头、午夜景象以及霓虹灯下的绿色地板抓住了蒂姆巴兰这个招牌的具有冲击力的声音的狂热的、机器人似的诡异之声。[32] 巴斯塔·莱姆斯（Busta Rhymes）与珍尼特·杰克逊（Janet Jackson）的录像带《它会是什么》（"What's It Gonna Be"）（它大量地借鉴了蒂姆巴兰的声音，但不是蒂姆巴兰本人所写）想象这两个名人在一个银色的、有水银墙面的环境里，通过巴斯塔的说唱乐技巧、他流动的能力、他的表演自我所特有的运动方式和内在本质，闪耀着光芒。

马里克·哈桑·赛伊德（Malik Hassan Sayeed）为蒂姆巴兰、Jay-Z以及阿米尔（Amil）拍的录像带"Nigga Wha, Nigga Who"以好几个画面为特色，在这些画面里，演员们以优雅的慢动作走向摄影机，在他们后面射出连续闪动的灯光，突出出来就像电光从犀利的角度射向黑暗的背景（赛伊德在为劳伦·希尔拍摄的忧郁的《不可知因素》["X-Factor"]中重复了同样的灯光流动的效果，只是沐浴在深蓝之中）。为"Nigga Wha, Nigga Who"拍摄的好像有些懒散的态度成了（就像是）歌曲里尖锐的有冲击力的录音的对应物，这种声音在我听来就像是一坛子糖豆或硬币在间断地、有节奏地并且很厉害地摇晃。这种敲打的间歇和暂停回应（对我来说）困难呼吸的节奏，就像身体从锻炼中恢复时发出声音、费劲地呻吟，一上一下的。

在录像带里，当Jay-Z和阿米尔发光的身体趋近电视屏幕时，他们如此梦幻般缓慢地移动，以至于时间好像凝固了，我们开始意识到寂静的运动、寂静看起来和感觉起来是怎样的、运动中或套路中的风格的鬼魅般的见证。歌曲（快）和录像带（慢）的分开的临时性根本上就没有分开——他们实际上同时既是共时的，也是异时的。它是准时的、及时的、耗尽时间的、消磨时间的。赛伊德出色地在视觉形式中抓住了蒂姆巴兰声音的那种蜜糖般的狂热，那种缓慢的、蜜糖般甜美的静与动、内外合一的狂热的汇合，这已正在音响构造中表现出来，它那么时髦，真是肮脏，而且在运动中风格化的屁股上，带有那种南方喝醉了的生动性的招牌效果……

肉体与灵魂（更多……

时髦的东西就是历史，来了就走了。

埃米利·巴拉卡

这只不过刚刚开始……

为阿里亚拍摄的爵士盛宴《你是那个谁吗》的性别化而巧妙的录像带(由蒂姆巴兰为电影《杜利特博士》[Doctor Doolittle]的录音带所写[33])展示了一群黑人骑着摩托车魔术般地从一个洞穴(阴道)的外"墙"穿过,而在洞里阿里亚和她的女舞伴在等着。一进入那个有着流线型银色墙面的洞里,男人和女人们就跳起了一种狂想的城市求爱舞蹈,这种舞蹈不仅在设计上跟随了音乐的三连音符的重音节拍,还对应了以音节为特色的歌词本身,这些歌词在很大程度上也依赖于节拍。这个录像带演示了肮脏的南方的声音——它强调让运动中的屁股放松——在其击中身体时看起来和感觉起来应该是怎样的。如果它不是一个关于怎样随着新的肮脏的南方的节拍跳舞的指导性文本,那它就什么也不是。

1999年,这个录像带的舞蹈设计者法蒂玛(Fatima)发行了她自己的录像带并在商店里出售,名字叫作《加油法蒂玛!》(Go Fatima!)。在这一个小时的指导性录像带里,她把她曾经帮助设计的流行录像带里一些最棒的动作分解成小步,而这个带子的第一段录像就是《你是那个谁吗》。法蒂玛告知我们,要准备跳这支舞,就要以弹跳开始。我要将这盘指导性的录像带作为一种记谱法或标音法。但这几乎类似于"再三出现的行为"(Thrice Behaved Behavior)——它不仅仅改写了来自阿里亚录像带的舞蹈,而且录像带中原来的舞蹈设计被其自身视为对已经包含于音乐之中并受到音乐激发的动作的改写,但还没有被性欲化。

当这首歌于1998年夏天在纽约的夜总会发行时,我记得自己敬畏地看着那一对对的人们在舞厅地板上重现录像带中的舞步。此种模仿性的身体动作——它要求技巧、练习、和欲望——宣示了爵士乐呼唤身体移动、使流动最大化以及混合人与人之间能量中心(轮)的震动的力量。阿里亚的录像带在音乐与身体的关系中是一个增加的特色,就像架在个人和社会之间的一座桥梁。

不管是在电视上观赏,还是观看法蒂玛指导性的录像带,那些练习者一听者都重新安排和模仿性地重构了阿里亚的录像带,并在其舞蹈中移动身体以激发灵魂。作为一种非本质的但是有用的东西,录像带使我们与重建的身体冲动更为接近,这种冲动常常是在一开始就已蕴藏在蒂姆巴兰的声音当中。

在重建对蒂姆巴兰之声的感觉方面,录像带所花费的努力与观众反馈的体形运动是相称的,一旦屁股随音乐摆动,他们的灵魂就发挥更好的作用。[34]尽管在一个公众的夜总会里演出,这种改良主义的原始画面与费雷拉-琼斯的"下意识冲动"并不是完全不同,在她的私人空间里随蒂姆巴兰的声音移动,这种声音是准时的、及时的、耗尽时间的、消磨时间的。

所以,蒂姆巴兰之声的意淫之处就在于,它强迫你或我不仅在我们的髋部和臀部有节奏移动的意义上重新思考我们的身体,[35]而且还使我们为了显得时髦而通过我们跳舞的身体来思考——及时而准时,并最终穿越时间而移动,避免感觉古板,避免走到这种打击乐派之外。

蒂姆巴兰的声音规范了这种新的自由的循环政治,这种自由支持肮脏而漂亮的认知感觉。

通过运动中时髦的屁股的作用来思考感官的、动态的身体怎样总是已经赋予历史以流动性并生产历史,而不是仍然被其流动所压迫,这变得比以前更有必要。

我们一直都知道"在大街上跳舞"有某种进步性的潜台词,但是谁知道"摇晃你那时髦玩意儿"是预言?

(向琳　译)

注释:

[1] 关于这一点见詹姆斯·厄尔·哈迪(James Earl Hardy)的《B-男孩布鲁斯》(B-Boy Blues):"下一个引起我注意的'特点'就是基恩(Gene)叫作'摇摆的尾巴'的东西。如以前所提到的,B-男孩们都穿着吊至屁股的裤子。他们大多都以有趣的小玩意挂在裤子后面,这样,当他们沿街跳着比巴波舞(爵士乐的一种)时,他们的屁股就发出叮叮当当的声音——而那就是风景所在。我确信大多数B-男孩,无论他们倾向如何,都真正地享受他们的屁股所引来的注意力;我是说,如果你不是想被看见并让人羡慕得流口水,那为什么还要那样为自己打广告?当你细想一下,这是很具同性爱特征的。同性恋常常被指'炫耀'他们的性感(一个让人厌倦的指控,因为普通人每天都在使用他们的性感增光的形象来轰炸我们),但B-男孩,他们按道理说应该是异性恋人群,似乎更多地炫耀他们的性感,尤其是在屁股这一区域。"(p. 29)

[2] 我不想在这里试图混淆臀部与肛门,我只是想开启一个关于部分与(整体)空洞之间的内在关系的更为复杂的对话。

[3] 更多把"屁股"作为批判质问的对象的研究,见 Hennig(1995),Madonna(1992),Hardy(1994),Bersani(1995),Sadownick(1996,esp. 101 – 3)。这篇文章相信会受到批评,因其想把一个神圣的超越性的政治置于屁股这个隐喻之中。但是如一首老的灵歌所唱的那样:"我的灵魂如此火热以至我坐不住(my soul's so hot that I can't sit down)。"这是一个传统用语,它已经指出了灵魂、精神狂热(混乱的行为)和屁股的直接关系。

[4] 在这里我受到的影响来自 Geeta Patel 意义深远的对杂交性这一概念的整理工作(1997),以及 Amiri Baraka (1991)的工作。

[5] 我从 Sasha Frere-Joans (1997)那里借用了这个术语。以下对此还有讨论。

[6] 我选择不详细讨论歌词有两个原因。第一,空间上的保证。我不想把重点放在他的歌词上,除非那也能保证我有足够的余地详细讨论他演出中歌词唱出来的效果。第二,尽管蒂姆巴兰对新的黑人音乐美学有巨大贡献,作为制作人,他还没有达到他的说唱乐制作人同行那样成功的水平或是曝光度,部分是由于很多人认为他作为作词者和表演者的较弱的技巧。显而易见的是,他写不了词也不会说唱。他写的许多陈词滥调,与他后来的偏于"不复杂"的韵式的倾向一起,远离了任何说唱纯粹派,而这些人相反地偏向于在"有远见的"且作风更为硬朗的艺术家如 Jay-Z 和纳斯那里寻找灵感。然而我要说的是,那种把蒂姆巴兰的音乐贡献标识为"胡言乱语"的倾向是一个有益的姿态。胡言乱语就是毫无意义、垃圾、废料、无用、过量,并且这已经把我们带回到关于(黑人)屁股政治的话语。如乔治·克林顿(George Clinton)所说的那样:"胡言乱语是一股积极的力量。"把蒂姆巴兰的音乐想象为胡言乱语还使我们得以在抽象和具体的政治上思考得更为深刻。如果蒂姆巴兰的爵士乐更多的(但不是全部)力量在于他的音乐及其在身体上的表演效果的不可再现性,那么我们就可以从他的音乐说了些什么或甚至是听起

来怎样的话语上移开,并转向一种关于他的音乐感觉起来如何的革命性话语。

[7] 谈及 1999 年的获格莱美奖提名的 TLC 发行的《歌迷邮件》(Fan Mail),安·鲍尔斯(Ann Powers)指出:"声音更尖锐了,更具攻击性;很明显,奥斯汀和他的音乐同伴 L. A. 雷德和孩子脸(Babyface)已经感觉到他们的弗吉尼亚邻居所激发的热量了。"(1999)

[8] 或者假设提供这样的训练他们是否会接受。首先我不太相信这种说法,因为任何相信在电脑软件上如工具软件或是 CuBase 作曲只需简单(或是不要)技巧的人也许从没有花时间使用过如此复杂的软件。从某些方式上来说,这更困难,不仅是在音乐上,而且是在一个人必须拥有熟练的处理剪辑与合成软件的能力的意义上。尽管如此,蒂姆巴兰显示了尤其特别的音乐敏感性:"蒂姆巴兰说他围绕他的男女说唱者说话的和声来制作他的合成。他注意到一个说唱者要唱'主音',接着就把他所有的旋律和打击效果放入补充音中。这种技巧证明,在说唱里增加音乐性不必非得把它转变为 R&B。"(Cooper 1998:134)

[9] 我在这里对"肮脏"一词的使用受到道格拉斯(1966)的影响。

[10] 我们因此可以想象只有当人类站立起来行走、开始使用他的大脑的时候,这种打击乐才会变得肮脏(Hennig)。这种黑人打击乐经过清洗、消毒或是抑制,它的杂乱和臭味——同时愉快地结合其魔力——在西方对自由的伦理追求中一直是一个永久的主题。但是正如乔治·克林顿——我的爵士乐精神领袖——所说"因为即使用任何其他名称爵士乐仍然是粗俗的——仍然会让某个他妈的混账说成是狗屎、他妈的有臭味。因为它是那种原始的东西,那种有意思的令人作呕的幽默。猫儿们只要听到那种音乐就安静下来。而你要么喜欢它,因为它让你抽筋,要么就恨它。但如果你守着它,你就会跳起舞来"。(引自 1979 年与 Chip Stern 的访谈[1994]:15)

[11] 当然有很多在文化研究领域之内和之外的人朝着这个目标的方向迈出了卓越的步伐。他们之中有 Foster (1996), Plhemus (1978), Nast and Pile (1998), Eshun (1998), Jackson (1998)。

[12] 兰迪·马丁(Randy Martin)的研究在这里很有用(1998)。思考通过身体思考的问题将必然牵涉对肉体认识论继续的研究实践,比如肌肉记忆和内脏感觉,那也许超过了西方思想的基础性的笛卡尔逻辑的限制。在另一个不同的思路里,Kodwo Eshun (1998)在重新思考数字化感觉器官方面已做出了大步的跨越。

[13] 行动、表演和劳动是三个有其自己的重量和历史的术语。我的确相信,在与有形物体的关系方面,他们可以在和谐中被有效地理论化。我们可以想想劳动的运动与运动的劳动与劳动的表演与表演的劳动等诸如此类的关系。

[14] 因此,文化研究和行为研究的冷冻的身体只能显示后殖民运动的结束。

[15] 在此语境中的黑人性与表皮上的证据有关,但又总是超出表皮上的证据(黑色素):毛发和声音的证据,还有基因或与生理有关的任何其他方面的证据。作为社会中某个从属阶级的定位(与统治阶级的相关),黑人性能够被认为是更具生产性的。(Hall 1990:226)如果我由于把黑人性不仅仅与身体而且还与感情、感觉,本能和精神相联系而陷入了重构种族逻辑的危险的话,那么就回想一下大散居中的黑人,他们既没有垄断也没有占有灵魂。见 Green and Guillory(1998)。

[16] 这里我们可以把灵魂这样从精神中区别出来:精神可以进入和离开身体,并且因此不被肉体束缚。而灵魂,尽管对身体并非不可缺少,则必须附在身体上。离开自然身体的灵魂使身体死亡。因此,我们不能在身体与灵魂的关系之外谈论身体的健康。身体的灵魂不能被无一例外地与用于推销唱片、书本、毛发产品等等的"灵魂"这个术语混在一起。同时,这些术语的相互关系极为重要。

[17] 对鲍德温来说,黑人历史的使用价值被每个人都"把自己的历史写在脸上,不管他喜欢不喜欢"的事实

弄复杂了(1971:167)。身体引证它自其中产生的历史；这样，身体就永远不能摆脱其自身的历史。历史的"负担"因而体现在身体上。承认在压迫性政权之下的居于从属地位的人们没有必要"拥有"他们的身体——皮肤、毛发、嘴唇、生殖器以及屁股是沿种族和性别的不对称性的竞争性特质——使历史复杂化了。如果压迫性的历史被肉体化，鲍德温就仍然是乌托邦的，他相信身体不仅仅穿越历史而移动——身体简直就是移动历史本身(1971)。尽管历史有其压迫性的特点，但能动性就在于人们去想象一个美好的未来。并且如果身体永远不能处于历史之外，它当然可以从其总体权力中解放出来。那么我们也就可以把表演中的身体作为那种历史的诸多术语的表达方式或流动方式去思考。

[18] 乔治·克林顿在《不时髦的不明飞行物》(*Unfunky UFO*)中估量了爵士、暂时性和乌托邦之间的联系，他宣称"我们不时髦并且我们是过时的(并且耗尽了时间)"。

[19] 我在这里使用"激发"一词而非"训练"或"强迫"，是因为激发人的呼吸具有暗示意义，而这反过来又与气流有关。为了从那种把音乐节奏作为一种独特的约束力量的观念(Hughes 1994)中摆脱出来，我使用了这个术语。在费雷拉-琼斯伴着蒂姆巴兰之音移动的苦行般的实践中，似乎有某种方式与气流这个语境之中的激发有关，这种激发挑战任何轻而易举的观念：在打击乐文化中抗拒主人-奴隶式的关系。如果那种敲击奴役身体，把我们变为跟随节奏的奴隶，我们也指的是，身体，就像处于从属地位的奴隶，在意识中没有生命，没有理性的认识上的尖叫或是喊声，而这将挑战野蛮性。

[20] 在这里，对于思考整(总)体性的一个有用的类比是被搅拌的沙拉。作为一种照字面解释为迪克·海布迪奇所定义的加勒比散居文化的"打乱了和在一起"的实践的食品(1987)，被搅拌的沙拉作为一个整体在其可感知力(在这个例子里，就是"吃"，但我们也许还可以用术语"消耗"来表示)方面具有特殊的价值，它在制作中不是单个的元素(比如，西红柿、莴笋、胡萝卜)。被搅拌的沙拉在这里也是一个有用的比喻，因为在美国俚语里它被用于口-肛门的接触，而它的对等词"镶边"是行为动词，动态地表示其名词"边框"是一个用于描述圆形鼓外部边缘的术语。

[21] 蒂姆巴兰的声音所激发的舞蹈样式与黑人臀舞有关，但可能超过了它，这是一种"地下的"但广为流行的——在白人中间也很流行——二十世纪上半期的舞蹈样式。

[22] 我非常感谢科比娜·莫塞尔给我指出这一点。

[23] 也可以参见兰迪·马丁(1998)关于民族性和嘻哈舞蹈美学的著作。

[24] 我尤其想起了在世纪和千年之交的电视节目《奥普拉·温弗莱秀》中的颂歌《为你的灵魂祈祷》(*Remember Your Spirit*)。这首颂歌对我而言是一种中产阶级的主张，它假设为了为灵魂祈祷，人们就一定已经暂时地在线性意义上跨过它或是完全失去它。我要说的是，为了(重新)为灵魂祈祷而失去它这件事本身就是一种奢侈。那些被剥夺财产和选举权的人有此奢侈去为他们的灵魂祈祷吗？

[25] 带有许多保留意见，我在这里建议参见 Csiszentmihalyi (1990)。

[26] 巴拉卡写道："精神在字面意义上是呼吸的意思，就像在吸气与呼气中那样。你吸入气的地方就是你(去在是)前往的地方，就像做礼拜时的呼吸。没有呼吸，就没有生命。但是复制第一件人类乐器的鼓仍然保有生命，太阳在我们心中复制自身。它的拍子。日夜往复。里里外外，呼吸。来来往往，万事万物。有节奏的跳动、气流、节奏传递者。"(p. 104)

[27] 我们现在可以对节奏与蓝调的传奇人物查尔斯·莱特所说的进行争论："我用到过电子鼓，我已经试用了五年。绝对没有什么精神在里面。你不能把精神放进一个机器。"(引自 www.RandB.com 对查尔斯·莱特的一个专访)人们并没有必要非得在机器里寻找精神(尽管那里也可能有)，但是，为了有精神地使用机器，人们必须重新考虑其与机器的关系。风水再一次提供了一种参考模型：不必是含有气的现成的环境，而是现成的环境可以被安排和重建的方式，而这在风水的修炼者身体中培养了

气。这同样的推理线路可用于吉尔罗伊对当代说唱乐中的休眠状态或是灵魂之死的公开哀叹。"我对于这样的论点总是保持警惕，因为我感到它有一种生产的独特性，并且我不会绕弯子并被人看见我在那里说，哦，这种特别的性质已经完全从音乐文化中消失了。它也许还在那儿，但我知道我听不见了。"(p.254，斜体为我所加)在20世纪70年代，节奏与蓝调歌手与乐器演奏家比利·普莱斯顿把他经过福音书训练般的键盘技术改为对合成器的使用(在他的歌曲《太空赛跑》中他首次使用了这种乐器)。他这样描述他在合成器上的工作："这就是它的精神，它的感觉，它的中心，放入其中的爱，对它的触摸和它的敏感性，那就是得以不同的地方，因为每个人(弹)同样的键……有那么多的键你可以弹……这是它怎样被弹奏、怎样被触摸以及那种强调和手法，你知道，突然弹奏，放开，持续……对同一首歌我不会两次弹得一样。"(引自 www.RandB.com 对比利·普莱斯顿的专访)

[28] 在其歌曲《我们来了》(Here We Come)中，这位制作人展示了星期六晨间卡通节目《蜘蛛侠》的歌谣主题，模仿了这位以其为节目名称的超级英雄藐视重力、不顾空间—时间的限制、以优雅和速度攀爬高楼的能力。

[29] 戴尔(Dyre)称这种重复的套路和迪斯科音乐长长的格式化结构称为"全身的性欲主义"，一个再一次把我们带回与舞蹈音乐的节奏性流动相关的(总体)空间性概念的用语。(1990 [1979])

[30] R.凯利1999年的城市流行歌曲《独自在家》的录像带或许是最明显的例子(仅次于臭名昭著的B.I.G.的录像带《再给一次机会》)。情节如下：R.凯利正在他的炫目的、装修得很时尚的房子里休息，这时他的门铃响了。他以一种独特的脚步走向房门，自言自语地抱怨着，因为门铃声使他从正在做的事分了心。同时，摄影机从下方和后面拍摄他，把注意力聚焦于并导向他运动裤里的屁股的运动。凯利打开门，一群人游手好闲地冲了进来，不为别的什么，只是来他家玩个痛快。录像带想说的是，一个人永远不应该在这样一个漂亮的地方"独自在家"。进一步说，R.凯利，作为明星，当他有这么多的歌迷，永远不应该"独自在家"。我要说的是在录像带开始时——在他的朋友进入房间以前——对他屁股的拍摄，为我们在录像带的其余部分将要看到的定下了框架：聚会、群体、取乐原则的展示，即使衣服没被脱掉就常常已经很性感的狂欢会。录像带在对物质主义的描绘方面是愚蠢的也没有关系。自录像带的开始部分，屁股被拍摄，我们就知道这个干净宽敞的房子不得不变得乱七八糟和肮脏的。屁股被拍摄，我们就知道有些东西不得不摇晃。

[31] 我，作为其中的一个，在之前已经论证了当代黑人音乐录像带的前锋派美学与名人特权的展示不可分离。(1999)

[32] 它还突出了名人们在一辆车里漫游的特色，显示出汽车的用途，而这处于"肮脏的南方"的打击乐的中心。

[33] 1998年重拍的这部电影由艾迪·墨菲主演，平均每个镜头的卫生间幽默、屁股笑话，比我在近期历史上所能想起的任何电影还要多。巧合？

[34] 乔治·克林顿："爵士是一种不盈利的组织。"爵士所花费的，它以相等的数量还回来。在组织上，爵士可能是反资本主义的。

[35] 带有目的性，我在这里使用"身体"一词，而不是其复数对等物。

参考文献：

Baldwin, James and Margaret Mead (1971). *A Rap on Race.* New York: Laurel Books.

Baraka, Amiri (1991). "The 'Bules Aesthetic' and the 'Black Aesthetic': Aesthetics as the Continuing Political History of a Culture." *Black Music Research Journal*, Fall: 101—10.

Bersani, Leo (1995). *Homs*. Cambridge, Mass: Harvard University Press.

Browning, Barbara (1998). *Infectious Rhymes: Metaphors of Contagion and the Spread of African Culture*. New York: Routledge.

Chernoff, John Miller (1979). *African Rhyme and African Sensibility: Aesthetics and Social Action in African Musical Idioms*. Chicago: University of Chicago Press.

Conroy, Tom, Rob Sheffield, et al. (1998). "Hot Region: The South Coast." *Rolling Stone*, Aug. 20: 68.

Cooper, Carol (1998). "Tim's Bio." *Village Voice*, Dec. 15: 134.

Csikszentmihalyi, Mihaly (1990). *Flow: The Psychology of Optimal Experience*. New York: Haper & Row.

Diawara, Manthia (1992). "Afro-Kitsch." In *Black Popular Culture*, ed. Gina Dent. Seattle: Seattle Bay Press.

Diawara, Manthia (1994). "Malcom X and the Black Public Sphere: Conversionists versus Culturalists." *Public Culture* 7: 35—48. Reprinted in *The Black Public Sphere* (1995), ed. Black Public Sphere Collective. Chicago: University of Chicago Press.

Douglas, Mary (1966). *Purity and Danger: An Analysis of Concepts of Pollution and Taboo*. New York: Praeger.

Dyer, Richard (1900[1979]). "In Defense of Disco." In *On Record: Rock, Pop and the Written Word*, ed. Simon and Firth and Andrew Goodwin. New York: Pantheon.

Eshun, Kodwo (1998). *More Brilliant than the sun: Adventures in Sonic Fiction*. London: Quarter Books.

Feld, Steven (1988). "Aesthetics as Iconicity of Style, or 'Lift-up-over Sounding': Getting into the Kaluli Groove." *Yearbook for Traditional Music*, XX: 74—113.

Frere-Jones, Sasha (1997). "Welcome to Our World." *Spin*, Jan. : 111.

Foster, Susan (ed.) (1996). *Corporealities: Dancing, Knowledge, Culture, and Power*. New York: Routledge.

Gilroy, Paul (1998). "Questions of a Soulful Style: An Interview with Paul Gilroy." In *Soul: Black Power, Politics, Pleasure*, eds. Richard C. Green and Monique Guillory. New York: New York University Press.

Green, Richard C. and Monique Guillory (ed.) (1998). *Soul: Black Power, Politics, Pleasure*. New York University Press.

Hall, Stuart and Tony Jefferson, (eds.) (1976). *Resistance Though Rituals: Youth Subcultures in Post-war Britain*. London: Hutchinson.

Hall, Stuart (1990). "Cultural Identity and Diaspora." In *Identity: Community, Culture, Difference*, ed. Jonathan Rutherford. London: Lawrence and Wishart.

Hartman, Saidiya (1997). *Scenes of Subjection: Terror, Slavery, and Self-Making in Nineteenth-Century America*. New York: Oxford University Press.

Hardy, James Earl (1994). *B-Boy Blues*. New York: Alyson Books.

Hebdige, Dick (1979). *Subculture: The Meaning of Style*. London: Methuen.

Hebdige, Dick (1987). *Cut 'n' Mix: Culture, Identity and Caribbean Music*. London, New York: Methuen.

Hennig, Jean-Luc (1995). *The Rear View: A Brief and Elegant History of Bottoms Through the Ages*, trans. Margaret Crosland and Elfreda Powell. New York: Crown Publishers, Inc.

Hughes, Walter (1994). "In the Empire of the Beat: Discipline and Disco." In *Microphone Friends: Youth Music and Youth Culture*, eds. Andrew Ross and Tricia Rose. New York: Routledge.

Jackson, John L. (1998). "Ethnophysicality, or An Ethongraphy of Some Body." In *Soul: Black Power, Politics, Pleasure*, eds. Richard C. Green and Monique Guillory. New York: New York University Press.

Joseph, May (2000). "Introduction" to Bodywork Issue, *Women and Performance: A Journal of Feminist Theory* 21, Winter.

King, Jason (1999). "Form and Function: Superstardom and Aesthetics in Black Music Videos." In *Velvet Light Trap: A Journal of Film, Radio and Television*, Fall.

Krasnow, David (1999). Letter to the *Village Voice*, "Cracking the Code," March 2.

Lip, Evelyn (1997). *What is Feng Shui?* London: Academy Group Ltd.

Madonna (1992). *Sex*. New York: Warner Books.

McClary, Susan and Robert Walser (1994). "Theorizing the Body in African-American Music." *Black Music Research Journal*, Spring: 75—84.

Moten, Frederick C. (1994). *Ensemble: The Improvisation of the Whole in Baraka, Wittgenstein, Heidegger and Derrida*. Ph. D. dissertation, University of California, Berkeley.

Nast, Heidi J. and Steve Pile (eds.) (1998). *Places Through The Body*. London: Routledge.

Patel, Geeta (1997). "Home, Homo, Hybrid." *College Literature*, Feb.: 133—50.

Picker, Lauren (1996). "Well Placed." *House Beautiful*, March.

Polhemus, Ted (ed.) (1978) *The Body Reader: Social Aspects of the Human Body*. New York: Pantheon Books.

Powers, Ann (1999). "Fan Mail" review, *Rolling Stone*, March 18: 61—2.

Rogers, Charles E. (1997). "'Boogie' Breaks Big for Magoo and Timbaland." *Amsterdam News* 10/23: vol. 88, issue 43: 23.

Sadownick, Douglas (1996). *Sex Between Men: An Intimate History of the Sex Lives of Gay Men Postwar to Present*. Haoper Collins: San Francisco.

Stern, Chip (1979[1994]). "The Serious Metafoolishness of Father Funkadelic, George Clinton." Reprinted in *The Rock Musician*, ed. by Tony Scherman. New York: St. Martin's Press.

Shange, Ntozake (1981). "boogie woogie landscape." In *Three Pieces*. New York: St Martin's Press.

Walters, Barry (1997). "Ever Better: The Surreal Thing." *Village Voice*, Nov. 18: 97.

Walters, Derek (1998). *Feng Shui: The Chinese Art of Designing a Harmonious Environment*. New York: Fireside.

第26章
时　　尚

萨拉·贝里(Sarah Berry)

时尚与大多数学科擦肩而过；除开服装史的研究之外，对这个话题几乎没有什么持久性关注。在传统的学科框架内讨论这个话题时，时尚常常被划分到一个更宽泛的理论框架之中，而不具有任何概念的特殊性。相对少量的关于时尚的研究探讨其与女性气质和琐碎的消费主义的关系，但它也是一个极难定义和分析的对象。时尚的文化研究在人们所熟知的观念之外为这个话题带来了新的生命，时尚被认为是市场、社会分层、性欲冲动或文化当代主义的体现。文化研究已经开始提出一些可能问到的关于时尚的问题："它是一套社会礼仪、一套美学话语，还是一种文化工业的关联体？它是一个独特的当代现象还是与旧瓶装新酒式的服装史讨论相似？"我要说以上皆是，但这每一个领域都需要探讨，以便理解此话题的复杂性。本章简要介绍某些学科对时尚的研究方法，并介绍跨学科的文化研究所提供的新视野。

时尚是现代的吗？

时尚的文化研究源于20世纪70年代的伯明翰文化研究中心关于青年亚文化的研究，此种研究借助于雷蒙·威廉斯和安东尼奥·葛兰西等理论家，致力于理解边缘文化产品的抵抗潜力。更近一些时候，时尚的文化研究方法吸收了两种主要的理论影响：表演理论和社会实践理论。目前各种表演理论得益于朱迪斯·巴特勒(Judith Butler)的源自语言学的社会身份"创造性"本质的模式，还有米歇尔·福柯的研究和欧文·戈夫曼(Erving Goffman)的拟剧社会学。社会实践理论主要来自于皮埃尔·布尔迪厄的研究，并源于其他人如马塞尔·莫斯(Marcel Mauss)和马歇尔·塞林斯(Marshall Sahlins)的人类学。尽管我认为上述两种对时尚的研究方法并非不相容，它们却是着重于时尚不同的方面，并常常被用于对其做出颇不相同的定义。表演理论着重于时尚与现代性的关系，并且特别着重于每一个体对社会角色的扮演和身份构建的参与所暗含的那种"自我时尚化"。(Finkelstein 1991)社会实践理论，在另一方面，较少看到这些角色特定的个人作用，而认识到它们所以存在，是由于文化的限制性因素而被习惯性地再接受，而不是因为它们本身具有决定性因素或是一成不变。社会实践理论因此较少关注现代(或是后现代)时尚如何与早期的服装在形式上的不同,而更加关注服装作为社会化的一个方面继续发挥作用的方式。

但是,大多数的时尚研究都从一个预设开始,即:时尚是一个独特的现代现象,它与服装最初的使用功能不尽一致。这个观点的核心就是现代时尚与新奇相关——即生产无穷无尽的具有细微差别和一次性使用的产品。早期的时尚理论把现代对变化的强调与前现代社会可见的服装的稳定性相比较。1890年,加布里埃尔·德·塔尔德(Gabriel de Tarde)在《模仿的法则》(The Laws of Imitation)一书中论证道,在传统社会里,服装起到了促进与过去的连续性和对祖先的模仿的作用,而现代时尚则促进新奇和模仿当代的革新者与具有异国情调的外国人。时尚历史学家支持塔尔德的观点,即时尚代表了一种与早期服装功能的重要分离,他指出在14世纪的欧洲衣着方式开始更为频繁地发生变化,并显示出比早些时期范围更广的影响。这些变化源于现代国家和一个流动的中产阶级的兴起,并被视为在宫廷社会内产生了一种"美学个人主义"的形式。时尚迅速成为作为风尚确立者的贵族们的一种社会—政治工具,而不仅仅是代表传统社会分层的一种手段。(Lipovetsky 1994;Campbell 1987;Mukerji 1983;Breward 1995)社会理论家贾尔斯·利珀维茨基(Giles Lipovetsky)从这些事件中得出结论说,14世纪的欧洲发起了一种从服装的传统意义上转移的范式:"衣着不再属于集体记忆;它成了君王和其他有权势之人的个人偏好的反映。"(Lipovetsky 1994:34)

人类学家阿尔琼·阿帕杜莱支持这个观点,他观察到"总的说来,消费的所有社会组织形式看上去都围绕以下三种模式的某种规则来运转:强制性命令,抑制奢侈法,以及时尚"。(Appadurai 1996:71)他指出,在那些小型的"以宗教仪式为导向的社会"里,关于服装的规则倾向于建立在文化宇宙论的基础上,并因此相当稳定。远距离贸易引起了物质文化的变化,但新的商品出现得相对地不那么频繁,因此被整合进了现存的价值结构(Appadurai 1996:71)。同样地,利珀维茨基认为尽管在古希腊、罗马、埃及或是亚洲的服饰显示出细节和安排的变化,但前现代服装的基本元素很少发生变化,并且这些变化被"一套封闭的可预见的规则所预先决定",而不由个人的创新所决定(Lipovetsky 1994:35)。1930年,J. C. 弗吕戈尔(Flügel)描述了现代服装和前现代服装的不同之处,他指出非西方服装倾向于更具地方性变化(如部落服装的变化),但也更加"经久不变",而西方时尚在其影响范围内更为统一,但比非西方服装的变化远为迅速。(Flügel 1950:129—30)

从这个角度来说,时尚被定义为一套既要求不断革新又要求个人决断的习俗体系,并因此对现代社会来说是特有的。但是,阿帕杜莱警告说尽管欧洲也许已经在14世纪中期经历了从反奢侈法向时尚的转变,"我们需要避免寻求习以为常的预先设定的变化的先后次序,这种变化被理所当然地认为有权进行消费革命……(这样)世界上的其他人就不会简单地被视为重复、模仿英国或法国同时期的先例"。(Appadurai 1996:72—3)换句话说,如果时尚对现代消费文化而言是特有的,那么它也许是以各种文化和历史的独特的方式而特有的。

此种时尚的定义把从模仿过去到模仿当代地位较高的人的转变视为迈向增加衣着自主性和个性化的一步:"个人化权利的开始"。(Lipovetsky 1994:37)中世纪反奢侈法的失败——它禁止欧洲的中产阶级穿纺织物、染有颜色的衣物以及以贵族的方式穿衣——支持了时尚与相对的个人自主性的联系。(Hunt 1996)时尚因此被看作资本主义社会流动的工具,在一个比以前更具自愿性的层面上确立了群体的联合。但是,矛盾的是,时尚加强了服装的标识地位和社会差别的作用,而同时也使这些标识更易被挪用。基于此,时尚的社会学研究几乎无一例外地着重于时尚的这一作用:展示社会地位和通过模仿精英阶层来促进向上流动。

但是近期的消费文化理论审视了时尚,并比索斯坦·凡勃伦(Thorstein Veblen)的"炫耀性消费"(conspicuous consumption)的功能主义看到的还要多。阿帕杜莱,一道的还有科林·坎贝尔(Colin Campbell)和克里斯·罗耶克(Chris Rojek),指出打开消费的现代形式的钥匙就是愉悦。(Appadurai 1996:83;Campbell 1987;Rojek 1987)此种论据在马克斯·韦伯结束的地方开始,表明现代人所渴望的不是靠辛苦才赚来的闲暇,而是时尚的易逝性及其对实用的拒绝。尤其是时尚提供了乐趣,这种乐趣在于把社会自我看作可调适的并向不断的再创造开放的。因此时尚无一例外都是现代的看法强调了现代主体性表演的一面和其所允许的"模糊性和不确定性"。(Morris 1995:567)它把时尚看作现代社会身份不稳定性及其"不确定性逻辑"的必然结果,这把某种个人作用考虑在内,它在历史上前所未有地传达社会和个人特点。(Lipovetsky 1994:77—9)

然而,有一些争论反对在前现代服装和现代服装之间作种类上的区分。如果不把现代身份和消费主义的重要性贬低为只是时尚的意义,人们可以在传统和现代服装的意义之间指向一些重要的衔接之处。比如,人类学家把注意引向服装的传统功能,它指出性别、年龄、群体身份、军衔以及限定行为。这些功用中的每一个仍然适用于现代时尚文化,尽管群体联合的选择在增加,社会种群也有相对的不确定性。换句话说,即使与之相关的社会限制性因素已经大为改变,服装的大多数基本意义仍然存在着连续性。举个例子,运用人类学家马塞尔·莫斯(Marcel Mauss)的一些概念,詹尼弗·克雷克(Jenifer Craik)争论说,尽管现代时尚在其强调一次性使用和任意的设计革新方面是特有的,但在日常生活中它仍然是一种"身体技巧"——一个莫斯创造的前现代社会语境下的术语。在莫斯看来,身体技巧是自我展示的各种形式,是个人从其社会团体中被认为是行为模范的成员那里模仿而来。(Craik 1994:9;Mauss 1973:73—5)此种对规范的阐释(莫斯把它叫作"带来声望的模仿")有助于定义一个特定的共同体的基本规则或"习性",以及它限制个人性的方式。

这种定义不重视时尚从传统源头转变的重要性,指出不管其倾向性如何,现代的"自我时尚化"仍然在某种社会习性之内发生,并被这种社会习性所建构。克雷克的立场借鉴了社会实践理论,把时尚体系看作不过是"伪装成从习俗中分离出来的习俗"。(Sapir 1931:140;Bourdieu 1990;de Certeau 1984;Sahlins 1976)相应地,日常生活中的现代时尚与前现代服装的功能有很多相似之处,因为它是多样化的(遍及社会群体)而且也是限制性的(基于对社会规范的阐释)。克雷克总结道:"在此种意义上,时尚是一种礼节的技术,也就是说,在自我形塑和自我展现的实践中得到认可的行为代码。"(Craik 1994:5)但是,她承认,在现代文化里"宣称身体习性的限制的能动性创造中,有一种张力存在于未建构的和未受约束的冲动(许可和自由)与建构了的和受到约束的行为代码(受规则约束的,审慎的)之间"。(Craik 1994:5)

对时尚的文化研究的挑战在于指出两种时尚之间的张力,即作为一套规范性准则的时尚,以及作为个人化的工具和选择性的群体身份认同的时尚。一段时间以来,这种张力主要是在时尚与意识形态的关系、结构和行为问题的意义上显示出来。以一种商品美学的自上而下的模型,法兰克福学派的遗产已经带领大多数的马克思主义学者使时尚与其他的文化工业结盟。在法兰克福学派的模式里,占统治地位的文化被看作既决定时尚规范,又决定时尚的反对偶像崇拜的伪个人化。(Haug 1987;Ewen 1976)但是,随着后结构主义的影响,作为一种政治抵抗和社会形塑的形式,以亚文化方式采取的对统治性文化的抵抗赢得了合法性。(Hebdidge 1979;McRobbie 1988)更近一些时候,种族志的研究方法已经使此种以行为主体为中心的方法为人所知,显示了人们与时尚的关系是如何的复杂和具有谈判性。(Craig 1997)

此外,最近在消费主义和物质文化方面的研究已经质疑了马克思商品拜物教理论的基础,表明商品的社会价值并不只与劳动价值相联系,还与更广泛的"物品的社会生命"(Appadurai 1996;Miller 1987;Frow 1997:102—217)相联系。这意味着市场交换并不是简单地使商品的价值神秘化,相反,它把它们置于一个复杂的再社会化的竞技场里。这种对物品的接受和使用的聚焦并不否定它们的生产在政治经济上的重要性;比如说,不用考虑劳动条件、公司结构以及使之可能的营销手段,就能充分地描述当代时尚。尽管如此,如唐·斯莱特(Don Slater)对消费主义更广义的描述那样,时尚的双重性质使其成为"一个自主性、意义、主体性、私人性和自由的特权场所",并同时是一个"统治性机构采取的策略性行动"(Slater 1997:31)的场所。

时尚与人类学

在承认服装广泛的社会意义方面,人类学家这么多年来几乎是孤立的。但在最初,服装被套上了一个人类发展和"心理统一"的普世性的意义,以从"原始到野蛮再到文明"(El Guindi 1999:50)的发展阶段为标志。此种进化模式描述了从简单的身体上的装饰、保护以及遮蔽到更为"文明"的穿衣形式的轨迹,并力求辨认出每一个发展阶段。(Crawley 1931:77,22,引自El Guindi)这种世界性的进化模式如今被放弃了,但有些人类学家保持了某种倾向,把传统的服装与引进的商品时尚的关系描述为某种"污染",而不是把它作为一种文化的建构性动力。(Miller 1995:265)

在那些对时尚研究做出的最为重要的人类学贡献之中,玛丽·道格拉斯(Mary Douglas)和巴龙·伊舍伍德(Baron Isherwood)1996年的著作《商品的世界》(*The World of Goods*)就是其中之一。虽然没有涉及时尚本身,这本书却挑战了主流消费理论的一个基本的假设:消费决策是关于个人选择和商品购买的。道格拉斯和伊舍伍德论证道,消费是与集体的价值观以及社会的"商业用途之外的对物质财产的使用"相联系的。(Douglas & Isherwood 1996:37)他们这样做就使得把消费商品当作物质文化的研究合法化,并通过抹去具有商业性质的文化和不具商业性质的文化之间的界限而使这项研究更加前后一致。(Miller 1995:266—7)结果,像乔安尼·艾彻(Joanne Eicher)及其他人类学家所做的服装研究已赋予了"那些散落在文献中的数据以连贯性,并赋予了那些把服装包括于文化和社会的概念化的各种尝试以秩序"。(El

Guindi 1999:55；Barnes & Eicher 1992；Eicher 1995)近期的著作，像法德瓦·艾尔·古恩迪(Fadwa El Guindi)关于当代伊斯兰文化中面纱的复杂含意的书，就结合了人类学方法上的严谨性和文化研究的政治和理论反思性。

时尚和社会学

> 用于跻身的服装，或是沿着阶层向上流动所穿的服饰是为了建立那首先导向魅力，并最终导向经济攫升的优雅；恰当的、有吸引力的服装是一笔可靠的投资。
> (Barber and Lobel 1961:326 中引用的服装广告)

从加布丽埃尔·德·塔尔德(1890)、索斯坦·凡勃伦(1899)以及齐美尔(1904)的主要工作开始，社会学领域对时尚研究做出了主要的贡献。如上所述，塔尔德的著作强调了传统服装与现代时尚之间的断裂，指出时尚产生于一个具有流动性的社会系统，在这个系统里，传统不似当今高度重视的个人或群体行为那样重要。大多数早期的社会学研究因此假定时尚潮流发源于上流社会，并接着被其他人以一种经济地位展示的竞争性形式所模仿。值得一提的是凡勃伦是在美国消费经济兴盛的时刻写下了他的批判性名言"炫耀性消费"，当时社会理论家正在寻求"某些手段以组织和控制附着于商品之上的增殖的意义的巨大潜力"。(Lears 1989:85)杰克逊·李尔斯认为凡勃伦的著作充满了诸如美国精英阶层财富的突然增长、来自非清教传统的"仪式和狂欢表演"的移民以及百货商店新的"商业戏剧性"这样的因素。(Lears 1989:85)

在另一方面，比起凡勃伦，齐美尔对时尚的浪费和竞争性质不那么感到好奇，他对时尚调节个体现代性需求这一角色更感兴趣。在他对精英的时尚革新和下层人民的竞相模仿的追逐与战斗式的描述中，齐美尔回应了凡勃伦：

> 最新的时尚……仅仅影响上层阶级。就在下层阶级刚一开始模仿他们的风格，由此跨越了上层阶级划下的分界线并破坏了他们连贯的统一性的时候，上层阶级就转身离开他们的风格并启用了一种新的风格，又使他们与大众分别开来；如此这般，游戏愉快地继续着。(Simmel 1971:299)

但齐美尔感兴趣的是时尚把人们以共同体的形式绑在一起的方式，如同他对时尚加强阶级分层的角色感兴趣。他把时尚看作依靠于"一方面对团结的需要，另一方面对孤立的需要"，并表明只是以阶级为基础的现代社会才产生了此种矛盾性的需要，因为传统文化更多地由集体的"团结"所建构，而不是由个体差异的渴望所建构。(Simmel 1971:301)

齐美尔的时尚普及的"自上而下的"模式已经被后来的揭示时尚革新和普及的复杂性的研究倒了个个儿(或是偶尔放在一边)(Blumer 1969)，但他关于时尚既把个人绑于团体之内，又允许他们有一种个人品位的感觉的观点，已成为时尚理论公认的真理。除此之外，齐美尔认为时尚转瞬即逝的性质使现代性主体在文化上做了某种转变，以跟上现代(和后现代)文明所要求的持续变化,此种观点仍然具有影响力。(Simmel 1904:303；Lipovetsky 1994；Wilson 1987)

早期社会学对时尚和阶级差异的强调,已经被时尚传达的广泛的社会意义如年龄、性别、种族、性格、职业、宗教、政治怎样发挥作用的兴趣所代替。许多方法都谈及这些话题,包括符号互动论、社会群体理论以及欧文·戈夫曼的拟剧分析。符号互动论由赫伯特·布鲁默(Herbert Blumer)创建,吸取了乔治·赫伯特·米德(George Herbert Mead)的社会心理学,主张个人身份是与外部条件及与他人的互动相联系的持续的自我评价的产物。(Blumer 1969；Mead 1934)布鲁默把 20 世纪早期对时尚社会学的忽视归因于对齐美尔理论的一揽子的接受,还有就是对时尚的嫌恶,因其既琐碎又非理性:

> 时尚(曾经)看似代表了一种精英团体通过引入细小的易逝的分界标志把他们自己分离开来的焦急的努力,与之相伴随的是,相应的非精英阶级殚精竭虑地想要通过接受这些标志使他们与上层阶级达成虚假的同化。(Blumer 1969:276)

引入"集体选择"的概念,布鲁默自上而下的时尚普及模式的另一途径成为最具影响力的选择之一。他指出"设计不得不照应时尚消费大众最初的品位要求",而且,在尝试表达此种品位的竞争性过程中,"时尚有准备地忽略那些具有最高威望的人,且在事实上一次又一次地绕过那些得到承认的'领导人物'"。布鲁默不以设计师、购买者和消费者的"集体选择"来定义发挥作用的机制,而是在共识模式——不是被经济威望所决定的简单的品位分层——的意义上来描述其特点。(Blumer 1969:281)经济地位继续被一些古典经济学家强调,他们使用"凡勃伦效应"的术语来概括消费者行为。这一术语在"乐队花车"(bandwagon)或"普通人"(snob)行为的意义上描述消费者行为。两者都是对其他消费者行为的反应,但在十分有限的意义上:

> 一个个体对商品或服务的需求要么由于看到其他人在消费它们而增加(乐队花车),要么由于其他人在消费它们而降低(普通人)。(Campbell 1987:50)

此种二分法模式的不足之处在布鲁默的著作以及社会学的团体参考理论中被揭示出来,后者检验了体现时尚消费特点的模仿和竞争的复杂变体。这样的分析指出"当决定采取什么样的行为渠道时,任何一个人都可能使用各不相同的肯定的、否定的、比较的和规范性的参考团体(或角色模式)"。(Campbell 1987:51)

社会心理学和美学

时尚的社会心理学已倾向于注重对影响和变化问题的讨论,反映了旨在使时尚潮流变得更可预测的市场导向的研究议程。(Belk 1995)与消费者行为的研究一道,这种分析寻求参与时尚变迁过程或解释其历史的模式和方式。时尚的社会心理学讨论得最广泛的问题之一就是性别着装的本质和含义,同时强调女性时尚。其中最为著名的是詹姆斯·拉弗(James Laver)的"转换的情欲区域"(shifting erogenous zone)理论。在拉弗尔看来,女性的时尚变化被男人对女人身体不容易看见的那部分的兴趣所驱动。一旦这样的身体部位被时尚地暴露出来,男性的渴望就不满足地转向另一个更隐藏的部位,这使得某种风格上的变化变得必要,以使男人对女人感兴趣:

> 这个情欲区域总是在转变着,而去追求它就成了时尚的事,但时尚却从来没有真正地赶上过它。很明显,如果你真正地赶上了它,你马上就会因为不体面的暴露而被捕。如果你刚好差那么一点点,那就祝贺你成为时尚的领导者。(Laver 1937:254)

在维多利亚时期妇女的例子里,藏住的大腿和突出的胸部被更为可见的大腿和轻描淡写的袒胸露背(décolletage)所代替。但是如瓦莱丽·斯蒂尔(Valerie Steele)所指出的,拉弗尔的理论基本上忽略了时尚变化的社会和历史因素。比如,拉弗尔解释了 20 世纪 30 年代无背装的兴起是男人对女人袒露的大腿厌倦的结果,但斯蒂尔指出,此种潮流跟随了游泳衣剪裁使背部接受阳光照射的设计,此外还有好莱坞越发严格的影片审查,在那里低胸剪裁已被无背装所代替。(Steele 1989:42)

雷尼·康尼格(Rene König)修正了拉弗尔的难以捉摸的"性欲区域"的概念,而代之以一个更为弗洛伊德化的"作为性欲掩盖的着装"的理论,因此衣着掩盖了"隐藏部位"(生殖器)以使对它们的好奇心崇高化和强烈化。(König 1973:91)但是,衣着可能夸大、也可能掩盖标志性别的身体部位,通过显出第二性征(胸部、臀部、肩膀等等)的特点强调性别差异。在此种意义上,衣着的掩盖唤起的不仅仅是一种如康尼格所示的聚焦于隐藏的——但清楚地性别化的——生殖器的好奇的性欲,还有使性别本身更模糊的性欲。马约里·加伯(Marjorie Garber)表示这种性欲的夸张和掩盖的动力是混穿服装的影响的一部分,它不仅仅是简单地把一个性别挪用或替代为另一个,它也是"一种恰恰具有鲜明特征的性欲对性别的挑逗性骚扰的标志"。(Garber 1992:25)

虽然很难避免把服装视为内心世界的外在表现,从文化建构主义的观点看,时尚社会心理学却几乎总是在理论上难以为继。它们常常建立在人类心理学的统一性概念的基础上;它们忽略了社会参照集团的多样性,在这个集团内,衣着总是带有依赖于语境的意义,并且——也许是最重要的——它们低估了服装通过一种连贯的心理意义上的独立代码达到沟通的能力。社会学家弗莱德·戴维斯(Fred Davis)指出,如果时尚是一种交际代码的话,那它就是"低语义性"代码。他指出,尽管时尚"必定有必要吸取某个文化中传统的和有形的象征物,但[它]间接地、模糊地并且是尝试性地这样做,因此那些被这些代码的关键词(织物、质地、颜色、样式、大小、轮廓和场合)的结合与转换所唤起的意义永远处于变换之中或是"处于加工之中"。(Davis 1992:5)因此,即使在一个特定的社会团体之内,理解衣着的方式也将依赖于其他话语和互动行为之间的联系。

时尚与视觉文化

不管是从社会的立场来看,还是从其与视觉艺术和其他形式的文化产品的关系上来看,时尚之社会意义的不确定性都与时尚变化的难解之谜相联系。时尚设计者有多少自主性并且有多大的影响？他们的工作是由艺术潮流决定，还是由个人灵感，抑或是由内在的工业原动力来决定？设计过程中大量的因素在起着作用，包括生产技术、新的纺织革新（比如合成纤维）以及劳动实践。(Fine & Leopold 1993:87—147; Watkins 1995; Phizacklea 1990)在那种语境里，瓦莱瑞·斯蒂尔视时尚革新为"与法律行业非常相似：一旦设定了一个先例，后面的种种决定都可以以第一个案子为基础"。(Steele 1989:59)其他时尚理论家指出，设计决定基本上是任意性的，并且大多数时尚潮流都是"朝某个外在条件已使之变得不可避免的方向尽可能走得够远的几乎是漫无目的的结果"。(Langley Moore 1949:13,引自 Steele 1985:35, Davis 1992:200—6)此种"内科医生式的"立场高度概括了时尚设计自我指涉的本质，但它忽略了当时尚工业挪用地方性时尚如粗布斜纹牛仔裤、皮夹克以及无数其他"街头风格"元素时所产生的"向上缓慢流动"的效果。(Fiske 1989; Polhemus 1994)内科医生式的观点忽略了大众时尚与设计师时尚的关系，并促进了对为时尚而时尚（*la mode pour la mode*）的一种美学上的孤立的解读。

在最好的情况下，时尚的美学分析追随了时尚、工业以及历史相互之间的复杂关系。比如，约翰·哈维(John Harvey)这样开始写他的书《黑衣男人》(*Men in Black*)，建议"时尚应该改变，意义也应如此；黑颜色，天然具有强调作用，在不同的时间以相当不同的方式将个人和团体隔开……颜色的意义在很大程度上是颜色的历史"。(Harvey 1995:13)此种看法将时尚视为视觉文化的一部分，并与其他美学话语紧密联系在一起。在《透视服装》(*Seeing Through Clothes*)一书里，安·霍兰德(Ann Hollander)指出在一个特定的文化中，时尚发挥作用，它在文化中"对某种自我意识的个人形象的塑造有所贡献，这个形象与所有其他对人类身体想象性的和理想化的视觉化相联系"。(Hollander 1975:xiv)她的著作把西方的形象艺术视为对身体的集体性规划，而时尚则成为那些最终目标和个人身体之间的纽带。

美学分析的主要危险在于，艺术与设计的世界被任意地从支撑它的工业话语中分离出来。如保罗·赫希(Paul Hirsch)所指出的："在现代的工业社会，高雅艺术与大众文化的生产与传播涉及一个既能促进又能调节革新进程的复杂的网络组织之中的各种关系"。(Hirsch 1991:314)除了把美学从文化生产的语境里分离出来以外，荷兰德倾向于把时尚的指涉框架限制在高雅艺术的世界里（包括电影和摄影）。这就把时尚放在了一个传统的艺术-历史的搁置状态里，荷兰德在她的《性与套装》(*Sex and Suits*)一书里支持这一看法：

> 我因此继续了旧有的言说方式，就好像服装之中的时尚是一股有着自身意志的力量，某种西方人的集体欲望所塑造成形的东西，这样它也许就有一个独立的生命……服装表明视觉形式有自己的能力，有独立于世界的实际的力量，满足人们，使自身永恒，并使自己的真实脱离于语言指涉和话题暗示。(Hollander 1994:12—13)

尽管艺术与时尚并非简单地反映它们的文化和工业语境，这些语境仍要求比荷兰德所允许的还要多的注意。把时尚从其产生和接受的社会特殊性中分离出来，这使其作为一种研究对象的定义简单化了，却以牺牲其文化丰富性为代价。

时尚与文化研究

长期以来,文化研究在整体上较少关注时尚的系统陈述的宏大理论,而更多观察与更广泛的社会权力问题相关的时尚的社会用途。对这种研究的两种早期的影响分别是罗兰·巴特的符号学和伯明翰当代文化研究中心的青年亚文化研究。(Barthes 1972;Hall & Jefferson 1976;Hebdidge 1979)马尔科姆·巴纳德(Malcolm Barnard)也把雷蒙·威廉斯的工作看作时尚文化研究强有力的因素,因为威廉斯关于文化产品的观点把"时尚产品和服装的设计和穿戴看作创造性形式的不同版本……因此,时尚和衣着在我们生活的世界里具有生产性"。(Barnard 1996:44;Williams 1958 and 1961)这打破了那种把时尚打发为要么是细枝末叶、要么是地位现状的简单反映的观点,并把注意力引向亚文化群体以衣着去表达身份和价值的方式上。

时尚的文化研究因此倾向于集中对衣着和身体装饰的地方性运用,以陈述一系到价值和各种社会实践,而不是寻找时尚变化和意义的一般规则。这已被弗雷德·戴维斯(Fred Davis)称为一种"平民主义的"手法,他对革新和普及的"从中心到边缘的时尚系统模式"持续的有效性提出了反对意见。他抱怨说"平民主义的批评家习惯于探知后现代社会里服装'话语'的真实的杂音……[这个后现代社会]忙于一种象征性身份建构和另一种象征性身份建构的交换"。(Davis 1992:202—3)他指出,尽管流行式样的文化不断增多,时尚工业及其设计指导原则仍然是时尚选择的主要动力。

但是某种以接受定位的对时尚的解读并不暗示大规模的生产对流行服装没有影响。这种解读表明附着于衣着之上的意义有其来龙去脉,并与衣着以本土样式的文化而流行大有关系,就如同其与商业生产和销售大有关系一样。换句话说,某种风格大范围的流行意味着此种流行具有一套固定不变的意义,这种解读并非虚设。戴维斯认为今天的国际时尚联合体代表了某种方向单一的设计精英的不断出现,此种观点也忽视了这一事实:许多当代时尚联合体之所以有利可图,主要是由于得到许可生产如牛仔裤和香水这样的产品,而不是由于革新性的设计。正如一个零售工业经济学家所指出的:"焦点已从设计转向,[但]……如果你有足够的钱且擅长销售,你就可以创造一个强有力的品牌。"(Agins 1995:A l)可以这样说,时尚联合体不断地使"边缘的"社会团体的时尚革新资本化和重新包装。

安吉拉·帕廷顿(Angela Partington)是在提到迪奥的战后"新形象"(New Look)在英国工人阶级妇女中的流行时言及这个话题的。帕廷顿谈到一张1951年穿着改良的"新形象"长袍的妇女的快照,指出在一个"向下缓慢流动"的模式的意义上,这件衣服会被认为是迪奥设计的"注水"版本。在帕廷顿看来,这种模式暗示两件事情:非精英的时尚消费者"在他们的选择方面较少革新和冒险",并且,在某种程度上,阶级差异被工人阶级对与更高的社会地位相联系的时尚的模仿所掩饰。但是,她指出"消费文化所依赖的大众市场体系提供了具体的条件……在这些条件下阶级差异表现了出来,而不是被侵蚀和伪装",她还指出"照片里'新形象'的大众版

本是一种有意图的挪用,而非一种可怜的效仿"。(Partington 1993:145—6)帕廷顿指出,

> 在大众—市场体系里,对新样式的接受是一个依赖于在社会阶层之内而非它们之间的信息流动的过程……在这样的一个系统里没有从属群体对特权群体的"模仿"。差异存在于时尚被接受的方式,而不分时间上的先后。(Partington 1993:150—1)

就像她分析的"迪奥"服装一样,即使广为流行的样式也可以在特定的时尚文化里不同地反映出来;在她描述的战后英国,某种女性气质的矛盾性方式——附着于新形象(被认为是装饰性的和夸张的)和"实用"服装(标志着限制和实用性)之间的对比之上——常常被"消费者作为样本并混在一起以创造各种时尚,这些时尚依赖于特定阶级的消费者的技巧来获取它们的意义"(Partington 1993:157)。

这种根据特定的文化价值对时尚潮流的商讨也体现在人种学的研究方面,比如马克西恩·克雷格(Maxine Craig)关于非裔美国男人和女人与烫直发的关系的研究。多少年来,很多妇女把烫直发的"过程"视为一种获取尊敬的要求,而男人用碱液烫直的"康克头"(conk)[①]则与街头风格、流氓及音乐家相联系。直发并非简单地代表"与白人的头发在美学上的认同",而是显示了与阶级和性别有关的诸种意义。克雷格总结说,非裔美国人"创造了在他们自己共同体之内的意义上而非在种族认同的意义上定义烫直头发的意义"。(Craig 1997:402—3)同样的,伊丽莎白·威尔逊(Elizabeth Wilson)已经指出,这样的流行文化可能很容易变得与统治文化相对立,就像在"不能被白人成功模仿的黑人男女两性的发式"的例子中。与帕廷顿相似,威尔逊总结说,比起对占统治地位的文化的模仿,时尚还远远有更多的含意,因为流行式样频繁地服务于"加强阶级障碍和其他形式的差异"。(Wilson 1987:9)

结 论

受到消费主义刺激的时尚文化的繁殖已使时尚诸因素更多地与社会关系的研究相关。(Featherstone 1991)在时尚作为一套内化的社会规范和约束机制而发挥功能的程度上,时尚亦有力量发起和表达对那些规范的抵抗。对于此种现象和形成之中的认可态度——即与其他形式的物质文化一样,时尚可以是一种集体身份和文化表达的强有力的中介——方面,文化研究一直是某种重要转变的一部分。与消费主义一样,时尚也可以被视为"文化在其中被论争的真正的竞技场"(Douglas & Isherwood 1996:37),而时尚的文化研究必须继续表达这些斗争。

(向琳 译)

[①] 一种把卷发弄直弄平或做成大花的发型。——译者注

参考文献:

Agins, T. (1995). "Not So Haute: French Fashion Loses Its Primacy as Women Leave Couture Behind." *The Wall Street Journal* 226.41, 29 Aug., A1.

Appadurai, A. (ed.) (1996). *The Social Life of Things*. Cambridge: Cambridge University Press.

Ash, J. and Wilson, E. (1993). *Chic Thrills: A Fashion Reader*. Berkeley: University of California Press.

Barber, B. and Lobel, L. (1961). "'Fashion' in Woman's Clothes and the American Social System." In Bendix, R. and Lipset S. M. (eds.), *Class, Status and Power*. Glencoe, Ill: The Free Press of Glencoe. (Original work published 1957.)

Barnard, M. (1996). *Fashion as Communication*. London: Routledge.

Barnes, R. and Eicher, J. (eds.) (1992). *Dress and Gender: Making and Meaning*. Providence, RI and Oxford: Berg.

Barthes, R. (1972). Mythologies, trans. J. Cape. New York: Hill and Wang. (Original work published 1957).

Belk, R. (1995). "Studies in the New Consumer Behavior." In Miller, D. (ed.) *Acknowledging Consumption: A Review of New Studies*. London and New York: Routledge.

Blumer, H. (1969). "Fashion: From Class Differentiation to Collective Selection." *Sociology Quarterly* 10: 275—91.

Bourdieu, P. (1990). *The Logic of Practice*, trans. R. Nice. Stanford: Stanford University Press.

Breward. C. (1995). *The Culture of Fashion: A New History of Fashionable Dress*. Manchester: Manchester University Press.

Campbell, C. (1987). *The Romantic Ethic and the Spirit of Modern Consumerism*. Oxford: Blackwell.

Craig, M. (1997). "The Decline and Fall of the Conk; or, How to Read a Process." *Fashion Theory* 1(4): 399—420.

Craik, J. (1994). *The Face of Fashion: Cultural Studies in Fashion*. London: Routledge.

Crawley E. (1931). *Dress, Drinks, and Drums: Further Studies of Savages and Sex*. Ed. T. Besterman. London: Methuen.

Davis, F. (1992). *Fashion, Culture and Identity*. Chicago: University of Chicago Press.

De Certeau, M. (1984). *The Practice of Everyday Life trans*. S. Rendall. Berkeley: University of California Press.

Douglas, M. and Isherwood, B. (1996). *The World of Goods: Towards an Anthropology of Consumption*. New York: Routledge. First published 1979.

Eicher, J. (ed.) (1995). *Dress and Ethnicity: Change Across Space and Time*. Washington, DC and Oxford: Berg.

El Guindi, F. (1999). *Veil: Modesty, Privacy and Resistance*. Oxford and New York: Berg.

Ewen, S. (1976). *Captains of Consciousness: Advertising and the Roots of the Consumer Culture*. New York: McGraw Hill.

Featherstone, M. (1991). *Consumer Culture and Postmodernism*. London: Sage.

Fine, B. and Leopold, E. (1993) *The World of Consumption*. London: Routledge.

Finkelstein, J. (1991). *The Fashioned Self*. Cambridge Polity Press.

Fiske, J. (1989). *Understanding Popular Culture*. Boston: Unwin Hyman.

Flügel, J. C. (1950). *The Psychology of Clothes*. London: Hogarth Press. (Original work published 1930.)

Frow, J. (1997). *Time and Commodity Culture: essays in Cultural Theory and Postmodernity*. Oxford and New York: Oxford University Press.

Garber, Marjorie (1992). "Strike a Pose." *Sight and Sound* 2(5): 25.

Goffman, E. (1959). *The Presentation of Self in Everyday Life*. New York: Doubleday.

Hall, S. and Jefferson, T. (eds.) (1976). *Resistance Through Rituals: Youth Subcultures in Post-war Britain*. London: Hutchinson.

Harvey, J. (1995). *Men in Black*. Chicago: University of Chicago Press.

Haug, W. F. (1987). *Commodity Aesthetics, Ideology and Culture*. New York: International General.

Hebdidge, D. (1979). *Subculture: The Meaning of Style*. New York: Methuen.

Hirsch, P. M. (1991). "Processing Fads and Fashions: An Organization-Set Analysis of Cultural Industry Systems." In Mukerji, C. and Schudson, M. (eds.), *Rethinking Popular Culture: Contemporary Perspectives in Cultural Studies*. Berkeley: University of California Press.

Hollander, A. (1975). *Seeing Through Clothes*. New York: Viking.

Hollander, A. (1994). *Sex and Suits: The Evolution of Modern Dress*. New York: Alfred A. Knopf.

Hunt, Alan. (1996). *Governance of the Consuming Passions: A History of Sumptuary Law*. New York: St. Martin's Press.

Kidwell, C. B. and Steele, V. (eds.) (1989). *Men and Women: Dressing the Part*. Washington, DC: Smithsonian Institution Press.

König, R. (1973). *A La Mode: On the Social Psychology of Fashion*. New York: Seabury Press.

Laver, J. (1937). *Taste and Fashion from the French Revolution Until To-Day*. London: George G. Harrap & Co.

Lears, T. J. J. (1989). "Beyond Veblen." In Bronner, S. (ed.) *Consuming Visions: Accumulation and Display of Goods in America, 1880—1920*. New York: Norton.

Lipovetsky, G. (1994). *The Empire of Fashion: Dressing Modern Democracy*, trans. Catherine Porter. Princeton: Princeton University Press.

Mauss, M. (1973). "Techniques of the Body." *Economy and Society* 2(1): 70—88.

McRobbie, A. (ed.) (1988). *Zoot Suits and Second-Hand Dresses: An Anthology of Fashion and Music*. Boston: Unwin Hyman.

Mead, G. H. (1934). *Mind, Self, and Society*, ed. C. W. Morris. Chicago: University of Chicago Press.

Miller, D. (1987). *Material Culture and Mass Consumption*. Oxford: Blackwell.

Miller, D. (1995). "Consumption as the Vanguard of History." In Miller, D. (ed.), *Acknowledging Consumption: A Review of New Studies*. London and New York: Routledge.

Morris, R. (1995). "All Made Up: Performance Theory and the New Anthropology of Sex and Gender." *Annual Review of Anthropology* 24: 567—92.

Mukerji, C. (1983). *From Garven Images: Patterns of Modern Materialism*. New York: Columbia University Press.

Partington, A. (1993). "Popular Fashion and Working-Class Affluence." In Ash, J. and Wilson. E. (eds.), *Chic Thrills: A Fashion Reader*. Berkeley: University of California Press.

Phizacklea. A. (1990). *Unpacking the Fashion Industry: Gender, Racism and Class in Production*. London: Routledge.

Polhemus, T. (1994). *Streetstyle: From Sidewalk to Catwalk*. London: Thames and Hudson.

Roach, M. E. and Echier, J. B. (eds.) (1962). *Dress Adornment and the Social Order*. New York: John Wiley and Sons.

Sahlins, M. (1976). *Culture and Practical Reason*. Chicago: University of Chicago Press.

Sapir. E. (1931). "Fashion." *Encyclopedia of the Social Sciences*, Vol. 6. New York: Macmillan.

Simmel, G. (1971). "Fashion." In Levine, D. (ed.), *On Individuality and Social Forms*. Chicago and London: The University of Chicago Press. (Original work published 1904.)

Slater, D. (1997). *Consumer Culture and Modernity*. Cambridge: Polity Press.

Steele, V. (1985). *Fashion and Eroticism: Ideals of Feminine Beauty from the Victorian Era to the Jazz Age*. New York and London: Oxford University Press.

Tarde, G. de (1962). *The Laws of Imitation*, trans. E. C. Parsons. Boston: Peter Smith. (Original work published 1890.)

Veblen, T. (1953). *The Theory of the Leisure Class*. New York: Mentor Books. (Original work published 1899.)

Watkins, S. (1995). *Clothing: The Portable Environment*, 2nd edn. Ames: Iowa State University Press.

Williams, R. (1958). *Culture and Society 1780—1950*. London: Chatto & Windus.

Williams R. (1961). *The Long Revolution*. London: Chatto & Windus.

Wilson, E. (1987). *Adorned in Dreams: Fashion and Modernity*. London: Virago.

阅读文献:

Babuscio, J. (1993). *Camp Grounds: Style and Homosexuality*. Amherst: University of Massachusetts Press.

Baines, B. B. (1981). *Fashion Revivals from the Elizabethan Age to the Present Day*. London: B. T. Batsford.

Barthes, R. (1983). *The Fashion System*, trans. W. Ward and R. Howard. New York: Hill and Wang.

Benstock, S. and Ferriss, S. (eds.) (1994). *On Fashion*. New Brunswick, NJ: Rutgers University Press.

Berry, S. (2000). *Screen Style: Fashion and Femininity in 1930s Hollywood*. Minneapolis: University of Minnesota Press.

Blau, Herbert. (1999). *Nothing in Itself: Complexions of Fashion*. Bloomington: Indiana University Press.

Blumer, H. (1968). "Fashion." *International Encyclopedia of the Social Sciences*. New York: Macmillan.

Bocock, R. (1993). *Consumption*. London: Routledge.

Bourdieu, P. (1993). "Haute couture et haute culture." In *Questions de Sociologie*. Paris: Editions de Minuit.

Brain, R. (1979). *The Decorated Body*. New York: Harper & Row.

Breward, C. (1995). *The Culture of Fashion: A New History of Fashionable Dress*. Manchester: Manchester University Press.

Butler, J. (1993). *Bodies That Matter: On the Discursive Limits of "Sex."* New York: Routledge.

Butler, J. (1990). *Gender Trouble*. New York: Routledge.

Damhorst, M. L., Miller, K. A., Michelman, S. (eds.) (1999). *The Meanings of Dress*. New York: Fairchild Publications.

Davis, K. (1995). *Reshaping the Female Body: The Dilemma of Cosmetic Surgery*. New York: Routledge.

De Grazia, V. and Furlough, E. (eds.) (1996). *The Sex of Things: Gender and Consumption in Historical Perspective*. Berkeley: University of California Press.

Faurschou, G. (1987). "Fashion and the Cultural Logic of Postmodernity." *Canadian Journal of Political and Social Theory* 11(1−2): 68−82.

Garber, M. (1992). *Vested Interests: Cross-Dressing and Cultural Anxiety*. New York: Routledge.

Goffman, E. (1962). "Attitudes and Rationalizations Regarding Body Exposure." In Roach, M. E. and Either, J. B. (eds.), *Dress Adornment and the Social Order*. New York: John Wiley and Sons.

Green, N. (1997). *Ready-To-Wear and Ready-To-Work: A Century of Industry and Immigrants in Paris and New York*. Durham: Duke University Press.

Hall, L. (1992). *Common Threads: A Parade of American Clothing*. Boston: Little, Brown and Company.

Horn, M. J. and Gurel L. M. (1981). *The Second Skin: An Interdisciplinary Study of Clothing*, 3rd edn. Boston: Houghton Mifflin.

Joseph, N. (1986). *Uniforms and Nonuniforms: Communication Through Clothing*. Westport, Conn.: Greenwood Press.

Kaiser, S. B. (1985). *The Social Psychology of Clothing*. New York: Macmillan.

Kidwell, C. (1974). *Suiting Everyone: The Democratization of Clothing in America*. Washington, DC: Smithsonion Institution Press.

Kunzle, D. (1982). *Fashion and Fetishism: A Social History of the Corset, Tight-Lacing, and Other Forms of Body-Sculpture in the West*. Totowa, NJ: Rowman and Littlefield.

Kuriyama, S. (1999). *The Expressiveness of the Body and the Divergence of Greek and Chinese Medicine*. New York: Zone Books.

Laquener, T. (1990). *Making Sex: Body and Gender from the Greeks to Freud*. Cambridge, Mass: Harvard University Press.

Lunt, P. and Livingstone, S. (1992). *Mass Consumption and Personal Identity; Everyday Economic Experience*. Buckingham: Open University Press.

McCraken, G. (1990). *Culture and Consumption: New Approaches to the Symbolic Character of Consumer Goods and Activities*. Bloomington: Indiana University Press.

Miles, S. (1998). *Consumerism as a Way of Life*. London: Sage.

Nava, M. (1991). "Consumerism Reconsidered: Buying and Power." *Cultural Studies* 5(2): 157−73.

Peiss, Kathy. (1999). *Hope in a Jar: The Making of America's Beauty Culture*. New York: Owl Books.

Polhemus, T. and Proctor, L. (1978). *Fashion and Anti-Fashion: An Anthropology of Clothing and*

Adornment. London: Thames and Hudson.

Roche, D. (1994). *The Culture of Clothing: Dress and Fashion in the Ancient Regime*, trans. J. Birrell. Cambridge: Cambridge University Press.

Rouse, E. (1989). *Understanding Fashion*. Oxford: Blackwell Scientific.

Sennett, R. (1978). *The Fall of Public Man: On the Social Psychology of Capitalism*. New York: Vintage.

Turner, B. (1984). *The Body and Society*. Oxford Blackwell.

Weiner, A. and Schneider, J. (eds.) (1989). *Cloth and Human Experience*. Washington: Smithsonian Institution Press.

Wollen, P. (1993). "Fashion/Orientalism/The Body." In *Reading the Icebox*. London: Verso.

Woolson, A. (ed.) (1974). *Dress Reform*. New York: Arno Press.

第 27 章
文化研究与种族

罗伯特·斯塔姆（Robert Stam）

围绕"种族"的议题以无数方式影响着文化研究，尽管不都是显而易见的。对文化研究与种族之关系的检验可以从文化研究本身的历史的叙事开始。在常规的叙事里，"文化研究"追踪了 20 世纪 60 年代的英国左派人士如理查德·霍加特（《文化的用途》）、雷蒙·威廉斯（《文化与社会》）、E. P. 汤普森以及斯图尔特·霍尔等人的工作，这些工作与 1964 年在伯明翰大学建立的当代文化研究中心相联系。由于意识到英国阶级体系压迫性的诸方面，伯明翰中心的许多成员（他们中的很多人与成人教育计划有联系）采用葛兰西式的范畴去阐释阶级问题，既追寻意识形态统治诸方面又追寻社会变化的新动因。

文化研究的先驱

除了对伯明翰学派取得的非凡成就表示应有的敬意之外，人们也有可能看到一个更具发散性和国际性的文化研究的谱系。尽管迄今为止无所不在、无所不包的"文化研究"一词必须归功于伯明翰学派，人们也可以在以下人物的著作中为文化研究运动设定一个更为国际化的谱系：法国的罗兰·巴特和亨利·列斐伏尔（Henri Lefebvre）、美国的莱斯利·菲德勒（Leslie Feidler）、法国马丁尼克岛和北非的弗兰兹·法侬以及加勒比的詹姆斯（C. L. R. James）。事实上，他们的写作质疑了那种认为文化研究"肇始"于英国并接着传到了其他地方的英国传播主义的叙事。在我们看来，当詹姆斯·鲍德温（James Baldwin）谈及黑人的祷告和对一些电影如《藐视者》（*The Defiant Ones*）的差异性接受，当罗兰·巴特说到玩具、清洁剂及轨道汽车向导（*Le Guide Michelin*）的"神话"，当莱斯利·菲德勒解析"消逝中的印度"的神话并发现《哈克利贝利·芬》（*Huckleberry Finn*）中的同性欲望，当亨利·列斐伏尔分析城市空间和日常生活的政治，当詹姆斯分析板球与《白鲸》（*Moby Dick*），他们都在做初始阶段（*avant la lettre*）的"文化研究"。

实际上，可以把这个考古计划带得更远，回到苏联的 20 世纪 20 年代和巴赫金以及德国的克拉考尔（Kracauer）[比如他的《大众装饰》（*The Mass Ornament*）]。甚至可以唤起对一些完全未受到称颂的文化研究的英雄的注意。我个人对最受忽略的先驱的提名将会是杰出的巴西散文家/诗人/小说家/人类学家/音乐社会学家马里奥·德·安德雷德(Mario de Andrade)。作为一个非洲人和土著,其祖上是欧洲人,德·安德雷德是20世纪20年代巴西现代主义运动的关键参与者。他在写作中混合了涉及范围极广的参考物——超现实主义者、巴西印第安主义、流行音乐、非洲—巴西宗教、儿歌、亚马孙传说——并把它们置于多姿多彩的分析和创作之中。在我看来,他是同时代的詹姆斯·乔伊斯的媲美者,其主要的"错误"在于他写作时使用非霸权性语言:巴西葡萄牙语。

在更一般地谈及文化研究和种族之前,我想要强调一个"初期文化研究"的人物:弗兰兹·法侬。对法侬的当代重读显示,他是当今文化研究诸多思潮中的一个重要先驱。比如说,尽管法侬从来没有说起过"东方主义话语",他对殖民主义形象的批评却提供了反东方主义和后殖民批评的例子。尽管常常被描画成一个种族主义的强硬派,在《黑皮肤,白面具》(*Black Skin, White Masks*)一书中,法侬却预料到了对种族的反本质主义批评。在法侬从关系的角度出发的观点中,黑人是在与白人的"关系上"被迫赋予了黑的性质。黑皮肤的人,如法侬所说的,是对照物。殖民主义也不是本质上的种族问题;他指出,殖民主义"仅仅碰巧是白人的"(爱尔兰,作为英国第一个殖民地,受制于同样的他者化的过程,其他后来的皮肤更黑的人居住的殖民地也被如此他者化)。对法侬来说,种族化想象甚至反映在语言上:"黑人将相应地变得更白……这与其对法语的掌握程度有直接关系。"法侬因此把种族视为语言化的、情景化的和建构性的。法侬本人被白人视为黑人,但被阿尔及利亚人视为文化上的欧洲人(即白皮肤的),他不仅仅对种族范畴,而且对群体的自我定义、建构的以及多样的本质有清楚的认识。法侬因此预料了文化研究之中的"建构主义"潮流,然而对法侬来说,种族在某种层面上被建构的事实并不意味着反种族主义不值得为之斗争。他的感觉是一种建构的流动感,这种感觉包含了流动性和模糊性,但没有放弃为这样的"建构物"如黑人的团结、阿尔及利亚国家以及第三世界的团结而斗争。

法侬工作于反帝国主义政治和精神分析理论的交汇点,如黛安娜·法斯(Diana Fuss 1995)所指出的那样,他是以"身份认同"的概念在这两者之间寻找一个纽带。[1] 对法侬来说,身份认同同时是一个心理的、文化的、历史的以及政治的议题。比如,殖民官能症的症状之一,就是在殖民者这方面没有能力认同殖民主义的受害者。法侬还是一个媒体评论家。法侬在《全世界受苦的人》(*The Wretched of the Earth*)一书中指出,新闻中的"客观性"常常与当地人相左。身份认同的问题也有一个电影那样的空间上的尺度,它与后来的电影理论中的争论紧密联系,那些理论也谈到了认同与投射、自恋与退化、"观众定位"与"缝合"及观点,并把这些作为构成电影院主体的基本机制。

法侬也是第一个把拉康的精神分析带入文化理论包括电影理论的思想家之一。比如,法侬把种族主义电影视为一种"集体性侵略的释放"。在《黑皮肤,白面具》(1952)一书里,法侬使用了泰山的例子来指向电影院里身份认同的不稳定性:

> 在安第列斯群岛和欧洲看泰山电影。在安第列斯,年轻的黑人让现实中的自己支持泰山而与黑人相对立。他在欧洲的电影院里这样做更难,因为其他的观众都是

白人,他们自动地支持银幕上的野人。

预料到文化研究的许多关注点,法侬在这里指向了被殖民观众群转变的、情景化的性质:接受过程中的殖民地语境改变了身份认同的过程。对其他观众可能的负面投射的意识引发了从影片预定的乐趣中不安的退缩。传统的自我否认式的对白人主角的注视的认同、对欧洲自我的替代性行动,通过意识到正被电影院本身的殖民注视"拍摄"或"寓言化"而短路。尽管女性主义电影理论后来论及女性银幕表演的"被看性"(Laura Mulvey),法侬仍然唤起了对观众自己的"被看性"的注意,如法侬所指出的,这些观众成为他们自己面容的奴隶:"看!一个黑人!……我在白人的眼睛之下被解剖了。我被定型了。"虽然法侬从没有使用过这个具有魔力的词语"文化研究",总的来说,他仍然可被视为先期的实践者。到了20世纪50年代,法侬检验了各种各样的文化形式——面纱、迷幻、语言、收音机、电影——并把这些形式作为社会与文化论争的场所。虽然从不是明确的文化研究计划的一分子,他理所当然实践了现在以那个名义所开展的行动。因此,也不会让人惊奇的是,一些文化理论的关键人物——小亨利·路易斯·盖茨(Henry Louis Gates, Jr.)、黛安娜·法斯、山姆·唐璜(E. Sam Juan Jr.)、伊萨克·裘里恩(Isaac Julien)、科比娜·默瑟(Kobena Mercer)——已经又转向了法侬。

结构主义的种族化

种族影响文化研究的另外一种方式不得不与其理论影响和叙事方式那种一贯的种族性质相关。比如,文化研究的两种主要影响来自结构主义和符号学的相关运动。但这些运动也是"种族化的",而且是以一种双重方式发挥作用。尽管其实践者们被建构为"白人的"和第一世界的,第三世界主义的思考在这些思潮中仍是一种强大的影响。在一系列减弱欧洲现代性信心的事件中,结构主义和第三世界主义都有他们长期的历史渊源:大屠杀(以及法国维希政权与纳粹的合作),还有战后欧洲最后一批帝国的解体。尽管"理论"这个被拔高的词很少与反殖民的理论化相联系,在某种方式上,结构主义的思考不过是为反殖民的思想家一直所说的东西做了编码。可被称为符号学左派的"去自然化"的颠覆性的工作——比如罗兰·巴特的著名的对《巴黎竞赛》(Paris Match)报封面的殖民主义暗示的解析,这个封面显示的是一个黑人士兵正向法国国旗敬礼——与第三世界说法语的去殖民主义者如爱米·西赛里(Aimé Césaire)(《关于殖民主义的讨论》,1955)、弗兰兹·法侬(《全世界受苦的人》,1961)所做的欧洲的主人式叙事的外在批判有种种联系。经过大屠杀、去殖民化以及第三世界革命,欧洲开始失去了其作为世界模范的特权地位。比如,为了寻求一种新的人类学,列维·斯特劳斯做出了从生物到语言模式的关键性转向,这出自他对被反犹和殖民的种族主义所浸污的生物人类学本能的厌恶。事实上,正是在去殖民主义的语境中,联合国教科文组织才让列维·斯特劳斯去做研究,这种研究在其《种族与历史》(Race and History)一书中达到了高峰,在书中这位法国人类学家拒绝任何文明的本质主义的分级制度。

后结构主义也要归功于反殖民主义和反种族主义的思考。西塞里和法侬对欧洲的反殖民主义的去中心行动,如今可视为既激发又预示了德里达的宣言(这出现在《人文科学话语中的结构、符号和活动》["Structure, Sign and Play in the Discourse of the Human Sciences"]一文中,1966),他宣称,欧洲文化已经"错位"了,并被迫停止把自己刻画为"参考性文化"。在此种意义上,结构主义和后结构主义的兴起之时与欧洲的自我批判——一种真正的立法危机兴起的时刻相一致。如罗伯特·扬(Robert Young, 1995)所指出的,更进一步,结构主义和后结构主义的许多开创性的思想家,并因此也是文化研究的开创性的思想家,都在地理上与后来被称为第三世界的地域相联系:列维·斯特劳斯在巴西做人类学研究;福柯在突尼斯教书;阿尔都塞(Althusser)、西苏(Cixous)以及德里达都生于阿尔及利亚,在那里布尔迪厄进行了他的人类学田野调查。

在英国,文化研究通过更多定位于阶级问题而开始;在性别和种族问题方面,英国则从事得相对较"晚"。1978年妇女研究团体哀叹"伯明翰文化研究中心明显缺乏对女性问题的关注"。20世纪80年代,文化研究被挑战要更多关注种族,压力既来自于内在的批评,也来自于美国文化研究常常更为注重性别和种族而太过经常忽略阶级的状况。但所有这些问题都必须在一个更大的历史、地缘政治以及话语框架中来审视。这些思潮的共同之处在于他们的民主化的、平等主义的以及反等级化的推进力。在此种意义上,通过把复杂的分析方法延伸到"低俗的"流行文化与实践,英国的文化研究颠覆了文学系高雅的精英主义。同时,在其早期的研究中,英国文化研究对其他形式的等级压迫关注得有些少。把保罗·吉尔罗伊(Paul Gilroy)的话改一下,就是:"在雷蒙·威廉斯式的文化研究里没有黑人。"

多元文化主义和欧洲中心主义

如果使用种族术语的话,文化研究可被视为更大的地缘学转变的外在表现——全球文化的去殖民化。在20世纪80年代,"多元文化主义"成为一个响亮的词语,它引起对白人至上主义者的制度和思考方式的去殖民化攻击。尽管新保守主义把多元文化主义描述为对欧洲经典和"作为研究领域的西方文明"[2]粗暴的丢弃,多元文化主义实际上不是对欧洲(广义上的欧洲以及其散布全世界的附属国)的攻击,而是对欧洲中心主义的攻击——其强求一致地把文化多样性挤压成单一的公式化的视角,在这个视角里欧洲被视为进步的独一无二的源泉、世界的重心、相对于世界阴影的其余部分的本体论意义上的"现实"。作为某种意识形态的亚层,或是对殖民主义的、帝国主义的以及种族主义的话语来说很平常的话语残渣,欧洲中心主义是一种残留的思想形式,甚至在殖民主义的正式终结之后还阴魂不散,并建构当代实践和表征。欧洲中心主义的话语是复杂的、矛盾的、在历史上不稳定的。但是在一种合成的肖像里,欧洲中心主义作为一种思考的方式,也许可被视为处于一些相互强化的知识倾向和运作之中。欧洲中心主义的思考把某种几乎是历史命运天启神佑的感觉归属于"西方"。与绘画中的文艺复兴透视法相似,它从单一的特权的视点去构想世界。它使世界分叉为"西方和其余部分"[3]并把日常语言组织成暗地里献媚于欧洲的两分的等级:我们的"国家",他们的"部落",我们的"宗教",他们的"迷信",我们的"文化",他们的"神话"。某种"柏拉图到内图①"的目的论把历史看成是顺着北边靠西北移动,突出一种从中东与美索不达米亚到古典希腊(被建构为"纯正"的、"西方的"以及"民主的")再到罗马帝国,接下来到欧洲的主要首府以及美国的线性的历史轨迹。不论怎样,欧洲,虽然孤立而无助,仍被视为进步的历史变化的"发动机":民主、阶级社会、封建主义、资本主义、工业革命。欧洲中心主义盗用了非欧洲人的文化和物质生产,同时既否认非欧洲人的成就又否认自身的盗用,因此加强了其自我感觉,并为自身文化上的食人肉习性增光添彩。

对科纳尔·威斯特(Cornel West 1993)来说,欧洲中心主义强化了三种白人至上主义的逻辑:犹太—基督教种族主义逻辑;科学种族主义逻辑;心理欲望种族主义逻辑。多元文化主义的观点对欧洲中心主义的普世化做了批判性分析,认为任何种族,用爱米·西赛里的话说,"都拥有对美、智慧和力量的占有权"。不用说,对欧洲中心主义的批判不是针对作为个人的欧洲人,而是针对某种历史性的压迫关系,即占统治地位的欧洲与其外在的和内在的"他者"(犹太人、爱尔兰人、吉卜赛人、胡格诺派教徒、农民、妇女)之间的关系。很明显,这不意味着非欧洲人由于某种原因不管怎样要比欧洲人"好些",或是第三世界和少数民族文化天生地要优秀一些。

在某个层面上,多元文化主义的观点非常简单而清晰;它涉及世界的多种文化及它们之间的历史关系,包括从属和统治的关系。多元文化主义的规划(与多元文化主义的事实相反)建议从人们在地位、智力和权利上完全平等的角度来分析世界历史和当代社会生活。在其更多地被收编的形式里,多元文化主义可以很容易地退化为某种国家或公司管理的"本尼顿合众色"(United-Colors-of-Benetton)②的多元主义,而既定的权力促进民族特色的带有商业或意识形态目的的"每月特色";但在其更为激进的变体形式里,多元文化主义既在文化艺术品的意义上,也在共同体之间权力关系的意义上努力把表征去殖民化。正是因为有必要避开收编,才在可能是无害的"多元文化主义"一词之上产生了所有这些修饰词:*批判性多元文化主义*、*激进性多元文化主义*、*颠覆性多元文化主义*、*多中心多元文化主义*。

激进的或多中心的多元文化主义呼唤一种对文化共同体之间权力关系的意义深远的重新建构和再度概念化。它不以强迫隔离的方式而是"以关系"的方式来看待多元文化主义、殖民主义以及种族问题。共同体、社会、国家并且甚至是整个大陆并不是自主性地存在,而是处于一个细密编织的关系性网络之中。正如艾拉·肖哈特(Ella Shohat)和我在《反思欧洲中心主义》(*Unthinking Eurocentrism*)一书里指出的,在共同选择的自由的多元文化主义(在其出生时就被征服、奴隶制以及剥削的系统性不平等的历史根源所浸染)与更为激进的多中心多元文化主义之间做出区别是有可能的。多中心主义的观念对文化研究有暗示意义,因为它使多元文化主义全球化。根据多种共同体的内在必要性,它构想了对民族—国家之内和之外的群体间关系的一种重建。在多中心的视野里,世界有许多活动的文化场所、许多可能有益的观点。

---

① NATO,北大西洋公约组织的简称。——译者注
② 本尼顿为意大利人卢西亚诺和他的姐姐裘里亚娜合开的跨国服装公司。——译者注

"多中心主义"的"多"不是指权力中心确定的名单,而是引入一个差别化、关系性和关联系统的规则。没有哪个单独的共同体或是世界的某个部分——不管其经济或政治地位如何——可以享有认识论上的特权。

种族与种族主义

但是进一步谈论"种族"和"文化研究"之间的关系要求我们概略说出用"种族"和"种族主义"这样的概念所指为何。在各种领域里正在出现的一致意见表明,尽管"种族"并不存在——既然"种族"是一个伪科学的概念——作为一套社会实践的种族主义一定确实存在着。因此,没有种族,只有种族主义。两相对比,就没有"他者",只有他者化的过程;没有异国情调——没有人对他们自己来说是异国情调的——只有异国情调化。

种族主义——尽管对西方来说几乎不是独有的,也并非只在殖民情形之中才有(反犹主义就是一个例子)——在历史上一直既是殖民主义的同盟,又是殖民主义的部分结果。种族主义最为明显的受害者,是那些其身份在殖民的大锅里铸就的人:非洲人、亚洲人以及美洲的土著人,还有那些被殖民主义造成错位的人,比如大不列颠的亚洲人和西印第安人、法国的阿拉伯人。殖民主义文化建构了一种本体论意义上的高于"没有法律的小人种"的欧洲优越感。阿尔伯特·梅米(Albert Memmi 1968:186)把种族主义定义为"把价值观笼统地并最终地指派给真实的或想象的差异,为了指派者的利益,并以其牺牲者为代价,目的是证明前者自己的特权和侵略的合法性。"

种族主义总的说来是一种社会关系——法侬精练地称之为"势不两立地去寻求的系统性等级化"[4]——它固定在物质结构中,并嵌于权力的历史关系中。实际上,梅米的定义被假定在种族主义和其受害者之间一对一的遭遇之上,并没有充分解释更抽象的、间接的、埋没的甚至"民主的"种族主义形式。既然种族主义是一个复杂的等级系统、一种社会的和制度性的实践与话语的建构性整体,个人就不必为了成为它的受益者而主动表达或实践种族主义。种族主义不能被简化为——由于其处于公众—服务通告的反"仇恨"话语之中——病态的躁狂症患者的咆哮。在一个系统化的种族社会里,种族主义是某种"正常的"病状,实际上没有人完全免于此病,甚至包括其受害者。种族主义把其深层的心理根源追溯到了对"他者"的害怕(这个他者与受压抑的、动物性的、"有阴影的"自我相联系)以及对待自然和身体的病态态度。如拉尔夫·埃利森(Ralph Ellison)(另外一位文化研究的先期实践者)所提出的,正是"黑人的不幸"被关联性地置于:

> 白人脑子里[那种]基本的二元性的负面,并被捆绑到它出自良心和意识要去压制的几乎一切事物上。[5]

"黑人的"与"白人的"这一对术语很容易让位于好/坏、物质/精神、恶魔/天使的摩尼派教义。并且,既然日常语言把黑设定为是负面的("黑色绵羊","黑暗的日子"),并把黑和白设定为相反的("这不是一个黑与白的是非问题")而不是在光谱上的细微差别,黑人几乎总是被抛向罪恶的一面。正是这种对摩尼教的抵抗导致了许多人——从20世纪20年代的弗兰兹·博亚兹(Frantz Boaz)到20世纪80年代的杰西·杰克逊(Jesse Jackson)——倡导从肤色和种族基础上的术语学转向文化基础上的术语学,比如,不要说黑人和白人,而是非裔美国人或是欧裔美国人。(保尔·吉尔罗伊的最新著作,颇具启示性地,就以"反对种族"为题。)

个人受到社会权力领域的妨碍,具体地是受到社会的统治与从属关系的妨碍。文化生产者和接受者不是抽象的个人;他们有具体的国籍、阶级、性别和性征。文化研究的许多工作已经着重于这些社会身份和压迫的参照线,着重于在种族、性别、阶级和性征的"咒语"之中得到概括的社会分层的多种形式。是以上的哪一个因素带来了社会表征的所有这些独特的轴心之间的关系问题?我们不得不问,是否这些压迫性参照线的某一个是一开始就存在的,是所有其他参照线的根源?阶级是否是所有压迫的基础,如经典马克思主义所揭示的?或者父权制对于社会压迫比阶级主义和种族主义最终更为根本,如女权主义的某些版本所说的?或者种族是主要的决定因素?有没有某种"情感的相似结构"会导致一个被压迫群体去认同另一个被压迫群体?什么是反犹主义、反黑人的种族主义、男性至上主义、恐同性恋之间的相似之处?恐同性恋和反犹主义有某种共同的倾向,那就是把巨大的权力投射到他们锁定的受害人身上:"他们"控制一切,或"他们"正尝试占领。但对这每一种压迫形式而言,什么是独特的和具体的?比如,一个人可以是他(她)家庭之内恐同性恋的受害者,而这在反犹主义或反黑人的种族主义的例子中则不大可能发生。在什么程度上,一个"主义"可以说是与其他的"主义"们同居一处?比如,男性至上主义、种族主义和阶级主义可以为它们自己染上恐同性恋的色彩。最为重要的也许是不要把这些表征参照线分离开来,而要看到批判性种族理论家称之为"交叉性"的那些论述,即种族是阶级的,性别是种族的,阶级是性征的,等等。

定型与表征的负担

就我们的理论目标而言,大众文化中的种族主义指的是所有语境的和文本的实践,因此种族差异被转化为"他者性"而被利用,或是受到惩戒,这既是由那些握有制度化权力的人所为,又同时针对他们自己。这种关于种族定型的牵一发而动全局的敏感性部分地来源于詹姆斯·鲍德温所称的"表征的负担"。在大众传媒的象征性战场上,模拟性领域内关于表征的斗争与政治领域的斗争相似,在这里模仿和表征的问题很容易就成了代表和发言的问题。任何来自被压迫团体成员的负面行为,比如O. J. 辛普森的行为,都立刻被解码为指向朝着某种预设的负面本质的永久性倒退。表征因而就成为比喻性的;在霸权性话语中,每一个次要的行动者/角色都被视为提喻性地概括了一个宽泛但想象性的同质性共同体。在社会中被赋予权力的群体不必过度担心"扭曲和定型",因为即便是偶尔的负面形象也只是形成了某种大范围表征的一部分而已。相比之下,代表人数不足的群体的每一个负面形象都痛苦地承载了讽喻性意义。

于是,由于在历史上被边缘化的群体无力控制他们对自身的表征,围绕定型与扭曲的敏感话题层出不穷。对电影表征的充分理解因此要求对产生和分配大众传媒的文本以及接受它们的观众的机制做全面的分析。谁的故事被讲述？被谁讲？它们是怎样制造、传播和接受的？文化研究，在此种意义上，不仅需要涉及消费，还涉及生产。比如，尽管有一些像奥普拉·温弗瑞（Oprah Winfrey）和比尔·科斯比（Bill Cosby）等名人的成功，但是只有为数很少的黑人在电影工作室和电视网络系统拥有行政职务。[6]

电影和电视拍摄，作为表征的一种即兴形式，构成了某种具有政治弦外音的代言方式。在这里，欧洲人和欧裔美国人也扮演了重要角色，而把非欧洲人贬为配角和放在多余人的位置。在好莱坞电影里，欧裔美国人过去就已经享有扮演"黑脸"、"红脸"、"棕脸"以及"黄脸"的单方面的特权。这种在表征权力上的不对称性已经引发了少数民族团体中强烈的不满，对他们来说，此种对某个非少数民族团体成员的刻画是一种三重侮辱，这暗示着（1）你不值得自我表征；（2）没有什么来自你的团体的人能表征你；还有（3）我们，电影的制作人，几乎不关心你受到伤害的感情，因为我们有权力，并且关于这件事没有什么可做的。

在媒体中的人种的/种族的表征和定型方面已经有许多重要的研究。（见 Miller 1980；Pettit 1980；Woll & Miller 1987；Churchill 1992；Guerrero 1993；Shohat & Stam 1994；Wiegman 1995）批评家如瓦因·德洛里亚（Vine Deloria 1969）、拉尔夫和纳塔莎·弗赖尔（Ralph and Natasha Friar 1972）、沃德·丘吉尔（Ward Churchill 1992）、杰奎琳·基尔帕特里克（Jacqueline Kilpatrick 1999），以及许多其他人讨论了某种二分法的分裂，这种二分法把美国土著要么变成嗜血的野兽，要么变成高尚的野人。一些其他学者，特别是唐纳德·博格尔（Donald Bogel 1988，1989）、丹尼尔·利伯（Daniel Leab 1976）、詹姆斯·斯尼德（James Snead 1994）、艾德·格勒罗（Ed Guerrero 1993）、吉姆·派恩斯（Jim Pines 1992）、克莱德·泰勒（Clyde Taylor 1998）、托马斯·克瑞普斯（Thomas Cripps 1977，1979，1993）、格雷（Gray 1995）等人探究了原有的定型——比如演奏摇滚乐的混混，以及舞台上含糊其辞的黑人与印第安人的混血儿——怎样从先前的媒体转变为电影和电视。在其他族群如拉丁美洲人的定型方面也做了重要的研究。（见 Noriega 1992；Fregoso 1993；Ramirez Berg 1992）

在这里总结关于定型的研究毫无意义；相反，我既想要为这些研究的重要性辩护，又想提出一些方法论问题，即关于性格或以定型为中心的方法中潜在的假设条件的问题。首先要说的是，定型分析做出了不可缺少的贡献，通过（1）在那些第一眼看上去可能是随意的和萌芽的现象中揭示偏见的压迫性模式；（2）强调通过系统性的负面描绘而对所攻击的群体造成的心理迫害，不管是通过定型自身的内化还是通过它们传播的负面效果所致；（3）标示定型的社会功能性，显示定型并非感觉的错误，而是一种社会控制的形式。对"正面形象"的呼求，以同样的方式，与只有那些在表征上被赋予特权的人才不能理解的意义深远的逻辑相对应。如果有一部以男女主人公做交易的重要电影，作为一件简单的关于表征平等的事情，少数民族团体就有权力要求分得这个表征蛋糕的一份。

同时，从理论—方法论的角度看，定型方法牵涉到了一些陷阱。首先，对形象的排他性的先入之见，不管是正面的还是负面的，可能导致一种本质主义，因为不那么敏感的批评家把形象描绘的复杂的多样性简化为有限的一套具体的惯用语。此种化约主义有重新制造种族主义的危险,而这些惯用语是被设计去对抗种族主义的。这种本质主义随之引起了某种反历史主义;这种分析倾向于静止,不允许变化、变形、换位、改变的功能;它忽略定型甚至语言的历史不稳定性。定型分析同样的是暗自假设在个人主义的基础之上,假定个性——而不是更大的社会范畴(种族、阶级、性别、国家、性取向),仍然是参考之所在。着重于个性也忽略了某种方式,通过这些方式整个文化——与个人相对——即使没有一个角色被定型,也能被漫画化或是错误地表征。比如,通过把非洲灵教认定为迷信崇拜而非合法的信仰系统,无数的电影和电视节目重现了针对此种宗教的欧洲中心式的偏见,这些偏见被那些用于讨论这些宗教的高人一等的词汇("泛灵论"、"祖先崇拜"、"魔术的")神圣地记载。总的来说,一个巨大的文化复合体即使不依赖角色定型也会遭到诽谤。

  道德主义的方法也规避了"道德"的相对本质的问题,而略去了如下问题:对谁是正面的?它忽视了一个事实,那就是被压迫的人对道德也许不仅仅有不同的看法,而且甚至有相反的看法。统治集团视为"正面的"——比如,那些在西部片中为白人当间谍的"印第安人"——的行为,在被统治集团看来也许是一种背叛。经典好莱坞片中的禁忌不是关于"正面形象",而是关于种族平等的形象、愤怒与反叛的形象。把正面形象放在优先地位的做法也避开了明显的差异、社会的和道德的不同声音,这是任何社会群体的特点。一部费尽心思制作的正面形象的电影显示出被描绘的群体自信心的缺乏,这个群体通常自己就没有关注自身完美的幻想。还有,人们通常假定控制表征会自动导致"正面形象"的产生。但非洲影片,像《拉非》(*Laafi*, 1991)和《芬赞》(*Finzan*, 1990),并不提供非洲社会的正面形象;相反,他们提供关于非洲社会的非洲视角。"正面形象",在此种意义上,可以是一种不安全的标志。毕竟好莱坞从没有担心过向全世界输送把美国描写为一个盗匪、强奸犯和谋杀犯的国家的电影。较之把角色变为英雄更重要的是他们被作为主体(而非客体)对待。比形象更重要的是作用的问题。

  尽管在某种层面上电影是一种模仿、表征,它同时也是言语行为,一种社会情景化的生产者与接受者之间的语境化的对话行为。仅仅说艺术是被建构的是不够的。我们不得不问"为谁建构?"、与哪些意识形态和话语相汇合? 在此种意义上,艺术作为一种政治觉悟、一种代言,是不那么具模仿性的表征。[7] 一个对模仿的"定型与扭曲"的方法论的替代选择是更多谈及"声音"和"话语",而更少谈及"形象"。"形象研究"这一术语症状性地略去了口头的和"发出声音的"。对电影里的种族更为细微的讨论将较少强调对历史真实的一对一的模仿的充分性,而更多强调声音、话语、视角,包括在那些形象自身之中发挥作用的此类因素之间的互动。评论家的任务将是唤起对正在发挥作用的文化声音的注意,不仅那些在听觉上会"关闭"的声音,还有那些被文本所扭曲和淹没的声音。问题不在于多元性而在于多声音性,一种将设法培养和甚至加强文化差异而又消除社会引起的不平等的方法。

多民族国家的文化

  奇怪的是,一方是"多元文化媒体研究"的实践者,另一方是"文化研究"的实践者,经常看上去是各行其是,而没有充分地认识彼此。但多元文化主义对文化研究来说暗示着什么?一种暗示是,在后殖民的、全球化的但又仍然是种族的当今时代,所有文化都有"多元文化"的意义。谈及美洲人时,加拿大的政治理论家威尔·基姆利卡(Will Kymlicka)指出,像巴西和美国这样的国家不是"民族国家"而是"多民族国家",因为他们的文化/种族多样性源自三个主要群体的出现:(1)那些已经在美洲的(具有极大的多样性的土著人);(2)那些被迫来到美洲的(被当作奴隶的具有多样性的非洲人);以及(3)那些选择来到美洲的(具有多样性的移民)。但是其他文化研究的场所如英国、澳大利亚和法国,也是多元文化的。多亏了殖民气氛,英国现在也是印度的、巴基斯坦的和加勒比的。英国影片,像《萨米和罗西被冷落》(*Sammy and Rosie Get Laid*, 1987)、《伦敦杀死我》(*London Kills Me* 1991)、《年轻的灵魂反叛者》(*Young Soul Rebels*, 1991)以及《海滩边的巴基》(*Bhaji at the Beach*, 1989),正是在曾被称为"祖国"的土地上长大的前殖民地居民颇具张力的后殖民杂交性的见证:在《萨米和罗西被冷落》一片中多元文化的邻里中,如过去那样,居民们对地球上原来就被殖民化的地区划有"分界线"。法国,同样地,现在是亚洲的、马格里布的、非洲的和加勒比的。新浪潮(The New Wave)让位于 *beur* ("Arab"倒着写)电影,即法国的北非人的作品,而非裔美国人的街舞文化在巴黎的城郊住宅区流行。

"文化研究"所检验的大众文化,总的来说,现在基本上是无法挽回地多元文化的、混合的、西班牙或葡萄牙与北美印第安混血儿的。音乐尤其成了哲学或宗教调和的优先之地。错误地公之于众的名称"世界音乐",在此种意义上,只不过是"有色人种制作的国际性音乐"的另一个名称,就如在奥斯卡颁奖礼上错误套用的名称"最佳外语电影"一样,它实际上是"世界电影"的另一名称。音乐传统的"危险的十字路口"(Lipsitz)相互提供不断得到丰富的合作,这些合作在非裔散居音乐的多样潮流之间进行,产生了如"桑巴雷鬼"(samba reggae)、"桑巴说唱"(samba rap)、"爵士探戈"(jazz tango)、"说唱雷鬼"(rap reggae)和"摇滚弗洛米伦格(roforenge)"[一种摇滚(rock)、弗洛(forro)、米伦格(merengue)的混合]这样的杂交品。散居音乐文化彼此混合,同时也与第一世界占统治地位的媒体传播有传统竞争,特别是美国的流行音乐,其本身就从非洲散居传统那里得到能量。一种音乐理念的无止境的、创造性的多方向运动因此围绕"黑色大西洋"(Thompson,Gilroy)来回移动。非洲散居音乐显示了一种食人族般的吸收影响的能力,包括西方影响,而同时仍然被一种文化上的非洲低音旋律推动着。在美洲人当中,像史蒂维·旺德尔(Stevie Wonder)、塔吉·马哈尔(Taj Mahal)、鲁本·布莱兹(Ruben Blades)、吉尔伯托·吉尔(Gilberto Gil)、凯塔诺·维罗索(Caetano Veloso)、玛丽莎·蒙特(Marisa Monte)以及卡林赫斯·布朗(Carlinhos Brown)这样的音乐家不仅实践音乐的融和形式,还在他们的歌词里使融和主题化。通过电缆和卫星电视实现新的文化交流的流动性使这些交流得以扩大。到目前为止,说唱乐已成为世界范围的音乐性抗议的通用语。如果火星人来到地球并收听收音机的话,如罗伯特·法雷斯·汤普森(Robert Farris Thompson)所说的那样,他们将得出结论说非洲人已经占领了地球。

大众媒体的文化研究几乎不可避免地要涉及种族问题,不管是在种族作为定型或作为结构性不在场的负面意义上,还是在唤起对文化的种族本质的注意的媒体产品的正面意义上。

比如,既然种族是建构性的,而不是美国国家身份的从属性特征,我们将不会惊奇于发现种族的个中之意和弦外之音出没于无数的好莱坞电影,就如受到压制的故事、崇高化的痛苦以及被埋没的少数民族的劳作"出没于"日常的社会生活一样。在好莱坞的音乐剧中,非裔美国人不仅构成了被压迫的历史的声音,而且构成了实实在在被压迫的种族的声音,因为黑人音乐用语在屏幕上与"白人"影星有更多联系,从而认可了刻在本质上是非裔美国人的文化产品之上的欧裔美国人的印章。在某种颇具矛盾心理的权力变换形式里,"热爱"黑人文化的装饰性小玩意儿的同一个统治性社会会把黑人表演家排除在外,而这些表演家能最好地体现这些小玩意的特质。这些种族表征的政治不是"无意识的",它们是好莱坞制作体系之内明确的争论和谈判对象,一个南方(以及北方)种族主义者、自由主义者、黑人公共倡导团体、审查者、紧张的制作人等等的竞争性影响的问题。托马斯·克里普斯(Thomas Cripps)描述了影片中黑人性被删除的过程:给予乔治·格什温(George Gershwin)灵感的非裔美国人音乐怎样被逐渐从传记性的《蓝色狂想曲》(*Rhapsody in Blue*)(1945)中省略掉;比如,让保罗·怀特曼"从爵士乐中制造一个淑女";或是《丽迪娅·贝利》(*Lydia Bailey*,1952)从一个关于图桑·路维切尔①和海地革命的故事变成一个以白人为焦点的罗曼史。

"种族"影响文化研究的另一个方式与文化研究想要分析的盎格鲁—美国大众文化在全世界范围扩展的事实相关。对文化研究来说,自恋性地仅仅聚焦于盎格鲁—美国大众文化,而忽视那种文化在世界上的影响,还忽视被轻蔑地称为"世界的其余部分"的大众文化,就是加强现存的知识上的不对称性,这些知识根源于权力的新殖民结构,由此,非洲、亚洲以及拉丁美洲的人们一如既往地比世界的初民懂得自己的语言还要懂得第一世界的语言。

在更为正面的意义上,美国大众文化不断地见证不仅仅是不同的边缘群体之间的"对话",也见证欧裔美国文化和其"他者"之间的对话。文学分析家指出了《鲁滨孙漂流记》(*Robinson Crusoe*)中克鲁索与星期五、《哈克里贝·利芬》中哈克与吉姆、《白鲸》中伊什梅尔与奎奎格之间(公认的不对称的)的对话。艾里克·桑德奎斯特(Eric Sundquist)在《唤醒国家》(*To Wake the Nations*)中问道,当我们把梅尔维尔关于一个奴隶的反抗(*Benito Cereno*)的小说这样的作品当成黑人文学传统的一部分时,发生了什么? 在影片里,此种对话经常采用主人公与助手的孤立形式(孤独的看林人和唐托,克鲁索与星期五后来的凡人化),或是主人公和逗乐者的形式(《卡萨布兰卡》中的里克和山姆,1942)。在《藐视者》(1958)一片中,托尼·柯蒂斯(Tony Curtis)和席德尼·鲍蒂尔(Sidney Poitier)锁链般沉重的种族间相互依赖的比喻。20 世纪 80 年代和 20 世纪 90 年代提供了更多两个种族的"伙伴影片"的较乐观的版本:《监狱狂人》(*Stir Crazy*)(1980)和《夺命屋》(*See No Evil*,1989)中的理查德·普莱尔(Richard Pryor)和吉恩·怀尔德(Gene Wilder)、《四十八小时》(*48 Hours*,1982)中的爱迪·墨菲(Eddie Murphy)和尼克·诺尔特(Nick Nolte)、《惊恐奔跑》(*Running Scared*,1986)中的比利·克里斯托(Billy Crystal)和格利高里·海因斯(Gregory Hines)以及各种版本的《致命武器》(*Lethal Weapon*)中的梅尔·吉卜森(Mel Gibson)和丹尼·格洛弗(Danny Glover)。像《为黛西小姐驾车》

---

① 图桑·路维切尔(Toussaint L'Ouverture,1743—1803),海地革命领袖。——译者注

(*Driving Miss Daisy*，1991)、《大峡谷》(*Grand Canyon*，1992)、《激情之鱼》(*Passion Fish*，1992)、《黑白游龙》(*White Men Can't Jump*，1992)、《鬼狗》(*Ghost Dog*，1999)以及《白与黑》(*Black and White*，2000)这样的影片同样地把白人—黑人对话置于他们关注的中心。这些影片的吸引力，包括票房吸引力，显示其触及了国家无意识之中的某种深层的东西，一种对种族间和谐的历史性决定的向往。并且种族乌托邦的形象确确实实全部渗透进美国大众文化之中，从多年的感恩节庆典到最新的多民族音乐电视。在更高级的发展阶段，在当代的电视脱口秀《奥普拉，政治上不正确》(*Oprah*，*Politically Incorrect*)、MTV 里、软饮料的广告里、电视体育节目中、公共服务的宣言里以及《目击者新闻》节目中友善的多民族同志情谊里，人们发现同样的乌托邦比喻的回应，这种回应带有民族和谐的抚慰性表演(与白人警察杀死无辜黑人的报告形成残忍的对比)。

在一个多种族社会，自我不可避免地具有融和性，特别是当一个先在的文化多声部被媒体放大之时。一些好莱坞影片上演民族融和的进程不是偶然的：在《男子汉》(*Hombre*)(1967)和《马人》(*A Man Called Horse*)这样的影片中，白人学习美国土著的生活方式；在《银色条纹》(*Silver Streak*，1976)中理查德·普莱尔教吉恩·怀尔德怎样"像黑人那样走路"；在《克拉拉的心》(*Clara's Heart*，1988)中，年轻的(白人)男孩戴维向克拉拉学习搭建天井；在《生在东洛杉矶》(*Born in East LA*，1987)中，中国移民向奇卡诺人①学习街头俚语；在《鸟》(*Bird*，1988)中，查理·帕克尔(Charlie Parker)戴着亚马克帽②在一个哈西德教徒(*Hassidic*)③的婚礼上跳起了爵士舞；在《姐妹行动》(*Sister Act*，1992)中，伍皮·戈尔伯格(Woopie Goldberg)教白人修女跳莫塘舞④；以及在《黑与白》(*Black and White*，2000)中，一群黑人追星族学跳黑手党⑤摇摆舞。

因此许多影片——《西瓜人》(*Watermelon Man*，1970)、《灵人》(*Soul Man*，1986)、《真实身份》(*True Identity*，1987)、《变色龙》(*Zelig*，1983)、《白人男孩》(*Whiteboy*，1999)——在种族转换的比喻上做文章也并非偶然。桑德拉·伯恩哈特(Sandra Bernhardt)在《没有你我一无是处》(*Without You I am Nothing*)的开片中演唱《我的皮肤是黑色的》("My skin is black")，并通过灯光和服装让人看上去是黑皮肤的。但是此种比喻几乎不限于电影。全白人阵容的说唱组合"年轻的黑人少年"(Young Black Teenagers)说到"以成为黑人而骄傲"，并指出"黑人性是一种精神状态"。最后，经久不衰的喜剧通过某种种族的腹语术不断地跨越种族界线。伍皮·戈德伯格扮演(假定是白人的)"河谷女孩"，而比利·克里斯托(Billy Crystal)扮演(假定是黑人的)爵士音乐家。这些种族变形在迈克·杰克逊的《黑或白》(*Black or White*)的音乐录音带中达到了神祇般的境界，在这里变形术使一连串多种族脸谱凑成了无限的杂交化结合。

---

① 指墨西哥裔美国人或在美国的讲西班牙语的拉丁美洲人后裔。——译者注
② 原文为 yarmulka，一种无檐便帽，犹太男人在祷告时所戴。——译者注
③ 哈西德教派为犹太教的一支。——译者注
④ 原文为 Motown，为美国第一家黑人唱片公司，1959 年建于底特律，在推广黑人灵歌方面非常重要。——译者注
⑤ 原文为 Blackhand，19 世纪和 20 世纪美国的西西里和意大利人的黑社会组织。——译者注

并且,美国大众文化越来越具有西班牙(或葡萄牙)与印第安混合的特色,被"黑白混血儿"如王子、麦当娜、玛丽亚·凯丽、迈克·杰克逊以及迈克·波顿所统治,这是人们跨文化地变形为他们的邻居的情景的症候性表现。确实,任何使盎格鲁白人性与黑/红/黄的他者相对立的二分法框架都不可避免地错过了融和性文化复杂的矛盾层级,这种融和性文化处于一个许多年轻德国人幻想成为美国土著的世界里,并且在那里欧裔美国年轻人戴上恐怖面具并使他们的嘴唇加厚。

白人性研究

文化研究一直以来既是一个学科之内的次学科的发酵剂,又是一个学科之上无所不包的跨学科之伞。文化研究足够"热",以至于许多学科都渴望宣称——常常是似是而非的——他们一直以来都在做文化研究。在这一点上,很难在像媒体研究、视觉文化/研究、后殖民研究、酷儿研究、散居研究、边界研究、行为研究、拉丁研究、犹太研究以及白人性研究这样的学科领域之间画出清晰而明显的界线,而这许多研究都衔接于虽然有差异但同样基本的文本和议题。20世纪90年代见证了迈出对相互隔绝的孤立群体——美国土著、非裔美国人、拉丁美洲人——的研究的尝试,并热衷于关系性的和对位法的研究方法。这段时期还见证了"白人性研究"的兴起。这个运动回应了有色人种学者提出的不仅仅在受害者身上、还要在作恶者身上分析种族主义影响的号召。"白人性"学者质疑白人性的那种安静却让人无法忍受的规范性,通过这个过程"种族"被认为属于其他人,而白人被默许为未作标记的规范,留下白人性成为一个不被追究的空间。尽管在某种层面上,白人性(像黑人性一样)只是一种没有任何科学依据的文化虚构,但它也是一个在财富、威望以及机会的分配结果方面都很真实的社会现实。(Lipsitz 1994:vii)在西奥多·艾伦(Theodor Allen)和诺埃尔·伊格纳提埃(Noel Ignatiev)所做的各种"少数民族"(比如爱尔兰人)怎样成为"白人"的历史研究过程中,白人性研究"拒绝"仅仅作为另一种民族性的白人性,尽管它被历史赋予了无节制的特权。这个运动有望标志"无辜的白人主体"的终结,并且是某种令人尊敬的实践的终结,这种实践单方面使第三世界和少数民族的"他者"种族化,而同时把白人刻画为某种程度上"无种族的"。

托尼·莫里森(Toni Morrison)、贝尔·胡克斯(Bell Hooks)、可可·法斯科(Coco Fusco)、乔治·利普塞兹(George Lipsitz)、露丝·弗兰肯伯格(Ruth Frankenberg)、乔治·犹迪斯(George Yúdice)、尼尔森·罗德里格兹(Nelson Rodriguez)、诺埃尔·伊格纳提埃(Noel Ignatiev)以及理查德·戴尔(Richard Dyer)都是那些把"白人性"的规范性概念问题化的许多人中的一部分。戴尔的《白》(White)(1997)一书聚焦于西方文化中对白人的表征。戴尔指出,"有色人种"这一术语作为对"非白人"的命名暗示了白人是"没有颜色的"并因此而具有规范性:"其他人是种族的,而我们是人"。(Dyer 1997:1)戴尔指出,甚至是灯光技术以及电影灯光的具体模式,都有种族暗示,而"正常的"脸就是白人的脸的假设贯穿了电影摄影技术手册。

在其最理想的时候,"白人性"研究把白人性去自然化为未作标记的规范,唤起对与白人性相伴的想当然的特权的注意(比如,不去成为媒体定型的对象)。在其最激进的时候,为了消除白人特权,它要求约翰·布朗(John Brown)式的传统意义上的"种族背叛"和"废奴主义"。同时,"白人性研究"冒着这样的危险,即重新使白人自恋主义中心化,以及把主题换回到假设的中心——即某种表演行业的格言的种族版本:"说我的坏话都可以但一定要说"。有人指出,白人不能解除他们的特权,即使他们想那样做。白人性研究也需要被看作处于全球化语境之中,在那里,白人和黑人并不总是对差异的有效分类,而种姓(在印度)或宗教(在中东)才是。重要的是保持一种杂交关系性和团体的社会共同暗示的意识,而不要陷入某种轻易总结的信口开河的话语里。

从文化研究到多元文化研究

在所有文化都是多元文化的条件下,作为一种使所有大众文化的融和的、混合的本质正常化的方式,对我来说,不是谈"文化研究"而是谈"多元文化研究"更有意义。各种支流汇进了也许可以叫作"多元文化研究"的更大的河流之中:对"少数民族"话语和表征的分析;对帝国主义和东方主义传媒的批判;关于殖民和后殖民话语的研究;"少数民族"、"散居的"和"放逐的"艺术的理论化;反思性和对话性的人类学,批判性的种族理论;关于反种族主义和多元文化媒体教学的研究。

并且,在一个全球化的世界里,也许到了一个从比较的多元文化研究的意义上,而且还要从并不总是通过想象的"中心"的关系性研究的意义上去思考的时候了。殖民进程的全球化性质以及当代传媒的全球化触角,实际上强迫文化批评家转向民族—国家的限制性框架之外。比如说,什么是印度和埃及大众文化之间的关系性? 有时,甚至是多元文化主义者也会以一种狭隘的民族主义的和排他主义的框架去看问题,说什么世界的多样文化对"美国社会的发展"所做的"贡献",而没有意识到民族主义的目的论潜藏着这样的表达方式。"多元文化性"并不是某种美国垄断物,多元文化主义也不是美国身份政治的女仆。比如,欧洲中心主义的后果之一,就是北美人和南美人倾向于向欧洲而不是向其他美洲人的多种族社会寻求自我定义和自我理解。然而,在北美电影里的种族表征就可以在北美其他多种族社会提供的电影表征的关系性语境之内,并用他们共同的殖民主义、奴隶制以及移民的历史有成效地进行研究。一种跨文化的"相互阐释"的对话方式将不仅仅在具体的国家电影传统之内——比如,对土著人、非洲人以及移民的表征中的对比或反对比,还要在它们之间强调对比,即乔治·尤迪斯(George Yúdice)在这一卷中所号召的,以及我在《热带多元文化主义:巴西电影与文化的种族比较史》(*Tropical Multiculturalism*:*A Comparative History of Race in Brazilian Cinema and Culture*)中尝试的有关巴西的比较研究。在其他国家语境中,种族和种姓问题是怎样陈述的? 什么样的话语被使用? 什么是有效的术语? 黑人的正面和负面的形象是怎样从一种文化迁移到另一种文化的? 在黑色大西洋的电影院里,奴隶制是怎样被描述的? 这样的研究将构成对太过经常仅仅聚焦于盎格鲁—美国问题及表征的讨论去狭隘化的第一步。

(向琳　译)

注释：

[1] 见 Diana Fuss，*Identity Papers*(1995)。

[2] 对罗杰·金博尔(Roger Kimball)来说,多元文化主义暗示了"某种对以下观念的攻击……这个观念就是,尽管我们有许多差异,我们仍拥有大量的自希腊和圣经以降的知识的、艺术的、道德遗产的共同之处,(这)使我们远离嘈杂和野蛮主义。而这恰恰是多元文化主义者想要摆脱的遗产"。见 Roger Kimball, *Tenured Radicals：How Politics has Corrupted Higher Education* (New York：Harper Collins,1990),续篇。

[3] "the West and the Rest"一语,以我们的知识所能告诉我们的是,要回到 Chinweizu 的 *The West and the Rest of Us：White Predators，Black Slaves and the African Elite*(New York：Random House,1975)。它也被用于 Stuart Hall and Bram Gieben (eds.)，*Formations of Modernity*(Cambridge：Polity Press, 1992)。

[4] Frantz Fanon,"Racism and Culture," in *Présence Africaine* 8/9/10 (1956)。

[5] Ralph Ellison,*Shadow and Act*(New York：Vintage,1972),p. 48。

[6] 见 *The New York Times*(Sept. 24,1991)。

[7] 科比娜·莫塞尔和伊萨克·裘里恩,以一种相似的精神,区分了"作为一种描述实践的表征"与"作为一种代表实践的表征"。见他们的"Introduction：De Margin and De Centre"，*Screen* 29(4) (1988)：2—10。

参考文献：

Baker, Houston A. Jr., Manthia Diawara, and Ruth H. Lindeborg (eds.) (1996). *Black British Cultural Studies*. Chicago：University of Chicago Press.

Berg, Charles Ramirez (1992). *Cinema of Solitude：A Critical Study of Mexican Film, 1967—1983*. Austin：University of Texas Press.

Bogle, Donald (1988). *Blacks in American Films and Television：An Illustrated Encyclopedia*. New York：Simon and Schuster.

Bogle, Donald (1989). *Toms，Coons，Mulattoes，Mammies，and Bucks：An Interpretative History of Blacks in American Films*. New York：Continuum.

Bowser, Pearl (2000). *Writing Himself into History：Oscar Micheaux，His Silent Films，and His Audiences*. New Brunswick, NJ：Rutgers University Press.

Césaire, Aimé (1972). *Discourse on Colonialism*. New York：Monthly Review Press.

Churchill, Ward (1992). *Fantasies of the Master Race*. Maine：Common Courage Press.

Cripps, Thomas (1977). *Slow Fade to Black*. New York：Oxford University Press.

Cripps, Thomas (1979). *Black Film as Genre*. Bloomington：Indiana University Press.

Cripps, Thomas (1993). *Making Movies Black：The Hollywood Message Movie From World War II to the Civil Right Era*. New York：Oxford University Press.

Deloria, Vine, Jr. (1969). *Custer Died for Your Sins*. New York: Avon Books.

Derrida, Jacques (1978). "Structure, Sign and Play in the Discourse of the Human Sciences." In *Writing and Difference*. Chicago: University of Chicago Press.

Fanon, Frantz (1964). *The Wretched of the Earth*. New York: Grove Press.

Fanon, Frantz (1967). *Black Skin, White Masks*. New York: Grove Press.

Fregoso, Rosa Linda (1993). *The Bronze Screen: Chicana and Chicano Film Culture*. Minneapolis: University of Minnesota Press.

Friar, Ralph and Natasha Friar (1972). *The Only Good Indian: The Hollywood Gospel*. New York: Drama Book Specialists.

Gilroy, Paul (1987). *There Ain't No Black in The Union Jack*. London: Hutchinson.

Gilroy, Paul (2000). *Against Race: Imagining Political Culture Beyond the Color Line*. Cambridge, Mass.: Belknap Press.

Gray, Herman (1995). *Watching Race: Television and the Struggle for "Blackness."* Minneapolis: University of Minnesota Press.

Grerrero, E. (ed.) (1993). *Framing Blackness: The African American Image in Film*. Philadelphia: Temple University Press.

Hoggart, Richard (1958). *The Uses of Literacy*. New York: Oxford University Press.

Jones, Jackie (1998). *Contemporary Feminist Theories*. New York: New York University Press.

Kilpatrick, J. (1999). *Celluloid Indians*. Lincoln: University of Nebraska Press.

Kracauer, Sigrified (1995). *The Mass Ornament*, trans. and ed. Thomas Y. Levin. Cambridge, Mass.: Harvard University Press.

Leab, Daniel J. (1976). *From Sambo to Superspade: The Black Experience in Motion Pictures*. Boston: Houghton-Mufflin.

Lévi-Strauss, Claude (1952). *Race and History*. Paris: UNESCO.

Lipsitz, George (1994). *Dangerous Crossroads: Popular Music, Postmodernism, and the Poetics of Place*. New York: Verso.

Memmi, Albert (1968). *Dominated Man*. Bosont: Beacon Press.

Miller, Randall M. (ed.) (1980). *The Kaleidoscopic Lens: How Hollywood Views Ethnic Groups*. Englewood, NJ: Jerome S. Ozer.

Noriega, Chon (1992). *Chicanos and Film: Essays on Chicano Reprensentation and Resistance*. New York: Garland, 1991, rpt. University of Minnesota, 1992.

Pettit, Arthur (1980). *Images of the Mexican American in Fiction and Film*. College Station. Texas A & M University Press.

Pines, Jim (1992). *Black and Whit in Colour: Black People in British Television since 1936*. London: BFI.

Shohat, Ella and Robert Stam (eds.) (1994). *Unthinking Eurocentrism: Multiculturalism and the Media*. New York: Routledge.

Snead, James (1994). *White Screens, Black Images*. New York and London: Routledge.

Sundquist, Eric (1993). *To Wake the Nations: Race in the Making American Literature*. Cambridge, Mass.: Harvard University Press.

Taylor, Clyde (1998). *The Mask of Art: Breaking the Aesthetic Contract - Film and Literature*. Bloomington and Indianapolis: Indiana University Press.

Thompson, E. P. (1963). *The Making of the English Working Class*. New York: Vintage.

West, Cornel (1993). *Beyond Eurocentrism and Multiculturalism*, vols, I and II. Monroe, Me.: Common Courage Press.

Weigman, Robyn (1995). *American Aantomies: Theorizing Race and Gender*. Durham: Duke University Press.

Williams, Raymond (1958). *Culture and Society. 1780—1950*. London: Chatto and Windus.

Woll, Allen and Randall M. Miller (1987). *Ethnic and Racial Images in American Film and Television*. New York: Garland.

Young, Robert (1995). *Colonial Desire: Hybridity in Theory, Culture and Race*. New York: Routledge.

第28章
全球化与文化

托比·米勒（Toby Miller）

杰弗里·劳伦斯（Geoffrey Lawrence）

我们生活在一个被普遍地理解为"美国及其生活方式的全球性胜利"（Hobsbawm 1998：1）的时刻。亨利·基辛格（Henry Kissinger）甚至说"全球化实际上是美国主导性角色的另一个名称"。（1999）《华尔街日报》（*Wall Street Journal*）大声地鼓吹："超越其在20世纪所经历的一切，美国以无可匹敌的主导性地位进入21世纪……美国的自由市场意识形态如今是全世界的意识形态；这个国家的因特网和生物科技公司正走在未来科技的前沿。"（Murray 1999）尽管对这个国家而言存在着痛苦的内政问题（在2000年，当时甚至74%的大学生期望成为百万富翁，4400万人没有医疗保障），美国仍具有其他政权不可企及的国际影响力。想想那种对主权的世俗期待——现代国家制作以自己的民族形象为特色的邮票。如今，70个国家，其中大多数是第三世界国家，拥有以纽约为基地的跨国邮政公司生产他们自己的邮票。邮票上的主要形象是美国大众文化中反复传播的偶像（Mingo 1997）。此种美国的文化帝国主义常常被认为是某种更广泛的现象的极致——全球化——它见证了北美的大公司扫除国家系统并消除世界文化。

如果情况的确如此，这就是人们所知的"华盛顿共识"（Washington Consensus）的结果。此种"共识"自20世纪70年代晚期以来就处于主导性地位，主张开放贸易、比较优势、财政市场的去规则化以及低通货膨胀。当然，它对全球性低增长和世界范围内更大的不平等——这超过了自大萧条以来的任何时候——负有责任，在工业化市场经济（IMECS）中，工作安全性和实际工资降低而工作时间上升。同时，由于南北经济增长的不平等，在1997年，世界上最富的20%的人赚取的财富是世界上最穷的人所赚取的74倍，而1990年这一数字是60倍，1960年是30倍。贯穿20世纪90年代晚期的此种"共识"的各种各样的灾难——墨西哥、东南亚、俄国以及巴西——被其辩护者搪塞为异常情况而推托了责任。（Palley 1999：49；Levinson 1999：21；Galbraith 1999：13）

此种"共识"受到新自由主义的颂歌——个人自由、市场地位、政府对经济事务最小的干预——之鼓舞。这为如下的主张提供了某种知识上的借口：相对不受阻碍的穿越国家边界的资本流动以及拒绝劳资方与国家共同管理经济。通过制定把劳方从雇佣法中"解放"出去的政策，政府代表资方削弱了工会运动。（凯恩斯福利系统——它帮助把资金重新分配给工人阶级——在这个过程中被消解。)拉尔夫·纳达尔(Ralph Nader)把它称为"一场慢动作的政变",工人阶级和从属群体在代表性磋商和社会福利方面所取得的历史性成就受到公司权力全面的质疑和否定。(1999:7)。

文化在这里被置于何处?在一个不断增长的全球分工过程中,文化公民权怎样被理论化和现实化对工人们关系巨大。就(1)他们在哪里生活、出生或工作;(2)他们的雇主暂时的或永久的住所;或是(3)一家国外的跨国公司对日常生活的文化冲击力这些方面而言,他们的参与权可以得到维护吗?这些关注点形成了我们调查的背景,而且它们将改变文化研究。为什么?

1998年晚夏,蒙特利尔举办了第十四届四年一次的世界社会学大会。这次会议标志着后现代性的终结——在某种意义上。后现代常常被用来包括以下内容:一种以文化特色的大杂烩去比喻或指称其他风格形式的美学风格;一种 IMECS 所做的转向贸易和服务行业,并从自给自足和大型制造的模式中摆脱出来的经济转向;一种通过使用它们自己的准则去削弱现存的知识形式而解构这些知识形式的哲学话语;一种超越制度和阶级基础以定义政治作用的关于身份政治的特权;过去的一个世纪里主要社会理性形式(自由主义、马克思主义、心理分析以及基督教)的衰落;以及源于并鼓吹以上思想的文化理论。(Collins 1992:327)

后现代这个比喻于四年前的第十三届会议上出现过,在1998年就消失了,被全球化所抹杀(或者至少被改写):"和后现代/后现代和"显示了它们只是作为后缀和前缀书写的地位。全球化兴起于20世纪60年代,源于法国和美国把对未来的讨论放到了一个极为突出的地位(Held et al. 1999:1)。这个术语是如此的一词多义,以至于它包括了同一性、差异、联合以及解体所有这些因素——简而言之,全球化,就像它之前的后现代性,已经是代表了不少于生活本身的东西。某种相似的东西在文化研究中继续着。后现代是"我们的"比喻,标示着宏大叙事、理性预期以及中央集权的终结。但那个文本的、印象式的术语,在其表达方式上与常识相对立,已成为——以其自己的反历史的方式——过时的了。在全球性问题上,有一个巨大的队列在从事文化研究的写作,这些写作再次向流传下来的人文学科呈献了独具特色的好奇心:流动性、杂交性、跨国主义,以及混乱。(Sinclair et al. 1996;Mohammadi 1997;Mowlana 1996;Sussman & Lent 1998;Allen et al. 1996;Braman & Sreberny-Mohammadi 1996)

《财经时报》(*The Financial Times*,1997)所称的"带有字母 G 的词"①并非社会学家或搞文化研究的人所独有。这个概念在公司、工会和政府的逻辑中广为流行——通过发布一整页的一则社会—现实主义风格的广告,《福布斯》(*Forbes*)杂志在1998年推出了《福布斯全球》(*Forbes Global*),在那则广告上有红旗(上面包括了各种货币的标志)、卡斯特罗和毛式服装的工人以及"全世界的资本家联合起来"的口号。其公然的意图是要承认和兜售体现于这本新杂志的"资本主义的最终胜利"。

全球化是一种知识效应,对思想的、经济的、社会的和政府的实践都具有确实的冲击力。对它的许多描述都在以下的三种倾向之间转变:面对市场在全世界的胜利和国家的衰落而庆祝或哀悼;对于非国家体系的变化程度和现实状况的怀疑态度;以及对私人与公众之间关系转

---

① "the G-word",即英文中的"Global"一词。——译者注

变的结果仍不明朗的警告。(Held et al. 1999:2)在这一章里,我们勾勒了相关话语的轮廓,这些话语涉及全球经济、民族国家以及文化劳动的新型国际分工(New International Division of Cultural Labor,缩写为NICL),在结束部分使用一个来自电影文化的个案研究,以此列出摆在文化研究面前的那些问题。

我们的分析把布鲁诺·拉图尔(Bruno Latour)的观察奉为准则,他认为"'本土'和'全球'这两个词提供了关联点,这些观点在本质上既非本土的也非全球的,但多少有些冗长,并多少有些关联"(1993:122)。这样的术语在全球化宣传中经常被二分化(并因此是无所不包的),在那里,一方的丰足成了另一方的匮乏,反过来也是如此:一场在国内和国际、公众和商业之间不光彩的比分为零的比赛。为取代这个逻辑,我们遵循这一格言,即"如果想要那些伟大的体系最终向某些真实的问题开放,就有必要找寻这些体系埋藏于其中的数据和问题"。(Foucault 1991:151)

全球经济

认为空间与时间在全球化之下被惯性地压缩的观念来自两个关键性事件:1494年的《托德西拉斯条约》(the Treaty of Tordesillas)和1884年的华盛顿会议。第一个事件承认了帝国的出现,当时教皇通过对世界的瓜分调停了葡萄牙和西班牙之间的对抗——这是首次把全球概念作为征服和剥削场所的记载。第二个事件发生在柏林会议对非洲的帝国主义瓜分的同一年,它把格林尼治作为时间和地图制作法的轴线标准化。此种发展有效地标志着这个世界已成为政府和商业相互关联的场所。(Schaeffer 1997:2,7,10-11)

资本主义的不平坦且不平等的发展与托德西拉斯和华盛顿的潮流并行不悖,因为紧跟1500年和1800年之间重商主义的积累和帝国主义之后的,是资本的古典时代及其工业革命,它建立在使用自然资源制造铜、铁和燃料的基础之上。北方工业发展和农耕转变的时期,恰好与为解决人口流动问题而导致的欧洲移民向美国的迁移相伴,而殖民占领则提供原材料和被奴役的劳动力。(Amin 1997:1,x;Reich 1999)在1870到1914年之间,关键性的转变发生了(毫不惊奇的是,1873年巴哈·乌·拉[Bahá'u'lláh]创造了"世界新秩序"一词[引自Calkins and Vézina 1996:311])。在这个时期内,全球产出和交换以每年3%的上升速度增加,这是一个前所未有的数字。(Hirst 1997:411)与这些发展相对应,社会学家、工团主义者以及无政府主义者组成了庞大的国际工人联合会。(Herod 1997:167)

到第二次世界大战为止,贸易都集中在民族—国家所控制的国家资本之上。1945到1973年的这段时期则代表了一个"中间期,它处于相互竞争的帝国主义权力时期和全球经济即将到来之间"(Teeple 1995:57),而二战之后的国际政权建立在与其公司的扩张需求相结合的美国霸权的基础上。随着其他经济体的增长,国家之间,还有国内公司之间的相互依赖性也增强了。1950年以后,世界贸易被欧洲、日本和美国三巨头所主导,"每一个都有其卫星国巨大的腹地"。(Jameson 1996:2)在1950到1973年之间,总贸易额几乎以每年10%的速度增长,而产出也以高于5%的速度增长,这些增长主要是在这三国之间。(Hirst 1997:411)虽然现代制造技术在19世纪局限于欧洲和美国东北部,但由于应用智能与科技消除了领土界限,这些技术在全世界范围内扩散。(Hindley 1999;Reich 1999)冷战构成了一个两种总体性意识形态的两极化世界,它们在众帝国刚刚清扫了前一个世纪之后处于争斗之中。这种总体性,模糊了其他差异,助长了某种观点,即将来会看到其中一极的胜利(Bauman 1998:58)——由此产生了今天的放任主义经济政策(laissez-faire)的行家里手和所谓的国家的终结。

在"华盛顿共识"之下,出现了这样的问题,即那些1945年以后建立的和刚独立的政府所做的历史性承诺——(1)公民的经济福利和(2)他们的政治主权——能够在多大的程度上得到兑现。新自由主义是这些保证的最新杠杆,也是向着违反这些保证走得最远的。政府想要为选举人送上前进中的主权和得到控制的财经市场,一道的还有国际资本市场——即《经济学家》(The Economist)所称的"不可能的三位一体"。("Global Finance" 1999:4,Survey Global Finance)

通过国家实行对供需的管理、创办工业以使国内产品代替进口,对经济福利的许诺最初看上去在本土是可行的。第二项承诺,即主权,要求一致的国际行动,以说服殖民政权(主要是英国、荷兰、比利时、法国和葡萄牙)他们所奴役的人民应该被给予经由民族主义去实现的自决权。作为假定的自由先驱,后者成了政治变动强有力的意识形态。当这第二项承诺很好地实现之时,由此而产生的后殖民政府担保付诸实施第一个许诺。通过那些建立了本土公司的跨国公司(MNCs),这些殖民政府大多遵循了取代进口的工业化道路。但第三世界国家遭受到了依赖性发展不足带来的后果,并且不能在经济上获得增长。他们形式上的政治的后殖民性很少成为经济的,除了某些追求出口定位的工业化以及以服务业为基础进行扩张的亚洲国家。伴随20世纪70年代的危机,即使那些拥有具备充足资本装备的中产阶级从而允许福利系统存在的国家也发现,停滞性通货膨胀削弱了他们在保护就业、防止通货膨胀方面的能力。我们知道后果:"对资本积累的经济管理空间不再与政治和社会空间相一致。"(Amin 1997:xi)

从20世纪70年代到今天,20世纪50年代和20世纪60年代取代进口的模式受到激烈的质疑和消解,这是一种随着国家社会主义的消融在速度和范围上都在增长的倾向。我们已经到达一个点,在这里据说"国家在全球的舞台上仍然是一个早就声名显赫的政治演员",但"国家集合体……不再控制全球决策过程",这是一个由银行、公司以及财经交易者经营的、基本上是非规范性的体系。(Falk 1997:124-5,129-30)在新的体系里,中心与边缘被模糊,资本的空间流动被加强,工会受到了约束,劳工的决策力量被削弱,而国家权力被资本跨越边界的能力所限制——一种资方和劳方之间的讨价还价和权力关系上的根本性转向,这得到交通和信息技术的促进,但仍然显示出特定的国家融入NICL的方式的轨迹。(Ross & Trachte 1990:63;Thompson & Smith 1999:197)

由于其流动性,MNCs可以制约劳方和国家,这样的话,在面临可能的投资疲软时,后者就不情愿强行执行新的税收、限制方案或是亲工人的政策。在关于生活的"恰当"形式方面,后国家社会主义劳工运动得到美国劳工大会与工业组织联合会的建议,与后者几十年来对马克思—列宁主义的强烈反对相一致。(Herod 1997:172,175)那些阿拉伯世界和非洲的"不具竞争性"的国家拥有劳动力大军,这些人被 MNCs 吸纳,作为一支低成本的、潜在的工人预备军,如果需要的话就进口到北方(Amin 1997:ix),而在全世界,"家庭和非正式部门的活动"都增加"以支持全球再生产"。(Peterson 1996:10)

由 20 世纪 70 年代中期进化而来的全球经济体系中,北方阶级派系支持在其他地方代替非资本主义体系的跨国资本。(Robinson 1996:14-15)约束及相关机制被设置到位,以达到世界贸易自由化、牵制社会主义、促进有利于资本扩张的立法以及聚合世界市场的目的。后者,包括欧盟(EU)及其他贸易组织的形成,对 20 世纪 80 年代及以后自由贸易制度的推广具有关键性作用[尽管自那以后的贸易量还没有超过战后的二十五年(Hirst 1997:412)]。公司权力的增长为大公司提供了足够的力量,以扫除贸易的国家性障碍。外国资本和货币市场的扩散已经意味着经济决策要在民族国家的框架之外来制定,而且要通过有利于市场的方式。而在 1994 年以前,世界上最大的一百家经济体的一半都不"属于"民族国家,而属于 MNCs。(Donnelly 1996:239)而这些跨国公司中的四百家占有 2/3 的固定资产和贸易额的 70%。(Robinson 1996:20)把市场看作一个消除国界的运动并不预示着一个无国界的世界,但它正在使国家发生转变。通过结构性调整和自由化,国家采用政策去管理全球的——而不是国家内部的——经济关系。以民族国家内的社会稳定和环境安全为代价,这些政策有相当大的变数,典型地助长了资金和商品以民族国家中社会稳定和环境安全为代价进行全球性流动。(McMichael,见下文;McMichael & Lawrence,见下文)

某些评论家指出资本的随机性质被过分夸大了,民族国家——远远不止是一系列"美化的当地政权"(Hirst 1997:409)——事实上,在对跨国公司的约束、利用地方性壁垒加强而不是削弱国家统治能力方面至关重要。大多数人继续向政府寻求经济制裁和回报。(Smith 1996:580)此外,美国、西欧以及日本实际上是 MNC 活动唯一关键的地方,容纳了 MNC 销售额和资产的 2/3 还要多。在其他地方,直接的国外投资被限制。(Hirst 1997:418;Kozul-Wright & Rowthorn 1998)可能每 20 个 MNCs 中的一个实际上在全球发挥作用。(Gibson-Graham 1996—7:7-8)跨国公司四处寻找利益最大化,然后退向可知的和可控制的地盘——所以从 1994 年开始的三年里,爆炸性的国外投资眼看着以 40% 的速度增长的 MNC 资金涌向美国,而相反方向的投资则主要是在英国、荷兰、加拿大、法国和澳大利亚这些国家里进行。("Trade Barriers,"1997)

"资本主义和领土状态之间的关系"转变了(Robinson 1996:18),但仍然一如既往地被洲际体所统治,尽管它们又被 G7 所主导。(Hirst 1997:413;McMichael 2000:177)比如,资本市场在全世界运行,但这是在国家的监督和约束之下;所有可以想到的关于处理跨国事务的计划仍然涉及形式上的管理。("Global Finance,"1999)工人们已经通过国际贸易秘书处来处理这些变化中的情况,而这个秘书处有很多美国工会,它们遵从取悦于它们的老板的领土扩张命定说(Manifest Geo-Destiny)的逻辑。超越国家的工人团结已变得只适用于草根阶层,而不是顶级高层,并且如今它被一种与全球化的管理主义相对立的、把国家荣誉浪漫化的孤立主义的劳工立场严重地削弱,而后者是一种令人嫌恶的商业过滤式的话语,作为盛行的国际乌托邦主义,它代替了国际工人阶级的团结。(Herod 1997:168,171,185;Amsden & Hikino 1999:7)

很明显,实现世界范围的自由化的资本主义目标受到了市场规则制度化的支持,这涉及对国家明确的重组,以促进资金和商品的流通。例如,约翰·怀斯曼(John Wiseman 1998)就提醒我们,民族国家不是全球化的"无可指责的受害者",而是支持制定全球融和政策的同谋者。迈克·波特(Michael Porter 1990)在比较优势方面的最新理论致使许多国家采用了有利于国家引导的、准官方的、自愿性的以及制度化的结构的政策,这些结构支持那些对跨国资本有益的经济活动。在他们认可与促进全球融合的同时,民族国家开始制定约束性政策,这些政策青睐以企业为重的当地国以及本土管理的新体系。(Le Heron et al. 1997;Pritchard 1999)公共机构——它们中的许多都是国际的,但也有许多是国内的——仍然提供了此种框架,并且实际上为世界经济提供了许多投资。(Atkinson 1997;Gibson-Graham 1996—7:8)

民族国家,过去和现在(将来)

一战以后,当国家自决正在被证明为是万灵药、安慰剂,又突然被认为是混乱之时,欧内斯特·巴克尔(Ernest Barker)概括了国家的三种物质基础:种族,作为一种人类身份的资源;环境,既作为一种自然边界又作为一种内在的秩序;还有人口,作为一套统计学形式。现在,第一和第二个术语被设想为自然的差别(尽管从来没有遇到过这种情形,比如说对种族和资源的争夺),而人口——作为一种要被量化、被赋予资格、被模仿、被改善的关注对象,作为一个源自社会学、生物学和人种学的概念,于是在公共决策看来成了"真实的"了——则被有意地带入讨论之中,巴克尔几乎要庆祝这个事实:这最后一个范畴,已经被弄混了,成了唯一真正适用于国家体系论的一个范畴。(Barker 1927:2—3,12)如梅·约瑟夫(May Joseph)所说的:"从来就没有民族国家内部的纯粹空间。"(1995:3)

民族国家的死亡和国际主权的兴起一直被一成不变地——并且是错误地——在过去的一个世纪以来预言着。越来越多这样的国家实体出现了,甚至在当初宣称它们死亡的话语变得更加执着之时。(Miller 1981:16—18)新的传播技术、所有权和控制模式的国际化、全球散居的多样化和程度的增加扩大了作为一个约束性和刺激性实体的国家的意义。必然的结果就是一种不断增长的需要,它要求每个国家从根本不同的身份当中创造一种国家主体性。一些国家在其多种族人群之中建立归属感,这些人群追求国家表征的新形式,在这些国家所做的工作和这些人所做的努力中,国际化比在其他任何地方都更能说明问题。我们的论点是,当民族国家被下面的种族和上面的超国家主义压力所导致的各种问题烦扰之时,那种国家已死——全球化的标志性成功——的宣言简直是严重不成熟。(Hirst & Thompson 1996)流行的管理主义的小册子,如《民族国家的终结》(*The End of the Nation-State*,Ohmae 1995)在此种情况下可被视为资本主义的自负,它在某个据说是示范性的开放市场的样板如北美自由贸易协定(The North American Free Trade Agreement / Trato de Libro Comercio Norte Americano)的时期就出现了,这个协定只需要一千页的政府规则去"发挥作用"!(Palley 1999:50)

组成民族国家既要求秩序也要求可信性的建立。这种秩序在其类型和运作上也许是新的,但它求助于与某些核心要素的更古老的联系,而这些要素是其宣称所要达到的目的之一部分。国家成了这个要求的基础。它是"可信的",不能被代替,并代表了同一的、真实的文化。(Smith 1990:1,9)然而效忠的言行当然是在国家机器之内。民族国家作为一种法定的实体,是人们经由共同的人种和政治的遗产来选择的,此种经历至多只适用于半打的例子。我们其余的人则是大规模移民/或殖民国家的制图式幻想的证明。并且当某些群体在现有的政治规划中并没有得到所诉求的国家身份时,就有必要从组成政府的愿望的角度上来寻找理由了。

如同汤姆·奈恩(Tom Nairn 1993)矛盾地谈及国家的解体及其多个分裂体:"小的不仅很美而且也有锋芒(从技术和政治两者的意义来说)。"这就是列宁所谴责的明显过时的、小国主义的"中世纪特殊神宠论"与的确相当时髦的"民族国家的非逻辑的、不整齐的、顽固的、瓦解的、独特的真实"之间的差别;1989年的革命使中世纪特殊神宠论变成了将来。(Nairn 1993:157—8)我们当今的重大事件同样涉及国内民族主义和超国际主义等问题,而散居群体和一把手们则收藏着政治契机。大部分文化民族主义研究都把文化民族主义视为国家行动的一种托词,国家建设的一种理由。但在散居居民和没有国籍的行动人士当中产生的强烈情感已经把这列入讨论的问题之中。(Hutchinson 1999)国家内对世俗现代性的威胁不仅仅来自经济变迁,也来自宗教对代议制政府的反对,如最近发生在土耳其和印度的事件所凸显的。(Benhabib 1999:709)大多数具有共同利益的民族团体都已在民族国家之内形成。(Miller 1984:285n1)但是,如果有劳动的全球分工,它还可以维持下去吗?

文化劳动的新型国际分工

菲利普·麦克迈克尔(Philip McMichael 2000)把全球化视为一项由跨国资本推动的计划,它产生了民族国家的不确定性和立法危机,制造了世界范围内的劳力过剩,并引发了全球性移民。这样的过程并非自动地或平坦地发生。与全世界共同体之间的相似性相比,差异化和两极化是一个同样的结果。当代对社会变化的研究成果已经指出,全球化

- 包括跨国性实践,它在很大程度上通过金钱、创意、人民和信息而独立于任何民族国家;
- 由于工会力量被资本不受管制的运动削弱,通过劳动市场管制的解除,宣布对工人阶级的约束;
- 由北方所促进并找到了表达方式,但也在世界范围内的各个场所产生了抵抗;
- 已经开始产生全球性居民,他们的身份不仅仅建立在国家及其历史的基础上,也建立在其处于更广泛的互动网络之中的地位之上;
- 已经引起了与贸易、双边谈判以及本土社会参与相关的权力、义务和传统法律等方面的问题。这刺激了社会的发展,这些社会不再与民族国家处于同一范围,并在全世界形成了新的社会—空间上的团体(比如绿党运动)。(见 Lawrence 2000)

这遵循了一个长久以来的模式。在 14 和 15 世纪,一种重商主义的体系兴起于对气候、地理、植物和动物的商业驱动的预测和控制。商品的交换发展到与劳动的交换相当。就像食物商品在全球开出一条路,人也一样,但常常是作为奴隶。当机械得到发展,工作分裂成了一种工业模式。在 16、17 和 18 世纪里,由于工资代替了生活必需品,城市变成了大规模生产的场地,人口被城市化了。后者就是亚当·斯密(Adam Smith)关于大头针制作的著名片断所描述的重大时刻:

> 一个人把钢线拉出来,另一个人把它绷紧,第三个把它切断,第四个把它削尖,第五个在顶端打磨以衔接针头;做针头需要三种不同的工序;把针头接上去是一件特殊活,而把大头针磨得发亮又是另一件事;甚至把它们别在纸上这件事本身都是一种职业……每一道工艺都有劳动的分工……场合的不同,劳动者生产能力得以相应增长。(1970:110)

随着发达国家进入全球阶段,新的劳动形式在帝国里被制度化。在 18 和 19 世纪,大规模生产在这个中心继续进行,而食品和原材料从边缘国家进口。如今,通过国家经济体内的部门差异、劳动力的岗位和技能以及公司内部任务的组织,劳动的分工就产生了。国际产品的生命循环模式表明它们首先在中心被生产和消费,先是在一个 IMEC 里,然后出口到边缘国家,并最终"在那里"生产,只要技术变得标准化、在劳动前线能节省开支。边缘国家拥有和贩卖的商品和服务很少作为进口产品走向中心国家。(Lang & Hines 1993:15; Strange 1995:293; Keynes 1957:333—4; Cohen 1991:129, 133—9; Evans 1979:27—8)

NICL 的创意(Miller, 1990, 1996, 1998a, b)源于对经济依赖性理论的再理论化,它产生于 20 世纪 70 年代通货膨胀的喧嚣之后。为了劳力和销售而发展市场以及从电动机械的空间敏感性到电子的空间不敏感性的转变,推动了公司超越把第三世界作为原材料供应者对待的方式,而把他们看作工作价格的影子设定者,在他们自己之间以及与第一和第二世界竞争工作岗位。由于生产被分在各个大陆,此种发展打断了先前的把世界分成少数的工业化国家和大多数的不发达国家的做法。福克·弗罗贝尔(Folke Fröbel)等人(1980)把这命名为劳动的新型国际分工。

对那些在文化研究领域工作的人来说,这种分析有何用处?我们现在转向电影和电视的例子,它们体现了一种劳动者、国家、民族、跨国机构的惯例,此种惯例导致了商业与文化分离、国家与国家分离的危机。这些例子显示了(1)作为话语的全球性事件;(2)文化和经济复杂的具体性;以及(3)对政治经济和文化研究相结合的需要。

我们要说的是,如同大规模生产逃离第一世界,文化生产也重新确定了自己的位置,尽管主要是在 IMECs 之内。这正发生在流行文本的生产、市场营销、信息和高雅文化以及限量发行的产品等层面,它们作为生产要素,借助国家支持,吸引着文化生产者。很明显,美国电影工业一直以来都在进口文化生产者,比如德国的印象主义者。但这在经典好莱坞时代是单向的。战后反托拉斯的一系列决策和电视的到来迫使纵向联合的工作室体系做出改变。1946 年接下来的十年见证了产品走向海外。外景地拍摄成了一种把故事变得独特的方式,工作室在全世界购买设备以使用廉价劳动力。在 1950 和 1973 年之间,投入制作的好莱坞电影只有 60%在美国国内开拍。美国的财政机构变得经验丰富起来,它们购买国外的剧本制作和发行公司,从而与当地的公司分担风险和共享利润。这与电影工业和财经资本之间紧密的历史关系是一致的:在 20 世纪 60 年代,由于美国银行转向海外寻求利润来源,它们赞同和协助好莱坞努力把风险和投资尽可能大范围地分散。到 20 世纪 80 年代末,海外公司是美国电影业基金的主要投资者,或是用于反对公司所属国拥有发行权的贷款的主要提供者。如今,在美国公司和法国、英国、瑞士和意大利的公司之间建立了很好的联合生产计划,连带的还有主题公园、电缆、家庭录像带方面的合作。在合作制片中,东道国协同工作或是与美国公司合作,就像电影《约翰·肯尼迪》(JFK),它由一个好莱坞的工作室、一个法国的电缆网络、一个德国的制作工作室和一个荷兰的金融家集资,尽管《一脱到底》(*The Full Monty*)的投资权理所当然为福克斯公司所有。多亏政府津贴的吸引力,多伦多的电影产量是纽约的两倍,制作了一百多部电影。劳务市场的不景气、增长的利润、全球范围内交通和通信技术的发展减少了要兼及这些因素的需要,于是劳动成本降低了,对工人的技能要求降低了。动画制作常常被东南亚和欧洲承担,在这里雇员们的工资比美国雇员低。海外生产的倾向正在加快脚步:为了获得这样的商业机会,在 1990 到 1998 年之间,有 31 个国家电影委员会在全球设立。其中很多主要就是吸引国外资本。对某些评论家来说,这代表了一种重建,它把 20 世纪 30 年代和 20 世纪 40 年代的纵向联合生产线的工作室转变为一种有弹性的系统,在这个系统里,财经、管理以及生产都在物理上和工业上被分裂了。对其他的评论家来说,美国式管理的盛行是一个不断讨论的话题。(Christopherson & Storper 1986;Wasser 1995:424,431;Buck 1992:119,123;Briller 1990:75—8;Wasko 1994:33;Miège 1989:46;Wasko 1982:206—7;Marvasti 1994;Kessler 1995;"The PolyGram Test," 1998;Wasko 1998:180—1;McCann 1998;Lent 1998;"Culture Wars,"1998)

对一家跨国公司来说,在某个民族国家投资的任何决定都带有不安全的因素,因为公司往往是在税收刺激或是其他生产因素的吸引之下采取行动的。(Allen 1998:325—6;Browett & Leaver 1989:38;Welch & Luostarinen 1988;Fröbel et al. 1980:2—8,13—15,45—8)不动的国际资本总是少量的,且严重地依赖于外国汇率。这也关系到国家行动:英国政府决定让英镑浮动,并把英国银行从民主协商中解放出来,这导致了 1998 年的情形,当时紧缩的货币提高了海外投资者的成本,并鼓励本国人在他处消费,海外电影投资意向明显。于是在 20 世纪 90 年代晚期,海外制作在澳大利亚和加拿大蓬勃发展,部分是由取景、基础建设、语言和比美国低的工资水平所驱使,还有较高的制作水平,但仍然依赖于疲软的货币。(Woods 1999;Pendakur 1998:229)

美国的文化优势既受到 NECL 的支持,又被其削弱。本土化发生在消费者的层面,因为国际观众的目标定位越来越具体:肖恩·康纳利(Sean Connery)被奉为好莱坞的头牌,因为欧洲观众喜欢他,而每一部美国电影都有一百种叙述方式用于特定的市场。(《与狼共舞》[*Dances with Wolves*]在法国被作为一部记录美国土著生活的影片进行宣传,而《马尔科姆·X》[*Malcolm X*]则贴出了燃烧的星条旗的海报)。(Danan 1995:131—2,137;Wasser 1995:433)

美国电影机构对于任何的文化遗产让位于国际主义的现象都感到焦急,评论家质疑道,当美国戏剧为迎合海外观众而改动剧本,当政治经济家指出一个新的跨国的好莱坞不再顾及其名义上的观众之时,这意味着什么?乔治·奎斯特(George Quester)哀叹,英国时装戏挤占了本土的"上等品质"的电视节目的空间,宣称美国的电视屏幕上有更多澳大利亚的高端戏剧,而较少本土制作的东西。(1990:57)但是北美仍然保留了吸引在国内电影院里成长起来的人才与之竞争的潮流。彼得·威尔(Peter Weir)的《楚门的世界》(The Truman Show)和《证人》(Witness)的后期制作或许可以在澳大利亚进行,满足屏幕外本土主义的一系列要求,以获得那里的国家财政支持,但那有助于为美国找到一个真正的选择吗?当高蒙(Gaumont)指出"与美洲人的合作制片……通常结果不过是在当地拍摄外景的另一部美国电影"时,迈克尔·阿普泰德(Michael Apted)——詹姆斯·邦德(James Bond)和七喜系列片的导演——带着乐观主义说到"好莱坞的欧洲化",他是什么意思?("Top," 1994; Apted 引自 Dawtrey 1994:75; Gaumont 引自 Kessler 1995:n. 143)法国电影业在20世纪80年代吸引美国电影制作人的尝试也许具有美国工作室占领法国的最终效果,而甚至当好莱坞制作人和网络公司在全欧洲购买卫星和广播频道之时,保持本土电影补贴的外交努力也还在继续着。(Hayward 1993:385)美国在线—时代华纳、迪士尼—美国广播公司、维亚康姆①、美国国家广播公司以及其他公司正争先恐后地奔向巨大的、成长中的西欧电影业的中心,把它们作为制作场地,也作为老产品的倾销地。利用安排美国节目填补当地空白所获得的节余成本,遍布欧洲大陆的新的海外公司驻地投资于当地的节目制作。(Stevenson 1994:6)

　　既作为外国投资者,也作为海外电影和电视制作基金的接受者,英国最近是 NICL 的一个主要参与者。自1979年以来,连续几届英国政府的长期策略就是打破媒体内部的联合,以形成一个对手缺席的欧洲—好莱坞的对阵局势:没有那种所谓的"未知因素"——劳力——的"低效率",在幕后控制范围内产生的技术手段就会被保留下来。简而言之,"灵活性"显示了取代工资稳定性和以出口定位文本的目的。结果,英国如今在历史上首次出现了电影交易的逆差。相关管制的解除导致网络公司的增长和不可避免的对低成本的海外份额的寻求。(Cornford & Robins 1998:207-9)从20世纪80年代开始,对大多数英国国内长片的损失进行补偿已不太可能。为熟练工人和他们的雇主安排就业的必要性使电影业成为一个真正意义上的欢迎红毯。1991年,英国电影委员会(BFC)成立,为海外制作人提供连接人才、场地和补贴的免费服务,并成立了一个城市和地区的电影委员会的全国性网络,以此推销英国的专业化制作和外景地。在1997年,七部好莱坞电影就占据了英国长片制作开支的54%,但英国在抓住好莱坞制作资金方面面临越来越强的竞争。政府在洛杉矶开设了英国电影办事处,尝试通过为该行业提供中介服务,并推广英国的外景地和员工,以使其与好莱坞的往来正常化,并且,英国电影委员会还宣读了布莱尔政府对电影的看法:"坚决放在议事日程第一位的事情,就是希望吸引更多海外电影制作人。"(Guttridge 1996; Hiscock 1998; British Film Commission, n. d.)

---

① 维亚康姆(Viacom)集团,美国传媒公司巨头之一,旗下有 CBS(哥伦比亚广播公司)、MTV 电视网、派拉蒙影视等。——编辑注

一个关键性机构,伦敦电影委员会,得到国家遗产部的许可,在1995年成立,以吸引海外电影制作(你自己去弄明白它与投资组合的关系)。这个委员会向海外制作人赞助资金、安排警力许可,并与当地的居民和公司协商。一个典型的事件就是《碟中谍》(*Mission: Impossible*)的拍摄,当时政府专员骄傲地谈及那部电影的好莱坞制作人:"他们提出所有这些要求,我只是继续坚持一点,那就是只要他们给我们指示,我们就能照办。"(Jury 1996)

为了让电影工作室继续运转,英国在20世纪90年代早期颁布了一些规则,这些规则意味着完全在英国制作的电影就算成是英国的,不考虑其主题、场景或是演员。这样,由西尔威斯特·斯塔龙主演的《法官德雷德》(*Judge Dredd*)是英国的,而《英国病人》(*The English Patient*)因在国外做了太多的后期制作而不符合这一要求。直到1998年,92%的电影不得不在英国摄制。在那一年末,政府把这项要求降到了75%,以鼓励美国公司到英国制作电影。(Woolf)

电影工业的行家们从这学到了什么?麦克·库恩(Michael Kuhn 1998),宝丽金电影娱乐公司(PFE)——20世纪90年代主导英国电影工业的公司——的执行主任,认为"欧洲(当你谈论主流电影时)对好莱坞公司来说几乎是一个诸侯国"。只有"超国家统治机构"才能玩得转,因为缺乏一个稳固的财政基础去跟好莱坞制作与发行的合二为一以及美国卡特尔式的对欧洲制作人的歧视相竞争。具讽刺意味的是,宝丽金现在已经被西丽金(Seagram)占领,而且其股份将以某种形式融入西丽金的另一个分支机构,即好莱坞的大公司:环球影业(Universal)。

与库恩相对,鲁佩特·默多克(Rupert Murdoch 1998)欢迎欧洲的"好莱坞大公司与公共的和私人的广播公司之间新的合资企业",他引用了《泰坦尼克》(*Titanic*)拍摄期间无形中雇佣的欧洲工人的数字:"这种跨越国界的文化合作不是管制的结果,而是市场的力量。正是有了在全世界转移资本、技术和人才的自由,才增加了价值、激活了疲弱的市场、创造了新的市场。"此种观点在欧洲共同体高层中得到支持,为美国电影销售商进入欧洲市场提供了畅通之路。

还有NICI的其他模式。想想格朗迪(Grundy)组织,它从20世纪50年代开始生产澳大利亚电视剧和游戏节目,这些都是得到许可从美国购买的。这个公司在全世界销售这样的产品,以一种叫作"地方性国际主义"的策略运作,这个策略意味着走出澳大利亚,而不是从相关的工业的、尝试性的和限制性的体制孤立地输出产品。遵循广告业所创立的模式,格朗迪在全世界购买制作工作室,使用从澳大利亚进口的、本身也是借鉴于美国的模式,以当地的语言制作节目。从其在百慕大的一个基地那里,这个组织在遍及欧洲、大洋洲、亚洲和北美的70个国家生产了每周50个小时的电视节目,直到在20世纪90年代中期公司被出售给培生(Pearson)。这就是NICL的海外制作,利用澳大利亚商业再生产行业的经验,在那些对以利润为中心的电视制作相对陌生的国家里大量再版美国电视产品。对澳大利亚的好处不太清楚,在那里,通过要求电视网络支持此种文化保护性生产,一种调节性框架产生了,并由此带来专业水准。(Cummingham & Jacka 1996:81—7;Moran 1998:41—71;Stevenson 1994:1)

在美国网络电视灰心丧气地减少开支的时代,外面的人就有了机会,但只是对大公司而言。在同时被分裂又被集中的北美传媒领域,此种倾向似乎朝着更少的投资投向更大量的电视节目的方向发展。换句话说,频道、供应和支付系统数量的巨大增长也正产生对电视所有权前所未有的注意。NICL 的一些例子代表了某种纵向投资形式,其生产过程散布在全世界。反映国内零售系统的横向许可与合作企业也许将是未来的潮流。能制作使用方言的信息娱乐片是那些采用 NICL 模式的国家所走的一条路。(Schwab 1994:14;Roddick 1994:30)

总而言之,屏幕又回到了 20 世纪 60 年代,当时一线和二线的制作行业和具附加值的行业正需要不仅仅在出口、还要在制作场地方面做出决定。传播技术的进步允许在全世界使用电子技术的无线式方式编辑节目,但特效制作也让外景地拍摄的必要性受到质疑。潮流很明显是朝着与其他媒体、全球经济以及管理的平行关系的方向发展,并朝着打破在所有权、控制和节目制作理念方面的公共—私人差别的方向发展。(Wedell 1994:325;Marvasti 1994)电影(视)文本作为真正的全球贸易形式迅猛发展:文化劳动中的全球市场成本必须通过广泛的要素模型来监控,而民族主义或文化主义的诉求必然起来与之反抗。

结　　论

全球化代表某种真实的东西,某种穿越时间、空间、国家的感受,以至于这些范畴岌岌可危。我们对暂时的事物的识别力被质疑——想想那种让计算机处理 1900 和 2000 之间的差别所引起的恐慌。空间被 NICL 作为问题提了出来,因为工作是由那些基于价钱和服从而非场所的人来承担。由于未经选举的、远距离的精英代替当地负有责任的政治家,国家受到公司控制的威胁。在以上的每一项因素中,文化上的必然结果显而易见。与对全球资本利益的追求同步,时间被操纵,空间被撕裂,因为传统的社会纽带被基于利润而不是乡情的所有权削弱。在政治、经济、阶级的层面上,这可能导致"一种社会和经济的宿命论感和习惯性的不安全感"。民主似乎不能对付经济力量。(Held et al. 1999:1)

但是反对力量总是在起作用。1999 年的西雅图和 2000 年华盛顿为反对"华盛顿共识"的一刀切模式所采取的行动足以说明此种力量的存在。环境保护主义者、贸易联合会以及消费者团体质疑了新自由主义的妙策所定义的全球化。纺织品原料、船舶运输以及农业仍然在世界范围内大规模消退。美国——自由贸易和公平竞争的所谓的举旗童——有数百条反倾销法案用于封锁那些"不公平地"定价的进口商品、保留了与日本的半秘密交易以限制钢铁销售,并得到了不少于 196 家公共电影委员会的服务,它们推动其想象中的放任主义电影工业,而欧盟则仍然坚决拒绝进口香蕉和转基因牛肉。所有这些使《经济家》,一家关键的新自由主义事业的宣传喉舌,承认"全球化并不是不可逆的"。("Storm Over Globalization," 1999)

皮埃尔·布尔迪厄设置了一个世界文化的模型,如果除开政治分歧、军事后果以及经济孤立等因素的话,这个模型继续了冷战的两极模式。他为世界文化而斗争的看法使美国与法国彼此相对——即经济放任主义的信条与文化国际主义的对立并置。此种启蒙冲突——处于漫无目的的单子与集体身份之间——使布尔乔亚的个人主义与合作团结彼此冲突,大萧条和苏维埃主义的转世分别悬于两种模型的上空。通过辩论,布尔迪厄呼唤一种前马克思主义的、黑格尔的方式,即一种民主模式,这种模式青睐的国家不是集权主义的或是有助于资本积累的,而是作为群众意愿的表达,这种意愿以集体的而非原子的方式思考自身,并服从于大众利益的召唤,而不是个人的自负行动。(1999:20)那种结构与行动、资本与国家的斗争在文化的生产与符号体系中得到深化,要求借用与文化研究相结合的政治经济来分析。

(向琳 译)

参考文献:

"Culture Wars." (1998). *The Economist*, 12 Sept.: n. p.

"Global Finance: Time for a Redesign?" (1999). *The Economist*, 30 Jan.: 4—8, Survey Global Finance.

"The G-Word." (1997). *The Financial Times*, 30 July: 15.

"The PolyGram Test." (1998). *The Economist*, 15 Aug.: n. p.

"Storm Over Globalization." (1999). *The Economist*, 27 Nov.: 15—16.

"Top 100 All-Time Domestic Grossers." (1994). *The Variety*, 17—23 Oct.: M60.

"Trade Barriers, Erected in Fear, Hurt US Workers." (1997). *USA Today*, 16 Oct. 10A.

Allen, Donna, Ramona R. Rush, and Susan J. Kaufman, eds. (1996). *Women Transforming Communications: Global Intersections*. Thousand Oaks: Sage.

Amin, Samir. (1997). *Capitalism in the Age of Globalization*. London: Zed.

Amsden, Alice H. and Tadashi Hikino. (1999). "The Left and Globalization." *Dissent* 46, no. 2: 7—9.

Anderson, Benedict. (1983). *Imagined Communities: Reflections on the Origin and Spread of Nationalism*. London: Verso.

Atkinson, G. (1997). "Capital and Labor in the Emerging Global Economy." *Journal of Economic Issues* 31, no. 2: 385—91.

Baker, Ernest. (1927). *National Character and the Factors in its Formation*. London: Methuen.

Bauman, Zygmunt. (1998). *Globalization: The Human Consequences*. New York: Columbia University Press.

Benhabib, Seyla. (1999). "Citizens, Residents, and Aliens in a Changing World: Polictical Membership in the Global Era." *Social Research* 66. no. 3: 709—44.

Bourdieu, Pierre. (1999). "The State, Economics and Sport." Trans. Hugh Dauncey and Geoff Hare. In *France and the 1998 World Cup: The National Impact of a World Sporting Event*, ed. Hugh Dauncey and Geoff Hare. London: Frank Cass.

Braman, Sandra and Annabelle Sreberny-Mohammadi, eds. (1996. *Globalization, Communication and Transnational Civil Society*. Cresskill: Hampton Press.

Briller, B. R. (1990). "The Globalization of American TV." *Television Quarterly* 24, no. 3: 71—9.

British Film Commission (n. d.) <http://www.britfilmcom.co.uk/content/filming/site.asp.

Browett, John and Richard Leaver. (1989). "Shifts in the Global Capitalist Economy and the National Economic Domain." *Australian Geographical Studies* 27, no. 1: 31—46.

Buck, Elizabeth B. (1992). "Asia and the Global Film Industry." *East-West Film Journal* 6, no. 2: 116–33.

Calkins, P. and M. Vézina. (1996). "Transitional Paradigms to a New World Economic Order." *International Journal of Social Economics* 23, nos. 10–13: 311–28.

Christopherson, Susan and Michael Storper. (1986). "The City as Studio; the World as Back Lot: The Impact of Vertical Disintegration on the Location of the Motion Picture Industry." *Environment and Planning D: Society and Space* 4, no. 3: 305–20.

Cohen, Robin. (1991). *Contested Domains: Debates in International Labor Studies*. London: Zed Books.

Collins, Jim. (1992). "Television and Postmodernism." *Channels of Discourse, Reassembled: Television and Contemporary Criticism*, 2nd edn. Ed. Robert C. Allen. Chapel Hill: University of North Carolina Press.

Cornford, James and Kevin Robins. (1998). "Beyond the Last Bastion: Industrial Restructuring and the Labor Force in the British Television Industry." In *Global Productions: Labor in the Making of the "Information Society."* Eds. Gerald Sussman and John A. Lent. Cresskill: Hampton Press.

Cunningham, Stuart and Jacka, Elizabeth. (1996). *Australian Television and International Mediascapes*. Melbourne: Cambridge University Press.

Danan, Martine. (1995). "Marketing the Hollywood Blockbuster in France." *Journal of Popular Film and Television* 23, no. 3: 131–40.

Dawtrey, Adam. (1994). "Playing Hollywood's Game: Eurobucks Back Megabiz." *Variety* 7–13 March: 1, 75.

Donnelly, Peter. (1996). "The Local and the Global: Globalization in the Sociology of Sport." *Journal of Sport & Social Issues* 20, no. 3: 239–57.

Evans, Peter. (1979). *Dependent Development: The Alliance of Local Capital in Brazil*. Princeton: Princeton University Press.

Falk, Richard. (1997). "State of Siege: Will Globalization Win Out?" *International Affairs* 73, no. 1: 123–36.

Foucault, Michel. (1991). *Remarks on Marx: Conversations with Duccio Trombadori*, trans. J. R. Goldstein and J. Cascaito. New York: Semiotext(e).

Fröbel, Folke, Jürgen Heinrichs, and Otto Kreye. (1980). *The New International Division of Labor: Structural Unemployment in Industrialized Countries and Industrialization in Developing Countries*, trans. P. Burgess. Cambridge: Cambridge University Press; Paris: Editions de la Maison des Sciences de l'Homme.

Galbraith, James K. (1999). "The Crisis of Globalization." *Dissent* 46, no. 3: 13–16.

Gibson-Gramham, J. K. (1996–7). "Querying Globalization." *Rethinking Marxism* 9, no. 1: 1–27.

Guttridge, Peter. (1996). "Our Green and Profitable Land." *Independent* 11 July: 8–9.

Hayward, Susan. (1993). "State, Culture and the Cinema: Jack Lang's Strategies for the French Film Industry." *Screen* 34, no. 4: 382–91.

Held, David, Anthony McGrew, David Goldblatt, and Jonathan Perraton. (1999). *Global Transformations: Politics, Economics and Culture*. Stanford: Stanford University Press.

Herod, A. (1997). "Labor as an Agent of Globalization and as a Global Agent. *Globalization: Reasserting the Power of the Local*, ed. K. R. Cox. New York: Guilford Prss.

Hindley, B. (1999). "A Bogey and its Myths. *Times Literary Supplement* 22 Jan. : 28.

Hirst, Paul. (1997). "The Global Economy- Myths and Realities." *International Affairs* 73, no. 3: 409—25.

Hirst, Paul and G. Thompson. (1996). *Globalization in Question: The International Economy and the Possibilities of Governance*. Cambridge: Polity Press.

Hiscock, John. (1998). "Hollywood Backs British Film Drive." *Daily Telegraph* 24 July: 19.

Hobsbawm, Eric. (1998). "The Nation and Globalization". *Constellations* 5, no. 1: 1—9.

Hutchinson, John. (1999). "Re-Interpreting Cultural Nationalism." *Australian Journal of Politics and History* 45, no. 3: 392—407.

Jameson, Fredric. (1996). "Five Theses on Actually Existing Marxism." *Monthly Review* 47, no. 11: 1—10.

Joseph, May. (1995). "Diaspora, New Hybrid Identities, and the Performance of Citizenship." *Women and Performance* 7, no. 1: 3—13.

Jury, Louise. (1996). "Mission Possible: Red Tape Cut to Boost Film Industry." *Independent* 4 July: 3.

Kessler, Kirsten L. (1995). "Protecting Free Trade in Audiovisual Entertainment: A Proposal for Counteracting the European Union's Trade Barriers to the US Entertainment Industry's Exports." *Law and Policy in International Business* 26, no. 2: 563—611.

Keynes, John Maynard. (1957). *The General Theory of Employment Interest and Money*. London: Macmillan; New York: St. Martin's Press.

Kissinger, Henry. (1999). "Globalization and World Order." Independent Newspapers Annual Lecture, Trinity College Dublin, 12 Oct.

Kozul-Wright, R. and R. Rowthorn. (1998). "Spoilt for Choice? Transnational Corporations and the Geography of International Production." *Oxford Review of Economic Policy* 14, no. 2: 74—92.

Kuhn, Michael. (1998). "How Can Europe Benefit from the Digital Revolution?" Presentation to the European Audiovisual Conference, Birmingham, 6—8 April.

Lang, T. and C. Hines. (1993). *The New Protectionism: Protecting the Future Against Free Trade*. New York: New Press.

Latour, Bruno. (1993). *We Have Never Been Modern*, trans. C. Porter. Cambridge, Mass: Harvard University Press.

Lawrence, Geoffrey. (2000). "Global Perspectives on Rural Communities—Trends and Patterns." *Changing Landscapes—Changing Futures: Proceedings of the First International Landcare Conferene*, ed. D. Beckingsale. Melbourne: Melbourne Convention Centre.

Le Heron, Richard, Ian Cooper, Martine Perry, and David Hayward. (1997). "Commodity System Governance: A New Zealand Discourse." In *Uneven Development: Global and Local Processes*, eds. M. Taylor and S. Conti. Aldershot: Avebury.

Lent, John A. (1998). "The Animation Industry and its Offshore Factories." *Global Production: Labor in the Making of the "Information Society,"* eds. Gerald Sussman and John A. Lent. Cresskill: Hampton

Press.

Levinson, Mark. (1999). "Who's in Charge Here?" *Dissent* 46, no. 4: 21—3.

McCann, Paul. (1998). "Hollywood Film-makers Desert UK." *Independent* 14 Aug.: 7.

McMichael, Philip. (forthcoming) *Development and Social Change: A Global Perpective*, 2nd edn. Thousand Oaks: Pine Forge.

McMichael, Philip. (forthcoming) "Globalization: Trend or Project?" In *Global Political Economy: Contemporary Theories*, ed. R. Palan. London: Routledge.

McMichael, Philip and Geoffrey Lawrence. (forthcoming) "Globalising Agriculture: Structures of Constraint for Rural Australia." In *Sustaining Rural Australia*, ed. S. Lockie and L. Bourke. Rockhampton: Central Queensland University Press.

Marvasti, A. (1994). "International Trade in Cultural Goods: A Cross-Sectional Analysis." *Journal of Cultural Economics* 18, no. 2: 135—48.

Miège, Bernard. (1989). *The Capitalization of Cultural Production*, trans. J. Hay, N. Garnham, and UNESCO. New York: International General.

Miller, J. D. B. (1981). *The World of States: Connected Essays*. London: Croom Helm.

Miller, J. D. B. (1984). "The Sovereign State and its Future." *International Journal* 39, no. 2: 284—301.

Miller, Toby. (1990). "Mission: Impossible and the New International Division of Labour." *Metro* 82: 21—8.

Miller, Toby. (1996). "The Crime of Monsieur Lang: GATT, the Screen and the New International Division of Cultural Labour." In *Film Policy: International, National and Regional Perspectives*, ed. Albert Moran. London: Routledge.

Miller, Toby. (1998a). *Technologies of Truth: Cultural Citizenship and the Popular Media*. Minneapolis: University of Minnesota Press.

Miller, Toby (1998b). "Hollywood and the World." In *The Oxford Guide to Film Studies*, eds. John Hill and Pamela Church Gibson. Oxford: Oxford University Press.

Mingo, J. (1997). "Postal Imperialism." *New York Times* Magazine 16 Feb.: 36—37.

Mohammadi, Ali, ed. (1997). *International Communication and Globalization*. London: Sage.

Moran, Albert. (1998). *Copycat TV: Globalization, Program Formats and Cultural Identity*. Luton: University of Luton Press.

Mowlana, Hamid. (1996). *Global Communication in Transition: End of Diversity?* Newbury Park: Sage.

Murdoch, Rupert. (1998). Presentation Prepared for the European Audiovisual Conference, Birmingham, 6—8 April.

Murray, Alan. (1999). "The American Century: Is It Going or Coming?" *Wall Street Journal* 27 Dec.: 1.

Nader, Ralph. (1999). "Introduction." In *The WTO: Five Years of Reasons to Resist Corporate Globalization*, eds. Lori Wallach and Michelle Sforza. New York: Seven Stories Press.

Nairn, Tom. (1993). "Internationalism and the Second Coming." *Daedalus* 122, no. 3: 155—70.

Ohmae, K. (1995). *The End of the Nation-State: The Rise of Regional Economies*. New York: Free Press.

Palley, Thomas I. (1999). "Toward a New Internatioanl Economic Order." *Dissent* 46, no. 2: 48—52.

Pendakur, Manjunath. (1998). "Hollywood North: Film and TV Production in Canada." In *Global Productions: Labor in the Making of the "Information Society"*, eds. Gerald Sussman and John A. Lent. Cresskill: Hampton Press.

Peterson, V. S. (1996). "The Politics of Identification in the Context of Globalization." *Women's Studies International Forum* 19, nos. 1—2: 5—15.

Porter, Michael (1990). *The Competitive Advantage of Nations*. New York: The Free Press.

Pritchard, Bill (1999). "Australia as a Supermarket to Asia? Government, Territory, and Political Economy in the Australian Agri-Food System." *Rural Sociology* 64, no. 2: 284—301.

Quester, George H. (1990). *The International Politics of Television*. Lexington, Mass.: Lexington.

Reich, Robert. (1999). "Brain Trusts." *New York Times Book Review* 19 Dec. 10.

Robinson, W. I. (1996). "Globalization: Nine Theses of our Epoch." *Race & Class* 38, no. 2: 13—31.

Roddick, Nick (1994). "A Hard Sell: The State of Documentary Film Marketing." *Dox* 2: 30—2.

Ross, Robert and Kent Trachte. (1990). *Global Capitalism: The New Leviathan*. Albany: State University of New York Press.

Schaeffer, R. K. (1997). *Understanding Globalization: The Social Consequences of Political, Economic, and Environmental Change*. Lanham: Rowman & Littlefield.

Schwab, S. (1994). "Television in the 90's: Revolution or Confusion?" *Tenth Joseph I. Lubin Memorial Lecture*. New York University, 1 March.

Sinclair, John, Elizabeth Jacka, and Stuart Cunningham, eds. (1996). *New Patterns in Global Television: Peripheral Vision*. Oxford: Oxford University Press.

Smith, Adam. (1970). *The Wealth of Nations Books I-Ⅲ*, ed. A. Skinner. Harmondsworth: Penguin.

Smith, Anthony D. (1990). "The Supersession of Nationalism?" *International Journal of Comparative Sociology* 31, nos. 1—2: 1—31.

Smith, Anthony D. (1996). "LSE Centennial Lecture: The Resurgence of Nationalism? Myth and Memory in the Renewal of Nations." *British Journal of Sociology* 47, no. 4: 575—98.

Stevenson, Richard W. (1994). "Lights! Camera! Europe!" *New York Times* 6 Feb.: 1, 6.

Strange, Susan. (1995). "The Defective State." *Daedalus* 124, no. 2: 55—74.

Sussman, Gerald and John A. Lent. Eds. (1998). *Global Productions: Labor in the Making of the "Information Society."* Cresskill: Hampton Press.

Teeple, G. (1995). *Globalization and the Decline of Social reform*. New Jersey: Humanities Press.

Thompson, Paul and Chris Smith. (1999). "Beyond the Capitalist Labor Process: Workplace Change, the State and Globalization." *Critical Sociology* 24, no. 3: 193—215.

Wasko, Janet. (1994). *Hollywood in the Information Age: Beyond the Silver Screen*. Cambridge: Polity Press.

Wasko, Janet. (1998). "Challenges to Hollywood's Labor Force in the 1990s." In *Global Productions: Labor in the Making of the "Information Society."* Eds. Gerald Sussman and John A. Lent. Cresskill: Hampton Press.

Wasser, Frederick. (1995). "Is Hollywood America? The Trans-nationalization of the American Film Industry." *Critical Studies in Mass Communication* 12, no. 4: 423—37.

Wedell, George. (1994). "Prospects for Television in Europe." *Government and Opposition* 29, no. 3: 315—31.

Welch, L. S. and R. Luostarinen. (1988). "Internationalization: Evolution of a Concept." *Journal of General Management* 14, no. 2: 34—35.

Wiseman, John. (1998). *Global Nation? Australia and the Politics of Globalization*. Cambridge: Cambridge University Press.

Woods, Mark. (1999). "Foreign Pix Bring Life to Biz." *Variety* 3—9 May: 37, 44, 46, 59.

Woolf, Marie. (1998). "Why the Next English Patient Will be British." *Independent on Sunday* 20 Dec.: 9.

第 29 章
"板球运动，要有情节"：民族主义、板球和散居身份

苏文德里尼·卡纳加沙拜·佩雷拉（Suvendrini Kanagasabai Perera）

斯里兰卡裔的澳大利亚剧作家欧内斯特·麦克英泰尔（Ernest MacIntyre）最近为斯里兰卡剧院写了一个新剧本，一部以"板球运动，要有情节"的形式上演的民族史诗。他效仿的对象是贝托尔特·布莱希特（Bertolt Brecht），后者吁求一个新的史诗剧场，它"就像一场马戏团表演，要有情节"。由于传统的韵文故事讲述、歌谣以及哑剧与布莱希特式的反现实主义技巧结合在一起产生了一种独特的形式，布莱希特的模式在斯里兰卡辛哈拉（Sinhala）剧院的独立时期的复兴中起到了萌芽作用。在导致目前内战的沙文主义的辛哈拉民族主义的氛围中，此种复兴的辛哈拉戏剧被表征为一种独特的"民族的"形式，表现出一个勇敢的后独立时期的斯里兰卡。

麦克英泰尔认为，出于服务斯里兰卡辛哈拉民族主义的目的，剧场和板球都被调动起来了。他寻求一种戏剧性的"使弥漫于空气中或是藏于草皮之下的历史与社会物质因素昭示于人的无畏精神"，以产生一种新的让人想起布莱希特的马戏团的斯里兰卡史诗，但是，它是以一种"慢下来的时尚化的板球行动"的形式来演示，从而展现出一个不同的民族故事。采用布莱希特式的叙述风格，这个故事将通过众多板球评论员（包括澳大利亚人托尼·格雷格）来讲述。麦克英泰尔没有采用布莱希特的杂技演员和舞蹈者，而是"翻跟斗的守门员、击球并跑动的击球手……走动的投球手、旋转的投球手以及自行其是的投球手，其行为在某些白人（被叫作裁判）的眼里是奇怪的但也同样是迷人的"角色。

这当然指的是投球手缪泰亚·缪拉里塔兰（Muthiah Muralitharan，队中唯一的坦米尔人），在赴澳大利亚的连续两场巡回赛期间，他的"扔"或"掷"的投球方式受到责难。通过讲述某种"民族的"故事，麦克英泰尔把剧院和运动的场景混合在一起，这个故事也超越了民族的范围：一个必然包括了其他关系和历史、斯里兰卡不同人群之间、白人和非白人之间、殖民和后殖民之间相互作用的故事。通过把板球变成史诗，麦克英泰尔用心良苦地把体育（尤其是板球）与国家之间、表演与身份之间的不明确关系，还有观看这种表演的观众自身作为国家主体受到质问的方式带到了舞台上。

尽管指向最近在澳大利亚和斯里兰卡板球队之间进行的比赛，这并非是一篇关于板球的论文，而是关于板球作为一个场所——在这里国家、身份、欲望和行动被演示出来——的论文。

它在这里和那里、彼时与此时之间穿梭,阻挠了我想要把它的各个部分编织成一个天衣无缝的、连贯性的叙事的企图。因此,这篇文章也谈及这种散居主体的地位、场所和政治。它检验了在板球的语境中身份、国家、移民和差异所展示的某些问题。

本章涉及三个相互交叉的论题:首先是一些文化批评家关于板球和去殖民化的独特的书写传统,这些批评家包括曼泰亚·戴尔瓦拉(Manthia Diawara)、阿西斯·南迪(Ashis Nandy)、阿让·阿帕杜莱(Arjun Appadurai),最关键的是 C. L. R. 詹姆斯,他的著作《边界之外》(*Beyond a Boundary*)是有意识去殖民化的经典自传,也是最早通过板球聚焦散居知识分子困境的著作之一。(Farred 1996:177—8)作为一个使种族、身份和体育问题得以在其他殖民语境中提出来的文本,《边界之外》也透露了我要说的第二套书写,也就是由迈克·罗伯茨(Michael Roberts)、苏巴西·杰瑞思(Subash Jaireth)、柯林·塔茨(Colin Tatz)、彼得·凯尔(Peter Kell)以及其他人所做的澳洲的板球、种族主义和东方主义的讨论。

在其最近的书《好的运动:澳洲体育与公平竞争的神话》(*Good Sports: Australian Sport and the Myth of the Fair Go*)一书中,凯尔写道:

> 澳洲人有一种强烈的信仰,那就是体育是少数的每个人都仍然能"公平竞争"的社会领域之一……远远不是一种团结的源泉……澳洲的体育一直以来都是一种分裂的源泉和一个排他的场所。体育加强了对于外来者的焦虑和恐惧……强化了对澳洲的亚洲邻居尤其是中国的非理性的恐惧。有些体育运动一直都被成功的精英作为一种工具使用,并把它与帝国主义和盎格鲁中心主义相联系。(2000:10—11)

本章检验了此种盎格鲁中心主义和分裂主义氛围下的非-盎格鲁澳大利亚观众群。

第三,我希望加入到迈克·罗伯茨和卡德里·伊斯梅尔(Qadri Ismail)开始的关于斯里兰卡的观众群、民族主义和板球的对话之中。我特别谈到了伊斯梅尔提出的关于开辟一个戏剧性的"*未被民族主义损害的、为球队而不是国家加油的观众空间*"(1997:16,着重号为原文所加)的可能性问题。如今,伊斯梅尔指出,这种空间在南亚的板球话语里不存在,就像"C. L. R. 詹姆斯所激发的讨论那样。在此种解读中板球就是民族主义;它的观众是民族主义者"。(p.16)以伊斯梅尔的精彩论文为出发点,我想要进一步深化他对詹姆斯关于板球的写作即"作为民族主义的板球"叙事的阐述。我想更确切地指出,在显示散居和移居这样的因素怎样使国家的观念变得不稳定和受到挑战方面,詹姆斯领先于当代的民族主义理论家。在为观众——他们并不重现民族主义的排他性实践——创造某种理论化空间方面,我着重讨论那些既在"国家"空间之内又在国家空间之外的观众,那些通过移居、散居和杂居所产生的观众。

I

伊斯梅尔把他的论文概括为既反詹姆斯,又"以詹姆斯的方式来论述:在观看比赛时带有一种对这种比赛的热爱,以及某种知识和美学上的乐趣"。(1997:16)前面提到的批评家,明显

杨·库德尔卡(Jon Kudelka)的卡通画,最早刊登于《澳洲周末》(Weekend Australian),1999年11月,6—7页。重印得到许可。对话是中译文。

或不明显地,都是作为热爱和懂得板球的观赏者而写作;也许并非完全不是巧合,这些文章也都是男作家所写。另一方面,我的文章需要加上一个副标题"一个勉强算是板球观赏者的沉思"。在板球的专业性方面不能装模作样。

作为一个有四个男孩的家庭中年龄最小的女孩,我成长中的大部分精力都花在与了解板球这件事无关的事情上了。阿帕杜莱对印度的女性板球观众的评论适用于斯里兰卡,在那里,板球比赛作为景观,也作为具体的行为取悦于男性观众群。"印度女性的注视……被双重地去除:看男人们看其他男人比赛"。(1995:44)在斯里兰卡和在美国的那些年里,我不了解板球都还过得去——直到我来到澳大利亚。事后回忆起来我仍记忆犹新,当时我明白了从那时起我在澳大利亚的身份将不得不包括学习和关心板球。20世纪90年代中期,我刚在拉特罗布(La Trobe)教书,"属下研究"历史学家(subaltern historian)迪佩希·卡克拉巴提(Dipesh Chakrabarty),当时墨尔本大学的一个学者,就问了我一个问题,事关那时正在澳大利亚进行循环赛的斯里兰卡队。我回答——爽快而且不觉惭愧——说我不知道,显示出我的无知乃因性别原因所致(我想我的反应无可救药地把我陷入了迪佩希的差评)。如今想起这次对话,我明白了当时什么样的话题正被开启和商谈,还明白了我在那时所不能应对的,是与成为一个澳洲的南亚人的编码和共同实践有关的某种东西。

很快,1995年斯里兰卡在澳大利亚的巡回赛期间,我发现我尤其没有办法作为一个澳大利亚的南亚人而仍然保有对板球一无所知的奢侈。在这场巡回赛期间,作为一个斯里兰卡人,在维多利亚市场或是利根街,我不断地在板球知识方面受到质问,这些板球知识不仅仅处于文化批评的语境中——比如在读报纸和看电视的过程中——而且也处于日常生活的层面上。在这里,我首先被定位为一个少数民族的主体,因为属于少数民族,也显示了我作为身处澳大利

亚的"一位亚洲女性"的引人注目之处。(Perera 1999:195—6)

同时,我发现那些人,比如说,南部的欧裔澳洲人或东亚裔澳洲人——他们大多数生活在这些地方,是那些通常从历史上不打板球的国家里获得了他们的传统的人——所发起的关于板球的充满激情的对话,是真正的关于澳大利亚文化和种族差异的谈判:它们涉及象征性实践和行为实践的意义(比如说,在比赛末强迫性的握手)和文化价值(比如,忠诚性对正确性)。在那些周和那几个月里,我发现,除了去了解板球以外我别无选择——并且,如果说我不能在关于板球的问题上表明立场,那是不行的。我的发现与詹姆斯的恰恰倒了个个儿,当时他在《边界之外》中宣称:"板球在我意识到之前就早已使我陷入政治之中。"(1963:70)生活在澳大利亚,日常政治在我意识到之前就早已使我陷入了板球之中。

但是,板球政治并非不是复杂的事,经过一系列的移位,在板球问题上的立场通过在某种形势下——在这种形势下,体育比赛在斯里兰卡和澳大利亚都要取得胜利——与国家站在一起而被瓦解,它在很大程度上被建构为国家身份和国家生活方式的胜利,并被挪用到国家规划当中。在1999年的世界杯比赛中澳大利亚取代斯里兰卡赢得冠军时,战胜队受到了国家级的待遇,游行队伍打着欢庆胜利的横幅欢迎他们;其队长,马克·泰勒(Mark Taylor),被总理霍华德说成是达到了"几乎"是"人类成就的顶峰"(Booth & Tatz 2000:228),并被提名为年度澳大利亚人。那以后很快就有谣言浮出水面,说在霍华德的要求下,泰勒将在公投中公开支持君主主义提案。

在1996年的世界杯比赛上打败澳大利亚的斯里兰卡队刚刚回国就获得了一枚硬币,它是为该队的荣耀而制作的,队员们还被授予"Dashe Bandu"或是"国家保卫者"的头衔,因此象征性地与政府军队平起平坐。由于板球队被官方提升到了斯里兰卡国家冠军的地位上,通过国有媒体的运作,又有人继续尝试想要创造作为某种统一共同体的国家队观众。如尤兰达·福斯特(Yolanda Foster)所写的那样,在20世纪90年代的国内,"板球成了一种方便的叙事,用于书写挫败的梦想、不稳定和暴行",它扮演了来自战争、来自国家的压迫性实践的缓冲器和引诱物的角色。正是在这种语境中,伊斯梅尔——他把自己定位为生活在国外的"斯里兰卡护照持有者"(1997:22)——为支持斯里兰卡队的观众寻求一个空间定位,而不是这种定位被挪用至其上的那种辛哈拉民族主义规划。理解伊斯梅尔的研究的同时,我想探讨一系列不同的关于观看和定位的政治性问题。

在民族主义的情节设计中,只有两种相反的立场被提供给观看者:在里面或在外面,即要么作为国家的一个主体,要么作为一个去政治化的"板球比赛的热爱者"。接下来我想要检验某种观看立场的各种可能性,它由更广泛的权力关系以及散居、历史和身份的力量所建构。这是我自己的"板球运动,要有情节"的版本,或是有几个相互交叉的情节,即地方、民族主义和历史。

II

1995年,紧接着对斯里兰卡队访问澳大利亚的嘲讽以及针对缪拉里塔兰的"抛"的击球姿势的措辞之后,澳大利亚队取消了原定对斯里兰卡的回访,据说是出于对安全的担忧。斯里兰卡政府通过对安全保护越来越昂贵的开支,包括建议让澳大利亚队全体成员在印度住宿,并全程使用军队护送其参加每场比赛,这显示了他们对这次访问的重视。但这没有用。甚至是斯里兰卡外交部部长对澳大利亚队"娘娘腔"的非外交形式的奚落(并且,更有意思的是,还被英国小报指责为"娇生惯养")也未能打动澳大利亚人。这支球队,尽管发生伊朗爆炸案这样的事也没有为在英国比赛而不安,仍然决心与斯里兰卡保持安全距离。但是,在1996年年中,他们在世界杯输给斯里兰卡之后,一场澳大利亚巡回赛终于成行了。在第一场比赛前,体育作家马尔科姆·诺克斯(Malcolm Knox)写下了他的队伍所能预料到的:

> 当伊恩·希利明晚带领他的队伍走进科龙姆堡的R.普雷马达萨体育场,他将面对一群人,他们生气勃勃,让那些我们去年夏天在澳大利亚看到的有着斯里兰卡式狂热的有钱人看起来,就像是文雅的流放者的象棋俱乐部成员。
>
> 简直就是在疯人院里所见到的场景,星期一晚上,斯里兰卡在人数上超过了印度观众的总和……不停地有鼓、喇叭、舞蹈、钹、拍手以及其他英语里没有对应物或名称的乐器声,统统以非凡的一致性演奏着,在这里把板球变得更像是一场丰饶的盛宴而非体育赛事。
>
> 空气中将迷漫着腐烂的垃圾的味道……野狗、野猫和野山羊将在看台下游荡……一个人拿着……一种带喷雾剂的火箭炮在饮料时间和击球手出局间歇突然发射,把那些虫子击落在地……澳大利亚队将面对两个开球的击球手……他们要做的就是一如既往地以各种前所未闻的方式挥动板球棒。

仁慈一点吧,对于此种东方主义的狂想行为不必说得太多。在这里,板球从一个"体育赛事"的相对自足和纯洁的舞台转向一个狂野的带有狂欢意味的、抹去了球员和观众的界线的表演。[1]不只是疯狂的人类,还有"野狗、野猫和野山羊"穿插在此种行动之中,这个场所可预料的暴力被置换成凶残的虫子,它们需要用喷雾剂火箭炮来消灭。体育馆成了一个真正的放纵的"丰饶的盛宴",在这里,在视觉、声音、气味的攻击之下,感官渐渐昏睡,而处于更文明地带的板球的特质——即使这些特质如今被"具有[移民式]狂热的有钱人"污染——被粗暴地扫除了。更糟的是,在所有这些疯狂中还有某种条理性:那喧闹的"在英语中没有对应物或没有名字的乐器"仍然被"以一种不可思议的一致性演奏着",并且那两个开球的击球手,"他们所做的事就是一如既往地以前所未有的方式挥动板球棒",这些都遵循了一种系统性的游戏计划,尽管并非不出错,这个计划能产生非同寻常的挫折和胜利,更有意义的是,它在那些已经得到认可的板球国家中改变了旧有的板球风格。(Bouts, Roebuck)

诺克斯思考了这种可怕的板球变为某种他者的转化。在这种发烧般的幻想中,一种不明晰的澳大利亚国家道德体被用来与东方主义的恐怖以及后来发现并不存在的那种害怕相抗衡。阿帕杜莱关于板球中民族风格的意义的讨论在这里是中肯的。在评论《边界之外》时,阿帕杜莱指出,詹姆斯的描述把板球置于一种"硬的"文化形式的类别里,"在这种文化形式里,严格地遵循外在的符码是约束某种内在道德发展的一部分"。(Appadurai 1995:24)尽管看上去可能由此得出这样的结论,即板球在实践中抵制变化,但是如詹姆斯自己所表明的那样,在世界的不同地方作为表演的板球变得"意味深长的本土化和去殖民化"。(ibid.)

当然,正是在这种表演的象征性实践的层面上,板球的"意义"被看作一个冲突的场所,这种冲突不仅仅存在于相互敌对的民族"风格"中,甚至还代表了不同国家意识形态和文化之间的碰撞。对帝国主义的秩序而言,像阿兰·克拉克(Alan Clarke)和约翰·克拉克(John Clarke)讨论的那样,教授板球就是教授与"体育英语"联系在一起的整个世界的价值观;教被殖民者和工人阶级"玩这个游戏"就是教他们"尊重规则和权威",去灌输一种纪律感,"用建设性和健康使用的自由时间去代替不文明的、不理性或是没有约束的时间"(1982:81)——最后一点与诺克斯关于斯里兰卡板球的"丰饶的盛宴"的话前后呼应。但是,一方面英国体育人群的自我表征持有这样的一些观念如"公平竞争、尊重权威和自我节制",另一方面他们也"压制了多样的经验与表达方式的声音……[因为]权威、法律的准则、秩序感并非如英国性(Englishness)的神话所宣称的那样被体验为普世的自然之物和不可避免的优越品质"。(ibid.,81—2)

把这再推进一步,格兰特·法雷德认为,站在殖民地板球的立场上,尽管阿帕杜莱将之称为"维多利亚式的彬彬有礼"(p.42),"这种游戏构成了大不列颠所期望的那种殖民者—被殖民者关系的优越性譬喻":

> 在运动员和裁判之间权力的矛盾是一种毫无偏差的对殖民者—被殖民者关系的准确反映……板球比赛及玩板球的方式显示了被殖民者在社会安置方面最为微妙的质问。(Farred 1996:170)

尽管一些介入性因素调和了表演层面上的板球课(Appadurai 1995:29—30),法雷德所称的对帝国的"社会安置方面……微妙的质问"部分是不明确的设想,即,与板球的象征性实践一起,被殖民者吸收了英国男性气质的特殊风格的实践,这种男性气质承诺将兑现未来的自治政府和"国家"地位的设想。

盎格鲁—澳大利亚,作为一个殖民和殖民地社会,以复杂的方式激活了"体育国家"的相关意识形态。根据2001年联邦百周年纪念活动的政府电视广告,这是"一个在有国家议会之前就有一个国家板球队的国家"。当然,一个来自维多利亚的由本土板球队员组成的板球队,队长是一个白人,的确到访过英国,并于1868年在罗兹打过比赛——在每场比赛后本土队员还进行了表演,扮演惯常用于展示的角色,抛掷长矛和回飞棒。[2]但是,把1868年的板球运动员作为"国家队",并把这支球队作为自治成就的自然先驱的做法是一种对权力关系——它概括了澳大利亚的历史——野蛮的歪曲。没有一个本土队员,也没有他们的后裔,将在1901年联邦国家,即"澳大利亚"的最终形成过程中作为国家主体,除了被排除在外这件事上,发挥任何作用。在那个过程中,"原住民"这个暧昧的归类的作用在于保证和加强其在定义上的他者,即"(白皮肤的)澳大利亚人"的国家地位和公民身份。英国之行接下来的一年里"原住民保护会"的成立,标志着对原住民进行系统性控制的新时代,而在1877年和1905年间,一系列立法动议有效地把他们从新建国家的公民权利和权力中排除了出去。(Booth & Tatz 2000:40—2)

澳大利亚联邦在帝国等级方面发挥多种作用。作为一个"定居者"社会,它毫不含糊地作为土著人的殖民者——帝国的"主宰性种族"的一部分——而运转。与大不列颠在种族和文化方面经过选择的密切关系的形成,也使其在其他的尤其是非白种人的殖民地中占有更高的地位。体育在这里发挥了重要作用,证明了尽管有迁徙和移民的原因,"他们的英国祖先的男子气概和肌肉……仍处于旺盛时期,而且英国'种族'在澳大利亚晴朗的气候中并没有在身体上衰落"。(Booth & Tatz 2000: 4—5)同时,从殖民地到独立国家的转变过程中,民族主义的活力不断地通过体育得到加强,以确认一个独特的"澳大利亚"(也就是说,非不列颠)的身份。比如在1934年的波迪莱恩(Bodyline)巡回赛中,盎格鲁—澳大利亚就把自己表征为"祖国"退化的"板球精神"的真正继承者。这些表征在今天仍然继续着,被亚洲化、全球化以及害怕盎格鲁—澳大利亚身份解体的焦虑进一步深化。

在1995和1998年的斯里兰卡巡回赛期间,把盎格鲁—澳大利亚作为板球的法则和价值的监理人的自我表征经常可见,当时有些裁判和板球评论人发现,斯里兰卡队没有在象征性实践的层面上"打比赛"而应该受到指责——最为明显的是众所公认的他们的主要投球手的"不合法动作",还有他们"非正统的"和"虚张声势的"风格(这样的一些词语如"暴力"、"偷抢"以及"强夺"被惯常性地用于描述斯里兰卡队的击球)。这些来访者的手势、表现以及身体语言常常被攻击,就像那个臭名昭著的握手事件,当时斯里兰卡队拒绝用表示亲密的传统方式结束比赛。还有被视为不那么公正的事情就是来访队伍对"专业"证词的使用,因为板球长期以来被想象为一种"绅士游戏",它仰赖于——不管其彻头彻尾的职业化这一事实——一种对"业余的"浪漫构想。斯里兰卡队的管理方使用录像技术和专业的医学意见去支持他们的案例,说缪拉里塔兰的投球表演不能被判定为"不合法则",这与"看见是什么就叫它什么"("calling 'em as you see' em")和"眼见为实"("seeing is believing")的常识教条相矛盾。1998年,在当时的斯里兰卡队队长的纪律审判中动用了律师,这再次被视为对这个游戏的绅士精神的背叛,而没有考虑到英语的不够流利可能已经使专业水准的表征成为必要。在这次巡回赛中或多或少同样处于危险关头的,是种族化男性气质的风格——"咬紧牙关"和"毫不气馁"的形象,这与前面提到过的歇斯底里的东方的或是在情感上不能控制的女性化极端形象形成反差。

每个队的板球实践在何种程度上被理解为既象征又体现了国家身份的剧本,这最为明显地体现在当时的斯里兰卡队长阿朱那·拉那唐加(Arjuna Ranatunga)对英国媒体所做的评论中:"我们来自拥有2 500年历史的文化,而且我们都知道他们来自何方。"(Blake 1996)在这里,拉那唐加采用了一种辛加拉民族主义的基本叙事——这在国内被用来把斯里兰卡历史上其他种族的作用去合法化——并把它与对盎格鲁—澳大利亚人的"罪犯渊源"的经典的殖民式奚落(此种评论在大不列颠发表是意味深长的)结合在一起。拉那唐加的蔑视导致全澳大利亚的报纸头条充满愤怒,但没有人指出这两个团体官方历史中的共同之处。把辛哈拉国家主义所珍视的某个神话放在其自身之上,人们可以说,就其国民承认放荡的维亚雅王子(Prince Vijaya)的地位而言,辛哈拉国家也有犯罪渊源,维亚雅王子的父亲放逐了他,让他与他的杀人犯同伙航行离开,永不得返回。在一个岛屿上一艘囚船到来,对岛上土著居民财产的强行掠夺:这是一个共同的根本性事件,它在双方的国家历史上都留下了当时的种族/文化差异压迫的证据。

"去殖民化",如阿帕杜莱所说的,"是一种与殖民地过去的对话",而且在前殖民地,"没有地方比在板球的风风雨雨中更能显示这种对话的复杂性和歧异性"。(1995:23)在斯里兰卡和澳大利亚之间进行的"文化"、"国家"以及"运动员精神"的竞争中,双方都采用了——以各自的方式——殖民地表征和板球意识形态。我现在想要转向这些殖民地意识形态和表征,它们就像不死的魅影和灵魂转世的苍白老鬼,我在此尝试使用时下相当现代的各种民族主义话语来解释板球的沉浮。

Ⅲ

在殖民话语里,作为一种既替代又超越战争的实践,板球以矛盾、复杂、甚至是有机的方式运作。对板球的经典性表达出自于亨利·纽伯特(Henry Newbolt)(他把板球说成是战争的伟大寓言)的《兰帕达传》("Vitae Lampada"),说的是通过回忆学校的一场板球比赛,帝国战场上英军的一次溃败被转化为一场胜利。同时,板球,作为一种对儿时的安全和天真的记忆,也被想象为一种插曲或是从冲突和"政治"中的喘息,一种应该与战争保持适当距离的空间。

1996年世界杯斯里兰卡和澳大利亚决赛的前夜,路透新闻社采访了劳伦斯·提拉卡(Lawrence Thilakar),猛虎组织(Liberation Tigers of Tamil Eelam, LTTE)在巴黎的发言人,当时猛虎组织的军队正与斯里兰卡政府打一场分离战争。提拉卡的话被援引为"在北部和东部所有的塔米尔人都喜欢板球……所有学童都喜欢板球和足球……我不能希望澳大利亚赢。同时,也很难希望斯里兰卡赢"。(引自 Ismail, p.20)伊斯梅尔对此评论道:

> 尽管这也许是"即时的",但它并非无心的回应。即使是猛虎组织的头目们,看上去都几乎很难不为斯里兰卡队加油。细微的差异之处……必须被指出:提拉卡"不能"……期望一场澳大利亚的胜利,而他只是发觉"很难"——不是不可能——期望一场斯里兰卡的胜利。这里还有怜悯之情。因为这种陈述可被解读为一种把政治,国家主义的政治,从板球中排除的渴望;这样,猛虎组织——仍然是斯里兰卡的公民,可以为斯里兰卡队加油,而不用尴尬或背叛,不用与辛哈拉民族主义共谋。(p.20,着重号为原文所加)

伊斯梅尔在这里对"公民"一词的使用非常有趣,与他早先对"护照持有者"一词的使用形成对照,并且,正是要反对作为斯里兰卡国的从属的观念,猛虎组织才发动了分离战争。这段话里潜在的引用来自于托马斯·巴宾顿·麦考利(Thomas Babbington Macaulay)所写的《贺拉斯》(Horatius)中著名的一行。麦考利在这个时刻出现成为引用材料并非偶然。原来的不列颠帝国世世代代的学生都要感谢他,不只是因为"贺拉斯"来自的乏味的"古罗马短诗",还因为某种更有影响力的对帝国主义的记录,即那本声名狼藉的关于印度教育的"备忘录"。麦考利的阴魂把英国公立学校虚夸的浪漫史及其对板球、战争和国家的全面神秘化带入了这个完全是后殖民的讨论中。

尽管伊斯梅尔在提拉卡的话中找到了某种"怜悯之情",但是,与猛虎组织发言人所具有的那种"把政治,国际主义的政治,从板球中排除"的"渴望"相反,我想要讲述另一个故事。讲述这个故事的一个简短方法就是引用 M. R. 纳拉扬·斯瓦米(Narayan Swamy)的经历《兰卡的猛虎:从男孩到游击队员》(Tigers of Lanka: From Boys to Guerrillas):

> 6 月 26 日,切利亚·阿南达拉亚(Chelliah Anandarajah),贾夫那圣约翰大学的校长,被猛虎组织刺杀身亡。阿兰达拉亚还是贾夫那市民委员会的领导成员……[他的]错误在于组织了一场在贾夫那举行的贾夫那学校和斯里兰卡军队之间的板球赛,以标志[1985 年的]停火。下半场比赛正要举行,他就被杀了。(1996:177)

对这个故事的一种理解就是,切利亚·阿南达拉亚是殖民地板球神秘化的一个牺牲品,或者恰恰是提拉卡所具有的同样的渴望——即"一种想要把政治,国际主义的政治,从板球中排除的渴望"——的牺牲品。但是在继续讨论以前,我有必要在这里宣布一项资本,因为这是来澳大利亚以前我生活中所保留的一个关于板球的故事。切利亚·阿南达拉亚是我父亲的弟弟的儿子,我的大堂哥,尽管从年龄角度我把他想成叔叔,但他是个面带笑脸的特别英俊的大个子男人,当我出生时他已经二十好几了。多年来,我都只能把他的死理解为一个关于某种新殖民教育的危险警示。他和我家年长的男性所上的那家圣公会学校,也就是他后来领导的那所学校,与我上的那所 CMS 女子学校不相上下,正好灌输这种新殖民教育观。通过像麦考利的《贺拉斯》和纽伯特的《兰帕达传》这样的诗歌,战争、板球以及爱国主义完全被混淆了。令人迷惑的是,板球是战争的替身(就像在《兰帕达传》中那样),也是高于战争的东西("你们赢或输都没关系……")。尽管作为一个殖民社会的成员,我们都不言自明地知道,赢或输的确关系重大,并且至关紧要的远不仅仅是一场球赛。

谢阿姆·塞尔瓦杜莱(Shyam Selvadurai)的《滑稽男孩》(Funny Boy)一书中的一个场景里,中心人物阿杰(Arjie)被要求在奖励日背诵两首纽伯特的诗,这表明甚至在 20 世纪 80 年代的斯里兰卡就出现了与板球相联系的神秘化:

> 我不懂这些诗的确切含义。它们说的是一个我不明白的现实。《兰帕达传》与板球有关,但不是我所理解它的方式。据说通过玩板球可以学会诚实和勇敢并爱国。这不是真的……在这里,板球包括了不择手段在第十一个击球时赢得比赛……板球什么都是,除了诚实。"所有学校中最好的学校"也好不到哪里。(1994:233)

阿杰,一个远离那种恐同性恋的、精英的、体育狂热的学校世界的"滑稽男孩",几乎背不上那些诗。但是,作为一个塔米尔人,他被告知,背诵好那些诗将在上升的辛哈拉国民族主义面前为那些"古老"的价值而奋斗。阿杰的成功之处在于,他认识到以这种方式提出问题就是屈服于一种虚假的矛盾:辛哈拉民族主义凶残的暴力代表了一种从殖民学校体系的暴行的延续,而非断裂:

> 桑德拉林嘎姆(Sundaralingam)说过,黑领结是严格的,不是残酷的,但他错了。

黑领结是残酷的。如果不是……他怎么会因为谢汉(Shehan)留长发而扇他耳光而且紧接着用如此恐怖的方式剪掉了他的头发？……我想起了……萨尔加多和他的朋友怎样攻击那个塔米尔男孩。我想起了黑领结怎样打败了谢汉和我两个。其中一个比另一个更好？我不这样想。(1994:247)

在猛虎组织杀人的民族主义和辛哈拉国家杀人的民族主义之间，一个比另一个更好吗？这些天我试着思考切利亚·阿南达拉亚想组织一场斯里兰卡军队和贾夫那学校之间的板球比赛的企图，我知道，他并没有陷入任何公立学校对板球的荣耀化之中。并非渴望把政治，国家主义的政治，从板球中排除，我想他是在承认板球中不可避免的政治含义。他的行为——正如猛虎组织在贾夫那街上杀死他时所认为的——是一个政治行动，而不是想通过板球超越政治的某种渴望的姿态。

IV

与帝国主义的神话相反，殖民地的板球，就像在殖民国里，已经不是一种团结和凝聚的源泉，而是分裂和敌对的源泉。吉恩·潘迪(Gyan Pandey)与其他历史学家已经表明，印度当代盛行的种族和党派分裂常常是在殖民地时期产生并得到加强的。可能大家不太了解印度的体育在强化和标示这样的区隔方面所扮演的角色。(Appadurai 1995:3)在斯里兰卡，最具威望的板球俱乐部仍然有像"辛哈拉体育俱乐部"和"塔米尔联合会"这样的名字。与之相似的是，如詹姆斯在《边界之外》中所揭示的那样，西印度的俱乐部根据种族、肤色、阶级或"种姓"的细微等级而划分。在《边界之外》一书中，詹姆斯把在特里尼达的两支中产阶级俱乐部——即枫树队(Mapple)和香农队(Shannon)，它们分别代表肤色浅一些的和肤色深一些的运动员——之间做出选择的压力描述为"个人的磨难"(p.72)：

浸淫于我内心的不列颠传统就是，当你进入体育竞技场，你就把那些日常生活的卑下的妥协都抛在一边。然而对我们来说，那样做的话将不得不剥除我们自己的皮肤……当地人也不会持异议。阶级和种族的对抗太紧张了……因此板球场地就是一个舞台，在这个舞台上被挑选的个人扮演充满社会意义的代表性角色。(p.72)

国家队的概念继续依赖于那种不可能的要求，即它的队员要"剥除我们自己的皮肤"，撇开社会分裂和敌对的层面，二者显然是大多数前殖民地的一种遗产。这种潜在的要求也继续发起对体育赛场的表征，把它作为一种统一的国家身份的炼炉，在这个赛场中，少数民族的自尊心、阶级和地区之间的琐碎对抗至少可以被暂时放在一边或是被超越。如托比·米勒所指出的，通过在当地俱乐部禁止种族命名和标识，此种诉求也发起了澳大利亚足球去种族化的行动。(Miller 1992:109—11;Booth & Tatz 2000:165—9)

把一个队作为一个单位，在这个单位里社会分裂让位于为国家事业服务，这种观念继续在各种政治立场中有强大的市场。尊敬的英国评论家克里斯·瑟尔(Chris Searle)最近在《种族与阶级》(Race and Class)杂志上撰文,把1999年的阿德莱德比赛(当缪拉里塔兰被"指控"有一个"不合法"的投球时,拉纳唐加带领队伍退了场)中拉纳唐加的行为描述为"超越地方自治主义边界"的一种姿态。(Searle 1999:115)在这里,瑟尔排除了对拉纳唐加的行为的其他可能的解读,比如说,球员之间不同形式的忠诚的例子,或是对于斯里兰卡在澳大利亚受到的待遇、公众对缪拉里塔兰不断的嘲骂(Booth & Tatz 2000:225)、媒体诅咒氛围上升的回应。对瑟尔来说,斯里兰卡队队长的行为首先是一种国家团结的行为,而缪拉里塔兰则是队中核心的塔米尔球员。不把球队理解为一个不可解决的矛盾场所,瑟尔的解读寻求把队里的球员置于"超越"的领域。这样的一种解读当然就与斯里兰卡政府对板球的共同愿望相符,以为把一个塔米尔人放在队伍里就保证了这个国家非歧视和非种族主义的性质。

　　斯里兰卡队队长违反板球规则(它符合更高的优先权力),这使他"超越地方自治主义的边界",瑟尔由此认为,球队就不得不与其他的斯里兰卡机构保持距离,但它又不可避免地与这些机构绑在一起,而且通过它们建构自身:最显而易见的是军队、教育系统、国家控制和保护机构。把板球队看成演出种族团结的剧本,这同样忽略了球队一开始就被种族歧视定型的种种方式:球队在一个种族不平等的社会里被挑选出来的过程、战争的物质条件(它限制了塔米尔人专注于体育的机会)、在重视板球运动的学校里事实上的种族隔离,等等。[3]这些因素中没有一个可以从比赛场地排除出去——事实上它们建构了那个场地。

　　那么,更为有趣、更困难的问题就不在于板球是否或怎样超越了国家的限制和不平等,而是,尽管有这些限制,对一群地位不平等的观众来说它怎样成为一个乐趣和欲望的场所。这就是我要开始讨论的问题,在本章的最后部分,我把这个问题置于不同形式的散居观众群的语境中。

V

　　如上所述,在斯里兰卡,板球是一个关键性场所,通过它,国家机构尤其是国家媒体想要产生一个统一的国家共同体,或是罗伯茨所描述的某种处于中心的、"超越的……和复合的"斯里兰卡性(Sri Lankanness)的感觉。(Roberts & James 1998:100)根据福斯特所说的,作为创造统一的观看群体的有效手段,国家电视台对板球的全国性转播被加以利用。甚至在板球队获得胜利之前,电视的一致性效果的叙事更为社会上的乐观主义社会评论家所青睐,在这里电视机是奢侈品。比如,在20世纪70年代早期有电视转播的那些日子里,国内富裕家庭的工人们被允许早点收工,以便在他们雇主的客厅里观看电视直播(尽管社会差别不会被跨越——通常工人们会站着,坐在地板上,或是在某些更自觉地"开明的"家庭里,他们会被提供特殊的椅子)。既然语言差别仍然清楚地标识阶级,某些社会协商的确就发生了:"由于仆人的关系",说英语的家庭有时会把音调转向大众化的辛哈拉——或是更为少用的塔米尔语——肥皂剧用语。板球所具有的一致性功用有必要于这些由电视产生的集体性观看群体的先在叙事的语境里,在电视上,阶级差别、种族、性别、语言和宗教被想象成是掩盖起来的。但是,如福斯特所指出的那样,把某种集体观看的情形解读为产生了一种统一的观众群或共同体,这种做法就是忽视特定观看者有差异的注视。比如,那些年纪大的 Ammes(女性的家务劳动者)——她们在这些讨论中经常被用来作为例子——也许不会把澳大利亚或英国对斯里兰卡的板球比赛的场景解读为一种东方和西方的争斗,或是一种后殖民雄风的展示,而是那些乡下的、工人阶级的年轻人(就像现在的队长萨纳思·雅亚苏里亚[Sanath Jayasuriya])的抱负,他们近年来在国家队里已经取代了那些受过私立学校教育的、来自上层和中产阶级家庭的说英语的年轻人。

尽管这种阶级、性别和语言的差异地位概括了一个内部的观众群的情形,散居观众团体却受到一系列其他因素的建构。为了讨论这一点,我想简要地介绍一下澳洲体育史的两个关键事件。第一个关键事件是对伟大的盎格鲁—澳大利亚板球英雄唐纳德·布莱德曼(Donald Bradman)的思考,但这是通过詹姆斯来讲述的。詹姆斯告诉我们:"还是一个澳大利亚人……在一本关于布莱德曼的小书里……让我充分意识到我一直以来对我们的板球英雄以及今日他们在西印度群岛的崇拜者了解多少。"(p.97)他接下来引用了在伦敦的一个快要饿死的澳大利亚记者菲利普·林赛(Philip Lindsay)的一段话,通过阅读报纸上布莱德曼 1930 年成功的巡回赛的报道,他让自己活了下来。"也许,"詹姆斯在这段话的结尾这样说:

> 只有我们这些处于边缘的人才有这样的感觉……我不认识任何西印度群岛的西印度人,对他们来说一个板球运动员的胜利在个人的方式上意义如此重大。也许在侨民中我认识一些人……吉米·杜兰特(Jimmy Durante),著名的美国喜剧演员,使一个短语在美国流行:"那是我的男孩。"我被告知这种流行源于与新的语言做斗争、被新的习俗所困惑的移民的心中……威尔顿·圣·希尔是我们的男孩。(p.99)

在这里,詹姆斯在好几个颇为不同的散居场景之间移动:从 1930 年伦敦的盎格鲁—澳大利亚到西印度群岛的中国移民和英国的西印度移民,再到杜兰特的美国的非盎格鲁移民,以显示出欲望和身份认同的不同形式,它们构成了散居观众群的注视。移居、殖民化以及同化是每个场景里的关键因素,它们修正和调节观众与原来国家的关系,不管是澳大利亚、西印度群岛,还是中国。

我想在詹姆斯的目录里再加上一个散居团体,它在一封写给编辑的信中展示出来,这封信最近出现在墨尔本的《年代》(Age)报纸上。该封信评论了关于 1970 年的澳大利亚足球联盟大决赛的一个著名的"神迹":

> 那个神迹,以及耶索伦柯,对澳大利亚文化的影响的意义不可低估。那年我 14 岁,具有黝黑的地中海面孔和黑色卷发,坐在北看台的最上排,当时正处于上升期的耶索在那神圣的盎格鲁—凯尔特澳大利亚偏见的冠盖上戳了一个洞;当他从天使的手中迅速抓住了球,这位信使低声地说了一句话,这在耶索听起来就像是从人群中传来的一声大吼:"有色外国佬还可以。"
>
> 耶索伦柯让那些"少数民族"支持者感到他们就像是有所归属……他不可能被盎格鲁—凯尔特澳大利亚人拒绝。具有少数民族背景的卡尔顿支持者不仅仅仰慕耶索,他们简直就是爱慕他。他令他们在一个受到拒绝的社会里感到可以被人所爱。

(John Bacash)

事实上,这个已有几十年历史的记忆的力量,一旦被人们体验为一种重新估价的事件,这个事件中众神的一声细语回响为人群中的一声吼,这是一种新身份的加强和确认:"有色外国佬还可以。""有色外国佬"(我在如今的讨论中把这个词有问题的方面都包括了进来)的称呼在观众那里与土耳其人、马其顿人、意大利人、波斯尼亚人、希腊人或黎巴嫩民族主义关系甚少。相反,它是一种反应,这种反应确定了一种身份,它产生于并指向观看者的澳大利亚语境。[4]

尽管关于移民和散居团体的许多书写都倾向于把它们看作怀旧似的聚焦于过去、聚焦于"想象的家园",但对活跃地产生或创造身份——在这个例子里,通过主张和形成新的身份类别,身份超越了母国或民族的民族主义触角——的散居则较少注意到。(Gilroy)这些身份,像"有色外国佬",是对观众定位的不友好的有意识的反应:这里作者意味深长地提到了一个14岁的自我,他在此刻一下子感到"在一个受到拒绝的社会里感到可以被人所爱"。与70年代澳大利亚体制化的、日常的种族主义相对,一种反动的身份,"有色外国佬",自众神那里宣示,把统一的澳大利亚队或民族的概念碎裂开来。

在这种宣示的场景和詹姆斯所引的吉米·杜兰特著名的话"那是我的男孩"之间寻求联系是有价值的。在两个场景中,一个小孩——一个"男孩"——被上天赋予一种身份,一种在种族主义和同化压力的反应中建构起来的身份。法雷德讨论这一段话时,拆解了詹姆斯"引起争议"的暗示,后者把来自杜兰特的美国的同化焦虑的场景变换成伦敦的非裔加勒比人。当移民的孩子掌握统治文化的语言和课程时:

> 一个裂缝,主要是沿着代际和阶级的分界线划下的,在"男孩"和他的——很少是她的——团体之间开始出现。在移民团体宣称"男孩"是"我们的"那种热情中包含着一种焦虑。学会了新的语言和习俗,他就能轻易地成为别的某个人的男孩……更使人心乱的是文化的迁移可以转换为对统治团体的一种经济依靠的可能性,直接把移民男孩贬低为无足轻重的人……移民对它们的"男孩"的公众接受既代表了一种保全与主要团体的联系的努力,又是一种……承认……移民团体不得不创造一种对团体的新的理解和运作。(Farred 1996:184)

在所有三个场景里发生的是一种再谈判,或是改变了的对"家"的空间的理解,并且,作为新的身份和敌对形式的归属感也被表达了出来。法雷德指出,在《边界之外》整本书里,詹姆斯都卷入了一种"从不间断的与家的概念的谈判"(Farred 1996:179),一种由散居和迁移建构的谈判。把詹姆斯的立场概括为仅仅是"民族主义",忽略了《边界之外》作为非裔加勒比人的一个散居文本的定位,还有他为散居观众所做的对"家"的重新想象的复杂性。如保罗·吉尔罗伊在另一个场合所说的(借拉基姆之口),"不是你从哪里来,而是你在哪里"。(Gilroy 1991:3—6)移居所产生的对抗性和创造性身份不必是使用"祖国"的无可非议的民族主义对主体进行质问的结果,而是对当前现实的一种反应:"你在哪里。"

回到我开始时的问题,一个斯里兰卡的塔米尔族的妇女突然被要求在板球上"表明立场":作为板球比赛的心照不宣的门外汉,我的观看立场既不能以我对单一的斯里兰卡民族主义的赞同来解释，也不能以一种政治"之外"的立场来解释。相反，它是被建构的，通过我不断地被质疑为对这个国家来说是外来的这件事情——我如今持有这个国家的护照，但这个国家的公民权利我永远不能充分行使。不考虑这些散居身份的辩证法的讨论将仍然不能理解持相反立场的观众所能采取的行动方式。这样的注视，更进一步，超越了那种对"原住国"的狭隘的身份识别：如我在开始时所说的，在这次巡回赛中，反澳大利亚的、亲斯里兰卡的感情有所延伸，包括了澳大利亚的很多少数民族化的分类如"有色外国佬"和"外族人"。

但问题仍然是开放的：这种站在相反立场的少数民族化的观众能否与辛哈拉民族主义的观众相一致，或是被后者激活？我已经试图指出，澳大利亚和辛哈拉民族主义对"文化"、"国家"和"体育精神"的调动实际上是共谋的和互补的。对那些处于这两种民族主义之间的观众来说，两者齐心协力开创了历史的和未来的框架，即"情节"，在这种情节里这样的竞争被演示了出来。

（向琳 译）

注释：

　　这篇文章最初以《散居：亚裔澳大利亚人的文化谈判》(*Diaspora: Asian Australian Cultural Negociations*)为名发表于 Henlen Gilbert, Tseen Khoo 和 Jacqueline Lo 主编的《澳大利亚研究杂志》(2000 年 65 页)，昆士兰大学出版社出版。我要向 Mahinda Perera, Rodney Noonan 和 Rajiva Wijesinghe 表示热烈的感谢，他们在我难以应付的板球知识方面令我受益匪浅；仍存在的任何不当之处全都由我自己负责。这篇文章的一个版本最初在澳大利亚国家大学的"行使亚裔澳大利亚人身份大会"和墨纳什大学的南亚系列会议上被作为主旨发言。

[1] 关于表演者与观众的界线的作用，见 Burton 1991:9—10.

[2] 更多的关于联邦庆典筹备的那些年里本土的板球运动员，见马丁·弗兰纳根(Martin Flanagan)非凡的小说《召唤》(The Call)。

[3] 1998 年 3 月 10 日《每日新闻》(*Daily News*)上的一篇社论哀叹某些城市学校里的那种"令人羞耻的种族分离"，它把板球变为一种"种族隔离制度"。在这种语境下，我发现伊斯梅尔的言辞有些诡辩的味道，他说"虽然民族主义者无论如何都支持这支球队，但我这里建构的那种观众则不会——比如如果对球队的挑选是'种族歧视的'"(1997:26)。

[4] 关于"wog"一词的错综复杂性的讨论，见 Perera and Pugliese 1998;Perera 1999.

参考文献：

Appadurai, Arjun. "Playing with Modernity," in Carol Breckenridge (ed.), *Consuming Modernity: Public Culture in a South Asian World* (Minneapolis: University of Minnesota Press, 1995).

Bacash, John. "Marking Time," Letter to the Editor, *Age*, Sept. 5, 1999.

Black, Martin. "Warne Cops Fine for Ranatunga Attack," *Age*, May 16, 1996, p. 4.

Booth, Douglas and Colin Tatz. *One-Eyed: A View of Australian Sport* (St. Leonards: Allen & Unwin, 2000).

Bouts, Trent. "Going Over the Top Only Solution to Overcoming Sri Lankans," *Australian*, Sept. 9, 1996, p. 30.

Burton, Richard. "Cricket, Carnival and Street Culture in the Caribbean," in *Sport Racism and Ethnicity*, ed. Grant Jarvie (London: The Falmer Press, 1991).

Clarke, Alan and John Clarke, "Highlights and Action Replays-Ideology, Sport and the Media, " in Jennifer Hargreaves (ed.), *Sport, Culture and Ideology* (London: Routledge, 1982).

Farred, Grant. "The Maple Man: How Cricket made a Postcolonial Intellectual," in Grant Farred (ed.) *Rethinking C. L. R. James* (Cambridge, Mass: Blackwell, 1996).

Flanagan, Martin, *The Call* (St. Leonards: Allen & Unwin, 1998).

Foster, Yolanda. "Battering on Cricket?" *Island*, Sep. 28, 1997.

Gilroy, Paul. "The Dialectics of Diasporic Identification," *Third Text* 13 (1991): 3—16.

Ismail, Qadri. "Batting Against the Break: On Cricket, Nationalism and the Swashbuckling Sri Lankans," *Pravada* 5. 1 (1997): 16—26.

Jaireth, Subash. "Tracing Orientalism in Cricket: A Reading of Some Recent Australian Cricket Writing on Pakistani Cricket," *Sporting Traditions* 12. 1 (1995): 103—20.

James, C. L. R. *Beyond a Boundary* (London: Stanley Paul, 1963).

Kell, Peter. *Good Sports: Australian Sport and the Myth of the Fair Go* (Annandale: Pluto Press, 2000).

Knox, Malcome. "Under Chaos the Order On and Off the Pitch," *Age*, Aug. 30, 1996.

MacIntyre, Ernest. "Hora, Hora, Umpire Hora!" *Sunday Times*, May 16, 1999.

Miller, Toby. "The Unmarking of Soccer: Making a Brand New Subject," in *Celebrating the Nation*, eds. Tony Bennett et al. (St Leonards: Allen & unwin 1992).

Narayan Swamy, M. R. *Tigers of Lanka: From Boys to Guerillas* (Colombo: Vijitha Yapa, 1996).

Perera, Suvendrini. "Whiteness and its Discontents," *Journal of Intercultural Studies* 20. 2 (1999): 183—98.

Perera, Suvendrini and Joseph Pugliese, "Wogface, Anglo-Drag, Contested Aboriginalities: Making and Unmaking Identities in Australia," *Social Identities* 4. 1 (1998): 39—72.

Roberts, Michael and Alfred James. *Crosscurrents: Sri Lanka and Australia at Cricket* (Petersham: Walla Walla Press, 1998).

Roebuck, Peter. "Magnificent Cup Mayhem," *Age*, March 11, 1996.

Searle, Chris. "Teacher and Interrupter," *Race & Class* 41. 1/2 (1999): 109—21.

Selvadurai, Shyam. *Funny Boy* (New Delhi: Penguin, 1994).

第四部分

材 料(Sources)

第30章
文化研究参考文献

托比·米勒(Toby Miller)

期刊(Journals)

Journal of Communication, Critical Studies in Mass Communication, Journal of Broadcasting & Electronic Media, Journalism & Mass Communication Quarterly, Gazette, Cultural Studies, Journal of Radio Studies, Journal of Communication Inquiry, Journal of Popular Film and Television, Media, Culture & Society, European Journal of Communication, camera obscura, Canadian Journal of Communication, Feminist Media Studies, differences, Convergence, Continuum, International Journal of Cultural Studies, Historical Journal of Film, Radio, and Television, European Journal of Cultural Studies, Asian Journal of Communication, Quarterly Journal of Film, Television, and Video, New Media & Society, Mass Communication Review, Feminist Media Studies, Media International Australia, Visual Anthropology, Visual Anthropology Review, Media Studies Journal, Resaux: The French Journal of Communication, Media History, Howard Journal of Communication, Women's Studies in Communication, Quarterly Journal of Speech, Communication Theory, M/C - A Journal of Media and Culture, Journalism History, Electronic Journal of Com- munication, International Journal of Communication, Visual Sociology, Social Text, Socialist Review, Public Culture, European Journal of Cultural Studies, Hong Kong Cultural Studies Bulletin, South Atlantic Quarterly, Third Text, Social Identities.

综述性文献(General Texts)

"Asia/Pacific as Space of Cultural Production." *boundary* 2 21, no. 1 (1994).

"Cultural Studies." *Critical Studies in Mass Communication* 6, no. 4 (1989).

"Cultural Studies/Cultural Politics: Articulating the Global and the Local." *Politics & Culture* 6 (1994).

"Cultural Studies: Crossing Boundaries." *Critical Studies* 3, no. 1 (1991).

"Cultural Studies in the Asia Pacific." *Southeast Asian Journal of Social Science* 22 (1994).

"Cultural Studies/Les études culturelles." *Canadian Review of Comparative Literature/Revue Canadienne de Littérature Comparée* 22, no. I (1995).

"The Future of the Field—between Fragmentation and Cohesion." *Journal of Communication* 43, no. 3 (1993).

"Rethinking Black (Cultural) Studies." *Callaloo* 19, no. 1 (1996).

"Review Forum on Cultural Studies." *Victorian Studies* 36, no. 4: 455—72 (1993).

Abelove, Henry, Michèle Aina Barale, and David M. Halperin, eds. *The Lesbian and Gay Studies Reader*. New York: Routledge, 1993.

Agger, Ben *Cultural Studies*. London: Falmer Press, 1992.

Alexander, Jeffrey C. and Philip Smith. "The Discourse of American Civil Society: A New Proposal for Cultural Studies." *Theory and Society* 22, no. 2 (1993): 151—207.

Althusser, Louis. *Lenin and Philosophy and Other Essays*. Trans. Ben Brewster. London: New Left Books, 1977.

Anderson, Talmadge. *Black Studies: Theory, Method, and Cultural Perspectives*. Pullman: Washington State University Press, 1990.

Ang, Ien. "Dismantling 'Cultural Studies'?". *Cultural Studies* 6, no. 3 (1992): 311—21.

Angus, Ian and Sut Jhally, eds. *Cultural Politics in Contemporary, America*. New York: Routledge, 1989.

Appadurai, Arjun, ed. *The Social Life of Things: Commodities in Cultural Perspective*. Cambridge: Cambridge University Press, 1986.

Baker, Houston A., Jr., Manthia Diawara, and Ruth H. Lindeborg, eds. *Black British Cultural Studies: A Reader*. Chicago: University of Chicago Press, 1996.

Barker, Martin and Anne Beezer, eds. *Reading into Cultural Studies*. London: Routledge, 1992.

Barthes, Roland. *Mythologies*. Trans. Annette Lavers. London: Paladin, 1973.

Becker, Howard S. and Michael M. McCall, eds. *Symbolic Interaction and Cultural Studies*.

Chicago: University of Chicago Press, 1990.

Bennett, Tony, Colin Mercer, and Janet Woollacott, eds. *Popular Culture and Social Relations*. Milton Keynes: Open University Press, 1986.

Bennett, Tony, ed. *Popular Fiction: Technology, Ideology, Production, Reading*. London: Routledge, 1990.

Berry, Sarah and Toby Miller. (2000). *Blackwell Cultural Theory Resource Centre*. 〈http.//www. blackwellpublishers. co. uk/cultural/〉.

Blundell, Valda, John Shepherd, and Ian Taylor, eds. *Relocating Cultural Studies: Developments in Theory, and Research*. London: Routledge, 1993.

Bourdieu, Pierre. *Distinction: A Social Critique of the Judgment of Taste*. Trans. Richard Nice. Cambridge, Mass. : Harvard University Press, 1984.

Brantlinger, Patrick. *Crusoe's Footsteps: Cultural Studies in Britain and America*. New York: Routledge, 1990.

Bronner, S. and D. Kellner, eds. *Critical Theory, and Society: A Reader*. London: Routledge, 1989.

Buckingham, D. , ed. *Teaching Popular Culture: Beyond Radical Pedagogy*. London: University College London Press, 1998.

Budd, Mike, Robert M. Entman, and Clay Steinman. "The Affirmative Character of US Cultural Studies. " *Critical Studies in Mass Communication* 7, no. 2 (1990): 169—84.

Carey, James W. "Overcoming Resistance to Cultural Studies. " In M. Gurevitch and M. Levy (eds.), *Mass Communication Review Yearbook*, Vol. 5. London: Sage, 1985.

Chaney, David. *The Cultural Turn: Scene Setting Essays on Contemporary Cultural Theory*, London: Routledge, 1994.

Chatterjee, Partha. *The Nation and its Fragments: Colonial and Postcolonial Histories*. Princeton: Princeton University Press, 1993.

Chen, Kuan-Hsing and David Morley, eds. *Stuart Hall: Critical Dialogues in Cultural Studies*. London: Routledge, 1996.

Chen, Kuan-tsing, ed. *Trajectories: Inter-Asia Cultural Studies*. London: Routledge, 1998.

Chow, Rey. *Writing Diaspora: Tactics of Intervention in Contemporary Cultural Studies*. Bloomington: Indiana University Press, 1993.

Collins, Jim. *Uncommon Cultures: Popular Culture and Post-Modernism*. New York: Routledge, 1989.

Conley, Verena Andermatt, ed. *Rethinking Technologies*. Minneapolis: University of Minnesota Press, 1993.

Cross, Gary. *Time and Money: The Making of Consumer Culture*. New York: Routledge, 1993.

Cunningham, Stuart. *Framing Culture: Criticism and Policy in Australia*. Sydney: Allen and Unwin, 1992.

Curran, J., D. Morley, and V. Walkerdine, eds. *Cultural Studies and Communication*. London: Arnold, 1996.

Czaplicka, John, Andreas Huyssen, and Anson Rabinach. Introduction: Cultural History and Cultural Studies: Reflections on a Symposium. *New German Critique* 22, no. 2 (1995): 3—17.

Davies, I. *Cultural Studies and Beyond: Fragments of Empire*. London: Routledge, 1995.

de Certeau, Michel. *The Practice of Everyday Life*. Trans. Steven F. Rendall. Berkeley and Los Angeles: University of California Press, 1984.

de Lauretis, Teresa, ed. *Feminist Studies/Critical Studies*. Bloomington: Indiana University Press, 1986.

Debord, Guy. *Society of the Spectacle*. Detroit: Black and Red Press, 1983.

Denning, Michael. "The Academic Left and the Rise of Cultural Studies." *Radical History Review* 54 (1992), 21—47.

Diawara, Manthia. "Black Studies, Cultural Studies, Performative Acts." In *Race, Identity and Representation in Education* eds. Cameron McCarthy and Warren Crichlow. New York: Routledge, 1994.

Dirks, Nicholas B. Geoff Eley, and Sherry B. Ortner, eds. *Culture/Power/History: A Reader in Contemporary Social Theory*. Princeton: Princeton University Press, 1994.

Docherty, Thomas, ed. *Postmodernism: A Reader*. New York: Harvester Wheatsheaf, 1993.

Donald, James, ed. *Psychoanalysis and Cultural Theory: Thresholds*. New York: St. Martin's Press, 1991.

During, Simon, ed. *The Cultural Studies Reader*. London: Routledge, 1993.

Dworkin, Dennis. *Cultural Marxism in Postwar Britain: History, the New Left, and the Origins of Cultural Studies*. Durham: Duke University Press, 1997.

Easthope, Antony and Kate McGowan, eds. *A Critical and Cultural Theory Reader*. Toronto: University of Toronto Press, 1992.

Eco, Umberto. *Travel in Hyperreality*. Trans. William Weaver. London: Picador, 1987.

Ferguson, M. and P. Golding eds. *Cultural Studies in Question*. London: Sage, 1997.

Ferguson, Russell, Martha Gever, Trinh T. Minh-ha, and Cornel West, eds. *Out There: Marginalization and Contemporary Culture*. New York: The New Museum of Contemporary Art; Cambridge, Mass.: MIT Press, 1990.

Fiske, John. *Reading the Popular*. Boston: Unwin Hyman, 1989.

Fiske, John. *Understanding Popular Culture*. Boston: Unwin Hyman, 1989.

Fiske, John. *Power Plays Power Works*. London: Verso, 1993.

Forbes, Jill and Michael Kelly, eds. *French Cultural Studies: An Introduction*. Oxford: Oxford University Press, 1996.

Forgacs, David and Robert Lumley, eds. *Italian Cultural Studies: An Introduction*. Oxford: Oxford University Press, 1996.

Foster, Hal, ed. *The Anti-Aesthetic: Essays on Postmodern Culture*. Port Townsend: Bay Press, 1983.

Franklin, Sarah, Celia Lury, and Jackie Stacey, eds. *Off-Centre: Feminism and Cultural Studies*. London: Routledge, 1991.

Frith, Simon. "The Good, the Bad and the Indifferent: Defending Popular Culture from the Populists." *Diacritics* 21, no. 4 (1991): 102—15.

Frow, J. *Cultural Studies and Cultural Value*. Oxford: Oxford University Press, 1995.

Frow, John and Meaghan Morris, eds. (1993a). *Australian Cultural Studies: A Reader*, eds. Frow and Morris. Sydney: Allen and Unwin.

Frow, John and Meaghan Morris. "Introduction." *Australian Cultural Studies: A Reader*, eds. Frow and Morris. Sydney: Allen and Unwin, 1993.

Gans, Herbert. *Popular Culture and High Culture*. New York: Basic Books, 1974.

Gever, Martha, John Greyson, and Pratibha Parmar, eds. *Queer Looks: Perspectives on Lesbian and Gay Film and Video*. New York: Routledge, 1993.

Gibson, Mark and John Hartley. "Forty Years of Cultural Studies: An Interview with Richard Hoggart, October 1997." *International Journal of Cultural Studies* 1, no. 1 (1998): 11—23.

Giroux, Henry. *Disturbing Pleasures: Learning Popular Culture*. London and New York: Routledge, 1994.

Giroux, Henry and Peter McLaren, eds. *Between Borders: Pedagogy and the Politics of Cultural Studies*. New York: Routledge, 1994.

Gordon, D. "Feminism and Cultural Studies: Review Essay," *Feminist Studies* 21(2) (1995): 363—77.

Graham, Helen and Jo Labanyi, eds. *Spanish Cultural Studies: An Introduction: The Struggle for Modernity*. Oxford: Oxford University Press, 1996.

Gramsci, Antonio. *Selections from the Prison Notebooks*. Trans. Quentin Hoare and Geoffrey Nowell-Smith. New York: International Publishers, 1971.

Gray, Ann and Jim McGuigan, eds. *Studying Culture: An Introductory Reader*. London: Edward Arnold, 1993.

Greenblatt, Stephen J. *Learning to Curse: Essays in Early Modern Culture*. New York: Routledge, 1990.

Grossberg, Lawrence and Della Pollock. "Editorial Statement." *Cultural Studies* 12, no. 3 (1998): 2.

Grossberg, Lawrence, Cary Nelson, and Paula Treichler, eds. *Cultural Studies*. New York: Routledge, 1992.

Grossberg, Lawrence. "Cultural Studies and/in New Worlds." *Critical Studies in Mass Communication* 10, no. 1 (1993): 1—22.

Grossberg, Lawrence. "The Formations of Cultural Studies: An American in Birmingham." In *Relocating Cultural Studies: Developments in Theory, and Research*, eds. Valda Blundell, John Shepherd, and Ian Taylor. London: Routledge, 1993.

Grossberg, Lawrence. *Bringing it all Back Home: Essays on Cultural Studies*. Durham: Duke University Press, 1997.

Guha, Ranajit, ed. *Subaltern Studies*. Delhi: Oxford University Press, 1982.

Hall, Stuart. "Introduction." *Representation: Cultural Representations and Signifying Practices*, ed. Stuart Hall. London: Sage, 1997.

Hall, Stuart. "Culture and Power." *Radical Philosophy* 86 (1997): 24—41.

Hall, Stuart and Brain Gieben, eds. *Formations of Modernity*. Cambridge: Polity Press, 1992.

Hall, Stuart and Paddy Whannel. *The Popular Arts*. New York: Pantheon, 1965.

Harper, Phillip Brain. *Framing the Margins: The Social Logic of Postmodern Culture*. New York: Oxford University Press, 1993.

Harris, David. *From Class Struggle to the Politics of Pleasure: The Effects of Gramscianism on Cultural Studies*. London: Routledge, 1992.

Hartley, John. "Editorial (with Goanna)." *International Journal of Cultural Studies* 1, no. 1 (1998): 5—10.

Hartley, John. *The Politics of Pictures: The Creation of the Public in the Age of Popular Media*. New York: Routledge, 1992.

Harvey, David. *The Condition of Postmodernity: An Enquiry into the Origins of Cultural Change*. Oxford Blackwell, 1989.

Hawkes, Terence. *Structuralism and Semiotics*. London: Methuen, 1977.

Hebdige, Dick. *Hiding in the Light: On Images and Things*. London: Comedia/Routledge, 1988.

Heim, Michael. *The Metaphysics of Virtual Reality*. New York: Oxford University Press, 1993.

Henriques, J., W. Hollway, C. Urwin, C. Venn, and V. Walkerdine. *Changing the Subject*. New York: Methuen, 1984.

Hirschkop, K. and D. Shepherd, eds. *Bakhtin and Cultural Theory*. Manchester:

Manchester University Press, 1989.

Hodge, Robert and Gunther Kress. *Social Semiotics*. Oxford: Polity Press, 1988.

Hoggart, Richard. *The Uses of Literacy: Aspects of Working-Class Life with Special Reference to Publications and Entertainments*. Harmondsworth: Penguin, 1957.

Hunter, Ian. "Setting Limits to Culture." *New Formations* 4 (1988): 103—23.

Huyssen, Andreas. *After the Great Divide: Modernism, Mass Culture, Postmodernism*. Bloomington: Indiana University Press, 1986.

Inglis, Fred. *Cultural Studies*. Oxford: Blackwell, 1993.

Jameson, Fredric. *Postmodernism, or, the Cultural Logic of Late Capitalism*. Durham: Duke University Press, 1991.

Jameson, Fredric. "On 'Cultural Studies'." *Social Text* 11, no. 1 (1993): 17—52.

Jenks, Chris, ed. *Cultural Reproduction*. London: Routledge, 1993.

Kaplan, E. Ann, ed. *Postmodernism and its Discontents: Theories and Practices*. New York: Verso, 1989.

Kellner, Douglas. "Toward a Multiperspectival Cultural Studies." *Centennial Review* 36, no. 1 (1992): 5—42.

Kellner, Douglas. *Media Culture: Cultural Studies, Identity, and Politics Between the Modern and the Postmodern*. London and New York: Routledge, 1995.

Kelly, C. and D. Shepherd, eds. *Russian Cultural Studies: An Introduction*. Oxford: Oxford University Press, 1998.

King, Anthony, ed. *Culture, Globalization and the World-System: Contemporary Conditions for the Representation of Identity*. London: Macmillan, 1991.

Kuan-Hsing, Chen. "Post-Marxism: Between/Beyond Critical Postmodernism and Cultural Studies." *Media, Culture and Society* 13, no. 1 (1991): 35—51.

Lash, Scott, *Sociology of Postmodernism*. London: Routledge, 1990.

Leavis, F. R. and Denys Thompson. *Culture and Environment: The Training of Critical Awareness*. London: Chatto and Windus, 1933.

Lee, Martyr J. *Costumer Culture Reborn: The Cultural Politics of Consumption*. London: Routledge, 1992.

Lefebvre, Intern. *Everyday Life in the Modern World*. Trans. S. Rabinovitch. New Brunswick: Transaction Books, 1984.

Lembo, Ronald and Kenneth H. Tucker, Jr. "Culture, Television, and Opposition: Rethinking Cultural Studies." *Critical Studies in Mass Communication* 7, no. 2 (1990): 97—116.

Leonard, Jerry D., ed. *Legal Studies as Cultural Studies: A Reader in (Post) Modern Critical Theory*. Albany: State University of New York Press, 1995.

Leong, Laurence Wei-Teng. "Cultural Resistance: The Cultural Terrorism of British Male Working-Class Youth." *Current Perspectives in Social Theory*, 12(1992): 29—58.

Levine, Lawrence W. *Highbrow/Lowbrow: The Emergence of Cultural Hierarchy in America*. Cambridge, Mass.: Harvard University Press, 1988.

Long, E., ed. *From Sociology, to Cultural Studies: New Perspectives*. Oxford: Blackwell, 1997.

Lovell, Terry, ed. *Feminist Cultural Studies Volumes I and II*. Aldershot: Elgar, 1995.

Lury, Celia. *Cultural Rights: Technology, Legality and Personality*. London: Routledge, 1993.

Lyotard, Jean-François. *The Postmodern Condition: A Report on Knowledge*. Trans. Geoffrey Bennington and Brian Massumi. Minneapolis: University of Minnesota Press, 1984.

MacCabe, Colin. "Cultural Studies and English." *Critical Quarterly* 34, no. 3 (1992): 25—34.,

Martin, Randy, ed. *Chalk Lines: The Politics of Work in the Managed University*. Durham: Duke University Press, 1998.

Mattelart, Armand and Michèle Mattelart. *Rethinking Media Theory: Signposts and New Directions*. Trans. James A. Cohen and Marina Urquidi. Minneapolis: University of Minnesota Press, 1992.

Mattelart, Michèle. *Women, Media and Crisis: Femininity and Disorder*. London: Comedia, 1986.

Maxwell, Richard. "Cultural Studies." In *Understanding Contemporary Society: Theories of the Present eds*. Gary Browning, Abigail Halci, and Frank Webster. London: Sage, 2000.

McGuigan, Jim. *Cultural Populism*. New York: Routledge, 1992.

McGuigan, J., ed. *Cultural Methodologies* London: Sage, 1997.

McHoul, Alec and Tom O'Regan. "Towards a Paralogics of Textual Technologies: Batman, Glasnost and Relativism in Cultural Studies." *Southern Review* 25, no. 1 (1992): 5—26.

McRobbie, Angela. *Postmodernism and Popular Culture*. London: Routledge, 1994.

Miller, D. *Material Culture and Mass Consumption*. Oxford: Blackwell, 1987.

Miller, Toby. "Beyond the Ur-Text of Radicalism." *Australian Journal of Communication* 17, no. 1 (1990): 174—84.

Miller, Toby and Alec McHoul. *Popular Culture and Everyday Life*. London: Sage, 1998.

Miller, Toby. *Technologies of Truth: Cultural Citizenship and the Popular Media*. Minneapolis: University of Minnesota Press, 1998.

Modleski, Tania, ed. *Studies in Entertainment: Critical Approaches to Mass Culture*.

Bloomington: Indianapolis University Press, 1986.

Modleski, Tania. *Feminism Without Women: Culture and Criticism in a "Postfeminist" Age.* New York: Routledge, 1991.

Morley, David. "So-called Cultural Studies: Dead Ends and Reinvented Wheels". *Cultural Studies* 12, no. 4 (1998): 476—97.

Morris, Meaghan. "Banality in Cultural Studies." In *Logics of Television: Essays in Cultural Criticism*, ed. Patricia Mellencamp. Bloomington: Indiana University Press, 1990.

Morris, Meaghan. *Ecstasy and Economics: American Essays for John Forbes.* Sydney: EM Press, 1992.

Morrow, Raymond A. "The Challenge of Cultural Studies." *Canadian Review of Comparative Literature/Revue Canadienne de Littérature Comparée* 22, no. 1 (1995): 1—20.

Muecke, Stephen. *Textual Spaces: Aboriginality and Cultural Studies.* Sydney: University of New South Wales Press, 1992.

Mukerji, Chandra and Michael Schudson. "Popular Culture". *Annual Review of Sociology*, 12 (1986): 47—66.

Murdock, Graham. "Across the Great Divide: Cultural Analysis and the Condition of Democracy." *Critical Studies in Mass Communication* 12, no. 1 (1995): 89—95.

Naremore, James and Patrick Brantlinger, eds. *Modernity and Mass Culture.* Bloomington: Indiana University Press, 1991.

Nederveen Pieterse, Jan. *White on Black: Images of Africa and Blacks in Western Popular Culture.* New Heaven: Yale University Press, 1992.

Nelson, Cary, ed. *Will Teach for Food: Academic Labor in Crisis.* Minneapolis: University of Minnesota Press, 1997.

Penley, Constance and Andrew Ross, eds. *Technoculture.* Minneapolis: University of Minnesota Press, 1991.

Probyn, Elspeth. *Sexing the Self: Gendered Positions in Cultural Studies.* New York: Routledge, 1993.

Punter, David, ed. *Introduction to Contemporary Cultural Studies.* London: Longman, 1986.

Redhead, Steve. *Unpopular Cultures: The Birth of Law and Popular Culture.* Manchester: Manchester University Press, 1995.

Regan, Stephen and Elaine Treharn, eds. *The Year's Work in Critical and Cultural Theory Volume* 1. Oxford: Blackwell, 1994.

Regan, Stephen, ed. *The Politics of Pleasure: Aesthetics and Cultural Theory.* Milton Keynes: Open University Press, 1992.

Ringer, R. Jeffrey, ed. *Queer Words, Queer Images: Communication and the Construction of Homosexuality.* New York: New York University Press, 1993.

Roseneil, S. and J. Seymour eds. *Practising Identities: Power and Resistance,* London: Macmillan, 1999.

Ross, Andrew. *No Respect: Intellectuals and Popular Culture.* New York: Routledge, 1989.

Rosteck, Thomas. "Cultural Studies and Rhetorical Studies." *Quarterly, Journal of Speech* 81, no. 3 (1995): 386—403.

Said, Edward. *Orientalism.* London: Routledge and Kegan Paul, 1978.

Salzman, Jack. "Editor's Note." *Prospects: An Annual Journal of American Cultural Studies* 1 (1975): iii.

Schwichtenberg, Cathy. "Feminist Cultural Studies." *Critical Studies in Mass Communication* 6, no. 2 (1989): 202—8.

Sedgwick, Eve Kosofsky. *The Epistemology of the Closet.* Berkeley and Los Angeles: University of California Press, 1990.

Shannon, Patrick and Henry A. Giroux. "Editor's Comments." *Review of Education/Pedagogy Cultural Studies* 16, no. 1 (1994): v.

Shiach, Morag. *Discourse on Popular Culture.* London: Polity Press, 1989.

Shiach, Morag, ed. *Feminism & Cultural Studies.* Oxford: Oxford University Press, 1999.

Silverstone, Roger and Eric Hirsch, eds. *Consuming Technologies: Media and Information in Domestic Spaces.* New York: Routledge, 1992.

Smith, Barbara Herrnstein. *Contingencies of Value: Alternative Perspectives for Critical Theory.* Cambridge, Mass. : Harvard University Press, 1988.

Soja, Edward. *Postmodern Geographies: The Reassertion of Space in Critical Social Theory.* New York: Verso, 1989.

Stallybrass, Peter and Allon White. *The Politics and Poetics of Transgression.* London: Methuen, 1986.

Stam, Robert. *Subversive Pleasures: Bakhtin, Cultural Criticism, and Film.* Baltimore and London: The Johns Hopkins University Press, 1989.

Steele, T. *The Emergence of Cultural Studies, 1945 — 65: Cultural Politics, Adult Education and the English Question.* London: Lawrence and Wishart, 1997.

Storey, John. *An Introductory Guide to Cultural Theory and Popular Culture.* Athens: University of Georgia Press, 1993.

Tagg, John, ed. *The Cultural Polities of "Postmodernism."* Binghamton: SUNY at Binghamton, 1989.

Thompson, Denys, ed. *Discrimination and Popular Culture,* 2nd edn. London: Penguin,

1973.

Thompson, E. P. *The Making of the English Working Class*. Harmondsworth: Penguin, 1968.

Thompson, E. P. *The Poverty of Theory*. London: Merlin, 1978.

Tudor, Andrew. *Decoding Culture: Theory and Method in Cultural Studies*. London: Sage, 1999.

Turner, Graeme, ed. *Nation, Culture, Text: Australian Cultural and Media Studies*. London: Routledge, 1993.

Turner, Graeme. *British Cultural Studies: An Introduction*. Boston: Unwin Hyman, 1990.

Valdivia, Angharad ed. *Feminism, Multiculturalism, and the Media*. London: Sage, 1995.

Vattimo, Gianni. *The End of Modernity: Nihilism and Hermeneutics in Post-Modern Culture*. Trans. Jon R. Snyder. Oxford: Polity Press, 1988.

Veeser, H. Aram, ed. *The New Historicism Reader*. New York: Routledge, 1994.

Virilio, Paul and Sylvère Lotringer. *Pure War*. New York: Semiotext(e), 1983.

Waites, Bernard, Tony Bennett, and Graham Martin, eds. *Popular Culture: Past and Present*. London: Croom Helm, 1982.

Weedon, Chris and Glenn Jordan. *Cultural Politics*. Oxford: Blackwell, 1994.

Williams, Patrick and Laura Chrisman, eds. *Colonial Discourse/Post-Colonial Theory*. New York: Columbia University Press, 1993.

Williams, Raymond. *Culture and Society: 1780—1850*. Harmondsworth: Penguin, 1961.

Williams, Raymond, *The Long Revolution*. Harmondsworth: Pelican, 1975.

Williams, Raymond. *Marxism and Literature*. Oxford: Oxford University Press, 1977.

Williams, Raymond. *Culture*. London: Fontana, 1981.

Williams, Raymond. *Keywords: A Vocabulary of Culture and Society*. London: Fontana, 1983.

Williams, Raymond. *The Politics of Modernism: Against the New Conformists*. Ed. Tony Pinkney. London: Verso, 1989.

Williamson, Judith. *Consuming Passions: The Dynamics of Popular Culture*. London: Marion Boyars, 1986.

Willis, Paul. *Common Culture*. Milton Keynes: Open University Press, 1990.

Willis, Susan. *A Primer for Daily Life*. New York: Routledge, 1991.

Wollen, Peter. *Raiding the Icebox: Reflections on Twentieth-Century Culture*. London: Verso, 1993.

Women's Studies Group of the Centre for Contemporary Cultural Studies. *Women Take Issue: Aspects of Women's Subordination*. London: Hutchinson, 1978.

Workplace. 2, no. 2 (1999). http://www.louisville.edu/journal/workplace/ issue4/

contents22. html.

Wright, Handel Kashope. "Take Birmingham to the Curb, Here Comes African Cultural Studies: An Exercise in Revisionist Historiography." *University of Toronto Quarterly* 65, no. 2 (1996): 355—65.

当代文化研究中心/开放大学
(Centre for Contemporary Cultural Studies/Open University)

Brunt, Rosalind and Caroline Rowan, eds. *Feminism, Culture and Politics*. London: Lawrence and Wishart, 1982.

Centre for Contemporary Cultural Studies. *The Empire Strikes Back: Race and Racism in 70s Britain*. London: Hutchinson, 1982.

Centre for Contemporary Cultural Studies. *On Ideology*. London: Hutchinson, 1978.

Chambers, Iain, John Clarke, Ian Connell, Lidia Curti, Stuart Hall, and Tony Jefferson. "Marxism and Culture [Reply to Rosalind Coward 'Class']." *Screen* 18, no. 1 (1977): 109—19.

Chambers, Iain. *Popular Culture: The Metropolitan Experience*. London: Methuen, 1986.

Clarke, John. *New Times and Old Enemies: Essays on Cultural Studies and America*. London: Harper Collins Academic, 1991.

Clarke, John, Chas Critcher, and Richard Johnson, eds. *Working Class Culture: Studies in History and Theory* London: Hutchinson, 1979.

Coward, Rosalind. "Class, 'Culture' and the Social Formation." *Screen* 18, no. 1 (1977): 75—105.

Hall, Stuart. "Cultural Studies: Two Paradigms." In *Culture, Ideology, and Social Process: A Reader*, eds. Tony Bennett, Graham Martin, Colin Mercer, and Janet Woollacott. London: Open University Press, 1981.

Hall, Stuart. "Notes on Deconstructing 'The Popular.'" in *People's History and Socialist Theory*, ed. Raphael Samuel. London: Routledge, 1981.

Hall, Stuart. "Cultural Identity and Cinematic Representation." *Framework* 36 (1989): 68—81.

Hall, Stuart. "The Emergence of Cultural Studies and the Crisis of the Humanities." *October* 53 (1990): 11—23.

Hall, Stuart and Tony Jefferson, eds. *Resistance Through Rituals: Youth Subcultures in Postwar Britain*. London: Hutchinson, 1976.

Hall, Stuart, Chas Critcher, Tony Jefferson, John Clarke, and Brian Roberts. *Policing the*

Crisis: Mugging, the State, and Law and Order. London: Macmillan, 1978.

Hall, Stuart, Dorothy Hobson, Andrew Lowe, and Paul Willis, eds. *Culture, Media, Language*. London: Hutchinson, 1980.

Hebdige, Dick. *Subculture: The Meaning of Style*. London: Methuen, 1979.

Hebdige, Dick. "Postmodernism and 'The Other Side.'" *Journal of Communication Inquiry* 10, no. 2 (1986): 78—98.

Hoggart, Richard. *Speaking for Each Other*. Volume 1: About Society. Volume 2: About Literature. Harmondsworth: Penguin, 1973.

Johnson, Richard. "The Story So Far: And Further Transformations?" *Introduction to Contemporary Cultural Studies*, ed. David Punter. New York: Longman, 1986.

Johnson, Richard. "What is Cultural Studies Anyway?" *Social Text* 16 (1986—7): 38—80.

Morley, David. *Television, Audiences and Cultural Studies*. New York: Routledge, 1992.

Walkerdine, Valerie. *Schoolgirl Fictions*. London: Verso, 1990.

Willis, Paul. *Profane Culture*. London: Routledge and Kegan Paul, 1978.

种族(Race)

"Critical Multiculturalism." *Continuum* 8, no. 2 (1994).

Anderson, Benedict. *Imagined Communities: Reflections on the Origin and Spread of Nationalism*, 2nd edn. London: Verso, 1991.

Anthias, Floya and Nira Yuval-Davis. *Racialized Boundaries: Race, Nation, Gender, Colour and Class and the Anti-Racist Struggle*. London: Routledge, 1992.

Bhabha, Homi. *The Location of Culture*. New York: Routledge, 1993.

Churchill, Ward. *Fantasies of the Master Race: Literature, Cinema and the Colonization of American Indians*, ed. M. Annette Jaimes. Monroe: Common Courage Press, 1992.

Collins, Patricia Hill. *Black Feminist Thought: Knowledge, Consciousness, and the Politics of Empowerment*. London: Harper Collins Academic, 1990.

Dent, Gina, ed. *Black Popular Culture: A Project by Michele Wallace*. Seattle: Bay Press, 1992.

Donald, James and Ali Ranansi, eds. *"Race," Culture and Difference*. London: Sage, 1992.

Fabre, Genevieve, Melvin Dixon, and Robert O'Meally, eds. *History, and Memory in Afro-American Culture*. Cambridge, Mass: Memory and History Group of the Dubois Institute, Harvard University.

Fanon, Frantz. *The Wretched of the Earth*. New York: Grove Press, 1965.

Fanon, Frantz. *Black Skin, White Masks*. New York: Grove Press, 1967.

Frankenberg, Ruth. *White Women, Race Matters: The Social Construction of Whiteness*. Minneapolis: University of Minnesota Press, 1993.

Fregoso, Rosa Linda. *The Bronze Screen: Chicana and Chicano Film Culture*. Minneapolis: University of Minnesota Press, 1993.

Gay, Geneva and Willie L. Baber. *Expressively Black: The Cultural Basis of Ethnic Identity*. New York: Praeger, 1987.

Gilroy, Paul. *The Black Atlantic: Modernity and Double Consciousness*. Cambridge, Mass.: Harvard University Press, 1993.

Giroux, Henry. *Living Dangerously: Multiculturalism and the Politics of Difference*. New York: Peter Lang, 1993.

Goldberg, David Theo, ed. *Multiculturalism: A Critical Reader*. Oxford: Blackwell, 1994.

Gooding-Williams, Robert, ed. *Reading Rodney King/Reading Urban Uprising*. New York: Routledge, 1993.

Gray, H. (1997). *Watching Race: Television and the Struggle for the Sign of Blackness*. Minneapolis: University of Minnesota Press.

Hall, Stuart. "Gramsci's Relevance for the Study of Race and Ethnicity." *Journal of Communication Inquiry* 10, no. 2 (1986): 5—27.

Hamamoto, Darrell Y. *Asian Americans and the Politics of TV Representation*. Minneapolis: University of Minnesota Press, 1994.

Holloway, Joseph, ed. *Africanisms in American Culture*. Bloomington: Indiana University Press, 1990.

hooks, bell. *Black Looks: Race and Representation*. Boston: South End Press, 1992.

Joseph, May and Jennifer Natalya Fink, eds. *Performing Hybridity*. Minneapolis and London: University of Minnesota Press, 1999.

LaCapra, Dominick, ed. *The Bounds of Race: Perspectives on Hegemony and Resistance*. Ithaca: Cornell University Press, 1991.

MacDonald, J. Fred. *Blacks and White TV: African Americans in Television Since 1948*, 2nd edn. Chicago: Nelson-Hall, 1992.

McCarthy, Cameron and Warren Crichlow, eds. *Race Identity and Representation in Education*. New York: Routledge, 1993.

Mercer, Kobena. *Welcome to the Jungle: New Positions in Black Cultural Studies*. New York: Routledge, 1994.

Muñoz, C., Jr. *Youth, Identity, Power: The Chicano Movement*. New York: Verso, 1989.

Nederveen Pieterse, Jan. *White on Black: Images of Africa and Blacks in Western Popular Culture*. New Haven: Yale University Press, 1992.

Rattansi, Ali and Sallie Westwood, eds. *On the Western Front: Racism, Modernity and

Identity. Cambridge: Polity Press, 1994.

Said, Edward. *Orientalism*. London: Routledge and Kegan Paul, 1978.

Shohat, Ella and Robert Stam. *Unthinking Eurocentrism: Multiculturalism and the Media*. New York: Routledge, 1994.

Spillers, Hortense J. *Comparative American Identities: Race, Sex, and Nationality in the Modern Text*. New York: Routledge, 1992.

Spivak, Gayatri Chakravorty. *In Other worlds: Essays in Cultural Politics*. New York: Methuen, 1987.

Spivak, Gayatri Chakravorty. *The Post-Colonial Critic: Interviews, Strategies, Dialogues*, ed. Sarah Harasym. New York: Routledge, 1990.

Trinh, T. Minh-ha. *Woman, Native, Other: Writing Postcoloniality and Feminism*. Bloomington: Indiana University Press, 1989.

Trinh, T. Minh-ha. *Framer Framed*. New York: Routledge, 1992.

UNESCO. *Final Report of World Conference on Cultural Policies*. Mexico City and Paris: UNESCO, 1982.

Wallace, Michele. *Black Macho and the Myth of the Superwoman*. London: Verso, 1990.

Wallace, Michele. *Invisibility Blues: From Pop to Theory*. London: Verso, 1990.

West, Cornel. "The New Cultural Politics of Difference." *October* 53 (1990): 93—109.

性别与性(Gender and Sexuality)

"Critically Queer." *Critical Quarterly* 36, no. 1 (1994).

"Imaging Technologies, Inscribing Science." *Camera Obscura* 28 (1992).

"The Male Body (Part One)." *Michigan. Quarterly Review* 32, no. 4 (1993).

"The Male Body (Part Two)." *Michigan. Quarterly Review* 33, no. I (1994).

"The Politics of AIDS." *Minnesota Review* 40 (1993).

"Symposium: Queer Theory/Sociology: A Dialogue." *Sociological Theory* 12, no. 2 (1994): 178—248.

Adams, Parveen and Elizabeth Cowie, eds. *The Woman in Question*. Cambridge, Mass.: MIT Press, 1990.

Bad Object-Choices, ed. *How Do I Look? Queer Film and Video*. Seattle: Bay Press, 1991.

Ballaster, R., M. Beetham, E. Frazer, and S. Hebron, eds. *Women's Worlds: Ideology, Femininity and the Woman's Magazine*. Basingstoke: Macmillan, 1991.

Bennett, Tony and Janet Woollacott. *Bond and Beyond: The Political Career of a Popular Hero*. London: Macmillan, 1987.

Bergman, David, ed. *Camp Grounds: Style and Homosexuality*. Amherst: University of Massachusetts Press, 1993.

Boffin, Tessa and Jean Fraser, eds. *Stolen Glances: Lesbians Take Photographs*. London: Pandora, 1991.

Bordo, Susan. *Unbearable Weight: Feminism, Western Culture, and the Body*. Berkeley and Los Angeles: University of California Press, 1993.

Brown, Peter. *The Body and Society*. London: Faber and Faber, 1990.

Burroughs, Catherine B. and Jeffrey David Ehrenreich, eds. *Reading the Social Body*. Iowa City: University of Iowa Press, 1993.

Butler, Judith. *Gender Trouble: Feminism and the Subversion of Identity*. New York: Routledge, 1990.

Butler, Judith. *Bodies That Matter: On the Discursive Limits of "Sex"*. New York: Routledge, 1993.

Caplan, P., ed. *The Cultural Construction of Sexuality*. London: Tavistock, 1987.

Carter, Erica and Simon Watney, eds. *Taking Liberties: The Cultural Politics of AIDS*. London: Serpent's Tail, 1989.

Castle, Terry. *The Apparitional Lesbian: Female Homosexuality and Modern Culture*. New York: Columbia University Press, 1993.

Chapman, Rowena and Jonathan Rutherford, eds. *Male Order: Unwrapping Masculinity*. London: Lawrence and Wishart, 1988.

Chartier, Roger, ed. *A History of Private Life: Passions of the Renaissance*. Cambridge, Mass.: Harvard University Press, 1993.

Christian-Smith, Linda K. *Becoming a Woman Through Romance*. London: Routledge, 1991.

Coward, Ros. *Female Desire: Women's Sexuality Today*. London: Paladin, 1984.

Craig, Steve, ed. *Men, Masculinity, and the Media*. Newbury Park: Sage, 1992.

Crimp, Douglas, ed. *AIDS: Cultural Analysis/Cultural Activism*. Cambridge, Mass.: MIT Press, 1988.

de Lauretis, Teresa. *The Practice of Love: Lesbian Sexuality and Perverse Desire*. Bloomington: Indiana University Press, 1994.

Devor, Holly. *Gender Bending: Confronting the Limits of Duality*, Bloomington: Indiana University Press, 1989.

Donzelot, Jacques. *The Policing of Families*. Trans. Robert Hurley. London: Hutchinson, 1979.

Doty, Alexander. *Making Things Perfectly Queer: Interpreting Mass Culture*. Minneapolis: University of Minnesota Press, 1993.

Easthope, Antony. *What A Man's Gotta Do: The Masculine Myth in Popular Culture*.

London: Paladin, 1986.

Erni, John Nguyet (1994) *Unstable Frontiers: Technomedicine and the Cultural Politics of "Curing" AIDS*. Minneapolis: University of Minneasota Press.

Evans, David. *Sexual Citizenship: The Material Construction of Sexualities*. London: Routledge, 1993.

Fee, Elizabeth and Daniel M. Fox, eds. *AIDS: The Burdens of History*. Berkeley and Los Angeles: University of California Press, 1988.

Foucault, Michel. *The History of Sexuality*. Trans. Robert Hurley. Harmondsworth: Penguin, 1984.

Fuss, Diana, ed. *Inside/Out: Lesbian Theories, Gay Theories*. London: Routledge, 1992.

Gallop, Jane. *Thinking Through the Body*. New York: Columbia University Press, 1988.

Gamman, Lorraine and Margaret Marshment, eds. *The Female Gaze: Women as Viewers of Popular Culture*. London: Verso, 1988.

Gibson, Pamela Church and Roma Gibson, eds. *Dirty Looks: Women, Pornography, Power*. London: BFI, 1993.

Goldstein, Laurence, ed. *The Female Body: Figures, Style, Speculations*. Ann Arbor: University of Michigan Press, 1994.

Gray, Ann. *Video Playtime: The Gendering of a Leisure Technology*. London: Routledge, 1992.

Gross, Larry. *Contested Closets: The Politics and Ethics of Outing*. Minneapolis: University of Minnesota Press, 1993.

Haraway, Donna. *Simians, Cyborgs, and Women*. New York: Routledge, 1991.

Hart, Lynda and Peggy Phelan, eds. *Acting Out: Feminist Performances*. Ann Arbor: University of Michigan Press, 1993.

Hearn, Jeff, ed. *Men in the Public Eye: The Construction and Deconstruction of Public Men and Public Patriarchies*. London: Routledge, 1992.

Heath, Stephen. *The Sexual Fix*. London: Macmillan, 1982.

Hirsch, Marianne and Evelyn Fox Keller, eds. *Conflicts in Feminism*. New York: Routledge, 1990.

Hubbard, Ruth. *The Politics of Biology*. New Brunswick: Rutgers University Press, 1990.

Hunter, Ian, David Saunders, and Dugald Williamson. *On Pornography: Literature, Sexuality, and Obscenity Law*. London: Macmillan, 1993.

Jacobus, Mary, Evelyn Fox Keller, and Sally Shuttleworth, eds. *Body/Politics: Women and the Discourses of Science*. New York: Routledge, 1990.

Jagose, Annamarie. "Way Out: The Category 'Lesbian' and the Fantasy of the Utopic Space." *Journal of the History of Sexuality*, 4, no. 2 (1993): 264—87.

Jardine, Alice and Paul Smith, eds. *Men in Feminism*. New York: Methuen, 1987.

Jeffords, Susan. *Hard Bodies: Hollywood Masculinity in the Reagan Era*. New Brunswick: Rutgers University Press, 1993.

Johnson, Lesley. *The Modern Girl: Girlhood and Growing Up*. Milton Keynes: Open University Press, 1992.

Kaplan, E. Ann. *Motherhood and Representation: The Mother in Popular Culture and Melodrama*. New York: Routledge, 1992.

Keller, Evelyn Fox. *Reflections on Gender and Science*. New Haven: Yale University Press, 1985.

Kipnis, Laura. *Ecstasy Unlimited: On Sex, Capital, Gender, and Aesthetics*. Minneapolis: University of Minnesota Press, 1993.

Luke, Carmen and Jennifer Gore, eds. *Feminisms and Critical Pedalogy*. London: Routledge, 1992.

McRobbie, Angela. *Feminism and Youth Culture*. London: Macmillan, 1991.

McRobbie, Angela and Mica Nava, eds. *Gender and Generation*. London: Macmillan, 1984.

Modleski, Tania. *Loving with a Vengeance: Mass-Produced Fantasies for Women*. New York: Methuen, 1982.

Morris, Meaghan. *The Pirate's Fiancée Feminism, Reading, Postmodernism*. London: Verso, 1988.

Munt, S. (1998) *Heroic Desire: Lesbian Identity and Cultural Space*. London: Cassell.

Nicholson, Linda J., ed. *Feminism/Postmodernism*. New York: Routledge, 1990.

Owens, Craig. *Beyond Recognition: Representation, Power and Culture*, eds. Scott Bryson, Barbara Kruger, Lynne Tillman, and Jane Weinstock. Berkeley and Los Angeles: University of California Press, 1992.

Patton, Cindy. *Inventing AIDS*. London: Routledge, 1991.

Penley, Constance and Sharon Willis, eds. *Male Trouble*. Minneapolis: University of Minnesota Press, 1993.

Phelan, Peggy. *Unmarked: The Politics of Performance*. New York: Routledge, 1993.

Radway, Janice. *Reading the Romance: Feminism and the Representation of Women in Popular Culture*. Chapel Hill: University of North Carolina Press, 1984.

Rajan, Rajeswari Sunder. *Real and Imagined Women: Gender, Culture and Postcolonialism*. London: Routledge, 1993.

Riley, Denise. *"Am I That Name?" Feminism and the Category of "Women" in History*. Minneapolis: University of Minnesota Press, 1988.

Roman, L., L. Christian-Smith, and E. Ellsworth, eds. *Becoming Feminine: The Politics of Popular Culture*. London: Fahner Press, 1988.

Ronell, Avital. *Crack Wars: Literature, Addiction, Mania.* Lincoln: University of Nebraska Press, 1992.

Rose, Jacqueline. *Sexuality, in the Field of Vision.* London: Verso, 1986.

Ruiz, V. and E. Dubois, eds. *Unequal Sisters.* London: Routledge, 1991.

Sawicki, Jana. *Disciplining Foucault: Feminism, Power, and the Body.* New York: Routledge, 1991.

Smith, Paul. *Clint Eastwood: A Cultural Production.* Minneapolis: University of Minnesota Press, 1993.

Snitow, Ann, Christine Sansell, and Sharon Thompson, eds. *Desire: The Politics of Sexuality.* London: Virago, 1984.

Stanton, Domna C., ed. *Discourses of Sexuality: Front Aristotle to AIDS.* Ann Arbor: University of Michigan Press, 1993.

Steedman, Carolyn. *Landscape for a Good Woman: A Story of Two Lives.* London: Virago, 1986.

Stein, Arlene, ed. *Sisters, Sexperts, Queers: Beyond the Lesbian Nation.* New York: Penguin, 1993.

Stein, Edward, ed. *Forms of Desire: Sexual Orientation and the Social Constructionist Controversy.* New York: Routledge, 1993.

Suleiman, Susan Rubin, ed. *The Female Body in Western Culture.* Cambridge, Mass.: Harvard University Press, 1986.

Treichler, Paula. 1999. *How to Have Theory in an Epidemic. Cultural Chronicles of AIDS.* Durham: Duke University Press.

Vance, Carol, ed. *Pleasure and Danger: Exploring Female Sexuality.* London: Routledge and Kegan Paul, 1984.

Walters, Suzanna Danuta. "Material Girls: Feminism and Cultural Studies." *Current Perspectives in Social Theory* 12 (1992): 59—96.

Warner, Michael, ed. *Fear of Queer Planet: Queer Politics and Social Theory.* Minneapolis: University of Minnesota Press, 1993.

Watney, Simon. "Missionary Positions: AIDS, 'Africa,' and Race." *differences* 1, no. 1 (1988): 83—100.

Watney, Simon. *Policing Desire: Pornography, AIDS and the Media*, 2nd edn. Minneapolis: University of Minnesota Press, 1989.

Weeks, Jeffrey. *Against Nature: Essays on History, Sexuality, and Identity.* London: Orams River Press, 1991.

Winship, J. *Inside Women's Magazines.* London: Pandora Press, 1987.

阶级与意识形态(Class and Ideology)

"The Legacy of Althusser." *Studies in 20th Century Literature* 18, no. 1 (1994).

Althusser, Louis. *Lenin and Philosophy and Other Essays*. Trans. Ben Brewster. London: New Left Books, 1977.

Anderson, Perry. *Arguments Within English Marxism*. London: Verso, 1980.

Barker, Martin. *Comics: Ideology, Power and the Critics*. Manchester: Manchester University Press, 1989.

Barrett, Michèle, Philip Corrigan, Annette Kuhn, and Janet Wolff, eds. *Ideology and Cultural Production*. New York: St. Martin's Press, 1979,

Caudwell, Christopher. *Studies and Further Studies in a Dying Culture*. New York: Monthly Review Press, 1971.

Coward, Ros and John Ellis. *Language and Materialism*. London: Routledge and Kegan Paul, 1977.

Eagleton, Terry. *The Ideology of the Aesthetic*. Oxford: Blackwell, 1990.

Frow, John. "Knowledge and Class." *Cultural Studies* 7, no. 2 (1993): 240—81.

Hall, Stuart. "The Problem of Ideology - Marxism Without Guarantees." *In Marx 100 Years On*, ed. B. Matthews. London: Lawrence and Wishart, 1983: 57—86.

Hall, Stuart. "Signification, Representation, Ideology: Althusser and the Post-Structuralists." *Critical Studies in Mass Communication* 2, no. 2 (1985): 91—114.

Harris, David. *From Class Struggle to the Politics of Pleasure: The Effects of Gramscianism on Cultural Studies*. London: Routledge, 1992.

Haug, Wolfgang Fritz. *Commodity Aesthetics, Ideology and Culture*. New York: International General, 1987.

Laclau, Ernesto and Chantal Mouffe. *Hegemony and Socialist Strategy: Towards a Radical Democratic Politics*. London: Verso, 1985.

Laing, S. *Representations of Working-Class Life, 1957—1964*. London: Macmillan, 1986.

Larrain, Jorge. "The Postmodern Critique of Ideology." *Sociological Review* 42, no. 2 (1994): 289—314.

Lott, E. *Love and Theft: Black Face Minstrelsy and the American Working Class*. New York: Oxford University Press, 1993.

Munt, S. (ed.) *Cultural Studies and the Working Class: Subject to Change*. London Cassell.

Sinclair, John. *Images Incorporated: Advertising as Industry and Ideology*. London: Croom Helm, 1987.

Sparks, Colin. "Experience, Ideology, and Articulation: Stuart Hall and the Development of Culture." *Journal of Communication Inquiry* 13, no. 2 (1989): 79—87.

Thompson, J. B. *Ideology and Modern Culture: Critical Social Theory in the Era of Mass Communication*. Cambridge: Polity Press, 1990.

Wolff, Janet. *The Social Production of Art*. London: Macmillan, 1981.

Žižek, Slavoj. *The Sublime Object of Ideology*. London: Verso, 1989.

文化政策(Cultural Policy)

"From Cultural Studies to Cultural Policy." *Culture and Policy* 6, no. 2 (1994).

Bennett, Tony. *Outside Literature*. London: Routledge, 1990.

Bennett, Tony. *The Birth of the Museum: History, Theory, and Politics*. London: Routledge, 1995.

Bennett, Tony. *Culture: A Reformer's Science*. Sydney: Allen and Unwin, 1998.

Berland, Jody and S. Hornstein, eds. *Capital Culture: A Reader on Modernist Legacies, State Institutions and the Value(s) of Art*. Montréal: McGill-Queens University Press, 1996.

Bianchini, Franco and Michael Parkinson, eds. *Cultural Policy and Urban Regeneration: The West European Experience*. Manchester: Manchester University Press, 1993.

Bolton, Richard, ed. *Culture Wars: Documents film the Recent Controversies in the Arts*. New York: The New Press, 1992.

Crimp, Douglas. *On the Museum's Ruins*. Cambridge, Mass.: MIT Press, 1993.

Cunningham, Stuart. *Framing Culture: Criticism and Policy in Australia*. Sydney: Allen and Unwin, 1992.

Dávila, Arlene M. *Sponsored Identities: Cultural Politics in Puerto Rico*. Philadelphia: Temple University Press, 1997.

Duncan, Carol. *Civilizing Rituals: Inside Public Art Museums*. London: Routledge, 1995.

Foucault, Michel. "On Governmentality." Trans. Colin Gordon. *Ideology and Consciousness* no. 6 (1979): 5—21.

Fox, Claire F. *The Fence and the River: Culture and Politics at the US-Mexican Border*. Minneapolis: University of Minnesota Press, 1999.

Frith, Simon. "Knowing One's Place: The Culture of Cultural Industries." *Cultural Studies Birmingham* no. I (1991): 134—55.

Lewis, Justin. *Art, Culture and Enterprise*. London: Routledge, 1990.

Looseley, David L. *The Politics of Fun: Cultural Policy and Debate in Contemporary*

France. Oxford: Berg, 1997.

McGuigan, Jim. *Culture and the Public Sphere*. London: Routledge, 1996.

McWilliams, Wilson Carey. "The Arts and the American Popular Tradition." In *Art Ideology, and Politics*, eds. Judith H. Balfe and Margaret Jane Wyszomirski. New York: Praeger, 1985.

Martin, Randy. *Socialist Ensembles: Theater and State in Cuba and Nicaragua*. Minneapolis: University of Minnesota Press, 1994.

Miller, Toby. *The Well-Tempered Self: Citizenship, Culture, and the Postmodern Subject*. Baltimore and London: The Johns Hopkins University Press, 1993.

Ouellette, Laurie. "TV Viewing as Good Citizenship? Political Rationality, Enlightened Democracy and PBS." *Cultural Studies* 13, no. 1 (1999): 62—90.

Price, Clement Alexander. *Many Voices Many Opportunities: Cultural Pluralism and American Arts Policy*. New York: American Council for the Arts; Allworth Press, 1994.

Sellars, Richard West. *Preserving Nature in the National Parks: A History*. New Haven: Yale University Press, 1997.

Streeter, Thomas. *Selling the Air: A Critique of the Policy of Commercial Broadcasting in the United States*. Chicago: University of Chicago Press, 1996.

Throsby, C. D. and G. A. Withers. *The Economics of the Performing Arts*. New York: St. Martin's Press, 1979.

时尚与消费(Fashion/Consumption)

"The Sociology of Consumption." *Sociology* 24, no. 1 (1990).

Ash, Juliet and Elizabeth Wilson, eds. *Chic Thrills: A Fashion Reader*. Berkeley and Los Angeles: University of California Press, 1993.

Ash, Juliet and L. Wright, eds. *Components of Dress*. London: Routledge, 1988.

Attfield, J. and P. Kirkham, eds.. *A View from the Interior: Feminism, Women and Design*. London: Women's Press, 1989.

Barber, B. and L. Lobel. "'Fashion' in Women's Clothes and the American Social System." *Social Forces* 31 (1952): 124—31.

Barthes, Roland. *The Fashion System*. Trans. Matthew Ward and Richard Howard. New York: Hill and Wang, 1983.

Benstock, Shari and Suzanne Ferriss, eds. *On Fashion*. New Brunswick: Rutgers University Press, 1994.

Berry, Sarah. (2000). *Screen Style: Fashion and Femininity in 1930s Hollywood*. Minneapolis: University of Minnesota Press.

Blumer, Herbert. "Fashion." *Encyclopedia of the Social Sciences*. Glencoe: Free Press, 1968.

Bocock, Robert. *Consumption*. London: Routledge, 1994.

Bowlby, Rachel. *Shopping with Freud*. London: Routledge, 1993.

Breward, C. *The Culture of Fashion: A New History of Fashionable Dress*. Manchester: Manchester University Press, 1995.

Campbell, Colin. *The Romantic Ethic and the Spirit of Modern Consumerism*. Oxford: Blackwell, 1989.

Chibnall, Steve. "Whistle and Zoot: The Changing Meaning of a Suit of Clothes." *History Workshop Journal* 20 (1985): 56—81.

Craik, Jennifer. *The Face of Fashion: Cultural Studies in Fashion*. London: Routledge, 1994.

Davis, Fred. *Fashion, Culture, and Identity*. Chicago: University of Chicago Press, 1992.

Eckert, Charles. "The Carole Lombard in Macy's Window." *Quarterly Review of Film Studies* 3, no. 1 (1978): 1—21.

Emberley, J. "The Fashion Apparatus and the Deconstruction of Postmodern Subjectivity." In *Body Invaders: Panic Sex in America*, eds. A. and M. Kroker. New York: St. Martin's Press, 1987.

Ewing, E. *History of Twentieth Century Fashion*. London: Batsford, 1986.

Falk, Pasi. *The Consuming Body*. London: Sage, 1994.

Featherstone, Mike. *Consumer Culture and Postmodernism*. London: Sage, 1991.

Ferris, Lesley, ed. *Crossing the Stage: Controversies on Cross-Dressing*. New York: Routledge, 1993.

Fine, Ben and Ellen Leopold. *The World of Consumption*, London: Routledge, 1993.

Finkelstein, J. *The Fashioned Self*. Cambridge: Polity Press, 1991.

Fregoso, Rosa Linda. "The Representation of Cultural Identity in Zoot Suit." *Theory and Society* 22, no. 5 (1993): 659—74.

Garber, Marjorie. *Vested Interests: Cross-Dressing and Cultural Anxiety*. London: Routledge, 1992.

Gardner, C. and J. Sheppard. *Consuming Fashion: The Rise of Retail Culture*. London: Unwin Hyman, 1989.

Gronow, Jukka. "Taste and Fashion: The Social Function of Fashion and Style." *Acta Sociologica* 36, no. 2 (1993): 89—100.

Herzog, Charlotte and Jane Gaines, eds. *Fabrications: Costume and the Female Body*. New

York: Routledge, 1991.

Hollander, Anne. *Seeing Through Clothes*. Berkeley and Los Angeles: University of California Press, 1993.

Keat, Russell, Nicholas Abercombie, and Nigel Whiteley. *The Authority of the Consumer*. London: Routledge, 1994.

Kidwell, C. and V. Steele, eds. *Men and Women: Dressing the Part*. Washington: Smithsonian Institute Press, 1989.

Lurie, Alison. *The Language of Clothes*. New York: Random House, 1981.

Mazón, Mauricio. *The Zoot-Suit Riots: The Psychology of Symbolic Annihilation*. Austin: University of Texas Press, 1984.

McCracken, Grant. *Culture amt Consumption: New Approaches to the Symbolic Character of Consumer Goods and Activities*. Bloomington: Indiana University Press, 1988.

McRobbie, Angela, ed. *Zoot Suits and Second-Hand Dresses: An Anthology of Fashion and Music*. Boston: Unwin Hyman, 1989.

Otnes, P., ed. *The Sociology of Consumption: An Anthology*. New Jersey: Humanities Press International, 1988.

Packard, S. *The Fashion Business*. New York: Holt, Rinehart and Winston, 1983.

Reekie, Gall. *Temptations: Sex, Selling and the Department Store*. Sydney: Allen and Unwin, 1993.

Schneider, J. "In and Out of Polyester: Desire, Disdain and Global Fibre Competitions." *Anthropology Today* 10, no. 4 (1994): 2—10.

Shields, Rob, ed. *Lifestyle Shopping: The Subject of Consumption*. London: Routledge, 1992.

Simmel, Georg. "Fashion." *International Quarterly* 10, no. 1 (1904): 130—55.

Tait, Gordon. "Youth, Personhood and 'Practices of the Self': Some New Directions for Youth Research." *Australian and New Zealand Journal of Sociology* 29, no. 1 (1993): 40—54.

Wilson, Elizabeth. *Adorned in Dreams: Fashion and Modernity*. London: Virago, 1985.

法兰克福学派(Frankfurt School)

Adorno, Theodor. *The Culture Industry: Selected Essays on Mass Culture*. London: Routledge, 1991.

Adorno, Theodor and Max Horkheimer. *Dialectic of the Enlightenment*. Trans. J. Cumming. New York: Continuum, 1982.

Arato, Andrew, ed. *The Essential Frankfurt School Reader*. New York: Continuum, 1987.

Benhabib, Seyla. *Situating the Self: Gender, Community and Postmodernism in Contemporary Ethics*. Cambridge: Polity Press, 1992.

Benjamin, A., ed. *The Problems of Modernity: Adorno and Benjamin*. London: Routledge, 1991.

Benjamin, Walter. *Illuminations*. Trans. Harry Zohn; ed. Hannah Arendt. New York: Schocken, 1968.

Bloch, Ernst, ed. *Aesthetics and Politics*. London: New Left Books, 1977.

Bronner, S. and D. Kellner, eds. *Critical Theory and Society: A Reader*. London: Routledge, 1989.

Habermas, Jurgen. *The Philosophical Discourse of Modernity: Twelve Lectures*. Trans. Frederick Lawrence. Cambridge: Polity Press, 1990.

Hoy, David and Thomas McCarthy. *Critical Theory*. Oxford: Blackwell, 1994.

Marcuse, Herbert. *One Dimensional Man*. London: Routledge, 1964.

Rasmussen, David, ed. *The Handbook of Critical Theory*. Oxford: Blackwell, 1994.

Wellmer, Albrecht. *The Persistence of Modernity*. Trans. David Midgley. Cambridge: Polity Press, 1991.

运动(Sport)

Baker, Aaron and Todd Boyd, eds. *Out of Bounds: Sports, Media, and the Politics of Identity*. Bloomington: Indiana University Press, 1997.

Buscombe, Edward, ed. *Football on Television*. London: BFI, 1975.

Elias, Norbert. "An Essay on Sport and Violence." In *Quest for Excitement: Sport and Leisure in the Civilizing Process*, eds. Norbert Elias and Eric Dunning. Oxford: Blackwell, 1986.

Goldlust, John. *Playing for Keeps: Sport, the Media and Society*. Melbourne: Longman Cheshire, 1987.

Hargreaves, Jennifer. *Sporting Females: Critical Issues in the History and Sociology of Women's Sports*. London: Routledge, 1994.

Hargreaves, John. *Sport, Power and Culture. A Social and Historical Analysis of Popular Sports in Britain*. Cambridge: Polity Press, 1986.

Jenkins, C. and M. Green, eds. *Sporting Fictions*. Birmingham: Centre for Contemporary Cultural Studies, 1982.

Lawrence, Geoffrey and David Rowe, eds. *Power Play: The Commercialisation of Australian

Sport. Sydney: Hale and Ironmonger, 1986.

Maguire, Joseph. "Bodies, Sportscultures and Societies: A Critical Review of Some Theories in the Sociology of the Body." *International Review for the Sociology of Sport* 28, no. 1 (1993): 33—52.

Martin, Randy and Toby Miller, eds. 1999. *SportCult*. Minneapolis: University of Minnesota Press.

Morse, Margaret. "Sport on Television: Replay and Display." *Regarding Television: Critical Approaches-An Anthology*, ed. E. Ann Kaplan. Los Angeles: AFI, 1983.

Peters, Roy. *Television Coverage of Sport*. Birmingham: Centre for Contemporary Cultural Studies Stencilled Paper 1, 1976.

Pronger, Brian. *The Arena of Masculinity: Sports, Homosexuality, and the Meaning of Sex*. New York: St. Martin's Press, 1990.

Rose, Ava and James Friedman. "Television Sport as Mas(s)culine Cult of Distraction." *Screen* 35, no. 1 (1994): 22—35.

Rowe, David and Geoff Lawrence, eds. *Sport and Leisure: Trends in Australian Popular Culture*. Sydney: Harcourt Brace Jovanovich, 1990.

Rowe, David and Geoffrey Lawrence, eds. *Tourism, Leisure, Sport: Critical Perspectives*. Melbourne: Cambridge University Press, 1998.

Tomlinson, Alan. 1999. *The Game's Up: Essays in the Cultural Analysis of Sport, Leisure and Popular Culture*. Arena: Avebury.

Wenner, Lawrence A., ed. *Media, Sports and Society*. London: Sage, 1989.

Wenner, Lawrence A., ed. *MediaSport*. New York and London: Routledge, 1998.

Whannel, Garry. *Fields in Vision: Television Sport and Cultural Transformation*. New York: Routledge, 1992.

音乐与舞蹈(Music and Dance)

Attali, Jacques. *Noise: The Political Economy of Music*. Trans. Brian Massumi. Minneapolis: University of Minnesota Press, 1985.

Bennett, A. *Popular Music and Youth Culture: Music, Identity and Place*. Basingstoke: Macmillan, 2000.

Bennett, Tony, Simon Frith, Lawrence Grossberg, John Shepherd, and Graeme Turner, eds. *Rock and Popular Music: Politics, Policies, Institutions*. London: Routledge, 1993.

Brett, Philip, Gary C. Thomas, and Elizabeth Wood, eds. *Queering the Pitch: The New Gay, and Lesbian Musicology*. New York: Routledge, 1994.

Browning, Barbara. *Infectious Rhythms: Metaphors of Contagion and the Spread of African Culture*. New York: Routledge, 1998.

Burnett, Robert. 1996 *The Global Jukebox: The International Music Industry*. London and New York: Routledge.

Chambers, Iain. *Urban Rhythms: Pop Music and Popular Culture*. London: Macmillan, 1985.

Chernoff, John Miller. *African Rhythm and African Sensibility: Aesthetics and Social Action in African Musical Idioms*. Chicago: University of Chicago Press, 1979.

Cohen, Stanley. Folk Devils and Moral Panics: *The Creation of' Mods and Rockers*. London: MacCribbon and Kee, 1972.

Cross, Brian. *It's Not About a Salary…. Hip Hop in Los Angeles from the Watts Prophets to the Freestyle Fellowship*. London: Verso, 1993.

Foster, Susan, ed. *Corporealities: Dancing, Knowledge, Culture, and Power*. London; New York: Routledge, 1996.

Frank, Lisa and Paul Smith, eds. *Madonnarama: Essays on Sex and Popular Culture*. Pittsburgh: Cleis Press, 1993.

Frith, Simon, ed. *Facing the Music*. New York: Pantheon, Books, 1988.

Frith, Simon, ed. *World Music, Politics and Social Change*. Manchester: Manchester University Press, 1989.

Frith, Simon and Andrew Goodwin, eds. *On Record*. New York: Pantheon, 1990.

Frith, Simon, Andrew Goodwin, and Lawrence Grossberg, eds. *Sound and Vision: The Music Video Reader*. London: Routledge, 1993.

Garafalo, Reebee. "How Autonomous is Relative: Popular Music, the Social Formation and Cultural Formation." *Popular Music* 6, no. 1 (1987): 77—92.

Goodwin, Andrew. *Dancing in the Distraction Factory*. Minneapolis: University of Minnesota Press, 1992.

Green, Richard C. and Monique Guillory, eds. *Soul: Black Power, Politics, Pleasure*. New York: New York University Press, 1998.

Hebdige, Dick. *Cut 'n' Mix: Culture, Identity and Caribbean Music*. London: Comedia, 1987.

Kaplan, E. Ann. *Rocking Around the Clock: Music Television, Postmodernism and Consumer Culture*. London: Methuen, 1987.

Laing, Dave. One *Chord Wonders: Power and Meaning in Punk Rock*. Milton Keynes: Open University Press, 1985.

Lewis, Lisa A. *Gender Politics and MTV: Voicing the Difference*. Philadelphia: Temple University Press, 1990.

Lull, James, ed. *Popular Music and Communication*, 2nd edn. Newbury Park: Sage, 1992.

Martin, Randy. *Critical Moves: Dance Studies in Theory and Politics*. Durham: Duke University Press, 1998.

McClary, Susan. *Feminine Endings: Music, Gender and Sexuality*. Minneapolis: University of Minneasota Press, 1991.

McClary, Susan and Robert Walser. "Theorizing the Body in African-American Music." *Black Music Research Journal*, Spring (1994): 75—84.

Middleton, R. *Studying Popular Music*. Milton Keynes: Open University Press, 1990.

Moore, Allan F. *Rock: The Primary Text: Developing a Musicology of Rock*. Milton Keynes: Open University Press, 1992.

Negus, Keith. *Producing Pop: Culture and Conflict in the Popular Music Industry*. London: Edward Arnold, 1992.

Pickering, M. and T. Green, eds. *Everyday Culture: Popular Song and the Vernacular Milieu*. Milton Keynes: Open University Press, 1987.

Ramet, Sabrina Petra, ed. *Rocking the State: Rock Music and Politics in Eastern Europe and Russia*. Boulder: Westview Press, 1994.

Robinson, D., E. Buck, and M. Cuthbert. *Music at the Margins: Popular Music and Global Cultural Diversity*. Newbury Park: Sage, 1991.

Robinson, Deanna. "Youth and Popular Music: A Theoretical Rationale for an International Study." *Gazette* 37 (1986): 33—50.

Rose, Tricia. *Black Noise*. Wesleyan State University Press, 1994.

Ross, Andrew and Tricia Rose, eds. *Microphone Fiends: Youth Music and Youth Culture*. London and New York: Routledge, 1994..

Schwichtenberg, Cathy, ed. *The Madonna Connection: Representational Politics, Subcultural Identities, and Cultural Theory*. Sydney: Allen and Unwin, 1993.

Solie, Ruth, ed. *Musicology and Difference: Gender and Sexuality in Music Scholarship*. Berkeley and Los Angeles: University of California Press, 1993.

Subotnik, Rose Rosengard. *Developing Variations: Style and Ideology in Western Music*. Minneapolis: University of Minnesota Press, 1991.

Toop, David. *Rap Attack 2: African Rap to Global Hip Hop*. London: Serpent's Tail, 1991.

Wallis, Roger and Krister Malm. *Media Policy and Music Activity*. London: Routledge, 1993.

Whiteley, Sheila. *The Space Between the Notes: Rock and the Counter-Culture*. New York: Routledge, 1992.

索 引

(索引中的页码为原著页码,检索时请查本书边码)

A

Abbas, A. 阿巴斯, A. ,269,271
Acland, C. R. 阿克兰,C. R. ,197,202
Adorno, T. W. 阿多诺,T. W. ,66,150,189-90,328
adult education 成人教育
    British CS 英国的文化研究,277-9,289,292
    disciplinarity 学科性,25-9
aesthetics 美学
    British CS 英国的文化研究,143, 147-8
    fashion 时尚,462-3
    interdisciplinarity 跨学科性,32-4
    Latin American/US CS 拉丁美洲/美国的文化研究,227-30
    teaching youth culture 青年文化授课,320
Africa 非洲,4,6
    electronic printer narrative 电子印刷机叙事,109-12
    political economy in CS 文化研究中的政治经济学,118-19
African Americans 非裔美国人
    Clinton/Lewinsky discourse 克林顿/莱温斯基话语,407-8,416-20,425-6
    hair straightening 烫直发,465
    raced nature of culture 文化的种族本质,483
Afro-diasporic cultures 非裔散居音乐,482
    ass music 臀部音乐,432-4,437-47
Agins 阿金斯,T. ,464

Agnew, V. 阿格纽,V. ,40
Alexander, E. 亚历山大,E. ,419
Alexander, J. C. 亚历山大,J. C. ,10
Allan, B. 艾伦,B. ,500
Allen, D. 艾伦,D. ,491
Allen, R. 艾伦,R. ,196
Allen, T. 艾伦,T. ,485
Allor, M. 阿洛,M. ,188,198
almshouses 救济院,398,403
Alpers, S. 阿尔珀斯,S. ,106
Althusser, L. 阿尔都塞,L. ,3,67
Alvarez, S. E. 阿尔瓦雷斯,S. E. ,376,378-9,386
Amawi, A. 阿玛维,A. ,123-6
Americanization 美国化,301-2,306
Amin, S. 阿明,S. ,233,493-4
Amsden, A. H. 阿姆斯登,A. H. ,495
Anderson, B. 安德森,B. ,160,177,300
Anderson, P. 安德森,P. ,83-4
Andrade, M. de 安德雷德,M. 德,472
Ang, I. 昂,I. ,198-9,234,254-5,301-3,305-6,312-13
anthropology 人类学
    and archaeology 和考古学,156-7
    and CS 和文化研究,169-71
        boundaries 边界,171-3,180-4
        channels from CS 文化研究的途径,178-84,185
        definitions 定义,171-3
        in Hong Kong 在香港,261-2

Latin America 拉丁美洲, 224
Public Culture project 公共文化倡议, 173-4, 176-8
"Writing Culture" critique "书写文化"批判, 173-6
and fashion 和时尚, 458-9
anthropology (*cont.*) 人类学
legal 法律, 36, 42-3
and STS 和科学技术研究, 106
antiessentialism, and a CS of law 反本质主义,和法律的文化研究, 39-40
Antipodean CS 澳洲的文化研究, 202, 246-56
antireductionism, dangers of 反简约主义,危险, 90-1
Aoki, K. 阿欧克伊,K., 40, 48
Appadurai, A. 阿帕杜莱,A., 27-30, 174, 194, 307, 455-6, 458, 513, 515-6, 518, 521
archaeology 考古学, 154-5
and cultural studies 和文化研究, 159-60
the future 未来, 165-6
gender 性别, 162-4
nationalism 民族主义, 160-2
picture of archaeology 考古学的图画, 164-5
and culture 和文化, 158-9
key terms 关键术语, 155-6
postprocessual 后过程的, 157-9, 165
processual 过程的, 157, 165
US-European differences 欧美差异, 156-7
architecture, Feng Shui 建筑,风水, 441-2
Arendt, H. 阿伦特,H., 190
Arnold, M. 阿诺德,M., 29
Aronowitz, S. 阿罗诺维茨,S., 63
art 艺术
British CS 英国文化研究, 142-3, 147-8
cultural turn in sociology 社会学内的文化转向, 69
racial stereotyping 种族定型, 481
art critics, cultural role 艺术批评家,文化角色, 368
art museums and galleries 艺术博物馆和美术馆
governmentalization 治理化, 369-70

Philadelphia 费城, 391-405
Arteaga, A. 阿特亚加,A., 235
Asad, T. 阿萨德,T., 173
Ashmore, M. 阿什莫尔,M., 103, 105
Asia 亚洲, 6
cricket and Sri Lanka 板球和斯里兰卡, 513-15, 517-21
diasporic identities 散居身份, 522-5
nationalism 民族主义, 510-11, 514, 518-22, 525
television's role 电视的角色, 522-3
CS in 文化研究在, 270-1
Hong Kong 香港, 259-72
mainland China 中国大陆, 260-1, 270
globalization 全球化, 493, 495, 504
political economy in CS 文化研究中的政治经济, 118-19
ass politics 臀部政治, 430-1
thinking the body 思考身体, 435-7
Timbaland 蒂姆巴兰, 431-4
body-soul bridge 肉体-灵魂之桥, 446-7
dissident threat of 不同意见的威胁, 437-41
and Feng Shui 和风水, 442-5
videos 录像带, 444-7
Atkinson, G. 阿特金森,G., 496
Attali, J. 阿塔利,J., 69
audience reception 受众反应
and critique in CS 和文化研究批判, 144-5
in the cultural circuit 在文化线路中, 91
media studies 媒介研究, 198
metatheory of CS 文化研究的元理论, 140, 143-4
Australasian CS 大洋洲文化研究, 202, 246-56
Australia 澳大利亚
contribution of CS 文化研究的贡献, 254-6
cricket 板球, 510-11
colonialism 殖民主义, 516-18
diasporic spectatorship 散居观众群, 523-4
nationalism 民族主义, 513-18, 524
orientalism 东方主义, 511, 514-15
racism 种族主义, 511, 517-18, 524-5

film industry 电影业, 249-50, 253, 255, 500-1, 502-3

institutions of public culture 公共文化机构, 371

and New Zealand CS 和新西兰的文化研究, 246-8

origins of CS 文化研究的起源, 248-54

Sydney CS 悉尼的文化研究, 202

authoritarianism, Latin America 极权主义, 拉丁美洲, 222

avant garde movements, British CS 先锋派运动, 英国的文化研究, 142-3, 147

B

Babe, R. 贝伯, R., 124

Bacash, J. 巴卡士, J., 524

Back, L. 巴克, L., 281

Bahn, P. 巴恩, P., 158

Baker, H. A. Jr. 贝克尔, H. A., 9, 283

Bakhtin, M. 巴赫金, M., 67

Baldwin, J. 鲍德温, J., 435, 437, 449, 471

Baraka, A. 巴拉卡, A., 438, 440, 446, 450

Barber, B. 巴伯, B., 459

Barker, C. 巴克, C., 278-9

Barker, E. 巴克, E., 496

Barnard, M. 巴纳德, M., 464

Barnes, R. 巴恩斯, R., 459

Barrett, M. 巴雷特, M., 67, 84-5

Barringer, F. 巴林杰, F., 412

Barthes, R. 巴特, R., 68, 192, 319, 464, 471, 474

Bates, B. L. 贝茨, B. L., 416

Baudrillard, J. 波德里亚, J., 69

Bauman, Z. 鲍曼, Z., 493

Beck, U. 贝克, U., 106, 109

Becker, H. S. 贝克尔, H. S., 11, 65, 69

Behar, R. 贝阿, R., 174

Beinart, P. 贝纳特, P., 407, 421

Belk, R. 贝尔克, R., 461

Bell, C. 贝尔, C., 253

Bell, D. 贝尔, D., 66, 300

Bell, S. 贝尔, S., 52

Bellafante, G. 贝拉芬特, G., 423

Belleau, M. C. 贝洛, M. C., 41

Bello, A. 贝洛, A., 221

Benavidez, M. 贝纳韦德, M., 239

Benedict, H. 本尼迪克, H., 420

Benhabib, S. 本哈比伯, S., 497

Benjamin, W. 本雅明, W., 143

Benn Michaels, W. 本·迈克尔斯, W., 44

Bennett, A. 贝内特, A., 285

Bennett, T. 贝内特, T., 30-3, 63, 150, 195-6, 226, 255, 370

Bennett, W. L. 贝内特, W. L., 46

Berelson, B. 贝雷尔森, B., 189

Berger, D. G. 伯杰, D. G., 328

Berke, R. 伯克, R., 412

Berlant, L. 伯兰特, L., 71, 408-9, 411-13

Bernbeck, R. 伯恩贝克, R., 164

Berry, S. 贝里, S., 10, 63

Bersani, L. 本撒尼, L., 447

Berube, M. 贝鲁布, M., 409

Bhabha, H. 巴巴, H., 335

Biagoli, M. 拜阿格里, M., 106

Binford, L. R. 宾福德, L. R., 157, 163

Binford, S. R. 宾福德, S. R., 157

Bird, J. 伯德, J., 307

Birmingham School see Centre for Contemporary Cultural Studies (CCCS) 伯明翰学派 参见当代文化研究中心(CCCS)

black ass politics 黑人臀部政治, 439-47

Black Legend discourses 黑色传奇话语, 232-4

Blake, M. 布莱克, M., 517

Blau, J. 布劳, J., 67

Blum, A. 布卢姆, A., 65

Blum, Z. D. 布卢姆, Z. D., 405

Blumer, H. 布鲁默, H., 460-1

Blumler, J. G. 布鲁姆勒, J. G., 189

Blundell, V. 布伦德尔, V., 255

body, the 身体

ass politics 臀部政治, 430-2, 435-7
 and Feng Shui 和风水, 442
 and Timbaland sound 和蒂姆巴兰之声, 437-47
Clinton/Lewinsky discourse 克林顿/莱温斯基话语, 407, 410-11, 413-20
contemporary British CS 英国当代文化研究, 285-6
female 女性
 and feminism 和女性主义, 416
 legal narrative 合法叙事, 50-1
sport studies 运动研究, 343
 ethical ground 伦理范畴, 344
 purification 净化, 352-3
 sex testing 性别测试, 344-8
 shame/pride relationship 羞耻/自豪关系, 342-3
body piercing 刺体, 285-6
body techniques, and fashion 身体技巧, 和时尚, 457
bodywork 体形, 437
Bogle, D. 博格尔, D., 479
Bonfill, G. 邦费尔, G., 224
Bonnell, V. 邦内尔, V., 73
book publishing 书籍出版, 9-10
 Latin American/US CS 拉丁美洲/美国的文化研究, 225-6
Booth, D. 布思, D., 513, 516, 520-1
border crossings, European CS 疆界跨越, 欧洲的文化研究, 303
Bordwell, D. 波德维尔, D., 218
Borger, G. 博格, G., 414-15
Bourdieu, P. 布尔迪厄, P., 67, 241, 319, 402, 457, 503
Bouts, T. 鲍茨, T., 514
Bower, L. 鲍尔, L., 56-7
Bowker, G. 鲍克, G., 109
Bowser, P. 鲍泽, P., 479
Brabazon, T. 布拉巴宗, T., 248, 252
Braman, S. 布拉曼, S., 492
Braudel, F. 布劳戴尔, F., 132
Breward, C. 布鲁沃德, C., 455

Briller, B. R. 布瑞勒, B. R., 500
Britain 英国, 3-6
 anthropology 人类学, 169, 171-2, 184-5
 anti-intellectualism 反智主义, 318, 322
 archaeology, postprocessual 考古学, 后过程的, 157-8
 and Australasian CS 和大洋洲的文化研究, 249, 251-2, 254-6
 and Chinese CS in Hong Kong 和香港的中国的文化研究, 260-3, 269
 contemporary CS in 当代文化研究, 275-6
  accounts of origins of 对……起源的叙事, 276-9
  Britishness of 的英国性, 279-85
  empowerment through 通过…赋权, 291
  objectives 目标, 291-3
  relation to politics 和政治的关系, 336
  role of texts 文本的角色, 277-9, 286-7
  trends 趋势, 285-7
  versus sociology VS 社会学, 287-90
 cricket and colonialism 板球和殖民主义, 515-16, 518
 and critique in CS 和文化研究中的批判, 145-8
 CS of race 种族的文化研究, 474-5
 Englishness 英语性, 23-24, 304, 515
 film industry 电影业, 500-2
 institutions of public culture 公共文化机构, 370
Britain (cont.) 英国
 interdisciplinarity 跨学科性
  and adult education 和成人教育, 25-7
  and class 和阶级, 23-5
  and government 和政府, 31
  in sociology 在社会学中, 90-1, 93-5
 and Ireland 和爱尔兰, 310
 metatheory of CS 文化研究的元理论, 140-3
 multiculturalism 多元文化主义, 482
 Northern Ireland 北爱尔兰, 310-12
 political CS 政治的文化研究, 149-50
 political economy in CS 文化研究中的政治经济学, 117-19

poorhouses 济贫院, 403
sociology 社会学
    and contemporary CS 和当代文化研究, 285-91
    disciplinary boundaries 学科界线, 91-7
    and emergence of CS 和文化研究的出现, 89-91
    Hoggart's role 霍加特的角色, 25, 79-82
    of literature 文学的, 83-5
    recent history of 近代史, 86-9, 275-6
and Spanishness 和西班牙性, 232-4
teaching youth culture in 青年文化授课, 318, 322
and US media studies 和美国媒介研究, 190-3
Britishness of CS 文化研究的英国性, 234, 279-85
Britton, A. 布里顿, A., 254
broadcasting 广播
    Australasian CS 大洋洲的文化研究, 253-4
    Ireland 爱尔兰, 310
    and politics of pleasure 和愉悦的政治, 324-5
    and popular consciousness 和流行意识, 321
    see also television 也可参见电视
Bromberg, P. 布朗伯格, P., 387
Bronner, S. 布朗纳, S., 143
Brookhiser, R. 布鲁克黑斯, R., 414
Brooks, P. 布鲁克斯, P., 47, 49
Browett, J. 布劳伊特, J., 500
Brown, J. 布朗, J., 409, 423
Brown, M. E. 布朗, M. E., 64, 66, 69
Browning, B. 布朗宁, B., 438
Brundson, C. 布兰德森, C., 279
Brunner, J. J. 布伦纳, J. J., 224
Bryson, L. 布赖森, L., 189
Buck, E. R. 巴克, E. R., 500
Buckingham, D. 白金汉, D., 291
Bumiller, K, 巴米勒, K., 50
bureaucrats 官僚, 361-3, 365, 371-2
    Colombia 哥伦比亚, 375-88
    ethics 伦理学, 358, 362-5
Bürger, P. 伯格, P., 143
Burgess, E. 伯吉斯, E., 64
Burke, K. 伯克, K., 189

Burnett, R. 伯内特, R., 199
Burns, R. 伯恩斯, R., 298-9, 301
Burt, N. 伯特, N., 402
Butler, D. 巴特勒, D., 311
Butler, J. 巴特勒, J., 39-40, 291
Butsch, R. 布奇, R., 70
buttocks 屁股, 臀部, 430
    see also ass politics 也可参见臀部政治
Buxton, W. 巴克斯顿, W., 202

C

Cabral, Amilcar 卡布拉尔, 阿米尔卡, 119
Calhoun, C. 卡尔霍恩, C., 70
Calkins, P. 卡尔金斯, P., 492
Callon, M. 卡隆, M., 109
Campbell, C. 坎贝尔, C., 455-6, 461
Campbell, K. K. 坎贝尔, K. K., 414
Canada, CS 加拿大, 文化研究, 254
Candy, P. 坎迪, P., 371
capitalism 资本主义
    Chinese CS 中国的文化研究, 260
    empirical political economy 经验的政治经济学, 117-21
    Feng Shui 风水, 442
    global media studies 全球媒介研究, 201-6
    globalization 全球化, 492-6, 504
        film industry 电影业, 499-503
        Washington Consensus 华盛顿共识, 490-1, 493, 504
    Latin American/US CS 拉丁美洲/美国的文化研究, 220-1
    Marxism in CS 文化研究中的马克思主义, 336-9
    metatheory of CS 文化研究的元理论, 140-2
    politics of representation 表征政治, 220
    refeudalization of society 社会的再封建化, 369
    theoretical political economy 理论的政治经济学, 122-36
    US Spanish-language studies 美国的西班牙语研

究,240-3
Carby, H. V. 卡比,H. V. ,416
Carey, J. W. 凯里,J. W. ,118,160,187-8,192-3
Carlin, G. 卡林,G. ,432,434
case-oriented research 个案研究,256
Castells, M. 卡斯特尔,M. ,67,91,93-4,240
Castillo, A. 卡斯蒂罗,A. ,242
Centre for Contemporary Cultural Studies 当代文当代文化研究中心(CCCS),6
    Australasian CS 大洋洲的文化研究,251-2
    Britishness of CS 文化研究的英国性,234,281-2
    contemporary trends in CS 文化研究的当代趋势,285
    cultural turn in sociology 社会学内的文化转向,89-90
    definitions of CS 文化研究的定义,332
    Hoggart's proposal for 霍加特的提议,81-2
    identity constitution 身份构成,227
    media studies 媒介研究,191-2
    metatheory of CS 文化研究的元理论,140-2
    precursors of CS 文化研究的先驱,471
Césaire, A. 塞泽尔,A. ,474,476
chain gangs 锁链囚徒,55
Chambers, I. 钱伯斯,I. ,195,304
Chan, H. M. 陈,H. M. ,262
Chan, S. C. K. 陈,S. C. K. ,263-5
Chang, R. 张,R. ,40,43-4,48-50
Chatterjee, P. 查特吉,P. ,6
Cheah, P. 奇亚,P. ,51
Chen, K. H. 陈,K. H. ,63,235,278,287
Chernoff, J. M. 切尔诺夫,J. M. ,432
Cheung, S. C. K. 张,S. C. K. ,262
Chicano studies 奇卡诺人研究,233-4,236-9,242-3
Chinese cultural studies 中国的文化研究
    in Hong Kong 在香港,259-72
    in mainland China 在中国大陆,260-1,270
Chinweizu 秦维祖,487
Chiu, F. Y. L. 赵,F. Y. L. ,260
Choi, P. K. 崔,P. K. ,270

Christopherson, S. 克里斯托弗森,S. ,500
Chunn, D. 丘恩,D. ,39-40,44
Churchill, W. 丘吉尔,W. ,479
cinema see film 电影(cinema) 参见 电影(film)
citizenship 公民权
    Clinton/Lewinsky discourse 克林顿/莱温斯基话语,413
    Latin America 拉丁美洲,224-5,227
civil rights 公民权
    Clinton/Lewinsky discourse 克林顿/莱温斯基话语,416-20
    identity politics 身份政治,227-8
civility in public life 公共生活中的礼仪,412-13
Clarke, A. 克拉克,A. ,515
Clarke, D. L. 克拉克,D. L. ,166
Clarke, J. 克拉克,J. ,338,516
Clarke, S. 克拉克,S. ,125
class 阶级
    analysis in British sociology 英国社会学的分析,87-9
    British CS 英国的文化研究,277-82
        contemporary trends 当代趋势,285-6
        Hoggart's writings 霍加特的写作,24-5,80-1
        and sociology 和社会学,289-90
Chinese CS 中国的文化研究,260
cricket 板球,520-2
cultural turn in sociology 社会学内的文化转向,66-7
fashion 时尚,456,459-60,464-5
interdisciplinarity 跨学科性,24-5,28,30
metatheory of CS 文化研究的元理论,140-2
museums 博物馆,393-403
political economy in CS 文化研究中的政治经济学,117-20,124
    digital divide 数码分化,120
    Marxist property relations 马克思主义财产关系,128-9
popular culture 流行文化,195
race in Latin America 拉丁美洲的种族,222
racism 种族主义,478

Clemens, E. S. 克莱门茨, E. S., 9
Clemetson, L. 克莱梅森, L., 412
Clifford, J. 克利福德, J., 173-6, 239
Clinton, B. 克林顿, B.
    Kennewick Man 肯纳威克人, 161-2
    Lewinsky discourses 莱温斯基话语, 407-8
        feminism 女性主义, 407-8, 410-17, 420-5, 426
        minoritization 少数民族化, 413-16, 425-6
        public culture structures 公共文化机构, 411-13
        racial politics 种族政治学, 407-8, 416-20, 425-6
Clough, P. 克拉夫, P., 63
Cloward, R. 克洛尔德, R., 403
Cohen, J. 科恩, J., 55
Cohen, R. 科恩, R., 499
Cold War 冷战
    globalization 全球化, 493
    Olympic sex testing 奥运会的性别测试, 345-8
Colker, R. 科尔克, R., 38
collective selection, fashion 集体选择, 时尚, 460-1
Collins, J. 柯林斯, J., 491
Collins, P. H. 柯林斯, P. H., 416
Collins, R. 柯林斯, R., 357
Colombia, cultural policy 哥伦比亚, 文化政策, 375-6
    critical discourse 批判话语, 380-4
    diversity as national agenda 作为国家议程的多元化, 376-9
    theory-practice gap 理论-实践鸿沟, 384-8
colonialism 殖民主义
    British CS 英国的文化研究, 280, 282
    Chinese CS in Hong Kong 香港的中国的文化研究, 260, 267-9
    cricket 板球, 511, 515-22
    critique by US anthropology 美国人类学的批判, 173
    global economics 全球化经济学, 493-4
    governmentality 治理性, 42
    political economy in CS 文化研究中的政治经济学, 118-19

race 种族, 472-5
    multiculturalism 多元文化主义, 476, 482
    polycentrism 多元中心主义, 476
    racism 种族主义, 477, 511, 517-18, 521-2
    Spanish-language cultures 西班牙语言文化, 233-5
colonies, public culture institutions 殖民地, 公共文化机构, 370-1
colonization, global media studies 殖民化, 全球媒介研究, 202
commodification, through culture 商品化, 通过文化, 308
commodity fetishism 商品拜物教, 131-2, 458
communication, cultural policy in Colombia 传播, 哥伦比亚的文化政策, 378-9, 381-6
communication studies 传播学研究, 187-8
    global 全球, 201-6
    identity-based 身份基础, 198-9
    ideological criticism 意识形态批评, 196-8
    path to media studies 媒介研究之路, 188-93
    political economy 政治经济学, 199-201
    politics of popular culture 流行文化的政治, 194-6, 200
communication technology 传播技术
    critical sociology of culture 文化的批判社会学, 150-1
    European CS 欧洲的文化研究, 304-5
    global media studies 全球媒介研究, 202-3
    Marxist PE 马克思主义的理论政治经济学, 132
communicative codes, fashion 交际代码, 时尚, 462
communism, Olympic sex testing 共产主义, 奥运会的性别测试, 345-8
comparative advantage 比较优势, 123-4
competition, sport studies 竞争, 运动研究, 342-8
Conkey, M. W. 康基, M. W., 157
Conroy, T. 康罗伊, T., 434
conscientizatitión 意识觉醒, 223
consciousness 意识
    cultural turn in sociology 社会学内的文化转向, 66

legal 法律,43,52-3,55-6

popular 流行,320-2

social repression 社会压抑,52-3

teaching youth culture 青年文化授课,320-2

Veblen's socialism 凡勃伦的社会主义,124-5

Constable, M. 康斯特布尔,M.,46,51,52

construction, cultural production 建构,文化生产,70

constructionism 结构主义

    of the body 身体的,50-1

    Latin American/US CS 拉丁美洲/美国的文化研究,227-9

    legal 法律,36-44,49

    race 种族,472

consumerism, fashion 消费主义,时尚,455-61,465-6

consumption 消费

    British sociology 英国社会学,88

    Chinese CS 中国的文化研究,260

    cultural turn in sociology 社会学内的文化转向,69-70

    digital divide 数码分化,120

    fashion 时尚,455-9

    Latin American/US CS 拉丁美洲/美国的文化研究,220,223

    politics of representation 表征政治学,220

    theoretical political economy 理论政治经济学,124,127

        Fordism 福特主义,133-5

        value 价值,129-32,135-6

    US sport/gang dyad 美国的二分组合:体育运动/犯罪帮派,351-2

    and what CS is 和什么是文化研究,11-12

Cooley, C. H. 库利,C. H.,64

Coombe, R. 库姆,R.,39,44,46,55-7

Cooper, C. 库珀,C.,448

Cornell, D. 康奈尔,D.,52

Cornford, J. 康福德,J.,501

corporeality see body, the 肉体存在 参见 身体

counterhegemonic narratives 反霸权叙事,49

counterhegemonic practices 反霸权实践,66

Couture, J. 库蒂尔,J.,52

Craib, I. 克雷布,I.,288

Craig, M. 克雷格,M.,458,465

Craik, J. 克雷克,J.,457

Crane, G. T. 克雷恩,G. T.,123-6

Crawvley, E. 克劳利,E.,458

Crenshaw, K. 克伦肖,K.,40

cricket 板球

    nationalism 民族主义,510-11

        colonial discourses 殖民主义话语,511,515-22

        diasporic spectatorship 散居观众群,511-14,522-5

        identifications 身份,524-5

        Sinhala 辛哈拉,510-11,514,518-22,525

        social divisiveness 社会分裂,521-2

        television's role 电视的作用,522-3

    orientalism 东方主义,514-15

    racism 种族主义,511,517-18,521-2,524-5

crime 犯罪

    Colombian cultural policy 哥伦比亚的文化政策,378-9

    sport/gang dyad 二分组合:体育运动/犯罪帮派,349-52

Cripps, T. 克瑞普斯,T.,479,483

critical intellectuals 批判的知识分子,358-65,371-2

    Colombia 哥伦比亚,375-88

critical pedagogy 批判教育学,148-9

critical political economy see Marxism, political economy 批判的政治经济学 参见 马克思主义,政治经济学

critical theory 批判理论

    and critique in CS 和文化研究中的批判,144-8

    and cultural policy 和文化政策,387-8

    see also critical intellectuals 也可参见 批判的知识分子

    Frankfurt School-British CS compared 法兰克福学派-英国文化研究比较 140-3,149-50

    and media studies 和媒介研究,188,190-1,192-3

    metatheory of CS 文化研究的元理论,143-4

critics, cultural role 批评家,文化角色,368

critique, and *praxis* 批判,和实践,358-65,371-2
    Colombia 哥伦比亚,375-88

cultural anthropology *see* anthropology 文化人类学 参见人类学

cultural circuit 文化线路,91

cultural identity, European CS 文化身份,欧洲的文化研究,310-12

cultural imperialism 文化帝国主义,490
    European CS 欧洲的文化研究,301-12
    Latin America 拉丁美洲,222
    political economy in CS 文化研究中的政治经济学,119,127-8

cultural materialism 文化唯物主义,5-6

cultural policy 文化政策,357
    Australasia 大洋洲,253-6
    institutions of public culture 公共文化机构,365-72
        Philadelphia Museum of Art 费城艺术博物馆,391-405
    Latin America 拉丁美洲,226-7
        Colombia 哥伦比亚,375-88
    role of intellectuals 知识分子的角色,357-8
        Colombia 哥伦比亚,375-88
        critical/practical split 批判/实践分立,358-65,371-2
    teaching youth culture 青年文化授课,327-8
    USA 美国,327

cultural populism 文化民粹主义
    in British CS 在英国的文化研究 142,144-5
    Latin America 拉丁美洲,222

cultural production 文化生产,67,70
    contemporary British CS 当代英国的文化研究,286-7
    division of labor 劳动分工,499-504
    fashion 时尚,462-5
    global media studies 全球媒介研究,202-3
    Latin American/US CS 拉丁美洲/美国的文化研究,220

US Spanish-language cultures 美国的西班牙语言文化,236-7

cultural protectionism 文化保护主义,127-8

cultural sociology 文化社会学,69-73

cultural studies' introduction 文化研究导论,1-14

cultural studies' origins 文化研究的发端,3-6
    Australasia 大洋洲 248-54
    precursors 先驱,471-3
    problems with account of 故事的问题,276-9
    US tradition 美国传统,193
    see also Hall, S.; Hoggart, R.; Thompson, E. P.; Williams, R. 也可参见霍尔,S.;霍加特,R.;汤普森,E. P.;威廉斯,R.

culture 文化
    anthropology 人类学,170-1,261-2
    archaeology 考古学,157-9
    common 共同,309
    critical pedagogy 批判教育学,148-9
    critical sociology of 的批判的社会学,150-1
    critique in CS 文化研究中的批判,146-8
    dialectics of 的辩证法,147-8
    evaluation 评价,86,96-7
        teaching youth culture 青年文化授课,319-20
    history of British sociology 英国社会学史,87-9,92
    inflections in sociology 社会学中的屈折变化,64-74
    institutions of public 公共机构,365-72
        Colombia 哥伦比亚,375-88
        Philadelphia 费城,391-405
    lack of definitions of 缺乏界定,332-3
    media studies 媒介研究,191-3
    metatheory of CS 文化研究的元理论,140-4
    NAFTA effects 北美自由贸易协定的影响,225-6
    politics of, media studies 的政治,媒介研究,194-6,200
    Public Culture project 公共文化倡议,176-8
    race in Latin America 拉丁美洲的种族,221-2
    relation to politics 和政治的关系,332-9

STS 科学技术研究, 101-5, 107-9, 111
culture industry 文化工业
 Australasia 大洋洲, 247, 249-50, 253-5, 500-3
 commodification 商品化, 308
 division of labor 劳动分工, 499-504
 and European CS 和欧洲的文化研究, 303-4, 308, 310
 Fordism 福特主义, 134-5
 political CS 政治的文化研究, 150-1
 political economic analyses 政治经济分析, 200
 and popular consciousness 和流行意识, 320-2
 racial stereotypes 种族模式化, 479-81
 regulation, public sphere and 法规, 公共领域和, 357
 sport 运动
  Nike's PLAY narrative 耐克的"参与美国青年的生活"的叙事, 351-2
  Olympic sex testing 奥运会的性别测试, 346-8
 teaching youth culture 青年文化授课, 320-1, 328
"cultures", and British sociology "小写文化", 和英国社会学, 88
Cunningham, S. 坎宁安, S., 248, 255, 502
Curran, J. 柯伦, J., 192, 196
Curtin, M. 柯廷, M., 199
Czaplicka, J. 卡普里卡, J., 1

D

Dagnino, E. 达尼诺, E., 376, 378-9, 386
Dai, J. 达伊, J., 270
Daley, P. 戴利, P., 199
Dalton, H. 多尔顿, H., 48
Danan, M. 达南, M., 501
dance, ass music 舞蹈, 臀部音乐, 437-47
Danielson, D. 丹尼尔森, D., 44
Darian-Smith, E. 达里安-史密斯, E., 36
Davies, I. 戴维斯, I., 278
Davies, N. 戴维斯, N., 95
Davis, A. Y. 戴维斯, A. Y., 416

Davis, F. 戴维斯, F., 462, 464
Dawtrey, A. 道垂, A., 501
Dayan, J. 达扬, J., 55
de Certeau, M. 德·塞荷斗, M., 457
De Laet, M. 莱里特, M., 109
Deas, M. 迪斯, M., 378
decolonization, and cricket 去殖民化, 和板球, 510, 514-20
deconstructionism, and justice 解构主义, 和公正, 52
Deem, M. 迪姆, M., 410
Delgado, R. 德尔加多, R., 40, 48
Delia, J. 迪莉娅, J., 187
Deloria, V. 德洛里亚, V., 479
democracy 民主
 citizenship 公民权, 224-5, 227
 Columbian cultural policy 哥伦比亚的文化政策, 378-9, 384, 386-7
 cultural turn in sociology 社会学内的文化转向, 724
 globalization 全球化, 504
 Olympic sex testing 奥运会的性别测试, 345-8
Dermody, S. 德莫迪, S., 250
Derrida, J. 德里达, J., 52, 68, 474
Dershowitz, A. 德肖维茨, A., 47
desire, identity politics 欲望, 身份政治, 228-9
determinations, Marxism in CS 决定论, 文化研究中的马克思主义, 337-9
developmentalism 发展主义
 European CS 欧洲的文化研究, 306
 Latin America 拉丁美洲, 223
Dewey, J. 杜威, J., 189
di Leonardo, M. 迪·莱昂纳多, M., 174
Diawara, M. 戴尔瓦拉, M., 6, 283, 444, 479
digital divide 数码分化, 120
Dimaggio, P. 迪马乔, P., 327
disciplines, intersections with CS 学科, 与文化研究的交叉, 1, 11-12
 anthropology 人类学, 169-85
 archaeology 考古学, 154-66

in Hong Kong 在香港, 263-8, 271-2

interdisciplinarity 跨学科性, 23-34, 90-1

law 法律, 36-57

media studies 媒介研究, 187-207, 268

in New Zealand 在新西兰, 253

philosophy 哲学, 139-51

see also political economy; sociology 也可参见 政治经济学;社会学

diversity 多样性

and interdisciplinarity 和跨学科性, 27-30

US faculties 美国的教员, 241

docents 讲解员, 402

Donnelly, P. 唐纳利, P., 495

Dosse, F. 多斯, F., 67

Douglas, M. 道格拉斯, M., 458-9, 466

Douglas, S. 道格拉斯, S., 321, 326

Dow, B. 道, B., 425

Dowd, M. 多德, M., 413

Downey, G. 唐尼, G., 106

Downey, R. 唐尼, R., 161

Downing, J. 唐宁, J., 201

dress, fashion in see fashion 服饰, 时尚 参见 时尚

drugs 毒品

performance-enhancing 提高成绩, 343, 353

and US sport/gang dyad 和美国的二分组合:体育运动/犯罪帮派, 343, 350-1

du Gay, P. 杜盖伊, P., 338

Duby, G. 达比, G., 159

Dumit, J. 杜米特, J., 106

Dunn, T. 邓恩, T., 278

Durant, A. 杜兰特, A., 308

During, S. 杜尔灵, S., 159-60, 162

Dworkin, D. 德沃金, D., 278

Dyer, R. 戴尔, R., 451, 485

E

Eagleton, T. 伊格尔顿, T., 230, 291

economic dependency theory 经济依赖性理论, 499

economic determinism, Marxism in CS 经济决定论, 文化研究中的马克思主义, 337-8

economics see political economy 经济学 参见 政治经济学

education 教育

anthropology 人类学, 178-85

British CS 英国的文化研究, 277-8, 291-2

and a European CS 和欧洲的文化研究, 308-9

critical pedagogy 批判教育学, 148-9

NAFTA effects 北美自由贸易协定的影响, 225-6

political economy in CS 文化研究中的政治经济学, 120-1

postmodern pedagogy 后现代教育学, 149

teaching youth culture 青年文化授课, 317-28,

see also universities 也可参见 大学

Eicher, J. 艾彻, J., 459

El Guindi, F. 艾尔·古恩迪, F., 458-59

elite culture 精英文化

Chinese CS 中国的文化研究, 260-1

European CS 欧洲的文化研究, 299, 301, 312

Latin American/US CS 拉丁美洲/美国的文化研究, 221

metatheory of CS 文化研究的元理论, 142-3

teaching youth culture 青年文化授课, 319

elites 精英

antihierarchical CS 反等级化的文化研究, 474-5

archaeological discourse 考古话语, 157-8

threats to 威胁, 11-12

elitism, US cultural studies 精英主义,美国的文化研究, 242-3

Ellison, R. 埃利森, R., 477

Engel, D. 恩格尔, D., 43

England see Britain 英格兰 参见 英国

Engle, K. 恩格尔, K., 44

English literature 英国文学

Chinese CS in Hong Kong, 香港的中国的文化研究, 263-4

Hoggart's move from 霍加特的转向, 23, 25, 79-82

interdisciplinarity 跨学科性, 23, 25, 27-8

New Zealand CS 新西兰的文化研究,252
Englishness 英语性
  construction 建构,232-3
  cricket 板球,516
  European CS 欧洲的文化研究,304
  hegemony in CS 文化研究中的霸权,234
Enzensberger, H. M. 恩岑斯贝格尔, H. M. ,189
Erni, J. N. 厄尼, J. N. ,197,198,202,263
Escobar, A. 埃斯科瓦尔, A. ,376,378,379,386
Eshun, K. 伊顺, K. ,449
Espeland, W. 埃斯佩兰, W. ,43
ethical ground, sport 伦理范畴,运动,343-4
ethical incompleteness, disciplinarity 伦理的不完整性,学科性,32-3
ethics, and critique 伦理学,和批判,145-7,358,362-5
ethnic studies, capitalism 种族研究,资本主义,243
ethnicity, CS methodology 种族本质,文化研究方法论,334-5
ethnography 人种志,169,175,178-184
  contemporary British CS 当代英国的文化研究,285-6
  writing function 书写功能,182-3
ethnoscapes 族群景观,307,308
Eurocentrism 欧洲中心主义,302,312-13,475-6,480,486
Europe 欧洲,4
  archaeology 考古学,156-7
  culture industry 文化工业,500-2
  global media studies 全球媒介研究,202-4
  globalization 全球化,493,495
  institutions of public culture 公共文化机构,370
  need for sociology in 对社会学的需求,95
  postwar reconstruction 战后重建,307-8
  racing of structuralism 结构主义的种族,474
  see also Britain; European cultural studies 也可参见英国;欧洲的文化研究
European cultural studies 欧洲的文化研究,298-9
  Americanization 美国化,301-2,306
  border crossings 疆界跨越,303-4
  common culture 共同文化,309
  concept of place "地方"概念,306-8
  Eurocentrism 欧洲中心主义,302,312-13
  everyday lived experience 日常生活经验,308-9
  globalization 全球化,306-8
  high and low culture 高等和低等文化,299,300-1,308-9,312
  homogenization 本土化,306-7
  hybridity 混杂性,302-6,312
  identity 身份,300,303-4,306,309-12
  the Internet 互联网,304-5
  Irish example 爱尔兰个案,309-12
  reasons for absence of 缺席的理由,299-302
  recognising the "other" 认识"他者",305-6
European Union, significance 欧盟,意义,203-4
evaluation see quality evaluation 评价 参见 质量评价
Evans, P. 埃文斯, P. ,498
Ewen, S. 尤恩, S. ,134-5,458
Ewick, P. 艾维克, P. ,49
exchange-value 交换价值,129-32
experience, Latin American/US CS 经验,拉丁美洲/美国的文化研究,227-9

F

Fabbri, P. 法布里, P. ,106
Fajer, M. A. 法吉, M. A. ,48
Falk, R. 福尔克, R. ,494
Fals Borda, O. 福斯·博尔达, O. ,378
Faludi, S. 法鲁迪, S. ,422-3
Fanon, F. 法侬, F. ,472-4,477
fantasy, identity politics 幻想,身份政治,228-30
Farred, G. 法雷德, G. ,511,516,525
fashion 时尚,454
  aesthetic analyses 美学分析,462-3
  anthropology 人类学,458-9
  cultural studies 文化研究,463-5
  modernity of 的现代性,454-8

social psychology 社会心理学, 461-2
sociology 社会学, 459-61
Fawcett, C. 福西特, C., 160
Featherstone, M. 费瑟斯通, M., 306-7, 465
Feirstein, B. 费尔斯坦, B., 412
Feld, S. 费尔德, S., 433, 443
Feldman, M. 费尔德曼, M., 46
Felman, S. 费尔曼, S., 53-4
female body 女性身体
    and feminism 和女性主义, 416
    legal narrative 合法叙事, 50-1
feminism 女性主义
    anthropology 人类学, 173-4
    British CS 英国的文化研究, 279
    Clinton/Lewinsky discourse 克林顿/莱温斯基话语, 407-8, 410-13, 417, 420-5
    as contextual practice 作为文本实践, 408-9
    a CS of law 法律的文化研究, 38-41, 50-1
    fantasy 幻想, 229
    Latin American/US CS compared 拉丁美洲和美国文化研究之比较, 219, 229
    metatheory of CS 文化研究的元理论, 142
    minoritization 少数民族化, 413-16, 425-26
    as object of study 作为研究对象, 409
    racism 种族主义, 478
    sexual harassment 性骚扰, 420-5
feminization 女性化
    of masculine power 男性力量的, 414
    of workforce 劳动力的, 88
Feng Shui 风水, 431, 441-2
    and rap 和嘻哈, 431, 442-5
Ferguson, M. 弗格森, M., 122, 194, 198, 293
Ferguson, R. A. 弗格森, R. A., 46, 52-3
Fiedler, L. 菲德勒, L., 471
film 电影
    and debate about Europe 和关于欧洲的论争, 204
    depictions of archaeology 对考古学的描述, 154, 164-5
    European cinema 欧洲电影, 303-4, 310

film (cont.) 电影
    multiculturalism 多元文化主义, 483-5
    politics of pleasure 愉悦的政治, 323
    raced nature of culture 文化的种族本质, 482-3
    racial stereotypes 种族模式化, 479-81
film industry 电影业
    Australasia 大洋洲, 247, 249-50, 253, 255, 500-3
    division of labor 劳动分工, 499-503
    political economic analyses 政治经济分析, 200
film makers, identity-based media studies 电影制作人, 基于身份的媒介研究, 199
film studies, Australasia 电影研究, 大洋洲, 247, 250-1, 253
film theory, race 电影理论, 种族, 473
financescapes 金融景观, 307-8
Fine, B. 法恩, B., 462
Finkelstein, J. 芬克尔斯坦, J., 455
Finney, C. 芬尼, C., 371
Fischer, M. 费希尔, M., 174
Fiske, J. 费斯克, J., 142, 324, 463
Fitzpatrick, P. 菲茨帕特里克, P., 43, 52
Flügel, J. C. 弗吕戈尔, J. C., 456
Forbes, J. 福布斯, J., 63, 299
Fordism 福特主义, 133-5
Forgacs, D. 富格斯, D., 63, 281
Foster, S. 福斯特, S., 449
Foster, Y. 福斯特, Y., 513
Foucauldian approaches 福柯式的方法
    cultural turn in sociology 社会学内的文化转向, 67
    legal constructionism 法律建构主义, 39, 41
Foucault, M. 福柯, M., 30, 33, 67, 108, 357, 371, 391, 404
Fox Piven, F. 福克斯·皮文, F., 403
France 法国, 4
    French CS 法国的文化研究, 251, 298-99
    global culture 全球文化, 500-1, 504
    multiculturalism 多元文化主义, 482
Franco, S. 弗朗哥, S., 378

Frankfurt School 法兰克福学派
  British CS compared 比较的英国文化研究, 140-3, 149-50
  fashion 时尚, 457-8
  German CS 德国的文化研究, 298-9, 301
  media studies 媒介研究, 190
Franklin, S. 富兰克林, S., 9, 279
Franks, L. 弗兰克斯, L., 412
Fraser, N. 弗雷泽, N., 225
free trade 自由贸易
  global economy 全球经济, 490-1, 492-6, 504
  Latin American/US CS 拉丁美洲/美国的文化研究, 224-6
  theoretical political economy 理论的政治经济学, 123-4, 129-30
Fregoso, R. 弗雷格索, R., 480
Freire, P. 弗莱雷, P., 149, 240
French, M. A. 弗伦奇, M. A., 416
French, P. 弗伦奇, P., 303
French Regulation School of PE 理论政治经济学的法国调整学派, 133-5
Frere-Jones, S. 弗里尔-琼斯, S., 433, 437-8
Freyre, G. 弗雷里, G., 221-2
Friar, N. 弗赖尔, N., 479
Friar, R. 弗赖尔, R., 479
Friedan, B. 弗里丹, B., 423-4
Fröbel, F. 弗罗贝尔, F., 499, 500
Frow, J. 弗劳, J., 6, 7, 69, 252, 255, 333, 338, 458
Fujimura, J. 藤村, J., 105
Fuss, D. 法斯, D., 70, 472
future of cultural studies 文化研究的未来, 331-9

G

Galbraith, J. K. 加尔布雷斯, J. K., 125, 490
gang narrative, and sport 犯罪帮派叙事,和体育运动, 349-52
Gaonkar, D. P. 加能卡, D. P., 63, 194
Garafalo, R. 加拉法洛, R., 196
Garber, M. 加伯, M., 462
Garcia Canclini, N. 加西亚·坎克里尼, N., 6, 219, 223, 225-6, 375
Garfinkel, H. 加芬克尔, H., 65
Garnham, N. 加恩汉姆, N., 337
Gay Games 盖伊·盖姆夫妇, 342-3
gay sexuality see sexuality 同性恋性倾向 参见性别
Geertz, C. 格尔茨, C., 37
Gehlen, A. 格伦, A., 158
Gellner, D. 盖尔纳, D., 185
gender 性属
  archaeology 考古学, 162-4
  British CS 英国的文化研究, 279
  Clinton/Lewinsky discourses 克林顿/莱温斯基话语, 413-16
  a CS of law 法律的文化研究, 38-41
  identity parallelism 身份相似性, 228
  Latin American/US CS 拉丁美洲/美国的文化研究, 219-21
  sport, sex testing 运动,性别测试, 344-8
gender roles, killjoy critiquing 性别角色,大煞风景的批评, 323-4
gendered clothing 性别着装, 461-2
Gerbner, G. 格布纳, G., 189
Germany 德国
  archaeology 考古学, 157
  cultural studies 文化研究, 298-9, 301
Gero, J. M. 格罗, J. M., 157
Geuens, J.-P. 吉尤恩斯, J.-P., 199
Gewirtz, P. 格维尔茨, P., 37, 45-9
Gibson-Graham, J. K. 吉布森-格雷厄姆, J. K., 494-5
Giddens, A. 吉登斯, A., 65, 91, 289-90, 294, 307
Giddings, P. 吉丁斯, P., 416
Gilroy, P. 吉尔罗伊, P., 232, 281-5, 293-4, 300, 439, 450-1, 482, 524-5
Giroux, H. 吉鲁, H., 148, 291, 304
Gitlin, T. 吉特林, T., 199
global media studies 全球媒介研究, 201-6

globalization 全球化,490-2
    comparative multicultural studies 比较的多元文化研究,486-7
    democracy 民主,504
    division of labor 劳动分工,498-504
    economics 经济学,490-6,504
    European CS 欧洲的文化研究,306-8
    media event analysis 传媒事件分析,204-6
    of multiculturalism 多元文化主义的,476
    nation-states 民族国家,493-7,504
    postmodernity 后现代性,491-2
    Public Culture project 公共文化倡议,177
    "scapes" as pattern for 以"景观"概念,307-8
    Spanish-language cultures 西班牙语文化,235
Goffman, E. 戈夫曼,E.,65,460
Goldberg-Ambrose, C. 戈德堡-安布罗斯,C.,43
Golding, P. 戈尔丁,P.,122,194,198,293
Goldstein, R. 戈德斯泰因,R.,414
Gomery, D. 戈梅里,D.,200
Gooding, S. S. 古丁,S. S.,43
Goodwin, A. 古德温,A.,328
Gopnik, A. 高普尼克,A.,11
Gordon, D. 戈登,D.,174,279
Gouldner, A. W. 古尔德纳,A. W.,66,287,290
governance 统治
    Clinton/Lewinsky discourse 克林顿/莱温斯基话语,414
    and what CS is 和文化研究是什么,13
government 政府,357
    Colombia 哥伦比亚,375-88
    critique and *praxis* 批判与实践,361-5,371-2,375-88
    a CS of law 法律的文化研究,41-3
    ethics 伦理学,358,362-5
    institutions of culture 文化机构,365-72,375-88
    interdisciplinarity 跨学科性,31
Graham, C. 格雷厄姆,C.,312
Graham, H. 格雷厄姆,H.,63,299-300
Gramsci, A. 葛兰西,A.,5,66,145,222

Grann, D. 格兰,D.,413
Gray, A. 格雷,A.,279
Gray, H. 格雷,H.,63,150,479
Green, M. 格林,M.,90
Green, R. C. 格林,R. C.,449
Greverus, I.-M. 葛瑞福瑞斯,I.-M.,158
Gripsrud, J. 葛瑞普斯拉德,J.,196,199
Grossberg, L. 格罗斯伯格,L.,3,7,9-10,12,63,67,118,122,148,172,191-3,198,254,334,409,426
Grosz, E. 格罗斯,E.,51
Gruneau, R. 格鲁诺,R.,343
Gubar, S. 古巴,S.,409
Guccione, B. 古奇翁,B.,415
Gucrrero, E. 格雷罗,E.,479
Guha, R. 古哈,R.,6
guided tour, Philadelphia Museum of Art 引导式游览,费城艺术博物馆,391-405
Guillory, M. 格勒瑞,M.,449
Gulbenkian Commission 古尔本基安委员会,93-4
Gurevitch, M. 古雷维奇,M.,187,192
Guttridge, P. 格特里奇,P.,502

H

Habermas, J. 哈贝马斯,J.,66,190,357-61,365-72
Hainsworth, P. 海恩斯沃斯,P.,308
hair straightening 烫直发,465
Hall, S. 霍尔,S.,3,5,13,66,81,89-91,96,140,145,191-2,195-8,275,277-8,280-1,284,286-7,289,293-4,321,332-6,435,449,464,471
Hamelink, C. 汉姆林克,C.,127
Hammer, R. 哈默,R.,149
Handy, B. 汉迪,B.,412
Hannerz, U. 汉纳兹,U.,199
Hannigan, J. 汉尼根,J.,341
Haraway, D. 哈拉维,D.,102,106-7,109,352-3
Hardt, H. 哈尔特,H.,187,189
Hardy, J. E. 哈迪,J. E.,447

Hargreaves, J. 哈格里夫斯, J., 343
Härke, H. 哈克, H., 157
Harris, A. 哈里斯, A., 44
Hartley, J. 哈特利, J., 9, 254
Hartman, S. 哈特曼, S., 437
Hartouni, V. 哈图尼, V., 106
Harvey, D. 哈维, D., 120, 134-5, 202, 300
Harvey, J. 哈维, J., 343, 463
Haug, W. F. 豪格, W. F., 458
Hayes, J. 海斯, J., 262
Hayward, S. 海沃德, S., 501
Hebdige, D. 海布迪奇, D., 66, 142, 195, 435, 450, 458, 464
hegemonic narratives 霸权叙事, 49
hegemony 霸权/文化领导权
    CS 文化研究, 6-13
        identity politics 身份政治, 227-8
        inflections in sociology 社会学中的屈折变化, 66-7, 71-3
        languages 语言, 234-5, 472
        of law 法律的, 44-50
hegemony (cont.) 霸权/文化领导权
    liberal political economy 自由政治经济学, 128-9
    media studies 媒介研究
        global 全球, 202-3
        ideological critique 意识形态分析, 196-7
Held, D. 赫尔德, D., 491-2, 504
Helmreich, S. 海尔姆瑞奇, S., 106
Hennig, J.-L. 亨尼希, J.-L., 430, 441, 44
Henry, J. 亨利, J., 162
Herman 赫尔曼, 57
Herod, A. 赫罗德, A., 493-4, 496
Herzfeld, M. 赫茨菲尔德, M., 381
Hess, D. 赫斯, D., 106
heteroglossia 杂语, 67
Heyer, P. 海尔, P., 187
high culture 高雅文化
    Chinese CS 中国的文化研究, 260-1
    European CS 欧洲的文化研究, 299-301, 308-9, 312
    Latin American/US CS 拉丁美洲/美国的文化研究, 221
    media studies 媒介研究, 194-5
    metatheory of CS 文化研究的元理论, 142-3
    teaching youth culture 青年文化授课, 319
Hikino, T. 海克诺, T., 496
Hilger 希尔格, 479
Hill, J. 希尔, J., 303-4
Hindley, B. 欣德利, B., 493
Hines, C. 海因斯, C., 499
hip hop 嘻哈
    teaching youth culture 青年文化授课, 326
    US Latino 美国拉丁裔, 234, 237
    videos 录像带, 444-7
Hirsch, P. 赫希, P., 463
Hirst, P. 赫斯特, P., 493, 495, 497
Hiscock, J. 西斯科克, J., 502
"Hispanic", Anglophone thought "西班牙的", 英语思想界, 233-4
historical cultural narratives 历史文化叙事, 48
history 历史
    and archaeology 和考古学, 156-7
    Australian 澳大利亚, 249
    homogenization 同质化, 306
Hitchens, C. 希钦斯, C., 415
Hobsbawm, E. 霍布斯鲍姆, E., 124, 126, 490
Hodder, I. 霍德, I., 157
Hoffman, S. 霍夫曼, S., 304
Hoggart, R., 霍加特, R., 3, 23-5, 30, 79-82, 85, 96, 117, 128, 146, 227, 276-8, 283-5, 320, 471
Hollander, A. 霍兰德, A., 463
homogenization, European CS 同质化, 欧洲的文化研究, 306-7
homophobia 同性恋歧视
    cultural turn in sociology 社会学内的文化转向, 71
    metatheory of CS 文化研究的元理论, 142
    racism 种族主义, 478

Hong Kong, Chinese CS in 香港，华语文化研究，259
- boundary transgression 跨越疆界，267-8，271-2
- camouflaged 伪装，266-7
- class analysis 阶级分析，260
- high culture 高雅文化，260-1
- indigenization 地方化，261-3
- institutionalization 体制化，263-5
- international-local tensions 国际-地方的张力，269-71
- languages of 的语言，269-70
- locality-totality narrative 地方性-整体性叙事，271-2
- national narrative 民族叙事，260

Hopenhayn, M. 霍朋海恩，M.，387
Horak, R. 霍拉克，R.，301
Horkheimer, M. 霍克海默，M.，66，150，190，328
Horowitz, D. 霍罗威茨，D.，407
Horrocks, R. 霍罗克斯，R.，255
Hovland, C. 霍夫兰，C.，189
Hudson, B. 赫德森，B.，42
Hughes, W. 休斯，W.，450
human rights, citizenship 人权，公民权，224-5，227
Hunt, A. 亨特，A.，456
Hunt, L. 亨特，L.，73，158
Hunter, I. 亨特，I.，31-3，255，361-3
Hutchinson, J. 哈钦森，J.，497
hybridity 杂合
- European CS 欧洲的文化研究，302-6，312
- Latin America 拉丁美洲，224
- postcolonial identities 后殖民身份，40-1

Hyde, A. 海德，A.，38，50
Hymes, D. 海姆斯，D.，173

I

identification, race 认同，种族，472-3
identity 身份
- Chinese CS in Hong Kong 香港的华语文化研究，260-1，263
- contemporary British CS 当代英国的文化研究，285-6
- cricket 板球，518，521，524-5
- a CS of law 法律的文化研究，38-44，48-9
- cultural turn in sociology 社会学内的文化转向，67，72-3
- effects of CS' concerns with 文化研究关注的效果，10-11
- European CS 欧洲的文化研究，300，303-6，309-12
- fashion 时尚，456-7，460
- French CS 法国的文化研究，299
- global media 全球媒介，201-4
- Ireland 爱尔兰，309-12
- Latin American/US CS 拉丁美洲/美国的文化研究，220-1，224-5，227-30
- left-right politics 左派-右派政治，409
- needs interpretations 需求阐释，225，227
- raced nature 种族本质，482-3
- US Spanish-language cultures 美国的西班牙语文化，239-43

identity-based media studies 基于身份的媒介研究，198-9
identity parallellism 身份相似，228
ideology critique 意识形态批判
- media studies 媒介研究，192-3
- metatheory of CS 文化研究的元理论，141

ideoscapes 观念景观，307-8
Ignatiev, N. 伊格纳提埃，N.，485
imperialism 帝国主义
- ass music 屁股音乐，439-40
- British CS 英国的文化研究，282
- cricket 板球，511，516-22
- European CS 欧洲的文化研究，301-2
- global economics 全球经济，492-3，498-9
- Latin American/US CS 拉丁美洲/美国的文化研究，221-2
- political economy in CS 文化研究中的政治经济学，118-19，127-8

race 种族, 475

Spanish-language cultures 西班牙语文化, 233-4

incompleteness, and disciplinarity 不完整性, 和学科性, 24-34

Indiana Jones trilogy《印第安纳·琼斯》三部曲, 154, 164-5

indigenization, Chinese CS in Hong Kong 本土化, 香港的华语文化研究, 261-3

indigenous peoples 土著人民

  cricket 板球, 516-7

  Latin American/US CS 拉丁美洲/美国的文化研究, 219-22

  New Zealand CS 新西兰的文化研究, 252-3

information technology, digital divide 信息技术, 数码分化, 120

Inglis, F. 英格利斯, F., 69

inner city youth, sport/gang dyad 市中心青年, 二分组合: 体育运动/犯罪帮派, 349-52

Innis, H. 英尼斯, H., 202

institutional political economy 体制政治经济学, 124-7, 135

institutions of public culture 公共文化机构, 365-72

  Colombia 哥伦比亚, 375-88

  Philadelphia 费城, 391-405

    US presidency *see* Clinton, B., Lewinsky discourse 美国总统 参见 克林顿, B., 莱温斯基话语

intellectual work 智力工作, 357-8

  critical and practical 批判的与实践的, 358-65, 371-2

  Colombia 哥伦比亚, 375-88

interdisciplinarity 跨学科性

  anthropology 人类学, 169-85

  Appadurai's view 阿帕杜莱的观点, 27-30

  archaeology 考古学, 154-66

  Bennett-Hunter position 贝内特-亨特式观点, 32-4

  Bennett's view 贝内特的观点, 30-2

  Chinese CS in Hong Kong 香港的华语文化研究, 268

  Hoggart's work 霍加特的工作, 23-5

  law 法律, 36-57

  media studies 媒介研究, 187-207, 268

  philosophy 哲学, 139-51

  sociology 社会学, 90-1, 93-5

  US-Latin American comparisons 美国和拉丁美洲之比较, 218-19

  Williams' account 威廉斯的记述, 25-7

  see also political economy; sociology 也可参见 政治经济学; 社会学

international relations, political economy 国际关系, 政治经济学, 126-7

Internet, European CS 互联网, 欧洲的文化研究, 304-5

interpellation, cultural turn in sociology 质询, 社会学内的文化转向, 67

intersectionality, a CS of law 交集性, 法律的文化研究, 40-1

Ip, I. C. 伊普, I. C., 260

Ireland 爱尔兰, 309-12

Ireland, P. 爱尔兰, P., 423-4

Isherwood, B. 伊舍伍德, B., 458-9, 466

Ismail, Q. 伊斯梅尔, Q., 511-512, 519

Italy 意大利, 4

Ivison, D. 艾维孙, D., 42

J

Jacka, E. 杰卡, E., 248, 250, 502

Jackson, J. 杰克逊, J., 416

Jackson, J. L. 杰克逊, J. L., 435-6, 449

Jackson, K. 杰克逊, K., 327-8

Jackson, M. 杰克逊, M., 387

James, A. 詹姆斯, A., 522

James, B. 詹姆斯, B., 199

James, C. L. R. 詹姆斯, C. L. R., 471-2, 511-13, 515, 521, 523-5

Jameson, F. 詹姆森, F., 69, 148, 150, 308, 338, 493

Janowitz, M. 贾诺威茨, M. , 189

Japan, globalization 日本, 全球化, 493, 495, 502

Jaramillo, R. 哈拉米略, R. , 380

Jarvie, G. 贾维, G. , 307

Jefferson, T. 杰斐逊, T. , 142, 195, 435, 464

Jelin, E. 热兰, E. , 224-5

Jenkins, H. 詹金斯, H. , 199, 256, 324

Jhally, S. 加利, S. , 199

Johnson, A. M. 约翰逊, A. M. , 48

Johnson, L. 约翰逊, L. , 256

Johnson, R. 约翰逊, R. , 67, 191

Jones, J. 琼斯, J. , 479

Jordan, M. , sport/gang dyad 乔丹, M. , 二分组合：体育运动/犯罪帮派, 350-2

Joseph, M. 约瑟夫, M. , 437, 496

journal publishing 期刊出版, 7-9, 11

judgment-making see quality evaluation 判断 参见 质量评价

Julien, I. 裘里恩, I. , 487

juries, legal narratives 陪审团, 法律叙事, 46-7

Jury, L. 朱里, L. , 502

justice, a CS of law 公正, 法律的文化研究, 51-5

K

Kahn, P. 卡恩, P. , 37

Kant, I. 康德, I. , 33, 405

Kapur, R. 卡普尔, R. , 40-1

Karst, K. 卡斯特, K. , 44

Katz, E. 卡茨, E. , 189

Katz, M. B. 卡茨, M. B. , 403

Kearney, R. 卡尼, R. , 301-2, 305-6

Kearns, T. 卡恩斯, T. , 53

Kell, P. 凯尔, P. , 511

Kellner, D. 凯尔纳, D. , 140, 142-3, 148-9, 151, 160, 293, 321, 337

Kelly, C. 凯利, C. , 63

Kelly, M. 凯利, M. , 63, 299

Kelman, M. 凯尔曼, M. , 37

Kennewick Man 肯纳威克人, 161-2

Kessler, K. L. 凯斯勒, K. L. , 500-1

Keynes, J. M. 凯恩斯, J. M. , 126, 498

Kilbourne, J. 基尔伯恩, J. , 324

Kilpatrick, J. 基尔帕特里克, J. , 479

Kimball, R. 金博尔, R. , 10, 487

Kissinger, H. 基辛格, H. , 490

Klapper, J. 克拉普, J. , 189

Knorr Cetina, K. 诺尔·塞提纳, K. , 104-6

knowledge production in CS 文化研究中的知识生产, 334

Knox, M. 诺克斯, M. , 515

Kohl, P. L. 科尔, P. L. , 160

Kohlstedt, S. G. 科尔施泰特, S. G. , 371

König, R. 康尼格, R. , 461-2

Kossinna, G. 科辛纳, G. , 157

Kowk, J. Y. C. 科沃克, J. Y. C. , 270

Kozul-Wright, R. 科祖尔-赖特, R. , 495

Krasnow, D. 克拉斯诺, D. , 432

Kuhn, M. 库恩, M. , 502

Kymlicka, W. 基姆利卡, W. , 481-2

L

Labanyi, J. 拉班依, J. , 63, 299-300

labor 劳动
  ass politics 屁股政治, 436-7
  film industry 电影业, 200, 497-502
  globalization 全球化, 491, 494, 495-6, 498-504

labor-invested value 劳动投入价值, 129, 130-1, 135-6

labor relations, Colombia 劳动关系, 哥伦比亚, 380-4

Laclau, E. 拉克劳, E. , 73, 200, 222, 336

Lacombe, D. 拉孔布, D. , 39-40, 44

Laing, S. 莱恩, S. , 278

Lam, O. W. 拉姆, O. W. , 260

Lang, T. 兰, T. , 499

language 语言

  Chinese CS in Hong Kong 香港的华语文化研究,
   263-4, 269-70
  cultural turn in sociology 社会学内的文化转向,
   67-8
  English hegemony in CS 文化研究中的英语霸权,
   234-5, 472
  interdisciplinarity 跨学科性, 26-7
  linguistic ability 语言能力, 94
  power in legal process 法律程序的权力, 44-52
  Spanish-language cultures 西班牙语文化, 232-5
Laplanche, L. 拉普兰奇, L., 229
Lardreau, G. 拉卓, G., 159
Lash, S. 拉什, S., 290
Lasswell, H. 拉斯韦尔, H., 189
LatCrit Symposium 拉特克里特评论集, 40
Latin America 拉丁美洲, 4
  in Anglophone thought 英语思想界, 233-4
  cultural feedback 文化反哺, 236-9
  cultural policy in Colombia 哥伦比亚的文化政策,
   375-6
   critical discourse 批判话语, 380-4
    diversity as national agenda 作为国家议程的多
     元化, 376-9
    theory-practice gap 理论—实践隔阂, 384-8
  political economy in CS 文化研究中的政治经济
   学, 118-19
  and the US, comparative CS 和美国, 文化研究比
   较, 217-18
   aesthetics 美学, 227-30
   citizenship 公民权, 224-5, 227
   cultural flows 文化流动, 222-3
   identity politics 身份政治, 227-30
   interdisciplinarity 跨学科性, 218-19
   knowledge flows 知识流动, 218-19
   NAFTA 北美自由贸易协定, 224-6
   national identity 民族身份, 221
   non-academic settings 非学院派, 219
   policy influence 政策影响, 226-7
   politics of representation 表征政治, 220-2, 227
   power relations 权力关系, 223-7
   race 种族, 221-2
   reception of texts 文本接受, 218-19
   social movements 社会运动, 223-5
   value 价值, 223-7
Latin American literary studies 拉丁美洲的文学研
  究, 233-4
Latino studies 拉丁美洲研究, 233-9, 242-3
Latour, B. 拉图尔, B., 101, l04, 108-9, 352-3, 361,
  492
Laurent, J. 劳伦特, J., 371
Lave, J. 雷夫, J., 106
Lavelle, M. 拉韦尔, M., 416
Lavenda, R. H. 拉文达, R. H., 158
Laver, J. 拉弗, J., 461
law, CS of 法律的文化研究, 36-8, 55-7
  identity 身份, 38-44, 48-9
  justice 公正, 51-5
  narrative 叙事, 44-51
Law, J. 劳, J., 109
Law, W. S. 劳, W. S., 260, 263-4
Lawrence, G. 劳伦斯, G., 495, 498
Lazarsfeld, P. 拉扎斯菲尔德, P., 189-90
Le Bon, G. 勒邦, G., 65
Le Heron, R. 勒·海伦, R., 496
Leab, D. 利伯, D., 479
Lealand, G. 里兰德, G., 248, 252, 253
Lears, J. 里尔斯, J., 407, 459
Leaver, R. 利弗, R., 500
Leavis, F. R. 利维斯, F. R., 824, 319
Leavis, Q. 利维斯, Q., 82
Lefebvre, H. 列斐伏尔, H., 202, 471-2
leisure 有闲
  ass politics 臀部政治, 436-7
  British sociology 英国社会学, 88
  museum guides 博物馆讲解员, 402
leisure class 有闲阶级, 124
Lent, J. 伦特, J., 128, 492, 500
Leone, M. P. 莱昂内, M. P., 162

Leong, L. W.-T. 梁, L. W.-T., 2
Leopold, E. 利奥波德, E., 462
Leung, B. K. P. 梁, B. K. P., 260, 270
Leung, P.-K. 梁秉钧, 263, 271
Lévi-Strauss, C. 列维-斯特劳斯, C., 71, 474
Levinas, E. 勒维纳斯, E., 190
Levine, D. 莱文, D., 294
Levinson, M. 莱文森, M., 490
Levy, M. R. 利维, M. R., 187
Lewinsky scandal see Clinton, B., Lewinsky discourse 莱温斯基丑闻 参见 克林顿, B., 莱温斯基话语
Lewis, I. 刘易斯, I., 418
Lewis, J. 刘易斯, J., 13, 199
liberal political economy 自由政治经济学, 117, 122, 123-30, 135
 refeudalization of society 社会的再封建化, 369
libraries, governmentalization 图书馆, 治理化, 369-70
Lindeborg, R. 林德伯格, R., 283
Lipovetsky 利珀维茨基, 455-6, 460
Lipsitz, G. 利普塞兹, G., 482, 485
literary public sphere 文学公共领域, 366
 institutions 机构, 367-9
literary studies 文学研究
 anthropology influencing CS 影像文化研究的人类学, 173-6, 184-5
 Australia 澳大利亚, 249
 Chicano 奇卡诺人, 234
 Chinese CS in Hong Kong 香港的华语文化研究, 263-4
 Hoggart's move from 霍加特的转向, 23, 25, 79-82
 interdisciplinarity 跨学科性, 23, 25, 27-8
 Latin American 拉丁美洲, 233-4
 New Zealand CS 新西兰的文化研究, 252
literature 文学
 Latin American/US CS 拉丁美洲/美国的文化研究, , 221
 sociology of 的社会学, 83-5

Lobel, L. 洛贝尔, L., 459
local cultural behavior, European CS 地方性文化行为, 欧洲的文化研究, 300, 306-7
local-global binary 地方-全球二元对立, 492
local-global media complex 地方-全球传媒的复杂性, 206
local-global tensions, Hong Kong 地方-全球的张力, 香港, 269-71
locality-totality narrative, Chinese CS 地方性-整体性叙事, 中国的文化研究, 271-2
Long, E. 朗, E., 63, 293
Lott, E. 洛特, E., 71
Lovatt, A. 洛瓦特, A., 285
Lovell, T. 洛弗尔, T., 9
Lowe, L. 洛依, L., 241
Lowenthal, L. 洛温塔尔, L., 190
ludic textualism, CS 搞笑的文本主义, 文化研究, 144-5
Luk, B. H. K. 卢克, B. H. K., 261
Lukes, S. 卢克斯, S., 192
Lumley, R. 拉姆利, R., 63
Luostarınen, R. 路欧斯塔瑞恩, R., 499
Lutter, C. 拉特尔, C., 159
lynching, Clinton/Lewinsky discourse 私刑, 克林顿/莱温斯基话语, 419-20

M

Ma, E. K. 玛, E. K., 259-61
MacCabe, C. 麦卡伯, C., 195
McCall, M. M. 麦考尔, M. M., 11, 65
McCann, P. 麦卡恩, P., 500
McChesney, R. 麦克切斯尼, R., 122, 321, 341
McCtintock, A. 麦克林托克, A., 74
McGuigan, J. 麦圭根, J., 63, 116, 142, 150, 292, 308, 358-61
McHoul, A. 麦克霍尔, A., 196
McHugh, P. 麦克休, P., 65
MacIntyre, E. 麦金太尔, E., 510-11

McKenna, F. 麦肯纳, F. , 81
McKinney, C. 麦金尼, C. , 418
McLaughlin, L. 麦克拉福林, L. , 116
McLennan, G. 麦克伦南, G. , 289, 293
McLoone, M. 麦克路恩, M. , 309-11
McLuhan, M. 麦克卢汉, M. , 189
McMichael, P. 麦克迈克尔, P. , 495, 498
McNamee, S. J. 麦克纳米, S. J. , 9
McPherson, T. 麦克弗森, T. , 256
McRobbie, A. 麦克罗比, A. , 150, 195, 279, 286, 293, 335, 458
Maddox, J. 马多克斯, J. , 9
Madonna 马多纳, 447
magazines, Olympic sex testing 杂志, 奥运会的性别测试, 346-7
Maguire, J. 马圭尔, J. , 307
Maltby, W. S. 莫尔特比, W. S. , 232
Man, S. W. 曼, S. W. , 270
Mannheim, K. 曼海姆, K. , 289-90
Marcum, D. 马库姆, D. , 239
Marcus, G. E. 马库斯, G. E. , 173-6, 183
Marcuse, H. 马尔库塞, H. , 66
marginalist economics 边际主义经济学, 125
Mariátegui, J. C. 马利亚特吉, J. C. , 221-2
Marti, J. 马蒂, J. , 222
Martin, R. 马丁, R. , 11, 341-3, 436, 449
Martin-Barbero, J. 马丁-巴韦罗, J. , 6, 223, 385
Martinez, E. 马丁内兹, E. , 242
Marvasti, A. 玛瓦斯提, A. , 500, 502
Marxism 马克思主义
  British sociology 英国社会学, 86-7
  in contemporary CS 在当代文化研究中, 336-9
  fashion 时尚, 457-8
  legal constructionism 法律建构主义, 39
  media studies 媒介研究, 192, 200
  political economy 政治经济学, 117, 121-2, 126-43, 135-6
  popular culture 流行文化, 66-7
  US anthropology 美国的人类学, 172-3
  US universities 美国的大学, 240-2
masculinity 雄性
  Clinton/Lewinsky discourses 克林顿/莱温斯基话语, 413-16, 420
  racialized, in cricket 种族化, 在板球中, 516-17
mass communication research 大众传播研究, 187-92
mass culture 大众文化
  metatheory of CS 文化研究的元理论, 140-1
  the public sphere 公共领域, 368-9
mass-market systems, fashion 大众-市场体系, 时尚, 464-5
Massey, D. 马西, D. , 202, 300, 302-3
material culture 物质文化
  archaeology 考古学, 158
  fashion 时尚, 458-9
materiality, STS 物质性, 科学技术研究, 109, 112-13
Matsuda, M. J. 马祖达, M. J. , 48
Mattelart, A. 马特拉, A. , 6, 119
Mattelart, M. 马特拉, M. , 6, 119
Maurer, B. 莫勒, B. , 36
Mauss, M. 莫斯, M. , 457
Maxwell, R. 马克斯维尔, R. , 3, 4, 13, 131, 135
Maynard, D. 梅纳德, D. , 46
Mazower, M. 马佐威尔, M. , 95
Mead 米德, 189
Mead, G. H. 米德, G. H. , 64, 460
media culture 媒介文化
  critical pedagogy 批判教育学, 148
  metatheory of CS 文化研究的元理论, 140-3
  political CS 政治的文化研究, 149
media explosion, British sociology 媒体爆炸, 英国社会学, 88
media industry 媒介工业
  Australasia 大洋洲, 247, 249-50, 253, 255, 500-3
  division of labor 劳动分工, 499-503
  political economic analyses 政治经济分析, 200
  racial stereotypes 种族模式化, 479-81
  regulation, public sphere and 法规, 公共领域和,

media studies 媒介研究, 187-8
　　Australasia 大洋洲, 247-51, 253
　　and CS 和文化研究, 194
　　　　in Hong Kong 在香港, 268
　　　　identity-based 身份基础, 198-9
　　　　ideological criticism 意识形态批评, 196-8
　　　　political economy 政治经济学, 199-201
　　　　popular culture 流行文化, 194-6, 200
　　global 全球, 201-6
　　intellectual legacy 知识遗产, 188-94
　　sociology's cultural turn 社会学的文化转向, 69-70
　　teaching 授课, 318-19
mediascapes 媒介景观, 307, 308
Melody, W. 梅洛迪, W., 125
Memmi, A. 梅米, A., 477
memory, law as site of 记忆, 作为场所的法律, 53-5
men, archaeology 男人们, 考古学, 162-4
mercantilist political economy 重商主义政治经济学, 117, 122-4, 126-7
Mercer, K. 默瑟, K., 71, 487
metatheory of CS 文化研究的元理论, 139-44
methodology in CS 文化研究中的方法论, 332-5, 339
Mexico 墨西哥
　　in Anglophone thought 在英语思想界, 233-4
　　anthropology 人类学, 225
　　cultural feedback 文化反哺, 236-9
　　NAFTA 北美自由贸易协定, 224-6, 233
Meyrowitz, J. 梅罗维茨, J., 189
Miège, B. 米埃吉, B., 500
Miles, S. 迈尔斯, S., 285
Miliband, R. 米利班, R., 87
Miller, D. 米勒, D., 157, 458-9
Miller, J. D. B. 米勒, J. D. B., 496-7
Miller, M. 米勒, M., 328
Miller, R. M. 米勒, R. M., 479
Miller, T. 米勒, T., 10, 24, 32, 63, 127, 133, 196, 199, 201, 327, 341-2, 343, 414, 499, 521

Mills, C. W. 米尔斯, C. W., 66
Mingo, J. 明戈, J., 490
Mink, G. 明克, G., 422
Minogue, K. 米诺格, K., 10
minoritarian politics, Clinton/Lewinsky discourse 少数民族政治, 克林顿/莱温斯基话语, 407-8, 410
　　feminism 女性主义, 410-17, 420-6
　　race 种族, 416-20, 425-6
minorities 少数民族
　　cultural turn in sociology 社会学内的文化转向, 70-1
　　diasporic identities 散居身份, 511-14, 522-5
　　disciplinarity 学科性, 28-30
　　legal narratives 法律叙事, 48-9
　　US Spanish-language cultures 美国的西班牙语文化, 239
Minow, M. 米诺, M., 45
modernist art, British CS 现代主义艺术, 英国的文化研究, 143, 147
modernity, Latin American/US CS 现代性, 拉丁美洲/美国的文化研究, 223-4
Mohammadi, A. 莫哈麦迪, A., 491-2
Mol, A. 莫尔, A., 103, 106, 109
Monsiváis, C. 蒙斯迈斯, C., 236-8
Montoya, M. 蒙托亚, M., 40, 41, 48-9, 235
Moore, B. 摩尔, B., 93
morality 道德
　　critique 批判, 145-7, 362-5
　　feminist hypocrisy 女性主义的伪善, 408-11, 414-16, 421-2
　　racial stereotyping 种族模式化, 480-1
Moran, A. 莫兰, A., 503
Morgan, M. 摩根, M., 189
Morley, D. 莫利, D., 10, 63, 118, 145, 194, 198, 199, 202-4, 206, 278, 287, 291-3, 306, 329
Morris, M. 莫里斯, M., 6-7, 250, 252, 255-6, 335, 408-9, 425-6
Morris, R. 莫里斯, R., 456
Morrison, T. 莫里森, T., 416-7

Morrow, R. A. 莫罗, R. A., 1
Mosco, V. 莫斯考, V., 121, 124-5, 201
Moten, F. C. 莫登, F. C., 435
Mouffe, C. 墨菲, C., 73, 200, 222, 336
Mouzelis, N. 穆兹里斯, N., 288
movies *see* film 电影(movies) 参见 电影(film)
Mowlana, H. 莫拉纳, H., 492
Muggleton, D. 马格尔顿, D., 285
Mukerji, C. 穆克吉, C., 455
Mulhern, F. 马尔赫恩, F., 277
multicultural studies 多元文化研究, 486-7
multiculturalism 多元文化主义, 475-6
 British CS 英国的文化研究, 283-4
 cultural policy in Colombia 哥伦比亚的文化政策, 376-8, 380
 implications for CS 对文化研究的暗示, 481-4
multicultures 多元文化
 British sociology 英国社会学, 88
 US Spanish-language 美国的西班牙语, 239-43
multinational corporations（MNCs）跨国公司（MNCs）, 494-5, 500-4
Munger, F. 芒格, F., 47
Muñoz, C. Jr. 小穆尼奥斯, C., 242
Munt, S. R. 芒特, S. R., 280, 286, 342
Murdoch, R. 穆多克, R., 502
Murdock, G. 默多克, G., 2
Murray, A. 默里, A., 500
Murroni, C. 莫罗尼, C., 357
museums 博物馆
 archaeological collections 考古收藏, 164-5
 governmentalization 治理化, 369-371
 Philadelphia Museum of Art tour 费城艺术博物馆之旅, 391-405
music 音乐
 ass discourses 臀部话语, 431-2
  Timbaland 蒂姆巴兰, 431-4, 437-47
 contemporary British CS 当代英国文化研究, 285
 cultural identity in Ireland 爱尔兰的文化身份, 310-11
 cultural turn in sociology 社会学内的文化转向, 69
 multiculturalism 多元文化主义, 482
 production studies 生产研究, 195
 teaching youth culture 青年文化授课, 317, 321-2, 326-8

N

Nader, R. 纳达尔, R., 491
Nairn, T. 奈恩, T., 497
Narayan Swamy, M. R. 纳拉扬·斯瓦米, M. R., 519
narrative, in legal proces 叙事, 在法律程序中, 44-51
Nast, H. J. 纳斯特, H. J., 449
nation, the 民族
 Australian CS 澳大利亚的文化研究, 251-2, 255
 cricket 板球, 516-7
 and the law 和法律, 48
 Olympic sex testing 奥运会的性别测试, 344-8
nation-state, globalization 民族国家, 全球化, 493-7, 504
national identity 民族身份
 British CS 英国的文化研究, 280-5
 cricket 板球, 518, 521, 524-5
 European CS 欧洲的文化研究, 300, 303-4, 306, 309-10
 Ireland 爱尔兰, 309-10
 Latin American/US CS 拉丁美洲/美国的文化研究, 221
 raced nature 种族本质, 482-3
 US Spanish-language cultures 美国的西班牙语文化, 239
national-popular, British CS 民族-大众, 英国的文化研究, 281, 284
nationalism 民族主义
 archaeology 考古学, 160-2
 Australian 澳大利亚, 255, 513-18, 524
 cricket 板球, 510-11

colonial discourses 殖民话语,511,515-22

diaspuric spectatorship 散居观众群,511-14, 522-5

identifications 身份,524-5

Sinhala 辛哈拉,510-11,514,518-22,525

social divisiveness 社会分裂,521-2

television's role 电视的角色,522-3

globalization 全球化,494,497,504

theoretical political economy 理论政治经济学, 123-4,127-8

Nava, N. 纳瓦,N. ,279

Neale 尼尔,479

Nelson, C. 纳尔森,C. ,11,63,172,194,254

neoclassical economics 新古典主义经济学,125-6

neoliberalism, globalization 新自由主义,全球化, 493-4,504

neo-mercantilism 新重商主义,127,135

new international division of cultural labor 文化劳动的新型国际分工(NICL),498-504

New Women Association 新女性协会,270

New Zealand CS 新西兰的文化研究,246-8,252-4, 256

newspapers, Olympic sex testing 报纸,奥运会的性别测试,346-7

Ng, C. H. 恩,C. H. ,262

Nike, sport/gang dyad 耐克,二分组合：体育运动/犯罪帮派,350-2

Nkrumah, K. 恩克鲁玛,K. ,119

Nordlinger, J. 诺德林格,J. ,419

Noriega, C. 诺列加,C. ,480

North American Free Trade Agreement 北美自由贸易协定(NAFTA)

Latin American/US CS 拉丁美洲/美国的文化研究,224-6

the nation-state 民族国家,497

Spanish-language studies 西班牙语研究,233

Northern Ireland, cultural identity 北爱尔兰,文化身份,310-12

Nugent, S. 纽金特,S. ,198

O

O'Beirne, K. 奥贝恩,K. ,414

O'Neill, J. 奥尼尔,J. ,65

O'Regan, T. 奥里根,T. ,250

occupational structure, Britain 职业结构,英国,87-8

Ohmae, K. 欧玛,K. ,497

Olson, F. 奥尔森,F. ,50

Olson, M. 奥尔森,M. ,72

Olson, S. 奥尔森,S. ,127

Olympic Games, sex testing 奥运会,性别测试, 344-8

Omi, M. 奥米,M. ,227

orientalism, cricket 东方主义,板球,511,514-15

Ortega y Gasset, J. 奥尔特加·伊·加塞,J. ,65

Ortiz, F. 奥尔蒂斯,F. ,221-2

"other", the, European CS 他者,欧洲的文化研究, 305-6

Ouellette, L. 欧莱特,L. ,325

outsider scholarship, legal narrative 局外人研究,合法叙事,48-50

overviews, caution with 概述,谨慎,103

Owusu, K. 奥乌苏,K. ,281

P

Paglia, C. 帕格里亚,C. ,423

Pahl, R. 帕尔,R. ,87

Palley, T. I. 帕利,T. I. ,490,497

Parenti, M. 派伦体,M. ,69

Park, R. 帕克,R. ,64

Parker, D. 帕克,D. ,92

Parkin, F. 帕金,F. ,87

Parsons, T. 帕森斯,T. ,65

Partington, A. 帕廷顿,A. ,464-5

Patel, G. 帕特尔,G. ,447

patriarchy, British CS 父权制,英国的文化研究, 279

Payne, M. 佩恩,M. ,298

Paz, O. 帕兹, O., 224
pedagogy 教育学
  anthropology 人类学, 178-85
  British CS 英国的文化研究, 277-8, 291-2, 308-9
  critical 批判的, 148-9
  European CS 欧洲的文化研究, 308-9
  postmodern 后现代, 149
  teaching youth culture 青年文化授课, 317-28
Peller, G. 佩勒, G., 37
Pendakur, M. 潘达克, M., 500
Perea, J. F. 佩雷亚, J. F., 235
Perera, S. 佩雷拉, S., 513
Peretz, E. 派瑞兹, E., 412
performance art 表演艺术
  museum tour 博物馆之旅, 391-405
  Spanish-language cultures 西班牙语文化, 237-8
performance theory, fashion 表演理论, 时尚, 454-5
performances of experience 经验展示, 227-9
Perron, P. 派伦, P., 106
Perry, N. 佩里, N., 253
Peters, J. D. 彼得斯, J. D., 189
Peterson, R. A. 彼得森, R. A., 67, 328
Peterson, V. S. 彼得森, V. S., 494
Pettit, A. 佩蒂特, A., 479
Phelan, P. 费伦, P., 70
Philadelphia Museum of Art tour 费城艺术博物馆之旅, 391-405
philosophy, and CS 哲学, 和文化研究, 139
  critical pedagogy 批判教育学, 148-9
  metatheory 元理论, 139-44
  political 政治的, 149-51
  standpoint of critique 批判的立场, 144-8
Phizacklea, A. 菲扎克利亚, A., 462
Piaget, J. 皮亚杰, J., 290
Picker, L. 皮克尔, L., 442
Pickering, A. 皮克林, A., 102, 104
Pickering, M. 皮克林, M., 27
Pines, J. 派恩斯, J., 479
place, and European CS 地方, 和欧洲的文化研究, 306-8
pleasure 愉悦
  cricket as site for 板球作为场所, 522-5
  politics of, youth culture 青年文化的政治, 318, 323-5
Podhoretz, N. 波德霍雷茨, N., 414-5, 421
Polhemus, T. 波尔希默斯, T., 449, 463
political critique 政治批判
  British CS 英国的文化研究, 145
  US anthropology 美国的人类学, 172-3
political cultural studies 政治文化研究, 149-51
political economy 政治经济学
  and CS 和文化研究, 2-3, 116, 336-9
  contemporary British 当代英国的, 291-2
  and media studies 和媒介研究, 199-201
  in CS 在文化研究中, 116-17
  as empirical problem 作为经验问题, 117-21
  French Regulation School 法国调整学派, 133-5
  institutionalism 体制化, 124-7, 135
  liberal PE 自由主义政治经济学, 117, 122-30, 135
  marginalism 边际主义, 125
  Marxist PE 马克思主义政治经济学, 117, 121-2, 126-33, 135-6
  mercantilist PE 重商主义理论政治经济学, 117, 122-4, 126-7
  fashion 时尚, 458
  globalization 全球化, 490-6, 504
  metatheory of CS 文化研究的元理论, 143-4
  refeudalization of society 社会的再封建化, 369
  Washington Consensus 华盛顿共识, 490-1, 493, 504
politics 政治
  ass 臀部, 430-1
  Timbaland 蒂姆巴兰, 437-41
  Australian CS 澳大利亚的文化研究, 251-2, 255
  Clinton/Lewinsky discourses 克林顿/莱温斯基话语, 407-8
  feminism 女性主义, 407-8, 410-17, 420-5

race 种族, 407-8, 416-20, 425-6
contemporary British CS 当代英国的文化研究, 278-9, 280-2, 291-2, 336
and cricket 和板球, 518-21
and a CS of law 和法律的文化研究, 44, 45
cultural policy 文化政策, 357-72
    Colombia 哥伦比亚, 375-88
cultural turn in sociology 社会学内的文化转向, 72-3, 74, 291-2
Latin American/US CS 拉丁美洲/美国的文化研究, 220-4, 226-7
metatheory of CS 文化研究的元理论, 141-2
of pleasure 愉悦的, 318, 323-5
political and cultural 政治的和文化的, 408-10
of popular culture, media studies 流行文化的, 媒介研究, 194-6, 200
relation to culture 与文化的关系, 332-9
sport studies 运动研究, 343
    and Olympic sex testing, 和奥运会的性别测试, 345-8
    sport/gang dyad 二分组合: 体育运动/犯罪帮派, 349-52
and STS 和科学技术研究, 105
US anthropology 美国的人类学, 172-3
US universities 美国的大学, 240-3
US-Mexican cultural feedback 美国墨西哥人的文化反哺, 238-9
and what CS is 和文化研究是什么, 2-3, 6-7, 10-13
politics of representation 表征政治学
    cultural studies 文化研究, 409-10, 426
    Latin American/US CS 拉丁美洲/美国的文化研究, 220-2, 227
Pollitt, K. 波利特, K., 421
Pollock, D. 波洛克, D., 9
polycentric multiculturalism 多中心多元文化主义, 476
polyphony 复调, 67
Ponnuru, R. 庞努如, R., 407
Pontalis, J.-B. 庞塔里斯, J.-B., 229

poorhouses 救济院, 393, 398, 403
popular culture 流行文化
    ass discourses 臀部话语, 431-2
        Timbaland 蒂姆巴兰, 431-4, 437-47
    British CS 英国的文化研究, 279-80, 282-3
        contemporary trends 当代趋势, 285-6
    Chinese CS in Hong Kong 香港的华语文化研究, 261, 269
    and critique in CS 和文化研究中的批判, 146
    European CS 欧洲的文化研究, 300-2
    evaluation 评价, 86, 96-7
        teaching youth culture 青年文化授课, 319-20
    inflections in sociology 社会学中的屈折变化, 65-70
    Latin American/US CS 拉丁美洲/美国的文化研究, 221-2
    media studies and politics of 媒介研究和政治, 194-6, 200
    metatheory of CS 文化研究的元理论, 142-3
    multiculturalism 多元文化主义, 482-4
    and political politics 和政治的政治学, 408-9
    political significance 政治意义, 2
    sport 运动, 341-53
    teaching youth culture 青年文化授课, 317-18
        age-specificity problem 特定年龄的问题, 325-8
        anti-intellectual climate 反智主义气候, 318-23
        politics of pleasure 愉悦的政治, 318, 323-5
population, and globalization 人口, 和全球化, 496
populism 民粹主义
    Australasia 大洋洲, 256
    in CS 在文化研究中, 142, 144-5, 256
    Latin America 拉丁美洲, 222
Porter, M. 波特, M., 496
postcolonial economics 后殖民主义经济学, 494
postcolonial identities, hybridity 后殖民主义身份, 杂合, 40-1
postcolonial media studies 后殖民主义媒介研究, 202
postcolonial nations, Australasian CS 后殖民主义国家, 大洋洲的文化研究, 253-5

see also Australia；Sri Lanka 也可参见澳大利亚；斯里兰卡

postmodern drift, British CS 后现代的转移，英国的文化研究,285-6

postmodern pedagogy 后现代教育学,149

postmodern theory, metatheory of CS 后现代理论，文化研究的元理论,142

postmodernity 后现代性

 anthropology critiques 人类学批判,173-5

 and globalization 和全球化,491-2

postprocessual archaeology 后过程考古学,157-9,165

Postrel, V. 波斯特尔,V.,10

poststructuralism 后结构主义

 cultural turn in sociology 社会学内的文化转向,67-8,71-2

 Marxism in CS 文化研究中的马克思主义,337

 racing of 的种族,474

 US Spanish-language cultures 美国的西班牙语文化,240-1

poststructuralist antiessentialism, law 后结构反本质主义，法律,39-40

poverty, cultural policy 贫困，文化政策,393-401,403,405

power and power relations 权力和权力关系

 archaeology 考古学,157-8,161-2

 Chinese CS 中国的文化研究,260

 cricket and colonialism 板球和殖民主义,516-7

 critique in CS 文化研究中的批判,145

 and CS 和文化研究,6-12,13

  contemporary British 当代英国,286-7

  inflections in sociology 社会学中的屈折变化,66-7,71-3

  Latin American and US 拉丁美洲和美国,220,222-8

  of law 法律的,44-52,54-6

  Spanish-languages cultures 西班牙语文化,234-9

 global economics 全球经济,494-5

identity parallellism 身份相似性,228

Kennewick Man 肯纳威克人,161-2

liberal political economy 自由主义政治经济学,123,128-9

Marxist political economy 马克思主义政治经济学,133

media studies 媒介研究,192,196-7,202-3,205

mercantilist political economy 重商主义政治经济学,123

racial stereotyping 种族定型,479

sport studies 运动研究,342-4

Powers, A. 鲍尔斯,A.,448

Pratt, M. 普拉特,M.,219

praxis, and *critique* 实践，和批判,358-65

 Colombia 哥伦比亚,375-88

pride, sport studies 自豪，运动研究,342-3,351-2

printing device, Zimbabwe 印刷设备，津巴布韦,109-12

prison industrial complex 监狱工业情结,350-1

Pritchard, B. 普里查德,B.,496

Probyn, E. 普罗宾,E.,342-4

processual archaeology 过程考古学,157,165

production 生产

 cultural see cultural production 文化 参见 文化生产

 in the cultural circuit 在文化线路中,91

 theoretical political economy 理论政治经济学,123-4,133-6

property relations, Marxist 财产关系，马克思主义的,128-33,135-6

Prosler, M. 普罗斯勒,M.,370

protectionism 保护主义

 cultural 文化的,127-8

 theoretical political economy 理论政治经济学,123-4,127-8

public culture, institutions of 公共文化，机构,365-72

 Colombia 哥伦比亚,375-88

 Philadelphia Museum of Art 费城艺术博物馆,

391-405

US presidency *see* Clinton, B., Lewinsky discourse 美国总统 参见 克林顿,B.,莱温斯基话语

Public Culture project 公共文化倡议,173-4,176-8

public service broadcasting 公共服务广播,324-5

public sphere(s)公共领域

  citizenship 公民权,225

  Clinton/Lewinsky discourse 克林顿/莱温斯基话语,407-8,410-13

  cultural turn in sociology 社会学内的文化转向,66

  feminism 女性主义,408-9

  Habermas's account 哈贝马斯的描述,357-8,365-72

  identity politics 身份政治,228

  institutions of culture 文化机构,365-72

  Colombia 哥伦比亚,375-6,380-4

  and rival needs claims 各不相同的需求,225

publishing 出版

  book 书籍,9-10

  journal 期刊,7-9,11

  Latin American/US CS 拉丁美洲/美国的文化研究,225-6

punk 朋克

  teaching youth culture 青年文化授课,317,321,326-7

  US-Mexican dependency 美墨依赖,238

Purkis, J. 珀基斯,J.,285

Q

quality evaluation 质量评价

  cultural policy 文化政策,401

  in sociology and CS 在社会学和文化研究,84-6,96-7

  teaching youth culture 青年文化授课,319-20

queer theory 酷儿理论

  cultural turn in sociology 社会学内的文化转向,70-1

identity parallelism 身份相似性,228

Quester, G. 奎斯特,G.,501

R

race 种族,471

  centrality in British CS 英国文化研究的核心,280-5

  a CS of law 法律的文化研究,40,43-4,53-4

  CS methodology 文化研究方法论,334-5

  Eurocentrism 欧洲中心主义,475-6,480,486

  globalization 全球化,496

  identity parallelism 身份相似性,228

  Latin American/US CS 拉丁美洲/美国的文化研究,219-22,227-8

  media studies 媒介研究,196-7

  multicultural studies 多元文化主义研究,486-7

  multiculturalism 多元文化主义,475-6,481-4

  New Zealand CS 新西兰的文化研究,252-3

  Olympic sex testing 奥运会的性别测试,348

  precursors of CS 文化研究的先驱,471-3

  sport/gang dyad 二分组合:体育运动/犯罪帮派,349-52

  stereotypes 定型,478-83

  structuralism 结构主义,473-5

  US Spanish-language cultures 美国的西班牙语文化,236-7

  whiteness studies 白人性研究,485-6

  see also racism 也可参见 种族主义

racial politics 种族政治学

  ass music 臀部音乐,434

  the body 身体,436-7

  Clinton/Lewinsky discourse 克林顿/莱温斯基话语,407-8,416-20,425-6

racial representations 种族表征

  media studies 媒介研究,199

  stereotypes 定型,478-83

racism 种族主义,477-8

cricket 板球,514,517-8,521-2,524-5
cultural turn in sociology 社会学内的文化转向,71
metatheory of CS 文化研究的元理论,142
US cultural studies 美国的文化研究,242-3
radical multiculturalism 激进性多元文化主义,476
Radway, J. 拉德韦,J.,198,325
Rama, A. 拉马,A.,221
Ramirez Berg 拉米雷斯伯格,480
Ramos, J. 拉莫斯,J.,375
Rao, P. 拉奥,P.,71
rap music 嘻哈音乐
    ass discourses 臀部话语,431-4,437-47
    and Feng Shui 和风水,431,442-5
    multiculturalism 多元文化主义,482
rape, and a CS of law 强奸,和法律的文化研究,37,51
rationality, critical/practical 理性,批判的/实践的,357-65
Real, M. 里尔,M.,321
reception see audience reception 接受 参见受众接受
recipe knowledge 处方式知识,359,361
refeudalization of society 社会的再封建化,368-69
Regulation School of PE 理论政治经济学的调整学派,133-5
Reich, R. 赖克,R.,493
Reisenleitner, M. 瑞森雷特纳,M.,159
Renfrew, C. 伦弗鲁,C.,158
representation(s) 表征
    art museums 艺术博物馆,404
    in the cultural circuit 在文化线路中,91
    cultural critique 文化批判,145-6
    cultural turn in sociology 社会学内的文化转向,67
    in ethnographic research 在人种志研究中,182-3
    Latin American/US CS 拉丁美洲/美国的文化研究,220-2,227
    legal 法律,37-8,55-6
        of bodies 身体的,50-1

justice 公正,51
narratives 叙事,44-51
media studies 媒介研究,199
politics of 的政治,220-2,227,409-10,426
racial stereotypes 种族模式化,478-83
racism 种族主义,478
STS 科学技术研究,101-3,106,110-11,113
Ricardo, D. 李嘉图,D.,123
Rich, F. 里奇,F.,412-13
Richard, N. 理查德,N.,388
rights 权利
    citizenship 公民权,224-5,227
    Clinton/Lewinsky discourse 克林顿/莱温斯基话语,416-20
    identity politics 身份政治,227-8
Riles, A. 莱尔斯,A.,36
Ritzer, G. 瑞策尔,G.,70
Robbins, K. 罗宾斯,K.,199
Roberts, D. 罗伯茨,D.,44
Roberts, M. 罗伯茨,M.,511,522
Robins, K. 罗宾斯,K.,133-4,202-4,206,306,501
Robinson, D. 鲁宾孙,D.,195
Robinson, W. I. 鲁宾孙,W. I.,495
Roddick, N. 罗迪克,N.,503
Roebuck, P. 罗巴克,P.,514
Rogers, C. E. 罗杰斯,C. E.,433
Roiphe, K. 罗伊非,K.,409,423
Rojek, C. 罗耶克,C.,456
romantic aesthetics 浪漫主义美学,324
Rose, J. 罗斯,J.,229
Rose, N. 罗斯,N.,41
Rose, T. 罗斯,T.,195
Rosen 罗森,46
Rosen, J. 罗森,J.,407
Rosenthal, A. 罗森塔尔,A.,422
Rosi, P. H. 罗西,P. H.,405
Rosin, H. 罗辛,H.,421
Ross, A. 罗斯,A.,11,104-5,195
Ross, D. 罗斯,D.,124-5

Ross, R. 罗斯, R., 494

Rowthorn, R. 罗斯恩, R., 495

S

Sacks, H. 萨克斯, H., 65

Sadownick, D. 塞多尼克, D., 447

Sahlins, M. 塞林斯, M., 457

Said, E. W. 赛义德, E. W., 94, 202, 305, 363-4

Salzman, J. 萨尔茨曼, J., 11

Sanders, J. 桑德尔斯, J., 47

Sapir, E. 萨皮尔, E., 457

Sarat, A. 萨拉特, A., 53, 56

Saussure, F. de 索绪尔, F. de, 67

scandal see Clinton, B., Lewinsky discourse 丑闻 参见 克林顿, B., 莱温斯基话语

"scapes", globalization "景观", 全球化, 307-8

Schaeffer, R. K. 谢弗, R. K., 492

Scheff, T. 谢夫, T., 342

Scheppele, K. L. 舍普尔, K. L., 37

Schiller, D. 席勒, D., 121

Schiller, H. I. 席勒, H. I., 69, 116, 127-8, 135, 190

Schlag, P. 施拉克, P., 37

Schneider, W. 施奈德, W., 162-3

Scholarship Boy 学术青年, 24-5

Schramm, W. 施拉姆, W., 189

Schultz, E. A. 舒尔茨, E. A., 158

Schumer, F. R. 舒默, F. R., 405

Schutz, A. 舒茨, A., 64

Schwab, S. 施瓦布, S., 502

Schwarz, B. 施瓦茨, B., 293

science and technology studies (STS) 科学技术研究, 104-5

  CS 文化研究, 105-9, 112-13

  culture 文化, 101-5, 107-9, 111

  materiality 物质性, 109, 112-3

  overviews 概述, 103

  printer in Zimbabwe story 津巴布韦故事中的印刷机, 109-12

  representation 表征, 101-3, 106, 110-11, 113

  universals 普遍之物, 101-4, 106, 109-10, 113

Searle, C. 瑟尔, C., 521-2

secular holiness 世俗的神圣性, 363

Sedgwick, E. 塞奇威克, E., 70, 342

Seidman, S. 塞德曼, S., 288

Seiter, E. 塞特, E., 198

self 自我

  contemporary British CS 当代英国文化研究, 285-6

  cultural turn in sociology 社会学内的文化转向, 67, 72-3

  discipline 学科, 29-30, 32

  fashion 时尚, 456-7

Selvadurai, S. 塞尔瓦杜莱, S., 520

semiotics 符号学

  CS methodology 文化研究方法论, 335

  cultural turn in sociology 社会学内的文化转向, 67

  racing of 的种族, 474

  STS 科学技术研究, 106

sex (gender) see gender 性(性别) 参见 性属

sex scandal see Clinton, B, Lewinsky discourse 性丑闻 参见 克林顿, B., 莱温斯基话语

sex testing, Olympic Games 性别测试, 奥林匹克运动会, 344-8

sexism, metatheory of CS 性别歧视, 文化研究的元理论, 142

sexual harassment 性骚扰, 420-5

sexual identity, legal constructionism 性别身份, 法律建构主义, 38-41, 434

sexual representations, media studies 性别表征, 媒介研究, 199

sexuality 性

  British CS 英国的文化研究, 279

  cultural turn in sociology 社会学内的文化转向, 70-1

  identity parallelism 身份相似性, 228

  Latin American/US CS compared 拉丁美洲/美国

文化研究比较,219
  metatheory of CS 文化研究的元理论,142
  Olympic sex testing 奥运会的性别测试,348
  racism 种族主义,478
  sport studies 运动研究,342-3
Shalit, W. 沙利特,W. ,407
shame, sport studies 羞耻,运动研究,342-3
Shange, N. 沙恩,N. ,440-1
Shanks, M. 尚克斯,M. ,157
Shapiro, W. 夏皮罗,W. ,407,418-19
Shattuc, J. 沙特克,J. ,256
Shepherd, D. 谢泼德,D. 63
Shepherd, J. 谢普德,J. ,255
Shiach, M. 希阿奇,M. ,9
Shohat, E. 肖哈特,E. ,201,476,479
Shore, C. 肖尔,C. ,198
Shore, L. 肖尔,L. ,195
Shuker, R. 沙克尔,R. ,253
Siegel, L. 西格尔,L. ,199
Siegel, R. 西格尔,R. ,53
Silberman, N. A. 西尔贝曼,N. A. ,160
Silbey, S. 西尔比,S. ,49
Simmel, G. 齐美尔,G. ,276,294,459-60
Simpson, O. J. , trial 辛普森,O. J. ,审判,53-4,479
Sinclair, J. 辛克莱,J. ,201,491
Sinhala nationalism 辛哈拉民族主义,510-11,514,518-22,525
Sinn, E. 辛恩,E. ,262
Slack, J. D. 斯莱克,J. D. ,188,329
Slater, D. 斯莱特,D. ,458
slavery 奴隶制
  archaeology 考古学,162
  legal memory 法律记忆,53,55
Smart, C. 斯马特,C. ,39
Smiley, T. 斯迈利,T. ,418
Smith, Adam 史密斯,亚当,123,498
Smith, Anthony D. 史密斯,安东尼 D. ,495,497
Smith, C. 史密斯,C. ,494

Smith, M. 史密斯,M. ,282,294
Smith, N. 史密斯,N. ,73,202
Smith, P. 史密斯 P. ,10
Smithers, A. 史密瑟斯,A. ,319
Smythe, D. 斯迈思,D. ,127-8,188,190
Snead, J. 斯尼德,J. ,479
soap operas 肥皂剧,195-6
soccer, US ignorance of 英式足球,美国对……的忽视,3
social anthropology see anthropology 社会人类学 参见人类学
social change 社会变化
  Colombian cultural policy 哥伦比亚的文化政策,378-9
  cultural turn in sociology 社会学内的文化转向,66,72-3,291-2
  globalization 全球化,498
  teaching for 为……而教学,240-3
social class see class 社会阶级 参见阶级
social constructionism see constructionism 社会结构主义 参见结构主义
social mobility, fashion 社会流动,时尚,456
social movements 社会运动
  British sociology 英国社会学,88
  contemporary British CS 当代英国文化研究,291-2
  cultural turn in sociology 社会学内的文化转向,72-3,291-2
  Latin America 拉丁美洲,223-5
social order, body in motion threatens 社会秩序,运动中的身体威胁到,440-1
social practice theory, fashion 社会实践理论,时尚,454-5,457
social psychology, fashion 社会心理学,时尚,461-2
social studies of science and technology see science and technology studies 科学技术的社会研究 参见科学技术研究
socialism 社会主义
  cultural turn in sociology 社会学内的文化转向,

74

 Olympic sex testing 奥运会的性别测试, 345-8

 state, globalization 国家, 全球化, 494

 US universities 美国的大学, 240-2

 of Veblen 凡勃伦的, 124-5

sociolegal studies 社会法律研究, 36

 identity-based scholarship 基于身份的学术研究, 42-3

 justice 公正, 51-2

 narrative 叙事, 45

 "new penology" "新刑法学", 42

sociology 社会学

 class analysis 阶级分析, 87-9

 critical 批判的

  moral duty 道德责任, 362-3

  as recipe knowledge 作为处方式知识, 361

 and CS 和文化研究, 10-11

  in Britain 在英国, 89-97, 275-6, 285-91

  Hoggart's role 霍加特的角色, 25, 79-82

  in Hong Kong 在香港, 268

  judgment-making 判断, 84-6, 96-7

  moves from literature 从文学转向, 79-85

  in New Zealand 在新西兰, 252-3

  as theoretical intervention in 对……的理论干预, 63-74

 cultural turn in 文化转向, 66, 72-3, 291-2

 of culture 文化的, 150-1

 discipline of 的学科, 91-5

 end of postmodernity 后现代的终结, 491

 fashion 时尚, 459-61

 recent history 近代史, 86-9

Soja, E. 索亚, E., 202

Solomos, J. 索洛莫斯, J., 280-1

soul, the, ass music 灵魂, 臀部音乐, 436-7

 dance 舞蹈, 446-7

 and Feng Shui 和风水, 431-2, 442-5

sovereignty, globalization 主权, 全球化, 493-4, 496-7

Soviet Union, Olympic sex testing 苏联, 奥运会的性别测试, 345-8

Spanish cultural studies 西班牙的文化研究, 298-9

 high and low culture 高等和低等文化, 300-1

Spanish-language cultures 西班牙语文化, 233-5

 cultural feedback 文化反哺, 236-9

 England/Spain opposition 英格兰和西班牙之间的对立, 233

 "outlawed" "不合法的", 235

 teaching for social change 为了社会变革而教学, 240-3

Spanishness, construction 西班牙性, 建构, 232-3

Sparks, C. 斯帕克斯, C., 336

Sparks, R. 斯帕克斯, R., 343

spectatorship, diasporic 观众群, 散居, 511-14, 522-5

spiritual, the, and FengShui 精神的, 和风水, 431, 441-5

Spivak, G. C. 斯皮瓦克, G. C., 71

sport 运动, 341

 competition 竞争, 342-3

 cricket 板球, 510-25

 ethical ground 伦理范畴, 343-4

 gang narrative 犯罪帮派叙事, 49-52

 performance-enhancing drugs 用来提高比赛成绩的药物, 343, 353

 pride 自豪, 342-3, 351-2

 reasons for studying 研究的理由, 341-4

 search for purification 追求纯粹, 352-3

 sex testing 性别测试, 344-8

 shame 羞耻, 342-3

 transformation themes 变革主题, 343-4

 US ignorance of soccer 美国忽视英式足球, 321

sportsmanship 体育精神, 344-6

 cricket 板球, 516-21

Sreberny-Mohammadi, A. 斯瑞伯尼-莫哈麦迪 A., 492

Sri Lanka, cricket 斯里兰卡, 板球, 513-15, 517-21

 diasporic spectatorship 散居观众群, 522-5

 Sinhala nationalism 辛哈拉民族主义, 510-11, 514, 518-22, 525

television's role,电视的角色,522-3
Stallybrass, P. 斯塔利布拉斯,P. ,196
Stam, R. 斯塔姆,R. ,201,479
Stanton, F. 斯坦顿,F. ,189
Star, L. 斯达,L. ,109
state *see* government; nation-state; power and power relations 国家 参见政府;民族国家;权力和权力关系
Staudenmaier, J. M., Sj. 斯托登迈尔,J. M., Sj., 108
Steele, T. 斯蒂尔,T. ,278-9,290
Steele, V. 斯蒂尔,V. ,461-2
Steinem, G. 斯泰纳姆,G. ,412,421-2
Steiner, G. 斯坦纳,G. ,301-2,306
stereotypes, racial 定型,种族的,478-83
Stern, C. 斯特恩,C. ,448
Stevenson. N. 史蒂文森,N. ,335
Stevenson, R. W. 史蒂文森,R. W. ,501,503
Stoler, A. L. 斯多勒,A. L. ,370
Storey, J. 斯托里,J. ,277,293
Storper, M. 斯多皮尔,M. ,500
storytelling, in legal process 故事讲述,在法律程序中,44-51
Strange, S. 斯特兰奇,S. ,499
Stratton, J. 斯特拉顿,J. ,234,255,304
Striphas, T. 斯特瑞法斯,T. ,63
structuralism 结构主义
  cultural turn in sociology 社会学内的文化转向,67-8
  racing of 的种族,473-5
structures of feeling 情感结构,6
  interdisciplinarity 跨学科性,27
subcultures 亚文化,2
  Chicano 奇卡诺研究,236-9
  contemporary British CS 当代英国的文化研究,285-6
  metatheory of CS 文化研究的元理论,141-2
Sumner, W. G. 萨姆纳,W. G. ,64
Sun, C. 孙,C. ,323

Sundquist, E. 桑德奎斯特,E. ,483
Sussman, G. 萨斯曼,G. ,199,491
Sweetman, P. 斯威特曼,P. ,285-6
symbolic interactionism, fashion 符号互动论,时尚,460
symbols, British sociology 符号,英国社会学,88

T

Talbot, M. 塔尔博特,M. ,415
Tam, M. S. M. 塔姆,M. S. M. ,262
Tan, S. 坦,S. ,260
Tarde, G. de 塔尔德,G. 德,455,459
taste, cultural policy 品味,文化政策,394-96,401
tattooing 文身,285-6
Tatz, C. 塔茨,C. ,514,517,521-2
Taussig, M. 陶西格,M. ,70
Taylor, Clyde 泰勒,克莱德,479
Taylor, I. 泰勒,I. ,255
Taylor, S. 泰勒,S. ,410
techne 技术,359-62
technology, communication 技术,传播
  critical sociology of culture 文化的批判社会学,150-1
  European CS 欧洲的文化研究,304-5
  global media studies 全球媒介研究,202-3
  Marxist PE 马克思主义理论政治经济学,132
technology studies *see* science and technology studies 技术研究 参见 科学技术研究
technoscapes 技术景观,307-8
technoscience 技术科学,105-7,109
Teeple, G. 蒂普尔,G. ,493
telecommunications, global media studies 电信,全球媒介研究,202-3
television 电视
  Australasian CS 大洋洲的文化研究,247-8,253-4
  division of labor 劳动分工,501-3
  media studies 媒介研究,195-6
  Olympic sex testing 奥运会的性别测试,347-8

politics of pleasure 愉悦的政治, 324-5
popular consciousness 流行意识, 321
racial stereotypes 种族模式化, 479-80
unifying effects 一致性效果, 522-3
Telles, V. 特列斯, V., 375, 379, 387
Tester, K. 特斯特, K., 288
testimonio 证明书, 223
textual analysis 文本分析
 Chinese CS in Hong Kong 香港的华语文化研究, 268
 contemporary British CS 英国当代文化研究, 277-9, 286-7
 critical pedagogy 批判教育学, 148-9
 CS methodology 文化研究方法论, 335
 cultural policy in Colombia 哥伦比亚的文化政策, 375-88
 metatheory of CS 文化研究的元理论, 143-4
 politics of pleasure 愉悦的政治, 323-4
 standpoints of critique 批判的立场, 144-8
textualization, cultural turn in sociology 文本化, 社会学内的文化转向, 67
theater, and cricket 舞台, 和板球, 510-11, 515
theory 理论
 conceptualizing CS 文化研究概念化, 141
 in contemporary British CS 在英国当代文化研究, 288
 cultural turn in sociology 社会学内的文化转向, 70-2
 invasion in CS 入侵文化研究, 91
 political CS 政治性文化研究, 150
 sociology of literature 文学社会学, 83-5
Thomas, D. H. 托马斯, D. H., 161
Thompson, E. P. 汤普森, E. P., 3, 93, 118, 128, 242, 276, 278, 328, 471, 482
Thompson, G. 汤普森, G., 497
Thompson, P. 汤普森, P., 494
Ticknor, G. 提克诺, G., 232-3
Tilley, C. 蒂利, C., 157
Timbaland 蒂姆巴兰, 431-4, 437-47

Tomlinson, A. 汤姆林森, A., 290
Tomlinson, J. 汤姆林森, J., 127, 301
Torres 托里斯, 479
Touraine, A. 图瑞恩, A., 73
tours, Philadelphia Museum of Art 游览, 费城艺术博物馆, 391-405
Trachte, K. 塔奇特, K., 494
trade 贸易
 global economy 全球经济学, 490-96, 504
 Latin American/US CS 拉丁美洲/美国的文化研究, 224-6
 theoretical political economy 理论政治经济学, 123-4, 129-30
transculturat spheres 跨文化领域, 177
transculturation, Latin America 跨文化化, 拉丁美洲, 221-2, 238-9
transnational cultural production 跨国文化生产, 202-3
 division of labor 劳动分工, 499-504
transnationalization 跨国化
 Chinese CS in Hong Kong 香港的华语文化研究, 269
 drug-testing programs 药物检测项目, 353
 European CS 欧洲的文化研究, 306-7, 310-12
Trattner, W. I. 特拉特纳, W. I., 403
trauma, legal memory 创伤, 法律记忆, 53-4
Traweek, S. 塔维克, S., 104, 106
Treichler, P. 特雷切勒, P., 172, 254
Trent, B. 特伦特, B., 201
Trigger, B. G. 特里杰, B. G., 156
Trouillot, M.-R. 图伊洛, M.-R., 71
Tudor 图德, A., 91, 283
Tulloch, J. 塔洛克, J., 199
Turner, B. 特纳, B., 288, 290
Turner, G. 特纳, G., 63, 202, 252, 255-6, 277, 282-3, 292-3

U

UK *see* Britain 英联合王国 参见英国

United Nations Development Program 联合国开发计划署, 120

universals, STS 普遍之物, 科学技术研究, 101-3, 104, 106, 109-10, 113

universities 大学
 anthropology 人类学, 178-84, 185
 archaeology 考古学, 156-7
 Australasian CS 大洋洲的文化研究, 246-7, 249, 250-3
 Chicano studies 奇卡诺研究, 234
 Chinese CS in Hong Kong 香港的华语文化研究, 262, 263-7, 269-70
 contemporary British CS 当代英国文化研究, 277-9, 289
 Hoggart's view 霍加特观点, 24-5, 81
 interdisciplinarity 跨学科性
  adult education 成人教育, 25-9
  Bennett's view 贝内特的观点, 30-2
  class 班级, 24-5, 28, 30
  diversity 多样性, 27-30
  US-Latin American comparisons 美国—拉丁美洲比较, 218-19
 judgment-making 判断, 86
 market values 市场价值, 241-3
 sociology 社会学
  contemporary British CS 当代英国文化研究, 289
  of literature 文学的, 84-5
 Spanish-language cultures 西班牙语文化, 232-5, 240-3
 teaching youth cultures 青年文化授课, 317-18
  age-specificity problem 特定年龄的问题, 325-8
  anti-intellectual climate 反智主义的气候, 318-23
  politics of pleasure 愉悦的政治, 318, 323-5

urban music 城市的音乐, 433-4, 439

urban youth, sport/gang dyad 城市青年，二分组合：体育运动/犯罪帮派, 349-52

Urry, J. 厄里, J., 96

USA 美国, 4, 6
 Americanization 美国化, 301-2, 306
 anthropology 人类学, 169-70
  boundaries of CS 文化研究的边界, 171-3
  channels from CS 文化研究的途径, 178-85
  Public Culture project 公共文化倡议, 173-4, 176-8
  "Writing Culture" critique "书写文化"批判, 173-6
 archaeology 考古学, 156-7, 161-2
 ass music 臀部音乐, 430-47
 Australasian CS 大洋洲文化研究, 254-6
 Clinton/Lewinsky discourses 克林顿/莱温斯基话语, 407-8
  feminism 女性主义, 407-8, 410, 17, 420-5, 426
  racial politics 种族政治学, 407-8, 416-20, 425-6
 Cold War 冷战, 345-8
 cultural imperialism 文化帝国主义, 489
 cultural policy 文化政策, 327
  Philadelphia Museum of Art 费城艺术博物馆, 391-405
 discipline of sociology 社会学学科, 94-5
 film industry 电影业, 499-503
 gang/sport narrative 犯罪帮派/体育运动二元叙事, 349-52
 globalization 全球化, 490, 493, 495, 499-504
 inner city life 市中心的生活, 349-52
 institutional political economy 体制政治经济学, 124-5
 Kennewick Man 肯纳威客人, 161-2
 and Latin America 和拉丁美洲, 217-18
  aesthetics 美学, 227-30
  citizenship 公民权, 224-5, 227
  cultural feedback 文化反哺, 236-9
  cultural flows 文化流动, 222-3
  identity politics 身份政治, 227-30
  interdisciplinarity 跨学科性, 218-19
  knowledge flows 知识流动, 218-19
  NAFTA 北美自由贸易协定, 224-6

    national identity 民族身份, 221

    non-academic settings 非学院派, 219

USA (*cont.*) 美国

    and Latin America (*cont.*) 和拉丁美洲

        policy influence 政策影响, 226-7

        politics of representation 表征政治学, 220-2, 227

        power relations 权力关系, 223-7

        race 种族, 221-2

        reception of texts 文本接受, 218-19

        social movements 社会运动, 223-5

        value 价值, 223-7

    Latino studies 拉丁美洲研究, 233-9, 242-3

    Marxism in CS 文化研究中的马克思主义, 336

    media studies 媒介研究, 187-8

        and CS 和文化研究, 194-201

        intellectual legacy 知识遗产, 188-94

    multiculturalism 多元文化主义, 481-4, 486

    Olympic sex testing 奥运会的性别测试, 345-8

    political economy in CS 文化研究中的政治经济学, 119

    prison industrial complex 监狱工业情结, 350 1

    race relations 种族关系, 236-7

    racial politics 种族政治学, 407-8, 416-20, 425-6

    slavery 奴隶制, 162

    soccer 英式足球, 321

    Spanish-language cultures in 中的西班牙语文化, 232-43

    sport/gang narrative 犯罪帮派/体育运动二元叙事, 349-52

    teaching youth culture in 青年文化授课, 322

        commercial broadcasting 商业广播, 324-5

        cultural policy 文化政策, 327

    tradition of CS 文化研究的传统, 193

    university interdisciplinarity 大学跨学科性, 27-30

    urban life 城市生活, 348-52

use-value 使用价值, 129-31, 135-6

USSR, Olympic sex testing 苏维埃社会主义共和国联盟, 奥运会的性别测试, 345-8

V

Valdes, F. 瓦尔德斯, F., 44, 48

Valenzuela, J. M. 巴伦苏埃拉, J. M., 238

value-neutrality, sociology and CS 价值中立性, 社会学与文化研究, 84-6, 96-7

value(s) 价值

    cultural critique 文化批判, 146-7

    cultural policy 文化政策, 401

    Latin American/US CS 拉丁美洲/美国的文化研究, 223-7

    Marxist property relations 马克思主义财产关系, 129-32, 135-6

    teaching youth culture 青年文化授课, 319-2

Valverde, M. 瓦尔韦德, M., 41

Van Dinh, T. 陈文定, 188

Vasconcelos, J. 瓦斯康塞罗斯, J., 240, 242

Veblen, T. 凡勃伦, T., 124-5, 459

vectoral movements, global media events 导引运动, 全球传媒事件, 205

Vézina, M. 韦齐纳, M., 493

videos, hip hop 录像带, 嘻哈, 444-7

Vincent, J. 文森特, J., 159

violence 暴力

    Clinton/Lewinsky discourses 克林顿/莱温斯基话语, 417-20

    Colombian cultural policy 哥伦比亚的文化政策, 378-81

    sport/gang dyad, 二分组合: 体育运动/犯罪帮派, 349-52

Voloshinov 沃洛希诺夫, V. N., 67

volunteers 志愿者, 402

Von der Walde 冯·德·瓦尔德, E., 375

W

Wallerstein, I 沃勒斯坦, I., 93-4

Walsh, R. B. 沃尔什, R. B., 345-6

Walters, B. 沃尔特斯, B., 434

Walters, D. 沃尔特斯,D.,441-2

Wang, J. 王,J.,260,270

Ward, B. 沃德,B.,261-2

Wark, M. 沃克,M.,202-6,248

Warner, M. 沃纳,M.,228,413

Washington Consensus 华盛顿共识,490-1,493,504

Wasko, J. 瓦斯科,J.,500

Wasser, F. 瓦瑟尔,F.,500-1

Watkins, S. 沃特金斯,S.,462

Watson, S. 沃森,S.,42

Waxman, C. I. 韦克斯曼,C. I.,405

Weber, M. 韦伯,M.,64-5,85

Weberian approaches, sociology 韦伯主义方法,社会学,86-7

Webster, D. 韦伯斯特,D.,302

Webster, F. 韦伯斯特,F.,133-4

Wedell, G. 韦德尔,G.,502

Weisberg, R. 韦斯伯格,R.,46,48

Welch, L. S. 韦尔奇,L. S.,500

welfare, globalization 福利,全球化,493-4

West, C. 韦斯特,C.,476

Whannel, P. 霍内尔,P.,195

White, A. 怀特,A.,196

whiteness studies 白人性研究,485-6

Wiegman, R. 魏格曼,R.,413,416-17,420,479

Will, G. 威尔,G.,241

Williams 威廉斯,414

Williams, P. 威廉斯,P.,48

Williams, R. 威廉斯,R.,5-6,25-9,66,118,132,141,146,170,242,276,278,284,290,300,332,337,464,471

Williamson, J. 威廉森,J.,132,196

Willis 威利斯 195

Willis, C. L. 威利斯,C. L.,9

Willis, P. 威利斯,P.,66,290,309

Wills, M. E. 威尔斯,M. E.,377

Wilson, E. 威尔逊,E.,460,465

Winant, H. 怀南特,H.,227

Wing, B. 温,B.,242

Wingert, P. 温基尔特,P.,412

"wired identity" theory "电子身份"理论,202

Wiseman, J. 怀斯曼,J.,496

Wolf, N. 沃尔夫,N.,423

Wolfe, A. 沃尔夫,A.,10

Wolff, J. 沃尔夫,J.,69,287,293

Woll 沃尔,479

women 妇女

  archaeology 考古学,162-4

  Clinton/Lewinsky discourse 克林顿/莱温斯基话语,407-8,416,420-5

  a CS of law 法律的文化研究,37,38-41,501

  feminist politics see feminism 女性主义政治学 参见女性主义

  feminization of UK workforce 英国劳动力的女性化,88

  Latin American/US CS 拉丁美洲/美国的文化研究,219,221

  Olympic sex testing 奥运会的性别测试,344-8

Women's Studies Group, CCCS 妇女研究小组,当代文化研究中心,6

Wong, K.-Y. 王建元,265

Wong, W. C. 王,W. C.,261

Woods, M. 伍兹,M.,500

Woolf, M. 伍尔夫,M.,502

Woolgar, S. 伍尔伽,S.,104,109

workers, labor economics see labor 工人,劳动经济 参见劳动

workers' education, British CS 工人的教育,英国的文化研究,277-9,289,292

working class 工人阶级

  British CS 英国的文化研究,277-82

    Hoggart's writings 霍加特的写作,24-5,80-1

    sociology 社会学,289-90

  British sociology 英国社会学,87-8

  Chinese CS 中国的文化研究,260

  cricket 板球,522-3

  cultural turn in sociology 社会学内的文化转向,66-7

interdisciplinarity 跨学科性,24-5,28,30

metatheory of 文化研究的元理论,140-2

political economy 政治经济学,117-20,124,128-9

popular culture 流行文化,95

race in Latin America 拉丁美洲的种族,222

world system model 世界体系的模式,307

Wright, C. R. 赖特,C. R.,189

Wright, E. O. 赖特,E. O.,68

Wright, H. K. 赖特,H. K.,6

"Writing Culture" critique "书写文化"批判,173-6

writing function, ethnography, 书写功能,人种志,182-3

Y

Yates, T. 耶茨,T.,157

Young, C. 扬,C.,421

Young, R. 扬,R.,474

youth, sport/gang dyad 青年,二分组合:体育运动/犯罪帮派,349-52

youth culture 青年文化

  teaching 授课,317-18

    age-specificity problem 特定年龄的问题,325-8

    anti-intellectual climate 反智主义的气候,318-23

    politics of pleasure 愉悦的政治,318,323-5

youth subcultures, metatheory of CS 青年亚文化,文化研究的元理论,141-2

Yúdice, G., 尤迪斯,G.,379,386

Z

Ziegert, H. 兹埃基尔特,H.,155

Ziff, B. 齐夫,B.,71

Zimbabwe, electronic printer in, 津巴布韦,电子印刷机,109-12

Znaniecki, F. 日南尼奇,F.,64

Zolberg, V. 佐尔伯格,V.,69

(史冬冬 译)

《当代学术棱镜译丛》已出书目

媒介文化系列

第二媒介时代 [美]马克·波斯特

电视与社会 [英]尼古拉斯·阿伯克龙比

思想无羁 [美]保罗·莱文森

媒介建构:流行文化中的大众媒介 [美]劳伦斯·格罗斯伯格 等

揣测与媒介:媒介现象学 [德]鲍里斯·格罗伊斯

媒介学宣言 [法]雷吉斯·德布雷

媒介研究批评术语集 [美]W. J. T. 米歇尔 马克·B. N. 汉森

全球文化系列

认同的空间——全球媒介、电子世界景观与文化边界 [英]戴维·莫利

全球化的文化 [美]弗雷德里克·杰姆逊 三好将夫

全球化与文化 [英]约翰·汤姆林森

后现代转向 [美]斯蒂芬·贝斯特 道格拉斯·科尔纳

文化地理学 [英]迈克·克朗

文化的观念 [英]特瑞·伊格尔顿

主体的退隐 [德]彼得·毕尔格

反"日语论" [日]莲实重彦

酷的征服——商业文化、反主流文化与嬉皮消费主义的兴起 [美]托马斯·弗兰克

超越文化转向 [美]理查德·比尔纳其 等

全球现代性:全球资本主义时代的现代性 [美]阿里夫·德里克

文化政策 [澳]托比·米勒 [美]乔治·尤迪思

通俗文化系列

解读大众文化 [美]约翰·菲斯克

文化理论与通俗文化导论(第二版) [英]约翰·斯道雷

通俗文化、媒介和日常生活中的叙事 [美]阿瑟·阿萨·伯格

文化民粹主义 [英]吉姆·麦克盖根

詹姆斯·邦德:时代精神的特工 [德]维尔纳·格雷夫

消费文化系列

消费社会　[法]让·鲍德里亚
消费文化——20世纪后期英国男性气质和社会空间　[英]弗兰克·莫特
消费文化　[英]西莉娅·卢瑞

大师精粹系列

麦克卢汉精粹　[加]埃里克·麦克卢汉　弗兰克·秦格龙
卡尔·曼海姆精粹　[德]卡尔·曼海姆
沃勒斯坦精粹　[美]伊曼纽尔·沃勒斯坦
哈贝马斯精粹　[德]尤尔根·哈贝马斯
赫斯精粹　[德]莫泽斯·赫斯
九鬼周造著作精粹　[日]九鬼周造

社会学系列

孤独的人群　[美]大卫·理斯曼
世界风险社会　[德]乌尔里希·贝克
权力精英　[美]查尔斯·赖特·米尔斯
科学的社会用途——写给科学场的临床社会学　[法]皮埃尔·布尔迪厄
文化社会学——浮现中的理论视野　[美]戴安娜·克兰
白领：美国的中产阶级　[美]C.莱特·米尔斯
论文明、权力与知识　[德]诺贝特·埃利亚斯
解析社会：分析社会学原理　[瑞典]彼得·赫斯特洛姆
局外人：越轨的社会学研究　[美]霍华德·S.贝克尔
社会的构建　[美]爱德华·希尔斯

新学科系列

后殖民理论——语境 实践 政治　[英]巴特·穆尔-吉尔伯特
趣味社会学　[芬]尤卡·格罗瑙
跨越边界——知识学科 学科互涉　[美]朱丽·汤普森·克莱恩
人文地理学导论：21世纪的议题　[英]彼得·丹尼尔斯 等
文化学研究导论：理论基础·方法思路·研究视角　[德]安斯加·纽宁　[德]维拉·纽宁主编

世纪学术论争系列

"索卡尔事件"与科学大战　[美]艾伦·索卡尔　[法]雅克·德里达 等

沙滩上的房子　[美]诺里塔·克瑞杰

被困的普罗米修斯　[美]诺曼·列维特

科学知识：一种社会学的分析　[英]巴里·巴恩斯　大卫·布鲁尔　约翰·亨利

实践的冲撞——时间、力量与科学　[美]安德鲁·皮克林

爱因斯坦、历史与其他激情——20世纪末对科学的反叛　[美]杰拉尔德·霍尔顿

真理的代价：金钱如何影响科学规范　[美]戴维·雷斯尼克

科学的转型：有关"跨时代断裂论题"的争论　[德]艾尔弗拉德·诺德曼　[荷]汉斯·拉德　[德]格雷戈·希尔曼

广松哲学系列

物象化论的构图　[日]广松涉

事的世界观的前哨　[日]广松涉

文献学语境中的《德意志意识形态》　[日]广松涉

存在与意义（第一卷）　[日]广松涉

存在与意义（第二卷）　[日]广松涉

唯物史观的原像　[日]广松涉

哲学家广松涉的自白式回忆录　[日]广松涉

资本论的哲学　[日]广松涉

马克思主义的哲学　[日]广松涉

世界交互主体的存在结构　[日]广松涉

国外马克思主义与后马克思思潮系列

图绘意识形态　[斯洛文尼亚]斯拉沃热·齐泽克　等

自然的理由——生态学马克思主义研究　[美]詹姆斯·奥康纳

希望的空间　[美]大卫·哈维

甜蜜的暴力——悲剧的观念　[英]特里·伊格尔顿

晚期马克思主义　[美]弗雷德里克·杰姆逊

符号政治经济学批判　[法]让·鲍德里亚

世纪　[法]阿兰·巴迪欧

列宁、黑格尔和西方马克思主义：一种批判性研究　[美]凯文·安德森

列宁主义　[英]尼尔·哈丁

福柯、马克思主义与历史：生产方式与信息方式　[美]马克·波斯特

战后法国的存在主义马克思主义：从萨特到阿尔都塞　[美]马克·波斯特

反映　[德]汉斯·海因茨·霍尔茨

为什么是阿甘本？　[英]亚历克斯·默里

未来思想导论:关于马克思和海德格尔 [法]科斯塔斯·阿克塞洛斯

无尽的焦虑之梦:梦的记录(1941—1967)附《一桩两人共谋的凶杀案》(1985) [法]路易·阿尔都塞

经典补遗系列

卢卡奇早期文选 [匈]格奥尔格·卢卡奇

胡塞尔《几何学的起源》引论 [法]雅克·德里达

黑格尔的幽灵——政治哲学论文集[Ⅰ] [法]路易·阿尔都塞

语言与生命 [法]沙尔·巴依

意识的奥秘 [美]约翰·塞尔

论现象学流派 [法]保罗·利科

脑力劳动与体力劳动:西方历史的认识论 [德]阿尔弗雷德·索恩-雷特尔

黑格尔 [德]马丁·海德格尔

黑格尔的精神现象学 [德]马丁·海德格尔

生产运动:从历史统计学方面论国家和社会的一种新科学的基础的建立 [德]弗里德里希·威廉·舒尔茨

先锋派系列

先锋派散论——现代主义、表现主义和后现代性问题 [英]理查德·墨菲

诗歌的先锋派:博尔赫斯、奥登和布列东团体 [美]贝雷泰·E. 斯特朗

情境主义国际系列

日常生活实践 1. 实践的艺术 [法]米歇尔·德·塞托

日常生活实践 2. 居住与烹饪 [法]米歇尔·德·塞托 吕斯·贾尔 皮埃尔·梅约尔

日常生活的革命 [法]鲁尔·瓦纳格姆

居伊·德波——诗歌革命 [法]樊尚·考夫曼

景观社会 [法]居伊·德波

当代文学理论系列

怎样做理论 [德]沃尔夫冈·伊瑟尔

21 世纪批评述介 [英]朱利安·沃尔弗雷斯

后现代主义诗学:历史·理论·小说 [加]琳达·哈琴

大分野之后:现代主义、大众文化、后现代主义 [美]安德列亚斯·胡伊森

理论的幽灵:文学与常识 [法]安托万·孔帕尼翁

反抗的文化:拒绝表征 [美]贝尔·胡克斯

戏仿:古代、现代与后现代 [英]玛格丽特·A. 罗斯

理论入门 ［英］彼得·巴里

现代主义 ［英］蒂姆·阿姆斯特朗

叙事的本质 ［美］罗伯特·斯科尔斯　詹姆斯·费伦　罗伯特·凯洛格

文学制度 ［美］杰弗里·J. 威廉斯

新批评之后 ［美］弗兰克·伦特里奇亚

文学批评史：从柏拉图到现在 ［美］M. A. R. 哈比布

德国浪漫主义文学理论 ［美］恩斯特·贝勒尔

萌在他乡：米勒中国演讲集 ［美］J. 希利斯·米勒

文学的类别：文类和模态理论导论 ［英］阿拉斯泰尔·福勒

思想絮语：文学批评自选集（1958—2002） ［英］弗兰克·克默德

叙事的虚构性：有关历史、文学和理论的论文（1957—2007） ［美］海登·怀特

21 世纪的文学批评：理论的复兴 ［美］文森特·B. 里奇

核心概念系列

文化 ［英］弗雷德·英格利斯

风险 ［澳大利亚］狄波拉·勒普顿

学术研究指南系列

美学指南 ［美］彼得·基维

文化研究指南 ［美］托比·米勒

文化社会学指南 ［美］马克·D. 雅各布斯　南希·韦斯·汉拉恩

艺术理论指南 ［英］保罗·史密斯　卡罗琳·瓦尔德

《德意志意识形态》与文献学系列

梁赞诺夫版《德意志意识形态·费尔巴哈》 ［苏］大卫·鲍里索维奇·梁赞诺夫

《德意志意识形态》与 MEGA 文献研究 ［韩］郑文吉

巴加图利亚版《德意志意识形态·费尔巴哈》 ［俄］巴加图利亚

MEGA：陶伯特版《德意志意识形态·费尔巴哈》 ［德］英格·陶伯特

当代美学理论系列

今日艺术理论 ［美］诺埃尔·卡罗尔

艺术与社会理论——美学中的社会学论争 ［英］奥斯汀·哈灵顿

艺术哲学：当代分析美学导论 ［美］诺埃尔·卡罗尔

美的六种命名 ［美］克里斯平·萨特韦尔

文化的政治及其他 ［英］罗杰·斯克鲁顿

现代日本学术系列

带你踏上知识之旅 [日]中村雄二郎　山口昌男
反·哲学入门 [日]高桥哲哉
作为事件的阅读 [日]小森阳一
超越民族与历史 [日]小森阳一　高桥哲哉

现代思想史系列

现代化的先驱——20世纪思潮里的群英谱 [美]威廉·R.埃弗德尔
现代哲学简史 [英]罗杰·斯克拉顿
美国人对哲学的逃避:实用主义的谱系 [美]康乃尔·韦斯特

视觉文化与艺术史系列

可见的签名 [美]弗雷德里克·詹姆逊
摄影与电影 [英]戴维·卡帕尼
艺术史向导 [意]朱利奥·卡洛·阿尔甘　毛里齐奥·法焦洛
电影的虚拟生命 [美]D.N.罗德维克
绘画中的世界观 [美]迈耶·夏皮罗
缪斯之艺:泛美学研究 [美]丹尼尔·奥尔布赖特
视觉艺术的现象学 [英]保罗·克劳瑟

当代逻辑理论与应用研究系列

重塑实在论:关于因果、目的和心智的精密理论 [美]罗伯特·C.孔斯
情境与态度 [美]乔恩·巴威斯　约翰·佩里
逻辑与社会:矛盾与可能世界 [美]乔恩·埃尔斯特
指称与意向性 [挪威]奥拉夫·阿斯海姆

波兰尼意会哲学系列

认知与存在:迈克尔·波兰尼文集 [英]迈克尔·波兰尼
科学、信仰与社会 [英]迈克尔·波兰尼

现象学系列

伦理与无限:与菲利普·尼莫的对话 [法]伊曼努尔·列维纳斯

图书在版编目(CIP)数据

文化研究指南 /（美）托比·米勒编著；王晓路等译. — 南京：南京大学出版社，2018.9(2021.3重印)
（当代学术棱镜译丛／张一兵主编）
书名原文：A Companion to Cultural Studies
ISBN 978-7-305-19538-9

Ⅰ. ①文… Ⅱ. ①托… ②王… Ⅲ. ①文化研究—指南 Ⅳ. ①G0-62

中国版本图书馆 CIP 数据核字(2017)第 264004 号

A Companion to Cultural Studies by Toby Miller, ISBN: 9781405141758
Copyright © 2006
All Rights Reserved. Authorised translation from the English language edition published by John Wiley & Sons Limited. Responsibility for the accuracy of the translation rests soley with Nanjing University Press Co., Ltd. and is not the responsibility of John Wiley & Sons Limited. No part of this book may be reproduced in any form without the written permission of the original copyright holder, John Wiley & Sons Limited. Copies of this book sold without a Wiley sticker on the cover are unauthorized and illegal

Simplified Chinese edition copyright © 2018 by Nanjing University Press

江苏省版权局著作权合同登记 图字：10-2017-159 号

出版发行	南京大学出版社
社　　址	南京市汉口路 22 号　　邮　编　210093
出 版 人	金鑫荣
丛 书 名	当代学术棱镜译丛
书　　名	文化研究指南
编 著 者	[美]托比·米勒
译　　者	王晓路　潘纯琳　史冬冬　张新军　余泽梅　向　琳
责任编辑	沈清清
照　　排	南京南琳图文制作有限公司
印　　刷	江苏苏中印刷有限公司
开　　本	787×1092　1/16　印张 33.5　字数 770 千
版　　次	2018 年 9 月第 2 版　2021 年 3 月第 2 次印刷
ISBN	978-7-305-19538-9
定　　价	128.00 元

网址：http://www.njupco.com
官方微博：http://weibo.com/njupco
官方微信号：njupress
销售咨询热线：(025) 83594756

＊版权所有，侵权必究
＊凡购买南大版图书，如有印装质量问题，请与所购图书销售部门联系调换